Kurt Heimbucher (Hrsg.)

Dem Auftrag verpflichtet

Kurt Heimbucher (Hrsg.)

Dem Auftrag verpflichtet

Die Gnadauer Gemeinschaftsbewegung
Prägungen – Positionen – Perspektiven

BRUNNEN VERLAG GIESSEN / BASEL UND
GNADAUER VERLAG DILLENBURG

Umschlaggestaltung: Martin Künkler
Satz: Uhl + Massopust, Aalen
Herstellung: Ebner Ulm

ISBN 3-7655-5743-9

Inhalt

Vorwort

»Dem Auftrag verpflichtet« – so lautet der Titel dieses Buches, das anläßlich des Gnadauer Jubiläumsjahres der Öffentlichkeit übergeben wird.

In der Woche nach Pfingsten des Jahres 1888 trafen sich aus dem ganzen damaligen Deutschen Reich in Gnadau bei Magdeburg 142 Männer, Theologen und Nichttheologen, die von der Notwendigkeit der Evangelisation überzeugte waren, zu einer mehrtägigen Konferenz. Jene Tagung wurde zur Geburtsstätte der Gnadauer Gemeinschaftsbewegung. Wir erinnern uns nach hundert Jahren dankbar an Männer wie Theodor Christlieb, Jasper von Oertzen, Eduard von Pückler, Jakob Gustav Siebel, Elias Schrenk, Christian Dietrich, Theodor Haarbeck und viele andere.

Der besondere Auftrag der Gnadauer Gemeinschaftsbewegung besteht in der Praktizierung der Evangelisation und der Gemeinschaftspflege innerhalb der evangelischen Kirche. Freilich muß alle Praxis getragen sein von biblisch-theologischem Nachdenken. Bei solcher unverzichtbaren Arbeit leisten uns die Reformatoren, die frühen pietistischen Väter und auch die geistlichen Väter, die am Anfang der Gemeinschaftsbewegung standen, eine wertvolle Hilfe. Das Hören auf die Schrift und auch auf die Väter bewahrt uns vor Erstarrung und Schwärmerei.

In dem vorliegenden Buch werden Gnadauer Prägungen deutlich; das gilt sowohl für den geschichtlichen wie auch für den lehrhaft-praktischen Teil. Es werden Positionslichter gesetzt: So denken wir in Gnadau, und so versuchen wir Erkanntes Tat werden zu lassen. Und es werden Perspektiven angedeutet für den weiteren Weg, der vor der Gemeinschaftsbewegung liegt. Es wird dabei entscheidend wichtig sein, daß die Gnadauer Gemeinschaftsbewegung sich nicht abdrängen läßt von ihrem Auftrag, den sie von Gott erhalten hat. Eine zu starke Beschäftigung mit den Fragen von Struktur und Organisation birgt die große Gefahr in sich, den Auftrag zu vernachlässigen und die geistliche Beweglichkeit zu verlieren. Unser Volk und unsere Kirche brauchen nichts nötiger als Evangelisation. Das Christuszeugnis muß im endzeitlichen Gefälle unserer Tage auf vielen Wegen unter die Menschen gebracht werden. In einer Zeit, in der die Vermassung fortschreitet und der einzelne in der Anonymität der Masse unterzugehen droht, muß Gemeinschaftspflege auf vielfältige Weise praktiziert werden. Je kälter es in einer Massengesellschaft wird, desto mehr brauchen wir Stätten der Geborgenheit, in denen Menschen jeden Alters und jeden Standes ein Zuhause finden können, Gott und Menschen begegnen und damit den Sinn des Lebens wieder finden.

Ich habe allen Autoren zu danken, die an diesem Buch mitgearbeitet haben. Ein besonderer Dank gilt Johannes Berewinkel und Theo Schneider, die mit dem Unterzeichneten zusammen die redaktionelle Arbeit besorgt haben. Ebenso gebührt dem Brunnen Verlag Dank, der diesen Sammelband in seine verlegerische Obhut genommen hat.

Möge dieses Buch den Glauben an Christus stärken, zum Nachdenken anregen, zu Auseinandersetzungen herausfordern, geistliche Impulse geben und Verständnis wecken in weiten Bereichen von Kirche und Freikirche für den Gnadauer Weg und Auftrag.

Im Februar 1988

Kurt Heimbucher, Pfarrer
Präses des Gnadauer Verbandes

Zur Einführung

Dieses Buch, das zum Gnadauer Jubiläum (1888–1988) erscheint, bedarf einiger einführender Erläuterungen.

Wie sich aus dem Inhaltsverzeichnis ersehen läßt, besteht dieser Band aus zwei Teilen.

Der erste Teil beschäftigt sich mit dem Weg Gnadaus von der 1. Pfingstkonferenz 1888 an bis in die jüngste Vergangenheit. Es konnte sich bei der Fülle des geschichtlichen Materials nur darum handeln, drei Epochen schwerpunktmäßig anzureißen. Es geht dabei um die Zeit von 1888–1933, von 1933–1945, von 1945 bis heute. Wer sich eingehender mit der Geschichte der Gnadauer Gemeinschaftsbewegung beschäftigen will, sei verwiesen auf

Hans von Sauberzweig, Er der Meister – wir die Brüder. Geschichte der Gnadauer Gemeinschaftsbewegung;

Dieter Lange, Eine Bewegung bricht sich Bahn. Die deutschen Gemeinschaften im ausgehenden 19. und 20. Jahrhundert und ihre Stellung zu Kirche, Theologie und Pfingstbewegung;

Jörg Ohlemacher, Das Reich Gottes in Deutschland bauen. Ein Beitrag zur Vorgeschichte und Theologie der deutschen Gemeinschaftsbewegung.

Eine ausführliche Geschichtsdarstellung der Gnadauer Gemeinschaftsbewegung für die Zeit nach 1945 ist noch nicht geschrieben.

Es erschien dem Redaktionskreis wichtig, in einem Jubiläumsband wenigstens kurz auf die Geschichte einzugehen. Mit uns beginnt der Weg Gnadaus nicht. Wir haben ein reiches Erbe und eine bewegte Geschichte. Das darf nicht vergessen werden.

Der zweite Teil des Buches bringt in 16 Artikeln wesentliche Anliegen der Lehre und der Praxis der Gnadauer Gemeinschaftsbewegung. Dieser Teil will nicht als eine Gnadauer »Dogmatik« oder »Ethik« verstanden werden. Bei der Vielfalt der theologischen Akzente und Prägungen in Gnadau wäre das auch gar nicht möglich. Vielmehr geht es im zweiten Teil darum, daß Themen angesprochen werden, die die Gemeinschaftsbewegung bis heute immer neu beschäftigen.

Manche Leser werden manche Themen vermissen. Da das Buch aber in seinem Umfang begrenzt werden mußte, war es nötig, sich im Blick auf die Themenwahl Beschränkungen aufzuerlegen. Das gilt auch vom Umfang der einzelnen Artikel. Den Verfassern der Artikel wurde die Seitenzahl vorgegeben – der eine hat sich mehr, der andere weniger daran gehalten. Ebenso war den Mitarbeitern die Vorgabe mitgegeben, die Artikel ohne Anmerkungen abzufassen. Einige Autoren meinten jedoch, ohne Anmerkungen nicht auskommen zu können.

So vielfältig wie die Gemeinschaftsbewegung mit ihren zahlreichen Werken und Verbänden ist, so vielfältig sind auch die Beiträge dieses Buches. Es wurde in keiner Weise der Versuch unternommen zu harmonisieren, sondern die Artikel wurden – mit Ausnahme leichter redaktioneller Überarbeitungen – so übernommen, wie sie abgefaßt wurden.

Alle Autoren sind Glieder der Gemeinschaftsbewegung oder sind zumindest eng mit ihr verbunden. Unter den Verfassern sind Brüder aus der Bundesrepublik Deutschland und aus der DDR; es sind Brüder aus der praktischen Arbeit und theologische Lehrer dabei, ältere und jüngere; das kurze Autorenverzeichnis am Schluß gibt darüber Aufschluß.

Diese Hinweise zeigen, daß in dem Buch ein Spannungsbogen deutlich wird, der in Gnadau gegeben ist: Gnadau ist kein monolithischer Block; vielmehr stellt es sich dar in einer großen Vielfalt von Prägungen, theologischen Erkenntnissen und geistlichen Gaben.

Das alles will bei der Lektüre des Buches bedacht sein. Vielleicht wird dabei erkannt, welch ein Reichtum der Gnade in Gnadau geschenkt ist.

Freilich sind sich alle Autoren darin eins – und damit wird eine große Einheit in der großen Vielfalt in Gnadau deutlich: Wir bekennen gemeinsam: »In keinem andern ist das Heil, auch ist kein anderer Name unter dem Himmel den Menschen gegeben, durch den wir sollen selig werden« (Apg 4,12). Wir stehen in Ehrfurcht und Dankbarkeit vor dem Offenbarungszeugnis der ganzen Heiligen Schrift.

Zur Anordnung des zweiten Teiles sei noch kurz vermerkt, daß zunächst zu Lehrfragen und dann zu praktischen Fragen Stellung genommen wird.

Weil die Bibel als das Wort Gottes und die Christologie in der Mitte des theologischen Nachdenkens der Gemeinschaftsbewegung stehen, wird mit ihnen bei den Lehrfragen der Anfang gemacht.

Dieter Lange

Zur Geschichte der Gnadauer Gemeinschaftsbewegung

Aufbruch und Weg der Bewegung (1888–1933)

Die Wurzeln der Gemeinschaftsbewegung in Deutschland

In der Mitte des 17. Jahrhunderts bildete sich auf Grund eines erstarrten evangelischen Kirchenwesens eine Reformbewegung, die man allgemein als Pietismus bezeichnete. Durch Erneuerung des christlichen Lebens wollte sie den Erstarrungsprozeß überwinden. Die neue Bewegung begann mit der Einführung privater Erbauungsstunden, den sogenannten »collegia pietatis«. Sie sammelte Laien zum gemeinsamen Gespräch über die Bibel und fand in Philipp Jakob Spener (1635–1705) ihren geistigen Führer.

Die altpietistischen Konventikel haben im weiteren Verlauf der Kirchengeschichte eine unterschiedliche Entwicklung genommen. Aus der Erwekkungsbewegung des 19. Jahrhunderts waren sie erstarkt und mit neuem Missionsbewußtsein hervorgegangen. Die Folge davon war, daß es zur Bildung von zahlreichen Missionsvereinen kam, die die ersten Ansätze einer organisierten Evangelisations- und Gemeinschaftspflege erkennen lassen. Dem aufopferungsvollen Einsatz der Mitarbeiter der Christentumsgesellschaft und der der Herrnhuter Brüdergemeine ist es zu verdanken, daß das Gemeinschaftsleben in Deutschland bis zum Ende des 19. Jahrhunderts nicht zum Stillstand gekommen ist.

Die Gemeinschaftsbewegung in Deutschland geht zurück auf die altpietistischen Konventikel. Sie bilden gewissermaßen die pietistische Grundlage, die die methodistischen Einflüsse und Anstöße der Oxfordbewegung von 1875 bereitwillig aufnahm. In den siebziger Jahren des 19. Jahrhunderts hatte sich durch die evangelistische Arbeit von Finney und Moody im nordamerikanischen und englischen Raum eine Heiligungsbewegung entwickelt, die breite Teile der Bevölkerung erreichte. Finney vertrat in seinen Ansprachen eine Heiligungslehre, wonach die Geistestaufe auf die Bekehrung und Wiedergeburt als höhere Stufe zu folgen habe. Nach seiner Auffassung ermöglicht die Geistestaufe den Gläubigen, in ununterbrochener Gemeinschaft mit Gott zu bleiben, wodurch schließlich seine sündige Natur ganz und gar ausgerottet wird. Hier liegt der Ansatzpunkt für die perfektionistische Irrlehre der amerikanischen Heiligungsbewegung, die später auch in die Gemeinschaftsbewegung eingedrungen ist und dort Anlaß zu Fehlentwicklungen und schweren Auseinandersetzungen gegeben hat.

Zu den Anhängern der amerikanischen Heiligungsbewegung gehörte der Fabrikant Robert P. Smith, der großangelegte Evangelisationsversammlungen in Oxford und Brighton hielt und die Gedanken von der fortschreitenden Heiligung und der Geistestaufe nach Deutschland brachte. Smith hatte mit seinen Konferenzen und Versammlungen gezeigt, daß zur Neubelebung der kirchlichen Verhältnisse Evangelisation und Laienpredigt eine wesentliche Hilfe darstellen. Besonders nachhaltig wirkten sich die Anregungen der Oxfordbewegung von 1875 auf einige den deutschen Gemeinschaftskreisen nahestehende Persönlichkeiten aus. Zu ihnen gehörten die Pastoren Theodor Jellinghaus und Otto Stockmayer sowie der Inspektor der Pilgermission St. Chrischona Carl Heinrich Rappard. Durch ihre rege schriftstellerische Tätigkeit und durch eigenen missionarischen Einsatz haben sie die Gedanken der englischen Heiligungsbewegung in abgeschwächter Form in Deutschland verbreitet. Mit der Ausbildung von zahlreichen Evangelisten und Gemeinschaftspredigern leisteten sie der entstehenden Gemeinschaftsbewegung einen wertvollen Dienst. In fast allen deutschen Landesteilen kam es auf Grund der Auswirkungen der Oxfordbewegung von 1875 zu einer verstärkten Gemeinschaftsarbeit. Neue Gemeinschaften entstanden, und altpietistische Erbauungskreise erhielten stärkeren Zulauf. Die einzelnen Gemeinschaften entwickelten sich dabei ausgesprochen vielfältig, was besonders auf die unterschiedliche Prägung der Gemeinschaftsleiter und Reiseevangelisten zurückzuführen ist.

Die Evangelisationsbewegung als Vorläufer und Wegbereiter der Gemeinschaftsbewegung

Eine wesentliche Unterstützung fand die aufblühende Gemeinschaftsbewegung in den achtziger Jahren des 19. Jahrhunderts durch die intensive evangelistische Tätigkeit von Elias Schrenk und durch den Bonner Theologieprofessor D. Theodor Christlieb. Elias Schrenk war der erste hauptamtliche Evangelist in Deutschland. In zahlreichen Gemeinden hat er mit der Durchführung von Evangelisationsversammlungen viele Menschen für den christlichen Glauben gewinnen können, die in den Erbauungskreisen der Gemeinschaften ihre geistliche Heimat fanden. Professor Christlieb gab 1884 die Anregung zur Gründung des Deutschen Evangelisationsvereins, der in enger Bindung an die Kirche die organisierte Evangelisationsarbeit überwachen und intensivieren sollte. Der Deutsche Evangelisationsverein war der erste organisierte Zusammenschluß von führenden Gemeinschaftsleuten. Er kann als Vorläufer des Deutschen Verbandes für Gemeinschaftspflege und Evangelisation, des späteren Gnadauer Verbandes, angesehen werden. Unter Anleitung von Professor Christlieb konnte im Jahre 1886 in Bonn das Johanneum, eine Evangelistenschule, gegründet werden. Nach dreijähriger Ausbildung sind Prediger und Evangelisten aus der Anstalt hervorgegangen, die in der Lage waren, selbständig Gemeinschaftskreise zu sammeln und zu pflegen. Mit dem Deutschen Evangelisationsverein und der Evangelistenschule Johanneum hatte Professor Christlieb den Grundstein für die weitere Ausbreitung der Evangelisationsbewegung gelegt und für eine geordnete Nacharbeit Sorge getragen. Zugleich war er seinem Ziel, die Evangelisation in Deutschland einzubürgern und für die kirchliche Arbeit nutzbar zu machen, ein großes Stück näher gekommen.

Mit der verstärkten missionarisch-evangelistischen Arbeit nahm die Zahl der christlichen Erbauungskreise in fast allen deutschen Landesteilen erheblich zu. Die Anhänger der Gemeinschaftskreise versammelten sich regelmäßig neben den kirchlichen Veranstaltungen zu gemeinsamer Wortbetrachtung. Die Verantwortlichen des Evangelisationsvereins hielten auf Grund der starken Ausbreitung der Gemeinschaften die Zeit für gekommen, daß führende Vertreter der territorialen Gemeinschaftskreise zu einer gesamtdeutschen Konferenz zusammenkommen sollten. Im Zusammenhang mit dieser ersten Konferenz forderten die Einladenden eine verstärkte Mitarbeit der Laien bei der Pflege der Gemeinschaftskreise und die Notwendigkeit einer festeren Organisation der Privaterbauungsversammlungen in möglichst allen deutschen Landesteilen. Die Berechtigung zur Abhaltung von Erbauungsstunden und der Gemeinschaftspflege sahen die Verantwortlichen in den reformatorischen Anliegen Martin Luthers gegeben, der in seiner »Deutschen Messe« (1526) die ernsten Christen zu gesonderten Veranstaltungen aufgefordert hatte. Die kirchliche Institution war nach Auffassung der Gemeinschaftsführer nicht mehr in der Lage, einer großen Anzahl von Menschen das Evangelium in verständlicher Form nahezubringen. Die Verfasser der Einladung forderten deshalb die Einführung einer freien Evangelisationsarbeit in ganz Deutschland und die Schaffung eines der bestehenden Kirche angegliederten Evangelistenamtes.

Die Gnadauer Pfingstkonferenz von 1888

Vom 22. bis 24. Mai 1888 trafen sich aus fast allen deutschen Landesteilen die führenden Vertreter der Gemeinschaften und ihr nahestehende Theologen zur ersten Pfingstkonferenz in Gnadau, einer kleinen Kolonie der Herrnhuter Brüdergemeine in der Nähe von Magdeburg. In dem schlichten Kirchsaal versammelten sich 142 Teilnehmer, davon waren 68 Theologen und 74 Laien.

Das erste Hauptreferat hielt Dr. Friedrich Fabri über das Thema »Berechtigung, Notwendigkeit und Grenzen der Laientätigkeit«. Der Referent begründete den Dienst des Laien aus dem Prinzip des allgemeinen Priestertums aller Gläubigen und der Verpflichtung, empfangene göttliche Gaben im Dienst der Verkündigung und Seelsorge zu nutzen.

Besondere Beachtung verdienen die Ausführungen von Jasper von Oertzen über »Die Notwendigkeit der organisierten Evangelisation neben dem pastoralen Amt und ihre Bedeutung für das kirchliche Leben«. In dem Referat forderte von Oertzen die Landeskirchen auf, die Evangelisationsarbeit intensiver zu betreiben und der Bildung von Gemeinschaften in den eigenen Reihen stattzugeben.

Auf der ersten Gnadauer Pfingstkonferenz 1888 wurde in Referaten und ausführlichen Diskussionsbeiträgen über die Bedeutung der Heiligung und Organisation der Gemeinschaften gesprochen sowie über die praktischen Erfahrungen der Gebetsgemeinschaften und Bibelbesprechstunden beraten. Das Ergebnis der ersten gesamtdeutschen Gemeinschaftskonferenz läßt sich wie folgt zusammenfassen:

1. Die Teilnehmer forderten, daß das Prinzip des allgemeinen Priestertums aller Gläubigen in der evangelischen Kirche mehr zur Geltung kommen müsse. Besonders dort, wo Laien mit besonderen geistlichen Gaben ausgerüstet seien, müßten sie die Möglichkeit erhalten, diese in den Dienst der Gemeinde zu stellen.
2. Das Amt des Evangelisten, wie es am Anfang in der Christenheit bestanden hat, sollte wieder eingeführt werden.
3. Die Glieder der Gemeinschaften wurden aufgefordert, neben den öffentlichen Gottesdiensten der Kirche zu eigenen Evangelisationsgottesdiensten, Bibelbesprechstunden und Gebetsversammlungen zusammenzukommen.
4. Es wurde der Wunsch ausgesprochen, daß die einzelnen Gemeinschaften untereinander in Kontakt treten möchten und nach Möglichkeit einen Verband gründen sollten.
5. Als Ziel wurde angegeben: die Herausgabe einer gemeinsamen Zeitschrift für alle deutschen Gemeinschaftskreise, die feste Anstellung von Reisepredigern und Evangelisten und die Durchführung von Gemeinschaftstagen.

Die erste Gnadauer Pfingstkonferenz von 1888 hat einen stark belebenden Einfluß auf das deutsche Gemeinschaftsleben ausgeübt. Die Teilnehmer der Konferenz wurden die verantwortlichen Träger der Gemeinschaftsarbeit. Sie haben durch ihren persönlichen Einsatz dazu beigetragen, daß die Gemeinschaftsbewegung nach 1888 in Deutschland ihre Blütezeit erlebte. Die regelmäßig durchgeführten Gnadauer Pfingstkonferenzen leisteten einen wesentlichen Beitrag, daß sich die organisierte Gemeinschaftsbewegung bis zur Jahrhundertwende über ganz Deutschland ausbreitete. Sie gaben den Anstoß zur Bildung des Deutschen Komitees für evangelische Gemeinschaftspflege und Evangelisation und befürworteten die Herausgabe eines überregionalen Gemeinschaftsblattes.

Im Laufe der Jahre standen bei den Gnadauer Pfingstkonferenzen mehr lehrhafte Fragen über Bekehrung, Taufe, Wiedergeburt, Heiligung u. a. zur Erörterung. Die theologischen Ansichten gingen bei den Teilnehmern weit auseinander. Zu einem Bruch ließen es die verantwortlichen Gemeinschaftsvertreter jedoch nicht kommen. Das Bewußtsein der brüderlichen Einheit siegte immer wieder über bestehende Lehrdifferenzen. Trotz unterschiedlicher Auslegung wurde die ganze Heilige Schrift als Glaubensgrundlage angesehen. Im Vordergrund stand nicht die Bewältigung von theologischen Sachfragen, sondern die praktisch-missionarische Tätigkeit in den Gemeinschaften.

Der rasche Aufschwung der deutschen Gemeinschaftsbewegung führte 1897 zur Gründung des Deutschen Verbandes für Gemeinschaftspflege und Evangelisation (Gnadauer Verband), dem sich fast alle Landesverbände anschlossen. Der Verband sah es als seine Hauptaufgabe an, innerhalb der evangelischen Landeskirche christliche Gemeinschaften zu fördern und religiöses Leben zu wecken.

Das Verhältnis von Kirche und aufstrebender Gemeinschaftsbewegung

Die Gemeinschaftsbewegung baute ihr Verhältnis zur Kirche auf den Leitsatz von Professor Christlieb auf, in dem es heißt: »Wir Gnadauer wollen sein in der Kirche, wenn möglich mit der Kirche, aber nicht unter der Kirche.« Die Gemeinschaften wollten bewußt innerhalb der Kirche die Arbeit der Evangelisation und Gemeinschaftspflege ausführen. Die Mitarbeit in der Kirche machten sie davon abhängig, daß ihnen selbst genug Zeit und Kraft blieb für die eigenen Belange. Mit theologischen Strömungen, die der Glaubensüberzeugung der Gemeinschaften völlig entgegengesetzt waren, lehnten sie eine Zusammenarbeit ab. Auf die Durchführung von selbständigen Versammlungen neben den kirchlichen Gottesdiensten und auf den Aufbau einer eigenständigen Organisation wollte die Gemeinschaftsbewegung auf keinen Fall verzichten. Die leitenden kirchlichen Stellen mußten das Vorhandensein der Gemeinschaftsbewegung zur Kenntnis nehmen. Durch Verordnungen, Beschlüsse und Resolutionen versuchten sie, die vorhandene und weiter sich ausdehnende Evangelisations- und Gemeinschaftsbewegung in den kirchlichen Organismus einzugliedern. Diese Eingliederungsversuche kamen jedoch reichlich spät, da sich inzwischen mit dem deutschen

Gesamtverband und zahlreichen lokalen Verbänden eine feste und selbständige Gemeinschaftsorganisation gebildet hatte. Die kirchlichen Behörden fanden in der Regel für die zentralen Anliegen der Gemeinschaften, wonach die Gotteskindschaft durch Bekehrung und Wiedergeburt gegeben ist und die Sammlung und Pflege der erweckten Glieder zur Folge hat, kein volles Verständnis. Die Vertreter der Gemeinschaften lehnten die verspäteten kirchlichen Eingliederungsversuche ab und intensivierten die Arbeit der freien Evangelisation und Gemeinschaftspflege.

Neuströmungen und Auseinandersetzungen in der Gemeinschaftsbewegung

Um die Jahrhundertwende hatte die Gemeinschaftsbewegung den Höhepunkt ihrer Entwicklung erreicht. Im Zuge der Konsolidierung versuchten wissenschaftlich ausgebildete Theologen, die Bewegung mit dem Gedankengut einer biblischen Theologie vertraut zu machen und die Verbindung mit den Kreisen der kirchlichen Rechten enger zu knüpfen. Im Mai 1902 trafen sich Vertreter der Kirche und der Gemeinschaften zur ersten gemeinsamen Konferenz in Eisenach. Es kam zur Gründung der Eisenacher Konferenz, welche die Arbeit der Evangelisation und der Gemeinschaftspflege im Sinne der reformatorischen Lehre und im engen Anschluß an die bestehende evangelische Volkskirche betreiben wollte.

Im Laufe der Zeit belasteten unterschiedliche Anschauungen in theologischen Sachfragen die Arbeit der Eisenacher Konferenz, so daß ihre Ausstrahlungskraft nachließ und sie den Zusammenhang mit der organisierten Evangelisationsbewegung verlor. Die Annäherung zwischen Kirche und Gemeinschaft sowie deren Bemühungen, der Gemeinschaftsbewegung wertvolle Gedanken einer biblisch orientierten Theologie nahezubringen, waren damit gescheitert. Eine ausgesprochene Abneigung und Interessenlosigkeit gegenüber theologischen Sachfragen verbreitete sich innerhalb der Gemeinschaften. Das war vor allem darauf zurückzuführen, daß sich inzwischen eine Sondergruppe innerhalb der Gemeinschaftsbewegung entwickelt hatte, die besonders darbystische Tendenzen zeigte. Die Zentren der neuen darbystischen Strömung waren die Anhänger der Blankenburger Allianzkonferenz und ein Großteil der damaligen ostdeutschen Gemeinschaftskreise. Sie nahmen die perfektionistischen Heiligungsgedanken Jonathan Pauls bereitwillig auf, verschmolzen sie mit dem darbystischen Gedankengut (Ablehnung aller kirchlichen Organisation und Betonung der Einheit der Kinder Gottes aus allen Kirchen) und schufen damit den Nährboden für die unheilvolle, die ganze Gemeinschaftsbewegung schwer erschütternde Zungenbewegung.

Durch großangelegte Evangelisationsversammlungen der Amerikaner Torrey und Alexander kam es im Jahre 1903/04 zu einer Erweckung in Wales, die in kurzer Zeit Zehntausende Anhänger fand. In den Versammlungen legte man besonderen Nachdruck auf öffentliches Sündenbekenntnis und den Empfang der Geistestaufe. Persönliche Kontakte von deutschen Gemeinschaftsvertretern zur walisischen Erweckung und begeisterte Berichte über deren Verlauf in den Gemeinschaftsblättern führten dazu, daß ähnliche Versammlungen auch in Deutschland abgehalten wurden.

Die Erweckung von 1905 stärkte den darbystischen Flügel der Gemeinschaftsbewegung und die Vertreter der Allianz und förderte in diesen Kreisen die Erwartung nach dem Empfang der urchristlichen Geistesgaben. Die Gnadauer Pfingstkonferenz 1906 lehnte die Formen der schwarmgeistigen Erweckung ab und sprach sich gegen die Lehre von der Geistestaufe aus, wodurch die Erweckung bald an Bedeutung verlor und fast restlos erlosch.

Die Entstehung der Pfingstbewegung und die Auseinandersetzung mit der deutschen Gemeinschaftsbewegung

Im Jahre 1907 brach in Amerika eine neue schwarmgeistige Strömung auf, die besonderen Nachdruck auf völlige Hingabe, den Empfang der Geistestaufe und die Gabe des Zungenredens legte. Die Bewegung kam über Norwegen nach Deutschland, wo in der Gemeinschaft zu Kassel die ersten Pfingstversammlungen abgehalten wurden. Trotz der negativen Begleiterscheinungen in den Kasseler Versammlungen und der mahnenden Stimmen angesehener Gemeinschaftsführer breitete sich die Pfingstbewegung in relativ kurzer Zeit über ganz Deutschland aus. Sie fand in den Gemeinschaftskreisen besonders schnell Eingang, wo die Gedanken von der Zubereitung und Entrückung einer Brautgemeinde, die Heiligungstheorien vom reinen Herzen und die Lehre von der Geistestaufe vertreten wurden.

Führende Gemeinschaftsvertreter standen anfangs dem Aufkommen der Pfingstbewegung recht unkritisch gegenüber, da sie glaubten, mit dem Empfang der urchristlichen Geistesgaben würde eine neue große Erweckung aufbrechen. Da jedoch die Pfingstleute mit ihren ekstatischen Auftritten in den Gemeinschaftskreisen immer mehr Unruhe und Verwirrung stifteten, entschloß sich eine ganze Anzahl führender Gemeinschaftsleute, die enthusiastische Bewegung abzulehnen. Heinrich Dallmeyer, einer der Hauptverantwortlichen der Kasseler Versammlungen, sagte sich von der Pfingstbewegung los und wurde einer ihrer schärfsten Gegner.

Die Vertreter der deutschen Gemeinschaftsbewegung unternahmen zunächst alles, um es in ihren eigenen Reihen nicht zu einem Bruch kommen zu lassen. Mit dem Barmer Kompromißbeschluß von 1907 einigten sich Gegner und Anhänger der Zungenbewegung auf ein Stillhalteabkommen. Die Gnadauer Pfingstkonferenzen von 1908 und 1909 versäumten es, den Gemeinschaftsgliedern ein klärendes Wort über die Pfingstbewegung zu sagen. Die abwartende Haltung der Gnadauer Bewegung stärkte die Pfingstler, die mit der Durchführung von Sonderkonferenzen ihre organisatorischen Bindungen festigten und ihre missionarische Wirksamkeit in den Gemeinschaftskreisen intensivierten. Es bestand die Gefahr, daß die Pfingstbewegung immer mehr zum beherrschenden Faktor in der Gemeinschaftsbewegung werden würde.

Am 15. September 1909 trafen sich deshalb 60 führende Vertreter aus Gemeinschaft und Allianz zu einer freien Konferenz in Berlin. Das Ergebnis der langwierigen Beratungen war die Berliner Erklärung. Die Unterzeichner der Erklärung distanzierten sich eindeutig von der Pfingstbewegung und lehnten jegliche Arbeitsgemeinschaft mit deren Anhängern ab. Sie begründeten die ablehnende Haltung damit, daß sie die Pfingstbewegung in ihrer Gesamtheit als eine Bewegung von »unten« bezeichneten, ihr einen dämonischen Ursprung bescheinigten und es daher ablehnten, eine derartige Bewegung als von Gott geschenkt anzuerkennen. Es wurde in der Erklärung nachgewiesen, daß die Lehre vom »reinen Herzen« sich für die Entwicklung der Pfingstbewegung förderlich gezeigt hat. Die Unterzeichner wandten sich gegen die falsche Erwartung, wonach mit dem Erlebnis der Geistestaufe eine Wiederholung des urchristlichen Pfingsten folgen müßte. Sie bekannten eindeutig: »Wir erwarten nicht ein neues Pfingsten; wir warten auf den wiederkommenden Herrn.« Die Folge der Berliner Erklärung war die Aufspaltung der deutschen Gemeinschaftsbewegung in drei verschiedene Gruppierungen:

1. Die Gegner der Pfingstbewegung. Dazu gehörte die Mehrzahl der Gemeinschaftsleute.
2. Die Neutralen; sie hofften immer noch auf eine Verständigung.
3. Die Pfingstler als gesonderte Gruppe. Sie schieden aus dem Gnadauer Verband aus.

Auf der Gnadauer Pfingstkonferenz 1910 hielt Elias Schrenk, der Veteran der Evangelisationsbewegung, ein beachtenswertes Referat. Er hat mit dem Eingeständnis des eigenen Versagens gegenüber dem Aufkommen enthusiastischer Strömungen in den eigenen Reihen und der Betonung der Rechtfertigungsbotschaft als Mittelpunkt der christlichen Lehre die Weichen für den weiteren Weg der deutschen Gemeinschaftsbewegung gestellt. Der Gnadauer Vorstand zog einen endgültigen Trennungsstrich zwischen Gemeinschaftsbewegung und Pfingstbewegung. Er beschloß 1910, daß Bindungen an die Pfingstbewegung und ein Verbleiben im Gnadauer Gemeinschaftsverband unvereinbar sind.

Nach der klaren Entscheidung des Gnadauer Vorstandes über die Beendigung der Arbeitsgemeinschaft mit den Pfingstlern waren nunmehr die Neutralen zu einer endgültigen Stellungnahme herausgefordert. Ein Teil von ihnen gab die abwartende Haltung auf und wechselte in das Lager der Gegnerschaft über. Die Mehrzahl der Neutralen beugte sich nicht dem Gnadauer Vorstandsbeschluß, sondern versuchte, durch Verhandlungen mit führenden Pfingstleuten eine begrenzte Annäherung zu erreichen. In verschiedenen Erklärungen betonten beide Parteien ihr Versagen und befürworteten ein gegenseitiges Entgegenkommen. Es wurde eine Abgrenzung der Arbeitsgebiete und der Verzicht auf jegliche Propaganda vereinbart. Da die Pfingstler sich nicht an die beiderseitigen Abmachungen hielten, gab die Mehrzahl der Neutralen ihre abwartende Haltung auf und lehnte schließlich jede Arbeitsgemeinschaft mit der Pfingstbewegung ab.

An Versuchen der Pfingstler, Kontakte mit den Anhängern der Gemeinschaften wiederherzustellen, hat es nicht gefehlt. Der Gnadauer Vorstand und die Gemeinschaftsverbände blieben bei ihrer eindeutig ablehnenden Haltung gegenüber der Pfingstbewegung und brachten das auch zum Ausdruck. Im Jahre 1924 erklärten die verantwortlichen Vertreter der deutschen Gemeinschaftsverbände: »Wir lehnen nach wie vor die Zungenbewegung als eine ungöttliche ab und können keine Arbeitsgemeinschaft mit solchen haben, die in Verbindung mit ihr stehen.«

Die Folge davon war, daß sich die Anhänger der Zungenbewegung immer mehr außerhalb von Kirche und Gemeinschaft zu einer Gruppe entwickelten. Damit hatte sich zwangsläufig die enthusiastische Rechte innerhalb der deutschen Gemeinschaftsbewegung verselbständigt und zu einer eigenen, sehr lose organisierten Pfingstkirche zusammengeschlossen.

Die Mitarbeit Gnadaus bei der Neuordnung der kirchlichen Verhältnisse

Nach der Revolution von 1918 ging das landesherrliche Kirchenregiment zu Ende. An den Plänen zur bevorstehenden Neukonstituierung der kirchlichen Verhältnisse nahm die Gemeinschaftsbewegung regen Anteil. Die Mehrzahl der Gnadauer Gemeinschaftsverbände befürwortete ein weiteres Verbleiben in einer freien evangelischen Volkskirche. Sie legten jedoch besonderen Wert auf die Freiheit der Bewegung und den uneingeschränkten Dienst in Evangelisation und Gemeinschaftspflege.

D. Walter Michaelis und D. Theodor Haarbeck erarbeiteten zusammen mit dem Gnadauer Vorstand Richtlinien über den zukünftigen Weg der Gemeinschaftsbewegung, die bei einer Neuordnung der Kirche Berücksichtigung finden sollten. Diese beinhalteten:

1. die Heranziehung begabter Gemeindeglieder zur geordneten Mitarbeit in der Gemeinde,
2. das Recht auf Benutzung der kirchlichen Gebäude zu Evangelisationen und Gemeinschaftsfesten,
3. die Durchführung von Abendmahlsfeiern in Gemeinschaftskreisen unter Leitung des Predigers oder des Gemeinschaftsvorsitzenden,
4. die Aufhebung des Parochialzwanges,
5. den Schutz der Minderheiten innerhalb der evangelischen Kirche und deren geistliche Versorgung mit Nichttheologen.

Zu den Hauptforderungen der Gemeinschaftsbewegung an die neue Kirchenverfassung gehörte die Freigabe des Abendmahls an die Gemeinschaften. Auf Grund der steigenden Zahl der Gemeinschaftsglieder und der festeren Organisation ihrer Kreise ergab es sich, daß um die Jahrhundertwende in vielen Gemeinschaftsversammlungen das Abendmahl selbständig ausgeteilt wurde oder gemeinschaftsfreundliche Pastoren mit der Durchführung betraut wurden. Da es jedoch bisher keine kirchenrechtlichen Vereinbarungen gab, beschäftigte sich im Mai 1919 der Gnadauer Vorstand mit der Abendmahlsfrage und stellte an den kirchlichen Arbeitsausschuß folgenden Antrag: »Wir wünschen ausgesprochen zu sehen, daß Teilnahme an Abendmahlsfeiern in brüderlichen oder häuslichen Kreisen die kirchliche Ordnung nicht verletzt.«

Die Landeskirchen haben bei der Aufstellung ihrer Verfassungen den Antrag auf Freigabe des Abendmahls an die Gemeinschaften nicht berücksichtigt. Sie befürchteten, daß die Gemeinschaften mit der Durchführung von eigenen Abendmahlsfeiern den Weg der Separation gehen und sich später als selbständige Freikirche entwickeln könnten. Die Gemeinschaften sind daraufhin zur Selbsthilfe übergegangen. Sie haben das kirchliche Recht unterlaufen und ihre eigenen Abendmahlsfeiern durchgeführt.

Im Jahre 1920 haben die vereinigten Brüderräte der altpreußischen Provinzen unter der Leitung von Walter Michaelis die Glieder der Gemeinschaften aufgefordert, sich an den Wahlen zur preußischen Landeskirche und zur verfassungsgebenden Kirchenversammlung zu beteiligen. Sie haben sich auch sonst aktiv in der Gruppe der kirchlichen Rechten bei der Neuordnung der kirchlichen Verhältnisse beteiligt. Mit ihrem praktischen Einsatz und ihrer beständigen Hilfeleistung haben sie ihre Treue zur Kirche unter Beweis gestellt und den innerkirchlichen Weg der deutschen Gemeinschaftsbewegung ein Stück sichtbar gemacht.

Die Heranziehung von Vertretern der Gemeinschaftsbewegung beim Neuaufbau der Kirche war nur von begrenzter Dauer. In der Zeit der Krise und der inneren Unruhe nahm die Kirche die Hilfe der Gemeinschaftskreise gern an und versuchte, auf ihre Wünsche einzugehen und sie zu berücksichtigen. Nach Abschluß der Kirchengesetze fühlte sich die Kirche in ihrem

Selbstbewußtsein gestärkt und nicht mehr auf die Gemeinschaftsleute angewiesen. Die Gnadauer Gemeinschaften, besonders ihr so aktiv mitwirkender Vorsitzender, Walter Michaelis, haben ihre Enttäuschung darüber nicht verborgen und ihre Lehren daraus gezogen. Sie wollten in Zukunft zwar in der Kirche bleiben, doch in Selbständigkeit und Freiheit ihren Weg gehen und die Evangelisation und Gemeinschaftspflege wieder mehr in den Mittelpunkt ihrer Arbeit stellen.

In dem weiteren Verhältnis von Kirche und Gemeinschaftsbewegung hat es in der Folgezeit nicht an Spannungen und Auseinandersetzungen gefehlt. Das ist einmal darauf zurückzuführen, daß die Kirche aus den Wirren um die neue Verfassung mit einem starken Selbstbewußtsein hervorging und in Zukunft eine stärkere Abgrenzung gegenüber den Gemeinschaften verfolgte. Zum anderen regten sich vermehrt Stimmen innerhalb der Gemeinschaftsbewegung, die eine Loslösung von der Kirche anstrebten und eine selbständig organisierte Gemeinschaftsarbeit forderten. Der Gnadauer Vorstand nahm sich der äußeren Auseinandersetzungen mit der Kirche und der inneren Lösungstendenzen in vermittelnder Weise an. Unter Leitung des bewährten Vorsitzenden Walter Michaelis wollte die Gemeinschaftsbewegung ihre Selbständigkeit bewahren, dennoch eine innerkirchliche Bewegung bleiben und in der evangelistischen Wortverkündigung und der Sammlung von Gleichgesinnten ihren besonderen Auftrag erfüllen.

Der Gnadauer Vorstand wiederholte seine positive Einstellung zur Kirche, indem er im Jahre 1938 folgenden Beschluß veröffentlichte:

»Der Deutsche Verband für Gemeinschaftspflege und Evangelisation erstrebt nicht, Freikirche zu werden, sondern will Gemeinschaftspflege und Evangelisation innerhalb der Landeskirche treiben. Welchen Weg er geht, wenn es zu grundlegender Umgestaltung ihres volkskirchlichen Charakters kommen sollte, überläßt er der späteren Führung des Herrn. Wir bitten unsere Brüderräte, unsere Geschwister im Glauben an diese Führung zu stärken und damit vor separatistischen Einflüssen zu bewahren.«

Gerhard Ruhbach

Der Weg der Gemeinschaftsbewegung im Dritten Reich (1933–1945)

Die »Machtergreifung« Adolf Hitlers bedeutete für Deutschland und, wie sich herausstellen sollte, auch für die Welt eine tiefgehende politische Zäsur. Nicht nur die Weimarer Republik, weithin ungeliebt und halbherzig von der Bevölkerung anerkannt, war an ihr Ende gekommen, sondern offen und unwägbar war der Weg in die Zukunft geworden. Zwar hefteten sich vieler Zeitgenossen Hoffnungen an den neuen Führer und seine Partei, aber sprach man sie auf den Grund ihrer Hoffnung an, so kamen nichts als beredte Klagen über die Weimarer Vergangenheit und vage Erwartungen an die neue Regierung zu Worte. Eigentlich war das zu wenig für begründeten Optimismus; denn unbekannt waren Hitler und seine Gefolgsleute, weithin unbekannt auch die NSDAP als Partei und ihre Ziele. Nur der Schock von Versailles, die Geldentwertung und die Reparationen, die Wirtschaftskrise und die Massenarbeitslosigkeit machen es erklärbar, daß die Deutschen, zögernd zwar, wie die Wahlergebnisse zeigen, aber dann doch immer deutlicher den neuen Herren einen Blankoscheck für die Zukunft Deutschlands ausstellten. Niemand konnte sich vorstellen, daß sich eine legal zur Regierung gekommene Staatsführung derart gewissenlos über Gesetz, Recht und Menschlichkeit hinwegsetzen würde, wie es der nationalsozialistische Staat tat. Niemand vermochte zu glauben, daß entgegengebrachtes Vertrauen so schnöde enttäuscht und das Prinzip der Staatsraison so rücksichtslos zur Durchsetzung der eigenen ideologischen Interessen mißbraucht werden könnte. Eine solche Perversion von Staat, Politik, Recht, Gewissen und Menschlichkeit hat es in der Weltgeschichte noch nicht gegeben. Wenn ein so nüchterner Historiker wie Friedrich Meinecke vom Einbruch des »Dämonischen« spricht[1] und damit andere als die normalen Beurteilungskriterien anwendet, so ist das Ausdruck für das maßlose Entsetzen über das Geschehene, über diese zwölf Jahre Geschichte.

Die Kirchen und ihre Untergruppierungen haben sich zu dieser Zeit zunächst kaum anders verhalten als die anderen Institutionen der Gesellschaft auch. Die katholische Kirche stand 1918 wie 1933 noch unter dem Schock des Kulturkampfes und des Modernismusstreites. Angesichts der zunehmenden Säkularisierung ihrer Gemeindeglieder wollte sie nicht erneut in Konflikt mit dem Staat kommen, und nach anfänglicher Ablehnung der NSDAP war das Reichskonkordat vom 20. Juli 1933 der Anfang eines neuen Weges zwischen katholischer Kirche und Staat, auf den sich Vatikan und

Deutsche Bischofskonferenz bis eigentlich zum Kriegsende – wenn auch mit wachsenden Bedenken – zurückzogen.

Die evangelischen Kirchen hätten das problemlos gute Verhältnis von Thron und Altar auch nach 1918 gern fortgesetzt. Aber dies war nicht möglich; deshalb war beträchtliche Ratlosigkeit bei bleibender Staatsloyalität die Folge. Zwar war das Parteienspektrum, dem sich die protestantischen Wähler zuwandten, beträchtlich, aber nirgends war das Extrem im rechten oder linken Flügel anziehend und mehrheitsfähig, von Ausnahmen abgesehen. Die NSDAP hatte sich inzwischen als Partei der rechten Mitte profiliert. Daß der Protestant wie der Durchschnittsdeutsche überhaupt – das gilt auch und besonders für das Bildungsbürgertum – kein deutliches politisches Eigenengagement entwickelt hatte (»politisch Lied – ein garstig Lied«[2]) und deshalb in der Regel staatsloyal eingestellt war, hat eine lange Tradition.

Dies gilt auch für die Gemeinschaftsbewegung, für deren Mitglieder die Geltung von Röm 13,1ff. und 1Petr 2,13ff. nicht nur internalisiert war, sondern ständig ins aktuelle Bewußtsein gehoben wurde. So war in Kirche und Gemeinschaftsbewegung das Verhältnis zum neuen Staat zunächst durchweg positiv, bei den einen mit z. T. enthusiastischen Hoffnungen besetzt, bei den anderen eher nüchtern und sachlich. Daß in solcher Einstellung Probleme liegen, wissen wir heute, aber diese späte Einsicht darf nicht Beurteilungsmaßstab für Christen in einer so schwierigen Zeit sein, wie es die Jahre 1933 bis 1937 waren.

Adolf Hitler, am 30. Januar 1933 zur Macht gekommen, hat in seiner ersten Rede an die Bevölkerung eine Reihe von religiösen Wendungen eingeflochten und das Christentum »als Basis seiner gesamten Moral« bezeichnet. Auch seine Ansprache zur Eröffnung des neuen Reichstags am 5. März 1933 war mit einer Reihe religiöser Anspielungen durchsetzt. Daß sie in der Potsdamer Garnisonkirche gehalten wurde, erschien vielen Christen wichtiger, als Hitlers Lieblingsbegriff »Vorsehung« kritisch unter die Lupe zu nehmen. Am 23. März 1933 erklärte Hitler in seiner Regierungserklärung: »Indem die Regierung entschlossen ist, die politische und moralische Entgiftung unseres öffentlichen Lebens durchzuführen, schafft und sichert sie die Voraussetzungen für eine wirklich tiefe, innere Religiosität... Die nationale Regierung sieht in den beiden christlichen Konfessionen wichtige Faktoren der Erhaltung unseres Volkstums. Sie wird die zwischen ihnen und den Ländern abgeschlossenen Verträge respektieren; ihre Rechte sollen nicht angetastet werden... Die nationale Regierung wird in Schule und Erziehung den christlichen Konfessionen den ihnen zukommenden Einfluß einräumen und sicherstellen. Ihre Sorge gilt dem aufrichtigen Zusammenleben zwischen Kirche und Staat.«[3]

Damit erschien Hitlers christliche Grundeinstellung hinreichend artikuliert, und alsbald bildeten sich verschiedene, christlichem Wunschdenken entsprungene »Legenden«, die durch häufige Kolportage zwar immer ausführlicher, aber inhaltlich nicht besser und begründeter wurden, z. B. daß Hitler regelmäßig die Bibel und die Losungen der Herrnhuter Brüdergemeine lese, seine Entscheidungen im christlichen Geiste treffe und sein Auftreten als »göttliche Sendung« verstehe. Auch Zeitschriften des Gnadauer Verbandes, wie »Heilig dem Herrn«, der »Reichsgottesarbeiter« und das »Deutsche Gemeinschaftsblatt«, berichteten zu Beginn des Jahres 1933 in diesem Sinn.

Neu war für Kirche und Gemeinschaftsbewegung die Auseinandersetzung mit den »Deutschen Christen«. Gemeint ist damit ein vielfältig schillerndes und schwer zu erfassendes Phänomen[4], das nach 1918 unter dem Dach der Jugendbewegung mit verschiedenen Firmierungen entstand und 1929 von den Thüringer Pfarrern Siegfried Leffler und Julius Leuthäuser unter den Namen »Kirchenbewegung Deutsche Christen« gestellt wurde. Beide waren überzeugte Nationalsozialisten und Mitglieder der NSDAP, und nach der Überführung der Kirchenbewegung Deutsche Christen in die »Glaubensbewegung Deutsche Christen« unter Joachim Hossenfelders Leitung 1932 hätte deren Charakter eigentlich vielen Christen deutlich sein müssen. Doch lange zuvor hatte die Bezeichnung »Bewegung« die Assoziation an Erweckungsbewegung nahegelegt, und die Deutschen Christen haben diesen Eindruck von sich aus nachdrücklich verstärkt.[5] Dieser »Bewegungs«-Anspruch, der von allen starren Fixierungen weg zu neuen Ufern wies, hat viele ernsthafte Protestanten, auch in der Gemeinschaftsbewegung, fasziniert.

Der Vorstand des Gnadauer Verbandes unter der besonnenen und bewährten Leitung von Walter Michaelis, Pfarrer an der Neustädter Marienkirche in Bielefeld und Dozent an der Theologischen Schule in Bethel, hatte sich in den aufregenden Wochen vor und nach der Machtergreifung absichtlich zurückgehalten. Aber bald war eine Stellungnahme nicht mehr zu umgehen. Der Berliner Pfarrer Karl Jakubski (1880 bis 1940), seit 1931 Präses des Gemeinschaftsverbandes St. Michael und dadurch Mitglied des Gnadauer Vorstandes, schloß sich nicht nur der Glaubensbewegung Deutsche Christen, sondern auch der NSDAP als Mitglied an. Anfang Mai 1933 wurde er von Hossenfelder zum »Reichsreferenten für Gemeinschaftsbewegung und Jugendbund für Entschiedenes Christentum« ernannt; er nahm diese Beauftragung nicht nur hin, sondern bemühte sich intensiv, die Gemeinschaftsbewegung als Ganze in die Glaubensbewegung Deutsche Christen einzubringen. Er verfocht dieses Ziel mit aller ihm zu Gebote stehenden Beredsamkeit und Energie und fühlte sich als Vertrauensmann des von Hitler in Aussicht genommenen Reichsbischofs Ludwig Müller wie der Reichsleitung der Deutschen Christen überhaupt, obwohl offen bleiben muß, ob sein Anspruch auf einer persönlichen Fiktion oder einer tatsächlichen Beauftragung beruhte. Eines jedenfalls erscheint deutlich, daß Jakubski zu den vielen gehörte, die damals offenbar aus einer Mischung von Idealismus und Ehrgeiz, Frömmigkeit und Karrieredenken heraus nach vorne drängten und in unbegreiflicher Rücksichtslosigkeit ihre Position vertraten.

Im Juni 1933 hatte sich der Gnadauer Vorstand zunächst gegen einen Anschluß an die Deutschen Christen ausgesprochen. Nach deren überwältigendem Wahlerfolg im Juli 1933 war jedoch neu zu bedenken, wie der weitere Weg aussehen könnte und welche Konsequenzen aus der veränderten Situation gezogen werden mußten. Die Vorstandssitzung vom 15. und 16. August 1933, zu der Michaelis nach Berlin eingeladen hatte, stand im Zeichen beträchtlicher Ratlosigkeit. Blieb man bei der bisherigen Entscheidung, sich auch weiterhin von den Deutschen Christen fernzuhalten, so drohte womöglich die Auflösung des Gnadauer Verbandes. Ließ man sich aber auf die »Gleichschaltung« zur Reichskirche ein, so erschien der Verlust der inneren Unabhängigkeit nahezu zwangsläufig. Zwar gab es – drei Wochen nach den Kirchenwahlen – noch keinerlei konkrete Verlautbarungen von seiten der offiziellen Kirche gegenüber dem Gnadauer Verband, aber die neuen Herren waren sämtlich unbekannt und nur in ihrer Kampagne gegen Friedrich von Bodelschwingh unerfreulich aufgefallen. Für Walter Michaelis, einen engen Vertrauten Bodelschwinghs, war dies Warnsignal genug. Außerdem war niemandem klar, wie die Aktivitäten Jakubskis zu beurteilen waren und welche Rückendeckung er bei den Deutschen Christen hatte. Allgemein war man geneigt, ihm dort beträchtlichen Kredit zuzugestehen. So blieb der Vorstand ohne klare Position und inhaltliche Vorgaben, und als Jakubski während der Sitzung »Richtlinien für das Verhältnis von Kirche und Gemeinschaftsbewegung im Gnadauer Verband« verteilte, wurden diese zwangsläufig zum Gegenstand der Beratung. Alsbald zeigte sich, daß es dabei um die bekannten, zentralen Fragen der Auseinandersetzung ging:

1. Der Gnadauer Vorstand solle seine Stellung zu den Deutschen Christen positiv bestimmen.
2. Das Führerprinzip solle auch in der Gemeinschaftsbewegung gelten, Michaelis »Reichsgemeinschaftsführer« werden und »Gauleiter« erhalten, die nicht mehr wie bisher gewählt, sondern ernannt werden sollten.
3. Über die »Vertrauensklausel« solle der »Reichsgemeinschaftsführer« in ein frei akzeptiertes, aber dann verbindlich geltendes Abhängigkeitsverhältnis zum Reichsbischof treten.
4. Die zu benennenden »Verbindungsmänner« Gnadaus zur Reichskirche sollen nicht nur den Deutschen Christen, sondern möglichst auch der NSDAP angehören.

Diese Richtlinien wurden – nach intensiver und kontroverser Aussprache – schließlich mehrheitlich angenommen; allerdings lehnte schon jetzt eine beträchtliche Minderheit von dreizehn Vorstandsmitgliedern die Zustimmung ab.

Darin freilich war man sich einig, daß nun erst die Verhandlungen mit Reichsbischof und Kirchenbundesamt folgen müßten. Deshalb sollten sowohl die verteilten »Richtlinien« als auch die erfolgte Zustimmung zunächst geheim bleiben. Jakubski hielt sich allerdings – offenbar im Hochgefühl seines Erfolges – mitnichten daran; er korrespondierte mit diesem und jenem und berief vor allem – im Blick auf den letzten Bereich der Richtlinien – bereits »Gaureferenten für das Gemeinschaftswesen« und forderte diese auf, binnen acht Tagen auf der Ortsebene Verbindungsmänner zu finden und ihm diese namentlich bekannt zu geben.[7]

Diese Aktivitäten und das Schweigen des Gnadauer Vorstandes, der Michaelis weiterhin einstimmig im Amt bestätigt und beauftragt hatte, sämtliche Verhandlungen mit kirchlichen Stellen zu führen, mußte den Eindruck auslösen, als hätte Gnadau seinen Kurs geändert und sich zur Zusammenarbeit mit der neuen Kirche im neuen Reich entschlossen. Die einen gerieten nun in große Unsicherheit, die anderen schlossen sich der Glaubensbewegung Deutsche Christen einzeln und gelegentlich sogar korporativ an, wie der Sächsische Gemeinschaftsverband, der fränkische Verband Hensoltshöhe und der Jugendbund für Entschiedenes Christentum.[8] Aber mit der zunehmenden Auseinandersetzung wuchs in vielen Gemeinschaftskreisen auch die Überzeugung, daß Führerprinzip und Arierparagraph mit der biblischen Botschaft unvereinbar seien.

Inzwischen hatte die Generalsynode der Kirche der altpreußischen Union vom 5. bis 8. September 1933 in Berlin getagt und dem hellsichtigen Beobachter gezeigt, mit welcher Rücksichtslosigkeit gegenüber Andersdenkenden und mit welcher Hörigkeit gegenüber der Partei die Deutschen Christen ihre Macht zu gebrauchen gedachten. Wieder schob sich nun – durchaus unsicher, mit welcher Autorisierung – Karl Jakubski in den Vordergrund, am 14. September 1933 mit einem Brief an Michaelis und der Mitteilung, daß es nach der Ende September in Weimar zu erwartenden Berufung Müllers zum Reichsbischof »sicher zu erwarten sei, daß die Vertretung sämtlicher Gemeinschaftsverbände, Freikirchen usw. in meine Hand gelegt wird, nur die Art meines Amtes und meiner Stellung werden erst vom Reichsbischof bestimmt werden«[9]. Am 24. September 1933 ließ er in einem Rundschreiben an die Gemeinschaftspresse wissen, worin er seine künftige Aufgabe erblicke: »Der Reichsreferent für Gemeinschaftswesen, Pfarrer Jakubski, hat die Aufgabe, mit sämtlichen Gemeinschaften, Verbänden, Organisationen und Freikirchen wegen ihrer Eingliederung in die Kirche zu verhandeln. Welcher Verband also in der neuen Kirche Anerkennung finden will, hat hier die Stelle, an die er sich wenden kann. Der Gnadauer Verband hat bereits Verhandlungen angeknüpft. Andere Verbände sind bereits gefolgt. Sogenannte wilde Gemeinschaften und kirchen- und staatsfeindliche Sekten werden nicht geduldet... Grundvoraussetzung für das Weiterbestehen aller Gemeinschaftsverbände ist, daß mindestens 75% aller ihrer Vorstände bzw. Führerräte mit ausgesprochenen und bewährten Nationalsozialisten und Deutschen Christen bestellt sind«[10].

In konsequenter Anwendung des Führerprinzips wurde damit der rechtmäßige Vorsitzende Gnadaus auf kaltem Wege übergangen und »entmachtet«. Nun war die Stunde des Zauderns vorbei. Michaelis nahm die Herausforderung an und rief den Vorstand zu einer Sondersitzung auf den 27. und 28. September 1933 nach Berlin zusammen. Dieses Datum war taktisch geschickt gewählt, weil es mit der am 27. September 1933 tagenden Nationalsynode in Weimar zusammenfiel, an der Jakubski teilnehmen und daher am ersten Tag der Gnadauer Vorstandssitzung fehlen mußte.

In seinem Lagebericht begründete Michaelis ausführlich, daß er weder jetzt noch irgendwann Mitglied der Deutschen Christen und der NSDAP werden könne. Da die gegenwärtige Lage aber offenbar beides erforderlich mache, müsse er den ihm noch im August 1933 bestätigten Auftrag, den Gnadauer Verband zu leiten, dem Vorstand zurückgeben.

Längere Beratungen führten gleichwohl zu keiner Lösung: einerseits sprach der Vorstand Michaelis sein volles Vertrauen aus, andererseits wagte er aber nicht, einen, wie Michaelis vorschlug, eigenständigen und von allen Anlehnungen unabhängigen Weg zu gehen. Die Entscheidungsschwäche des Gnadauer Vorstandes in diesen Tagen war ein Spiegelbild für die Halt- und Ratlosigkeit vieler anderer verantwortungsbewußter Menschen und Christen in jener Zeit. Um dem Vorstand die notwendige Entscheidung zu erleichtern, stellte Michaelis nun mehrere Erfordernisse zusammen, »bei deren Erfüllung es ihm möglich sei, den Vorsitz weiter zu führen«:

- Daß 75 Prozent der Mitglieder in Gnadauer Leitungsgremien zu den Deutschen Christen gehören müßten, könne ebensowenig hingenommen werden wie die Anerkennung des Arierparagraphen.
- Die Landesverbände regeln auch in Zukunft ihr Verhältnis zu den Landeskirchen selbständig (und zwar ohne Einbeziehung des Reichsreferenten Jakubski).
- Weder der Reichsreferent noch die ihm unterstehenden Verbindungsmänner dürfen irgendein Anordnungsrecht innerhalb der Gnadauer Gemeinschaften haben. Der Vorsitzende des Verbandes koordiniert nach wie vor sämtliche Beziehungen zwischen den einzelnen Verbänden und der Reichskirchenregierung.
- Der Vorsitzende des Gnadauer Verbandes hat von schriftbegründeter

Einsicht her nach wie vor Recht und Aufgabe zur Kritik an der Glaubensbewegung Deutscher Christen, falls dies erforderlich sei.

Schließlich hat sich Michaelis schon zu diesem Zeitpunkt gegen den unberechtigten Ausschluß eines Vorstandsmitgliedes (Paul Wißwede) gewandt, weil sich Bruderschaft eher in der Treue zum Mitbruder als in der Öffnung gegenüber neuen Zeitgegebenheiten bewähre.

Jakubski, inzwischen von Weimar aus zur Sitzung dazugekommen, lehnte nahezu sämtliche Bedingungen ab, drohte den Vorstandsmitgliedern ernste Konsequenzen für den weiteren Weg Gnadaus an und erreichte damit die Ablehnung der Michaelis'schen Forderungen. Daraufhin trat Michaelis vom Vorsitz zurück, ließ sich aber bewegen, sein Amt bis zur kommenden Vorstandssitzung kommissarisch fortzuführen.[11]

Die nächsten Wochen fanden die Deutschen Christen auf siegesgewissem Kurs. Die Eingliederung der Landeskirchen in die Reichskirche und die feierliche Einführung des Reichsbischofs wurden vorbereitet. Einer der vielen Höhepunkte dieser bewegten Wochen war die Generalversammlung der Deutschen Christen des Gaus Groß-Berlin, die sogenannte Sportpalast-Kundgebung. Der Hauptredner Dr. Reinhold Krause forderte unter dem Thema »Die völkische Sendung Martin Luthers« die Befreiung des Gottesdienstes von allem »Undeutschen«, die Abschaffung des Alten Testaments »mit seiner jüdischen Lohnmoral und seinen Viehhändler- und Zuhältergeschichten«, die Einführung des »artgemäßen Christentums« wie die Entfernung aller »judenblütigen Menschen aus der Kirche« und nicht zuletzt den »Verzicht auf die Sündenbock- und Minderwertigkeitstheologie des Rabbiners Paulus«[12]. In dieser Rede war der Kompromißcharakter, den die bisherigen Richtlinien der Deutschen Christen enthielten, entschlossen aufgegeben und der Anschluß an Alfred Rosenbergs »Mythos des 20. Jahrhunderts« vollzogen worden. Krause führte seine vor Begeisterung tobende Zuhörerschaft aus dem Rahmen der christlichen Kirche in die enthusiastische Gläubigkeitsgemeinschaft der politischen Religion, in der es keinen Gott gab als den namenlosen Lebensstrom, dessen Verkünder Hitler und Rosenberg waren.

Diese Rede löste eine so nie erwartete, überall im Reich sich lauthals artikulierende Empörung aus. Der Pfarrernotbund forderte den Reichsbischof auf, sich von den Deutschen Christen völlig zu trennen und alle Mitglieder kirchlicher Behörden, die für die Sportpalast-Kundgebung verantwortlich waren, aus ihren Ämtern zu entfernen. Unter riesigem Zulauf wurden überall in Deutschland Protest- und Bekenntnisversammlungen abgehalten, in Augsburg z. B. unter Beteiligung von ca. 10000 Menschen. Am 19. November 1933 wurde auf vielen Kanzeln eine Erklärung verlesen mit dem Tenor: »Heidentum ist in den Raum der Kirche eingedrungen.« Von dieser Krise, in die die Deutschen Christen geraten waren, haben sie sich niemals wieder erholt. Die Partei selbst war von dem so plötzlich und in unerwarteter Richtung losbrechenden Volksempfinden derart beeindruckt, daß sie tatenlos zusah. Seit dieser Erfahrung wuchs allerdings bei den führenden Leuten der NSDAP der Entschluß, sich von den Deutschen Christen zu lösen und die evangelische Kirche durch sorgfältige Maßnahmen Schritt für Schritt zu entmachten.

Jedenfalls haben die Ereignisse vom November 1933 auch vielen Gemeinschaftsleuten die Augen geöffnet. Paul Wißwede verfaßte im Namen mehrerer Vorstandsmitglieder des Gnadauer Verbandes einen Aufruf an alle Gemeinschaftsverbände und rief zur klaren Trennung von den Deutschen Christen auf. Michaelis lud für den 12. bis 14. Dezember 1933 den Vorstand zu einer Sitzung nach Bad Salzuflen ein. Er begann die Zusammenkunft, geistlich wohlberaten, nicht mit einer Deutung der Berliner Vorgänge, sondern mit einer grundsätzlichen Besinnung darüber, ob allein die Heilige Schrift oder auch »weltgeschichtliche Ereignisse als Offenbarungsquelle« gelten können. Im Grunde sagte Michaelis in seinem Referat nichts anderes als bisher, aber nun hatten sich Einsicht, Stimmung und Situation geändert, und der Vorstand stimmte Michaelis mit großer Mehrheit zu. Er bestätigte ihn in seinem Amt, bekannte als Schuld, daß er sich nicht schon längst von den Deutschen Christen getrennt habe, und veröffentlichte eine Erklärung, daß und warum er sich nun von der Glaubensbewegung Deutscher Christen lösen und die Gemeinschaften des Verbandes aufrufen müsse, sich entsprechend zu verhalten.

In einer zweiten Verlautbarung »Gemeinschaft und Kirche« entschied sich der Vorstand nun auch für den eigenständigen Weg Gnadaus ohne Absicherung an der Reichskirche und durch die Reichskirche. Auch dieser Vorschlag von Michaelis wurde damit übernommen. Endlich war so die von vielen Gemeinschaftsleuten lang erwartete und schmerzlich vermißte Klarheit erzielt. Wie der zukünftige Weg verlaufen würde, blieb zwar unklar und mit mancherlei Risiken behaftet, aber die Richtung war deutlich und gewonnen durch Vergewisserung am Fundament und nicht, wie es bislang schien, durch ängstliches Schielen nach möglichen Konsequenzen. Es verdient der Hervorhebung, daß der Gnadauer Vorstand seine Abwendung von den Deutschen Christen ein halbes Jahr vor der Reichsbekenntnissynode von Barmen vollzog und daß die vorgebrachten Argumente einen ähnlichen Begründungsweg einschlugen, wie ihn später die Bekennende Kirche auch ging.[13]

Nach der Sportpalastrede Krauses entwickelte sich die »große« Kirchenpolitik im turbulenten Hin und Her. Der Reichsbischof Müller distanzierte sich mit voller Entschiedenheit von den Deutschen Christen und zog sich auf den Platz äußerster Rechtgläubigkeit zurück, aber zugleich lieferte er noch im Dezember 1933 – ohne jede äußere Notwendigkeit – das gesamte evangelische Jugendwerk Baldur von Schirach und seiner Hitler-Jugend aus.

Aufgrund mancherlei Proteste erließ er dann am 4. Januar 1934 »die Verordnung betreffs Wiederherstellung geordneter Zustände der DEK«, den sogenannten Maulkorberlaß, und forderte durch das Verbot der Kritik die Proteste ihm gegenüber nur noch weiter heraus. Am 25. Januar 1934 sollte beim Führer-Empfang der Kirchenführer die Absetzung Müllers endgültig ins Werk gesetzt werden, aber ein abgehörtes und verlesenes Telephongespräch, das Martin Niemöller geführt hatte – niemand der Anwesenden erhob übrigens gegen die Telephonkontrolle Einspruch –, veränderte die Situation wieder völlig. Hitler ergriff erneut Partei für den Reichsbischof und zwang die Kirchenführer zum gewundenen Rückzug.[14]

Das alles änderte aber nichts mehr an dem neu gefundenen Kurs Gnadaus. Am 16. Januar 1934 hatte Michaelis Reichsinnenminister Frick ein Telegramm geschickt und in ihm »dringend die süddeutschen Bischöfe in ihren Bemühungen um die Bildung der Reichskirchenleitung unterstützt«[15]. Im Gnadauer Gemeinschaftsblatt wurde schon im Frühjahr 1934 die Salzufler Erklärung veröffentlicht und ausführlich begründet. Nach dem Führerempfang der Bischöfe und deren erzwungener Solidarität mit Müller schrieb Michaelis ebendort:

»Durch die neuerliche Veränderung der kirchenpolitischen Lage infolge der Entschließung der Bischöfe wird an der Bedeutung und Geltung der Salzuflener Erklärung nichts geändert... Ihr Wesen hat nichts, gar nichts mit Kirchenpolitik zu tun. Es ist Kampf um die biblische Wahrheit, Abwehr bibelfremden Geistes.«[16]

Die mit dem Gnadauer Verband liierte »Vereinigung der Reichsgottesarbeiter« stellte sich Anfang Mai 1934 auf ihrer Jahresversammlung eindeutig hinter die Abweisung der Deutschen Christen, und die Gnadauer Pfingstkonferenz vom 22. bis 25. Mai 1934, ausnahmsweise als »Synode« und damit als »geschlossener Brüdertag« einberufen, unterstützte den eingeschlagenen Weg voll und ganz; ja, sie fand sogar ein Ja zu eventuellen finanziellen und existentiellen Konsequenzen für Leib und Leben, auch der eigenen Familie. Sie beschloß einmütig, was um der Bedeutung für die Zukunft willen wörtlich zitiert sei:

»Die in Bad Salzuflen in der Woche nach Pfingsten tagende Gnadauer Konferenz, die aus allen Teilen Deutschlands beschickt ist, stellt sich auf den Boden der Erklärung des Gnadauer Vorstandes vom Dezember vorigen Jahres und dankt dem Vorstand für diese von vielen ersehnte Botschaft. Die Gnadauer Konferenz lehnt die Bewegung Deutsche Christen ab, weil diese Bewegung nach wie vor in Lehre und Praxis im Widerspruch zur Heiligen Schrift steht. Die Konferenz bittet den Gnadauer Vorstand, die Leitung des Werkes entschlossen in der Linie der Salzufler Dezember-Erklärung weiterzuführen.«[17]

Schon bei der folgenden Sitzung (25. bis 26. Mai 1934) nahm der Vorstand diesen Auftrag (»weiterzuführen«) auf und beschloß, die Landes- und Provinzial-Brüderräte des Verbandes anzuschreiben: »In Verfolgung dieser Entschließung richtet der Gnadauer Vorstand nun an Sie die Bitte, dahin zu wirken, daß die Mitglieder Ihres Bruderrates, die zu den Deutschen Christen gehören, sich von ihnen lösen oder ihr Amt zur Verfügung stellen.«[18] Damit hatte sich die Einsicht und Entschiedenheit von Michaelis auf allen Ebenen Gnadaus durchgesetzt; das Bekenntnis zur Geltung der Schrift war mit deutlichen Konsequenzen verbunden. Selten zuvor wurde innerhalb der Gemeinschaftsbewegung auch nach außen hin so unüberhörbar gesprochen. Das Verdienst des Vorsitzenden W. Michaelis an dieser Entwicklung kann nicht hoch genug eingeschätzt werden.[19]

Die Salzuflener Erklärung hatte natürlich auch Folgen für das Verhältnis zu Karl Jakubski. Dieser war nicht nur in den Niedergang der Deutschen Christen nach der Sportpalast-Kundgebung hineingezogen, sondern hatte sich auch in drei Affären gegen Gnadauer Brüder, an denen er zumindest mitbeteiligt war, um alles Vertrauen gebracht: In den Vorgängen um Friedrich Heitmüllers Austritt aus der Landeskirche[20], in der Denunziation Joseph Gaugers bei der Gestapo[21] und schließlich in dem Versuch, über Bischof Oberheid und Ministerialdirektor Jäger die Eingliederung der Gemeinschaftsbewegung in die DEK zu erreichen[22]. Jakubski mußte wissen, daß er sich mit all diesen Winkelzügen um die Glaubwürdigkeit unter Brüdern gebracht hatte und daß damit die Basis für weitere Zusammenarbeit zerstört war. So war der Vertrauensentzug durch den Vorstand eine Art Selbstausschluß, für den Jakubski die Verantwortung trug. Der Gemeinschaft St. Michael überließ der Vorstand, einen anderen Vertreter in den Gnadauer Vorstand zu entsenden; dies geschah jedoch erst 1937. Damit war das »Kapitel« Jakubski für den Gnadauer Vorstand abgeschlossen, auch wenn dieser noch weiter gegen die Gemeinschaftsbewegung intrigierte.

Eine weitere Schwierigkeit, die Michaelis und der Gnadauer Verband zu bewältigen hatten, war die Klärung des Verhältnisses zur Jugendorganisation Gnadaus, zum Jugendbund für Entschiedenes Christentum (EC), der sich weithin unverhohlen positiv zur deutsch-christlichen Bewegung gestellt hatte. Das eigentliche Problem war aber auch hier eine Person, nämlich der Bundesdirektor Karl Gustav Schürmann, seit 1909 im Bundesvorstand, seit 1920 als Bundesdirektor des EC tätig. In den Weimarer Jahren nahm Schürmann eine klar ablehnende Haltung zur NSDAP ein und lehnte jede politische Betätigung von Jugendbündlern ab.[23] Nach der »Machtergreifung« veränderte sich allerdings seine Haltung, und er bat schon Anfang Mai 1933 den Hauptvorstand des EC – aufgrund seiner »eigenen, neugewonnenen, persönlichen Einstellung« –, die Satzung zu ändern und das Führerprinzip für den Bundesdirektor einzuführen, was denn auch mit großer Mehrheit geschah.

In den folgenden Wochen und Monaten war Schürmann sorgsam bedacht, dem Staat seine Ergebenheit zu demonstrieren. Auf der Reichstagung des EC-Verbandes vom 29. Juli bis 6. August 1933 in Dresden wurde sogar der Antrag durchgebracht, daß »der Bundesführer aus dem Kreis des deutschen Verbandes drei Männer seines Vertrauens als Führerrat ernennt, die sowohl der NSDAP als auch der Glaubensbewegung Deutsche Christen angehören«. Auf diese Weise hoffte Schürmann, den EC vor dem Zugriff des Staates bewahren zu können. Deshalb stand für ihn, umgekehrt wie bei Jakubski, die Zugehörigkeit zur NSDAP in der Regel vor der Mitgliedschaft bei der Glaubensbewegung Deutsche Christen; letztere wurde als unvermeidlich in Kauf genommen. Aber alles Liebeswerben war umsonst. Im Dezember 1933 wurde der EC mit der gesamten kirchlichen Jugendarbeit der Hitler-Jugend eingegliedert; praktisch bedeutete das, daß die EC-Arbeit an den über 18jährigen wie bisher fortgeführt werden konnte und lediglich die Mitgliedschaft der unter 18jährigen entweder aufgehoben oder mit Zustimmung der Eltern in eine Doppelmitgliedschaft überführt wurde.

Da diese Bestimmung nur für etwa ein Viertel der Mitglieder zutraf, konnte die normale EC-Arbeit weitergehen. Kein Wunder, daß sich – im Blick auf die häufig anzutreffende Personalunion von Gemeinschaftsleiter und Jugendbundleiter – bald die Frage stellte, ob sich der EC die Salzuflener Dezember-Beschlüsse des Gnadauer Vorstandes nicht ebenfalls zu eigen machen solle. Ein solcher Antrag wurde auf Betreiben Schürmanns vom Hauptvorstand am 26./27. Januar 1934 mehrheitlich abgelehnt unter dem Hinweis auf die grundsätzlich unpolitische Einstellung des EC. W. Michaelis legte daraufhin die Ehrenmitgliedschaft im EC nieder.

Mittlerweile lösten sich immer mehr Jugendbünde, z. T. ganze Landesverbände wie Ostpreußen und Schlesien, freiwillig auf, um der Zwangsmitgliedschaft in der Hitler-Jugend zu entgehen. Der Weiterbestand der EC-Arbeit ohne feste Organisation, einfach als »Gemeinschaftsjugend«, erschien und erwies sich tatsächlich als unproblematisch. Zwar hatte Schürmann die Vertreterversammlung am 20. Mai 1934 noch bei seinem Weg halten können, aber wenige Tage später stieß er bei der Salzuflener »Synode« auf solch massiven Widerstand, daß er schließlich nachgab. Die drei maßgeblichen Einigungen, denen Schürmann zustimmte und die den EC wieder auf die Gnadauer Linie brachte, lauteten:

- Das Führerprinzip wird aufgehoben.
- Der EC stellt sich hinter den Beschluß des Gnadauer Vorstandes vom Dezember 1933.
- Der EC nimmt eine zurückhaltende Stellung gegenüber der Reichskirchenleitung ein.[25]

Aber trotzdem, die neue Linie im EC mußte sich erst formieren und durchsetzen, und das brauchte Zeit und Kampf.[26] Trotzdem kann man sagen, daß seit der Pfingstkonferenz 1934, also noch vor der Barmer Bekenntnissynode, auch der EC wieder auf klarem Kurs war.

Schließlich bleibt zu fragen, wie sich die Gemeinschaftsbewegung zur Bekennenden Kirche verhalten hat. Zunächst verlief die Klärung des Gnadauer Wegs parallel zur Bildung und Konsolidierung der »Bekenntnisfront«. Das Mißtrauen gegenüber der Reichskirchenleitung war beiden gemeinsam, ebenso der Protest gegen die Sportpalast-Kundgebung. Aber ob Gemeinschaftsleute zum Pfarrernotbund gehörten, ist unsicher. Jedenfalls war es keine ins Auge fallende und besonders hervortretende Zahl. Dafür gab es mancherlei Unterschiede zwischen der »Bekenntnisfront« und dem Gnadauer Verband, z. B. in der unterschiedlichen Einschätzung der Kirche als gegebener und zu bewahrender Institution, in der verschiedenen Einstellung zum Bekenntnis, zum Amt etc. Hinzu kam, daß sich die kirchenpolitische Situation im Süden und Norden Deutschlands z. T. unvergleichlich anders darstellte, so daß man nicht pauschal vom Verhältnis zwischen Kirche und Gemeinschaftsbewegung sprechen kann.

Zwar gab es manche Stimmen, die für einen gemeinsamen Weg von Gnadau und Bekennender Kirche eintraten, aber die Unsicherheit gegenüber dem neuen Bündnispartner war doch beträchtlich. Konnte man mit den Liberalen, gegen die man sich bislang immer gewehrt hatte, plötzlich am gemeinsamen Strick ziehen?[27] Durfte man sich mit einer Pfarrerbewegung solidarisieren, wo Gnadau doch vor allem die Aktivierung des allgemeinen Priestertums der Glaubenden befördern wollte?[28] Nicht zuletzt war es Karl Barth selbst und sein Freundeskreis, dem gegenüber sich Bedenken einstellten. Hatte sich Barth selbst doch mehrfach unverblümt gegen die Pietisten ausgesprochen[29], und sein Protest gegen jede natürliche Theologie und Frömmigkeit, die totale Alternative von Glauben und Denken, zu der er seine Anhänger rief, war vielen nicht geheuer. Hinzu kam der oft rabiate, unduldsame Ton in der Argumentation, der oft lieblose, den Gegner zerschmetternde Stil der Auseinandersetzung und die oft penetrante Selbstsicherheit der Vertreter der sogenannten dialektischen Theologie.

Michaelis selbst war durch seine Freundschaft mit Friedrich von Bodelschwingh überzeugt, daß Neutralität nicht mehr möglich war, aber er erlebte in vielen Gesprächen mit, welche Bedenken von Bodelschwingh gegenüber der sich formierenden Bekennenden Kirche plagten und ihn daran hinderten, dieser beizutreten.[30] Seiner Auffassung nach ließ die radikale bruderrätliche Richtung über dem Protest gegen die Reichskirchenregierung und den Staat die Aufgaben des geistlichen Gemeindeaufbaus oft genug zurücktreten.[31] Seinen spezifischen Beitrag zum Kirchenkampf leistete von Bodelschwingh in der Gründung der »Arbeitsgemeinschaft der missionarischen und diakonischen Werke der DEK«, der er seit dem 25. Oktober 1934 führend angehörte und deren Zuordnung zur Reichsbekenntnissynode und dann zur »Vorläufigen Kirchenleitung« er in die Wege leitete. Die Arbeitsgemeinschaft erwies sich als nötig, weil der Centralausschuß für Innere Mission, das bisherige Koordinierungsorgan für alle diakonischen Einrichtungen und Werke der Kirche, mehrheitlich von den Deutschen Christen besetzt war. So war bereits die Gründung der Arbeitsgemeinschaft eine Option für die Barmer und Dahlemer Entscheidungen der Bekennenden Kirche, andererseits sollte diese Zugehörigkeit – wegen der vielfältigen Beziehungen zum Staat und zur Reichskirche allein im finanziellen Bereich – »in selbständiger Verantwortung« realisiert werden.

Schon im November 1934, vom 13. bis 15. November 1934 in Bad Salzuflen, beschloß der Gnadauer Vorstand jedoch mit großer Mehrheit:

- Welcher Verband sich noch nicht zu den Salzuflener Beschlüssen vom Dezember 1933 und Mai 1934 bekannt hat, möge das jetzt tun, oder er schließt sich selbst aus. »Eine andere Haltung ist mit der Mitgliedschaft im Gnadauer Verband nicht vereinbar.«
- Der Gnadauer Verband schließt sich der Arbeitsgemeinschaft der missionarischen und diakonischen Werke an.
- Der Gnadauer Verband schließt sich nicht korporativ der »Bekenntnisfront« an, aber er stellt den einzelnen Gemeinschaftsmitgliedern den Beitritt in die örtliche »Bekenntnisfront« frei. Ob die Vereinshäuser der Gemeinschaftsbewegung für Kundgebungen der Bekennenden Kirche zur Verfügung gestellt werden, wird ebenfalls grundsätzlich freigestellt, aber den Ortsvorständen zur Entscheidung überlassen. Will ein Gemeinschaftsmitglied im Bruderrat der Bekennenden Kirche mitarbeiten, so ist dies nur möglich, a) wenn im Bruderrat kein ausgesprochener Gegner der Gemeinschaft sitzt, b) wenn die übrigen Mitglieder sich ernsthaft zum Christus, den die Kirche bekennt, bekennen.[32]

Von den 38 Gnadauer Landes- und Provinzialverbänden schieden aufgrund dieses Beschlusses lediglich vier aus, von denen der »Deutsche Gemeinschafts-Diakonie-Verband« wegen seiner Größe allerdings ins Gewicht fiel.[33] So brachte dieser Beschluß sowohl nach innen wie nach außen die notwendige Klärung. Die Zugehörigkeit zur »Arbeitsgemeinschaft« ließ keinen Zweifel offen, auf welcher Seite Gnadau inhaltlich stand; der Verzicht auf korporativen Anschluß an die »Bekennende Kirche« ermöglichte es, daß die Gemeinschaftsbewegung bis zum Kriegsende Bestand und Leitung hatte. Viele Gemeinschaftschristen schlossen sich der Bekennenden Kirche an und gehörten örtlich und überörtlich auch zu den Bruderräten. Rüppel hat die führenden Gnadauer benannt, die bereits an der ersten Reichsbekenntnissynode in Barmen teilnahmen.[34] In Ostpreußen und im Rheinland war die Verbindung zwischen Bekennender Kirche und Gemeinschaftsbewegung besonders intensiv, vor allem deshalb, weil einzelne Personen beiden Gremien angehörten und so für selbstverständliche Querverbindungen sorgten.[35]

Aufgrund des immer klarer werdenden Weges ergaben sich also auch Trennungen und Scheidungen. Besonders der Sonderweg Krawielitzkis und des von ihm geleiteten Verbandes hat immer wieder Aufsehen erregt und vor Fragen gestellt. Nichteingeweihte Beobachter haben den Deutschen Gemeinschafts-Diakonieverband, wohl auch, weil er das größte Werk im Gnadauer Verband darstellte, bisweilen mit der Gemeinschaftsbewegung selbst identifiziert und ihren Weg im Dritten Reich pauschal und unverständig verzeichnet.[36] Aber ebenso besteht immer die Gefahr einer identifizierenden Parteinahme, die zu rasch versteht, entschuldigt und damit zu weiteren Mißverständnissen bzw. Verdächtigungen Anlaß gibt.[37]

In diesem Kapitel kann und braucht die Geschichte des Deutschen Gemeinschafts-Diakonieverbandes im Kirchenkampf nicht erneut nachgezeichnet zu werden. Das am 19./20. März 1946 von Krawielitzkis Nachfolger Arno Haun abgegebene Schuldbekenntnis[38] spricht von »Verfehlung, Ärgernis und der Bitte um Verzeihung«. Es genügt, wenn die bekannten Irrtümer knapp aufgezählt werden:

- Die Meinung, in totalen Zeiten einen neutralen Weg gehen zu können, war verfehlt.
- Die Übernahme des Führerprinzips, die positive Stellung zu den Deutschen Christen und die Unterstellung des Deutschen Gemeinschafts-Diakonieverbandes unter den Reichsbischof erwies sich als geistliche Fehleinschätzung der geistigen und politischen Situation.
- Das Beharren auf dem eigenen Sonderweg, der das Vandsburger und Marburger Werk für viele so attraktiv gemacht hat, der Selbstausschluß des Werkes aus dem Gnadauer Verband und das Verlassen der Gemeinschaft waren ein unbrüderlicher Akt.
- »Die besondere Botschaft« und der besondere Auftrag, den man gegenüber anderen Gemeinschaften zu haben glaubte, erwies sich als Einschränkung des Evangeliums, das dem ganzen Menschen gilt und keine Auswahl von Glaubensüberlieferungen zuläßt. In normalen Zeiten mag das besondere Glaubensgut nicht weiter auffallen und stören, aber in Entscheidungszeiten zeigt sich, was Spreu und Weizen ist, was Bestand hat oder nicht durchträgt. Die Alternative »Seelenrettung um jeden Preis« und »Wille Gottes um jeden Preis« ist keine wirkliche Alternative oder zumindest schief und deshalb unbrauchbar. So sehr Gott will, daß jedem geholfen, jeder gerettet wird, so wenig läßt sich Heil und Heilung, Inneres und Äußeres, private und öffentliche Verantwortung voneinander trennen.

Trotzdem sollte deutlich gesagt werden: Der Weg des Deutschen Gemeinschafts-Diakonieverbandes entsprach der traditionellen Beurteilung von öffentlich-politischen Fragen im deutschen Pietismus weit mehr als der Kurs, den Michaelis und der Gnadauer Verband steuerten.[39] Bei Michaelis steht der Verzicht auf Absicherung, der Aufbruch in die Eindeutigkeit, bei Krawielitzki die Orientierung am Überkommenen im Vordergrund. Insofern verdient Krawielitzki nicht Schelte, sondern Michaelis (und mit ihm die vielen anderen) hohe Anerkennung, daß sie die Unterscheidung der Geister gewagt haben, daß sie aus dem lebendigen, verantworteten Umgang mit der Heiligen Schrift zu notwendigen Entscheidungen und Scheidungen kamen und das rechte Wort zur rechten Zeit, die Vollmacht, andere zu überzeugen, und das Ja selbst zum Leiden fanden. Dies alles sind Kennzeichen von Kirche, wie sie sich in einer lebendigen Gemeinde seit eh und je finden. In diesem Zusammenhang sei daran erinnert, daß der Gnadauer Verband ein Zusammenschluß von 38 in sich selbständigen Verbänden war, die lediglich im Vorstand ihre Mitte und ihre Verbindung hatten. Daß es damals gelang, die weitaus meisten Verbände auf einen Kurs zu bringen, zeugt von der sammelnden Kraft des landeskirchlichen Pietismus in Deutschland wie von seiner biblischen Fundierung und Urteilskraft.[40]

Der Weg des Gnadauer Verbandes zwischen 1935 und 1945 war ein Weg der kleinen Schritte und der großen Mühsal. Im Sommer 1935 fand ein ausführliches Gespräch zwischen der Vorläufigen Kirchenleitung und dem Gnadauer Vorstand statt, auf Grund dessen die Vorläufige Kirchenleitung eine sehr verständnisvolle, freundliche Erklärung über das Verhältnis zwischen Gemeinschaftsbewegung und Bekennender Kirche formulierte.[41] Diese Erklärung ist aber auch Frucht des beharrlichen Mühens von W. Michaelis, die Gemeinschaftsbewegung auf landeskirchlichem Kurs zu halten. Wie in der Bekennenden Kirche gab es auch in Gnadau Christen, die den Weg in die Freikirche erwogen und zu einem kleinen Teil auch gingen: Von Heitmüllers Austritt aus der Kirche war schon die Rede, aber auch der Gemeinschaftsverband Schleswig-Holstein beabsichtigte 1939, sich der Freien Evangelischen Gemeinde anzuschließen, allerdings ohne seine Mitgliedschaft im Gnadauer Verband aufgeben zu wollen. Als Michaelis den Brüdern bedeutete, daß eine Doppelmitgliedschaft nicht möglich sei, blieb es beim Plan, und der Übertritt wurde nicht vollzogen. In München nahm eine Gemeinschaft den Übergang in die Methodistenkirche vor, aber das alles waren Ausnahmen, wenngleich symptomatischer Art. Im Jahr 1940 erhielt Michaelis eine vom »Geistlichen Vertrauensrat der DEK« – auf Grund äußerer Erfordernisse erbetene – Erklärung, die in ihrer grundsätzlichen Aussage und Bejahung der Gemeinschaftsbewegung als Element der Kirche weit über das ursprünglich Erbetene hinausging und eine kirchliche Anerkennung der Gnadauer Arbeit bedeutete, wie es sie so noch nicht gegeben hatte. Dieser Text sei wegen seiner damaligen und zukünftigen Bedeutung zitiert:

»Der Geistliche Vertrauensrat der Deutschen Evangelischen Kirche bestätigt hierdurch, daß der Deutsche Verband für Gemeinschaftspflege und Evangelisation (Gnadauer Verband) seit etwa 50 Jahren sich zur Aufgabe gemacht hat, innerhalb der zur Deutschen Evangelischen Kirche gehörenden Landeskirchen christliches Leben zu wecken und christliche Gemeinschaft zu pflegen. Er tut diese Arbeit satzungsgemäß auf dem Grund der Heiligen Schrift und der reformatorischen Bekenntnisse. Durch die Sammlung und Pflege solcher, die mit Ernst Christen sein wollen, dient die Arbeit der in ihm zusammengeschlossenen Landes- und Provinzialverbände einer von der Kirche von altersher anerkannten Aufgabe und verfolgt also evangelisch-kirchliche Zwecke. Aus der Satzung des Verbandes und aus der Praxis seiner Arbeit ergibt sich, daß er diesen Zwecken ausschließlich und unmittelbar dient.«[42]

Als der neu ernannte Kirchenminister Hanns Kerrl im Oktober 1935 den Reichskirchenausschuß »zur Wiederherstellung geordneter Zustände« in der DEK und ihren Gliedkirchen einsetzte, sollte es in diesem Rahmen auch eine Kommission für missionarische und diakonische Werke geben. Deshalb hatte der Gnadauer Vorstand zu beraten, ob und wieweit man zur Zusammenarbeit mit den Kirchenausschüssen bereit sei. Während an dieser Frage die Einheit der Bekennenden Kirche in Bad Oeynhausen zerbrach, blieb der Gnadauer Vorstand schon im Januar 1936 bei seinem bisherigen Weg und also einem Nein zur Zusammenarbeit. Das vorzeitige Ende der Kirchenausschüsse, das mit dem Rücktritt Zoellners gekommen war, gab dieser Entscheidung recht.

Die folgenden Jahre waren eine Zeit zunehmender Pressionen von seiten der Partei: Die Pressezensur führte zum Ende der meisten Zeitschriften, auch der des Gnadauer Verbandes, das Sammlungsgesetz zur Beschlagnahmung von Kollekten; ein Gestapo-Erlaß untersagte den Gemeinschaften Versammlungen, die seit eh und je in gemieteten Räumen stattgefunden hatten, und immer wieder wurden ganze Verbände wie einzelne Gemeinschaften über Besteuerungen und andere Maßnahmen schikaniert.

Als der Krieg ausbrach und viele Prediger und Gemeinschaftsleute eingezogen waren, als die Bombennächte auch zahlreiche Vereinshäuser in Schutt und Asche legten und die Gemeinschaftsarbeit überaus bedrohten, ging es zunächst um das »Überwintern«, aber bald um das nackte Überleben. Der nationalsozialistische Staat hatte seine Gewaltmaßnahmen gegenüber Kirchen (und ihren Gruppierungen) für die Kriegszeit eingefroren, aber was allen religiösen Gemeinschaften nach einem siegreichen Krieg bevorgestanden hätte, ließ sich an der Verordnung des Reichsstatthalters in Posen über die Religionsgesellschaften im Warthegau ablesen.[43] Seit 1942 bemühte sich der württembergische Landesbischof Wurm über das von ihm ins Leben gerufene »Kirchliche Einigungswerk«, die bedrängten Kirchen,

Gemeinschaften und Christen zu sammeln. In diesem Zusammenhang kam es auch zu ausgiebigen Gesprächen zwischen verschiedenen Kirchenführern und zunächst W. Michaelis, dann auch mit anderen leitenden Persönlichkeiten des Gnadauer Vorstandes, die im Blick auf einen Neuanfang nach dem Krieg eine gute, gemeinsame Basis zwischen Kirche und Gemeinschaftsbewegung erbrachten.

Blicken wir zurück und fragen nach den Einsichten und Erfahrungen, die die nationalsozialistische Ära dem Gnadauer Verband brachten:

- Es fällt auf, wie groß die Parallelität zwischen dem Weg der Gemeinschaftsbewegung und der Bekennenden Kirche im Kirchenkampf war. Am Anfang standen jeweils Unsicherheit und Verwirrung, die aber bald zu entschiedener Klarheit führten, bei der es – trotz mancherlei Anfechtungen – dann auch blieb. Freilich reagierte der Gnadauer Verband aufgrund seiner geistlichen Prägung viel einheitlicher (und zeitlich auch schneller), als es dem schwerfälligen Gebilde Kirche möglich war. Offenbar sind die Gnadauer Kursvorgaben – vor allem in der Drangperiode seit 1936 – von der Vorläufigen Kirchenleitung auch wohl beachtet worden. Die Wertschätzung, die Michaelis als Gesprächspartner fand, zeigt das ebenso wie die freundlichen Erklärungen der Bekennenden Kirche gegenüber dem Gnadauer Verband. Das noch 1938 erschienene dreibändige Werk »Rechtgläubigkeit und Frömmigkeit« war ein Gesprächsforum zwischen beiden Seiten und ein Zeichen für die wechselseitige Annäherung.
- Ebenso läßt sich feststellen, daß Bekennende Kirche und Gemeinschaftsbewegung bestimmte Fragen entweder nicht als so virulent angesehen haben, wie wir das heute tun, oder aber nicht imstande waren, sich ihnen angemessen zu stellen; gemeint ist die Judenfrage und der entweder unterbliebene oder zu verhalten geäußerte Protest gegenüber den Rechtsbrüchen des Staates. So entschieden man hier und dort die Irrlehre der Deutschen Christen, auch in den eigenen Reihen, abwehrte, so wenig wurde dieser Einspruch grundsätzlich und richtete sich gegen das Regime selbst. Dadurch ist es zwar zu mancherlei Schikanen gekommen, aber dabei auch geblieben. Widerstandskämpfer und Märtyrer hat es, soweit bekannt, im Gnadauer Verband nicht gegeben; zu groß war dafür der eingewurzelte Respekt gegenüber der Obrigkeit und ihrer biblischen Begründung. In der Judenfrage verhielt es sich ähnlich; so sehr man hüben und drüben jüdische und halbjüdische Mitarbeiter schützte und durchtrug, so wenig gab es, von verschwindenden Ausnahmen abgesehen, eine grundsätzlich kritische Äußerung zur nationalsozialistischen Rassenpolitik. All diese Fragen sind allerdings erst lange nach dem Zusammenbruch – unter dem Eindruck der furchtbaren Wirklichkeit des Holocaust – ansichtig geworden und dann auch zur Erörterung gekommen. Deshalb

sollte man mit nachträglichen Schuldzuweisungen an die Adresse der Dabeigewesenen zurückhaltend sein.

- Die evangelische Christenheit als ganze hatte noch in den dreißiger Jahren die Öffentlichkeitsverantwortung der Evangeliumsverkündigung entweder gar nicht oder nur unzureichend im Auge gehabt. Über den Horizont der eigenen Gemeinde und Kirche hinaus zu schauen, war den meisten Christen ungewohnt, auch in der Gemeinschaftsbewegung, aber keineswegs nur dort. Daß sich jedoch »weite Kreise der Gemeinschaftsbewegung in ... kritiklose Anpassung, vermeintliche Neutralität ... bzw. in die Privatsphäre der Innerlichkeit«[44] zurückzogen, darf so nicht länger behauptet werden. Immer wieder wird auch innerhalb des Gnadauer Verbandes deutlich vernehmbar die Frage nach der Öffentlichkeitsverantwortung gestellt und selbst der Konflikt mit den Brüdern im eigenen Lager in Kauf genommen.
- Ein ganz wesentlicher Ertrag des Kirchenkampfes sei zu Ende erwähnt: Gnadau hat beharrlich der Versuchung widerstanden, in den ruhigen Hafen der Freikirche überzuwechseln. Damit hat der Verband seine Liebe zur Kirche wie seine Bedeutung für die Kirche zum Ausdruck gebracht, aber andererseits auch mancherlei geistlich-theologische Stärkung und Bestätigung von seiten der Bekennenden Kirche erfahren. Kaum je zuvor war die wechselseitige Bezogenheit und Angewiesenheit von Kirche und landeskirchlichem Pietismus deutlicher als zu dieser Zeit. Diese Erfahrung ist in ihrer Bedeutung für das weitere Miteinander beider Institutionen noch nicht hinreichend gewürdigt worden.

Anmerkungen

1 F. Meinecke, Die deutsche Katastrophe, 1946, passim; vgl. dazu auch G. Ritter, Die Dämonie der Macht, [6]1948.

2 J. W. Goethe, Faust I, vgl. auch J. G. von Herder, Coalition, 1792: »Politisch Lied, ein böses Lied! So sagt das Sprichwort«; zum sprichwörtlichen Charakter der Sentenz vgl. J. Minz, Goethes Faust I, Stuttgart, 1901, S. 114.

3 G. Kretschmar (hg), Dokumente zur Kirchenpolitik des Dritten Reiches, Bd. I, München, 1971, S. 23 f.

4 Vgl. dazu K. Meier, Die Deutschen Christen, Göttingen, [3]1967 (Arbeiten zur Geschichte des Kirchenkampfes Ergänzungsreihe Bd. 3).

5 Vgl. dazu die Richtlinien der Glaubensbewegung »Deutsche Christen«, in: K. D. Schmidt (hg.), Die Bekenntnisse und grundsätzlichen Äußerungen zur Kirchenfrage des Jahres 1933, Göttingen, 1934, S. 135 f.

6 Zitiert in: E. G. Rüppel, Die Gemeinschaftsbewegung im Dritten Reich, Göttingen, 1969 (Arbeiten zur Geschichte des Kirchenkampfes 22), S. 108 f.

7 Vgl. Dokument 8 (Brief Jakubskis an A. Dallmeyer vom 19. 8. 1933) bei E. G. Rüppel, S. 245.

8 Vgl. dazu E. G. Rüppel, S. 81–100.

9 So bei E. G. Rüppel, S. 119.

10 Vgl. Dokument 9 bei E. G. Rüppel, S. 245 f.

11 Vgl. hierzu E. G. Rüppel, S. 120 ff.

12 Die Sportpalast-Rede, ein wichtiges Dokument dieser wirren Jahre, ist im vollen Wortlaut schwer zugänglich – aus verständlichen Gründen. Lediglich Reinhard Krause hat sie als Flugschrift im ansonsten unbekannten Verlag »Unsere Volkskirche« 1933 veröffentlicht und Joseph Gauger in seiner Chronik der Kirchenwirren (Gotthard-Brief 140 zum 13. 11. 1933, S. 102 f.) auszugsweise zitiert; auch im Gnadauer Gemeinschaftsblatt 13, 1934, 22–25 kommt sie im ausführlichen Stenogramm zu Worte.

13 Deshalb ist es unverständlich, wie Karl Kupisch schreiben konnte: »Selbst die sonst nur von einer ›unpolitischen Reich-Gottes-Verkündigung‹ redenden Pietisten in Kirche und Gemeinschaft beeilten sich, völlig instinktlos hinter, viele sogar vor dem braunen Fahnenwagen einherzumarschieren. So hat etwa der Gnadauer Gemeinschaftsverband unter dem Eindruck der gewaltigen Erlebnisse in seiner Spitze ein völliges Revirement vorgenommen, es unter dem neuen Eindruck des Sportpalast-Skandals – immerhin bedurfte es dessen – leise berichtigt...« (vgl. K. Kupisch, Die Nation vor Gott, in: Stimme der Gemeinde 11, 1959, 14). Ebenso unverständlich ist, warum die Schriftleitung der »Stimme der Gemeinde« den berechtigten Einspruch Max Fischers gegen Kupisch nicht abgedruckt hat. Dieser ist dann im Gnadauer Gemeinschaftsblatt veröffentlicht worden (vgl. Max Fischer, Gnadau im Kirchenkampf, Gnadauer Gemeinschaftsblatt 35, 1960, 22–25). Dieser Aufsatz ist in seiner Genese vom Vorstand des Gnadauer Verbandes (vgl. Protokoll 2/1959 und 5/1959) bedacht und überarbeitet worden; er ist also nicht nur als private Stimme von Max Fischer zu werten.

14 Ob man, wie später immer wieder geschehen, von der »Kapitulation, vom Versagen, vom verhängnisvollen Umfall der Bischöfe« sprechen darf, erscheint inzwischen eher

problematisch. Zwar war die Telephonaffäre unvorhergesehen, aber Martin Niemöller hatte Freunde und Gegner schon verschiedentlich durch seine Sprache provoziert.

15 Vollständiges Zitat bei E. G. Rüppel, S. 164.

16 W. Michaelis, Ging es um Kirchenpolitik oder um biblische Wahrheiten?, in: Gnadauer Gemeinschaftsblatt 13, 1934, S. 78f.

17 E. G. Rüppel, S. 185.

18 E. G. Rüppel, S. 186.

19 Vgl. dazu W. Michaelis, Erkenntnisse und Erfahrungen aus 50jährigem Dienst am Evangelium, Gießen, o. J. Durch seine Freundschaft mit Friedrich von Bodelschwingh, dem designierten und dann zurückgetretenen Reichsbischof, und dessen vielfältigen Verbindungen standen Michaelis allerdings auch Informationen und Austauschmöglichkeiten zur Verfügung, wie sie nur wenige andere gehabt haben. Bethel war während der gesamten Zeit der nationalsozialistischen Herrschaft ein Zentrum der Bekennenden Kirche und des kirchlichen Widerstandes im weiteren Sinn des Wortes.

20 F. Heitmüller gehörte lange zum Gnadauer Vorstand und war aufgrund seiner Persönlichkeit, seines Urteilsvermögens und seiner Veröffentlichungen sicherlich ein gewichtiger und einflußreicher Mann. Sein Austritt aus der Kirche, dem zwangsläufig der Ausschluß aus dem Gnadauer Verband folgte, konnte Signalwirkung für viele andere haben; vgl. zum ganzen E. G. Rüppel, S. 166ff.

21 Vgl. dazu E. G. Rüppel, S. 162f.

22 Vgl. dazu E. G. Rüppel, S. 172f.

23 K. G. Schürmann, Der ECler und die Politik, in: Führerheft 5, 1930, S. 261–263.

24 Vgl. E. G. Rüppel, S. 97f.

25 Vgl. E. G. Rüppel, S. 117. Schürmann machte seinen Platz als Bundesdirektor des EC zwar erst 1937 bei Eintritt in den Ruhestand frei, war persönlich offenbar bei seiner neutralen Linie geblieben und hat sich im Gnadauer Vorstand, wie es scheint, bis zu diesem Zeitpunkt immer wieder quergelegt, etwa in der Frage der Beteiligung an den Kirchenausschüssen.

26 M. Fischer spricht nicht von ungefähr von der »großen Not«, die der EC dem Gnadauer Verband machte (vgl. M. Fischer, Gnadau im Kirchenkampf, S. 25, Anm. 13.) E. G. Rüppel hat über den verschlungenen Weg, den der EC gegangen ist, ausführlich und sachkundig berichtet; vgl. S. 81–100, 174–184, 186–189.

27 Rudolf Bultmann und viele andere Universitätstheologen waren von Beginn des Kirchenkampfes an in der Bekennenden Kirche gewesen – mit allerlei Konsequenzen für Person und Arbeit bis hin zum Berufsverbot.

28 Dieser Zweifel war nicht so sehr konfessionell, also z. B. gegen die Lutheraner, gerichtet, sondern grundsätzlich gegen die Amtskirche als solche.

29 Vgl. dazu E. Busch, Karl Barth und die Pietisten, München, 1978.

30 Über das Verhältnis von W. Michaelis zu F. von Bodelschwingh lohnte sich eine eigene Untersuchung. Zu häufig und zeitlich in zu großer Nähe finden sich bei beiden ähnliche Überlegungen und Entscheidungen, als daß es sich dabei um reinen Zufall handeln könnte; vgl. dazu W. Brandt, Friedrich von Bodelschwingh 1877–1946, Bethel, 1967, S. 160, S. 248.

31 In einem Brief an Karl Immer formulierte Friedrich von Bodelschwingh 1935: »Ich kann eine Kanonisierung der Beschlüsse Barmen und Dahlem nicht billigen. Hier stellt Ihr menschlich, auf begrenzter Einsicht beruhende Beschlüsse in unerlaubter Weise

Ist es nicht... ein Mangel an einfachster Liebe und Dankbarkeit, wenn in Eurem Brief wohl in betonter Weise von den Bruderräten gesprochen, aber die Arbeit der Vorläufigen Kirchenleitung mit keinem Wort erwähnt wird?«

32 Vgl. dazu E. G. Rüppel, S. 204ff.

33 Die übrigen ausscheidenden Verbände waren Waldeck, Pommern und Thüringen. Alle Verbände sind nach dem Krieg, soweit möglich, – nach gewissen Verhandlungen – dem Gnadauer Verband wieder beigetreten.

34 Vgl. E. G. Rüppel, S. 203, Anm. 24; vgl. auch M. Fischer, Gnadau im Kirchenkampf, S. 24.

35 Vgl. E. G. Rüppel, S. 204f. und M. Fischer – H. J. Iwand, Wie wir uns fanden! Ein Wort zur Begegnung von Kirche und Gemeinschaft, Stuttgart, 1947.

36 Vgl. dazu z. B. die Äußerung K. Kupischs oben, Anm. 13.

37 Vgl. F. Mund, Theophil Krawielitzki. Ein Zeuge der neueren Erweckungs- und Diakoniegeschichte, Marburg, [2]1955, S. 185ff.

38 Vgl. dazu E. G. Rüppel, S. 208.

39 Zur Haltung des thüringischen und pommerschen Verbandes vgl. E. G. Rüppel, S. 213ff.

40 E. G. Rüppel hat in einem kleinen Abschnitt (S. 118ff.) über die »Neutralen« und deren Publikationen berichtet. Vielleicht muß noch deutlicher, als bei Rüppel geschehen, darauf aufmerksam gemacht werden, daß diese Äußerungen einen kleinen Ausschnitt des Gnadauer Meinungsspektrums darstellen und nicht als repräsentativ genommen werden dürfen.

41 Der bemerkenswerte Text ist abgedruckt bei E. G. Rüppel, S. 225.

42 Vgl. E. G. Rüppel, S. 232.

43 Vgl. dazu P. Gürtler, Nationalsozialismus und evangelische Kirchen im Warthegau (Arbeiten zur Geschichte des Kirchenkampfes 2), Göttingen, 1958, und E. G. Rüppel, S. 234.

44 So E. G. Rüppel in seinem »Ausblick«, S. 239.
Die sorgsame, differenzierte Untersuchung, die Rüppel vorgelegt hat, widerlegt dieses Urteil im Blick auf »weite Kreise der Gemeinschaftsbewegung« eigentlich auf Schritt und Tritt. Fast will es scheinen, als ob Rüppel auf der Schlußseite noch einen Kotau vor den Meinungsmachern und ihren Klischeeurteilen seiner Zeit machen wollte. Jedenfalls erscheint diese Feststellung bedauerlich und nicht haltbar.

Werner Paschko

Gnadau 1945 bis heute

Auf den folgenden Seiten wird der Versuch unternommen, die Geschichte des Gnadauer Gemeinschaftsverbandes vom Ende des Zweiten Weltkrieges bis heute in großen Strichen nachzuzeichnen. Dieser Zeitraum umfaßt über vier Jahrzehnte. Er ist ein beträchtliches Stück der hundertjährigen Verbandsgeschichte, das in der Länge fast an den ersten Abschnitt von 1888 bis 1933 heranreicht.

Über die Anfänge und die Entwicklung der Gemeinschaftsbewegung in Deutschland bis in die Zeit des Kirchenkampfes im nationalsozialistischen Staat hinein liegen mehrere Darstellungen, sogar wissenschaftliche Arbeiten vor. Demgegenüber bewegen wir uns mit der Geschichtsschreibung für das Ganze des Gnadauer Verbandes im Blick auf den hier betrachteten Zeitraum weithin auf Neuland. Das Geschehen dieser Zeit hat seinen Niederschlag in einer Fülle von Dokumenten gefunden – Vorstandsprotokolle, Schriftverkehr in vielen Aktenordnern, Zeitschriftenbände, Konferenzberichte, Referate, Bücher und Schriften –, die noch auf eine historische Aufarbeitung warten. Erst 1986 konnte die Sammlung und Ordnung des Gnadauer Archivs in Angriff genommen werden.

Eine spätere Geschichtsschreibung wird die Ereignisse und Entwicklungen der jüngsten Zeit im Zusammenhang der Gesamtgeschichte Gnadaus betrachten. Es ist wohl zu erwarten, daß dabei die Gemeinsamkeit der weiteren Entwicklung der Gemeinschaftsbewegung mit ihren Anfängen und die kontinuierlichen Linien ihrer Arbeit deutlicher zutage treten werden, als es für den Zeitgenossen häufig zu erkennen ist. Aus der Nähe gesehen und miterlebt, beeindrucken stark die Veränderungen und Herausforderungen der Gemeinschaftsbewegung, die sich in der bewegten Kirchengeschichte und allgemeinen deutschen Geschichte der Nachkriegszeit vorfindet. Vielfach haben die sich beschleunigenden Wandlungen in Gesellschaft, Kirche und Allianz auf das Geschehen im Gnadauer Verband eingewirkt, wie auch dieser je und dann auf die Ereignisse im protestantischen Raum Einfluß genommen hat. Von diesem Beziehungsgeflecht belastet und gefördert, hat der Gnadauer Verband sich gemüht, dem ihm gegebenen Auftrag nachzukommen und ihn voranzutreiben.

Aus der Gesamtgeschichte des Gnadauer Verbandes wird auch zu bedenken sein, ob nicht mindestens die innere Geschichte der Gemeinschaftsbewegung aus der Vorkriegszeit über den Nationalsozialismus und die Kriegszeit hinweg bis in die Mitte der sechziger Jahre reicht, wo eine

Phase tiefgreifender Wandlungen im deutschen Protestantismus einsetzte. Die grundlegenden Auseinandersetzungen um Bibel und Bekenntnis, das Auseinanderklaffen von Theologie und glaubender Gemeinde haben die Gemeinschaftsarbeit als Bibel- und Glaubensbewegung unmittelbar betroffen. Als innerkirchliche Bewegung war und ist der Gnadauer Verband in dieser Entwicklung herausgefordert, seinen ureigenen Auftrag, innerhalb der evangelischen Kirche evangelistisch-missionarisch und glaubenbewahrend tätig zu sein, nicht aus dem Auge zu verlieren. Vielleicht ist in der genannten Zeit die bedeutsamste Zäsur in der jüngeren Geschichte des Gnadauer Verbandes zu sehen.

Gleichwohl ist es gut begründet, wenn diese Darstellung nach dem Kriegsende 1945 einsetzt. Bedeutet doch der Zusammenbruch und die Teilung Deutschlands mit dem Verlust der Ostgebiete einen tiefen Einschnitt in den äußeren Bestand des Gnadauer Verbandes sowie in die praktische Durchführung der Gemeinschaftsarbeit auf Gnadauer Ebene. Das hat Hans von Sauberzweig in seiner Geschichte der Gnadauer Gemeinschaftsbewegung (Seite 319ff.) bereits dargestellt.

Der zur Verfügung stehende Raum zwingt von vornherein, diese Darstellung auf das Geschehen auf der Ebene des Gnadauer Gemeinschaftsverbandes zu begrenzen. Die darin liegende Einschränkung ist uns bewußt. Denn was Gemeinschaftsbewegung ist und bewirkt, das ist vor allem darin zu sehen, was vor Ort geschieht. Wo sich Menschen um die Bibel zusammensetzen und in ihrem Lebensbereich den Glauben bezeugen, wo Gemeinschaften in ihren örtlichen Kreisen jüngere und ältere Menschen sammeln, wo sie evangelisieren, durch Hauskreise, Freizeiten, Schriftenmission und andere Aktivitäten unter Gebet ihren stetigen und treuen Dienst tun. Gemeinschaftsarbeit findet statt, wo diese Arbeit vor Ort in bezirklichen Zusammenschlüssen und regionalen Verbänden und Werken geplant und gefördert wird, nicht zuletzt durch Zurüstung haupt- und ehrenamtlicher Mitarbeiter.

Dieser Bereich der praktischen Gemeinschaftsarbeit bleibt in unserer Darstellung auftragsgemäß und von der Möglichkeit her außer Betracht. Der Leser kann, muß aber auch auf die Einzeldarstellungen verwiesen werden, die viele dem Gnadauer Verband angeschlossene Verbände und Werke in der Regel anläßlich besonderer Jubiläen herausgebracht haben. Die vorliegende Darstellung will die Entwicklung des Gesamtverbandes beschreiben und hofft etwas davon sichtbar zu machen, wie Gott die Gemeinschaftsbewegung in jüngerer Zeit geführt und für sein Reich gebraucht hat.

Die ersten zwei Jahrzehnte der Nachkriegsgeschichte

Wiederbeginn nach dem Zusammenbruch

Für den 19. bis 21. März 1946 konnte der Präses des Gnadauer Verbandes, D. Michaelis, zum ersten Male nach dem Kriege zu einer Vorstandssitzung einladen. Diese Sitzung fand in Treysa statt und wurde von 34 Brüdern aus 25 Verbänden und Werken besucht. Mit dieser Zusammenkunft wurde die kriegsbedingte Unterbrechung der Arbeit des Gnadauer Verbandes beendet. Die letzte der bis dahin jährlich mindestens zweimal durchgeführten Vorstandssitzungen hatte im März 1944 in Görlitz stattgefunden. Tatsächlich aber war die klaffende Lücke im gemeinsamen Erleben der »Gnadauer« noch gravierender. Denn die letzte Gnadauer Pfingstkonferenz lag schon fünf Jahre zurück. Und die regelmäßige Information durch das Gnadauer Gemeinschaftsblatt war bereits im Frühjahr 1941 abgerissen, als das Blatt sein Erscheinen einstellen mußte – aus »kriegswirtschaftlichen Gründen«, so hieß das damals.

Die Sitzung in Treysa stand im Zeichen der Not der Stunde und der Gnade des neuen Anfangs. »Noch nie sind wir zu einer Sitzung Gnadaus durch ein Deutschland gereist, auf dem Gottes Hand so schwer lag, wie wir es heute vor Augen haben«, so begann der Präses seinen Bericht zur Lage. Er sprach von dem entmächtigten Deutschland unter dem Haß und der Verachtung der Völkerwelt, von der am Boden liegenden Industrie, den geräumten und noch von Abtrennung bedrohten Gebieten, von der Aufteilung unseres Landes in Zonen, die sich zum Teil hermetisch abschlossen, von Hunger, zertrümmerten Städten, von Millionen vertriebener Landsleute.

Aber in der Tiefe des offenbar gewordenen Gerichtes Gottes leuchtete auch die Verheißung des Evangeliums auf. Michaelis zitierte aus einem Brief Karl Barths: »Wo sollte Gott näher, gegenwärtiger, in aller Verborgenheit herrlicher, wo sollte er zum Helfen, Erretten, Befreien, Segnen bereiter sein als da, wo er so gewaltig gerichtet und erniedrigt hat?« Die Botschaft des Evangeliums, wie der Sünder Gnade vor Gott erlangt, und die Aufgabe, sie in diese Zeit hineinzusagen, stand den Brüdern vor Augen.

In Dankbarkeit stellte man fest, daß Gott den Gnadauer Verband durch die Zeit des Nationalsozialismus als Organisation erhalten und trotz mancher Einschränkungen und Belastungen ihm die Möglichkeiten, in Evangelisation und Gemeinschaftspflege tätig zu sein, belassen hat. Allerdings hatten die Ereignisse auch im Gnadauer Verband herbe Einbußen und einschneidende Veränderungen zur Folge. Am schmerzlichsten war der völlige Verlust der Ostgebiete (Ost- und Westpreußen, Pommern jenseits der Oder, Schlesien). Die Teilung unseres Landes brachte für die Verbände in der russisch besetzten Zone die Notwendigkeit eines eigenen Zusammenschlusses und zunehmende Erschwerung der Zusammenarbeit mit dem Gnadauer Verband im Westen. Davon wird noch zu reden sein. Wie groß der Blutzoll der Gemeinschaftsbewegung in Krieg und Vertreibung war, entzieht sich unserem Einblick. Im Westen hatte der totale Luftkrieg große Verheerungen angerichtet. Eine 1948 angefertigte unvollständige Übersicht (die Angaben von 12 Verbänden fehlten) zählt 80 Gemeinschaftshäuser und 11 Gemeinschaftssäle, die völlig zerstört, 8 Gemeinschaftshäuser und 9 Gemeinschaftssäle, die erheblich beschädigt waren. Unbeschreiblich war die Not der vertriebenen Geschwister, die Heimat, Habe und Angehörige verloren hatten und nun in den Orten der Zuflucht die Gemeinschaft suchten oder auch neue Gemeinschaften bildeten. Andererseits hat ihr Glaubenszeugnis aus erlittener Trübsal unermeßlichen Segen in die Gemeinschaftsarbeit der Nachkriegsjahre gebracht.

Die äußere Not forderte zu Hilfsmaßnahmen heraus. Mit Mitteln aus kirchlichen und Allianz-Hilfswerken, aber auch aus einer 1948 begründeten »Gnadauer Gemeinschaftshilfe« entwickelte sich eine reiche Liebestätigkeit. Der Lastenausgleich zwischen Stadt und Land sollte sich auf der Ebene der Verbände vollziehen. Die zentral gesammelten Mittel konzentrierten sich zunehmend zur Hilfe in den Osten, wo die Versorgungslage erheblich bedrohlicher war.

Neben dieser elementaren Liebestätigkeit nahm der Gnadauer Vorstand mit seiner Sitzung im März 1946 entschlossen die Verbandstätigkeit auf. Von dieser ersten Sitzung an fanden bis Ende der sechziger Jahre mit drei Ausnahmen jährlich drei Vorstandssitzungen statt. Diese Sitzungen sind die Vertreterversammlung der im Gnadauer Verband zusammengeschlossenen Verbände und Werke. Als durch Satzungsänderungen, die aus vereins- und steuerrechtlichen Gründen bald nötig wurden, für diese Sitzungen der Begriff »Mitgliederversammlung« in die Satzung einzog, beschloß man im Februar 1955, intern die Bezeichnung »Gnadauer Vorstand« beizubehalten. Darin drückte sich das Gewicht dieses Gremiums für die Arbeit des Gnadauer Verbandes aus.

Die Leitung des Gnadauer Verbandes

Der Vorsitzende des Verbandes, D. Walter Michaelis, war zum Zeitpunkt der ersten Sitzung bereits 80 Jahre alt. Nach einer ersten Amtsperiode von 1906 bis 1911 hatte er die Geschicke des Gnadauer Verbandes seit 1919 als Präses durchgehend geleitet. In der ersten Vorstandssitzung nach dem Kriege stellte er sein Amt zur Verfügung, da er unter den schwierigen äußeren Verhältnissen die erforderliche Reisetätigkeit nicht mehr ausreichend wahrnehmen konnte. Die Brüder des Vorstands meinten, in den entscheidenden Jahren des Neuanfangs nach dem Kriege seine Leitungsgaben nicht entbehren zu können, und baten ihn um seinen weiteren Dienst. So hat D. Michaelis bis zum Januar 1952 das Präsesamt geführt († 9. 10. 1953). Zu seiner Hilfe berief der Gnadauer Vorstand einen Generalsekretär: Hermann Schöpwinkel, Offenbach, der sein Amt 14 Jahre innehatte, bis er es 1960 an Heinrich Uloth abgeben konnte.

Nach einem Jahr der Geschäftsführung durch den zweiten Vorsitzenden wurde im Februar 1953 Pfarrer Hermann Haarbeck, Direktor der Evangelistenschule Johanneum, zum Präses des Gnadauer Verbandes gewählt. Dieser hat sein Amt bis zur Wahl seines Nachfolgers, Pfarrer Kurt Heimbucher, im Februar 1971 geführt.

Bestand des Gnadauer Verbandes

Die Teilnehmerliste der ersten Vorstandssitzung führt noch 39 dem Gnadauer Verband angeschlossene Verbände und Werke auf. Nach einem Beschluß vom September 1946 sollten die Brüderräte der verlorengegangenen Ostprovinzen einstweilen noch das Vertretungsrecht im Gnadauer Vorstand behalten. In der ersten Zeit haben aus einigen dieser Verbände auch leitende Brüder, die nach der Flucht im Westen Zuflucht gefunden hatten, an den Vorstandssitzungen teilgenommen. Tatsächlich aber verringerte sich die Zahl der Gnadauer Regionalverbände um fünf, die faktisch nicht mehr existierten.

Durch den Zusammenschluß dreier Verbände in und um Berlin wurde die Anzahl der Mitgliedsverbände weiter reduziert. 1959/1960 mußten die Gemeinschaftsverbände in der DDR wegen der sich verändernden politischen Situation offiziell aus der Mitgliedschaft des Gnadauer Verbandes-West herausgelöst werden. Dadurch wurde der Umfang des Gnadauer Verbandes weiter verkleinert.

Dagegen sind in diesem Zeitraum auch Mitgliederaufnahmen zu verzeichnen: Bereits im September 1945 trat die Leitung des Deutschen Gemeinschaftsdiakonieverbandes (DGD), der 1935 wegen seiner vom Gnadauer Verband abweichenden Stellung zur »Glaubensbewegung Deutsche Christen« aus dem Verband ausgetreten war, mit der Bitte um Wiederaufnahme an den Gnadauer Vorstand heran. Die sich daran anschließenden Gespräche führten im Juli 1946 zum Wiedereintritt des DGD in den Gnadauer Verband. Man wollte die zurückliegenden notvollen Auseinandersetzungen in der Zeit des Nationalsozialismus »in Gottes Vergebung begraben wissen«. Die rückhaltlose Wiederherstellung der brüderlichen Gemeinschaft und Zusammenarbeit ehrt die Brüder, die auf beiden Seiten an diesem Schritt mitwirkten. Andererseits förderte dieser geistliche Akt nicht die geistig-theologische Klärung des Geschehens, die wegen des geringen zeitlichen Abstandes damals sicher auch noch nicht möglich war. Die Untersuchung der Verhandlungen in der Nachkriegsgeschichte Gnadaus zeigt, daß eine gemeinsame Aufarbeitung der geschichtlichen und theologischen Fragen, die den damaligen Konflikten zugrundelagen, nicht erfolgte, da niemand an alte Wunden rühren mochte.

Die Evangelistenschule Johanneum wurde im September 1946 in die Mitgliederliste des Gnadauer Vorstandes aufgenommen. Im Februar 1949 beschloß der Vorstand, daß die Evangelische Missionsschule Unterweissach (früher Preußisch-Bahnau) Sitz und Stimme im Gnadauer Verband haben soll. 1950 wurde der Bessarabische Gemeinschaftsverband (später Gemeinschaftsverband Nord/Süd benannt) in Gnadau aufgenommen. 1953 konnte neben dem Gnadauer Arbeitskreis Hamburg der Christliche Missionsverein für Österreich und 1959 der Nederlandse Christelijke Gemeenschapsbond als Mitglied des Gnadauer Verbandes begrüßt werden. Damit wurde die Ausdehnung des Gnadauer Verbandes über die Grenzen der Bundesrepublik hinaus, die mit der Zugehörigkeit der Pilgermission St. Chrischona seit langem bestand, wesentlich erweitert.

Ab 1954 wurden der Gnadauer Posaunenbund, das Brüderhaus Tabor und das Liebenzeller Missionsseminar als Glieder des Gnadauer Verbandes geführt. Von 1958 an zählt die Gnadauer Brasilienmission als Verbandsmitglied, und 1964 wurde die Aufnahme der Süd-Osteuropa-Mission beschlossen. Damit war die Anzahl der Gemeinschaftsverbände und Werke im Gnadauer Verband in der Mitte der sechziger Jahre wieder auf 39 gewachsen.

Die weitere Entwicklung der Mitgliedschaft des Gnadauer Verbandes wird der Übersicht halber an dieser Stelle aufgeführt. Es wurden in Gnadau aufgenommen:

1967 der Taschenbibelbund,
1969 das Blaue Kreuz in Deutschland,
1970 das Bibelseminar der Evang. Gesellschaft in Deutschland,
1974 der Gemeinschaftsverband linker Niederrhein, der Scharnsteiner Bibelkreis (Österreich) und der Starkenburger Gemeinschaftsverband,
1976 der Stadtmissionsverband Frankfurt – nachdem sich der Gemeinschaftsbund Rhein-Main-Gau aufgelöst hatte –,
1982 die Deutsche Zeltmission und
1986 der Bruderkreis Burgambach.

In das Jubiläumjahr geht der Gnadauer Verband mit einer Mitgliedschaft von 30 Gemeinschaftsverbänden, 11 Werken und 6 Ausbildungsstätten.

Gnadau-Ost

Für die im russisch besetzten Teil Deutschlands befindlichen Verbände zeigte sich gleich nach dem Kriege, daß wegen der besonderen politischen Situation die Gemeinschaftsarbeit dort nur als »kirchliche« Arbeit weiterzuführen war. Die Gnadauer Vorstandssitzung im März 1946 anerkannte die Notwendigkeit eines Zusammenschlusses zum »Ostdeutschen Zweig des Gnadauer Gemeinschaftswerkes innerhalb der EKD«. Sie wählte den Missionsdirektor der Berliner Stadtmission, Pastor Hans Dannenbaum, als Vorsitzenden für den ostdeutschen Zweig und beauftragte ihn mit der Bildung dieser Neuordnung. Am 3. Juni 1946 konstituierte sich der Vorstand des Ostwerkes, dem neben Inspektor Arthur Mütze als zweitem Vorsitzenden Vertreter der Gemeinschaftsverbände und Werke im Osten und in Berlin angehörten.

Zu gleicher Zeit berief der Bischof von Berlin, D. Dibelius, Pastor Dannenbaum als Referenten für die Gemeinschaftsarbeit in die Kirchenkanzlei. Ab 1947 übernahm Arthur Mütze den Vorsitz in diesem Zusammenschluß, der später den Namen erhielt »Evangelisch-kirchliches Gnadauer Gemeinschaftswerk in der DDR«.

Die so zusammengeschlossenen Gemeinschaftsverbände im Osten gehörten gleichzeitig weiterhin als Mitglieder zum Gnadauer Gesamtwerk. Die Vertreter dieser Verbände konnten in den ersten eineinhalb Jahrzehnten nach dem Kriege mit erstaunlicher Regelmäßigkeit an den Vorstandssitzungen teilnehmen. Es wurde dankbar vermerkt, daß der Gemeinschaftsarbeit im Osten in den ersten Jahren Raum gelassen wurde. Die Schwierigkeiten bestanden in der bedrängenden äußeren Not, dem Fehlen jeglichen Materials für die Arbeit und dem Mangel an hauptamtlichen Predigern, der sich zunehmend verstärkte. Aus dem Westen setzten vielfältige Hilfsaktionen ein, nicht nur mit Lebensmitteln, sondern auch mit Zeitschriften, Liederbüchern und anderem Material. In den ersten Jahren konnte auch personelle Hilfe gewährt werden, indem Brüder aus den Ostverbänden auf den westlichen Gnadauer Ausbildungsstätten studieren und dann in ihre Verbände zurückkehren konnten.

Bald aber änderte sich die Lage. Der Arbeit im östlichen Bereich wurden zunehmend Einschränkungen auferlegt, sehr bald im Blick auf die Jugendarbeit. Ab 1950 durften westlich lizenzierte Schriften nicht mehr in den Osten eingeführt und dort verbreitet werden. Die Arbeit wurde strenger überwacht. Die vorübergehende Verhaftung einiger verantwortlicher Brüder beunruhigte. Einladungen zu Konferenzen in den Westen Berlins wurden übel vermerkt. Die Bezirksarbeiten der Berliner Stadtmission im Ostsektor durften nicht mehr aus dem Westen geleitet werden. Im Jahr 1953 wurde die Gemeinschaftsarbeit in Berlin geteilt, die Westberliner Gemeinschaften wurden vom Ostwerk getrennt. Diese Entwicklung führte dazu, daß im Osten eigene Gnadauer Konferenzen durchgeführt werden mußten. Die Predigerausbildung mußte stärker in die eigene Hand genommen werden (Paulinum; später Bibelschule Falkenberg). 1952 konstituierte sich die Gnadauer Predigerbruderschaft-Ost. Durch den Predigermangel wurde der Einsatz von ehrenamtlichen Mitarbeitern verstärkt. Die Mitarbeiterschulung erhielt einen hohen Stellenwert.

1957 wurde aus der DDR berichtet, daß die Bedrängnisse kirchlicher Arbeit von staatlicher Seite insgesamt eine geistlich-missionarische Konzentration des kirchlichen Engagements auf allen Ebenen zur Folge hatte. Die empfindlichen Einschränkungen gestalteten auch die Gemeinschaftsarbeit im Osten konzentrierter, einheitlicher, gemeindebezogener und auf das Eigentliche und Zentrale gerichtet. Zur Stützung der Situation mußte der Gnadauer Verband im Februar 1958 den Beschluß fassen, daß Prediger aus der DDR, die sich nach dem Westen abgesetzt hatten, hier nur angestellt werden konnten, wenn sie mit ausdrücklicher Zustimmung des Ostwerkes herübergekommen waren. Der Zusammenhang der Gemeinschaftsarbeit im Osten mit Gesamtgnadau blieb gewahrt, wenngleich eine organisatorische Selbständigkeit und Eigengestaltung der Arbeit unerläßlich wurde.

Mit dem Schließen der Grenzen und dem Mauerbau in Berlin im Jahr 1961 änderte sich die Situation schlagartig. Die Vertreter der Gemeinschaftsverbände im Osten konnten nun nicht mehr an den Gesamtgnadauer Zusammenkünften in der Bundesrepublik teilnehmen. In den folgenden Jahren konnten nur noch solche Gäste aus der DDR begrüßt werden, die als Rentner in der Bundesrepublik zu Besuch weilten. Die Kontakte der äußerlich getrennten Bereiche verlagerten sich in dieser Zeit vor allem darauf, daß Vorstandsmitglieder aus dem Westen durch Tagesbesuche in Ostberlin die Verbindung aufrechterhielten. Die oft mühevollen Wege zueinander haben in jenen Jahren das kostbare Gut der Gemeinschaft und der Zusammengehörigkeit desto wertvoller gemacht.

Durch den Wandel in der Kirchenpolitik der DDR trat ab 1977 abermals ein Wechsel ein. Von da an konnten Vertreter aus dem Evangelisch-kirchlichen Gnadauer Gemeinschaftswerk in der DDR als offizielle Delegationen regelmäßig an den Konferenzen und Vorstandssitzungen Gesamtgnadaus teilnehmen, wie auch Delegationen aus der Bundesrepublik in die DDR einreisen konnten.

Eine ausführliche Darstellung zur Geschichte der Gnadauer Gemeinschaftsarbeit in der DDR hat Hans-Joachim Martens in dem Jubiläumsbuch veröffentlicht, das zum hundertjährigen Gnadauer Jubiläum in der DDR herausgegeben wurde.

Die Gnadauer Konferenzen

Ein tragendes Element der Arbeit des Gnadauer Verbandes war von Anfang an die Gnadauer Pfingstkonferenz, eine Lehrkonferenz. Die erste Pfingstkonferenz nach dem Kriege fand im Juni 1947 statt. Tagungsort für diese mit großer Regelmäßigkeit jährlich stattfindende Konferenz war für genau drei Jahrzehnte Frankfurt/Main (mit einer Ausnahme: die Pfingstkonferenz 1950 wurde in Bad Salzuflen durchgeführt), ab 1959 das neuerbaute Dominikanerkloster.

Über lange Zeit (1947–1971 und 1974–1980) wurde außerdem jährlich eine Herbstkonferenz abgehalten. Diese hatte mehr den Charakter einer Glaubenskonferenz und fand als »Wanderkonferenz« an verschiedenen Orten der Bundesrepublik statt, von Böblingen bis Elmshorn.

Das Gnadauer Schrifttum

Im Oktober 1947 konnte das Gnadauer Gemeinschaftsblatt (GGB) zum ersten Mal wieder erscheinen. Von da an bis auf diesen Tag hat dieses wichtige Verbindungsglied der weitgefächerten Gnadauer Gemeinschaftsbewegung ohne Unterbrechung monatlich seine Informationen vermittelt. Die Schriftleitung im ersten Jahrgang übernahm Inspektor Alfred Roth. Ab 1. Juli 1948 wurde diese Aufgabe P. Walther Zilz übertragen. Bis Januar 1951 zeichnete Generalsekretär Hermann Schöpwinkel als Lizenzträger für die Herausgabe verantwortlich.

Bis 1950 konnte das Gnadauer Gemeinschaftsblatt auch in den Osten geliefert werden. Das war für die Gemeinschaftsarbeit im Osten eine wichtige Nachrichtenquelle. Gleichzeitig waren damit aber auch gewisse Einschränkungen im Blick auf den Inhalt des Blattes gegeben.

Für Anfang 1950 werden folgende Bezieherzahlen genannt: Im Westen 4399, im Osten 3539 Exemplare. Im Jahr 1950 nahmen die Schwierigkeiten, das Blatt in den Osten zu bringen, ständig zu. Schließlich wurde die Einfuhr und Verbreitung in der DDR gänzlich verboten. Die Auflage des Gemeinschaftsblattes schrumpfte auf die in der Bundesrepublik bezogenen Blätter. In dieser Zeit setzten Anstrengungen ein, die Verbreitung des Blattes zu verbessern. Wiederholt wurde der Gedanke erwogen, das GGB mit lokalen Verbandsblättern oder mit anderen Zeitschriften zu vereinigen. Die Verbandsleitung bemühte sich darum, daß in den Verbänden »Presse-Obmänner« bestellt würden, um Nachrichten aus den einzelnen Bereichen der Gemeinschaftsarbeit in das GGB zu vermitteln und andererseits die Informationen aus dem Gnadauer Verband in die Verbandsorgane weiterzuleiten. Durchgreifende Veränderungen konnten diese Anstrengungen nicht herbeiführen. Immerhin wurde für Anfang 1957 die Bezieherzahl mit 5350 festgestellt.

1955 übernahm der Gnadauer Präses, Pfarrer Haarbeck, vorläufig die Schriftleitung, nachdem Pastor Zilz wiederholt um Ablösung gebeten hatte. Der Rheinische Gemeinschaftsbund, dessen Vorsitzender Haarbeck in jener Zeit war, hatte das GGB als sein Organ übernommen. Die äußere Gestaltung des Blattes erhielt durch Veränderung des Formats, des Umschlags und der Schrifttype eine zeitgemäßere Erscheinung. Ab Oktober 1960 wurde der neue Generalsekretär, Heinrich Uloth, mit der Schriftleitung des GGB beauftragt.

Die Gnadauer Bibellese konnte ab Anfang 1949 wieder erscheinen und hatte zu dem Zeitpunkt 1500 Leser. Es wurde vorgeschlagen, der Textwahl die allgemeine Bibellese zugrundezulegen. Dieser Gedanke wurde verworfen, da mit der für Gnadau charakteristischen fortlaufenden Behandlung ganzer biblischer Bücher eine Alternative zu anderen Bibellesehilfen gegeben sei und diese Form sich bewährt habe. Dieses Angebot fand Zuspruch. 1950 wurden 2587 »Bibelleseblätter« im Westen, 420 im Osten Deutschlands gehalten. Diese Auflagenhöhe blieb beständig.

Die weitere Entwicklung der Bibellese sei hier in Kürze berichtet. Nachdem 1963 die Überlegung des Anschlusses an die allgemeine Bibellese abermals abgelehnt war, beschloß die Vorstandssitzung im Februar 1975 ein neues Konzept. Da es nicht mehr möglich schien, wie bisher einen Bearbeiter zu finden, der die Texte für ein Vierteljahr schrieb, wurde die Auslegung wochenweise auf verschiedene Bearbeiter verteilt. Mit dieser Veränderung wurde ab 1976 eine neue Aufmachung des Heftes verbunden, das nun den Titel »Leben aus dem Wort« trägt. Die fortlaufende Behandlung biblischer Bücher wurde beibehalten. Ein nennenswertes Wachstum der Leserzahlen ergab sich nicht. Im Jahr 1980 entschloß sich der Vorstand schließlich, die allgemeine Bibellese für »Leben aus dem Wort« zu übernehmen. Danach erfolgte eine sprunghafte Erhöhung der Auflage und andauernde Steigerung der Bestellungen. 1987 hatte die Leserzahl sich auf 4300 erhöht.

Aus den Veröffentlichungen der beiden ersten Nachkriegsjahrzehnte ist die Herausgabe einer Schriftenreihe »Gnadauer Hefte« zu erwähnen, in der besondere Referate und vor allem der jeweilige »Bericht zur Lage« des Gnadauer Präses veröffentlicht wurden.

Mitte der fünfziger Jahre wurde von Präses Haarbeck angemahnt, die Geschichte der deutschen Gemeinschaftsbewegung aufzuarbeiten und ein Buch darüber zu veröffentlichen, das insbesondere für die nachwachsende Generation in den Seminaren verwendbar sei. Nach verschiedenen Bemühungen wurde in Superintendent i. R. Hans von Sauberzweig, der in der Zeit den Ruhesitz nach Hamburg verlegte, ein Autor gefunden. Anfang

1958 legte er die Einteilung seines Buches und im selben Jahre das Manuskript vor. Der Vorstandssitzung im Februar 1959 konnte das fertige Werk vorgestellt werden: »Er der Meister – wir die Brüder, Geschichte der Gnadauer Gemeinschaftsbewegung«, ein Buch mit 500 Seiten, in dem eine beachtliche Fülle von Quellenmaterial verarbeitet ist. In dieser Sammlung und ausführlichen Wiedergabe von Texten aus der Geschichte der Gemeinschaftsbewegung liegt der bleibende Wert dieser Arbeit, die eine Fundgrube darstellt für den, der sich mit dieser Geschichte befaßt.

Die Geschichte des Gemeinschaftsliederbuches verdient an dieser Stelle besondere Erwähnung. Gleich nach dem Kriege wurde der dringende Bedarf an Liederbüchern festgestellt. Verschiedene Vorschläge des Nachdruckes vorhandener Liederbücher waren nicht zu realisieren oder befriedigten nicht. Auch ein im Osten in Vorbereitung befindliches Liederbuch mit 500 Liedern erschien den Brüdern nicht geeignet. So entschloß sich der Gnadauer Vorstand schon im Februar 1948, ein neues, gemeinsames Gemeinschaftsliederbuch herauszubringen, das die bisherigen »Reichslieder«, den »Evangelischen Psalter« (Evangelische Gesellschaft) und die »Gemeinschaftslieder« (Chrischona) ersetzen sollte. Ein Ausschuß für die Herausgabe des Gemeinschaftsliederbuches wurde gebildet, der zügig an die Arbeit ging. So konnte bereits 1949 die Textausgabe des neuen Gemeinschaftsliederbuches in großer Auflage gedruckt und ausgeliefert werden. Mit finanzieller Hilfe aus dem Westen wurde das Liederbuch auch den Verbänden im Osten zugänglich gemacht. Noch im selben Jahr wurde die Notenausgabe vorbereitet, die bereits 1950 zur Auslieferung kam. In viele Verbände Gnadaus hat dieses gemeinsame Liederbuch, das im Laufe der Jahre viele Auflagen erlebte, Eingang gefunden.

Der Zeit vorauseilend soll hier schon berichtet werden, daß in den siebziger Jahren sowohl in der DDR als auch in der Bundesrepublik ein Ergänzungsband zum Gemeinschaftsliederbuch erarbeitet wurde. Im Westen erschien dieser Band mit 106 Liedern 1981 unter dem Titel »Der Herr ist unsere Freude«. In den weiteren Auflagen wurde dieser Band als Anhang in das Gemeinschaftsliederbuch eingebunden. Diese Erweiterung des Gemeinschaftsliederbuches, die dem zeitbedingten Wandel des Liedgutes entgegenkam, wurde dankbar aufgenommen. Sie wird als ein Übergang betrachtet, der auf weite Sicht zu einer Neubearbeitung des Gemeinschaftsliederbuches führen soll.

Das Verhältnis zur Kirche

Einen breiten Raum der Verhandlungen im Gnadauer Vorstand nahm in den ersten Nachkriegsjahren die Frage nach dem Verhältnis zur Kirche ein. In jener Zeit, als sich die Evangelische Kirche in Deutschland (EKD) bildete und sich eine Grundordnung gab, war im deutschen Protestantismus vieles in Bewegung. Nicht nur organisatorisch, sondern auch geistlich. Man erlebte die Kirche auf dem Wege »von der Volkskirche zur Gemeindekirche«. Und es war in der Zeit ein Zug zum Zusammenschluß, im Blick auf den D. Michaelis die Frage aussprechen konnte, ob darin nicht eine göttliche Fügung zu erkennen sei. Das galt für den großen Bereich der Ökumene, in der die deutschen Kirchen nach der notvollen Zeit des Nationalsozialismus in brüderlicher Offenheit und Vergebung Aufnahme fanden. Auch in den evangelischen Kirchen in Deutschland wurde dieses Aufeinanderzugehen erlebt. Verantwortliche Kirchenleitungen suchten eine weitherzige Zuordnung aller Werke und Verbände in der Kirche zur EKD, wobei in großzügiger Behandlung die Selbständigkeit gewahrt werden sollte. Man sprach von einer »fördernden Obhut« für die sogenannten freien Werke.

Der Gnadauer Vorstand entschloß sich in ernster Erwägung der Lage, an der vollen organisatorischen Selbständigkeit für den Gnadauer Verband festzuhalten. Die Brüder erkannten, daß die Aufgabe des Pietismus in der Kirche unverändert gegeben sei. Gegenüber dem Konfessionalismus, dem Objektivismus in der Theologie und dem Zentralismus in der Kirchenpolitik hielten sie den Weg Gnadaus als freies Werk innerhalb der evangelischen Kirche für unaufgebbar.

Das hinderte nicht, sich auf das Gesprächsangebot einzulassen. In Bad Boll fanden 1947 und 1948 offene und fruchtbare Gespräche zwischen Kirche und Pietismus statt. Vergleichbare Aussprachezentren ergaben sich auch an anderen Orten, so z. B. in Hohegrete, Echzell und in Rathen (Sächsische Schweiz). Die Erfahrungen in der Ökumene verfolgte man mit Aufgeschlossenheit, z. B. die Weltkirchenkonferenz in Amsterdam. Zwischen Ökumene und Allianz sah man keinen Gegensatz. Nach einem Wort von D. Karl Hartenstein brauchte die Ökumene »die Kerntruppe der Beter« in der Evangelischen Allianz. Ökumene-kritische Bewegungen, die von Amerika nach Europa herüberkamen, wurden abgelehnt, weil man sich nicht von den Brüdern trennen lassen wollte. Im Blick auf den Deutschen Evangelischen Kirchentag, für den die Gnadauer ab 1949 um Mitwirkung gebeten wurden, bewegte der Vorstand die Frage, ob man der Aufgabe wirtschaftlich gewachsen sei und ob der Stil der Großveranstaltung den in kleinen Kreisen arbeitenden Gemeinschaftsleuten angemessen sei. Im übrigen stand man dem Kirchentag positiv gegenüber. Hermann Schöpwinkel sagte nach der Teilnahme am Kirchentag in Berlin 1951, wo er besonders die Begegnung mit den Brüdern aus dem Osten wahrnahm, die Tagung sei »ein Geschenk Gottes für unser Volk«. Über etwa eineinhalb Jahrzehnte haben auf den Kirchentagen besondere Gnadauer Treffen stattgefunden. In Stuttgart (1952) war die Teilnahme so groß, daß Parallelveranstaltungen eingerichtet werden mußten.

Im Februar 1959 beschloß der Gnadauer Vorstand einmütig den Anschluß des Gnadauer Verbandes an die »Arbeitsgemeinschaft für Volksmission in Deutschland«. Durch einen Vertreter des Gnadauer Verbandes wie auch durch Brüder aus den Mitgliedsverbänden haben die Gnadauer bis in die Gegenwart in dieser Arbeitsgemeinschaft positiv mitgearbeitet.

Selbstverständlich gab es auch viele Reibungspunkte und Kontroversen, aber die veränderte kirchliche Lage – »wir haben es mit einer erwachenden Kirche zu tun« – forderte die Gnadauer heraus, ihre Unabhängigkeit von der Kirche zu definieren. In der letzten Vorstandssitzung seiner Amtszeit im Jahre 1952 sagte D. Michaelis: »Die innere Berechtigung unserer Selbständigkeit muß ihre Legitimation finden in unserer Arbeit und im geistlichen Stand derselben.«

Theologisches Wächteramt

Die Arbeit des Gnadauer Vorstands war immer auch Klärung theologischer Fragen. Die im Gnadauer Vorstand und auf den Lehrkonferenzen gehaltenen Referate, die teilweise veröffentlicht wurden, lassen das deutlich erkennen. Nicht selten war diese Behandlung theologischer Themen durch Abweichungen von der Heiligen Schrift zur Rechten und zur Linken im kirchlichen oder außerkirchlichen Lager herausgefordert. Zwei Themenbereiche treten in der theologischen Arbeit in Gnadau in den ersten beiden Jahrzehnten nach dem Kriege schwergewichtig hervor:

Das eine war die Entmythologisierung und die existentiale Interpretation des Neuen Testaments, wie sie von Professor Rudolf Bultmann vorgetragen wurde. Mit Entschiedenheit wurde dieser Entwurf Bultmanns abgelehnt. Im GGB Nr. 12/1950 veröffentlichte D. Michaelis einen Artikel: »Was bedeutet die Entmythologisierung des Neuen Testamentes?« Die Vorstandssitzung im Februar 1951 verabschiedete eine Stellungnahme gegen Bultmanns Theologie. Man wußte sich für die Gemeinde und die junge Theologengeneration verantwortlich und richtete deshalb Eingaben an die Kirchenleitungen.

Es war den Brüdern wichtig, nicht in der Kontroverse steckenzubleiben, wie denn der Gnadauer Vorstand seine Aufgabe auch nie in der wissenschaftlichen Auseinandersetzung mit diesem theologischen Entwurf sah. Statt dessen wollte man das positive Zeugnis der Heiligen Schrift zum Ausdruck bringen. In den Gnadauer Pfingstkonferenzen wurde darum das Zeugnis vom auferstandenen Herrn und das Bekenntnis zu ihm wiederholt thematisiert (z. B. 1950: »Der Herr ist wahrhaftig auferstanden«; 1954: »Kreuz und Auferstehung Jesu, Grund und Kraft unseres Heils«).

Sodann erwuchs aus dieser theologischen Thematik eine intensive Behandlung der Schriftfrage. Das war im Gnadauer Vorstand nicht einfach, gab es doch bei dem gemeinsamen Bekenntnis zur Heiligen Schrift als Gottes Wort im einzelnen, z.B. in der Inspirationsfrage, eine große Spannweite, die von einem strengen Fundamentalismus bis zu einem Schriftverständnis, das die geschichtliche Gestalt der Bibel verantwortete, reichte. In der letzten Vorstandssitzung der Amtszeit von D. Michaelis konnte nach einem Referat des Präses in brüderlicher Offenheit die Inspirationsfrage behandelt werden, was auch die unterschiedlichen Erkenntnisse deutlich werden ließ. Trotz dieser Unterschiede wurde dem Vorstand im Februar 1961 eine gemeinsame Erklärung zum Wort Gottes geschenkt, deren Wortlaut einmütig beschlossen und veröffentlicht wurde. Diese Erklärung war so hilfreich, daß der Gnadauer Vorstand im Jahr 1981 dieses Wort wieder aufnahm und im Blick auf die Synode der EKD, die sich im November 1981 unter dem Thema »Erneuerung aus der Bibel« mit der Schriftfrage befaßte, neu herausgab.

Das andere Thema, das den Gnadauer Vorstand bekanntlich schon früher und auch jetzt über einen langen Zeitraum beschäftigte, war die Auseinandersetzung mit der Pfingstbewegung. Die Bevölkerungsbewegung durch Kriegsende und Flucht brachte viele Gemeinschaften mit pfingstlichen Gruppen in Berührung. Der Christliche Gemeinschaftsverband Mülheim suchte erneut das Gespräch mit dem Gnadauer Verband. Außerdem bemühten sich ab Ende der fünfziger Jahre Pfingstgruppen um die Aufnahme in die Deutsche Evangelische Allianz. Dafür war bei manchen Gliedern des Hauptvorstands der Allianz eine gewisse Offenheit gegeben. Das nötigte den Gnadauer Vorstand, sich neu intensiv mit dieser Frage zu befassen. In einem Vortrag, den er anstelle des üblichen »Berichts zur Lage« im Februar 1965 vor der Gnadauer Vorstandssitzung hielt, hat Präses Haarbeck über die Auseinandersetzung Gnadaus mit der Pfingstbewegung in der Geschichte und über die heutige Lage, insbesondere auch über das Verhältnis Gnadaus zum Christlichen Gemeinschaftsverband Mülheim umfassend Auskunft gegeben. Dieser Vortrag wurde gedruckt und liegt unter dem Titel »Laß dir an meiner Gnade genügen!« vor. Die Wiederaufnahme der Beziehungen zum Mülheimer Verband scheiterte letztlich daran, daß dieser Verband nicht zu einem überzeugenden Abrücken von den geschichtlichen Irrtümern bereit war und daß er sich nicht in der Lage sah, sich klar gegenüber der Weltpfingstbewegung abzugrenzen. Mit den in Haarbecks Vortrag dargelegten Verhandlungen kam diese Frage zu einem gewissen Abschluß. Wenn auch danach immer wieder über dieses Thema gesprochen werden mußte, ist doch festzustellen, daß die weiteren Bemühungen über den erreichten Punkt nicht hinausführten.

Auch unter dieser Thematik hat der Gnadauer Vorstand sich nicht mit der

Auseinandersetzung zufriedengegeben. Immer neu ging es ihm darum, das biblische Zeugnis vom Heiligen Geist zu erfassen und zu bezeugen (Vorstandssitzung September 1949, Referat Michaelis: »Wort, Geist und Gemeinde«; Pfingstkonferenz 1958: »Wort und Geist«; Pfingstkonferenz 1964: »Das Werk des Heiligen Geistes«; Pfingstkonferenz 1973: »Mein Geist soll unter euch bleiben – fürchtet euch nicht!«).

Gemeinschaftspflege und Evangelisation

In seinen Sitzungen, Konferenzen, im Schrifttum und unter den theologischen Auseinandersetzungen hat sich der Gnadauer Verband auch in dieser Strecke seiner Geschichte bemüht, seine Aufgabe der Gemeinschaftspflege und Evangelisation nicht aus dem Auge zu verlieren.

Im Blick auf die Gemeinschaftspflege wurde das besonders deutlich, als D. Michaelis in seinem Vortrag zur Lage auf der Pfingstkonferenz 1949 »Gnadaus Gabe und Aufgabe« das gemeinsame Hören auf die Heilige Schrift in den Bibelbesprechstunden mit großem Nachdruck betonte. In seinem Bericht zur Lage vor dem Vorstand im März 1950 nahm er dieses Anliegen noch einmal auf und legte in einem besonderen Schreiben an die Vorstandsbrüder vom 1. April 1950 diese Aufgabe den Brüdern abermals eindringlich aufs Gewissen. Ähnlich warnte und mahnte Präses Haarbeck in seinem Bericht zur Lage vom Februar 1961: »Wir sind in Gefahr, die Bibelbesprechstunde zu verlieren!«

Die Frage der Evangelisation wurde ab Mitte der fünfziger Jahre bewußt auf die Tagesordnung gesetzt. Aus Anlaß der Evangelisation Billy Grahams im Juni 1954 in Berlin beschloß der Vorstand, Theologie und Praxis der evangelistischen Verkündigung gründlich durchzuarbeiten. 1956 wurde ein Ausschuß eingesetzt, um die theologische Frage der Evangelisation zu bearbeiten. Noch im selben Jahr begann dieser, diesbezügliche Arbeiten im GGB zu veröffentlichen. 1957 beschäftigte den Vorstand ein Referat: »Die biblisch-theologischen Grundlagen für unseren evangelistischen Dienst«. Das theoretische Nachdenken über diesen Dienst Gnadaus war damit neu ins Blickfeld gerückt. Praktisch wirkte sich das u. a. darin aus, daß im Rahmen der Pfingstkonferenz in jenen Jahren jeweils ein besonderer Evangelisationsabend durchgeführt wurde.

Vom 75. Jubiläum bis zur Erstellung der Gnadauer Zentrale

1963 blickte der Gnadauer Verband auf 75 Jahre seiner Geschichte zurück. Aus diesem Anlaß erschien eine Festschrift unter dem Titel »Eine offene Tür«, herausgegeben von Hermann Haarbeck und Arno Pagel; neben dem Beitrag des Präses, der Einblick in die Gnadau zu der Zeit bewegenden grundsätzlichen Fragen gibt, ein Umblick auf das Feld des Gnadauer Verbandes aus der Feder mehrerer Autoren. Eine informative Zeitaufnahme der Gemeinschaftsbewegung jener Jahre. Mit den beigegebenen Themen der Gnadauer Vorstandssitzungen und Konferenzen, der Übersicht über die Verbände samt statistischen Angaben, einer Gedenkliste an Gnadauer Brüder, die nach 1945 heimgerufen wurden, und nicht zuletzt dem Abdruck wichtiger Erklärungen Gnadaus – ein interessantes Informationspaket, an dem der Betrachter der jüngeren Geschichte Gnadaus nicht vorübergehen kann.

Im Jubiläumsjahr wurde im Gnadauer Verband ein besonderes Jubiläumsopfer erbeten, das dem Gnadauer Werk im Osten für den Ausbau der Bibelschule Falkenberg zur Verfügung gestellt wurde. So wurde in diesem Jahr ein sichtbares Band der Gemeinschaft um ganz Gnadau in Ost und West geschlossen.

Dieses Gnadauer Jubiläum, in dessen Dokumenten die künftige Entwicklung noch nicht erkennbar ist, lag zeitlich nahe an einer Phase, in der sich ein bemerkenswerter Wandel in den verhandelten Themen und vor allem in den innerkirchlichen Beziehungen der Gemeinschaftsbewegung vollzog. Diese Veränderungen hatten ihre Ursache nicht in der Entwicklung der Gemeinschaftsbewegung, sondern in der Großwetterlage des Protestantismus in Deutschland.

Im Juni 1963 versandte Pastor D. Paul Tegtmeyer, Bethel, seinen Brief an die Gemeinde Jesu zur Lage »Laß doch Dein Licht auslöschen nicht«. Darin kennzeichnete er die Situation in der evangelischen Theologie als »immer schneller zunehmende Glaubensverwirrung«, die die Kirche des Wortes untergrabe. Diese Krise bestehe darin, »daß durch Beseitigung oder Umdeutung vieler Schriftworte die Person unseres Herrn und sein Heilswerk angetastet werden. Es geschieht mit Hilfe scharfsinniger Methoden einer Wissenschaft, die sich grundsätzlich von der Leitung des Heiligen Geistes freigemacht hat ...«

Dieser Schritt in die Öffentlichkeit löste einen Prozeß aus, in dessen Verlauf sich die Bekenntnisbewegung formierte, in Großveranstaltungen und Gebetsgottesdiensten die Gemeinde in die theologischen Auseinandersetzungen einbezogen und in öffentlicher Kontroverse um Bibel und Bekenntnis gekämpft wurde. Die Gnadauer, denen ihre Grundlage in der Heiligen Schrift und den reformatorischen Bekenntnissen unbedingt verbindlich ist, die ihre Stellung zur Heiligen Schrift mit der Erklärung zum Wort Gottes von 1961 gerade noch einmal bekräftigt hatten, waren und blieben im Kern der Sache, um die es bei diesem Kampf ging, den Brüdern der Bekenntnisbewegung zutiefst verbunden. Nicht von ungefähr war unter den Männern, die den Tegtmeyerbrief unterzeichnet hatten, eine Anzahl von Verantwortungsträgern aus den Gnadauer Verbänden. In der Sitzung im Juni 1966 sprach der Gnadauer Vorstand seine rückhaltlose Stellung zum »vollen biblisch-reformatorischen Evangelium« aus und richtete an die Mitglieder die Bitte, »sich in verantwortlicher Mitarbeit zu den Brüdern zu stellen, welche sich für das gleiche Anliegen einsetzten«. Die Selbständigkeit und Verantwortlichkeit der Gnadauer Verbände sollte dadurch nicht berührt werden. Korporatives Mitglied der Bekenntnisbewegung war der Gnadauer Verband nicht.

Daran wurde sichtbar, daß diese Frage für den Gnadauer Vorstand nicht problemlos war. Manche konnten die Art des Kampfes nicht gutheißen. Auch wollte man die vielen Brüder, die in den Kirchen treu zum Evangelium standen, nicht durch Polarisation im Stich lassen. Besonders beschwerlich war, daß sich auch solche Gruppierungen in die Bekenntnisfront einreihten, die zwar in der Schriftfrage kompromißlos zur Sache standen, aber in wesentlichen Fragen dem Pietismus und der Erweckungsfrömmigkeit konträr gegenüberstanden. Vor allem aber konnte der Gnadauer Verband sich um seines Auftrages willen auf die Dauer nicht auf die kontroverse Behandlung von Lehrfragen fixieren lassen. Es ergab sich in den Verhandlungen im Gnadauer Vorstand bei aller Gemeinsamkeit in der Sache doch ein differenziertes Bild. Als der Gnadauer Verband im Februar 1974 nicht ohne Widerspruch aus den eigenen Reihen der »Konferenz bekennender Gemeinschaften« beitrat, zeigte sich bald, daß die latenten Probleme von Fall zu Fall akut wurden. Es stellte sich zunehmend die Frage, ob der Gnadauer Verband in der Einbindung in diese Gemeinschaft gut aufgehoben sei.

Die Auswirkungen dieser Vorgänge waren jedoch noch weitreichender. Der Kampf der Bekenntnisbewegung war die Reaktion auf eine kritische Theologie, die, um sich greifend, in viele Einrichtungen kirchlichen Lebens vordrang. Diese Entwicklung beobachtete der Gnadauer Vorstand mit Sorge und Wachsamkeit. Die kritische Aufmerksamkeit richtete sich zuerst auf die Ökumene. Die Vorstandssitzung 1963 befaßte sich ausführlicher mit der Frage nach Ökumene und Allianz. In der Vorstandssitzung im Februar 1972 stand die Ökumene als Hauptthema auf der Tagesordnung. Im Lauf der Jahre wurden verschiedene helfende Worte und Erklärungen zur Ökumene veröffentlicht. Am Anfang stand die Befürchtung, die Ökumene könne sich zu einer Welteinheitskirche entwickeln. Danach waren es vor allem die Fragen nach der theologischen Basis, die Sorge bereiteten.

Schließlich trat die Kritik an der Politisierung des Weltkirchenrates hinzu. Das führte zu der Aufforderung an die EKD, die Mitgliedschaft im Ökumenischen Rat ruhen zu lassen.

Ein anderer Punkt, an dem sich die Sorge Gnadaus kristallisierte, war der Deutsche Evangelische Kirchentag. Auf dem Kirchentag 1965 in Köln schlug zum ersten Mal die Stimme der kritischen Theologie durch und führte in zunehmendem Maße zu einem unerträglichen Pluralismus in dieser Großveranstaltung. Die einst positive Haltung Gnadaus zum Kirchentag schlug um in kritische Distanz. Nur mit Mühe gewährte man den Brüdern, die aus missionarischen und seelsorgerlichen Gründen weiter am Kirchentag mitwirkten, die Freiheit zu diesem Weg. Der Gnadauer Verband wandte sich den von den Bekenntnisgruppen veranstalteten Gemeindetagen zu.

Insgesamt vollzog sich in diesen Entwicklungen ein Klimawechsel im deutschen Protestantismus. In manchen Bereichen der Gemeinschaftsbewegung nistete sich in dieser Zeit ein kritischer Vorbehalt gegenüber dem ausgewogenen Verhältnis zur Kirche ein. Darum nahm sich die Vorstandssitzung 1976 in Hattingen einer aktuellen Frage an, als sie das Hauptthema »Kirche und Gemeinschaft« auf die Tagesordnung setzte. Als Ergebnis dieser Verhandlungen wurde ein Wort an die Gemeinschaften, die »Hattinger Thesen«, veröffentlicht. – In der gegenwärtigen Phase des Geschehens in Gnadau hat sich die Frage nach der Stellung zur Kirche als das brennendste Problem erwiesen, das den Weg des Gnadauer Verbandes in die Zukunft begleitet.

Überblickt man die Geschichte Gnadaus in dem in unserer Darstellung hier angesprochenen Zeitraum, darf man dankbar feststellen, daß sich der Gnadauer Vorstand in den Bekenntnisfragen, die bis ins Kirchenpolitische reichten, nicht völlig verkämpfte, geschweige denn seine Kräfte darin verzehrte. Vielmehr ist deutlich zu erkennen, wie sich der Gnadauer Vorstand in diesem Zeitabschnitt immer stärker den Aufgaben und Herausforderungen stellte, die ihm in seiner Zeit zuwuchsen.

Hervorzuheben sind die Vorstandssitzungen 1966 und 1977, in denen die Fragen der Diakonie ausführlich behandelt wurden. Im Jahr 1967 nahm sich der Vorstand des Themas an: »Die Verantwortung der Gläubigen für die Jugend«. Diese Fragen haben den Gnadauer Vorstand in den Folgejahren immer neu beschäftigt. 1970 berichtete der EC-Verband von den Arbeiten seiner Strukturkommission über das Verhältnis von Jugend und Gemeinschaft. In einer gemeinsamen Kommission hat der Gnadauer Vorstand diese Fragen mitbewegt. Zu gleicher Zeit mühten sich jüngere Predigerbrüder um die Gestaltung der Pfingstkonferenz.

Auch selbstkritische Fragen gab sich der Gnadauer Vorstand auf, als er in den Jahren 1968 und 1971 fragte: »Was hemmt Gnadau in seinem Dienst?« und als er »Die Herausforderungen der Zeit« auf seine Tagesordnung setzte.

In ungleich stärkerem Maße aber wurde jetzt die evangelistisch-missionarische Frage ins Auge gefaßt. 1969 wurde in vielen Berichten eine Bestandsaufnahme missionarischer Aktivitäten gehalten. In den folgenden Jahren liefen die Vorbereitungen auf den Weltkongreß für Evangelisation in Lausanne und hielten den Gnadauer Vorstand beim Thema. Eine starke Gruppe aus Gnadau nahm an diesem Kongreß teil und suchte anschließend, die empfangenen Anregungen in den Gnadauer Verband zu vermitteln. Die Aufnahme dieses Materials erwies sich als schwierig und unbefriedigend. Dagegen begann im Gnadauer Verband ein eigenes Nachdenken über den missionarischen Dienst. In Teilbereichen wurden Aktionen gestartet. Zu erwähnen sind die Modelle des EC-Verbandes in der Diaspora: 1974 »Bavaria« in Bayern und 1976 »Carinthia« in Kärnten. Die Berliner Stadtmission weitete ihr hundertjähriges Jubiläum 1977 zu einem missionarischen Jahr aus: »Missio 77«. Im Lipperland führte der Gnadauer Verband im selben Jahr eine Gebietsmission durch.

Die verschiedenen Unternehmungen und Anregungen verdichteten sich im Jahr 1977 zu einem evangelistischen Konzept für Gnadau. Die Pfingstkonferenz dieses Jahres wurde erstmalig in Siegen durchgeführt und erfuhr eine völlige Neugestaltung mit einer um ein vielfaches vermehrten Teilnehmerzahl. Sie war ein Gnadauer Evangelisationskongreß. Das Ergebnis dieser Konferenz ist in einem Berichtsband festgehalten: »Gott für die Welt – wir sagen es weiter« und hat seine Spitze in einem vom Präses eingebrachten »Manifest zur Frage der Evangelisation der deutschen Gemeinschaftsbewegung« erhalten.

Nachzutragen ist, daß im Dezember 1976 eine Tagung von Delegierten des Gnadauer Verbandes mit dem Rat der EKD in Frankfurt/Main durchgeführt wurde. Nachdem in den Jahren 1975/76 Gespräche des Geschäftsführenden Vorstandes mit dem Rat der EKD aus aktuellem Anlaß der Nöte um die Ökumene stattgefunden hatten, ging es diesmal um die Frage der Evangelisation. Dieses Gespräch bereitete schon das alsbald ins Auge gefaßte Missionarische Jahr 1980 vor.

Während dieses Abschnittes der Gnadauer Geschichte wurde auch die Medienfrage in Gnadau zur Sprache gebracht. Ab 1965 war ein Vertreter des Gnadauer Verbandes in das Verantwortungsgremium des Evangeliums-Rundfunks (ERF) entsandt worden. Regelmäßig erhielt der Vorstand in seinen Sitzungen Berichte über diese Arbeit. 1977 erschien der Programmdirektor des ERF auf der Vorstandssitzung und referierte über das »Christuszeugnis durch die Medien«.

Präses Haarbeck gab zur Verbesserung des Informationsflusses in Gnadau von 1968 bis 1972 einen »Austausch« heraus, der danach nicht weitergeführt wurde, weil inzwischen der Nachrichtendienst der Deutschen Evangelischen Allianz »idea« seine Arbeit aufgenommen hatte.

1971 hatte im Gnadauer Vorstand der Präseswechsel stattgefunden. Pfarrer Kurt Heimbucher, Nürnberg, übernahm die Aufgabe von Pfarrer Hermann Haarbeck und versah sie zunächst neben seinem Pfarramt in Nürnberg. Im Februar 1973 wurde Heimbucher zum hauptamtlichen Präses berufen. Ab Juni 1974 wurde er von der Evangelisch-lutherischen Kirche in Bayern beurlaubt, um vollzeitig für den Präsesdienst zur Verfügung zu stehen. Unter seinem Einsatz vollzog sich schon ab Mitte der siebziger Jahre eine starke Entfaltung der Verbandsarbeit, von der im letzten Teil dieser Darstellung berichtet werden soll. Das führte den Gnadauer Vorstand alsbald zu weitreichenden räumlichen, personellen und wirtschaftlichen Erwägungen und Beschlüssen.

Bereits 1959, als Hermann Schöpwinkel seinen Dienst des Generalsekretärs in Gnadau beendete, tauchte die Frage nach einem Sitz für die Geschäftsstelle Gnadaus und den Verlag auf. Im Jahr 1968 stellte sich die Frage erneut, da der Präses sein Amt als Direktor der Evangelistenschule Johanneum wegen Erreichens des Ruhestands aufgab und noch für eine gewisse Zeit dem Gnadauer Verband zur Verfügung stand. Jetzt wurden verschiedene Objekte in Augenschein genommen, die sich alle als ungeeignet erwiesen oder finanziell nicht realisierbar waren. Mit der aufs neue veränderten Situation, zumal nachdem Pfarrer Heimbucher zum hauptamtlichen Präses berufen war, wurde die Aufgabe unabweisbar, eine Zentrale für den Gnadauer Verband zu erstellen.

Die Voraussetzung für die Finanzierung wurde zuerst geschaffen. Auf Vorschlag des Präses ließ der Gnadauer Vorstand ab 1975 jährlich einen »Gnadauer Finanzbrief« herausgehen. Das Echo darauf war so erfreulich, daß die Kosten der sich entfaltenden Arbeit sowie für die inzwischen beschlossene Einstellung eines hauptamtlichen Mitarbeiters für den Präses abgedeckt waren. Darüber hinaus waren nun auch die Aufwendungen für den Erwerb einer Zentrale rechenbar. Im Februar 1977 konnte der Geschäftsführende Vorstand dem Gnadauer Vorstand ein geeignetes Objekt in Dillenburg vorschlagen. Der Vorstand stimmte dem Kauf des Hauses zu.

In derselben Sitzung faßte der Gnadauer Vorstand den Beschluß, Prediger Theodor Schneider aus Braunschweig als Sekretär für den Gnadauer Vorstand einzustellen. So wurden zugleich beide Anliegen erfüllt, die seit längerem ins Auge gefaßte waren und für die gebetet worden war: die Anstellung eines Mitarbeiters und die Beschaffung der Gnadauer Zentrale.

Der neue Mitarbeiter, Theodor Schneider, wurde am 1. November 1977 auf der Gnadauer Herbstkonferenz in Böblingen durch den Präses in sein Amt eingeführt. Diese Konferenz war zugleich der 50. Geburtstag der Gnadauer Brasilienmission und die gemeinsame Konferenz zweier großer süddeutscher Gemeinschaftsverbände und stand unter dem Thema: »Jesus

Christus sammelt und sendet«. Am 17. Februar 1978 im Anschluß an die Vorstandssitzung in Monbachtal konnte das »Haus Gnadau« in Dillenburg in einer Feierstunde eingeweiht werden – übrigens in Abwesenheit des Präses, der wegen einer plötzlichen und schweren Erkrankung nicht zugegen sein konnte.

Das »Haus Gnadau« bietet Platz für die Geschäftsstelle, für Sitzungsräume, für Wohnungen der Mitarbeiter und noch eine Reihe von Übernachtungsmöglichkeiten für Teilnehmer an Sitzungen und Tagungen, die in dieser Zentrale durchgeführt werden. Im Jahr 1985 wurde noch ein Anbau errichtet, der nun auch endlich für das Archiv, für die Bibliothek und das »Elias-Schrenk-Institut« die erforderlichen und geeigneten Räumlichkeiten enthält. Der Anbau wurde am 16. Dezember 1985 seiner Bestimmung übergeben.

Die Entwicklung im letzten Jahrzehnt

Entfaltung und Intensivierung

Mit dem Einrichten der Gnadauer Zentrale waren die rechten Bedingungen geschaffen, um die Arbeit des Gnadauer Verbandes zu entfalten und gleichzeitig zu intensivieren. Inzwischen war auch eine Sekretärin eingestellt für die reichlich anfallenden Schreib- und Verwaltungsarbeiten. Je nach Arbeitslage wurden später noch Teilzeitkräfte angeworben.

Die Aufgabenstellung und Zielsetzung blieben unverändert der alte Gnadauer Dienst: Gemeinschaftspflege und Evangelisation. Es ging wie eh und je darum, Menschen für Jesus Christus zu gewinnen und Jünger Jesu im Glauben zu bewahren und für das Leben in Nachfolge, Zeugnis und Dienst zuzurüsten. Die Entwicklung im letzten Jahrzehnt ging dahin, ein vermehrtes, breiteres und auf die verschiedenen Zielgruppen zugeschnittenes Angebot zu erbringen, um mehr Menschen zu erreichen und die Verkündigung des Evangeliums wie die Zurüstung zum Dienst ihren Bedürfnissen angemessener zu gestalten. Dieses Ziel sollte erreicht werden durch die Einrichtung von Arbeitskreisen, die je in einem bestimmten Bereich an die Arbeit gingen.

Dazu waren vor allem Mitarbeiter erforderlich. Das Potential der Mitarbeiter fand sich unter den Vertretern der Regionalverbände, die ohnehin zu den Gnadauer Vorstandssitzungen und Konferenzen zusammenkamen. Hier wurden aus Sitzungsteilnehmern Mitarbeiter, die dann aber über die Vorstandssitzungen hinaus Zeit und Kraft für die übertragene Aufgabe einbringen mußten. Dazu wurden aus dem großen Gnadauer Bereich weitere Mitarbeiter mit den je geforderten fachlichen Voraussetzungen gewonnen. Schrittweise, aber zielstrebig ging der Präses daran, einen Arbeitskreis nach dem anderen ins Leben zu rufen, je nach personeller Lage und sachlicher Möglichkeit.

Dieser Prozeß war längst im Gange, ehe die Gnadauer Zentrale entstand. In der Vorstandssitzung im Februar 1973 regte der Präses an: »Es wäre gut, wenn innerhalb Gesamt-Gnadaus verschiedene Arbeitskreise gebildet werden könnten.« Er nannte auch schon Sachgebiete für solche Arbeitskreise. Genaugenommen war auch das nicht der Anfang. Mindestens einen Arbeitskreis gab es in Gnadau schon immer: den Geschäftsführenden Vorstand – zu Michaelis Zeiten nannte man ihn Engeren Vorstand –, der mit dem Präses gemeinsam die anfallenden Aufgaben durchdachte. Insofern war die Idee der Arbeitskreise in Gnadau schon angelegt.

Arbeitskreise in Gnadau

Der erste Arbeitskreis, den Heimbucher ins Leben rief, war der *Redaktionskreis für das Gnadauer Gemeinschaftsblatt* (GGB). Als Heinrich Uloth die Schriftleitung für das GGB zum Ende des Jahres 1973 aufgeben mußte, erklärte sich der Präses bereit, die Aufgabe zu übernehmen, doch mit Unterstützung eines Redaktionsteams. Am 15. Oktober 1973 traf sich dieser Arbeitskreis erstmalig, um die künftige Arbeit zu besprechen. Die erste Arbeitssitzung war am 13. Januar 1974. Seit dieser Zeit trifft sich der Arbeitskreis zwei- bis dreimal jährlich, um die Ausgaben des GGB zu konzipieren und zu begleiten. Mehrfach hat das Blatt in dieser Zeit sein Format und die Gestaltung verändert. Fünf regionale Verbände konnten in der Zeit gewonnen werden, ihr Verbandsblatt mit dem GGB zu vereinigen. Die Bezieherzahl liegt derzeit bei 11 500 Exemplaren.

Der Theologische Beirat hat schon eine Vorgeschichte. Ab 1956 wurde solch ein Ausschuß zu je einer besonderen Aufgabe und in verschiedener Zusammensetzung einberufen. 1964 wurde ein fester Kreis für diesen Ausschuß benannt, der 1967 nach dem Tode des Leiters zum Erliegen kam. Der Theologische Beirat wurde Ende 1974 neu konstituiert und hat seither in gleicher Besetzung mit einer Ergänzung in regelmäßigen Sitzungen getagt. Seine Aufgabe besteht in der Vorbereitung von Konferenzthemen, Klausurtagungen, Papieren und in der Bearbeitung von für die Gemeinschaftsarbeit wichtigen theologischen Fragen. Aus der Arbeit des theologischen Beirats sind einige Veröffentlichungen hervorgegangen, u. a. 1980 das Buch über die Geistesgaben: »Eine Gnade – viele Gaben«.

Ebenfalls seit 1974 existiert als Arbeitskreis in Gnadau die jährlich einmal im November durchgeführte *Inspektorenkonferenz*. Sie entlastet die Vorstandssitzungen durch Wahrnehmen vieler praktischer Aufgaben, durch

Vorbereitung von Veranstaltungen Gnadaus sowie mit dem Durchdenken aktueller Fragen.

Gelegentlich ist mit der Inspektorenkonferenz die *Geschäftsführertagung* verbunden, in der Rechnungsführer der Verbände die sie betreffenden Fragen gemeinsam mit den Inspektoren behandeln.

Im Dezember 1975 kam erstmalig der *Arbeitskreis der Verantwortlichen für die Kinderarbeit* der Verbände zusammen, der sich seither jährlich einmal getroffen hat. Hier werden Arbeitsfragen besprochen, Arbeitsmaterialien ausgetauscht, aber auch Fachreferate gehört und diskutiert. Ab 1979 hat der Arbeitskreis die Modellwochen »Jesus liebt Kinder« vorbereitet, die in den Jahren 1982/83 zur Durchführung kamen. An Zustandekommen und Gestaltung des 1987 stattfindenden Kongresses für Mitarbeiter in der Kinderarbeit »Schritte zu den Kindern« hat dieser Kreis wesentlich mitgewirkt.

Seit Anfang 1976 besteht der *Arbeitskreis für Evangelisation*, der ein breites Spektrum an Aufgaben zu bewältigen hat. Für das Missionarische Jahr '80 hat er das Gnadauer Material für die Evangelisation erarbeitet und zusammengestellt. Für die Kongresse 1981 und 1984 und die Fachtagungen für Großstadtevangelisation 1983 und 1985 hat er vielfache Vorarbeit geleistet. Bei der Vorbereitung der Pfingstkonferenzen nimmt er wesentliche Funktionen wahr. Er hat auch das Konzept für das Jubiläumsjahr mit erstellt.

Anfang 1978 wurde ein *Gnadauer Pädagogischer Arbeitskreis* ins Leben gerufen. Dieser Arbeitskreis, der für den Bereich Schule, Elternhaus, Erziehung zuständig ist, hat eine besonders reiche Tätigkeit entfaltet. Er bietet Wochenendtagungen für Pädagogikstudenten und Lehrertagungen an, gibt einen Rundbrief für Lehrer und Erzieher heraus sowie die Schriftenreihe »Glauben-Lehren-Erziehen«. Er hat sich in einem Bundesland an der Erstellung der Rahmenrichtlinien für den Religionsunterricht beteiligt, eine Begegnung mit den Schulreferenten der Landeskirchen initiiert. In letzter Zeit nahm er sich der Themen »Pietismus und Kultur«, »Medienpädagogik« und »Religionsunterricht« an. Aus dem Pädagogischen Arbeitskreis wurde die Bildung von regionalen Arbeitskreisen angeregt, die bis jetzt in fünf Bereichen der Bundesrepublik gebildet wurden.

Im November 1978 tagte zum ersten Mal das *Gnadauer Jugendforum*, in dem die verschiedenen im Gnadauer Verband befindlichen Jugendarbeiten zusammengefaßt sind, um die Belange der Jugendarbeit mit zu beraten. Aus diesem Arbeitskreis wurde der Mitarbeiterkongreß 1981 »Schritte zur Mitte« angeregt und mitgestaltet; in ihm wurde auch die Modellwoche »Jesus liebt Kinder« begleitet und das Projekt »Funkbude« des ERF umgesetzt.

Seit Anfang 1979 besteht der *Arbeitskreis für Äußere Mission*, in dem die Gnadauer Äußeren Missionen zusammengefaßt sind, die Missionsversammlungen der Pfingstkonferenzen vorbereitet und Informationen für die Gemeinschaftsarbeit entworfen werden, um die Sache der Mission in den Gemeinschaften zu wecken oder lebendig zu halten.

Im selben Jahr wurde die Bildung des *Arbeitskreis für Gemeinschaftspflege und Diakonie* beschlossen, der 1984 seine Arbeit aufnahm. Er arbeitet über Fragen der Mutterhausdiakonie, möchte Impulse in die Gemeinschaftspflege geben und hat sich auch das Thema der Frauenfrage vorgenommen.

Das *Elias-Schrenk-Institut* (ESI) wurde schon im Jahre 1952 von P. Wilhelm Brauer begründet. Es hat sich zum Ziel gesetzt die wissenschaftliche Arbeit über Evangelisation, die Sammlung und Herausgabe von evangelistischer Literatur und von Literatur über die Evangelisation sowie die Durchführung von Seminaren, Freizeiten, Tagungen und Konferenzen. 1980 wurde das ESI in den Gnadauer Verband übernommen. Das ESI wird von einem Kuratorium geleitet. Es führt Seminare für Theologiestudenten und für Verkündiger durch und plant Einkehrtage für Evangelisten. 1983 fand eine Konsultation für das evangelistische Lied und 1985 ein Spener-Tag in Dillenburg statt. Das Archiv des ESI befindet sich im Aufbau. Der Gnadauer Vorstand betet darum, daß ihm ein hauptamtlicher Institutsleiter für die Aufgabe des ESI geschenkt werde.

1986 hat der Gnadauer Verband in Verbindung mit anderen Werken den *Arbeitskreis für Soldatenseelsorge* aufgenommen und 1987 einen Militärpfarrer für die missionarische Soldatenarbeit eingestellt.

Der jüngste Arbeitskreis ist die *Johann-Tobias-Kießling-Gesellschaft*, die 1986 ins Leben gerufen wurde. Dieser Arbeitskreis hat sich die Förderung und Unterstützung der Gemeinschaftsarbeit in Österreich zur Aufgabe gemacht.

Alle diese Arbeitskreise sind dem Gnadauer Vorstand verantwortlich und berichten diesem regelmäßig in den Vorstandssitzungen über ihre Arbeit.

Im Februar 1981 verabschiedete die Mitgliederversammlung eine Neufassung der Satzung des Verbandes, der künftig den Namen führt: »Gnadauer Verband für Gemeinschaftspflege und Evangelisation« (früher: »Deutscher Verband für Gemeinschaftspflege und Evangelisation« [Gnadauer Verband]). In dieser Satzung wurde die vor allem durch die Arbeitskreise erweiterte Tätigkeit des Verbandes verankert und vereinsrechtlich geordnet.

Neue Angebote in Gnadau

Mit Hilfe der Entfaltung und Intensivierung seiner Arbeit, insbesondere durch die Einrichtung der Arbeitskreise und die mit ihnen gegebene Multiplikation und Motivation der Mitarbeit, konnte der Gnadauer Verband in der jüngsten Phase seiner Geschichte ein reiches und zum Teil neues

Angebot an Veranstaltungen und Arbeitsmaterial einbringen, das von den Gemeinschaftsleuten und darüber hinaus genutzt wurde und wird.

Die Gnadauer Kongreßarbeit fällt dabei besonders ins Auge. Vom 22. bis 25. Oktober 1981 fand der Gnadauer Kongreß für Mitarbeiter in der Jugend- und Gemeinschaftsarbeit »Schritte zur Mitte« in Gunzenhausen statt. 1875 Mitarbeiter, von denen über 50 Prozent zwischen 20 und 45 Jahren alt waren, haben an diesem Kongreß teilgenommen. Zielsetzung dieser Veranstaltung war Sammlung, Zusammenführung der Generationen und Motivation.

Der zweite Gnadauer Mitarbeiterkongreß »Schritte zu den Menschen« fand vom 16. bis 20. Juni 1984 in Essen statt mit etwa 1800 Teilnehmern. Hier haben sich neben der Kongreßarbeit am Vormittag die Teilnehmer auf über 70 Orte des Ruhrgebietes verteilt, um an den Nachmittagen und Abenden gemeinsam mit den örtlichen Kreisen evangelistische Einsätze und Veranstaltungen durchzuführen. Das Evangelium sollte in das Ballungszentrum getragen werden. Zugleich war damit eine praktische Erfahrung gegeben, die dem Kongreßgeschehen zugute kam.

Vom 8. bis 11. Oktober 1987 – während der Drucklegung dieses Buches – findet der Gnadauer Kongreß für Mitarbeiter in der Kinderarbeit in Dillenburg statt. Dazu sind etwa 700 Teilnehmer gemeldet.

Neben diesen großen Kongressen fanden die beiden Fachtagungen für Großstadtevangelisation mit geringerer Teilnehmerzahl statt: Vom 2. bis 8. Oktober 1983 in Hattingen mit etwa 40 Teilnehmern, darunter Gäste aus Asien, Afrika und Amerika, und vom 21. bis 25. Oktober 1985 in Schwäbisch Gmünd mit etwa 90 Teilnehmern, darunter Gäste aus Dänemark, Norwegen, der DDR und Brasilien.

Diesem Schulungsangebot hinzuzurechnen sind die Tagungen, Seminare und Rüstzeiten für verschiedene Berufsgruppen wie Lehrer, Ärzte, Verkündiger, Studenten, die von den Gnadauer Arbeitskreisen durchgeführt wurden, vor allem vom Gnadauer Pädagogischen Arbeitskreis und vom Elias-Schrenk-Institut.

Als dritte Gruppe der Gnadauer Veranstaltungen sind die Klausurtagungen zu nennen, die sich jeweils auf einen begrenzten Teilnehmerkreis beschränkten: 29. Januar bis 1. Februar 1977 in Wildberg »Prophetisches Reden«; 7. bis 9. Januar 1980 und 12. bis 14. Januar 1981 in Dillenburg über das Selbstverständnis Gnadaus als innerkirchliche Bewegung.

In diesen Zusammenhang gehören auch die verschiedenen Klausuren, Gesprächstagungen und Begegnungen, die Gnadau in den letzten Jahren mit dem Rat der EKD und mit Vertretern der Landeskirchen in der Bundesrepublik hatte. Dieser Vorgang ist in der Geschichte Gnadaus nicht beispiellos, sondern erinnert an die Zeit nach dem Zweiten Weltkrieg, als in geschichtlich bewegter Zeit das Gespräch von beiden Seiten gesucht wurde.

Eine Reihe von Gnadauer Veranstaltungen hat die Verantwortungsträger der Gemeinschaftsbewegung über die Grenzen der eigenen Arbeit und unseres Landes hinausblicken lassen. Dazu gehören eine theologische Tagung mit einer Delegation der DDR vom 7. bis 9. Oktober 1979 in Dillenburg, als über charismatische Gruppierungen und geistliche Erneuerungsbewegungen der Gegenwart gearbeitet wurde. Ferner die internationale Begegnungstagung in Rathen (Sächsische Schweiz) vom 24. bis 28. April 1984, auf der Vertreter von Arbeiten Gnadauer Prägung aus ganz Europa – noch im Zusammenhang des Lutherjahres – zu gegenseitigem Austausch und intensivem gemeinsamem Nachdenken zusammen waren: aus Skandinavien, den sozialistischen Ländern, Österreich, der Schweiz, Frankreich, den Niederlanden und natürlich aus der DDR und der Bundesrepublik Deutschland.

Dieses Treffen wird durch eine zweite europäische Tagung vom 29. September bis 2. Okober 1987 in Dänemark ergänzt.

Außergewöhnlich war die gemeinsame Fahrt des Gnadauer Vorstandes zu seiner Vorstandssitzung in Kärnten vom 9. bis 16. Februar 1981, die mit einer Besuchsfahrt zu den Kreisen in der Diaspora verbunden war.

Nicht zu vergessen ist die Gnadauer Pfingstkonferenz, die in der ganzen Nachkriegsgeschichte jährlich in Treue durchgeführt wurde. Seit der Verlegung nach Siegen im Jahr 1977 hat diese Konferenz eine neue Größenordnung und veränderte Gestalt bekommen durch die Einbeziehung vieler Seminare für die haupt- und ehrenamtlichen Mitarbeiter Gnadaus in den verschiedenen Berufs- und Zielgruppen unseres Dienstes.

In der Vielfalt dieses Angebotes findet sich die Gnadauer Linie wieder: Gemeinschaftspflege und Evangelisation. Dabei beeindruckt, daß Gnadau in seiner jüngsten Geschichte besonderen Akzent auf die Evangelisation gelegt hat.

Der Vorabend des hundertjährigen Geburtstages Gnadaus weckt in dem Betrachter der Geschichte Wunsch und Gebet, daß die Gnadauer Gemeinschaftsarbeit Bewegung und Kurs in der Flucht ihres Dienstes auch in Zukunft bewahren möge als missionarische und seelsorgerliche Bewegung in unserer evangelischen Kirche. Unbeirrt von allen Irritationen, die – wie immer in seiner Geschichte – in Gnadau selbst liegen, das sich an seinem Selbstverständnis reibt, und die – wie immer in seiner Geschichte – durch geistliche Bewegungen verschiedener Art Gnadau herausfordern zu treuem Dienst. Die Geschichte Gnadaus weist eine klare Perspektive zum Segen für Kirche und Volk.

Johannes Berewinkel

Wort Gottes und Theologie

Ein Einheitsband umschließt alle Glieder der Gemeinschaftsbewegung in Geschichte und Gegenwart: die Liebe zu unserem Herrn und Heiland Jesus Christus und damit die Liebe zu seinem Wort, wie es uns in der Heiligen Schrift anvertraut ist. Von der einzigartigen, absoluten Autorität des für uns und alle Menschen gekreuzigten und vom Tode auferstandenen Sohnes Gottes her hat das Wort Gottes der Heiligen Schrift des Alten und des Neuen Testaments seine gottgewollte, geistgewirkte und immer neu durch Gottes Geist wirkende Autorität.

Die Gemeinschaftsbewegung kann mit verschiedenen Merkworten beschrieben werden: als Evangelisationsbewegung, als Heiligungsbewegung, als Bekehrungsbewegung, als Gebetsbewegung. Diese Bezeichnungen aber haben ihren Grund allein darin, daß Jesus Christus durch sein Wort Leben und Lehre der Gemeinschaftsbewegung bestimmt. So ist die Gemeinschaftsbewegung in erster Linie als Jesusbewegung und deshalb als Bibelbewegung zu verstehen.

Im folgenden soll nicht in erster Linie die theologische Erkenntnis und die dogmatische Überzeugung des Verfassers dargestellt werden, sondern nach dem grundlegend Gemeinsamen in der Vielfalt der theologischen Auffassungen in Gnadau gesucht werden. Das soll dadurch zum Ausdruck gebracht werden, daß Worte der Heiligen Schrift selbst die Ausführungen wesentlich bestimmen. Den Einzeldarlegungen soll das gemeinsame Wort Gnadaus zur Autorität der Heiligen Schrift vorausgestellt werden:

»Des Herrn Wort bleibt in Ewigkeit«

Die Mitgliederversammlung des Gnadauer Verbandes hat sich bei ihrer Tagung im Februar 1981 mit der Frage nach der Autorität der Heiligen Schrift beschäftigt.

Wir danken dem lebendigen Gott für die Gabe seines Wortes, wie es uns in der Heiligen Schrift des Alten und Neuen Testamentes anvertraut ist.

Mit Freude sehen wir, daß vielfach ein neues Hören auf das Wort der Heiligen Schrift in Kirche und Theologie aufgebrochen ist.

Wir leiden darunter, daß Bibellesen und Bibelkenntnis unter uns in erschreckendem Maße abgenommen haben und daß das biblische Wort in der Praxis des kirchlichen Handelns oft seines Inhaltes entleert und in seiner Aussage verändert wird.

Wir wehren uns gegen die Abwertung der Autorität der Heiligen Schrift. Wir lehnen es ab, wenn die Bibel nur als Buch unter Büchern, als Text unter Texten behandelt und nach den Maßstäben autonomer Vernunft ausgelegt wird.

Die Gemeinschaftsbewegung ist von ihrem Ursprung her Bibelbewegung. Wir wollen Schüler des Wortes Gottes bleiben und mithelfen, daß es auch in unserer Zeit gehört und gelesen, gelernt und gelebt wird.

Darum erinnern wir an das Wort des Gnadauer Verbandes zur Autorität der Heiligen Schrift vom Jahre 1961, das als Orientierungshilfe für den Umgang mit der Heiligen Schrift dienen will.

»Dein Wort ist meines Fußes Leuchte und ein Licht auf meinem Wege.« (Ps 119,105).

1. Wir glauben und bekennen, daß Jesus Christus in vollkommener und umfassender Weise Gottes Wort ist.

In Jesus Christus, dem menschgewordenen, gekreuzigten, auferstandenen, erhöhten und wiederkommenden Sohn Gottes, offenbart sich Gott in Gericht und Gnade. In ihm erkennen wir Gott als den Herrn und Richter der Welt und als den Schöpfer und Erretter der Menschen. Im Glauben an Jesus Christus öffnet sich uns die Heilige Schrift als das vom Heiligen Geist gewirkte Zeugnis des Handelns und Redens Gottes in der alt- und neutestamentlichen Heilsgeschichte.

2. Wir glauben und bekennen, daß die ganze Bibel Gottes Wort ist, gewirkt und durchweht vom Heiligen Geist und darum unbedingt wahrhaftig und vertrauenswürdig.

Wenn uns Gott diesen Schatz auch in »irdenen Gefäßen« gegeben hat, weil es ihm gefiel, durch Menschen in menschliche Sprache und Geschichte hinein zu uns zu reden, so achten und verkündigen wir das Wort der Schrift doch in Ehrfurcht und Dankbarkeit als Gottes untrügliche Wahrheit und Weisung für Glauben und Leben.

Diesem Wort, das uns des Heiles froh und gewiß macht, wissen wir uns unbedingt zu Glauben und Gehorsam verpflichtet.

3. Wir glauben und bekennen, daß das gottgewollte Verständnis der Schrift uns nur durch den Heiligen Geist geschenkt wird.

Menschliche Vernunft kann die göttliche Offenbarung nicht erfassen; nur dem geistgewirkten Glauben öffnet sich das göttliche Geheimnis der Schrift. Darum sagen wir ein Nein zu jeder Bibelkritik, welche die vernunftgemäße Erkenntnis über die Wahrheit der Schrift stellt und Teile der Schrift umdeutet oder sie als unglaubwürdige Mythen und

Märchen abtut. Allem nur vernunftgemäßen Verstehen und aller zersetzenden Kritik gegenüber setzt sich die Bibel selbst durch als das Wort göttlicher Wahrheit. Wir brauchen die Schrift nicht zu verteidigen, aber wir wissen uns verpflichtet, in anhaltendem Gebet und in gewissenhafter theologischer Arbeit zu helfen, Gottes Wort immer besser und tiefer kennenzulernen und so zu verstehen, wie es dem Willen Gottes entspricht.

4. Wir glauben und bekennen, daß Gott auch heute durch die Verkündigung seines Wortes sein rettendes und heiligendes Werk treibt an seiner Gemeinde und an allen Menschen.

Durch seinen Heiligen Geist macht er sein Wort lebendig an den Herzen der Hörer, daß Jesus Christus verherrlicht und in seinem Licht Sünde und Gnade recht erkannt wird. Gerade indem uns das verkündigte Wort im Gewissen straft, richtet und aufrichtet, erweist es seine Kraft als Gottes Wort. So wird durch die geisterfüllte Predigt Buße, Glauben und Gehorsam gewirkt und die Gemeinde Jesu gesammelt, gestärkt und zum Dienst zugerichtet. Es geht uns darum, daß Zeugnis, Verkündigung und Seelsorge sich vollmächtig erweisen in der Kraft des Geistes und in gehorsamer Bindung an das Wort der ganzen Heiligen Schrift, das uns in Gesetz und Evangelium begegnet.

5. Wir glauben und bekennen, daß das in der Heilsgeschichte geschehene, das im Zeugnis der Bibel geschriebene und das in vollmächtiger Evangeliumspredigt verkündigte Wort Gottes eine gewollte, untrennbare Einheit bildet.

Wenn wir vom »Wort Gottes« reden, meinen wir letztlich immer diese Zusammengehörigkeit und Einheit, auch wenn wir nur von dem geschehenen oder von dem geschriebenen oder gepredigten Wort sprechen. Die Bibel führt uns zum Glauben an Jesus Christus, und der Glaube an Jesus Christus führt wiederum zur tieferen Erkenntnis der Wahrheit Gottes in der Bibel.

In diesem lebendigen Kreislauf stehen Leben und Kraft, Botschaft und Hoffnung der Gemeinde. Durch die Verkündigung und die Bekräftigung seines Wortes regiert Jesus seine Gemeinde, und durch ehrfürchtiges Hören, vertrauendes Annehmen, gehorsames Tun und tapferes Bezeugen des Wortes gibt die Gemeinde ihrem Herrn die Ehre, die ihm gebührt.

1. Gottes Offenbarung durch sein allmächtiges Wort

Der Ausdruck Wort Gottes meint nicht die Aneinanderreihung von Wörtern und Begriffen, von Sätzen und Gedankenfolgen in den einzelnen Schriften der Bibel. Erst recht ist dabei nicht an das menschliche Werk einer Rede oder einer Predigt, einer Meditation oder einer Dichtung über Gott gedacht. Wir können nur von Gott und seinem Wort sprechen, weil er selbst ein redender Gott ist, der uns durch sein Wort persönlich anspricht. Bereits im ersten Kapitel der Bibel, in dem die Erschaffung von Himmel und Erde berichtet wird, heißt es von Schöpfungswerk zu Schöpfungswerk: »Und Gott sprach.« So klingt es vor allem durch das ganze Alte Testament hindurch: »Gott sprach«; »So spricht Gott, der HERR...«

Gott selbst hat sich durch sein Wort zu erkennen gegeben und »das Geheimnis, das verborgen war seit ewigen Zeiten und Geschlechtern«, (Kol 1,26) offenbart. Er enthüllt sein personhaftes göttliches Wesen als der Heilige und Freie, der sich uns in ewiger Liebe zuwendet durch die Offenbarung seines »Jahwe«-Namens: »Gott sprach zu Mose: Ich werde sein, der ich sein werde« (1 Mo 3,14). Dieser Gottesname findet eine weitere Erklärung in 2 Mo 33,19: »... Ich will vor dir kundtun den Namen des Herrn: Wem ich gnädig bin, dem bin ich gnädig, und wessen ich mich erbarme, dessen erbarme ich mich.«

Diese Offenbarung Gottes im »Jahwe«-Namen und durch sein Gnadenwort findet ihre Erfüllung im Neuen Testament. Es spricht in vielfältiger Weise von der Offenbarung des Geheimnisses Gottes (1 Kor 2,1). Es ist z.B. die Rede vom Geheimnis des Reiches Gottes (Mk 4,11), vom Geheimnis der Weisheit Gottes (1 Kor 2,7), vom Geheimnis des Willens Gottes (Eph 1,9), vom Geheimnis des Evangeliums (Eph 6,19). Paulus erinnert am Schluß des Römerbriefes an »sein Evangelium und die Predigt von Jesus Christus, durch die das Geheimnis offenbart und kundgemacht ist durch die Schriften der Propheten nach dem Befehl des ewigen Gottes« (Röm 16,25.26). Der Inhalt dieses Evangeliums steht allen Ausführungen des Römerbriefes voran. »Es ist eine Kraft Gottes, die selig macht alle, die daran glauben, ... Denn darin wird offenbart die Gerechtigkeit, die vor Gott gilt, welche kommt aus Glauben in Glauben, wie geschrieben steht« (Hab 2,4): »Der Gerechte wird aus Glauben leben« (Röm 1,16.17).

Vor allem aber wird Jesus Christus selbst als die Offenbarung des Geheimnisses Gottes bezeugt: »... zu erkennen das Geheimnis Gottes, das Christus ist, in welchem verborgen liegen alle Schätze der Weisheit und der Erkenntnis« (Kol 2,2,3). Jesus Christus ist der Offenbarer des Geheimnisses Gottes in Person. »Wer mich sieht, der sieht den Vater« (Joh 14,9) und »Ich und der Vater sind eins« (Joh 10,30).

Erkennen können wir die Offenbarung Gottes allein durch Gottes Geist.

Davon handelt ausführlich 1 Kor 2. Daraus seien nur einige für unseren Gedankengang wichtige Verse genannt: »Wir reden von der Weisheit Gottes, die im Geheimnis verborgen ist...«, »... uns aber hat es Gott offenbart durch seinen Geist...«; »...und davon reden wir mit Worten, die der Geist lehrt, und deuten geistliche Dinge für geistliche Menschen« (aus Vers 7.10.13).

Das schöpfungsmächtige Wort Gottes

Gottes Wort begegnet uns im ersten Kapitel der Bibel und an vielen anderen Stellen als schöpfungsmächtiges Wort. Der Schöpfer wirkt in göttlicher Freiheit. »Unser Gott ist im Himmel, er kann schaffen, was er will« (Ps 115,3). Das ist keine theoretische Aussage, sondern Zeugnis geschehener und erfahrener Offenbarungswirklichkeit. »Der Himmel ist durch das Wort des Herrn gemacht und all sein Heer durch den Hauch (= Geist) seines Mundes« (Ps 33,6). Weil Gottes Wort und Gottes Geist zusammengehören, bilden Wort und Tat Gottes eine Einheit. »Denn so er spricht, so geschieht's, wenn er gebietet, so steht's da« (Ps 33,9). Das Neue Testament bestätigt die Offenbarung des schöpfungsmächtigen Wortes. »Durch den Glauben erkennen wir, daß die Welt durch Gottes Wort geschaffen ist, so daß alles, was man sieht, aus nichts geworden ist« (Hebr 11,3).

Zum schöpfungsmächtigen Wort gehört auch das Werk der Erhaltung der Welt und allen Lebens durch das Wort Gottes. Von dem ewigen Sohn bekennt der Hebräerbrief: »Er trägt alle Dinge mit seinem kräftigen Wort« (1,3). Unter der Erhaltung ist nicht einfach ein fortlaufendes Schöpfungsgeschehen zu verstehen; denn die ganze Schöpfung leidet an dem großen Zwischenfall durch die Sünde des Menschen, durch seinen Abfall von Gott und seinen Ungehorsam. »Die Schöpfung ist ja unterworfen der Vergänglichkeit – ohne ihren Willen, sondern durch den, der sie unterworfen hat – doch auf Hoffnung; denn auch die Schöpfung wird frei werden von der Knechtschaft zu der herrlichen Freiheit der Kinder Gottes; denn wir wissen, daß die ganze Schöpfung bis zu diesem Augenblick mit uns seufzt und sich ängstigt« (Röm 8,20–22).

Die Erhaltung der von Gott abgefallenen Menschheit und Welt gründet in Gottes gnädigem Verheißungswort des »Erhaltungsbundes« mit Noah. »Und der Herr sprach in seinem Herzen: Ich will hinfort nicht mehr die Erde verfluchen um des Menschen willen, denn das Dichten und Trachten des menschlichen Herzens ist böse von Jugend auf... Solange die Erde steht, soll nicht aufhören Saat und Ernte, Frost und Hitze, Sommer und Winter, Tag und Nacht« (1 Mo 8,21.22). Diese Verheißung hat gerade in einer Zeit besondere Bedeutung, in der die Völker besorgt sind um die

Erhaltung der Natur und geängstet werden von zerstörerischen Möglichkeiten der Technik. Freilich sollten wir uns hüten, unbedacht von »unserer Schöpfung« zu sprechen und zu meinen, wir könnten die Erde in ihren ursprünglichen, paradiesischen Zustand zurückversetzen durch menschliche Vernunft und menschliche Taten. Die Schöpfung ist und bleibt Gottes Schöpfung, und er allein erhält die Welt bis zu ihrem Ende, bis zu der von ihm verheißenen Verwandlung und Neuschaffung des Himmels und der Erde. »Denn siehe, ich will einen neuen Himmel und eine neue Erde schaffen, daß man der vorigen nicht mehr gedenken und sie nicht mehr zu Herzen nehmen wird« (Jes 65,17).

Das geschichtsmächtige Wort Gottes

Gott wirkt durch sein Wort nicht nur in der Natur und im Kosmos. Er bestimmt auch die Geschichte der Völker. Das geschichtsmächtige Wort Gottes begegnet uns vor allem in der Botschaft der Propheten. Jeremias Auftrag z. B. gilt insonderheit den Völkern. »Und der Herr streckte seine Hand aus und rührte meinen Mund an und sprach zu mir: Siehe, ich lege meine Worte in deinen Mund. Siehe, ich setze dich heute über Völker und Königreiche, daß du ausreißen und einreißen, zerstören und verderben sollst und bauen und pflanzen!« (Jer 1,9.10).

Da die Völker nicht mit dem lebendigen Gott und Herrn der Welt rechnen, ergeht Gottes Gericht über sie. Ganze Kapitel der Propheten sind vom Gerichtswort gegen die Völker erfüllt, z. B. Jer 46–51. Diese Kapitel werden so eingeleitet: »Dies ist das Wort des HERRN, das zu dem Propheten Jeremia geschehen ist wider alle Völker« (Jer 46,1).

P. Volz schrieb (übrigens während der Hitlerzeit): »Er (Jeremia) ist Weltprophet, weil er im Dienst des Gottes steht, der die Welt regiert, und weil das Wort dieses Gottes ewige Kraft hat... Das Wort Gottes ist also die einzige Weltmacht, und es entscheidet über Leben und Tod der Völker.« (Prophetengestalten, S. 231).

Nach Jes 46 hat Gott seinen Plan mit den Völkern wie mit seinem erwählten Volk Israel verkündigt und führt ihn nach seinem Willen aus. »Ich habe von Anfang an verkündigt, was hernach kommen soll, und vorzeiten, was noch nicht geschehen ist. Ich sage: Was ich beschlossen habe, geschieht, und was ich mir vorgenommen habe, das tue ich« (Jes 46,10). Dabei stellt Gott oft einzelne Völker oder Herrscher in den Dienst zur Ausführung seines Gerichtes oder auch seiner Rettung. Kyros z. B. wurde zum Rettungswerkzeug berufen. »So spricht der HERR, dein Erlöser...: Ich bin der Herr, der zu Kyros sagt: Mein Hirte! Er soll all meinen Willen vollenden und sagen zu Jerusalem: Werde wieder gebaut! und zum Tempel: Werde gegründet!« (Jes 44,24.28). Bis zum letzten Buch der Bibel wird das geschichtsmächtige Wort Gottes bezeugt. In Offenbarung 17,17 heißt es: »Denn Gott hat's ihnen in ihr Herz gegeben, nach seinem Sinn zu handeln und eines Sinnes zu werden und ihr Reich dem Tier zu geben, bis vollendet werden die Worte Gottes.« Hier ist davon die Rede, daß Völker nach dem ihnen verborgenen Willen Gottes als Gerichtsvollzieher an der Weltmacht dienen müssen. Haben wir nicht in der Geschichte unseres Volkes erlebt, daß die Tyrannen zu ihren eigenen Gerichtsvollziehern werden mußten?

Das Ziel des geschichtsmächtigen Wortes Gottes in die Welt hinein bleibt jedoch seine gnädige Einladung zur Umkehr: »Wendet euch zu mir, so werdet ihr gerettet, aller Welt Enden; denn ich bin Gott und sonst keiner mehr. Ich habe bei mir selbst geschworen, und Gerechtigkeit ist ausgegangen aus meinem Munde, ein Wort, bei dem es bleiben soll: Mir sollen sich alle Knie beugen und alle Zungen schwören und sagen: Im Herrn habe ich Gerechtigkeit und Stärke« (Jes 45,22 ff.). Im Neuen Testament wird die Erfüllung dieser Verheißung durch den Gehorsams- und Erniederungsweg Jesu Christi im Christushymnus des Philipperbriefes bezeugt: »Darum hat ihn auch Gott erhöht und hat ihm den Namen gegeben, der über alle Namen ist, daß in dem Namen Jesu sich beugen sollen aller derer Knie, die im Himmel und auf Erden und unter der Erde sind, und alle Zungen bekennen sollen, daß Jesus Christus der Herr ist, zur Ehre Gottes des Vaters« (Phil 2,9–11). Deshalb sind die Glaubenden der Vollendung gewiß, die die Offenbarung des Johannes bezeugt: »Es sind die Reiche der Welt unseres Herrn und seines Christus geworden, und er wird regieren von Ewigkeit zu Ewigkeit« (Kap 11,15).

Das erlösungsmächtige Wort Gottes

Die einladende Zusage der Rettung und des Heiles für die Völkerwelt gründet in dem erlösungsmächtigen Wort Gottes. Darin kommt seine Liebe und seine Erwählung zum Leben zum Ausdruck. Mitten durch Dunkel und Unheil der Völkergeschichte zieht sich die oft verborgene, aber zielklare Heilsgeschichte Gottes. Sie wird offenbar in der Erwählung und Geschichte des Volkes Israel. »Darum sage den Israeliten: Ich bin der HERR und will euch wegführen von den Lasten, die euch die Ägypter auflegen, und will euch erretten von eurem Frondienst und will euch erlösen mit ausgestrecktem Arm und durch große Gerichte; ich will euch annehmen zu meinem Volk und will euer Gott sein, daß ihr's erfahren sollt, daß ich der Herr bin...« (2 Mo 6,6.7). Allein durch Gottes Liebe ist Israel Gottes Volk. »Nicht hat euch der Herr angenommen und euch erwählt, weil ihr größer wäret als alle Völker – denn du bist das kleinste unter allen Völkern –, weil er euch geliebt hat und damit er seinen Eid hielte, den er euren Vätern geschworen hat« (5 Mo 7,7.8).

Diese Verheißung hat Gestalt angenommen im Bund Gottes mit seinem Volk. Mit Abraham beginnt es: »Siehe, ich habe meinen Bund mit dir, und du sollst ein Vater vieler Völker werden« (1 Mo 17,4; vgl. 1 Mo 12,7). Eine einzigartige Bedeutung für Israel hat der Sinai-Bund gewonnen. In ihm hat der Herr sein erlösungsmächtiges Wort in für die Juden bis heute unvergessener Weise mitten in der Weltgeschichte offenbart. Er hat Israel aus der Sklaverei der Ägypter erlöst. Deshalb lautet der wichtigste Satz der zehn Gebote, sozusagen das »Evangelium« des Alten Testaments, aus dem das Gesetz als Weisung erwächst: »Ich bin der HERR, dein Gott, der dich aus Ägyptenland, aus der Knechtschaft geführt hat. Du sollst keine anderen Götter haben neben mir« (2 Mo 20,2.3).

Gott hat sein Wort in den Geboten offenbart, damit die Menschen ihm Antwort geben in Dankbarkeit, Vertrauen und Gehorsam. Nicht von ungefähr hat Luther das 1. Gebot, das mit jener Erlösungsbotschaft beginnt, als das entscheidende herausgestellt: »Wir sollen Gott über alle Dinge fürchten, lieben und vertrauen.« An der Übertretung dieses Gebotes ist das Volk Gottes immer wieder gescheitert. »Sie hielten den Bund Gottes nicht und wollten nicht in seinem Gesetz wandeln und vergaßen seine Taten und seine Wunder, die er ihnen erwiesen hatte« (Ps 78,10.11).

Darum mußte Israel die Gerichte Gottes erleiden, die der Herr in seinem Wort durch die Propheten wegen der Übertretung der Gebote hatte verkündigen lassen. Gottes Volk hat in seiner Geschichte den Bund oft gebrochen. Doch Gott hat in seiner Treue seinen Bund nicht vergessen, sondern verheißen: »Siehe, es kommt die Zeit, spricht der Herr, da werde ich mit dem Hause Israel und dem Hause Juda einen neuen Bund schließen« (Jer 31,31).

In der babylonischen Gefangenschaft ist der Herr in seiner Geduld und Treue seinem Volk von neuem durch sein erlösungsmächtiges Wort begegnet. Im zweiten Teil des Jesajabuches spricht er sein Volk wiederholt als Erlöser an. »Ich habe dich einen kleinen Augenblick verlassen, aber mit großer Barmherzigkeit will ich dich sammeln. Ich habe mein Angesicht im Augenblick des Zorns ein wenig vor dir verborgen, aber mit ewiger Gnade will ich mich deiner erbarmen, spricht der Herr, dein Erlöser« (Jes 54,7.8).

Die endgültige, die ewig gültige, die für alle Menschen gültige Erlösung hat Jesus durch den Neuen Bund geschaffen. »Er ist durch sein eigenes Blut ein für allemal in das Heiligtum eingegangen und hat eine ewige Erlösung erworben, und darum ist er auch der Mittler des Neuen Bundes, damit durch seinen Tod, der geschehen ist zur Erlösung von den Übertretungen unter dem ersten Bund, die Berufenen das verheißene ewige Erbe empfangen« (Hebr 9,12–15). So ergeht das erlösungsmächtige Wort Gottes bis heute an uns:

»Gott ... hat unter uns aufgerichtet das Wort von der Versöhnung, so bitten wir nun an Christi statt: »Laßt euch versöhnen mit Gott« (2 Kor 5,19.20).

2. Das menschgewordene Wort Gottes

Das Reden Gottes im Neuen Bund vollzog sich in einer völlig andersartigen Tat. Der Anfang des Hebräerbriefes hat das so ausgedrückt: »Nachdem Gott vorzeiten vielfach und auf vielerlei Weise geredet hat zu den Vätern durch die Propheten, hat er in diesen letzten Tagen zu uns geredet durch den Sohn« (Hebr 1,1.2). Jetzt redete Gott nicht mehr durch den Mund der von ihm berufenen geisterfüllten und glaubensgehorsamen Menschen zu seinem Volk, jetzt spricht Gott persönlich als Mensch die Menschen an. Am Ende der Bibel wird das Geheimnis des in Herrlichkeit erscheinenden Herrn Jesus ausdrücklich so enthüllt: »... und sein Name ist das Wort Gottes« (Offb 19,13). Jesus heißt nicht nur so, weil er das Wort Gottes verkündigte, sondern weil er es in seiner Person und in seinem Wesen ist. Die wichtigste Antwort auf die Frage nach dem Wort Gottes wird uns zu Beginn des Johannesevangeliums gegeben. Dort wird das Geheimnis der Einheit Gottes und seines Wortes offenbart: »Im Anfang war das Wort, und das Wort bei Gott, und Gott war das Wort« (Joh 1,1). Dieses ewige Wort ist Mensch geworden, richtiger, wirklicher, wahrer Mensch. »Und das Wort ward Fleisch und wohnte unter uns« (Joh 1,14). Jesus hat teil an der Schöpfungs-, Erhaltungs-, Geschichts- und Erlösungsmacht des Vaters (Kol 1,20; Hebr 1,1–4). Das Geheimnis der Einheit des Vaters im Himmel und des menschgewordenen Sohnes, des fleischgewordenen Wortes, erweist sich im lebendigen Wirken des Geistes Gottes in Jesus. »Denn der, den Gott gesandt hat, redet Gottes Worte, denn Gott gibt den Geist ohne Maß« (Joh 3,34). Jesus ist der einzige Mensch, der ganz vom Geist Gottes erfüllt ist und die ganze Fülle des Heiligen Geistes besitzt, weil er Gottes Sohn ist.

Mit der Menschwerdung Jesu hat ein neues Schöpfungswunder begonnen. Das meint das biblische Zeugnis von der Jungfrauengeburt: »... denn was sie empfangen hat, das ist von dem heiligen Geist« (Mt 1,20; vgl. Lk 1,35). Ebenso erweist sich Gottes Geist in dem vollmächtigen Wirken Jesu. »Zu der Stunde freute sich Jesu im heiligen Geist und sprach: ... Alles ist mir übergeben von meinem Vater, und niemand weiß, wer der Sohn ist, als nur der Vater, noch, wer der Vater ist, als nur der Sohn und wem es der Sohn offenbaren will« (Lk 10,21.22). Das Wirken des Geistes erweist sich nicht nur in den Zeichen und Wundern Jesu und in dem Zuspruch der Vergebung, sondern erst recht in seinem Erlösungstod am Kreuz: »... der sich selbst als Opfer ohne Fehl durch den ewigen Geist Gott dargebracht hat ...« (Hebr 9,14), und in seiner Auferweckung: »... nach dem Geist, der heiligt, ist er eingesetzt als Sohn Gottes in Kraft durch die Auferstehung von den Toten« (Röm 1,4).

Die Dreieinheit Gottes klingt an in den Abschiedsreden Jesu, wenn er sagt: »Wenn aber der Tröster kommen wird, den ich euch senden werde vom Vater, der Geist, der vom Vater ausgeht, der wird Zeugnis geben von mir« (Joh 15,26).

Wahrer Mensch

So groß ist Gott, der Schöpfer und Herr der Welt, daß er selbst in Jesus, seinem ewigen Sohn, Mensch wurde, ein kleines Kind in der Krippe. So tief hat Gott sich zu uns herabgelassen. Die Bibel stellt uns Jesus in aller Deutlichkeit als wahren, wirklichen Menschen vor Augen. Dabei geht es um viel mehr als um die normalen biologischen Lebensäußerungen wie Hunger, Durst, Müdigkeit oder Sprache und Sitte seiner jüdischen Zeitgenossen. Die Erniedrigung und Entäußerung reicht viel tiefer: »Gott sandte seinen Sohn in der Gestalt des sündigen Fleisches« (Röm 8,3). Der Hebräerbrief erklärt:»Er ist versucht worden in allem wie wir, doch ohne Sünde« (4,15); und er kann sogar hinzufügen: »So hat er, obwohl er Gottes Sohn war, doch an dem, was er litt, Gehorsam gelernt« (5,8).

Von Anfang an gilt das prophetische Wort des Täufers: »Siehe, das ist Gottes Lamm, welches der Welt Sünde trägt« (Joh 1,29). Der ganze irdische Weg Jesu war ein einziger Leidensweg und Kampf gegen die Verderbensmächte Sünde, Tod und Teufel. Darum antwortet der Heidelberger Katechismus auf die Frage »Was verstehst du unter dem Wörtlein gelitten?« (Frage 37): »Daß er an Leib und Seele die ganze Zeit seines Lebens auf Erden, sonderlich aber am Ende desselben, den Zorn Gottes wider die Sünde des ganzen menschlichen Geschlechtes getragen hat...«

Wahrer Gott

So ist der wahre Gott im wahren Menschen tief verhüllt. Mit bloßem Auge und mit rein menschlichen Beobachtungen und Nachdenken ist Gott in dem Menschen Jesus von Nazareth nicht zu erkennen. Die göttliche Vollmacht Jesu enthüllt und verhüllt sich zugleich unter dem scheinbaren Gegenteil: in der völligen Ohnmacht des zum Kreuzestod Verurteilten, der in die Hölle der Gottverlassenheit hineingegangen ist. Doch ist gerade in seinem Opfertod am Kreuz das Liebeswerk zu unserer ewigen Erlösung und Befreiung von der Macht der Sünde und des Todes vollbracht. Gott, der Vater, hat sein Ja dazu gesprochen, als er durch den Geist den am Kreuz gestorbenen und begrabenen Jesus auferweckte. Als der Lebendige ist er seinen Jüngern und Jüngerinnen als den Urzeugen des Auferstandenen erschienen. Für unsere Augen bleibt er verhüllt bis zu dem Tage, da er als der Herr aller Herren erscheinen und das ewige Reich Gottes in aller Öffentlichkeit und in Herrlichkeit aufrichten wird. Gerade in diesem Zusammenhang wird in Offb 19,13 sein Name »das Wort Gottes« genannt. Bis dahin gilt Hebr 2,8: »Jetzt aber sehen wir noch nicht, daß ihm alles untertan ist.«

Nur durch Offenbarung und deshalb nur im Glauben ist Jesus als Sohn Gottes zu erkennen. Auf das Petrusbekenntnis: »Du bist Christus, des lebendigen Gottes Sohn« (Mt 16,16) erwidert Jesus: »Selig bist du, Simon, Jonas Sohn; denn Fleisch und Blut haben dir das nicht offenbart, sondern mein Vater im Himmel« (Mt 16,17).

3. Das geschriebene Wort Gottes

Wie aber begegnet das menschgewordene Wort Gottes uns heute? Wie können wir Jesus als unseren Herrn und Heiland erkennen? Wo finden wir ihn? Es gibt nur einen Ort, an dem Jesus uns begegnet, nur eine Quelle, wo wir ihn finden: die Bibel. Sie allein vermittelt uns die ewig gültige und für uns verbindliche Urkunde von Gottes Reden und Handeln in Jesus Christus zu unserem Heil, wie er es in seiner Bundestreue verheißen hat. Es handelt sich einerseits um die ursprüngliche Kunde von Gottes Offenbarung und Wahrheit. Wir könnten in diesem Sinn von »Ur-Kunde« sprechen. Andererseits ist die biblische Urkunde in keiner Weise eine Schrift, die etwa von Menschen notariell als richtig und rechtens beurkundet werden könnte. Gott allein hat diese Urkunde besiegelt. Immer wieder findet sich in der Heiligen Schrift das Wort vom Eid oder Schwur Gottes, z.B. Hes 16,8: »Und ich schwor dir's und schloß einen Bund mit dir, spricht Gott der HERR, daß du solltest mein sein.« Jesus Christus selbst hat das Wort des Neuen Testaments durch sein Wort besiegelt, als er sprach: »Dieser Kelch ist der neue Bund in meinem Blut« (1 Kor 11,25).

So gewiß Jesus das offenbarte, geschehene, menschgewordene Wort Gottes in Person ist und die Bibel das von ihm zeugende, von Menschen gesprochene und geschriebene Wort Gottes, so gewiß gehören sie beide untrennbar zusammen: die Person Jesus und das Buch, die Bibel, die von ihm zeugt. Nur durch die Offenbarung Gottes in seinem Wort, in Jesus, hat die Bibel ihren Sinn und ihre Bedeutung. Aber ebenso gilt, nur in der Bibel begegnet uns diese Gottesoffenbarung. Nur durch das Gotteswort der Bibel können wir zu Jesus kommen und im Glauben an ihn wahres, ewiges Leben finden.

Durch diese einzigartige Verbindung von Offenbarer und Offenbarungsbotschaft gibt es zwischen beiden eine wesentliche Entsprechung. Das Geheimnis Jesu Christi hat sich uns gezeigt in seiner Existenz als wahrer, wirklicher Gott und als wahrer, wirklicher Mensch. Dementsprechend begegnet uns die Offenbarung Gottes in der Heiligen Schrift als wahres, wirkliches Gotteswort in der Gestalt wahren, wirklichen Menschenwortes. Für Glauben und Denken, für Verstehen und Bezeugen ist es unerläßlich, diese Einheit der Bibel »Gottes Wort im Menschenwort« als Offenbarungsweise für uns zu beachten und anzunehmen. Denn allein so spricht unser lebendiger Herr Jesus Christus uns in unserer Zeit und in unserem Leben an.

Die Heilige Schrift als wahres, wirkliches Gotteswort

Wie erweist sich nun das geschriebene Wort, heute das gedruckte Bibelwort, als Gottes Wort? Wir sehen, lesen und hören ja zunächst nur menschliche Wörter, Sätze, Berichte, Predigten, Briefe. Wir finden keinen rein menschlichen, verstandesmäßigen Beweis dafür, daß dieses menschliche Wort zugleich Gottes Wort ist. »Der natürliche Mensch aber vernimmt nichts vom Geist Gottes; es ist ihm eine Torheit, und er kann es nicht erkennen« (1 Kor 2,14).

Gott selbst erweist und beweist die Heilige Schrift als sein Wort durch ihren Inhalt. In dem Vorhergehenden war bereits die Rede vom Heils- und Rettungshandeln Gottes im Alten Bund und von den Heilstaten Jesu im Neuen Bund. In unserem Zusammenhang kann nur stichwortartig auf einige zentrale Aussagen des göttlichen Inhaltes der Heiligen Schrift hingewiesen werden, die für die Offenbarungsbotschaft charakteristisch sind. In Mt 4,23 heißt es: »Er predigte das Evangelium von dem Reich.« So faßt Markus die Predigt Jesu zusammen: »Die Zeit ist erfüllt, und das Reich Gottes ist herbeigekommen. Tut Buße und glaubt an das Evangelium!« (Mk 1,15). In den ersten drei Evangelien bildet die Proklamation der Gottesherrschaft die Mitte der Verkündigung Jesu. In ihm selbst ist sie da: »Denn siehe, das Reich Gottes ist mitten unter euch« (Lk 17,21). Das Johannesevangelium wird von der Botschaft des ewigen Lebens geprägt: »Also hat Gott die Welt geliebt, daß er seinen eingeborenen Sohn gab, damit alle, die an ihn glauben, nicht verloren werden, sondern das ewige Leben haben« (Joh 3,16). Bei Paulus steht inhaltlich im Mittelpunkt »Das Wort von der Versöhnung« (2 Kor 5,19) und »das Wort vom Kreuz« (1 Kor 1,18). Von daher kann er die von ihm verkündigte Botschaft einfach als »das Wort« bezeichnen (1 Thes 2,13). In der Apostelgeschichte wird vielfach die apostolische Predigt von dem gekreuzigten und erhöhten Herrn »das Wort« genannt (z. B. 4,29 u. a.). Der 1. Petrusbrief verkündigt die Botschaft von der »Wiedergeburt durch die Auferstehung Jesu« (1,3) und »aus dem lebendigen Wort Gottes« (1,23).

Die Heilige Schrift als wahres, wirkliches Menschenwort

Durch seinen Inhalt, durch das Evangelium selbst, erweist Gott die Heilige Schrift als sein Wort. Dazu gehört wesentlich die Gestalt des Gotteswortes im Menschenwort der Bibel. Wie Gott seine Liebe darin erwiesen hat, daß er in seinem ewigen Sohn Mensch geworden ist, sich erniedrigt und ganz zu uns herabgelassen hat, so haben wir ein besonderes Gnadengeschenk darin empfangen, daß er sich uns in menschlicher Sprache, in menschlichen Vorstellungen, mitten in der jeweiligen Geschichte und Kultur der Menschen offenbart hat, die er mit seinem Wort zuerst angesprochen hat. In einer ganz anderen als der heutigen Welt hat der irdische Jesus mit seinen Zeitgenossen gelebt: unter der Zwangsherrschaft des römischen Weltreiches. Und wenn wir an den jahrtausendlangen Zeitraum denken, in dem die einzelnen Schriften des Alten Testaments entstanden sind, können wir nur dankbar darüber staunen, daß Gott so verschiedene Menschen, so zahlreiche Generationen mit seinem Wort je in ihrer Zeit und in ihrer Sprache angeredet hat.

Das Gotteswort im Menschenwort zeigt uns Gottes Gnade und Erbarmen in einer noch viel tieferen Weise. Es läßt uns in vielen Klagepsalmen am Elend und an der Not der Menschen teilnehmen. Auch dunkelste menschliche Stunden werden nicht verschwiegen. Hiob klagt: »Ausgelöscht sei der Tag, an dem ich geboren bin, und die Nacht, da man sprach: Ein Knabe kam zur Welt... Warum bin ich nicht gestorben bei meiner Geburt? Warum bin ich nicht umgekommen, als ich aus dem Mutterleib kam?« (Hi 3,3.11). Auch ein solcher Diener des Herrn wie der Prophet Jeremia ruft aus:»Verflucht sei der Tag, an dem ich geboren bin; der Tag soll ungesegnet sein, an dem mich meine Mutter geboren hat« (Jer 20,14). Die Bibel verschweigt uns das menschliche Elend und die menschliche Sünde nicht, weil Jesus alles Leid und alle Lasten, alle Sorgen und alle Schuld aller Menschen in der tiefsten Tiefe der Gottverlassenheit am Kreuz zu unserem Trost und Heil auf sich genommen hat. In jeder Hinsicht können wir nur dankbar sein, daß uns Gottes Wort in der ganzen Niedrigkeit des Menschenwortes gegeben ist.

Wie wir bei Jesus, bei dem menschgewordenen Wort Gottes, vom Wirken des Heiligen Geistes zu sprechen hatten, so gehören Gottes Wort im Menschenwort und Gottes Geist ebenso untrennbar zusammen. Das müssen wir in einem viel weiteren Zusammenhang sehen, als allein im Blick auf die Entstehung der einzelnen Bücher und Schriften des Alten und Neuen Testaments. Geist und Wort sind in der Gottesoffenbarung verbunden: »Und dies ist mein Bund mit ihnen, spricht der Herr: Mein Geist, der auf dir ruht, und meine Worte, die ich in deinen Mund gelegt habe, sollen von deinem Mund nicht weichen« (Jes 59,21). In den Sendschreiben der Offenbarung Johannes wird die Verbindung von Wort und Geist ebenso deutlich. Sie werden z.B. eingeleitet mit: »Dem Engel der Gemeinde in Ephesus schreibe: Das sagt...«, und sie schließen mit der Formulierung: »Wer Ohren hat, der höre, was der Geist den Gemeinden sagt!« (Offb 2,1.7). Das gleiche wird deutlich in den Abschiedsreden Jesu, z.B. »Aber der Tröster, der Heilige Geist... der wird euch alles lehren und an alles erinnern, was ich euch gesagt habe« (Joh 14,26).

Wir haben darauf zu achten, daß Geist und Wort zusammengehören. Der Heilige Geist erscheint nicht imponierend und beeindruckend in außergewöhnlichen, psychisch erlebbaren Ereignissen, sondern in der schlichten, verwechselbaren Gestalt des Wortes. Das Wort wird als Instrument, als Werkzeug benützt. Der Geist gibt diesem Gnadenmittel seine göttliche Wirkung. »Ist mein Wort nicht wie ein Feuer und ein Hammer, der Felsen zerschmeißt?« (Jer 23,29). In Eph 6,17 und Hebr 4,12 ist vom Wort als »Schwert des Geistes« die Rede.

Wenn wir vom Geist Gottes sprechen, müssen wir auf den trinitarischen Zusammenhang achten. In Apg. 16 z.B. folgen in einem Zusammenhang kurz aufeinander die Aussagen: »Vom Heiligen Geist wurde ihnen verwehrt...«, »... doch der Geist Jesu ließ es ihnen nicht zu...«, »... gewiß, daß uns Gott dahin berufen hatte...«. Derselbe Gott wirkt in dreifacher Weise! Die Schrift spricht vom Geist – wenn wir das so menschlich ausdrücken dürfen – auch in bezug auf das inner-göttliche Wirken. »Uns aber hat es Gott offenbart durch seinen Geist; denn der Geist erforscht alle Dinge, auch die Tiefen der Gottheit... so weiß auch niemand, was in Gott ist, als allein der Geist Gottes« (1 Kor 2,10.11).

Wenn das Wort Gottes der Bibel, wie es die Gnadauer Thesen sagen, »gewirkt und durchweht ist vom Heiligen Geist«, müssen wir uns vor Augen halten, daß dem geschriebenen Wort weithin das verkündigte Wort vorangegangen ist. Den aufgeschriebenen Evangelien liegt die mündliche Predigt Jesu zugrunde. Das oben erwähnte Wort Joh 14,26 weist ausdrücklich darauf hin. Auch die Apostelgeschichte ist weithin eine Sammlung von

Predigten, vornehmlich der Apostel Petrus und Paulus. Bei den Propheten des Alten Bundes finden wir die gleiche Situation vor. In Jer 36,4 wird berichtet: »Und Baruch schrieb auf eine Schriftrolle alle Worte des Herrn, die er zu Jeremia geredet hatte, wie Jeremia sie ihm sagte.« In dem für die Geistgewirktheit der Schrift so wichtigen Wort aus 2 Petr 1,21 wird ja deutlich zum Ausdruck gebracht: »Denn es ist noch nie eine Weissagung aus menschlichem Willen hervorgebracht worden, sondern getrieben von dem heiligen Geist haben Menschen im Namen Gottes *geredet.«* Paulus verweist in seinen Briefen oft auf seine mündliche Verkündigung, was ja bei dem Gründer vieler Gemeinden selbstverständlich erscheint. So heißt es in 1 Thes 2,13: »Ihr habt das Wort der göttlichen Predigt, das ihr von uns empfangen habt, nicht als Menschenwort aufgenommen, sondern als das, was es in Wahrheit ist, als Gottes Wort, das in euch wirkt, wie ihr glaubt.«

Das von Gottes Geist gewirkte mündliche Wort hat in der Heiligen Schrift seine endgültige Gestalt gefunden. Dabei gehören Entstehung und gegenwärtiges Wirken durch den Geist im Gnadenmittel des Wortes zusammen. Dasselbe Wort, das davon spricht, daß alle Schrift von Gott eingegeben, von Gottes Geist durchweht ist, zielt ja auf die weitere Wirkung des Wortes hin: »Denn alle Schrift, von Gott eingegeben, ist nütze zur Lehre, zur Zurechtweisung, zur Besserung, zur Erziehung in der Gerechtigkeit, daß der Mensch Gottes vollkommen sei, zu allem guten Werk geschickt« (2 Tim 3,16.17).

Gewiß ist bei der Erwähnung der Heiligen Schrift im Neuen Testament an die Schriften des Alten Testaments gedacht. Doch haben diese durch die Verheißung des Neuen Bundes einen eindeutigen Bezug zum Evangelium Jesu Christi. Er sagt nach Joh 5,39 selbst: »Ihr sucht in der Schrift, denn ihr meint, ihr habt das ewige Leben darin; und sie ist's, die von mir zeugt.« Der erhöhte Herr selbst verbürgt durch seinen Geist die Wahrheit des Wortes Gottes im Neuen Testament. Nochmals sei erinnert an Joh 14,26: »Aber der Tröster, der Heilige Geist..., der wird euch alles lehren und euch an alles erinnern, was ich euch gesagt habe«, und er bezeugt weiter: »Wenn aber jener, der Geist der Wahrheit, kommen wird, wird er euch in alle Wahrheit leiten« (Joh 16,13).

Das Wort von Jesus ist nicht ein Wort über Jesus, sondern das Wort, das durch Jesus, den erhöhten Herrn, gewirkt ist. Er hat die Apostel durch seinen Geist zu Zeugen bevollmächtigt (Apg 1,8; Joh 20,21–23). Das im umfassenden Sinn apostolische Zeugnis hat schließlich zur Sammlung des gesamten Neuen Testaments geführt, zum Kanon, der im wesentlichen bereits in der Mitte des zweiten Jahrhunderts feststand. Die im Gottesdienst versammelte Gemeinde hat bei aller Unterschiedlichkeit der einzelnen Bücher durch das Wirken des Heiligen Geistes in den Schriften des Neuen Testaments das Wort Gottes, die lebendige Stimme des erhöhten Herrn, gehört und geglaubt. Das apostolische heugnis des Neuen Testaments als Botschaft von den Heilstaten Gottes in Jesus Christus ist einmalig, für alle Zeiten gültig und verbindlich. »Die Gemeinde ist erbaut auf den Grund der Apostel und Propheten, da Jesus Christus der Eckstein ist« (Eph 2,20).

Wie Jesus Christus als wahrer Gott und wahrer Mensch nur durch die Offenbarung geglaubt und erkannt wird, so kann auch die Heilige Schrift als Gotteswort im Menschenwort nur durch den Heiligen Geist erwiesen werden. Johannes Calvin schreibt: »Daß die Schrift von Gott kommt, das glauben wir, weil die Kraft des Geistes uns erleuchtet, nicht aber auf Grund des eigenen Urteils oder desjenigen anderer Leute. Es ist ja gerade, als ob wir Gottes eigene Majestät erschauten, und deshalb ist unsere Gewißheit unerschütterlich fest, stärker, als sie uns menschliches Urteil verleihen könnte. So halten wir dafür, daß die Schrift zwar durch den Dienst von den Menschen, aber tatsächlich doch aus Gottes eigenem Munde zu uns kommt« (Institutio, 1,7).

Gottes Wort als Evangelium und als Gesetz

Aus dem üblichen theologischen Sprachgebrauch ist in der Regel die Reihenfolge Gesetz und Evangelium vertraut. Das Wort Evangelium hat in der Verkündigung und in den Briefen des Paulus einen besonderen Stellenwert. Darum beginnen wir mit ihm. Während Evangelium in den Büchern, die wir »Evangelium« nennen, nur selten vorkommt, im Johannesevangelium gar nicht, wird es in der paulinischen Literatur 80 mal erwähnt. Es ist zu einem Hauptwort in der Verkündigung der Gemeinde Jesu Christi zu allen Zeiten und in aller Welt geworden. Paulus kann sprechen »vom Evangelium Gottes« (Röm 1,1), »vom Evangelium von seinem Sohn« (Röm 1,3), »vom Evangelium von der Herrlichkeit Christi« (2 Kor 4,4), »vom Evangelium von Christus« (Gal 1,7). Sehr oft sagt er einfach »Evangelium« (Röm 1,18 u. ö.) oder gar »mein Evangelium« (Röm 2,16). Dabei versteht er immer unter Evangelium die umfassende Botschaft vom Wort und Handeln Gottes in Jesus Christus zu unserem Heil (vgl. 1 Kor 15,3–8). Das Evangelium beinhaltet den Freispruch von Sünde und Tod durch Gottes Gnadengerechtigkeit. Freigesprochen werden wir von dem tödlichen Fluch des Gesetzes. »Christus aber hat uns erlöst von dem Fluch des Gesetzes, da er zum Fluch wurde für uns« (Gal 3,13). So stehen der Urteilsspruch des Gesetzes und der Freispruch des Evangeliums in einer – wenn auch total konträren – Verbindung. Im Neuen Testament kommt das Begriffspaar Gesetz und Evangelium, das in der Reformationszeit und in den letzten Jahrzehnten in der Theologie eine so große Rolle gespielt hat, wortwörtlich nicht vor. Dort begegnen wir dem Gegensatz: Gesetz und Verheißung

(Röm 4,14), Gesetz und Glaube (Gal 3,28) und vor allem Gesetz und Christus: »Christus ist des Gesetzes Ende; wer an den glaubt, der ist gerecht« (Röm 10,4).

Wie ist der Gegensatz von Gesetz und Evangelium zu verstehen? Das Gesetz ist wie die Verheißung im Alten Bund und das Evangelium im Neuen Testament Gottes Wort. Die zehn Gebote z. B. können in der Bibel auch einfach »die Zehn Worte« genannt werden. In 2 Mo 34,27.28 heißt es: »Und der HERR sprach zu Mose: Schreib dir diese Worte auf; denn auf Grund dieser Worte habe ich mit dir und mit Israel einen Bund geschlossen. Und er schrieb auf die Tafeln die Worte des Bundes, die Zehn Worte.« »Diese Zehn Worte« zeigen uns die ursprüngliche Bedeutung des Gesetzes als gute Wegweisung Gottes für ein dankbares und gehorsames Leben seines Volkes. Die Voraussetzung des zehnfachen »Du sollst« ist die einzigartige Heilstat Gottes im Alten Bund, die Rettung Israels aus der ägyptischen Sklaverei. »Ich bin der HERR, dein Gott, der ich dich aus Ägyptenland, aus der Knechtschaft geführt habe. Du sollst keine anderen Götter haben neben mir« (2 Mo 20,2.3). So gehört die frohe Botschaft, das »Evangelium« von der Rettung, und das Gesetz als Weisung zusammen.

Auch im Neuen Testament wird das Gesetz als das gute Wort Gottes bezeugt. Jesus sagt nach Mt 5,17: »Ihr sollt nicht meinen, daß ich gekommen bin, das Gesetz und die Propheten aufzulösen; ich bin nicht gekommen, aufzulösen, sondern zu erfüllen.« Und Paulus schreibt Röm 7,12.14: »So ist also das Gesetz heilig, und das Gebot ist heilig, gerecht und gut. Denn wir wissen, daß das Gesetz geistlich ist, ich aber bin fleischlich, unter die Sünde verkauft.«

Die Sünde, die Gottlosigkeit und die Ichbezogenheit des Menschen führten dazu, daß aus der guten Wegweisung die todbringende Anklage des Gesetzes geworden ist. A. Peters stellt Luthers Auffassung so dar: »Für Adam vor dem Fall war das Gesetz nicht lediglich erfüllbar, sondern schön; er gehorchte ihm aus seinem innersten Wesen heraus. Gottes schlichte mündliche Weisung (1 Mo 2,16 f.) bildete seine gesamte Bibel und war ihm, nach der klassischen Formulierung aus der Genesisvorlesung, Evangelium und Gesetz in eins. Erst durch den Fall wurde das Gesetz unerfüllbar; in seiner immer deutlicher hervortretenden Heiligkeit wird es den Menschen zum Treiber auf Christus hin« (Gesetz und Evangelium, Seite 37).

Je länger desto mehr hatte Israel das Gesetz nicht mehr als Gottes gutes Gebot und Weisung verstanden und gehalten, sondern es als Heilsweg der eigenen Leistung betrachtet und so erst recht übertreten. Durch den Ungehorsam verwandelte sich der Segen des guten Gebotes Gottes in den verurteilenden und verdammenden Fluch des Gesetzes. Dazu sagt E. Schlink: »Die Loslösung des Gesetzes von seiner heilsgeschichtlichen Grundlage hatte sehr erhebliche Konsequenzen: Das Tun des Gesetzes bekam nun eine veränderte Bedeutung. War der Gehorsam Israels ursprünglich als Antwort auf Gottes Handeln gefordert, so wurde nun Gottes Heilshandeln als Antwort auf den Gehorsam erwartet. Das Leben wurde als Lohn des Gehorsams erwartet. Es lag nun nahe, den eigenen Gehorsam vor Gott als Grund für seine Gnade geltend zu machen, ja mit dem Hinweis auf gute Werke, die Erweise der göttlichen Gerechtigkeit einzuklagen« (Ökumenische Dogmatik, Seite 247).

Von daher ist der radikale Gegensatz von Gesetz und Verheißung bei Paulus und von Gesetz und Evangelium bei Luther zu verstehen. Wer das Gesetz Gottes aus eigener Kraft zu erfüllen trachtet, der hat es schon übertreten. Denn er hat sich von dem Herrn und Retter abgewandt, der ihn allein zum dankbaren Gehorsam befähigen kann. Im Angesicht des einen, der gehorsam war bis zum Tode, ja bis zum Tode am Kreuz, hat Paulus recht: »Durch das Gesetz kommt Erkenntnis der Sünde« (Röm 3,20). Doch im Lichte des befreienden Evangeliums, »Christus hat uns erlöst vom Fluch des Gesetzes, da er zum Fluch wurde für uns« (Gal 3,13), werden wir zu einem gehorsamen Leben nach den guten Wegweisungen im Gesetz Gottes erneuert. »Denn das Gesetz des Geistes, der lebendig macht in Christus Jesus, hat dich frei gemacht von dem Gesetz der Sünde und des Todes. Denn was dem Gesetz unmöglich war, weil es durch das Fleisch geschwächt war, das tat Gott: Er sandte seinen Sohn in der Gestalt des sündigen Fleisches und um der Sünde willen und verdammte die Sünde im Fleisch, damit die Gerechtigkeit, vom Gesetz gefordert, in uns erfüllt würde, die wir nun nicht nach dem Fleisch leben, sondern nach dem Geist« (Röm 8,2–4).

Jesus selbst hat seinen Jüngern das Liebesgebot als neue Wegweisung für das Leben gegeben: »Ein neues Gebot gebe ich euch, daß ihr euch untereinander liebt, wie ich euch geliebt habe, damit auch ihr einander lieb habt, denn daran wird jedermann erkennen, daß ihr meine Jünger seid, wenn ihr Liebe untereinander habt« (Joh 13,34.35). So gehören für den Christen Evangelium und Gesetz (= Gebot) zusammen. »Denn die Gebote des Neuen Testamentes sind allenthalben in seinem Christuszeugnis begründet, und Gottes in Christus offenbarer Wille ist das Licht, in dem sich entscheidet, wo und wie wir auch aus alttestamentlichem Gebot diesen seinen Willen als uns gesagt hören und verstehen können« (W. Joest, Dogmatik 2, Seite 508).

Das verkündigte Wort Gottes

Von dem oben Gesagten her ist die ganze Heilige Schrift die einzige Quelle für die heutige Verkündigung, für den Glauben und das Zeugnis der Gemeinde wie für den einzelnen Christen. Das geschriebene Wort Gottes erweist sich im Hören und Lesen als lebendige Stimme des Evangeliums, wie es die 5. Gnadauer These ausdrückt: »Wir glauben und bekennen, daß das in der Heilsgeschichte geschehene, das im Zeugnis der Bibel geschriebene, das in vollmächtiger Evangeliumspredigt verkündigte Wort Gottes eine gottgewollte, untrennbare Einheit bildet.« Diese Einheit schafft der Heilige Geist. Wenn wir im Blick auf sein Wirken von »Inspiration« sprechen, so dürfen wir diese nicht allein auf die Entstehung der Heiligen Schrift beziehen, sondern ebenso auf das Verstehen des Wo2ortes Gottes. Wir sind ganz auf das gegenwärtige Wirken des Heiligen Geistes durch das Wort angewiesen. Mit den Reformatoren hat die Gemeinschaftsbewegung diesen untrennbaren Zusammenhang von Wort und Geist und von Geist und Wort betont. H. Berkhof schreibt: »Wenn der Herr das Herz öffnet, tut er es so, daß wir recht auf das Wort merken. Das Zeugnis des Geistes in unseren Herzen wird nicht in unserem Herzen selbst vernommen, sondern darin, daß wir das Zeugnis des Geistes im Wort anerkennen ... das Wort ist das Instrument des Geistes ... das Wort bringt den Geist an die Herzen heran, und der Geist bringt das Wort in die Herzen hinein« (Theologie des Heiligen Geistes, Seite 43). So kann es keine Verkündigung ohne das Wort der Schrift geben. »Das Bündnis des Heiligen Geistes mit der Schrift ist unlöslich bis auf den Tag, wo es keiner Schrift mehr bedarf und wir die Sprache Gottes unvermittelt zu hören vermögen« (H. Vogel, Komm Schöpfer Geist, Seite 149).

Unter dem Hören und Lesen der Heiligen Schrift kommen wir zum Glauben und empfangen die Heilsgewißheit: »Der Geist selbst gibt Zeugnis unserem Geist, daß wir Gottes Kinder sind« (Röm 8,16). Von dieser Glaubenserkenntnis und Erfahrung her gibt es in der Gemeinschaftsbewegung von Anfang an eine große Liebe zum Worte Gottes und darum eine intensive Beschäftigung mit der Heiligen Schrift. Bibelstunden und Bibelbesprechstunden sowie fleißiges persönliches Bibellesen sind unaufgebbare Kennzeichen der Gemeinschaftsbewegung.

4. Gemeinschaftsbewegung und Theologie

Die Beschäftigung mit der Heiligen Schrift führt zu der Frage des Verhältnisses der Gemeinschaftsbewegung zur Theologie. Zunächst ist darauf hinzuweisen, daß die Gemeinschaftsbewegung nicht in erster Linie ein Werk sein will, das im engeren Sinn Theologie treibt, erst recht nicht eine Arbeitsgemeinschaft von wissenschaftlich gebildeten Theologen. Die Gemeinschaftsbewegung ist vielmehr geprägt von der biblischen Erkenntnis des Priestertums aller Gläubigen, das mit der Reformation und im Pietismus neu ans Licht getreten ist. Von Anfang an waren Schriftbetrachtung und Bibelauslegung von nicht theologisch ausgebildeten Gliedern der Gemeinde Jesu

Christi ein wesentliches Lebenselement der Gemeinschaftsbewegung. Die Zukunft Gnadaus wird entscheidend davon abhängen, ob dieser Dienst des Priestertums aller Gläubigen das Gemeinschaftsleben weiterhin bestimmt.

Die gerade beschriebene Tatsache der praktischen Verkündigungsaufgabe besagt jedoch nicht, daß die biblische Lehre, also die Theologie im weiteren Sinn, keine Bedeutung für die Gemeinschaftsbewegung habe. Die theologische Arbeit, das glaubende, verantwortliche Nachdenken über das Wort Gottes, richtiger: unter dem Wort Gottes, darf nicht auf die damit auch notwendig verbundene wissenschaftliche Aufgabe beschränkt werden. In Gnadau gab und gibt es ein vielfaches Bemühen um die Lehre der Heiligen Schrift. »Evangelisches Christentum ist Theologie, weil es Lehre ist. Denn der lebendige Gott wird als der Offenbare verkündigt; dies geschieht in dem Logos, der in Herz und Mund der Christen lebt (Röm 10,8.10). Von da aus erwächst ein besonderes Charisma der Lehre; von diesem ist auch jedes Laienchristentum getragen«, sagt J. Schniewind (in: H. J. Kraus, Julius Schniewind – Charisma der Theologie, Seite 49). Daher wird mit vollem Recht in manchen Gemeinschaftskreisen offiziell von »Laien-Theologen« gesprochen (z. B. bei den »Altpietisten« in Württemberg).

Zwei Voraussetzungen sind bei solcher biblisch-theologischen Arbeit zu beachten. Einmal darf die gegebene Einheit von Gotteswort und Menschenwort in der Heiligen Schrift nicht übersehen werden. Wer die Schrift nur auslegt wie andere literarische Werke der Menschheitsgeschichte und nur innerweltliche Maßstäbe und Kriterien anlegt, geht an dem wahren Verständnis der Offenbarung der Wirklichkeit Gottes vorbei. So weist z. B. die »Biblisch-theologische Basis« der Evangelistenschule Johanneum, die von Anfang an eng mit der Gnadauer Gemeinschaftsbewegung verbunden ist, daraufhin, daß die Schrift »nicht durch bloße historisch-analytische Forschung verstehbar wird«, und erklärt, »daß nur der Glaube an den, der den Gottlosen gerecht spricht, uns die Bibel aufschließt«. Daraus wird die Folgerung gezogen: »Bekehrung durch Jesus Christus als Voraussetzung theologischer Arbeit und nicht autonomes Denken; gründliche theologische Denkarbeit in Ehrfurcht vor der Schrift, aber nicht Wissenschaftsgläubigkeit. Das gleiche meint die 3. Gnadauer These: »Wir glauben und bekennen, daß das gottgewollte Verständnis der Schrift uns nur durch den Heiligen Geist geschenkt wird. Menschliche Vernunft kann die göttliche Offenbarung nicht erfassen. Nur dem geistgewirkten Glauben öffnet sich das göttliche Geheimnis der Schrift.«

Schließlich sei noch an Calvins Aussage erinnert: »Es ist Torheit, wenn man meint, auf dem Wege des Disputierens ihre Glaubwürdigkeit sichern zu können... Das Zeugnis des Heiligen Geistes ist besser als alle Beweise, denn wie Gott selbst in seinem Wort der einzige, vollgültige Zeuge von sich selber ist, so wird auch dies Wort nicht eher im Herzen des Menschen

Glauben finden, als bis es vom inneren Zeugnis des Heiligen Geistes versiegelt worden ist« (Institutio, 1,7). Wahre theologische Arbeit kann nur in der Bitte um den Heiligen Geist geschehen.

Aus dem allen ergibt sich die andere menschliche Voraussetzung theologischen Nachdenkens. Wer die biblische Wahrheit anerkennt, daß unser Erkennen Stückwerk ist, wird seine theologische Arbeit demütig und bescheiden tun.

An dieser Stelle sei an die Thesen »Vom rechten Gebrauch der Bibel« erinnert, die der Neutestamentler Otto Schmitz, der lange Zeit verantwortlich in Gnadau mitgearbeitet hat, verfaßte. Einige seiner Thesen seien hier wiedergegeben:

(1.) Der Gebrauch der Bibel ist nur dann ein rechter Gebrauch, wenn er in voller Wahrhaftigkeit die Heilige Schrift so nimmt, wie sie uns von Gott gegeben wurde.

(9.) Die Heilige Schrift als das maßgebende Zeugnis der Offenbarung erhält ihre Autorität als Wort Gottes von der Offenbarung Gottes in seinem geschichtlichen Heilshandeln, zu dem auch sein offenbarendes Reden gehört.

(11.) Es kommt also alles darauf an, daß uns in der Heiligen Schrift verläßliche Kunde von diesem geschichtlichen Handeln Gottes zu unserem Heil gegeben ist.

(14.) Diese wahre Menschlichkeit der Heiligen Schrift hindert ihren Dienst als verläßliches Offenbarungszeugnis in keiner Weise, solange sich dieses Zeugnis auch in seiner Knechtsgestalt an dem Gewissen der Bibelleser wirksam erweist.

(15.) Diese Überführung von der Wahrheit der biblischen Botschaft geschieht aber erfahrungsgemäß durch die Heilige Schrift »als Urkunde der kirchengründenden Predigt« (Martin Kähler) durch die Jahrhunderte hindurch bis auf diesen Tag immer aufs neue in der Kraft des Heiligen Geistes...

(19.) Wer in dieser Schule in der Freiheit des Evangeliums mit allen Mitteln der menschlichen Forschung, die zu Gebote stehen, als ein demütiger und gehorsamer Schüler auf die Heilige Schrift des Alten und Neuen Testaments hört, der wird an diesem prophetischen und apostolischen Urzeugnis von der unaussprechlichen Gabe, die uns in dem Herrn Jesus Christus gegeben ist... die Erfahrung von 2. Tim. 3,15 ff.... machen, daß »die heiligen Schriften«, die er von Kindheit an kennt, ihn weise machen können zur Seligkeit durch den Glauben an Christus Jesus«, weil »jede von Gottes Geist eingehauchte Schrift (oder Schriftstelle) nützlich ist zur Belehrung, zur strafenden Überführung, zur

Aufrichtung, zur Erziehung in der Gerechtigkeit, damit der Mensch Gottes vollkommen sei, zu jedem guten Werk völlig ausgerüstet.«

(20.) Er wird in dieser Schule lernen, die Heilige Schrift von ihrem Mittelpunkt, dem gekreuzigten und auferstandenen Herrn Jesus Christus als dem »König der Schrift«, aus zu sehen und sie in ihren verschiedenen Bestandteilen von dieser Mitte aus geistlich zu bewerten, sie also nicht bloß als ein Spruchbuch zu benützen, in dem jeder Spruch das gleiche Gewicht hat, ob er aus dem Römerbrief oder aus dem Buch Esther stammt.

(22.) Er wird in dieser Schule ein kindliches Vertrauensverhältnis zur Heiligen Schrift in dem uns vorliegenden Wortlaut gewinnen als der gottgegebenen Leuchte für seinen Fuß und bei aller kritischen Erforschung des irdenen Gefäßes, in dem es Gott gefallen hat, uns den kostbaren Schatz seiner Gnade und Wahrheit anzuvertrauen, nicht aufhören, fern aller Vergötzung eines menschlichen Buches, ihn mit seiner ganzen Gemeinde zu preisen für diese unvergleichliche Gabe seines Wortes. (Aus Theologie und Pietismus, Seite 90 ff.)

Das Bemühen um biblische Lehre hat für Gnadau prägende Bedeutung. Die jährlichen Pfingstkonferenzen vom Jahre 1888 an waren Lehrkonferenzen, auf denen gründlich biblische Theologie getrieben wurde. In den Aussprachen ging es zwar immer brüderlich zu, aber es gab durchaus deutliche Auseinandersetzungen bezüglich unbiblischer Lehren. D. Walter Michaelis überschreibt das 14. Kapitel seines Buches »Erkenntnisse und Erfahrungen aus 50jährigem Dienst am Evangelium« nicht umsonst: »Das Kampffeld der Pfingstkonferenzen«. Zu Anfang dieses Jahrhunderts fiel nach jahrelangen Erörterungen eine Grundentscheidung in der Frage der Heiligung bezüglich der Gefahr eines perfektionistischen Denkens und Lebensverhaltens. Es kam schließlich zu einer klaren Absage gegenüber einem Stufendenken, nach dem die Heiligung eine Stufe höher als die Rechtfertigung zu betrachten sei und durch die weitere Stufe der sog. Geistestaufe zum Ziel der Vollkommenheit eines Christenmenschen führen könne. Gnadau blieb eindeutig bei der biblischen Erkenntnis der Reformation von der Einheit und Zusammengehörigkeit von Rechtfertigung und Heiligung als Gnadengeschenke des einen Herrn, »der uns von Gott gemacht ist zur Weisheit und zur Gerechtigkeit und zur Heiligung und zur Erlösung« (1 Kor 1,30).

Beim Studium der Referate und der Diskussionen ist zu beobachten, mit wieviel Schriftkenntnis und -erkenntnis die Nichttheologen zu echten biblischen Entscheidungen beitrugen. Es kann nicht die Aufgabe dieser Abhandlung sein, alle Lehrfragen, die in Gnadau behandelt wurden, aufzuzählen. Im gesamten Gnadauer Schrifttum finden sich zahlreiche theologische Aufsätze; besonders erwähnt seien »Das Gnadauer Gemeinschaftsblatt« und die theologische Zeitschrift »Der Reichgottesarbeiter«. Durch Jahrzehnte hindurch wurde die theologische Arbeit Gnadaus wesentlich durch den langjährigen Präses D. Walter Michaelis gefördert und geprägt.

In manchen Fragen herrscht in Gnadau grundsätzlich Einmütigkeit, im einzelnen jedoch eine Vielfalt von theologischen Auffassungen. Das kann hier nur an einem Beispiel gezeigt werden. Wie aus den Gnadauer Thesen hervorgeht, besteht Einmütigkeit in der Frage der Geistgewirktheit, also der Inspiration der Heiligen Schrift: »Wir glauben und bekennen, daß die ganze Bibel Gottes Wort ist, gewirkt und durchweht vom Heiligen Geist und darum in ihrem Zeugnis von Gott und seinem Heil unbedingt wahrhaftig und vertrauenswürdig ist.« Die Bibel bezeugt die Inspiration des Wortes Gottes. Aber sie entfaltet an keiner Stelle eine ausführliche Inspirationslehre. Die verschiedenen Inspirationslehren sind menschliche Lehren, ob wir mit der alten Theologie von Verbal-, Real- oder Personalinspiration sprechen oder mit Evangelikalen in den USA von Intuitions-, Illuminations- oder Dynamik-Theorien. Solche menschlichen Erklärungsversuche brauchen nicht trennend zu wirken, solange die eigene Erkenntnis nicht absolut gesetzt wird und die eigene Überzeugung nicht als allein richtig dargestellt wird.

Ein weiteres Beispiel von grundsätzlicher Einmütigkeit bei unterschiedlichen Einzelerkenntnissen ist das eschatologische Zeugnis der Heiligen Schrift. Die geistlichen, theologischen Väter Gnadaus waren nicht in erster Linie an den ekklesiologischen Fragen interessiert, wie das gegenwärtig bei manchen Gnadauern im Blick auf Gemeindeverständnis und Gemeindebau, auch hinsichtlich des Verhältnisses von Gemeinde und verfaßter Kirche bzw. Volkskirche der Fall ist. In den Anfangszeiten waren die Gnadauer vor allem von der Reich-Gottes-Theologie erfüllt und bewegt. Über das Reich Gottes haben sie nachgedacht, dem Reich Gottes wollten sie dienen. Dabei hatten sie gleichermaßen die Zukunft des Reiches Gottes vor Augen und die gegenwärtige verborgene Herrschaft Jesu Christi in ihrem Blickfeld. Oft wurde vom »Reichsblick« gesprochen. Dabei gibt es bis heute hinsichtlich der Endzeit in der zum Weltgericht heranreifenden Völkergeschichte unterschiedliche Auffassungen. Doch darin hat immer Einmütigkeit bestanden: Die Gewißheit der Wiederkunft des Herrn und der Zukunft des Reiches Gottes führt uns zu der dringlichen Gegenwartsaufgabe, das Evangelium vom Reich in Evangelisation in unserem Land und in Mission unter den Völkern zu bezeugen. Zum verborgenen Wachstum seines Reiches begnadigt und beruft Jesus Christus Menschen zu Reich-Gottes-Arbeitern.

Die Haltung zur wissenschaftlichen Theologie ist unterschiedlich. Aus der Zeit nach dem Zweiten Weltkrieg gibt es dazu ein wegweisendes Wort des bereits erwähnten D. Walter Michaelis: »Ebenso hatten die Gnadauer Väter von vorneherein eine gesunde Stellung gegenüber der wissenschaftlichen Theologie. Die Bedeutung dieser Frage ist vielen Bibelchristen nicht klar. Sie beachten nicht, daß es z. B. eine Hauptaufgabe der Theologie ist, die in der Bibel offenbarten Wahrheiten gegenüber den religiösen, philosophischen und auch kirchlichen Zeiterscheinungen abzugrenzen und zu bezeugen. Es ist in der Kirche immer wieder zu beobachten, daß ein christliches Werk, was sich diesen Dienst der Theologie nicht gefallen läßt und ihn nicht sucht oder ihn wohl gar ablehnt, einer Abkapselung und Verarmung anheimfällt. Einer der Führer am Anfang des Gnadauer Werkes war ein Professor der Theologie. Auf der ersten Gnadauer Konferenz hielt sich die Zahl der Theologen und Laien fast genau die Waage. Seit 1906 liegt der Vorsitz in den Händen von Theologen, und unser Werk hat viel Befruchtung durch biblizistische Theologen erfahren, vielleicht auch der Theologie gedient, wovon aber hier nicht zu reden die Aufgabe ist« (Gnadauer Gemeinschaftsblatt 12/1949, Seite 4).

Freilich hat dieser eben erwähnte Theologieprofessor, es handelt sich um D. Theodor Christlieb, auf Probleme und Defizite in der Universitätstheologie hingewiesen, die sich bis heute kaum geändert haben: »Der theologischen Jugend aber – mindestens in Deutschland –, deren Blick so leicht an einzelnen, besonders historisch-kritischen Detailfragen oft von geringer Bedeutung hängen bleibt, ja die oft den ganzen Fortschritt der Theologie fast nur nach neuen Fündlein und Hypothesen der Gelehrten zu bemessen gewöhnt wird, ohne daß ihr für den Fortschritt der Kirche Christi im Großen das Auge geschärft würde, ihr sollte in unserer Zeit der wahre und weite Reichsblick noch ganz anders als bisher geöffnet werden, damit sie ein regeres Interesse an den Fortschritt des Evangeliums in ihr Amt mitnehme ...« (zit. b. J. Ohlemacher, Das Reich Gottes in Deutschland bauen, Seite 86).

Wenn in der Gemeinschaftsbewegung zu Arbeiten wissenschaftlicher Theologie Stellung genommen wird, kann es nur darum gehen, die vorgetragenen Meinungen an dem Schriftzeugnis zu prüfen und sie von daher dankbar anzunehmen oder als unbiblisch abzulehnen. Freilich steht es niemandem zu, ein Urteil über den Verfasser und seinen persönlichen Glauben zu fällen. Unsere berechtigte Sorge ist die, daß bereits seit der Aufklärung Theologen immer wieder der Gefahr erliegen, das Wort Gottes in seiner menschlichen Wortgestaltung zu erforschen und dabei nur innerweltliche Maßstäbe und Methoden anzuwenden. Das hat oft zu unbiblischen, übrigens sehr häufig auch zu kurzlebigen Lehrmeinungen geführt. Das Gnadauer Wort zur Autorität der Schrift sagt dazu: »Wir sagen ein eindeutiges Nein zu jeder Bibelkritik, welche die vernunftgemäße Erkenntnis über die Wahrheit stellt und Teile der Schrift umdeutet oder sie als unglaubwürdige Mythen und Märchen abtut. Allem nur vernunftgemäßen Verstehen und aller zersetzenden Kritik gegenüber setzt sich die Bibel selbst durch als das Wort göttlicher Wahrheit. Wir brauchen die Schrift nicht zu verteidigen, aber wir wissen uns verpflichtet, in anhaltendem Gebet und in gewissenhafter theologischer Arbeit zu helfen, Gottes Wort immer besser und tiefer kennenzulernen und so zu verstehen, wie es dem Willen Gottes entspricht.« Dieses Wort stellt kritische Anfragen, ruft aber ebenso zu verantwortlicher theologischer Arbeit, wie sie z. B. auch in den Ausbildungsstätten, die mit Gnadau verbunden sind, geschieht. Erfolgt solche Arbeit sachgemäß, fördert sie auch im Gnadauer Raum das Verständnis für die notwendigen Bemühungen wissenschaftlicher Theologie. Die immer wieder einmal versuchte Begegnung von Pietismus und wissenschaftlicher Theologie bleibt eine notwendige Aufgabe.

Es hat nur einzelne Theologieprofessoren gegeben, die direkt zur Gemeinschaftsbewegung gehörten oder ihr nahestanden. Nur einige Namen seien genannt: Otto Schmitz, Karl Heim, Julius Schniewind, Hans-Joachim Iwand. Die verantwortlichen Gnadauer Theologen haben jedoch immer ein Gespür für echte biblische Theologie gehabt und darum solche Professoren wie Martin Kähler, Hermann Cremer, Adolf Schlatter u. a. geschätzt. Auch heute wirken Professoren und andere wissenschaftlich arbeitende Theologen als Referenten und Mitarbeiter bei Tagungen Gnadaus mit.

Die Gemeinschaftsbewegung hat sich nie einer bestimmten theologischen Schule oder Zeitströmung angeschlossen. Wenn nach der theologischen Grundrichtung gefragt wird, muß theologiegeschichtlich der »Biblizismus« genannt werden, wie unterschiedlich positiv oder kritisch dieser Begriff auch interpretiert werden mag. In der Gemeinschaftsbewegung wird im wesentlichen darunter verstanden, die Bibel von der Offenbarung Gottes in Christus her bei aller Vielfalt der einzelnen Zeugen als ganze in der Einheit zwischen Altem und Neuem Testament als Verheißung und Erfüllung zu verstehen. H. Karpp äußert sich am Ende seines Artikels »Biblizismus« in der Theologischen Realenzyklopädie (TRE) folgendermaßen: »Außer der zunehmenden Verbreitung zeigt auch der geschichtliche Überblick, daß dem Sprachgebrauch ein Sachproblem zu Grunde liegt, das zu allen Zeiten... mit dem Gebrauch der Bibel verknüpft ist. Seinetwegen dürfte der Biblizismus als Denkrichtung auch in der Zukunft ein gewisses Lebensrecht besitzen. Als Ausrichtung könnte er legitimerweise die kritische Aufgabe erfüllen, verengende Reduktionen und Konzentrationen der Theologie auch gegen jeden ›Antibiblizismus‹ in Frage zu stellen und der Gemeinde das Bewußtsein zu stärken, daß ihr Glaube nicht vom jeweiligen Stand der für die Kirche gewiß unentbehrlichen wissenschaftlichen Forschung abhängig ist.«

Schließlich ist die dem Biblizismus teilweise verwandte heilsgeschichtliche Theologie zu erwähnen. Sie hat vornehmlich im süddeutschen Raum, aber doch auch darüber hinaus viele Anhänger in der Gemeinschaftsbewegung. Hier ist nicht nur an J. A. Bengel zu erinnern, sondern ebenso an Vertreter der heilsgeschichtlichen Theologie aus dem 19. Jahrhundert zu denken, wie J. von Hofmann, K. A. Auberlen und J. T. Beck. Der letztere war der prägende Lehrer einer Reihe von Gnadauer Vätern, wie Theodor Christlieb und Theodor Haarbeck. In der jüngsten Zeit beobachten wir dankbar und aufmerksam die Entwicklung einer neuen theologischen Richtung, die sich als »Biblische Theologie« versteht und zum Teil Anliegen der oben genannten Richtungen aufnimmt.

Am Ende unserer Ausführungen zum Thema »Wort Gottes und Theologie« können wir nur bekennen, daß alle Beschäftigung mit der Offenbarung Gottes in seinem Wort dazu führt, Gott in seiner herablassenden Gnade demütig anzubeten und auf die endgültige Offenbarung in der Herrlichkeit seines Reiches zu hoffen und zu warten.

Hermann Plötner

Jesus, der gekreuzigte und auferstandene Sohn Gottes, und sein Erlösungswerk

Die Frage, wer er, Jesus, sei, hat schon seine Zeitgenossen tief bewegt. In den Evangelien finden wir die Notiz über ein Gespräch, das Jesus mit seinen Jüngern nahe der Stadt Cäsarea Philippi geführt hat, in dem er offen über sich, über seine Person und über seinen Weg gesprochen hat (Mt 16,13–17). »Wer sagen die Leute, daß ich sei?« Die genannten Antworten fielen unterschiedlich aus und spiegelten Vorstellungen und Erwartungen der Befragten wider. Die gleiche Frage, an die Jünger gerichtet, beantwortete Petrus mit einem knappen, aber inhaltsschweren Bekenntnis: Du bist der Messias, das heißt der Gesalbte Gottes! Jesus fügte hinzu, daß dieses Wort nicht in Petrus, sondern in einer ihm von Gott geschenkten Offenbarung seinen Ursprung habe.

Diese Begebenheit zeigt uns, daß Verstehen von Geschichte und deren Zeugnisse, ja überhaupt menschliche Einsicht und Erkenntnisfähigkeit die gestellte Frage nicht zu beantworten vermögen. Zwar gab es immer wieder Versuche, aus den Evangelien ein von Glaubensurteilen unabhängiges und damit »objektives« Bild des historischen Jesus zu entwerfen. Doch hat sich gezeigt, daß in allen diesen Darstellungen die Voraussetzungen und Denkansätze ihrer Schöpfer wiederzufinden sind: Der Rationalist sieht in Jesus den Tugendlehrer, der Liberale einen Menschenfreund, der Humanist findet in ihm sein leuchtendes Vorbild und der Sozialrevolutionär einen frühen Kampfgenossen.

Wer Jesus ist, das kann nur ein Bekenntnis aussagen, das glaubend auf das antwortet, was dem Bekennenden zuvor widerfahren ist. Schon die Evangelisten geben Bericht und Zeugnis vom irdischen Jesus aus der Sicht der nachösterlichen Gemeinde. Sie wissen um den ganzen Weg Jesu: um seinen Tod und seine Auferweckung, und sind erst dadurch zu Glaubenszeugen geworden. Aus solchem Glauben schreiben und verkündigen sie, damit ihre Leser und Hörer durch ihr Zeugnis zum Glauben finden. Deshalb ist das Bemühen um ein rein historisches Jesusbild abwegig. Der Glaubende fragt nach dem irdischen Jesus, wie ihn die Evangelien verkündigen, und stimmt durch sein Bekenntnis in dieses Offenbarungszeugnis ein.

Daß er als einer, der an Jesus als den Herrn und Christus glaubt, auch nach den geschichtlichen Zusammenhängen und Hintergründen des irdischen Jesus fragt, fordert dies Bekenntnis, denn es schließt das Geheimnis ein, daß Gott Mensch geworden ist und sich in einem festumrissenen Geschichtsraum offenbart hat.

Damit soll der Weg angedeutet sein, auf dem wir die Antwort auf die Frage, wer Jesus sei, suchen wollen.

Als die Zeit erfüllt war...

Jesus wurde kurz vor dem Tod Herodes d. Gr. (4 v. Chr.) geboren (Mt 2,1.13–15). Im Alter von ungefähr 30 Jahren (Lk 3,23) trat er in die Öffentlichkeit, nachdem (vielleicht nicht lange zuvor?) Johannes der Täufer seine Tätigkeit begonnen hatte. Dies könnte in die Zeit 27/28 n. Chr. fallen (Lk 3,1 ff.). Da Jesus rund drei Jahre öffentlich gewirkt hat, wird vermutet, daß sein Todesjahr in die Zeit zwischen 30/33 fällt. Ein genaues Datum läßt sich nicht angeben.

Das Gebiet seines Wirkens war Palästina, vornehmlich seine Heimat Galiläa. Nur selten verließ er auf seinen Wanderungen diese Gegend (Mk 7,24.31). Zu den großen jüdischen Festen zog er mit seinen Jüngern nach Jerusalem, wo er während eines Passa-Festes gekreuzigt wurde.

Palästina gehörte zur Zeit Jesu zum Römischen Reich. Die Römer übten ihre Herrschaft durch Landesfürsten aus, die sie eingesetzt hatten und die von ihnen völlig abhängig waren. Als Herodes d. Gr. starb, wurde sein Gebiet unter drei seiner Söhne geteilt. Der Tetrarch (Vierfürst) Herodes Antipas erhielt Galiläa und war der Landesherr Jesu. Das bedeutendste Gebiet, Judäa mit Jerusalem und Samaria, bekam der Ethnarch (etwa Großherzog) Archelaos. Nach zehnjähriger Regierungszeit setzte ihn Augustus ab und verwandelte sein Gebiet in eine kaiserliche Provinz, die von einem Prokurator (Statthalter) in Verbindung mit dem Jerusalemer Synedrium (Hoher Rat) regiert wurde. Während der Zeit der Wirksamkeit Jesu amtierte der Prokurator Pontius Pilatus.

Obwohl die römische Herrschaft dem Land wirtschaftliche Vorteile gebracht hatte, war sie wegen der finanziellen Ausbeutung verhaßt, zumal ihre Rechtsansprüche als Heiden mit dem Stand des erwählten Gottesvolkes unvereinbar waren. Die Konflikte wurden dadurch noch verschärft, daß verschiedene Parteien in dieser Frage eine unterschiedliche Haltung einnahmen. Die Priester- und Herrenpartei der Sadduzäer versuchte durch eine Realpolitik den Bereich der Selbstverwaltung, besonders in Tempelangelegenheiten, möglichst ohne Einschränkungen zu erhalten. Die Bürgerpartei der Pharisäer forderte unbedingte Erfüllung des Gesetzes und mied deshalb aus Furcht vor Verunreinigung jeglichen Kontakt mit den Heiden. Eine weitere Gruppe waren die Essener, die zumeist zurückgezogen in ordensähnlichen Gemeinschaften lebten und auf eine baldige Änderung der Verhältnisse durch Gottes endzeitliches Eingreifen warteten. Die Zeloten vertraten unter diesen Parteien eine radikale Position. Sie scheuten sich nicht, den offenen Kampf gegen die Heiden und ihr Regime sowie gegen Kollaborateure zu führen, um die Gottesherrschaft auf dem Weg einer Revolution herbeizuzwingen.

Die Kenntnis dieser Situation ist zum rechten Verstehen der Jesus-Bewegung von Bedeutung, denn zu seinen Jüngern gehörten ein Zelot und ein Kollaborateur – ein Zollangestellter –, der im Dienst der Römer gestanden hatte.

Galiläa, die Heimat Jesu, war nicht nur territorial vom Zentrum Judäa getrennt. Zwischen beiden Gebieten lag Samaria, deren Bewohner die Judäer verachteten. Judäa und Galiläa unterschieden sich auch in der Form der politischen Regierung. Zudem wohnte in Galiläa eine Bevölkerung mit teilweise heidnischer Herkunft, was dieses Gebiet in den Augen strenggläubiger Judäer verächtlich machte. Da das galiläische Bergland Ausgangsort mancher Aufstände gegen die Römer war, wurden alle verdächtigen Vorgänge in diesem Gebiet von ihnen sorgfältig beobachtet. Ob das im Prozeß gegen Jesus eine Rolle gespielt hat, bleibt fraglich.

... sandte Gott seinen Sohn

Nur Matthäus und Lukas berichten über Jesu Geburt. Da beide Evangelisten hierfür unterschiedliche Quellen benutzen, ergänzen sich ihre Darstellungen. Bemerkenswert ist, daß in beiden Überlieferungen die Jungfrauengeburt bezeugt wird.

Jesus wurde in der Davidsstadt Bethlehem, 9 Kilometer südlich von Jerusalem, geboren. Aufgewachsen ist er in Nazaret (Mt 2,22 f.), einer sonst nicht näher bekannten Stadt, nahe an der Südgrenze Galiläas. Hier wohnte seine Familie (Mk 6,3). Da er »Sohn der Maria« genannt wird, nehmen manche Ausleger an, daß Josef starb, als Jesus noch jung war, so daß ihm als ältestem Sohn im wesentlichen die familiäre Fürsorge oblag. Josef (vermutlich auch Jesus) war Zimmermann. Danach hätte die Familie, sozial gesehen, zum Mittelstand gehört. Lk 2,24 und charakteristische Bilder in Jesu Verkündigung (Lk 11,5; 15,8–10) lassen aber eher darauf schließen, daß seine Familie in ärmlichen Verhältnissen gelebt hat.

Über seine religiöse Ausbildung ist nichts bekannt. Vermutlich wird er nach damaligem Brauch in der Synagoge in Nazaret in die Schriften des AT eingeführt worden sein.

In Verbindung mit der Taufbewegung des Johannes trat Jesus in die Öffentlichkeit, indem er sich in die Reihen jener stellte, die sich von

Johannes taufen ließen. Damit bestätigte er den Weg, die Wirksamkeit und das heilsgeschichtliche Verständnis des Täufers (Mt 3,15). Welch enge Beziehung die Tätigkeit des Johannes für Jesu Wirken darstellte, wird in Mt 11,7–19 beschrieben. Für Jesus selbst verbindet sich mit seiner Taufe die Bestätigung seiner Berufung zum Messias. Das verdeutlichen Geistempfang (die Wiederkehr des seit Esra für erloschen gehaltenen Geistes galt im Judentum als Anbruch der Heilszeit) und die Stimme aus dem Himmel, die ihn, den Erwählten Gottes, als den Gottesknecht ausweist (Jes 42,1). Wie wichtig Jesus diese Taufe gewesen ist, geht aus dem Streitgespräch hervor, bei dem die Herkunft seiner Vollmacht erfragt werden soll. Dabei beruft sich Jesus auf das, was sich bei seiner Taufe ereignet hat (Mk 11,27–33).

In der sich anschließenden Versuchungsgeschichte (Mt 4,1–11) wird berichtet, wie das in der Taufe offenbarte einzigartige Gottesverhältnis Jesu auf die Probe gestellt wird: »Wenn du Gottes Sohn bist...« Jesus entnahm seine Antworten auf die drei Versuchungen jenem Abschnitt des AT (5 Mo 6–8), in dem Israel ermahnt wird, die Wüstenerfahrungen zu bedenken und jene Gebote zu lernen, die das rechte Verhältnis zu Gott verheißen. Damit wird bezeugt, daß Jesus jetzt als Sohn Gottes auf den Weg tritt, den das Volk Israel verlassen hatte. So bilden Taufe und Versuchung Jesu einen wichtigen Abschnitt in der Zubereitung für seine öffentliche Wirksamkeit, die nach einer kurzen Phase in der Nachbarschaft zu Johannes in Galiläa erfolgt.

... und gingen mit Jesus

Jesu öffentliches Auftreten als Wanderprediger war dem eines jüdischen Schriftgelehrten seiner Zeit in mancher Hinsicht vergleichbar. Während er zu Beginn seiner Wirksamkeit mehrfach in den Synagogen (Lk 4,16 ff.) die Schrift ausgelegt hatte, scheint es, daß er im Verlauf seiner weiteren Tätigkeit dazu überging, öffentlich auf Straßen und Plätzen zum versammelten Volk zu sprechen und seine Jünger zu unterweisen. Er wurde als »Rabbi« (Lehrer) angesehen und angeredet (Lk 12,13 f.) und sammelte wie jene Schüler (Jünger) um sich, die mit ihm in einer engen Lebens- und Lerngemeinschaft verbunden waren. Dabei waren sein Vertrauen in Gottes Fürsorge und die Haltung, die alles von Gott erwartete, hervortretende Merkmale seines Lebens. Ohne materielle Sicherung lebten er und seine Jünger von dem, was ihnen die gaben, denen sie dienten. Diesen Lebensstil erwartete Jesus auch von allen, die ihm nachfolgten (Mt 6,24–34; 10,8–11). In Armut (Lk 6,20) und ohne ein Zuhause und andere Rückversicherungen (Lk 9,58) wanderte er durch das Land und verkündigte in Wort und Tat den Anbruch der verheißenen Gottesherrschaft.

In allen Evangelien wird berichtet, daß Jesu Persönlichkeit bei denen, die ihm begegneten, einen tiefen Eindruck hinterließ. Sowohl seine Verkündigung (Mk 1,22) als auch seine wunderbaren Heilungen (Mk 1,27) riefen Erstaunen, manchmal sogar Erschrecken hervor, so daß selbst Heiden, wie der römische Hauptmann, ihn um Hilfe baten (Mt 8,8) und ihm ihren Respekt aussprachen. So blieb es nicht aus, daß sich Menschen um ihn scharten und sich ihm, teils aus Dankbarkeit, teils aus Verehrung anschlossen und mit ihm durch das Land zogen. Aus ihnen berief Jesus zwölf Jünger als Nachfolger, die ihn ständig begleiteten, denen er seine Lehre anvertraute (Mt 5,1 ff.) und die er an seiner Sendung teilhaben ließ (Mt 10,1 ff.). Innerhalb dieses Zwölferkreises gab es drei Jünger (Petrus, Jakobus und Johannes), die in besonderer Weise mit ihm verbunden waren und Zeugen seines unmittelbaren Gottesverhältnisses wurden (Mt 17,1–13). Von seinem Jüngerkreis erwartete Jesus nicht nur, daß sie so wie er lebten, sondern daß sie auch bereit waren, um seinetwillen alles aufzugeben (Mt 19,27 ff.), damit sie ihm vorbehaltlos dienen konnten. Das schloß die Bereitschaft zum Leiden und zur Verfolgung wegen ihrer Bindung an ihn mit ein (Mt 10,16–39; 24,9 ff.).

Deshalb bedeutet Jesu Ruf in die Nachfolge eine radikale Umkehr des Lebens als Lösung aus den natürlichen Bindungen, in denen sich der Mensch vor dem Anspruch Gottes verschließt, und eine Hinkehr zu Gott, aus der ein Leben im Glauben und Gehorsam, in Bereitschaft zu Verzicht und Armut und das Gewähren ungeschuldeter Liebe in konkreten Taten folgt (Mt 5,46). Dabei sind Gedanke und Absicht hinter der Tat für Jesu Urteil entscheidend (Mt 5,21 ff.), wobei der Maßstab für die Handlungen seiner Nachfolger nicht in ihnen selbst liegt, sondern in ihrem Verhältnis zu Gott begründet ist (Mt 5,48). Im Doppelgebot der Liebe finden Jesu ethische Forderungen ihre zentrale Aussage (Mt 22,34–40). Diese Forderung läßt sich nicht kasuistisch aufteilen, noch legalistisch (nach dem Gesetz) wie bei den Schriftgelehrten verrechnen. Sie ist Dank aus empfangener Vergebung.

Jesu Ruf in seine Nachfolge stiftet eine Gemeinschaft all derer, die diesen Ruf gehört und sich bereit gefunden haben, ihm zu folgen. Er ist Antwort auf Jesu einladende Verkündigung, die Charakter und Aufgabe der Gemeinde prägt. In heilsgeschichtlicher Sicht bilden seine Nachfolger das neue Volk Gottes, den Neuen Bund, der seinen Anfang in der Berufung der Zwölf genommen hat. Hatte Jesus seine Tätigkeit wesentlich auf Israel beschränkt (Mt 10,5 f.), so hat er seine Jünger nach seiner Auferstehung in die ganze Welt gesandt (Mt 28,19).

Wer hat Jesus diese Vollmacht gegeben?

Ein fortwährendes Ärgernis in den Augen der Gesetzestreuen und Rechtgläubigen bot Jesu Verhalten zu den religiös und sozial deklassierten Gruppen der Gesellschaft. Er hatte Tischgemeinschaft mit Zollpächtern und offenbaren Sündern und verhieß denen, die die genaue Gesetzesauslegung nicht kannten (und deshalb das Gesetz nicht erfüllen konnten, Joh 7,49), Gottes Wohlgefallen (Mt 11,25 f.). Indem er sie in seine Gemeinschaft rief und das Mahl mit ihnen teilte, gewährte er ihnen damit einen zeichenhaften Zuspruch der Vergebung.

Beispielerzählungen, in denen Samaritaner gottgefällig gehandelt hatten, mußten bei denen, die diese Volksgruppe verachteten, Anstoß erregen. Jesus hatte auch Nicht-Israeliten einen Platz in der Heilsgeschichte Gottes zugewiesen (Mt 15,21 ff.). Bereitwillig ließ er sich auch von angesehenen Bürgern einladen (Lk 7,36). Zu seinen Nachfolgern gehörten Reiche wie Joseph von Arimathia oder der Ratsherr Nikodemus, die sich später um seine Bestattung sorgten (Joh 19,38–42).

Nicht Reichtum an sich ist Hindernis, um an der Gottesherrschaft teilzuhaben, sondern die Bindung daran, die selbstsicher gegen Gottes Anspruch und für das Eintreten an Hilfsbedürftigen blind und verschlossen macht (Lk16,19–31).

Daß Jesus Wundertaten vollbracht hat, wird in allen Quellen erwähnt, die über ihn berichten. Dabei standen Krankenheilungen, zum Teil mit einem Exorzismus (Austreibung von Dämonen) verbunden, im Vordergrund. Auch darin sprach Jesus Vergebung der Sünden zu (Mk 2,9 f.). Es werden auch Berichte von drei Totenerweckungen sowie über einige Naturwunder (Speisung vieler Menschen, Fischzug, Stillung des Sturms u. a. m.) überliefert. Auch seinen Jüngern hat Jesus Vollmacht verliehen, in seinem Namen Wunder zu tun. Diese Wundertaten sind Zeichen für den Anbruch der Gottesherrschaft, die ihren sichtbaren Ausdruck in der Überwindung des Bösen durch Jesus hat. Wer ein Wunder erfährt, soll auf den gewiesen werden, bei dem er es erlebt hat. Sein Glaube hat ihn gerettet, so sagte es Jesus öfter zu den Geheilten (Lk 17,19). Zugleich zeigt Jesu wunderbares Handeln, daß er immer den ganzen Menschen meint und die Nöte derer sieht, denen er begegnet ist.

Jesu Wunder waren zeichenhafte Handlungen, die schon in der alttestamentlichen Prophetie verheißen waren. Sie erfüllten sich in Jesu Person dadurch, daß sie auf das Kommen der Königsherrschaft Gottes hinwiesen (Mt 11,2–6). Gottes endzeitliche Herrschaft (Jes 52,7) zielt auf das Heil und die Errettung der Menschheit. Gemeint ist damit, daß durch Jesus der in der Rebellion gegen Gott lebende Mensch in die volle göttliche Gemeinschaft zurückkehren darf und daß so das Leben mit seinen vielfältigen Beziehungen unter Gottes Herrschaft zurückkommt. Insofern meint Reich Gottes eine persönlich erfahrbare Beziehung zu Gott durch Jesus. Jesus verkündet nicht, daß es ein Reich Gottes gibt, sondern daß es kommt, von Menschen Besitz ergreift, wodurch sie aus den Gebundenheiten gottfeindlicher Mächte befreit werden (Mt 12,28). Mit Jesu Kommen ist Gottes Reich angebrochen (Mk 1,15). Seine Nachfolger haben schon jetzt daran teil. Aber die Vollendung, die die Gemeinde mit Jesu Wiederkunft erwartet, steht noch aus. So umspannt die Reich-Gottes-Verkündigung Jesu die Heilsgeschichte des Neuen Bundes im Schon-Jetzt des Angebrochenseins und im Noch-Nicht der verheißenen Vollendung der Gottesherrschaft (1 Joh 3,2). Jesus selbst ist Herr und König dieses Reiches, das Gottes Reich ist.

Obwohl sich Jesus niemals in nationalistischem Sinn geäußert oder betätigt hat, war seine Verkündigung vom Kommen der Gottesherrschaft für ein solches Mißverständnis offen. Sein engagiertes Eintreten für die Armen und Entrechteten erweckte zu einem Teil Hoffnungen in dieser Richtung (Joh 6,14 f.). Deshalb berichtet Lukas (23,2), daß die Anklage vor Pilatus politisch motiviert wurde. Im Prozeß gegen Jesus befand der Prokurator, daß Jesus im Sinn dieser Anklage nicht schuldig sei und freigegeben werden könnte (23,13–15). Genaue Untersuchungen aller Evangelien bestätigen, daß Jesus sich selbst niemals als politischen Messias verstanden hat, noch sich so verstanden wissen wollte. Deshalb sind alle Auslegungen zurückzuweisen, die in Jesus einen Kronzeugen für eine politische Theologie zu erkennen meinen.

Dies alles kennzeichnet Jesu einmalige Stellung zu Gott, die er in seinen Gebeten in der Anrede Abba (Vater) ausgesprochen hat. Darin zeigt sich nicht nur Jesu Hoheit, sondern auch seine Gottessohnschaft, wie er sie selbst Mt 11,27 bezeugt: Zum einen hebt dieser Vers Jesu Verhältnis zu Gott als zu seinem Vater hervor, zum andern bekundet er, daß es Vorrecht der Jünger sei, Gott als Vater anzusprechen und zu ihm beten zu dürfen (Mt 6,9–13). Gerade dies macht die Zugehörigkeit zum Reich Gottes klar: Es ist eine persönliche Beziehung zu Gott als Vater im Himmel. Gottes Vaterschaft schließt auch die Fürsorge für die alltäglichen Belange und seine Erfordernisse ein (Mt 6,25–34; 10,28–31). Gottes Vaterschaft wird allerdings gegenüber allen humanistischen Vorstellungen durch die Verbindung mit dem Reich Gottes abgegrenzt. Seine Liebe gilt allgemein und allen. Vaterschaft Gottes erfährt der Mensch nur durch Jesus; sie ist deshalb eine Beziehung, die Gottes Willen im Erkennen und Tun ehrt.

Weil Jesus sich dem Volk Israel und seiner Gottesgeschichte ganz und gar zugehörig wußte, war für sein Lehren und Wirken die Schrift (= AT) als Zeugnis der Offenbarung Gottes Grundlage und Autorität. Das geht schon aus den zahlreichen Zitaten und zitatähnlichen Beziehungen zum AT hervor, die sich in den Evangelien finden. Wichtiger aber ist, daß Jesus die Schrift in allen Bereichen seiner Lehre aufgegriffen und angewendet hat, seien es Texte aus dem Gesetz (Mt 5,17 ff.) oder ethische Anweisungen (Mk 10,2 ff.). Auch geschichtliche Darstellungen (Mk 2,25 f.) hat Jesus herangezogen. Immer aber hat er in Auseinandersetzungen Gottes Wort letztgültige Begründung sein lassen (Mt 12,3–7).

Sein Lehren als Auslegen der Schrift, seine Verkündigung in Gleichnissen, seine Ermahnungen und Anweisungen für ein Leben nach dem Willen Gottes unterschieden sich kaum von den Methoden der Lehrer, die das Gesetz durch einprägsame Sprüche vermittelten und ihre Erkenntnis in bildhaft-anschaulicher Weise dem Volk nahebrachten. Nicht durchdachte Lehrvorträge, auch keine vollständige, dogmatisch abgerundete Lehre legte Jesus seinen Jüngern vor; sein Lehren erwuchs vielmehr aus Begegnungen, entwickelte sich im Dialog, der zum Streitgespräch führen konnte. Immer aber ging es ihm darum, aus der Schrift Gottes Willen aufzudecken und verbindlich weiterzugeben (Mt 5,21 ff.). Er lehrte das Volk (Mk 6,34), unterwies seine Jünger (Mt 5,1), bereitete sie auf seinen Weg an das Kreuz vor und rüstete sie zu, daß sie sein Werk später fortsetzen konnten.

Die Streitgespräche mit Vertretern der offiziellen Glaubensrichtungen nehmen in den Evangelien einen breiten Raum ein. Sie machen deutlich, daß Jesus, obwohl er keine Ausbildung erhalten hatte (Joh 7,15), eine öffentliche Wirksamkeit entfaltete, die ihm Achtung und Anerkennung beim Volk eintrug. Der wichtigste Punkt in diesen Auseinandersetzungen betraf die Frage nach Bedeutung und Autorität der Schrift. Im Laufe der Zeit hatten sich für die Auslegung und Befolgung des Gesetzes zahlreiche Bestimmungen (613 Ge- und Verbote) herausgebildet, deren Beachtung zwar eine äußerliche Frömmigkeit erreichen konnte, hinter der sich aber in Wahrheit eine Erleichterung der eigentlichen Forderungen Gottes verbarg. Dieser Tradition (»ihr habt gehört, daß zu den Vätern gesagt ist...«) setzte Jesus sein »Ich aber sage euch...« entgegen. In Mt 7,1–23 und in der großen antipharisäischen Rede (Mt 23) hat Jesus das Zerrbild solcher Frömmigkeit aufgedeckt und angeprangert. Besonders heftig entzündeten sich die Auseinandersetzungen an der Auslegung des Sabbatgebots (Mt 12,1–14). In all diesen Fragen ging es weit mehr um Autorität und Rechtmäßigkeit der Auslegung als um deren Ergebnis! Deshalb hat sich dieser Konflikt bis zur Anklage, zum Todesurteil ausgeweitet (Mt 12,14).

Besonders bedeutsam ist die Feststellung, daß Jesus seine Sendung als Messias Israels in den Schriften vorgezeichnet findet und deshalb sich in Gesprächen um seine Person auf die Schrift beruft (Mt 12,40–42). So hat er sein Auftreten mit der zusammenfassenden Aussage begonnen: »Die Zeit ist erfüllt« (Mk 1,15), und: »Heute ist dies Wort der Schrift erfüllt vor euren Ohren« (Lk 4,21).

Daß die Zeit seines Wirkens Erfüllungszeit ist, sagt nichts anderes, als daß er der verheißene Messias ist, dessen Erscheinen seit langem in Israel erwartet wurde (Mt 11,2–6). Zeit der Erfüllung bedeutet nicht einfach Wiederholung oder Wiederherstellung verlorengegangener oder vergessener biblischer Wahrheiten; Erfüllung ist die Überbietung des Gewesenen als letztgültige und abschließende Offenbarung des göttlichen Willens in der Person Jesu (Ich aber sage euch..., hier ist mehr als Salomo...). Deshalb liest die christliche Gemeinde das AT von dieser Erfüllung her, wie sie im Auftreten und Wirken, in Leben und Lehre Jesu bezeugt ist. Zeit der Erfüllung – das ist auch Anbruch des neuen Zeitalters, die Inkraftsetzung des verheißenen Bundes (Jer 31), wie Jesus dies während der Einsetzung des heiligen Abendmahls proklamiert hat.

Jesus hat sein Heilswerk auf dem Hintergrund der Verheißungen des AT verstanden. Die in ihnen ausgesprochenen Hoffnungen sind der Grund, weshalb in Israel, besonders in Zeiten der Not, die Erwartung des Messias lebendig geblieben ist. Es steht außer Frage, daß sich Jesus selbst als dieser angekündigte Messias verstanden hat, auch wenn er diese Bezeichnung wohl nur außerhalb Judäas (Joh 4,25 f.), sonst aber nicht verwendet hat. Dieser Titel konnte im politisch-nationalistischen Sinn mißverstanden werden und dadurch das Erlösungswerk Jesu gefährden oder verfälschen. Ähnlich wird es sich mit dem Titel »Sohn Davids« verhalten haben (Mk 12,35–37). Jesus war »Herr Davids«, wie es Psalm 110 sagt. Dagegen hat Jesus andere Titel auf sich bezogen: Hirte (Sach 9–13), auch Knecht Gottes (Jes 53) und vor allem Menschensohn (Dan 7,13). Der Menschensohn ist zugleich der auf den Wolken kommende Weltenrichter (Mk 14,62). So verbindet der Titel Menschensohn Gegenwart und Zukunft des Reiches Gottes, wie Jesus es in seinen Jüngerunterweisungen gelehrt hat.

... Jerusalem, das Ziel seines Weges

Jesu letzter Aufenthalt in Jerusalem (Mk 11–15) führte zum Höhepunkt des Konflikts zwischen ihm und der jüdischen Obrigkeit. Es war die Zeit um Passa, in der sich Tausende von Pilgern aus der ganzen Diaspora in der heiligen Stadt aufhielten und während des Passamahls der Erlösung aus Ägypten durch Gottes Hilfe gedachten. Vermutlich hatte Jesus gerade deshalb diesen

Zeitpunkt gewählt, denn einzelne Ereignisse aus diesen Tagen zeigen, wie er durch sein Verhalten eine Entscheidung herbeizuführen suchte. So ist die letzte Woche, in der Jesu Erlösungswerk seinen Abschluß fand, gekennzeichnet durch ein Ringen um Klarheit und Wahrheit bei allen, die ihm begegneten.

Einige wichtige Ereignisse sind: Der Einzug in Jerusalem als sichtbarer Hinweis auf den verheißenen König (Sach 9,9), worin er seinen Anspruch zum Ausdruck bringt, daß er der erwartete Messias ist. In der symbolischen Handlung der Tempelreinigung bekundet Jesus seine Ablehnung der bestehenden Gottesdienstformen und den Anspruch der Priester und Lehrer, daß sie Hüter und Verkünder des göttlichen Willens wären. Die letzten Gespräche im Tempelvorhof zeigen die Themen, um die gerungen wurde: die Frage nach der Herkunft von Jesu Vollmacht, die Herausforderung der theokratischen Ordnung durch die heidnische Staatsmacht in der Steuerfrage, die Bedeutung der Totenauferstehung, die Frage nach dem größten Gebot und schließlich die Bedeutung des Messias als Sohn Davids.

Das letzte Mahl, ein Passamahl, hielt Jesus mit seinen engsten Vertrauten am Abend vor seinem Sterben. Diesem Mahl gab er eine neue Bedeutung: Die gewohnte Tischgemeinschaft mit ihm mußte nun aufhören. An ihre Stelle sollte eine neue Art der Gemeinschaft mit dem Erhöhten treten. Jesus stiftete sie, indem er das gesegnete Brot brach und es seinen Jüngern zum Essen reichte. Dabei sprach er das Brotwort: »Das ist mein Leib«, d. h., das bin ich. Danach nahm er einen gefüllten Becher mit Wein, erhob ihn, dankte darüber für die empfangene Mahlzeit und reichte ihn den Jüngern zum Trinken. Währenddessen sprach er das Kelchwort, das sein Sterben als Sühne für die Sünde deutet. So sind Essen und Trinken eine neue Form, in der Jesu Gemeinschaft mit den Seinen bis zu seiner Wiederkunft fortbesteht.

Die Leidensgeschichte endet mit einem Bericht über den Prozeß und den Tod Jesu. Nach dem Mahl begab er sich mit seinen Jüngern zu den Hängen des Ölbergs. Im Garten Getsemane gab er sein Geschick ganz in Gottes Hände. Diesen nächtlichen Aufenthaltsort hatte Judas den Hohenpriestern verraten. Jesus wurde von der Tempelpolizei verhaftet; er allein, während alle seine Jünger ihn im Stich ließen und flohen.

Bald danach wurde Jesus – vermutlich dem früheren Hohenpriester Hannas – zu einem nichtoffiziellen Verhör vorgeführt (Joh 18,12–23). Daran schloß sich noch nachts ein Verhör vor dem amtierenden Hohenpriester Kaiphas an. Möglicherweise hatten an ihm einige Mitglieder des Synedriums (Hoher Rat) teilgenommen. Bei Tagesanbruch hatte sich dann dieses Gremium vollzählig eingefunden, so daß die eigentliche Verhandlung stattfinden konnte. Anklagepunkt war vornehmlich »Gotteslästerung« (Mk 14,61–64). Nach jüdischem Recht wurde ein solches Vergehen mit der Todesstrafe geahndet, in der Praxis durch Steinigung wie bei Stephanus (Apg 7,56). Man nimmt gewöhnlich an, daß es dem Hohen Rat in damaliger

Zeit von seiten der römischen Besatzungsmacht nicht gestattet war, Todesurteile zu vollstrecken. Hierin sieht man den Grund, weshalb Jesus dem Prokurator zur Beschlußfassung und Vollstreckung des Urteils überstellt wurde. Diese These kann jedoch nicht bewiesen werden, wie schon der Fall des Stephanus zeigt. So müssen es andere, uns nicht bekannte Gründe gewesen sein, die den Hohen Rat veranlaßten, die Römer um Ausführung des von ihnen gefaßten Urteils zu bitten.

Da das römische Recht für Gotteslästerung im jüdischen Sinn nicht auf Todesstrafe erkannte, wurde Jesus vor Pilatus beschuldigt, daß er sich »König der Judäer« genannt habe. Diese Anklage mußte Jesus in die Nähe eines politischen Rebellen stellen und ihn in den Augen der Römer verdächtigen. Um so auffälliger ist nun, daß Pilatus viermal versucht hat, sich dem Anliegen des Hohen Rates zu entziehen. Er überstellte Jesus seinem rechtmäßigen Landesherrn Herodes Antipas. Dieser schickte Jesus zu Pilatus zurück (Lk 23,6–12), danach ließ Pilatus Jesus auspeitschen, vielleicht in der Hoffnung, dadurch den Anklägern ein gewisses Genüge zu leisten (Joh 19,1–5). Dann legte Pilatus ein öffentliches Bekenntnis über Jesu Unschuld ab und hoffte so, durch seine Autorität diesen Fall zu erledigen (Joh 19,4). Auch sein letzter Versuch mit der zum Passafest gewährten Amnestie, durch die ein zum Tod Verurteilter begnadigt wurde, schlug fehl. Durch Volksentscheid kam der Mörder Barabbas frei, Jesus fand kein Erbarmen.

Auf Drängen der Ankläger verurteilte Pilatus Jesus zum Tod durch Kreuzigung. Diese Art der Todesstrafe galt als besonders grausam und wurde von den Römern nur an Sklaven und Rebellen vollzogen. So ist Jesus unter unsäglichen Schmerzen gestorben. Vielleicht erklärt dieser Umstand seinen plötzlichen und schnellen Tod. Gewöhnlich starben Gekreuzigte erst nach vielen Stunden und nach einer längeren Zeit der Bewußtlosigkeit. Jesus dagegen starb bei vollem Bewußtsein (Lk 23,46). Er starb in einer Haltung, die auf den römischen Wachoffizier einen tiefen Eindruck hinterließ (Lk 23,47): Er betete zu Gott, seinem Vater, bat für seine Henker um Vergebung und für den Mitgekreuzigten.

Noch am selben Tage wurde Jesu Leichnam in der Nähe der Kreuzigungsstätte in einem Felsengrab beigesetzt. Auch dies war nicht die Regel, weil Gekreuzigte gewöhnlich unbestattet blieben. Alle Evangelien bezeugen, daß das Grab am Morgen des übernächsten Tages leer aufgefunden wurde und der Auferstandene den Frauen und seinen Jüngern erschienen ist. Einige Wochen lang begegnete ihnen der Herr auf diese Weise, ohne mit ihnen zu leben. Zu Beginn der Apostelgeschichte berichtet Lukas, wie er seinen Jüngern noch einmal erschien, sie segnete, ihnen den Sendungsauftrag für die weltweite Mission erteilte und danach in die Welt Gottes aufgenommen wurde.

Alle Evangelien enden mit Berichten, in denen zunächst vom aufgefundenen leeren Grab und danach von Erscheinungen des Auferstandenen vor einzelnen Menschen und vor Gruppen die Rede ist. Gerade die Differenzen dieser Berichte und ihre Nichtharmonisierbarkeit bestätigen das Unerhörte und Einmalig-Einzigartige dieses Geschehens, das sich in diesen Zeugnissen ausspricht. Auch das Grundmuster der Petruspredigten in Apg 2–5: »Ihr habt Jesus getötet, Gott aber hat ihn auferweckt« (2,23 f.; 3,15; 4,10; 5,30) bestätigt diese Auferstehungsberichte. Die vermutlich ältesten literarischen Zeugnisse der Auferstehung sind formelhafte Wendungen, die im urchristlichen Gottesdienst und in der missionarischen Verkündigung als Bekenntnis dienten. Dazu zählt das frühe Zeugnis in 1 Kor 15,3 ff. In ihm wird zweierlei ausgesagt: »Christus ist auferstanden« und »er ist gesehen worden von (besser: erschien) Kephas, danach von den Zwölfen«. Beide Aussagen sind durch eine Folgerung miteinander verbunden, denn der Vorgang der Auferweckung geschah ohne Zeugen.

Aus diesem Zusammenhang läßt sich schließen, daß die Erscheinungen in jeder Beziehung außergewöhnlich gewesen sein müssen, weil z. B. ein Traumerlebnis, in dem ein Toter als lebendig geschaut wird, nicht der Grund für die Behauptung sein kann, daß dieser Tote wirklich lebt. Die Jünger deuten und bezeugen die Erscheinungen auch nicht als ein Bild, das vor ihnen stand, sondern als eine Person, die mit ihnen gesprochen hat. Indem Paulus sein Damaskuserlebnis den Auferstehungszeugnissen in 1 Kor 15,8 anschließt, gibt er zu erkennen, daß auch ihm der Auferstandene so begegnet ist und daß sich diese Erscheinung wohl zeitlich, nicht aber von ihrem Inhalt her von denen der anderen Apostel unterscheidet. Wir können deshalb das Zeugnis des Paulus zur Interpretation mit heranziehen. Wenn in allen diesen Erscheinungen der gekreuzigte Jesus seinen Jüngern und Paulus als eine sie ansprechende Person begegnet ist, dann läßt das nur eine Deutung und einen Schluß zu: Jesus ist auferstanden!

Die Wörter »Auferweckung« und »Auferstehung« gehören in die Vorstellungswelt der jüdischen Apokalyptik (endzeitliche Erwartung). Die Apostel haben sich dieser damals geläufigen und bekannten Begriffe bedient, um damit die Einzigartigkeit des ihnen widerfahrenen Ereignisses auszusagen. Die Behauptung, daß erst die Jünger Jesus auf diese Weise zu dem in der apokalyptischen Literatur erwarteten endzeitlichen Propheten gemacht hätten, findet im biblischen Zeugnis keine Begründung.

Neben dem Begriff »auferwecken« verwenden sehr alte Formeln das Wort »erhöhen« (Röm 1,3 f.; Phil 2,9 u.a.). Erhöhung ist hier in der Bedeutung von »zu Gott hinrücken, zu Gott emporgehoben werden« gebraucht. Vielleicht verbergen sich dahinter Gedanken aus Jes 53, besonders V. 10 und V. 13. Dann bedeutet »Gott hat Jesus durch die Auferweckung erhöht und zum Christus gemacht« nichts anderes als »Gott hat sich zu Jesu Weg und Wirken bis zu seinem Tod am Kreuz bekannt, indem er ihn durch die Auferweckung zu sich erhöht hat« (Ps 110). So gehören Auferweckung und Erhöhung sachlich zusammen und verhalten sich wie Innen- und Außenseite ein und desselben Geschehens. Andererseits bilden Kreuz und Auferweckung (Paulus) und Erniedrigung und Erhöhung (Joh und Heb) ein Begriffspaar, durch das Gottes Heilshandeln, wie es an und durch Jesus geschehen ist, dargestellt und beschrieben wird.

Er ist wahrhaftig auferstanden!

Die Auferweckung Jesu ist die Mitte des christlichen Glaubens. Das Bekenntnis »Jesus ist auferstanden« spricht die erste und tiefste Glaubenserfahrung der Christen aus. Sie ist deshalb der Kern aller christlichen Bekenntnisse und Zeugnisse, aus dem andere Bekenntnisse hervorgehen wie z. B. »Jesus ist der Christus« oder in den Gemeinden des Paulus »Herr ist Jesus« und später »Jesus ist der Erstgeborene vor allen Kreaturen und der Erstgeborene von den Toten« (Kol 1,15 ff.). Mit der Aussage »Jesus ist auferstanden« steht und fällt der christliche Glaube, wie Paulus in 1 Kor 15,14–19 schreibt.

Jesus ist auferstanden – das heißt: Gott hat Jesus, den Gekreuzigten, auferweckt. Damit bekennt christlicher Glaube eine Tat Gottes, die allem menschlichen Glauben, Erkennen und Verstehen grundsätzlich vorangeht. Unser Bekenntnis »Jesus ist auferstanden« ist deshalb Antwort auf diese Tat Gottes. Das schließt ein, daß das göttliche Handeln zugleich ein geschichtliches Ereignis gewesen ist, das er in Gestalt der Erscheinungen offenbart hat. Insofern kann menschliches Begreifen Gott in seinem Wirken nie einholen, es kann ihm nur nachdenken. Weil Gottes Tat ein geschichtliches Ereignis gewesen ist, ist es auch ein wirkliches Ereignis. Die Predigt legt diese Tat Gottes aus, aber das Wort der Verkündigung ist nicht die Tat, oder anders gesagt: Gottes Offenbarung kann nicht in der Verkündigung aufgehen.

Auferweckung Jesu bedeutet auch Gottes endzeitliche Tat. Bedeutete für Israel Totenauferweckung das wirkliche Ende (Eschaton) der Geschichte (Dan 12,13), so bekennt die christliche Gemeinde mit der Auferweckung Jesu, daß sich dieses Ende der Geschichte schon ereignet hat und der neue Äon angebrochen ist, in dem es keinen Tod mehr geben wird. Insofern enthält das christliche Auferstehungszeugnis die Botschaft, daß Gott in der Auferweckung Jesu die Macht des Todes als Grunderfahrung aller Geschichte aufgehoben und überwunden hat und daß er damit Zukunft und Hoffnung in der Geschichte gibt (1 Petr 1,3). Der Anbruch des neuen Äons schließt aber nicht wie in der jüdischen Apokalyptik den alten Äon ab. Das Bekenntnis »... am dritten Tag« sagt, daß das endzeitliche Ereignis der Auferstehung in die Geschichte eingegangen ist. Das bedeutet nun zweierlei: In der Heilsgeschichte wird dadurch die Spannung zwischen dem »Schon und Noch-nicht«, zwischen der Gewißheit des schon empfangenen Heils und der verheißenen Vollendung begründet (1 Joh 3,2). Aber noch ist das Vorhandensein des Heils in dieser Welt nicht in dem Sinn gegeben, daß dadurch die Welt in ihrer Grundbefindlichkeit bereits jetzt schon verändert worden wäre. Das Heil ist vielmehr bis zur Wiederkunft Christi verborgen (Kol 3,3 f.). Darum ist Christsein Glaubensexistenz, die gegen die weltlichen Erfahrungen an den Verheißungen Gottes festhält.

Gottes Gabe ist ewiges Leben ...

Gottes Tat in der Auferweckung Jesu hat allumfassende Bedeutung: »Gott war in Christo und versöhnte die Welt mit sich selbst« (2 Kor 5,18 ff.). Hier eröffnet sich ein Horizont, in dem der einzelne Mensch auf dem Hintergrund der ganzen Menschheitsgeschichte gesehen wird. Dieses Allumfassende gilt für die Verlorenheit des Menschen, denn alle tragen die Erbschuld des ersten Adam. Es gilt aber auch für die Zukunft des Menschen, dem allein in Christus, dem zweiten Adam und Anfänger einer neuen Menschheit, Rettung und Leben geschenkt wird.

»Als wir noch Feinde waren, sind wir versöhnt durch den Tod seines Sohnes« (Röm 5,10). Durch den Tod Jesu wurde das Gemeinschaftsverhältnis zwischen Gott und dem Menschen wiederhergestellt.

Die Feindschaft gegen Gott ist durch die von ihm herausgestellte Sühne (Röm 3,25), nämlich den Opfertod Christi, aufgehoben und ein neuer Zustand herbeigeführt: »Friede mit Gott« (Röm 5,1). Daß Jesu Tod als Opfertod verstanden wird, geht aus Belegen zur Passafeier und zum Abendmahl hervor (1 Kor 5,7; 11,25). Darin wird der Sühnecharakter des Todes Jesu betont ausgesprochen (2 Kor 5,21). Die Versöhnung gewährt Nichtanrechnung der Sünden und ist deshalb Gnadenerweis Gottes (Röm 5,11; 2 Kor 5,19). Aus ihr folgt, daß die Gemeinschaft des Menschen zu Gott neu gestiftet ist und ein Leben in der Heiligung ermöglicht (1 Thes 4,3).

Auch die Rechtfertigung begründet Paulus durch den Tod Jesu (Röm 3,21–31). In ihm ist Gottes Gericht bereits offenbar geworden. Gott hat durch Jesu Tod das richtende Urteil seiner Gerechtigkeit darin bewiesen, daß er diesen Tod als Sühne für die Sünden gegeben hat. Er hat Jesus für die Sünden der Welt sterben lassen. Darum bekennt der Glaubende, daß sich in Jesu Tod Gottes Gericht über die Sünden der Welt vorwegereignet hat.

Zugleich hat Gott darin auch seine schenkende Gerechtigkeit offenbart, die er dem Glaubenden zueignet und ihn darin im endzeitlichen Gericht bestehen läßt (Röm 4,25).

Die persönliche Aneignung der Gerechtigkeit Gottes beschreibt Paulus durch formelhafte Wendungen wie »Christus für uns« oder »wir mit Christus«, die sich in Verbindung mit den Heilstaten Gottes in seinen Briefen finden (Röm 5–6).

Jesus, Mittler des Neuen Bundes...

Der Mensch empfängt das neue Leben in der Gemeinschaft mit Gott. Er empfängt es als Teilhabe an der Erlösung, als durch Jesus gewirktes und vermitteltes Heil, das ihm im Heiligen Geist zugeeignet wird.

Jesu Weg zeigt uns, daß die Wirksamkeit des göttlichen Geistes in ihm vollkommen geoffenbart ist. Jesus ist aus dem Geist gezeugt. Bei seiner Taufe wird er mit dem Geist gesalbt. Sein ganzes Leben und Wirken ist geistbewegt. Durch den Heiligen Geist treibt er böse Geister aus, so daß sich Gottes Reich naht. Dem Vater übergibt er im Geist sein Leben (Hebr 9,14). In der Macht des Geistes hat Gott ihn von den Toten auferweckt (Röm 1,4; 8,11) und zum zweiten Adam gemacht, der der lebenschaffende Geist ist (1 Kor 15,45). Deshalb sagt Paulus: Der Herr ist der Geist (2 Kor 3,17).

Der auferstandene Herr Jesus Christus sendet seinen Geist als seine Gegenwart in der Gemeinde (Lk 24,49; Joh 14,18; 15,26; 16,7; Apg 2,1 ff.; 2,33 u. a.). Der Geist ist der Geist Christi (Röm 8,9), der Geist des Sohnes (Gal 4,6). Der Geist unterweist seine Jünger und erinnert sie an Jesus (Joh 14,26). Er verherrlicht Jesus (Joh 16,14). Deshalb werden Empfang und Besitz des Heiligen Geistes zum Kennzeichen des Glaubenden. Nur im Heiligen Geist kann er bekennen, daß Jesus der Herr ist (1 Kor 12,3). »In Christus sein« und »im Geist leben« sind in den Briefen des Paulus sinnverwandte Begriffe. Der Heilige Geist wird im Blick auf die neue Schöpfung auch Unterpfand und Angeld genannt (Röm 8,23; 2 Kor 5,5).

Das Verhältnis von Geist und Geschichte – die Beziehung der Wirksamkeit des Heiligen Geistes als Vergegenwärtigung von Person und Werk Jesu Christi einerseits und dem Werk des Heiligen Geistes als Erfahrung von Glaube und Errettung, von Gewißheit und Trost in der Anfechtung, von Hoffnung und Bewährung im Leiden sowohl beim einzelnen als auch in der Gemeinde andererseits – wird in der sogenannten »Drei-Ämter-Lehre« Christi beschrieben. Hiernach wird das Heilswerk Jesu unter dem Gesichtspunkt des Propheten (und Lehrers), des Hohenpriesters und des Königs (und Hirten) entfaltet.

Das prophetische Amt Christi besagt, daß Jesus die Wahrheit ist und daß er sie im Geist als Begegnung mit ihm schenkt, daß es nur bei ihm ein Bleiben in der Wahrheit gibt und daß diese Wahrheit im Horizont der Verheißung erscheint. Sie ist deshalb in diesem Äon für die Vernunft verdeckt.

Jesus ist die geoffenbarte Wahrheit, die letztgültig gegenüber aller Vorläufigkeit der geschichtlichen Situationen bleibt. Bei ihm gibt es Freiheit trotz der Gebundenheit und Beschränkung in den Strukturen der vergehenden Welt, Freiheit, die aus der Treue Gottes lebt und in Gott den Herrn der Geschichte erkennt, weil allein er dem Leben Sinn und Ziel geben kann.

Damit bekennt die Gemeinde Jesu, daß die Wahrheit, wie sie in Jesus geoffenbart ist, nicht aus dem Geschaffenen und dessen Strukturen und Gesetzmäßigkeiten erkannt und abgeleitet werden kann. Die Wirklichkeit und Wahrheit Gottes als Schöpfer übersteigt (transzendiert) die Wirklichkeit und Wahrheit der Schöpfung, zu der auch der Mensch mit seiner Vernunft und ihren Möglichkeiten gehört.

Im hohenpriesterlichen Amt Christi bekennt die Gemeinde, daß allein durch Jesus, durch seinen Opfertod am Kreuz, Gottes Leben vermittelt wird (1 Tim 2,5 f.; Hebr 8,6; 9,15). Dieses ewige Leben (Joh 17,3) erfährt der Glaubende schon jetzt als Leben im Geist (Röm 5,5; 8,11), der in ihm wohnt (1 Kor 3,16) und ihn führt (Röm 8,14) inmitten einer von Selbstsucht, Machtwillen und Vergötzung des Geschöpflichen (Röm 1,18 ff.) geprägten Welt. Paulus beschreibt die christliche Existenz als neue Schöpfung (2 Kor 5,17), als Herrschaftswechsel (1 Kor 6,11; Eph 4,22–24) und als Spannung zwischen Geist und Fleisch (Gal 5,17). »Geist« meint hier Leben in der Verbundenheit mit Gott, Leben aus seiner Macht und aus seinem Vermögen, aus dem die Frucht des Geistes (Gal 5,22) hervorgeht. Dem stehen die Werke des Fleisches gegenüber als Folge menschlicher Selbstverwirklichung, der Absage an Gott und sein Gebot, die den Menschen im endzeitlichen Gericht Gottes verurteilen werden (Gal 5,19–21).

Leben im Geist hat seinen Maßstab in der Liebe (1 Kor 13) zu Gott und dem Nächsten. Es ist Erfüllung des Doppelgebots der Liebe (Röm 13,10). Rückfall unter die Herrschaft des Gesetzes und seiner Forderungen führt in eine Haltung, in der sich der Mensch an der Gnade nicht genügen läßt (Gal 3,3; 3,25; 5,1 ff.).

Das königliche Amt Christi erinnert die Gemeinde daran, daß über den Herren dieser Welt (1 Kor 8,5 f.) der eine Herr Jesus Christus steht. Damit bekennt die Gemeinde, daß sie zwar nicht ohne weltliche Ordnungen sein kann – für die sie auch Verantwortung mitträgt – weil Gottes Heil in Christus der ganzen Welt gilt (2 Kor 5,18). Sie bekennt aber auch, daß sich diese Ordnungen nicht neben oder gegen Christus stellen dürfen. Die Freiheit des Christen ist nicht denkbar ohne Bereitschaft zur Solidarität mit den anderen, mit denen er seine Lebensbereiche teilt. Sie ist auch nicht denkbar ohne das Zeugnis der ungeschuldeten Liebe um Jesu willen.

In der Theokratie des Volkes Israel ist Jahwe König seines Volkes (2 Mo 15,1). Das irdische Königtum konnte deshalb nur gegen erheblichen Widerstand eingeführt werden (1 Sam 8). Es fällt auf, daß schon bald mit ihm die Erwartung eines messianischen Königtums verbunden wurde (2.Sam 7). Wenn sich Jesus aus politischen Gründen dieser Verheißung gegenüber zurückhaltend gezeigt hat, so hat die Gemeinde des Auferstandenen in ihm den König aller Könige und den Herrn aller Herren gesehen (1 Tim 6,15; Offb 19,16). Sie weiß auch um Jesu Zeugnis vor Pilatus: Mein Reich ist nicht von dieser Welt (Joh 18,33–37) und um das Ziel aller Dinge (1 Kor 15,28).

Die Gemeinde kennt Jesus als den guten Hirten, der die Seinen führt, der bereit ist, das Verlorene zu suchen und das Zerstreute zu sammeln, den das Gottesvolk jammert, weil es ohne Hirten ist (Mt 9,36). In diesem Bild, das schon in der Verkündigung der Propheten des AT (Hes 34; 37,24: Hier sind König und Hirte miteinander verbunden) von Bedeutung gewesen ist, hat die Gemeinde ihren Herrn gesehen, der ihr Hirte und Führer des Lebens (Apg 3,15; 5,31), der Rettung (Hebr 2,10) und des Glaubens (Hebr 12,2) geworden ist.

... und in unseren Gemeinschaften

Pietistisch-erweckliche Frömmigkeit hat ihre Wirkungsgeschichte weniger in der Durchdringung theologischer Gegenwartsfragen als vielmehr in missionarisch-diakonischer Arbeit und in Evangelisation und Seelsorge gefunden. Der Versuch, sich in zeugnishafter Verkündigung der urchristlichen Botschaft zu nähern und sie in den Alltag mit seinen Fragen und Aufgaben zu stellen, kann als ein wesentliches Kennzeichen für die biblische Ausrichtung angesehen werden. In der Praxis wurden dabei oft die präzisierenden oder korrigierend-abgrenzenden Aussagen der Bekenntnisse gegenüber bestimmten theologischen Entwicklungen, wie sie sich im Verlauf der Kirchengeschichte dargestellt haben, übersehen oder nicht immer genügend beachtet. Dies soll anhand einiger Themen gezeigt werden, weniger in kritischem Bedenken als vielmehr zur Kennzeichnung jener Bereiche, in denen sich Aufgaben für die theologische Durchdringung aus christologischer Sicht anbieten.

1. Die Gottheit Jesu, wie sie auf dem Konzil von Konstantinopel 381 abschließend im Dogma von der Dreieinigkeit Gottes formuliert ist und im Glaubensbekenntnis ausgesprochen wird, wurde niemals ernsthaft in Frage gestellt. Auch Vorstellungen, nach denen Jesus erst in seiner Taufe oder in der Auferweckung als Sohn Gottes »adoptiert« wurde, haben in die Gemeinschaftsfrömmigkeit keinen Eingang gefunden.

Die Herausforderung durch das neuzeitliche Weltbild mit einem am Selbstbewußtsein orientierten Wahrheitsbegriff und durch das in sich geschlossene Geschichtsdenken, das für das Zeugnis von der Gottheit Jesu keinen Platz mehr bereit hält, sind als solche nicht empfunden oder als Gebilde moderner Theologie zurückgewiesen worden. Dabei hat sich zu einem Teil eine mehr emotional gesteuerte als sachlich begründete Apologetik (Verteidigung) entwickelt, durch die berechtigte Anfragen verdrängt und biblisch fundierte Lösungen für solche Anfragen als Hilfen für die Verkündigung nicht erarbeitet worden sind. Neben Abgrenzung war ein klischeehaftes Denken die Folge.

Erst in neuerer Zeit scheint sich eine Entwicklung anzubahnen, die neben einer Bereitschaft zu neuem Hören auf die biblischen Texte auch eine Gesprächsoffenheit zeigt, um Wege zu finden, auf denen bestimmte Verkrustungen und Verhärtungen in theologischen Sachfragen abgebaut werden können.

2. Das Geheimnis, daß in Jesus von Nazareth Gott Mensch geworden ist, ist in der christlichen Verkündigung von Anfang an als der Punkt empfunden worden, an dem sich einseitige und verkürzte Aussagen gegenüber der apostolischen Überlieferung gebildet haben. Schon der Apostel Johannes hatte gegen Leute geschrieben (2 Joh 7), die sich nicht vorstellen konnten, daß Gott (als reiner Geist) sich mit einem unreinen, vergänglichen und leidensfähigen Leib verbinden könnte. Sie behaupteten deshalb, Jesus habe nur einen »Schein«leib getragen. Durch diese Vorstellung wurde das Bekenntnis »... gelitten ... gestorben für unsere Sünden ...« aufgehoben und so das Zeugnis der christlichen Erlösung geleugnet. In einem langen Ringen um diese Fragen hat dann das Konzil von Chalcedon 451 die Zweiheit in der Einheit und die Einheit in der Zweiheit des Menschen und Gottessohnes Jesus als Bekenntnis festgelegt. Damit war wohl ein kirchengeschichtlicher Streit beendet, das Problem und die in ihm enthaltenen Konsequenzen für die Verkündigung, besonders im Blick auf die Vorstellungs- und Gedankenwelt theologisch nichtgebildeter Hörer, aber nicht aufgehoben.

Es ist ein auffallendes Kennzeichen aller Formen der Erweckungsfrömmigkeit, daß in ihnen im Christusbild die göttliche Natur gegenüber der menschlichen überbetont wird. Dadurch entsteht bei nicht tieferem Nachdenken der Eindruck, als sei Jesus eben doch nur ein in Menschengestalt über diese Erde gehender Gott gewesen. Dies führt zu einer starken Verkürzung der Aussagen des NT, die Niedrigkeit und Schwachheit im Leben Jesu betonen (Joh 4,6; Hebr 4,15; 5,7–9). Es entsteht ungewollt eine unüberbrückbare Distanz zu Jesus als Herrn, der nicht als Mensch den Widrigkeiten dieser Welt begegnete, sondern als Gottessohn über ihnen stand.

So hat das christologische Zeugnis das Menschenbild unserer Verkündigung wenig beeinflußt und Tendenzen als gewissen Vorbehalt gegen das Leibsein und die Geschöpflichkeit im allgemeinen nicht abbauen und überwinden können. Dadurch konnte auch der aus der alten Kirche stammende Gegensatz zwischen Leib und Geist bestehen bleiben. Weil »Geist« in diesem Denken immer mehr als »Leib« bedeutet, sind Geistigkeit und Vergeistigung zum Kennzeichen und Weg für diese Frömmigkeit geworden.

Es bleibt abzuwarten und zu hoffen, daß sich auch in dieser Frage eine theologische Neubesinnung anbahnt. Sie könnte davon ausgehen, daß der altkirchliche Begriff »Natur« (Zwei-Naturen-Lehre!) neu bedacht wird. Dabei könnte man sich von der Frage leiten lassen, was Menschsein im Licht der Bibel, und das heißt doch: von Jesus her, heute bedeutet. Hier müßten auch die Gedanken über das Präsentisch-Eschatologische (Endzeitliches, das sich von Jesu Auferweckung her schon in der Gegenwart zeigt) und ihre praktische Bedeutung für das Menschenbild in die Überlegungen einbezogen werden.

3. Auch die Darstellung eschatologischer (endzeitlicher) Ereignisse in unserer Lehre und Verkündigung bedarf immer wieder einer biblisch-ausgerichteten Nachprüfung. »Gott hat Jesus auferweckt« – das ist ein Geheimnis, das sich jeder Form der Vorstellung oder des Nachdenkens entzieht. Ein Versuch, dies Geheimnis zu entschleiern und es zu durchbrechen, macht aus der Auferweckung Jesu ein ähnliches Ereignis wie das der Auferweckung des Lazarus, der ins Menschsein zurückkehrte und wieder gestorben ist. Jesus aber ist in der Auferweckung zu Gott erhöht. In ihm ist das ewige Leben als Verheißung in diesen vergehenden Äon eingebrochen. Die biblischen Zeugnisse von den Erscheinungen des Auferstandenen vor seinen Jüngern sind solche Verheißungen.

Eine eschatologisch verkürzte Osterbotschaft birgt die Gefahr in sich, das Osterereignis naturhaft (Werden-Vergehen) oder psychologisch zu deuten. Damit wird auch Gottes Gottheit, die ihr Geheimnis in das Geheimnis der Auferweckung Jesu gefügt hat, in den Bereich menschlicher Vorstellung eingeführt, Glaube wird zu geistlichem Wissen, an dem sich nun die Gewißheit festmacht. Petrus sagt dagegen, daß »Hoffnung auf Leben durch die Auferstehung von den Toten« kommt (1 Petr 1,3). Eine unklare biblische Eschatologie führt zum Verlust der lebendigen Hoffnung, an ihre Stelle treten dann oft breit ausgemalte Erwartungen des neuen Lebens in der Vollendung.

Die Herausforderung an diesem Punkt beschränkt sich nicht allein auf eine sachbezogene theologische Erfassung dessen, was Gottes eschatologisches Wirken jetzt und in Zukunft bedeutet. Gottes Gottheit kann nicht gewußt, sie kann nur angebetet werden. Darum stellt sich hier die Frage nach dem Wesen erwecklicher Frömmigkeit schlechthin. In ihr liegt dann die Tendenz der Ablösung des Glaubens und seine Umgestaltung in eine geistig-verfügbare Gedankenwelt vor, wenn die Erweckung erstarrt und sich in ausgeprägte Formen strukturiert.

Ob wir noch Erweckungsbewegung sind, wird man daran erkennen, wie wirklich wir die Größe des Geheimnisses der Auferweckung Jesu verkündigen. Wie lebendig wir den »Grund der Hoffnung in uns« (1 Petr 3,15) bezeugen und was uns Gebet und Gehorsam in der Heiligung bedeuten. Wie das Gebet zum »Test« für unseren Glauben an Gott werden kann, so kann die Wirklichkeit des Eschatologischen als Test für die Lebendigkeit unseres Glaubens angesehen werden. An dieser Stelle sind wir aus dem allgemeinen Bereich theologischen Denkens und Erwägens entlassen und als einzelne vor das Angesicht unseres Herrn Jesus gestellt.

Kurt Heimbucher

Die Jesus-Frömmigkeit in der Gemeinschaftsbewegung

In seinem Buch »Die Aktualität des Pietismus« (Theologie und Dienst 45, Brunnen Verlag) schreibt Klaus Bockmühl: »Zu den Besonderheiten des Pietismus, die uns in der Verwirrung der Gegenwart wiederum Wegweisung oder doch Anregung zum Nachdenken und zur Orientierung geben können, gehört seine eigentümliche Konzentration auf Jesus ...

Der Pietismus betont bekanntlich die Notwendigkeit und Möglichkeit, daß der Christ dauernd ein unmittelbares Verhältnis zu Jesus als zu dem gegenwärtigen Heiland habe ...« (Seite 19).

In der Tat: Das kennzeichnet den Pietismus, das kennzeichnet die Gemeinschaftsbewegung, die sich als eine pietistische Bewegung versteht, daß Jesus ganz in der Mitte des Glaubens, Denkens und Handelns steht. Die Gemeinschaftsbewegung hat das von den pietistischen Vätern, ja ich gehe noch weiter zurück, von den reformatorischen Vätern, übernommen. Martin Luther sagt in der Vorrede zum großen Galaterkommentar (1535): »In meinem Herzen herrschet allein dieser Artikel, nämlich der Glaube an Christum, welcher aller meiner geistlichen Gedanken, so ich immerdar Tag und Nacht haben mag, einziger Anfang, Mitte und Ende ist.«

Vor seinen Studenten kann Martin Luther bekennen: »In meinem Herzen herrscht dieser einzige Artikel, nämlich der Glaube an Christus. Aus ihm, durch ihn und zu ihm fluten alle meine theologischen Gedanken Tag und Nacht hin und her.«

In einer kurzen Biographie des Pfarrers Frohberger über Nikolaus Graf von Zinzendorf (gest. 1760) aus dem Jahre 1796 wird überliefert: »Zwei Jahre vor seinem Tode legte der Graf in einer vertraulichen Gemeinrede dies so schöne Bekenntnis von sich und seinem Herzen ab: ›Ich habe eine Passion, und die ist ER, nur ER!‹« Der Graf von Zinzendorf bringt damit zum Ausdruck: »Jesus ist mein ein und alles, er ist meine ›Leidenschaft‹.«

Der schwäbische Pfarrer und Liederdichter Philipp Friedrich Hiller (gest. 1769) meint, daß durch unser Singen Jesus bekannt werden muß. Nur Jesus soll im Lied gepriesen werden. Nur Jesus ist der Kern der Schrift. Nur Jesus ist der Grund des Glaubens. Nur Jesus ist das Ziel der Hoffnung.

Ludwig Hofacker, der schwäbische Erweckungsprediger, den Gott so früh vollendet hat, sagt einmal: »Ich predige das Lamm, das geschlachtet ist, das zieht die Geister.«

Professor D. Theodor Christlieb begann seine erste Vorlesung in Bonn im

Jahre 1868 mit den Worten: »Mein Name ist Christlieb, und das soll auch mein Programm sein; denn Christum liebhaben ist besser denn alles Wissen.«

Schließlich sei noch ein Wort von Prediger Elias Schrenk zitiert: »Ich komme am Kreuze Jesu Christi nicht nur in die Rechtfertigungsgnade hinein, ich komme in Christus selber hinein. Ich stehe also nicht neben oder außer Christus als ein freigesprochener Missetäter; nein, seit die Welt mir gekreuzigt ist und ich der Welt, bin ich in Christus, eine Rebe an ihm, dem Weinstock, ein Glied an seinem Leib, herausgehoben aus dem Weltleben, hineinversetzt in die Lebensgemeinschaft mit Gott durch Christus.«

Unzählige Zitate könnten aufgeführt werden, Bücher könnten damit gefüllt werden, um zu verdeutlichen, daß bei den reformatorischen und bei den pietistischen Vätern, die ja immer auf den Schultern der Reformatoren stehen wollten, die Herzmitte des Glaubens Jesus Christus ist, der Sohn des lebendigen Gottes. Mag bei den einen der »Christus für uns« und bei den anderen der »Christus in uns« mehr im Vordergrund stehen. Immer geht es um den ewigen Gottessohn, den Heiland aller Menschen, der unsere Rechtfertigung und unsere Heiligung ist.

1. Die Person Jesu

In der Gemeinschaftsbewegung wird viel von »Jesus« gesprochen, weniger von »Christus« oder dem »Herrn Christus« oder dem »Herrn Jesus Christus«. Die Betonung des Namens »Jesus« darf nicht mißverstanden werden. Keinesfalls darf man meinen, daß hier nur der Mensch Jesus gesehen werden würde. Dieser Gefahr sind manche Theologen erlegen. Sie haben über dem Menschen Jesus den Sohn des lebendigen Gottes übersehen, d. h. seine Göttlichkeit zurückgedrängt oder gar unterschlagen. In der Gemeinschaftsfrömmigkeit wird an dem reformatorischen, d. h. aber altkirchlichen, christologischen Grundsatz, der aus der Schrift erhoben ist, festgehalten, daß Jesus »vere homo et vere deus« (d. h. wahrer Mensch und wahrer Gott) ist. Es besteht in der Gemeinschaftsfrömmigkeit also weniger die Gefahr, daß die Gottheit Jesu vergessen wird, eher besteht die andere Gefahr, daß die Beziehung zu Jesus in eine plumpe Vertraulichkeit umschlägt. Darum ist es gut, wenn nicht einfach von Jesus, sondern vom *Herrn* Jesus geredet wird. Martin Luther hat in einer Vorlesung über den ersten Johannesbrief (1527) gemeint: »Bleibt bei der Schlichtheit, und gewöhnt euch vom Herrn Jesus zu reden, wie die Schrift redet!«

Die Anrede »Herr« macht auf die Größe und Hoheit Jesu aufmerksam, der nicht nur als unser »Freund« an unserer Seite steht, sondern der als »Herr aller Herren« auch über uns und über aller Zeit und Welt steht. Der

Titel »Christus« verdeutlicht uns, daß wir es mit dem König aller Könige zu tun haben, dem von Gott verheißenen Messias, der in der Fülle der Zeit von Gott zu uns gekommen ist, um das messianische Weissagungswort der Propheten zu erfüllen. In dem Christus ist der Verheißene da, in ihm ist Gott unter uns gegenwärtig. Er selber ist Gott.

Wenn in der Gemeinschaftsfrömmigkeit meist von »Jesus« gesprochen wird, dann soll dadurch die Innigkeit der Verbundenheit zwischen dem Gläubigen und Jesus zum Ausdruck gebracht werden. Wir nennen Jesus bei seinem irdischen Namen, den Gott selber festgelegt hat und der das Programm Gottes enthält, nämlich daß in diesem Jesus von Nazareth für uns Gottes Hilfe gegenwärtig ist. Die Anrede »Jesus« will die Ehrerbietung, den Abstand ihm gegenüber, die Anerkennung, daß er der ganz andere ist, mit dem wir uns nicht messen können, nicht aufheben.

2. *Das Werk Jesu*

Einen besonderen Akzent setzt die Gemeinschaftsbewegung als Jesusbewegung auf das Werk Jesu, das er im Namen des Vaters für uns vollbracht hat. Dabei geht es vornehmlich um die Bezeugung des Kreuzesgeschehens. Das Leiden und Sterben Jesu steht in der Mitte. Insofern ist eine gesunde Gemeinschaftschristologie immer, von der Reformation und den frühpietistischen Vätern her, »theologia crucis«. Das Kreuz steht in der Mitte, an dem der Heiland für uns, für unsere Sünden und die Sünden der ganzen Welt sein Leben, im Gehorsam gegen den Vater, gelassen hat. Es ist Jesu Heilandsliebe, die ihn für uns ins Leiden und Sterben gehen ließ.

In der Gemeinschaftsfrömmigkeit wird der biblische Name »Heiland« viel gebraucht. Neben »Jesus« wird vom »Heiland« gesprochen. Auch hier sei nicht verschwiegen, daß der Name »Heiland« manchesmal sentimental gebraucht wird. Manche Bilder haben dazu Vorschub geleistet. Die Bezeichnung »Heiland« hat oft ein süßliches, weiches Jesusbild entworfen, das der biblischen Wirklichkeit nicht entspricht.

Der Heiland ist der starke Mann (Martin Luther), der sein Volk rettet von seinen Sünden (Mat 1, 21). Der Heiland ist der Arzt derer, die unter »der Krankheit zum Tode« leiden, von der kein Mensch uns befreien kann (Mat 9; Sören Kierkegaard). Es geht bei dieser »Krankheit« um unser Verschuldetsein vor Gott. Es geht um unsere Sünde. Sünde ist Ungehorsam gegen Gott und sein Gebot. Es geht um die Sünde, daß wir »Gott nicht Gott sein lassen« über unserem Leben und ständig das erste Gebot außer Kraft setzen (Martin Luther). Unsere Schuld aber treibt uns ins Verderben. Wir gehen der Hölle entgegen mit unserer Schuld. Der Zorn und das Gericht Gottes liegen auf uns.

Nun aber sendet Gott den Heiland, den Retter, den Arzt. Jesus kann in Vollmacht den Menschen von seiner schuldhaften Vergangenheit lösen, indem er ihm das große Wort zuspricht: »Dir sind deine Sünden vergeben« (z. B. Mk 2,1 ff.).

Wenn etwa im Gebet Jesus als »der liebe Heiland« angeredet wird, dann kommt darin zum Ausdruck: »Du bist der Herr, der mir das Leben gebracht hat. Du bist der Herr, der mir täglich meine Sünden vergibt. Du bist der Herr, der für mich vor Gott alles gut gemacht hat. Du bist der Arzt, in dessen Sprechstunde ich immer kommen darf und der sein heilendes Handeln an mir immer neu tut.« Wenn von Jesus als dem »lieben Heiland« gesprochen wird, dann wird dadurch auch zum Ausdruck gebracht, daß wir das rettende und heilende Handeln Jesu an uns bis zur letzten Sekunde unseres Lebens brauchen.

Der rettende und heilende Dienst Jesu findet seine letzte Krönung in seinem Sterben am Kreuz von Golgatha. Da erfüllt er Jes 53. Da nimmt er die Strafe Gottes auf sich. Da erwirkt er in seinem versöhnenden Handeln uns den Frieden mit Gott. Da werden wir durch seine Wunden geheilt. Jesus, der Heiland, stirbt für uns, damit wir ewig leben können, weil wir durch den Glauben an ihn vor Gott gerecht geworden sind.

Ebenso wie in der Gemeinschaftsfrömmigkeit viel vom »Heiland« gesprochen wird, wird auch das Zeugnis vom »Lamm Gottes« weitergegeben. Auch da geht der Blick wieder auf das Kreuz. Auch da werden wir erinnert an Jes 53 oder an den Ausruf Johannes' des Täufers: »Siehe, das Lamm Gottes, das der Welt Sünde trägt!« (Joh 1,29). Wir werden erinnert an das letzte Buch der Bibel, die Offenbarung des Johannes, in dem Jesus uns immer wieder als »das Lamm, das geschlachtet ist« gezeigt wird (etwa Offb 5). Das Lamm ist das Opfertier. Es läßt sich willig schlachten. Es läßt sein Blut zur Sühne für die Sünden vergießen. Jesus ist das unschuldige, sündlose »Lamm Gottes«.

Gerade die Aussagen vom »Blut Jesu« haben in der Gemeinschaftsfrömmigkeit ihren Platz. Gerühmt wird das Blut Jesu. Seine reinigende, heilende, bewahrende und überwindende Kraft wird bezeugt. Und das alles hat ja in der Schrift seinen Grund. »Das Blut Jesu Christi macht rein von aller Sünde«, so schreibt es der Apostel Johannes (1 Joh 1,7). Vom »Blut der Besprengung« schreibt der Apostel des Hebräerbriefes (12,24). Und im Kapitel 13,12 schreibt er davon, »daß das Volk durch das Blut Jesu geheiligt ist«. Wir sind »gewaschen von den Sünden mit seinem Blut« (Offb 1,5). Er, der Heiland, »hat uns Gott erkauft mit seinem Blut« (Offb 5,9). »Sie haben überwunden durch des Lammes Blut« (Offb 12,11). Der Apostel Paulus schreibt (Eph 1,7), »daß wir die Erlösung haben durch sein Blut«. Wir sind nach dem Zeugnis des Petrus (1 Petr 1,19) für Gott »zurückerkauft durch das teure Blut Christi«. Im Abendmahl empfangen wir »das Blut des Neuen

Testaments« (Mt 26,28). Im Blick auf das Abendmahl überliefert Johannes im 6. Kapitel seines Evangeliums das Jesuswort: »Werdet ihr nicht trinken sein Blut, so habt ihr kein Leben in euch« (V. 53).

Auch hier gebe ich gern zu, daß die »Bluts-Theologie« übertrieben werden und ins Sentimentale und Peinliche abgleiten kann. Und doch ist diese oft so geschmähte »Bluts-Theologie« biblische Theologie.

Wenn vom Werk Jesu die Rede ist, dann ist der »große Hohepriester« im Blickfeld. Das Zeugnis des Hebräerbriefes spielt hier eine besondere Rolle. Der Hohepriester Jesus opfert nicht Tiere, wie der Hohepriester des Alten Testamentes, um die Sünden der Welt zu sühnen, sondern er opfert sich selbst. Das stellvertretende Opfer Jesu am Kreuz für uns wird stark betont. Dabei wird der andere Gedanke des Hebräerbriefes nicht vergessen, daß der hohepriesterliche Dienst Jesu im oberen Heiligtum für seine Gemeinde weitergeht (7,25).

Gerade in den Evangelisations-, Erweckungs- und Heilsliedern wird das Werk Jesu, das er am Kreuz für uns vollbracht hat, immer neu besungen. Ich erinnere an das Lied des Grafen von Zinzendorf (gest. 1760): »Christi Blut und Gerechtigkeit, das ist mein Schmuck und Ehrenkleid ...«. Oder an das Lied von Gerhard Tersteegen (gest. 1769): »Nun lobet alle Gottes Sohn, der die Erlösung funden! Beugt eure Knie vor seinem Thron, sein Blut hat überwunden: Preis, Lob, Ehr, Dank, Kraft, Weisheit, Macht, sei dem erwürgten Lamm gebracht.« Weiter an das Lied von Christian Renatus Graf von Zinzendorf (gest. 1752): »Ich wünsch mir alle Stunden durch Jesu Blut und Wunden ein froh und selig Herz. Gilt's bis auf sein Erscheinen gleich manchmal noch zu weinen: Er kennt und heilt ja jeden Schmerz.« Ich denke an das Lied der Chrischona-Mutter Dora Rappard (gest. 1923), das in unseren Kreisen gern gesungen wird: »O du Lamm Gottes, du hast auf Golgatha herrlich gesieget. Amen, Halleluja! Du hast erworben Heil für die ganze Welt und hast aufs völligste bezahlt das Lösegeld. Du riefst mit lauter Stimm durch Todesnacht: Es ist vollbracht!« Oder an das englische Erwekkungslied: »Es ist ein Born, draus heilges Blut für arme Sünder quillt, ein Born, der lauter Wunder tut und jeden Kummer stillt. Es quillt für mich dies teure Blut; das glaub und fasse ich; es macht auch meinen Schaden gut, denn Christus starb für mich.«

Es wären unzählige Lieder zu nennen, die das Heilandswerk Jesu betend besingen. Sie bringen eben immer wieder die Akzente: Er ist der Heiland, er ist das Lamm, er ist der Hohepriester, der sein Blut für uns vergossen hat.

3. Die Gemeinschaft mit Jesus

Jesus wird in der Gemeinschaftsfrömmigkeit als der leibhaftig von den Toten Auferstandene bezeugt. Er ist der lebendige Heiland, mit dem man heute rechnen kann, der jetzt gegenwärtig ist. Er ist nicht ferne von uns; er ist uns ganz nahe. Wir haben mit ihm Gemeinschaft. Er ist »in uns« durch seinen Heiligen Geist.

Die Gemeinschaft mit Jesus wird in der Gemeinschaftsbewegung nicht als eine irgendwie geartete mystische Vereinigung mit dem Herrn gesehen. Er bleibt trotz des paulinischen »in uns« doch das Gegenüber.

Wie diese Gemeinschaft mit Jesus aussieht, soll nur an wenigen Punkten deutlich gemacht werden.

Wortgemeinschaft

Wir haben Gemeinschaft mit Jesus, indem wir auf sein Wort hören, es in allen Stücken ernst nehmen, uns seiner Autorität unterstellen und in seiner Kraft versuchen, dieses Wort zur Tat werden zu lassen. Hören und gehorchen gehören zusammen. Gemeinschaftsleute leben mit der Bibel und setzen sich dem Wort Jesu aus. Dieses Wort soll seinen prägenden, wegweisenden, korrigierenden Dienst an uns tun. Indem wir auf das Wort Jesu hören und ihn im Wort selber »sehen«, möchten wir hineinwachsen in seine Erkenntnis und in seine Gesinnung. Dabei ist uns deutlich, daß ein Leben nicht ausreicht, um Jesus wirklich ganz kennenzulernen. Nach dem Zeugnis des Kolosserbriefes liegen in ihm ja verborgen »alle Schätze der Weisheit und der Erkenntnis Gottes« (2,3).

Gebetsgemeinschaft

Die Gemeinschaft mit Jesus zeigt sich weiter im Gebet zu ihm. Es mag manchesmal den Anschein haben, daß im Gebetsleben von Gemeinschaftsleuten der Vater hinter dem Sohn zurücktritt. Aber das ist nicht der Fall. Der Vater wird in dem Sohn geehrt. Freilich muß vor der irrigen Meinung, die manchesmal unter Gemeinschaftsleuten umgeht, gewarnt werden, daß nämlich das Gebet, das Gott und nicht Jesus anredet, die Tiefe und Innigkeit des Glaubens vermissen lasse. Biblisch ist es, den Vater im Namen Jesu anzurufen (z. B. Joh 14,13). Das schließt aber das Gebet zu Jesus nicht aus. Er ist ja der Mittler zwischen dem Vater und uns. Er ist der Hohepriester, der vor dem Vater immerdar für uns eintritt. Freilich muß beachtet werden, daß das Gebet zu Jesus nicht individualistisch oder gar egoistisch verengt wird. Es geht nicht nur um die Pflege der eigenen Seele mit Jesus. Das ist freilich entscheidend wichtig. Darüber hinaus aber darf die Gebetsverantwortung, die uns in die Weite der Fürbitte hineinführt, nicht vergessen werden.

Dienstgemeinschaft
Weiter nenne ich den Dienst für Jesus. Dieser Dienst kann in der verschiedenartigsten Weise geschehen.

Es ist der Dienst des Zeugnisses mit dem Wort. Freilich müssen Gemeinschaftsleute hier aufpassen, daß der Name unseres Herrn durch ein »frommes Schwätzen« nicht unglaubwürdig oder in Mißkredit gebracht wird. Es gibt ein Zeugnisgeben von Jesus, das Ungläubigen auf die Nerven fällt und das alle Türen zugehen läßt. Diese Reaktion ist dann aber nicht die Schuld der Ungläubigen, sondern Schuld der Gläubigen, die es zwar gut meinen, aber doch durch einen frommen Redeschwall andere Menschen verärgern.

Tatzeugnis
Der Dienst für Jesus aber geschieht nicht nur durch das Wortzeugnis, sondern wesentlich durch das Lebens- und Tatzeugnis. Durch das Verhalten eines Christen (»Wandel« im NT) soll Jesus »transparent« werden. Durch Hilfeleistungen, durch die Treue im Kleinen, soll Jesus unter die Leute gebracht werden. Im Dienst für Jesus gehören Wort- und Tatzeugnis zusammen. Es darf an dieser Stelle darauf hingewiesen werden, daß durch Gemeinschaftsleute im Dienst für den Herrn viele Opfer gebracht werden: Opfer an Zeit, an Kraft, an Geld. Dabei verstehen Gemeinschaftsleute solche Opfer als Dank für Golgatha, als Antwort auf das, was der Herr an uns getan hat.

Es sei hier noch einmal an den Grafen von Zinzendorf erinnert, der als junger Mann von dem Bild des Gekreuzigten in einer Gemäldegalerie gepackt worden ist. Unter dem Bild standen die Worte: »Das tat ich für dich, was tust du für mich?« Der Dienst Jesu für uns, an uns und in uns, will durch uns zum Dienst an anderen werden. Wir geben Empfangenes weiter. Die Dankbarkeit und Liebe zu Jesus drängt dazu.

Leidensgemeinschaft
Wenn es um die Gemeinschaft mit Jesus geht, dann geht es aber auch um das Leiden mit und für Jesus. Das Leben mit ihm kann Widerspruch und Widerstand von seiten der Ungläubigen mit sich bringen. Dem Zeugnis wird widersprochen. Gläubige können, bis in den Kreis ihrer Familie hinein, wegen ihrer Christusnachfolge einsam werden. Hämische Worte und spöttische Bemerkungen muß der Gläubige manchesmal ertragen. Er muß es auch mitanhören, daß der Name seines Herrn in den Schmutz gezogen und verspottet wird. Er erlebt Ablehnung, wenn er Menschen das Kostbarste weitergeben will, nämlich das Zeugnis von Jesus. Im Laufe der Kirchengeschichte bis heute erleben es Christen, die mit Jesus ernstmachen und die in der Gemeinschaft mit ihm leben, daß das Leiden ins Martyrium führen kann. Wir haben in unserem Land die Freiheit, unseren Glauben

unverboten zu leben. Wir werden in einem demokratischen Rechtsstaat um des Evangeliums willen nicht in Gefängnisse geworfen oder gar zum Tode verurteilt. Aber es gibt genügend Gelegenheiten, in einem Volk der Gleichgültigkeit und der Gottlosigkeit – wie dem unsrigen – das Leiden um Jesu willen zu erfahren.

Auf dreierlei möchte ich schließlich, wenn es um die Gemeinschaft mit Jesus geht, noch hinweisen. Es erscheint mir deshalb wichtig, weil hier in der Gemeinschaftsbewegung Gefahren lauern.

Nachfolge, nicht Nachahmung

Gemeinschaft mit Jesus haben, das heißt ihm nachzufolgen. Nachfolge heißt in der Spur Jesu zu gehen. Nachfolge heißt auf ihn sehen, auf ihn hören, von ihm lernen, bei ihm bleiben, auch wenn er uns Kreuzeswege führt. Gerade die Kreuzesnachfolge ist in unseren Kreisen immer wieder betont worden. Wir folgen einem Herrn, der zum Kreuz gegangen ist und der seine Gemeinde mitnimmt auf den Kreuzesweg in seine Herrlichkeit.

Andererseits aber muß nun auch darauf hingewiesen werden, daß »Nachfolge« nicht einfach »Nachahmung« bedeuten kann. Wir haben die Nachfolge Jesu im Gewande des ausgehenden 20. Jahrhunderts zu leben. Anders ausgedrückt: Wir dürfen nicht andauernd die Nachfolge Jesu mit einem besonderen oder bestimmten Lebensstil verwechseln. Wir leben nicht mehr zur Zeit Jesu. Wir leben auch nicht mehr im vergangenen Jahrhundert. Wir leben heute, in unserer Zeit. Diese Verwechslung von Nachfolge und Lebensstil oder des Nachahmens bestimmter, sich ständig verändernder Lebensformen, von denen wir meinen, daß sie der Nachfolge Jesu besonders entsprechen würden, bringt uns manchesmal gerade in Konflikte mit unserer jüngeren Generation. Hier gilt es also aufzupassen, daß Nachfolge Nachfolge im biblischen Sinn bleibt.

Siegesleben, nicht Perfektionismus

Ein zweiter Punkt, den ich ansprechen möchte: In Gemeinschaftskreisen wird oft etwas vollmundig von dem »Siegesleben mit Jesus« gesprochen. Tatsache ist, daß Menschen, die Jesus gehören und die in der Gemeinschaft mit ihm stehen, auf dem Boden des Sieges und auf der Seite des Siegers stehen. Wir sind kein »verlorener Haufen«. Durch seinen Ostersieg hat Jesus uns in seinen Sieg mit hineingenommen. Und in der Gemeinschaft mit ihm werden wir auch überwinden dürfen. In der Kraft seiner Auferstehung wird er uns Sieg über die Sünde geben. Wir stehen in einem geistlichen Wachstumsprozeß unter der Führung seines Heiligen Geistes.

Das aber kann nicht bedeuten, daß wir schließlich in einem sündlosen Leben landen. Ein Siegesleben führen, kann nie heißen, daß Versuchung und Anfechtung uns nicht mehr bedrängen können und werden. Ein

Siegesleben führen, kann niemals heißen, daß wir die Bitte um die Vergebung unserer Sünden nicht mehr bräuchten. Ein Siegesleben führen, kann nicht bedeuten, daß wir immer »auf sonnigen Höhen« dahinwandern. Viele Kinder Gottes sind nicht als strahlende Siegeshelden durch ihr Leben gegangen, obwohl sie im Sieg Jesu, wider den Augenschein, geborgen waren, sondern sie haben erleben müssen, wie Jesus zerbrechen kann. Sie haben Krankheiten und eigene Schwachheiten bitter erleben müssen. Unsere Väter haben den Satz formuliert: »Wir siegen durch Unterliegen.« Das ist ein geistliches Geheimnis, das nur der Glaube zu fassen vermag. Es muß daher allen perfektionistischen Meinungen und Neigungen im Pietismus heute kräftig widerstanden werden. Man kann nur unterstreichen, was Martin Luther in einem Brief vom 8. April 1516 an Georg Spenlein in Memmingen geschrieben hat: »Hüte dich darum, je solche Reinheit anzustreben, daß du vor dir nicht mehr als Sünder erscheinen willst, ja gar keiner mehr sein willst. Denn Christus wohnt nur unter Sündern …«

Wahre Jesusliebe

Und schließlich möchte ich noch auf ein drittes hinweisen: Die Liebe zu Jesus. Es ist gerade in unseren Kreisen oft das »Hohe Lied Salomons« des Alten Testaments auf die Liebe Jesu zu den Seinen hin ausgelegt worden. Das ist manchesmal in einer peinlichen Weise geschehen. Die Liebe zu Jesus darf nicht, ich wage den starken Ausdruck, »verkitscht« werden. Zur Liebe gehört die Innigkeit, die Herzlichkeit, die Zuneigung, die Zärtlichkeit, die Ehrerbietung, die Hingabe. Es ist wahr: Jesus liebt uns. Der Beweis dafür ist sein Tod für uns am Kreuz von Golgatha. Und es gilt nun auch umgekehrt: Weil wir von ihm geliebt sind, darum lieben wir ihn wieder. Aber ich will es einmal so formulieren: Die Liebe zu Jesus darf nicht »ins Fleisch« gezogen werden.

Im Grunde genommen findet die Liebe zu Jesus ihren konkreten Ausdruck, ihre aktuelle Auswirkung in der Liebe zu den Brüdern und Schwestern. Das bekannte Wort aus dem 1. Johannesbrief muß ja wohl so übersetzt werden: »Lasset uns lieben (nämlich die Brüder und Schwestern, die Menschen, mit denen wir es zu tun haben); denn er hat uns zuerst geliebt!« (1 Joh 4,19).

4. Warten auf Jesus

In der Gemeinschaftsfrömmigkeit stand die Eschatologie immer auf der Tagesordnung. Hier war immer die Erwartung auf den kommenden Jesus lebendig. »Dienen und warten«, so hieß die Losung.

Der ins Fleisch Gekommene, der am Kreuz Gestorbene, der von den

Toten Auferstandene, der von Gott Erhöhte ist der wiederkommende Herr. Dabei ist die biblische Lehre von den endzeitlichen Dingen in der Gemeinschaftsfrömmigkeit mit verschiedenen Akzentsetzungen entfaltet worden.

So wurde von Jesus gesprochen als von »dem Bräutigam«, der seine Gemeinde, seine Braut, zu sich heimholt. Der Wiederkommende holt seine Gemeinde zu sich. Es wird die Hochzeit des Lammes mit seiner bluterkauften Gemeinde gefeiert (Offb 19,7).

Weiter aber wird in der Jesusfrömmigkeit der Gemeinschaftsbewegung im Blick auf den Wiederkommenden die Botschaft von dem kommenden »König« betont. Es geht dabei um die in christlichen Kreisen umstrittene Botschaft vom Tausendjährigen Reich. Christus kommt mit seiner Gemeinde wieder, um auf dieser alten Erde das Friedens- und Gerechtigkeitsreich aufzurichten. Er demonstriert als der König aller Könige vor allen Völkern, daß er allein imstande ist, die Probleme der Welt zu lösen und die Ursehnsüchte der Menschheit nach Sicherheit, Frieden und Gerechtigkeit zu stillen. In der Gemeinschaftsbewegung hat man sich immer vor einer Spiritualisierung der Eschatologie gehütet. Man hat es mit dem Satz Oetingers gehalten, daß »Leiblichkeit das Ende der Wege Gottes ist.« Das gilt gerade auch im Blick auf das Tausendjährige Reich.

Und schließlich ist in der Gemeinschaftsfrömmigkeit der »Richter« im Blickfeld. Ihm hat Gott alles Gericht übergeben (1 Kor 15; Joh 5). Wir halten es mit dem Zeugnis des Apostels Paulus, das er auf dem Areopag in Athen abgelegt hat: »Denn Gott hat einen Tag gesetzt, an welchem er richten will den Erdkreis mit Gerechtigkeit durch *einen* Mann, den er dazu bestimmt hat, und hat jedermann den Glauben angeboten, indem er ihn auferweckt hat von den Toten« (Apg 17,31). Das Warten auf Jesus wird nicht zum frommen Träumen. Die Gefahr, daß aus dem Pietismus ein Quietismus wird, ist nicht von der Hand zu weisen. Manche Pietisten und pietistische Kreise sind im Laufe der Geschichte dieser Gefahr erlegen. Aber im gesunden Pietismus weckt die Erwartung des Kommenden Aktivitäten für die Gegenwart. Das ist im Pietismus, auch in der Gemeinschaftsbewegung, immer wieder unter Beweis gestellt worden. Man denke nur an die Inangriffnahme missionarischer und diakonischer Aufgaben.

Daß es die Richtung gibt, die sich aus ihrer Endzeiterwartung heraus in ein frommes Getto zurückzieht und die betont, daß es jetzt nur noch »um die Zurüstung der Gemeinde« auf den Tag der Entrückung hin gehe, ist eine Tatsache. Das aber ist nur eine kleine Strömung im pietistischen Bereich.

Es entspricht auch nicht einer echten Gemeinschaftsfrömmigkeit, wenn wir uns vom Teufel, vom Antichristen und all den negativen Erscheinungen der Endzeit mehr imponieren lassen und uns fast mehr damit beschäftigen, als mit dem kommenden Christus und der Vollendung seines Reiches. Man darf sicher die einzelnen Stationen des endzeitlichen Geschehens nicht verharmlosen oder auf die Seite schieben. Die nüchterne Endzeiterwartung der Gemeinschaftsleute aber ist getragen von der Freude einer lebendigen Hoffnung auf den kommenden Tag, den »Morgenglanz der Ewigkeit«, und nicht von der Angst um die Nächte und Nöte, durch die wir als Gemeinde Jesu noch hindurchgehen müssen.

Gemeinschaftsleute sind Leute, die das Reich Gottes im Auge haben. Das haben sie bei vielen ihrer Väter gelernt. Darum ist es auch nicht richtig, wenn man im Blick auf den wiederkommenden Christus den Gemeinschaftsleuten eine individualistische Engführung vorwirft. Es geht uns nicht nur um unsere persönliche Heilsvollendung, das auch, sondern wir freuen uns auf den neuen Himmel und die neue Erde und die Vollendung des Reiches Gottes. Weil es in der Gemeinschaftsbewegung gerade um das Reich Gottes geht, darum sind auch Ausdrücke wie »Reich-Gottes-Erwartung«, »Reich-Gottes-Arbeit«, »Reich-Gottes-Blick«, »Förderung des Reiches Gottes« u. ä. Formulierungen an der Tagesordnung. Christus ist der »Reichsvollender«, und wir dürfen als seine Gemeinde bei ihm sein in alle Ewigkeit.

Prediger Elias Schrenk, der Gnadauer Evangelist von Gottes Gnaden, schreibt in einem Brief:

»Das stellvertretende Leiden und Sterben Christi hat für mich seit 50 Jahren zentrale Bedeutung. Die Ruhe meines Gewissens ist damit unzertrennlich verbunden ... Sie ist mein Kleinod für die Seelsorge, durch die der Herr eine Menge Menschen, die mutlos, verzagt, der Verzweiflung nahe waren, zum Frieden mit Gott geführt hat. Sie ist mein Balsam für Kranke und Sterbende. Wenn kein Trostwort ihr Gewissen stillen konnte, ich sie aber aus seliger, persönlicher Erfahrung heraus hinweisen durfte auf das Lamm Gottes, das ihre Sünde trug, so wurden sie getrost und von Herzen dankbar. Ich bezeuge mit Dank und Anbetung vor dem Angesicht Gottes, daß die köstliche, biblische Lehre von der Stellvertretung Jesu Christi seit dem Jahre 1856 ohne Wanken die Kraft meines Glaubens, das Rückgrat meines Zeugnisses, der Grund der Freudigkeit für alle meine Arbeit an einer verlorenen Sünderwelt war. Sie soll auch mein persönlicher Trost bleiben, bis mir das Herz einst brechen wird und ich vor seinem Angesicht anbetend mit loben darf: ›Das Lamm, das erwürgt ist, das uns Gott erkauft hat mit seinem Blut, ist würdig zu nehmen Kraft und Reichtum und Weisheit und Stärke und Ehre und Preis und Lob.‹«

In diesen Worten Schrenks ist noch einmal zusammengefaßt, was die Mitte des Christusglaubens in einer biblisch gesunden und nüchternen Gemeinschaftsfrömmigkeit ist.

Helmuth Egelkraut

Gott, der Schöpfer und Erhalter, und sein Gebot

Im Sommer 1967 besuchte ich auf der etwa 350 Kilometer nordöstlich von Neuguinea gelegenen Insel Manus ein Dorf an der Südküste, das sich bislang dem Evangelium verschlossen hatte. Wir wollten versuchen, Erlaubnis dafür zu erhalten, an der Dorfschule Religionsunterricht zu erteilen und so Zugang zu gewinnen. Die Gespräche mit dem Dorfvorsteher und dem Schulleiter verliefen günstiger als erwartet. Man bot mir an, sofort mit dem Religionsunterricht zu beginnen, nachdem ich mit dem Boot schon von so weit gekommen war.

Nun stand ich vor den Kindern. Aber wie fängt man bei Menschen an, die noch nichts von Jesus und dem Christentum wissen? Eines verband uns: Wir waren Menschen und lebten auf derselben Erde und unter demselben Himmel. Wo das alles herkommt, das fragen sich auch die Menschen in den Stammeskulturen. So erzählte ich zunächst von dem Gott, der am Anfang Himmel und Erde geschaffen hat.

Im Rückblick sehe ich mich damit an Luthers Einleitung zum Ersten Artikel des Apostolischen Glaubensbekenntnisses im Großen Katechismus erinnert. Zu den Worten: »Ich glaube an Gott, den Vater, den Allmächtigen, den Schöpfer Himmels und der Erden« bemerkt er:

»Da ist aufs allerkürzeste dargestellt und geschildert, was Gott des Vaters Wesen, Wille, Tun und Werk ist. Denn nachdem die zehn Gebote (uns) vorgehalten haben, man solle nicht mehr als *einen* Gott haben, so könnte man nun fragen: ›Was ist denn Gott für ein Mann, was tut er, wie kann man ihn preisen oder darstellen..., daß man ihn kenne?‹... Somit ist das Glaubensbekenntnis nichts anderes als eine Antwort und ein Bekenntnis der Christen, das auf dem ersten Gebot begründet ist. Wenn man ein junges Kind fragte: ›Lieber, was hast du für einen Gott? Was weißt du von ihm?‹ – so könnte es sagen: ›das ist mein Gott: erstens der Vater, der Himmel und Erde geschaffen hat. Außer diesem einen halte ich nichts für Gott; denn sonst gibt es keinen, der Himmel und Erde schaffen könnte‹« (Nach H. G. Pöhlmann, Unser Glaube, Gütersloh 1986, S. 681).

Das Bekenntnis und das Reden von Gott dem Schöpfer geschieht nicht nur aus historischem Interesse, um etwa zu wissen, wie alles anfing. Weil hier Grundfragen des Menschen und dieser Welt angesprochen werden, hat es einen tiefen missionarischen Sinn. Theologie ist als rechte Theologie immer »missionarische Theologie«, die auch die ausgesprochenen und unausgesprochenen Fragen des Nichtchristen aufnimmt, um Hindernisse zum Glauben soweit menschenmöglich abzubauen. (Dazu E. Brunner, Dogmatik I, Zürich, 1960, S. 108f.).

1. Der Schöpfer der Welt ist der in der Heiligen Schrift offenbarte Gott

1.1. Die Heilige Schrift bezeugt von Anfang bis Ende Gott, den Schöpfer

Die Tatsache, daß Gott die Welt geschaffen hat, ist eben nicht nur auf den ersten Blättern der Bibel bezeugt. Sie wird vielmehr bei allem, was die Bibel sagt, vorausgesetzt. Er hat die Macht, die Welt in einer Flut zu verderben oder sie zu erhalten. Wenn er sich Abraham als alleiniger Gott anbietet, neben dem kein anderer Platz hat, dann stellt er sich als »der allmächtige Gott« vor (1 Mo 17,1.7f.). Weil Gott der Schöpfer allein allmächtig ist, deshalb genügt er allein, und es bedarf keines weiteren Helfers.

Wenn Israel in Ägypten die Rettermacht erfährt, dann begegnet ihm der Gott Abrahams, Isaaks und Jakobs zugleich als der, dem die Macht über alle Naturgewalten gegeben ist. Selbst das Meer ist ihm gehorsam. Wenn Gott so seine Herrlichkeit offenbart, dann muß man ihn preisen (2 Mo 14,17; 15,2). Beim Tempelweihegebet bekennt Salomo den Gott Israels als den, der die Sonne an den Himmel gestellt hat (1 Kön 8,12; vgl. 1 Mo 1,15; Ps 19), der den Himmel verschließen kann, daß es nicht regnet, Pest oder Dürre, Getreidebrand oder Heuschrecken senden kann (V. 37).

In den Psalmen und Hymnen preist Israel vielfältig die Schöpfermacht Gottes, sei es in kurzen bekenntnisartigen Aussagen wie Ps 24,1f., sei es in ausführlichem beschreibendem Lob wie Ps 136. Immer gilt: »Er gebot, da wurden sie geschaffen. Er läßt sie bestehen für immer und ewig; er gab eine Ordnung, die dürfen sie nicht überschreiten« (Ps 148,6; vgl. 33,9).

Daß Israels Hilfe bei dem Gott steht, der Himmel und Erde gemacht hat, ist der Trost des angefochtenen Beters (Ps 121,2 u. ä.). In der Begegnung mit Gott dem Schöpfer wird alle menschliche Weisheit und alles Fragen zum Schweigen gebracht (Hi 38; 40,1ff.; 42,1ff.). Wenn Israel in den Wirrnissen der Geschichte darniederliegt und die menschlichen Möglichkeiten erschöpft sind, offenbart sich Gott gerade als der, der alles geschaffen hat und dem folglich auch nichts unmöglich ist (Jes 40,22ff.). Der Heilige, der alles geschaffen hat, ist der Unvergleichliche, der Heiland und Erlöser Israels, der nicht müde noch matt wird und dessen Verstand unausforschlich ist (Jes. 43,11,24; 44,6).

Dieses Zeugnis des Alten Bundes wird im Neuen überall aufgegriffen. Die Wundermacht Jesu ist eben nichts anderes als Offenbarung seiner Anteilnahme an Gottes Schöpfermacht. Staunend fragt man: »Wer ist der? Selbst Wind und Meer sind ihm gehorsam!« (Mk 5,41; vgl. 2 Mo 14). Und wer ist der, der »geht auf den Wogen des Meeres«? (Hi 9,8; vgl. Mk 6,49; Ps 77,20; Jes 43,16). Deshalb bekennt Johannes, die ersten Worte der Bibel aufnehmend: »Am Anfang war das Wort... Und Gott war das Wort... Alle Dinge sind durch dasselbe gemacht... Und das Wort ward Fleisch« (1,1–18).

Man könnte nun hineinführen in die Briefe des Paulus, für den gar kein Zweifel daran besteht, daß alle Dinge von, durch und zu Gott sind (Röm 11,36), der eben alles in und durch und zu Jesus geschaffen hat (Kol 1,16). Und so glaubt auch der Verfasser des Hebräerbriefes, daß der Gott, der durch Jesus letztgültig geredet, durch ihn auch die Welt geschaffen hat (1,1f.). Selbst die himmlische Gemeinde stimmt ein in das Schöpferlob: »Herr unser Gott, du bist würdig zu nehmen Preis und Ehre und Kraft; denn du hast alle Dinge geschaffen, und durch deinen Willen haben sie das Wesen und sind geschaffen« (Offb 4,11). Am Anfang Gott – und am Ende? – Gott! Schöpfung und Neuschöpfung kommen von dem einen (1,8; 21,6). Wie eine große Klammer umfaßt die Tatsache, die Erkenntnis und das Bekenntnis von Gott dem Schöpfer alles, was auf dieser Erde in Kirche und Welt geschieht. Ihm entzieht sich nichts, ohne ihn wird nichts, und ohne ihn vergeht nichts. Er allein ist Gott; vor ihm allein sollen sich deshalb alle Knie beugen.

In dem Gesagten ist schon deutlich geworden, daß sich Gott der Schöpfer, der am Anfang der Bibel erscheint, und Gott der Erlöser, wie er uns in Jesus Christus begegnet, nicht auseinanderdividieren lassen. Es ist der eine Gott, der diese Welt schuf, der sie erhält, der sie erlöst und der sie erneuert. Um der Welt das Heil zu schaffen, erwählt er Israels Väter (1 Mo 12,1ff.); im Alten Bund erweist er sich als Heiland und Retter (2 Mo 20,2) und stellt sich als solcher vor (Jes 43,11); und im Neuen Bund schafft er in Jesus das ewige Heil, das, weil er allein Gott ist, auch allen gilt (Röm 3,29; 2 Kor 5,17–21) und allen zu verkündigen ist (Mt 28,18–20).

1.2 Was Schöpfung ist, läßt sich nicht in Worte fassen

So eindeutig die Bibel redet, wenn es darum geht, daß Gott allein der Schöpfer alles Geschaffenen ist, so dicht ist der Schleier, der über dem eigentlichen Schöpfungsgeschehen liegt. Wie soll man sich dieses »Er sprach, und es geschah« vorstellen? Ist es überhaupt vorstellbar? Wo liegen die Gründe für die damit verbundenen Denk- und Verstehensschwierigkeiten und wie können wir damit umgehen? Diesen Fragen soll in diesem Abschnitt nachgegangen werden.

● Als erstes ist festzustellen, daß beim ursprünglichen Schöpfungsgeschehen kein Mensch dabei war. Der Mensch ist eben nicht das erste, sondern das letzte der Werke Gottes. Damit sind uns von vornherein schon die Antworten auf viele Fragen verwehrt, und der Mensch wird an seinen Platz gewiesen (vgl. Hi 38,4).

● Dem entspricht das andere, daß dem Menschen der Zugang zum ursprünglichen Schöpfungswerk Gottes verwehrt ist. Wir finden uns immer schon in einem fertigen Haus vor, können beschreiben, wie es gebaut ist und funktioniert, aber zu den in den Wänden und Fundamenten verborgenen Elementen dringen wir nicht vor. Das Werden dieses Hauses bleibt Geheimnis. Durch den Sündenfall haben wir das Paradies verloren. Der Schritt zurück in die ursprüngliche Welt Gottes ist uns verwehrt.

● In dieser Welt begegnet uns Gott nur als der verborgene Gott (Jes 45,15); das gilt sowohl hinsichtlich des Geschichts- und Heilshandeln Gottes, das nicht einfach einsehbar ist, als auch bezüglich seines Schöpfungs- und Erhaltungshandelns. Gott bleibt dabei verborgen. Die Verborgenheit Gottes bedeutet aber nicht nur, daß er unsichtbar ist, sondern vor allem auch, daß er unbegreiflich ist.

Verweilen wir einen Augenblick bei dem Wort »begreifen«. Das bedeutet doch ursprünglich »fassen«, »in der Hand haben«. Fassen kann man immer nur, was kleiner ist. Einen »begreiflichen« Gott hat man in der Hand. Daß Gott Gott ist, zeigt sich gerade in der Unbegreiflichkeit seiner Wege und seiner Werke. Das Geheimnis seiner Unfaßlichkeit ist seine alle Vernunft übersteigende Größe (Phil 4,7), vor der man nur anbeten und rühmen kann (s. die Schöpfungspsalmen, 8; 19; u. a.). Das Geheimnis über dem Schöpferhandeln Gottes gilt auch für die »Neuschöpfung« des Christen, die Wiedergeburt, durch den Glauben. Gerade dieses Geschehen bezeichnet das Neue Testament auch als »Schöpfung« (vgl. 2 Kor 5,17; Eph 2,10; 3,9; 4,24).

● Gottes Schöpferhandeln am Anfang ist einmalig und unwiederholbar. Nur einmal schuf er diese Welt aus dem Nichts, wobei »Nichts« gerade nicht ein vorher bestehender Stoff ist. Nach sechs Tagen hörte Gott mit dieser Art des Schaffens auf (die hebräischen Verben 1 Mo 2,2 bezeichnen in erster Linie ein »Aufhören» und nicht ein »Ausruhen«). Die Einmaligkeit dieses »Schaffens« Gottes zeigt sich daran, daß das Hebräische dafür ein ganz bestimmtes Verb benutzt: *bara,* das in der ganzen Bibel nie für ein menschliches, sondern immer für göttliches Neuschaffen benutzt wird, nie ein Material voraussetzt, mühelos geschieht und immer zu etwas Wunderbarem und einmalig Neuem führt. Dieses Verb wird auch für die Erneuerung des menschlichen Herzens (Ps 51,12: »Schaffe in mir ein reines Herz« – das kann kein Mensch!) und das geheimnisvolle Entstehen des Volkes Israel gebraucht (Jes 43,1), dessen Werden und Bestand bis heute menschlicher Einsicht ärgerlich ist.

Genauso unfaßlich wie dies Schaffen aus dem Nichts ist die Setzung des »Anfangs«. Wir können den Anfang von Raum und Zeit nicht denken. Ewigkeit ist uns fremd; sie ist Wesensmerkmal Gottes. Unser Denken und unsere Vorstellungs- und Sprachmöglichkeiten sind so an Raum und Zeit gebunden, daß uns eine Schöpfung aus dem Nichts am Anfang letztlich nicht mehr vorstellbar ist. Sehr wohl sagt Adolf Schlatter: »Weil wir nicht Schöpfer sind, sehen und begreifen wir auch keinen schöpferischen Akt; denn da, wo unser Beruf endet, endet auch unser Wahrnehmen und Verstehen« (Das christliche Dogma, Stuttgart 1923; S. 36).

Und so ärgerlich wie das »Am Anfang« ist das »Himmel und Erde«. Wenn der Hebräer das alles umfassende Ganze bezeichnen will, nennt er die beiden entgegengesetzten Enden. Sagt man: Der Herr behüte deinen Eingang und deinen Ausgang, so bedeutet das: Er behüte dich immer und überall. Und er schuf Himmel und Erde besagt eben, daß Gott alles schuf, und daß es nichts gibt, das er nicht geschaffen hat, und daß er keiner Hilfe bedurfte. So ist der erste Satz der Bibel eine scharfe Kampfansage gegen alle Mythologien, aber auch gegen alle wissenschaftlichen Theorien und Philosophien, die das Werden der Welt ohne Gott erklären und folglich in der Welt auch ohne den lebendigen Gott der Bibel auskommen wollen.

● Wenn die Bibel dennoch von der Schöpfung berichtet, dann tut sie es in einer den Menschen aller Zeiten zugänglichen und verständlichen Sprache, die der menschlichen Erfahrungswelt entspricht. Es ist zugleich prophetisches Reden, das sich dadurch auszeichnet, daß es von Gott empfangen ist und nicht menschlicher Phantasie entspringt. Das in der Schöpfungsgeschichte und in der Bibel allgemein begegnende Weltbild ist nicht das einer vergangenen Epoche, sondern es ist der unmittelbaren sinnlichen Anschauung der Welt entsprungen. Im Gegensatz zum sog. »wissenschaftlichen« Weltbild, das mit Meßinstrumenten gewonnen ist, geht es auf die unmittelbare Sinnenwahrnehmung des Menschen, sein Sehen, Hören usw. zurück. Im Gegensatz zu dem rein quantitativen Messen mit Instrumenten ist das der Sinneserfahrung entsprungene Weltbild offen für eine geistige Erfassung der Welt. Spricht man z. B. von »oben« bzw. »unten«, so lassen sich damit auch geistige Aussagen verbinden. Diese menschliche Erfahrung wird zur Symbolkraft, die in die Sprache eingeht, mit der wir auch die geistige und geistliche Wirklichkeit dieser Welt erfassen, erkennen und in Worte fassen können. Bei allem wissenschaftlichen Fortschritt wird somit das Weltbild der Bibel nicht überholt, weil die menschliche Wahrnehmung die gleiche bleibt und überall auf dieser Erde im Grunde genommen gleich ist. Damit ist überhaupt Verständigung über Sprach- und Kulturgrenzen hinweg möglich. Des näheren sei hier verwiesen auf die hilfreichen Beobachtungen von H. Gese, »Die Frage des Weltbildes«, München 1977.

● Das Schöpfungswunder Gottes kann so beschrieben werden, daß die Bibel zwei sich sprachlich und inhaltlich ergänzende Darstellungen nebeneinander stellt. In der ersten begegnet feierlich liturgische, in der zweiten erzählerische Sprache. In der ersten stehen wir vor dem hohen, erhabenen Gott, der spricht, und es geschieht. In der zweiten dürfen wir dem sich herabneigenden Gott bei seiner Arbeit zusehen, wie er sich beim Formen (hebräisch *iazar* = wie ein Töpfer formen, töpfern) des Menschen aus einem Erdenkloß wie ein Töpfer die Hände schmutzig macht. In der ersten wird der Mensch zur Herrschaft berufen (1,28), in der zweiten wird gezeigt, wie diese Herrschaft sich nur im bewahrenden Bedienen der Schöpfung verwirklichen läßt (2,15 – eigentlich: Bedienen und bewahren). In der ersten ist der Mensch an der Spitze aller Geschöpfe, in der zweiten steht er inmitten der Schöpfung. In der ersten sind Mann und Frau gleichwertige Träger der Gottesebenbildlichkeit, in der zweiten sich ergänzende und helfende verschiedenartige Wesen. Nur im Zusammensehen der beiden Teile wird die ganze Wahrheit erfaßt, wie es typisch für die Parallelstruktur hebräischer Sprache und Denkens ist.

● Von daher ist es verständlich, daß sich auch unter glaubenden Menschen unterschiedliche Ansichten über die rechte Verbindung zwischen wissenschaftlicher Einsicht und biblischer Aussage ergeben. Damit es darüber nicht zum Streit kommt, sollte man bedenken, daß die Wissenschaft die Welt grundsätzlich unter Absehung von der Wirklichkeit Gottes sieht, während die Bibel die Wirklichkeit nur von Gott her verstehen kann. Zum andern sollten wir unsere Erkenntnis des biblischen Schöpfungszeugnisses demütig vortragen, denn gerade hier stoßen wir an den Rand unseres Erkennungsvermögens vor. Im sachlichen Gespräch wird man weiter einräumen, daß weder gläubige noch ungläubige Wissenschaftler in den Fragen nach dem Werden der Welt einer Meinung sind. Christliche Wahrhaftigkeit gebietet es, die verschiedenen Positionen ehrlich zu Wort kommen zu lassen. Letztlich muß auch das ganze Schriftzeugnis gehört werden. Neben den berichtenden Texten von 1 Mo 1 und 2 stehen die vielen hymnischen Aussagen der Psalmen und Propheten. Aber alle sind sich eins in dem, daß Gott der alleinige Schöpfer der ganzen Welt ist, und zwar er allein und in unvergleichlicher Weise. Diese Einsicht soll gerade das angefochtene Gottesvolk aufrichten und trösten und zum Loben bringen (Jes 40,25 ff.), die vermessen Fragenden aber in die Schranken weisen (vgl. Hi 38 ff.). Wenn wir demütig und sachlich miteinander reden und in der Sach- und Bibelkenntnis uns ergänzen, dann sollten wir dahin kommen, daß wir gemeinsam auf den Schöpfer selbst hören und ihn miteinander loben.

● Aus alldem ergibt sich, daß gerade auch der Glaube an Gott den Schöpfer Glaube ist, der aus dem Wort der Offenbarung des Schöpfers lebt, und nicht eine »natürlich« zu gewinnende Einsicht, selbst da nicht, wo die Wissenschaft nach ihrem gegenwärtigen Stande das Offenbarungswort bestätigt. Nicht nur Abraham *glaubte* dem Gott, der dem »ruft, was nicht ist, daß es sei« (Röm 4,17), sondern nur »durch den Glauben erkennen wir, daß die Welt durch Gottes Wort gemacht ist, so daß alles, was man sieht, aus nichts geworden ist« (Heb 11,3). Deshalb gehört zum christlichen Gottesdienst das »Bekenntnis«: »Ich glaube an Gott, den Vater, den Allmächtigen, den Schöpfer des Himmels und der Erde«, und die glaubende Gemeinde bekennt bis zu diesem Tag, daß ihre Hilfe bei dem Gott steht, der Himmel und Erde gemacht hat.

1.3 Was bedeutet es, daß diese Welt von Gott geschaffen ist?

Gott hat die Welt nicht nur einst in ferner Vergangenheit geschaffen. Diese Tatsache hat weitreichende Konsequenzen für das Leben in und den Umgang mit ihr und ist von immenser gegenwärtiger Bedeutung. Deshalb muß sie den Glaubenden und der Welt immer wieder in Erinnerung gerufen werden: »Dem Herrn gehört die Erde und alles, was darinnen ist, der ganze Weltkreis und alle, die darauf wohnen. Denn über den Wassern hat er sie gegründet, und über den Strömen hält er sie bis zu diesem Tag fest« (Ps 24,1f.; eigene Übersetzung).

● Das ganze Universum ist geschaffen. Es ist weder ewig noch unendlich, sondern zeitlich und räumlich begrenzt, hat Anfang und Ende, war einst nicht und wird einst nicht mehr sein; es steht ganz und gar unter Gott, ist seiner Macht unterworfen und durch sie begrenzt. Weder ist diese Welt göttlich, noch ist sie Gott. Weder diese Welt als ganzes noch irgend etwas in ihr darf göttlich verehrt oder angebetet werden. Das Heidentum ist dadurch gekennzeichnet, daß der Mensch nicht den Schöpfer anbetet, sondern daß er seine Götter aus dem Bereich der Schöpfung gewinnt. Der Mensch macht sich seine Götter selbst, sei es in Gestalt von Bildern (Röm 1,22ff.; Jes 40,19ff.), sei es in Gestalt von gedanklichen Vorstellungen, sei es, daß er seine ganze Hoffnung und Erwartung auf Geschaffenes oder auf sich selbst bzw. andere Menschen setzt und sich an Idole hängt, wobei sich interessanterweise unser Wort »Idol« von dem griechischen *eidolon* »Bild«, »Götzenbild« ableitet. Deshalb ist immer wieder zu betonen: Es gibt neben Gott dem Schöpfer nichts Göttliches, und nichts und niemandem außer ihm ist göttliche Verehrung zu gewähren, und nichts und niemand außer ihm ist von ganzem Herzen zu fürchten und zu vertrauen. Schon allein das kann in Staat und Gesellschaft zu vielen Konflikten führen. Denn wer dem Geschöpf die allein Gott zukommende Ehre und den allein dem Schöpfer zukommenden Dienst erweist, verwandelt Gottes Wahrheit in Lüge (Röm 1,25; Offb 9,20).

● Es gibt neben der sichtbaren Welt noch eine für uns Menschen unsichtbare mit Herrschaften und Gewalten, Engel und Dämonen. Über diesen Bereich der Schöpfung sagt die Bibel keineswegs alles, was wir wissen möchten. Sie sagt freilich, was wir darüber wissen müssen. Eine ausgeführte Engel- und Dämonenlehre ist deshalb nicht möglich. Wesentlich ist aber, daß auch diese unsichtbare Welt, sie sei im Himmel, auf Erden oder unter der Erde, von Gott in Christus geschaffen ist, nur in ihm besteht (Kol

1,16f.) und daß die bösen Gewalten von Christus entmachtet sind (2,15). Deshalb ist jeglicher Engel- und Dämonendienst untersagt (2,8.20). Von den Gestirns-, Engel- oder Geistesmächten ist keine Hilfe und kein Heil zu erwarten. Sie sind aber auch von denen nicht zu fürchten, die mit Christus im Glauben verbunden und deren Sünde vergeben ist (2,12ff.). Diese Mächte sind eben keine Götter (1 Kor 8,4–7).

● Dieser Welt sind als Schöpfung Gottes bestimmte Ordnungen gegeben, die ihren Bestand gewährleisten. Das gilt hinsichtlich des regelmäßigen Ablaufs der Zeiten, wie Gott ihn durch die Festsetzung der Gestirne bestimmt hat (1 Mo 1,14–19); in Israels Umwelt werden die Gestirne angebetet als das Leben der Menschen bestimmende Gottheiten. Für Israel haben sie nur noch die Funktion von Leuchten und Kalendern. Aber auch sonst stellt die Bibel staunend fest, daß Gott seine Werke alle »weise geordnet« hat (Ps 104,24). Diese Ordnungen, wir sprechen von Naturgesetzen, kann der Mensch beobachten und erforschen. Natur ist die Welt, wie sie uns unter Absehung von Gott begegnet, gerade dem, der nicht glaubt. Und weil der Mensch ihre Ordnungen erforschen kann, kann er gestaltend in sie eingreifen, eine technische Zivilisation und Kultur aufbauen.

Das alles ist nicht gegen Gottes Willen. Gott hat diese Welt so gewollt. So dient sie dem Menschen. Aber nur wo sich der Mensch dabei seiner Verantwortung vor Gott bewußt bleibt, d. h. aus dem Glauben lebt, wird er die Natur so gestalten und verwalten, daß weder er noch sie dabei Schaden nimmt. Und Gott ist am Werk, nicht nur in den außerordentlichen Erscheinungen, die diese Regeln zu durchbrechen scheinen, den sog. Wundern, sondern gerade auch da, wo alles in der ihm gemäßen Ordnung abläuft.

● Die Gaben der Schöpfung sind gut. Gott selbst sagt rückblickend von seinem Werk: »Und siehe, es war alles sehr gut.« Dabei läßt sich das hebräische Wort für gut auch mit »schön« übersetzen, also: schön–gut! Dieses »alles sehr gut« scheint in dieser gefallenen Welt nicht mehr zu gelten. Christen haben deshalb immer wieder gemeint, die Glaubenden müßten sich gewisser Dinge enthalten. Aber was böse ist, ist das menschliche Herz (1 Mo 8,21), das den Menschen dazu verleitet, die guten Schöpfergaben zu mißbrauchen und dadurch sich selbst und anderen zu schaden. Deshalb betont Paulus Irrlehrern, die »gebieten, nicht ehelich zu werden und zu meiden die Speisen, die Gott ... geschaffen hat«: »Alles, was Gott geschaffen hat, ist gut, und nichts ist verwerflich, was mit Danksagung empfangen wird (d. h. im Aufblick zu Gott); denn es wird geheiligt durch Gottes Wort (das uns anweist, wie wir die Dinge dieser Welt zu gebrauchen haben, also nicht nach unseren Lüsten) und Gebet (indem man Gott dafür dankt, was vor Sünde bewahrt)« (1 Tim 4,4.5).

So begegnet uns die Güte Gottes nicht nur in den Heilsgaben, die uns ewiges Leben gewähren, sondern auch in den Gaben der Schöpfung, ob als

Brot zur Stärkung des Leibes, ob als Wein zur Mehrung der Freude oder als Öl zur Pflege des Leibes (Ps 104,14f.). Und es ist auch Gott wohlgefällig, all diese Gaben froh und dankbar zu genießen (Pred 5,17). Die Schöpfergüte Gottes zielt aber über die Gaben hinaus auf den Geber, dem wir gern danken und loben, dienen und gehorchen sollen (s. Auslegung des 1. Glaubensartikels in Luthers Kleinem Katechismus).

● Jeder Mensch ist ein persönlicher Schöpfungsgedanke und ein Schöpfungswerk Gottes. Nicht nur kennt Gott den einzelnen, bevor er ihn im Mutterleib bereitet, er kennt auch sein Leben. Darum bekennt der Glaubende: »Ich glaube, daß Gott mich geschaffen hat« (vgl. Ps 139,13–16). In diesem Wissen gründet die Würde und Unaustauschbarkeit der Person. Ich bin ich, und kein anderer ist wie ich. Was den Wert meiner Arbeit angeht, mag ein anderer – etwa an der Maschine – meinen Platz einnehmen. Aber in der personalen Beziehung, in der Liebe, in der Freundschaft, vor Gott, bin ich einmalig und nicht austauschbar. Deshalb hat auch der sog. »invalide«, d. h. wertlose Mensch noch Anspruch auf Beistand, Hilfe und Leben. Das ist der Grund aller Diakonie. Darin wurzelt aber auch das eigentliche Wesen des Menschen: Der Mensch ist Mensch vor Gott, nicht weil er höher wäre als alle anderen Wesen, sondern weil er »weniger, niedriger ist als Gott« (Ps 8,6), d. h. auf Gott bezogen ist und vor Gott steht. Und die »Ehre und Herrlichkeit« des Menschen besteht darin, daß er von Gott einen Auftrag empfangen, daß Gott mit ihm gesprochen hat, daß er auf Gott hören und ihm gehorchen kann. Sein Dienst vor Gott ist seine Würde. Und seine Würde liegt darin, daß er Gott verantwortlich ist und schuldig werden kann. So würdig ist er – auch wenn er im Urteil der Menschen nichts mehr wert ist –, daß Gott für ihn seinen eigenen Sohn dahingab. Da kann man nur einstimmen in den Lobpreis des Psalmisten: »Herr, unser Herrscher, wie herrlich ist dein Name in allen Landen!« (Ps 8,2).

● Das Schöpferwerk Gottes umfaßt auch die Völkerwelt. Der von Gott zuerst erschaffene Mensch erhält den Namen Adam (1Mo 3,20). Adam ist abgeleitet von dem Wort *adamah,* die Ackererde. Der Mensch ist »Erdmann«. Adam bedeutet aber zugleich »Mensch«; es ist die Gattungsbezeichnung. Wo in 1 Mo 2 vom »Menschen« die Rede ist, steht jeweils »Adam«. Adam ist nicht nur der individuelle Mensch, er ist zugleich die Menschheit, die in ihm schon gegenwärtig ist (vgl. Röm 5,12ff.). Was hier in der sog. Urgeschichte geschieht, betrifft alle. Die ganze Menschheit ist von Gott und vor Gott. In den ersten 11 Kapiteln der Bibel geht es um die Menschheit in ihrer Gesamtheit. Trotz Sünde und Gericht (1 Mo 3) bleibt der Schöpfungssegen wirksam (1 Mo 1,28f.; vgl. 9,1): Die Menschheit breitet sich aus über die ganze Erde (1 Mo 10). Die siebzig Völker, die am Ende der Urgeschichte genannt werden, stehen stellvertretend für alle Völker. Sie stehen alle in Aufruhr gegen Gott, machen sich einen Namen und heiligen gerade nicht Gottes

Namen (1 Mo 11,5). Fünfmal erscheint der über den Völkern lastende Fluch in der Urgeschichte (1 Mo 3,14.17; 4,11; 5,29; 9,25). Doch Gott will nicht, daß die von ihm geschaffenen Völker unter dem Fluch bleiben. Deshalb erwählt er den einen, Abraham, und das eine Volk, Israel, damit der Fluch durch den Segen überwunden wird. Fünfmal wird in der Berufung Abrahams der Segen für alle Völker genannt (12,1–3; vgl. Gal 3,13 f.). So wurzelt der Auftrag der Völkermission, der durch das vollbrachte Heilswerk Christi ermöglicht wird (Joh 20, 19–23), in den Verheißungen Gottes an Abraham und geht darüber hinaus zurück zum Schöpfungswerk Gottes.

2. Gott, der Schöpfer, ist der Erhalter dieser Welt

So durchgängig das Schöpfungswerk Gottes in der Heiligen Schrift bezeugt ist, so durchgängig auch sein Erhaltungswerk. Die Welt hat zwar eine relative Selbständigkeit. Aber sie besteht nicht in sich selbst, sondern wird fortwährend von Gott ge- und erhalten. Er verbürgt sich für den Erhalt und für den regelmäßigen Ablauf der Zeiten mit einem Eid bzw. Bund (1 Mo 8,22; 9,8 ff.), der für alle Zeiten gilt. Das ist tröstlich. Er versorgt seine lebendigen Geschöpfe mit allem, was sie bedürfen. Hinter den scheinbar natürlichen Vorgängen steht seine segnende Hand. Man beachte in Ps 104,10 ff. das fortwährende Du, Du, Du. Der Höhepunkt ist das zusammenfassende: »Es warten alle auf dich, daß du ihnen Speise gebest zur rechten Zeit. Wenn du ihnen gibst, so sammeln sie; ... verbirgst du dein Angesicht, so erschrecken sie; nimmst du ihren Odem, so vergehen sie und werden wieder Staub«. Durch den Propheten läßt Gott erklären, daß er alles wirkt: Licht und Finsternis, Heil und Unheil. »Ich bin der Herr, der dies alles tut« (Jes 45,7). Und auch das Neue Testament weiß, daß trotz aller scheinbar ehernen Naturgesetze das All seinen Bestand nicht in sich hat, sondern er, der Sohn, trägt das All (*ta panta*) mit dem Wort seiner Kraft (Hebr 1,3).

Wir müssen aber noch einen Schritt weitergehen. Unser Weltverständnis geht weitgehend davon aus, daß die Welt ihren Bestand in sich selbst hat, während das biblische Weltverständnis bezeugt: Die Welt besteht, weil Gott fortwährend am Werk ist: »Der ewige Gott, der die Enden der Welt geschaffen hat, wird nicht müde noch matt« (Jes 40,28); »Der Hüter Israels schläft nicht« (Ps 121,4). Diese Erkenntnis reicht bis in die Sprache. Das allgemein mit »ist« bzw. »sein« übersetzte hebräische Wort *hajah* bedeutet eigentlich »werden« bzw. »wirken«. Diese Welt ist, weil Gott wirkt. Und wenn Gott sich Mose mit dem Namen »Ich bin, der ich bin« vorstellt (2 Mo 3,14), dann heißt das nicht, daß Gott eben da ist, sondern es bedeutet eigentlich: Ich bin der alles Wirkende, und ich bin der alles Geschehen

Lenkende. Sein »Vorname« ist: Jahwe – der alles und fortwährend Wirkende. Mit diesem Gott kann man es wagen, ihm kann man trauen, an ihn glauben. Er genügt. Deshalb: Ich bin Jahwe, d. h. der alles allein Wirkende, du brauchst keine anderen Götter neben mir und sollst dir auch keine machen. Auch hier ist wieder zu fragen, was das für Folgen hat.

2.1 Diesem Gott schulden wir uns in jeder Hinsicht

Hier gilt eben, was Paulus sagt: »Was hast du, das du nicht empfangen hast?« (1 Kor 4,7). Wir haben uns selbst aus der Hand Gottes empfangen, aber wir empfangen auch alles weitere, was wir zum Leben bedürfen, aus seiner Hand: Essen und Trinken, Haus und Hof, Weib und Kind, gute Freunde, hilfreiche Nachbarn usw. Hier fängt der Glaube an, in den Bereich der unmittelbaren Wirklichkeit vorzudringen. Und die Demut zeigt sich in erster Linie darin, daß man sich und die Verhältnisse, in die man gestellt ist, dankbar als aus Gottes Hand empfängt (1 Petr 5,6). Nicht, daß man in Schicksalslethargie verfällt. Wo wir bessern können, sollen wir zugreifen. Nicht, daß uns die Verantwortung für die Lebensgestaltung genommen wäre. Wir arbeiten. Das hat Gott geboten (vgl. 2 Thes 3,6–13, wo Paulus auf die *taxis*, d. h. die Ordnung des Schöpfers verweist). Wir sorgen vor, soweit dies möglich ist, denn »wer nicht für die Seinen vorsorgt (so nach dem Griechischen: *pronoen*), der ist schlimmer als ein Heide und hat den Glauben verleugnet« (1 Tim 5,8). Aber vieles können wir nicht verändern, und vieles entzieht sich unserem Sorgen. Da gilt es, die Sorge auf ihn zu werfen und ihn sorgen zu lassen (1 Petr 5,6f.). Gott ist der Erhalter; ihm liegen wir am Herzen.

2.2 Mit diesem Gott muß man reden

Das Gespräch ist das eigentliche Zeichen bestehender Gemeinschaft mit Gott. Gott spricht mit uns und erwartet unsere Antwort in Bitte und Dank, in Lob und Anbetung. Gottlosigkeit äußert sich als Gebetslosigkeit. »Sie haben ihn nicht gepriesen als einen Gott noch ihm gedankt« (Röm 1,21), obwohl sie sich ihm in jeder Hinsicht verdanken. Und Gebet ist möglich, gerade als Bittgebet, weil Gott der Erhalter, der alles Wirkende ist. Wo man die totale Gottesabhängigkeit der bestehenden Welt übersieht, wird – wie es in der philosophisch-theologischen Diskussion der Neuzeit der Fall ist – das Bittgebet zum unlösbaren Problem und das Dankgebet überflüssig. Dann verdankt sich der Mensch sich selbst und betet sich an, oder er verdankt sich der »Natur«, die ihm liefert, was er braucht, und betet die Natur an, sei es im primitiven Götzendienst (1,23), sei es im schwärmerischen Stil der Romantik, die im *Retour-à-la-nature* das Paradies sucht, sei es in einer totalen Ökologieideologie, die zur Heilslehre entartet.

2.3 Gott der Erhalter bleibt hinter den sog. natürlichen Abläufen verborgen

Der Mensch arbeitet, und die Natur bewegt sich nach sog. natürlichen Ordnungen. Aber das Arbeiten und Wirken des Menschen ist zutiefst nur ein Mitwirken mit Gott. Obwohl die Ordnung Saat und Ernte gewährleistet ist, führt nicht jede Saat zu einer guten Ernte. Und nicht jede Arbeit führt zum Erfolg. Die Arbeit kann vergebliche Mühe sein. Daß des Menschen Werk den erstrebten Erfolg zeitigt, ist Gottes Geschenk. So benutzt Gott menschliches Werk, ja alle Kreaturen, um sein Werk zu treiben.

Kein geringerer als Luther hat das insonderheit erkannt: »Alle Kreaturen sind Gottes Larven und Mummereien, die er will lassen mit ihm wirken und helfen allerlei schaffen, was er doch sonst ohne ihr Mitwirken tun kann und auch tut.« Oder: »...daß man wohl mag sagen, der Welt Lauf und sonderlich seiner Heiligen Wesen sei Gottes Mummerei, darunter er sich verbirgt und in der Welt so wunderlich regiert und rumort.« Und wiederum an anderer Stelle: »Was ist aber alle unsere Arbeit auf dem Felde, im Garten, in der Stadt, im Haus, im Streit, im Regieren anders gegen Gott, denn ein solch Kinderwerk, dadurch Gott seine Gaben zu Felde, zu Hause und allenthalben geben will? Es sind unseres Herrn Gottes Larven, darunter will er verborgen sein und alles tun.« (Quellen bei P. Althaus, Die Theologie Martin Luthers, Gütersloh 1963, S. 101).

Unsere Arbeit ist also nicht die eigentliche Ursache des Erfolges und Segens, sondern nur eine von Gottes Willen gesetzte Bedingung, unter der er uns geben will, was wir brauchen. Dadurch wird der menschlichen Arbeit in Beruf und Welt eine Würde zuteil, wie man es vor Luther in der Kirchengeschichte kaum kannte: Der Mensch wirkt durch seine Arbeit mit am Erhaltungswerk Gottes.

Dieses Erhaltungswerk ist indes nicht Selbstzweck. Es dient dazu, den Menschen für Gott zu erhalten. Wo man das vergißt, verliert man sich an die Arbeit, und sie verliert ihren Sinn. Die Sinnentleerung der Arbeit in der Gegenwart hat hier ihren tiefsten Grund. Der ursprüngliche Auftrag des Schöpfers, diese Welt zu ihrer Erhaltung zu verwalten (1 Mo 1,28f.; 2,16), wird zwar in der weltzugewandten, beruflichen Arbeit des Menschen verwirklicht. Weil indes zwischen Arbeit und Erfolg keine kausale Notwendigkeit besteht, sondern der Erfolg von Gottes Segen abhängt, soll er sich nicht auf seine Arbeit, sondern auf Gott verlassen. Weil wir von Gott und nicht von unserer Arbeit leben, können wir nach der Ordnung Gottes auch von der Arbeit ruhen. Solches Ruhen von der Arbeit, nach sechs Tagen oder im Urlaub oder bei Nacht im Schlaf, ist auch ein Gott wohlgefälliges Werk und Ausdruck des Glaubens. Gott will nicht, daß der Mensch als Geschöpf sich in der Arbeit an der Schöpfung erschöpft.

Nicht der Mensch, sondern Gott ist letztlich der Erhalter seiner ganzen Schöpfung, unserer kleinen Welt und unserer selbst. Das muß gerade in unserer Zeit betont werden, wo der Mensch dazu neigt, sich zum »Erhalter der Schöpfung« hochzustilisieren, denn so setzt er sich der Gefahr aus, sich zu übernehmen, ja sich an den Platz Gottes zu setzen. Nur unter Gott und im Wissen um Gottes Erhaltungswerk kann auch von einem menschlichen »Erhaltungsauftrag« gesprochen werden.

2.4 Das Erhaltungswirken Gottes umfaßt auch die Geschichte der Völker und des einzelnen

Es ist erstaunlich, wie eindeutig die Bibel Gottes Geschichtswirken in der Völkerwelt bezeugt. Die Urgeschichte endet mit der Zerstreuung der Völker und der Verwirrung ihrer Sprachen, so daß sie sich nicht mehr verstehen (1 Mo 11). Wenn Gott sein Heilshandeln von nun an auf Abraham und seine Nachkommen einschränkt, sind die Völker nicht vergessen. Der Segen Abrahams soll schließlich alle Völker erreichen (1 Mo 12,1 ff.; vgl. Mt 28,18ff.; Gal 3,13f.). Doch auch wo sie nichts von Gott wissen, sind sie nicht sich selbst überlassen. Nicht nur setzte Gott den Völkern ihre Grenzen (5 Mo 32,8) und wies ihnen ihre Länder zu (Am 9,7). Er gibt die Königreiche, wem er will (Dan 4,14), denn er ist ein Herr über alle Könige (V. 47). Selbst die größten Weltreiche wie Assur oder Ägypten müssen Gott auf den Pfiff gehorchen (Jes 7,18) und sind vor ihm nichts anderes als eine Axt oder ein Stecken, die Gott schwingt und dann auf die Seite legt, wenn sie sich überheblich zeigen bzw. sein Werk vollendet ist (10,12). Ohne es zu wissen sind die Weltherrscher »Knechte Gottes«. Gerade im Buch Jeremia nennt Gott den Jerusalem zerstörenden Nebukadnezar immer wieder »mein Knecht« (25,9; 27,6 u. a.), d. h. unwissentlich steht er bei all seiner Grausamkeit in Gottes Dienst. Der Mederkönig Cyrus wird Jes 44,28; 45,1 sogar von Gott »mein Hirte«, bzw. »sein Gesalbter» genannt. Gott ergriff ihn bei seiner rechten Hand und unterwirft ihm die Völker.

Dabei ist Gottes Führen im Auf und Ab der Völkerwelt keineswegs immer einsichtig. Der Prophet Habakuk verzweifelt fast daran und fragt: »Warum siehst du dann aber den Räubern zu und schweigst, wenn der Gottlose den verschlingt, der gerechter ist als er?« (1,13). Doch ist damit das Unrecht gerade nicht gerechtfertigt, denn der Tyrann bleibt nicht (2,4ff.). In den Völkersprüchen prangern die Propheten (Jes 13ff.; Am 1,2 u. a.) das menschenverachtende Unrecht der Heidenvölker an und verkündigen ihnen deshalb Gottes Gericht. Es gibt eben Grundgesetze der Menschenwürde und der Feindesliebe, die auch noch beim Heiden vorausgesetzt werden.

Gott bedient sich der Völker und ihrer Regierungen aber auch zur Aufrechterhaltung einer das Leben ermöglichenden Ordnung, indem die weltlichen Richter Böses strafen und Gutes fördern (Röm 13,1ff.; 1 Petr 3,13 ff.). Freilich sind diese staatlichen Ordnungen immer nur ein schwaches Abbild des eigentlichen Gottesrechtes.

Die Lenkung der Könige und Obrigkeit geschieht unbemerkt, indem Gott Gedanken und Vorsätze eingibt, die sie ausführen. Wo der Staat selbst sich gottähnliche Züge zulegt, wird er zum Tier. Dieser perverse Totalanspruch des Staates manifestiert sich allermeist in Christushaß und Christenhaß (Offb 13,1ff.; 2 Thes 2).

Was im Großen gilt, gilt auch für den einzelnen Menschen: Gott lenkt seine Schritte, was ein Erdenken und Planen der Lebensschritte gerade nicht ausschließt (Spr 16,9). Selbst das böse Tun und Wollen anderer steht noch im Dienst der Pläne Gottes mit dem einzelnen, so daß Joseph im Rückblick sagen kann: »Ihr gedachtet es böse zu machen, aber Gott gedachte es gut zu machen« (1 Mo 50,20; 45,7). Damit wird das böse Tun nicht entschuldigt, aber es kann Gottes Heilsgedanken über einem Menschenleben nicht vereiteln, sondern wird sogar noch positiv von Gott verwandt (Röm 8,28).

So ist zwar Gottes Geschichtshandeln in der Bibel durchgehend bezeugt, aber es gilt auch hier das »Unser Gott ist ein sich verbergender Gott« (Jes 45,15). Doch läßt sich vom Erhaltungswerk Gottes nur unter Einbeziehung seines Geschichtswirkens reden, denn mehr noch als die Natur ist die Geschichte Sphäre menschlichen Handelns. Gerade das Trostbuch Jesajas (Kap 40ff.) sieht Gottes Erhaltungshandeln in der Natur und sein Geschichtshandeln zusammen und kommt so zu dem Schluß, daß er auch schon die Zukunft, die dem Menschen noch verschlossen ist, kennt (40,21–28; 42,9).

Das Schöpfer- und Erhalterhandeln Gottes umfaßt alle Menschen. So sagt Luther in der Auslegung der vierten Bitte des Vaterunsers: »Gott gibt täglich Brot auch wohl ohne unsere Bitte allen bösen Menschen ...«. Gott läßt seine Sonne aufgehen über Böse und Gute und läßt regnen über Gerechte und Ungerechte (Mt 5,45), und selbst den Heiden, die er ihre eigenen Wege gehen ließ, hat er »viel Gutes getan und vom Himmel Regen und fruchtbare Zeiten gegeben und ... Herzen erfüllt mit Speise und Freude« (Apg 14,17). Der Glaubende antwortet darauf, indem er bekennt: »Ich glaube, daß mich Gott erschaffen hat ... und noch erhält ... und das alles aus lauter väterlicher, göttlicher Güte und Barmherzigkeit ohne all mein Verdienst und Würdigkeit; des alles ich ihm zu danken und zu loben und dafür zu dienen und gehorsam zu sein schuldig bin. Das ist gewißlich wahr.«

Das bedeutet, daß der Mensch sich immer schon von Gott geschenkt ist und daß sein Leben nur aus dem fortwährenden Beschenktwerden Gottes heraus möglich ist, so daß jedem Gebieten Gottes sein unfaßliches und nahezu grenzenloses Anerbieten vorausgeht. Der den Menschen mit allem Nötigen beschenkende Gott hat einen Anspruch an ihn. Deshalb spricht er ihn an. Der dem Menschen alles zum Leben Erforderliche bietende Gott ist sein einzig rechtmäßiger Gebieter. Dem Anspruch Gottes entspricht sein Sprechen, seinem grenzenlosen Angebot sein Gebot. Es ist rechtens:

3. Gott, der Schöpfer und Erhalter, ist auch der Gebieter

Das Gebot Gottes begegnet uns demgemäß in der Heiligen Schrift zum einen im Rahmen des Schöpfungs- und Erhaltungshandelns Gottes, zum anderen im Zusammenhang mit seinem Rettungshandeln. Daran wird zugleich deutlich, daß Gottes Gebot nicht nur den Versöhnten gilt, sondern daß es alle Menschen angeht. Denn sein Gebot ist die Grundregel, deren Beachtung ein gutes Leben und den Erhalt der Schöpfung überhaupt erst möglich macht.

Dabei ist insbesondere zu beachten, daß die Gottesebenbildlichkeit des Menschen in erster Linie darin besteht, daß er von Gott her ansprechbar ist. Durch Gottes Reden wird der Mensch hineingenommen in die Gemeinschaft mit Gott. Der Mensch ist folglich in erster Linie Hörender und als Hörender Gehorchender. Von dem Gottesknecht, der niemandem unrecht getan hat (Jes 53,9), heißt es eben: »Alle Morgen weckt er mir das Ohr, daß ich höre, wie Jünger hören. Gott der Herr hat mir das Ohr geöffnet. Und ich bin nicht ungehorsam und weiche nicht zurück« (50,4f.).

Zugleich ist zu bedenken, daß der Mensch nicht von sich aus weiß, was gut für ihn ist. Sich selbst überlassen, geht er in die Irre (Jes 53,6; Ps 14,1–3) und endet im Verderben. Weil der Mensch Mensch ist, von unten, selbst Geschöpf von Erde, *adam* von *adamah*, deshalb muß ihm gesagt werden, was für ihn gut ist: »Es ist dir gesagt, Mensch, was gut (für dich) ist, und was der Herr von dir fordert« (Mi 6,8).

3.1 Das Gebot Gottes des Schöpfers ergeht mit der Schöpfung an den Menschen

Zum Segen Gottes gehört das Gebot, das es dem Menschen gestattet, die Erde zu seinem Lebensunterhalt zu gestalten und zu nutzen (1Mo 1,28). Es ist in erster Linie Angebot. Das »Sehet da, ich habe euch gegeben ... zu eurer Speise« (V. 29) erinnert fast an das »Für euch gegeben ...« beim Abendmahl. Das Gebot Gottes erweist sich so als Lebensangebot!

Die gleiche Struktur findet sich in der zweiten Darstellung der Schöpfung. Dem Menschen wird die Aufgabe zuteil, den von Gott gepflanzten Garten zu bearbeiten und zu bewahren. Der Mensch steht in einem Dienstverhältnis zu Gott. Es beginnt wiederum ähnlich der Abendmahlseinladung: »Nehmet und esset« mit dem Angebot Gottes: »Du darfst (bzw. sollst) essen von allen Bäumen im Garten« (2,16): Das Gebot ist in erster Linie Lebensangebot! Erst an zweiter Stelle steht das Verbot: »Von dem Baum der Erkenntnis sollst du nicht essen. Wenn du aber davon ißt, wirst du ganz gewiß sterben« (2,17).

Wir haben es hier mit Sätzen apodiktischen bzw. heiligen Rechtes zu tun, d. h. hinter diesen nicht näher begründeten Rechtssätzen steht die Autorität

Gottes. Das Recht gehört von Anfang an zur Schöpfung Gottes und zum Leben des Menschen. Das Verbot dient dem Fernhalten des Todes bzw. des Verderbens, dessen, das dem Menschen schadet. Von Gott her hat das Recht folglich die Funktion, Leben zu bewahren und dem Verderben zu wehren. Somit ist es gute Gabe Gottes zum Leben. Gerade das 5. Mosebuch betont immer wieder, daß das Gebot dazu dient »damit ihr leben könnt und es euch wohlgeht« (5,33) bzw. »damit ihr lebt« (8,1).

Geht man diesen Anordnungen, die Gott von Anfang dem Menschen zum Leben in seiner Schöpfung gab, nach, so merkt man, daß sie drei oder vier Lebensbereiche betreffen:

Die Beziehung der Geschlechter, also Ehe und Familie.

Die Beziehung zur sog. Natur, also Arbeit und Besitz, sowie die Beziehung zu Gott, die zwar nicht ausdrücklich genannt wird, aber doch wird der Mensch eindeutig in ein Dienst- und Gehorsams- sowie Vertrauensverhältnis zu Gott hineingestellt.

Nach dem Sündenfall und der Flut kommt noch ein weiterer Bereich hinzu, der der Rechtsausübung nach dem Grundsatz: »Wer Menschenblut vergießt, dessen Blut soll auch durch Menschen vergossen werden« (1Mo 9,6). Das bedeutet nicht, daß die Todesstrafe unbedingt auszuüben ist, sondern daß zum einen das Maß der Strafe dem des Vergehens zu entsprechen hat und daß das Richteramt dem Menschen zum Schutz des Menschen vor dem Menschen übertragen ist. Der Staat als Rechtshoheit und das damit verbundene staatliche Gewaltmonopol sind lediglich Weiterführung dieses Ansatzes.

Diese vier Bereiche: Geschlechterbeziehung, Arbeit und Besitz, Religion und Recht sind in allen Gesellschaften geregelt. Es handelt sich um für das Menschsein konstitutive Ordnungen, auch noch im Heidentum und bei aller Primitivität. Sie dienen dem Erhalt der Schöpfung, und man hat sie daher »Erhaltungsordnungen« genannt. Sie sind der Schöpfung vom Schöpfer mitgegeben, und man hat sie »Schöpfungsordnungen« genannt. Sie sind Gottes Auftrag an den Menschen und müssen aktiv ausgeübt werden, und man hat sie deshalb »Mandate« genannt (Bonhoeffer). Und da das Menschenleben sich immer in vorgegebenen sozialen Grundbezügen, der Institutionalität, vollzieht, hat man sie »Institutionen« genannt (E. Wolf, Sozialethik, Göttingen, 1975, S. 172ff.), die obwohl vorfindliche geschichtliche konkrete Wirklichkeit, lebensnotwendig und in ihrem Grundriß unverfügbar, eben Stiftungen Gottes sind, Ausdruck seiner geschichtlichen Treue. Diesen Stiftungscharakter und den eigentlichen Charakter dieser Ordnungen als Gottes Setzung erkennt man indes nur im Lichte der Offenbarung Gottes im Alten und Neuen Testament.

3.2 Zum Gebot Gottes des Schöpfers tritt das des Erlösers

Am Anfang der Volkwerdung Israels steht Gottes Tat: Er erwählte und berief die Väter (1 Mo 12ff.); er sah das Elend seines Volkes in Ägypten, hörte ihr Schreien, erkannte ihr Leiden, fuhr herab und errettete es aus der Hand der Ägypter (2 Mo 3,7f.; 14,30). Die Errettung schließt mit dem Lobpreis der Erretteten (2 Mo 15). Sie sind nun Gottes Volk, und Gottes Königsherrschaft soll sich in diesem Volk verwirklichen.

Wo Gott König ist (vgl. »Dein Reich komme«), da gilt Gottes Gebot (vgl. »Dein Wille geschehe«). So ist Gottes Gebot nichts anderes als die Aufrichtung seiner guten Königsherrschaft über die, die er erlöst und erkauft hat. Daran erinnert nochmals das erste Gebot in der ursprünglichen Formulierung: »Ich bin der Herr, dein Gott, der ich dich aus Ägyptenland, aus der Knechtschaft geführt habe.« Mit der Anerkennung der Gebote vollzieht sich die Übereignung, die Hingabe Israels an seinen Gott. Es ist wie in einem Liebesverhältnis: Gott sagt: »Ich bin dein Gott«, und das Volk antwortet auf diese Liebeserklärung mit: »Wir sind dein Volk.« Deshalb kann Israel keine anderen Götter haben.

Die sich daran anschließenden Gebote haben einen doppelten Sinn: Zum einen sollen die das Leben verderbenden Mächte ausgeschlossen werden: Die falschen Götter, die Lüge, der Streit zwischen den Generationen, der Zerbruch der Ehe und Familie, die Verleumdung, der Mord und die Freiheitsberaubung, der Neid und der Diebstahl, aber auch die ununterbrochene Arbeit, die den Menschen ruiniert. So sind die Gebote wie ein Schutzwall, innerhalb dessen eine Welt entstehen soll, wie sie sich eigentlich jeder wünscht, eben eine Welt des Friedens, des Schalom, des völligen Wohlergehens. Da die meisten Gebote indes negativ formuliert sind, bleibt ein großer Freiraum zur Gestaltung des Lebens. Das darf und soll der Mensch im Rahmen der Gebote Gottes. Die Gebote wollen einen freien Raum, einen Freiraum zum Leben geben. Sie schaffen Freiheit, Freiheit von der Lüge, vom Ehebruch und all den anderen Verderbensmächten, die diese Welt zur Hölle machen, die keiner will und an der doch jeder mitbaut, der Gottes Gebot verachtet. Israel hat deshalb auch die Offenbarung der Gebote Gottes als Heilsereignis ersten Ranges verstanden, denn in den Geboten war ihm das Heilsgut des Lebens angeboten (vgl. dazu G. v. Rad, Theologie des Alten Testaments, 7. Aufl., München 1978, S. 207). Nur so versteht man die Freude etwa des Beters des 119. Psalms über Gottes Gebot.

Zu diesen Zehn Geboten, eigentlich in biblischer Sprache den »Zehn Worten«, wobei Zehn die Zahl für das abgerundete bzw. abgeschlossene Ganze ist, kommen dann im Alten Testament noch eine Fülle von Einzelgeboten, etwa die sog. Rechtssatzungen, die den vorliegenden Fall immer mit einem einleitenden »Wenn« beschreiben und dann angeben, wie zu urteilen ist (z. B. 2 Mo 21,33ff.), oder Ordnungen, die das Zusammenleben der

Geschlechter in der Sippe regeln, das Kriegsrecht, Fremdenrecht, Sklavenrecht, Opferrecht, Priesterrecht, Schuldrecht, Landrecht usw.

All diesen verschiedenen Ordnungen, Satzungen, Geboten und dgl. eignet aber zum einen, daß sie alle auf Gott bezogen sind (vgl. etwa das ständige »Ich bin der Herr, euer Gott« (3 Mo 19,3.4 u. a.). Sie waren von Gott autorisiert, und Vergehen gegen diese Gebote waren Vergehen gegen Gott. Zum andern spricht aus ihnen eine eminente Barmherzigkeit. Im Prozeßrecht wird gerade dem Schwachen Rechtsschutz gewährt, im Fremdenrecht den Ausländern. Das Schuldrecht schützt den Schuldner vor dauernder Verarmung und Versklavung, und das Landrecht sorgt dafür, daß niemand für immer von seinem Grund und Boden vertrieben wird (vgl. 3 Mo 25,10.27f.41 u. a.). Auch für das Alte Testament gilt eben das »Du sollst deinen Nächsten lieben wie dich selbst« (3 Mo 19,18). Und das »Auge um Auge, Zahn um Zahn« ist nicht unbarmherzig, sondern es grenzt die unvernünftige und übermäßige Rache (vgl. 1 Mo 4,23f. das Lamechlied) ein, damit die Strafe nicht weiter reicht als der Schaden.

Uns sind nicht alle alttestamentlichen Gebote ihrem Sinn nach einsichtig. Zum Teil dienen sie vor allem dazu, Israel von seinen Nachbarn und den heidnischen Einflüssen abzugrenzen. Aber der alles zusammenfassende Begriff ist der des »Gesetzes«. Gerade an diesem Wort entzünden sich Mißverständnisse. Das hebräische Wort lautet *Thora*. Es leitet sich von dem Verb *jarah* ab, das wahrscheinlich den ausgestreckten Finger bezeichnet, mit dem man jemanden den Weg weist. Die Gesetze sind also Weisungen, und zwar – wie vor allem im 1. Psalm deutlich wird – Weisungen, Wegweiser zum guten, glücklichen Leben in dieser Welt. Und wer sich an ihnen vergreift oder sie außer Kraft setzt, der gefährdet das Leben.

3.3 Noch auf eine andere Weise läßt Gott letztlich seinen Willen erkennen, in der sog. Weisheit

Sie begegnet uns etwa in Psalmen (Ps 1; 49; 90 u. a.), in den Sprüchen, Prediger, aber auch in den Propheten. Der Weise ist ein Mann, der das Leben kennt. Bei aller Unterschiedlichkeit verläuft das Leben nach bestimmten Ordnungen und Regeln, daß es etwa nicht ohne Sünde abgeht, wo viele Worte sind (Spr 10,19), daß das Warten des Gerechten Freude werden wird (V. 28), bzw. daß der Mensch ernten wird, was er sät.

Diese Einsichten sind nicht auf Israel begrenzt. Es gibt bestimmte ethische Grundsätze, die gelten in jeder Gesellschaft, ob biblisch oder nichtbiblisch. Der Grund dafür besteht darin, daß hinter der Vielfalt und Fülle des Lebens immer doch der eine Schöpfergott steht, der auch noch das Leben der ihn nicht Kennenden erhält. Das allerdings weiß allein der Gläubige: Daß die Furcht des Herrn allein Grund und Anfang aller Weisheit ist (Spr 9,10).

3.4 Das Neue Testament nimmt die Grundlinien des Alten Testaments auf

Freilich gilt das »Christus ist des Gesetzes Ende« (Röm 10,4). Aber das bezieht sich auf das Gesetz als Heilsordnung. Doch das Leben des Glaubenden steht auch unter dem Gebot oder besser der Weisung Gottes, damit es gelingt. Die das Volksleben Israels gestaltenden Gebote wie das Kriegsrecht, das Strafrecht, das Opferrecht, das Speisenrecht u. dgl., nehmen weder Jesus noch die Apostel auf. Doch bleibt auch bei Jesus die Schöpfungsordnung der Ehe bestehen, ja er führt gerade auf den »Anfang« zurück (vgl. Mt 19,1 ff.). In der Frage gleichgeschlechtlicher Beziehung weist Paulus darauf hin, daß sie nicht dem Schöpferwillen entsprechen (Röm 1,26; mit »natürlich« bzw. »widernatürlich« meint Paulus das »Schöpfungsgemäße«). Und Paulus warnt die Christen davor, sich außerhalb der Schöpfungsordnung zu stellen, »unordentlich« zu sein und »nicht zu arbeiten« (2 Thes 3,6ff.). Petrus ermahnt, sich den den Menschen gegebenen Schöpferordnungen Gottes zu unterstellen um des Herrn willen (1 Petr 2,13).

Gleiches kann hinsichtlich der Zehn Gebote gesagt werden. Jesus hat niemandem wegen Übertretung von Speise-, Opfer-, Reinheits- oder anderen Geboten Vorhaltungen gemacht. Sie sind in ihm erfüllt. Doch wenn er gefragt wird, was man tun soll, um zum Leben einzugehen, weist er auf die Zehn Gebote hin (Mt 19,18). Sie bleiben in Kraft, da sie die Grundordnung Gottes sind. Sicher sind sie im Liebesgebot zusammengefaßt. Doch wenn Paulus erläutern will, was Liebe ist, verweist er auf die Zehn Gebote (Röm 13,8ff.). Zur Verkündigung des Evangeliums gehört immer auch die Anweisung, das Gebot zum rechten Leben in dieser Welt (vgl. 1 Kor 7,10; 1 Thes 4.1; Eph 4,1 ff. 17ff. 25 ff.). Das das neue Leben ordnende Gebot ist Teil der guten Heilsbotschaft von Jesus. Wer Jünger des Auferstandenen wird, hält sich auch an all das, was er »geboten« hat (Mt 28,19).

Und selbst die Weisheit als Lebenseinsicht hat ihren Platz im Neuen Testament. Nicht nur ist Jesus der Weiseste aller Weisen (Mt 12,42). Paulus kann sich auf allen bekannte Weisheitsworte berufen (Gal 6,7), und vor allem der Jakobusbrief zeigt, daß die frühe Christenheit die Weisheitsworte sehr wohl zu schätzen wußte (Jak 3,13 ff.). Doch eine Weisheit, die nur menschlich ist, nicht von oben, ja die sich am Kreuz, an der Niedrigkeit und Verborgenheit des Heils Gottes ärgert, ist weder gut noch göttlich (vgl. 1 Kor 1,1 ff.).

Zusammenfassung

Es ist deutlich geworden, daß der Gott, der sich »in den letzten Tagen« in Jesus offenbart und uns in ihm das Heil, die Vergebung der Sünden, gegeben hat, kein anderer ist als Gott der Schöpfer, Gott der Erhalter und Gott der

Gebieter. In seinem ganzen Werk offenbart sich seine Liebe und Gnade zu uns Menschen. Wie deutlich kommt das in Ps 24 zum Ausdruck: »Die Erde gehört dem Herrn und was darinnen ist, der Weltkreis und die darauf wohnen«! Warum? Weil er ihn über den Meeren gegründet hat und immer noch erhält. Er ist Hausherr. Er gibt die Hausordnung, und nur wer sie in sich aufnimmt, wird in diesem Hause glücklich leben (V. 3–6). Dieser Hausherr bleibt aber nicht fern. Er kam in Jesus, und er wird wiederkommen, Einzug halten (V. 7ff.) und diese Welt und alle, die »nach ihm fragen«, sollen seinen Segen und seine Gerechtigkeit ererben (v. 5f).

Fritz Grünzweig

Heilsgeschichte und Vollendung des Reiches Gottes

I. Der dreifache Advent Jesu

1) Gott zieht in seinem Wort seine Kinder ins Vertrauen (vgl. Joh 15,15). Er tut das insbesondere im Blick auf seinen Heilsplan zur Heilung des Menschen und der Menschheit durch seinen Heiland Jesus Christus nach dem Einbruch der menschlichen Sünde. Im Zuge der Heilsgeschichte Gottes soll der ganze Schaden überwunden, das Reich Gottes vollendet und das Schöpfungsziel Gottes trotz der menschlichen Sünde doch noch erreicht werden. In seiner Liebe zieht Gott uns so ins Vertrauen, damit wir wissen, worauf er hinarbeitet, und wir dadurch recht mitdenken, mitgehen und mitwirken können, mit Wort, Tat und Gebet, im Blick auf unser Leben und auf das anderer.

2) Als Vergleich für das ganze Geschehen sei eine Begebenheit aus der Geschichte des Altertums erwähnt, ein Vergleich, der gleich auch wieder zu korrigieren ist: Das Römische Reich wurde einmal wieder an einer seiner Grenzen durch andringende Feinde hart bedroht. Nichts wollte fruchten. Da setzte sich der Kaiser, ein alter Feldherr, an die Spitze eines mächtigen Heeres, um pflichtgemäß die Grenzen des Reiches zu sichern. Während dieser Zeit schwang sich in Rom ein anderer, ein »Usurpator«, ein Gegenkaiser, auf den Thron. Und die Stadt, wankelmütig wie sie war, fiel dem Aufrührer zu. Der Kaiser in der Ferne vernahm das, erledigte dennoch unbeirrt seine Aufgabe, ordnete dann sein Heer neu und zog gegen die Reichshauptstadt Rom. Vor ihr stellte sich ihm der Usurpator, ebenfalls mit einem inzwischen gesammelten starken Heer, entgegen. Es kam zur Schlacht. Der Gegenkaiser erlitt eine vernichtende Niederlage. Und der rechtmäßige Kaiser zog am drauffolgenden Tag als »Triumphator«, nach römischer Ordnung auf einem weißen Pferd, in die Reichshauptstadt ein und »züchtigte« die zu seinem Gegner übergelaufene Stadt, wie es in dem alten Bericht heißt.

Mit dem Advent Jesu in der Vergangenheit, mit dem ersten Kommen unseres Herrn, hat Gott dem großen Usurpator, dem Satan, sein Recht auf diese Erde, die Menschenwelt, genommen; in einer einzigartigen »Schlacht« draußen vor der Stadt Jerusalem hat er das getan.

Mit dem Advent Jesu in der Gegenwart, mit seinem Kommen heute, bietet Gott uns Gnade und Frieden an, damit der Tag seiner Offenbarung für uns nicht zum Gericht, sondern zur Freude und Seligkeit der Begnadigten wird.

Und mit dem Advent Jesu in der Zukunft, mit Jesu Kommen in Lichtglanz und Hoheit Gottes, vollstreckt Gott Sieg und Urteil von Golgatha, indem er dem Feind auch seine Macht nimmt und Christi Reich aufrichtet und seine Schöpfung herrlich vollendet.

Das soll nun in diesem Beitrag im einzelnen entfaltet werden, besonders all das, was mit dem Advent Jesu in der Zukunft zusammenhängt und mit der herrlichen Vollendung von Gottes Reich.

1. Der Advent Jesu in der Vergangenheit einschließlich auch der Entwicklung, die ihn erforderlich machte

A. Der Anfang

1) »Gott hat die Welt gemacht und alles, was darinnen ist« (Apg 17,24), die »Erde und was darauf wohnt.« Und weil Gott die Erde geschaffen hat, deshalb gehört sie ihm auch (Ps 24,1), so wie einem Künstler das Kunstwerk gehört, das er geschaffen hat. Gott ist der rechtmäßige Eigentumsherr dieser Erde, noch ganz anders als jener Kaiser der rechtmäßige Herr des Römischen Reiches war; nichts und niemand auf dieser Erde ist herrenlos.

2) Den Menschen hat Gott auf eine besondere Weise geschaffen; er gab etwas von sich selbst, seinen Lebenshauch, seinen Geist in ihn hinein (1Mo 2,7). So hat Gott den Menschen zu seinem Ebenbild geschaffen (1Mo 1,26.27), für seine Gemeinschaft, dazu, sein Kind zu sein (vgl. Luk 3,38), als das Du seiner Liebe.

3) Der Schöpfer hat dem Menschen einen wundervollen Auftrag gegeben, Gottes Statthalter in der schönen Provinz »Erde« im Ganzen des Kosmos, das heißt der gesamten Schöpfung Gottes, zu sein (1Mo 1,28). Wenn der Mensch selbst dem guten, gnädigen Willen Gottes untertan ist, dann sind auch ihm die Kräfte der Erde segensvoll untertan. Im Frieden mit Gott und in der Hingabe an ihn lebt der Mensch im Frieden und in Liebe mit seinem Mitmenschen und in Harmonie und in liebevoller Fürsorge mit allen seinen Mitgeschöpfen, insbesondere den Tieren.

4) Der Mensch, der bewußt unter Gott und aus der Kraft Gottes lebt, ist so mit seiner ganzen Welt »Reich Gottes«, Herrschaftsbereich Gottes. Reich Gottes ist da, wo Gott mit Willen gedient wird. Ja, das ganze Leben des Menschen ist so ein einziger großer, seliger Gottesdienst: Gott schenkt, und der Mensch dankt; Gott gibt, und der Mensch gibt sich ihm hin; Gott liebt, und der Mensch liebt Gott wieder. Dieser wunderbare Kreislauf ist die wahre Sinnerfüllung des Menschen; so ist sein Leben im vollen Sinn heil; so hat Gott den Menschen gemeint und geschaffen – und dazu will er ihn erneuern und vollenden.

1) Die Menschen haben sich auf den großen »Usurpator« und Aufrührer, den Feind, der »Gott« gegen Gott sein will, eingelassen, haben ihn eingelassen, seinem trügerischen Wort Ohr und Herz geöffnet. Sie sind auf ihn hereingefallen und haben mit ihm gemeinsame Sache gemacht. Sie sind ihm gefolgt und haben sich ihm damit unterstellt. Darum sind sie nun unter ihm entwürdigend versklavt (Joh 8,34).

2) Die Erde wurde dem Menschen unterstellt, und nun hat sich der Mensch dem Feind unterstellt; so hat der Feind auch ein Anrecht auf diese Erde (vgl. Lk 4,6). Darum nennt Jesus den Feind Gottes und der Menschen dreimal den »Fürsten dieser Welt« (Joh 12,31; 14,30; 16,11). Die Welt, die Menschenwelt, diese Erde, ist feindbesetztes Gebiet.

3) Der Mensch wollte Gott nicht, nun hat er ihn nicht (1Mo 3). Die Gemeinschaft mit Gott ist zerbrochen. Der Friede mit Gott ist verloren. Der Mensch ist bei Gott nicht mehr zu Hause; so ist er heimatlos. Er findet von sich aus nicht wieder zurück; zumal ihn seine Sünde hinaussperrt (1Mo 3,24; Jes 59,2).

4) Der Mensch ist nun »Fleisch«. Das heißt: Er ist in der Welt der Sünde, und die Welt der Sünde ist in ihm. Er ist entartet und unfähig, Gott wohlgefällig zu leben.

5) Der wunderbare Kreislauf zwischen Gott und Mensch ist lebensgefährlich gestört; Gott schenkt, und der Mensch dankt nicht; Gott gibt, und der Mensch gibt sich ihm nicht hin; Gott liebt, und der Mensch liebt Gott nicht wieder. Gott hört vom Menschen nicht Lob und Lied, sondern »Geschrei der Sünde« (1Mo 4,10; 18,20).

6) Der Einbruch der Sünde hat auch Folgen im Blick auf das eigene Leben des Menschen, seine Gesundheit, seinen Beruf usw. Krankheit, Schmerz, Not und Tod haben Einzug gehalten. Die Arbeit wird mühsam und ist oft erfolglos. Weil die Menschen Gott nicht Frucht brachten, bringt auch der »Acker« des Menschen oft statt Frucht »Dornen und Disteln«. Weil Gott seine Kinder, die Menschen (vgl. Lk 3,38), Schmerzen bereiten, bekommen die menschlichen Mütter ihre Kinder mit Schmerzen und haben menschliche Eltern so oft Schmerzen mit ihren Kindern.

7) Auch im Verhältnis zu den Mitmenschen ist oft mit der Zerstörung der Gemeinschaft mit Gott auch die Gemeinschaft mit den anderen Menschen zerstört. Aus dem Unfrieden mit Gott erwächst als Folge der Unfriede der Menschen untereinander (vgl. den Zusammenhang von 1Mo 3 u. 4).

8) Auch das Verhältnis zu der dem Menschen unterstellten Natur ist gestört: Zu den Tieren (1Mo 9,2) und ebenso zu den Naturgewalten; selbst was sich der Mensch nutzbar zu machen vermag, wirkt sich nun keineswegs immer segensvoll aus.

9) Dennoch gehört diese Erde Gott; auch die satanische und menschliche Rebellion konnte die Erde Gott nicht entwinden. Sie ist und bleibt Gottes Eigentum. Nur, die Wohnstatt des Menschen trägt jetzt ein eigenartiges Doppelgesicht: Den Adel als Gottes Schöpfung und den Makel der Sünde; sie ist »Welt«. – Aber eben diesen Makel merzt Gott im Zuge seiner Heilsgeschichte wieder aus; und »was er sich vorgenommen und was er haben will, das muß doch endlich kommen zu seinem Zweck und Ziel« (Paul Gerhardt).

10) Und auch der Mensch stürzte nach dem Sündenfall nicht ins Bodenlose, nicht gleich in Tod und Verdammnis, wo ihm alle guten Gaben Gottes genommen sind und er innewerden muß, was es doch für ein Elend ist, mit aller Folgerung Gott nicht zu haben. Noch erhält Gott in dieser »Welt« dem Menschen sein Leben und sein Lebenswerk: Dem Mann seine Arbeit, die nicht nur erfolglos ist, sondern auch Frucht bringt; der Frau erfüllende Mutterschaft, die nicht nur Schmerzen, sondern auch Freude bereitet (1Mo 3). Das heißt, Gott verschafft dem Menschen noch Raum und Frist, sich von ihm zum wahren Leben mitnehmen zu lassen.

C. Jesus in seinen Erdentagen

1) Gott erobert sozusagen die Welt von innen her zurück. Er hat in seiner Weisheit diesen Weg gewählt, um den Menschen zu schonen und innerlich zu gewinnen und um dem Feind sein inneres Anrecht auf die Menschen und ihre Welt zu nehmen. Gott tat das durch Jesus Christus.

2) Mit dem alttestamentlichen Israel traf Gott mitten in der Welt der Völker, ihres Abfalls und ihrer Sehnsucht die Vorbereitung für seinen entscheidenden heilsgeschichtlichen Schritt. Er weckte die Fragen und verhieß die Antwort. Vieles ist Modell des großen Neuen. Gott zog ins Vertrauen im Blick auf das, was er tat, tut und tun wird und was er vom Menschen getan haben will. Mit Israel schuf Gott den Rahmen, in den hinein er Jesus Christus stellen wollte.

3) »Als die Zeit erfüllt war, sandte Gott seinen Sohn, geboren von einem Weibe« (Gal 4,4). Gott hat den ewigen Gottessohn zum »Menschensohn«, zu einem wirklichen Menschen werden lassen; durch ihn hat Gott mit der Menschheit neu begonnen. Er ist der »neue Adam« (vgl. Röm 5,12–19), die »Neuauflage« des Menschen.

4) Jesus, der neue Adam, machte – sehr erschwert – das gleiche »Examen« noch einmal, in dem der erste Adam »durchgefallen« war (1Mo 3). Damit begann Jesus sogar seine gesamte Wirksamkeit: Nach dem ersten der Evangelienberichte fing Jesus nicht damit an, daß er predigte, heilte und Jünger berief, sondern daß er, nach dem Willen des Vaters, in den Kampf

mit dem Feind eintrat: »Da ward Jesus vom Geist in die Wüste geführt, auf daß er von dem Teufel versucht würde« (Mt 4,1). Hier und auch weiterhin blieb Jesus ganz unter dem Vater. Er wollte, im Unterschied zu Adam, nichts – nicht das Größte und nicht das Kleinste – an Gott vorbei. Aller Zauber, alle List und Gewalt des Feindes verfingen bei ihm nicht. »Er ward versucht allenthalben«, auf jede nur denkbare Weise, »wie wir, doch ohne Sünde« (Hebr 4,15).

5) So kam es schließlich zu der Schlacht ohnegleichen, nicht vor der politischen Hauptstadt Rom, sondern vor der geistlichen Welthauptstadt Jerusalem: in Gethsemane und auf Golgatha. Da ließ nicht einer die Vielen für sich bluten, wie in dem eingangs erwähnten Beispiel, sondern da blutete einer für die Vielen; in großer Einsamkeit ging Jesus seinen Opfergang. Sogar zu einem seiner Nächsten, zu Petrus, sagte er: »Diesmal kannst du mir nicht folgen« (Joh 13,36). Bis zum letzten Atemzug und Blutstropfen blieb Jesus unter dem Willen des Vaters. Er hätte den Vater bitten können, daß er ihm »zusandte mehr als zwölf Legionen Engel« (Mt 26,53). Aber er bat so nicht, sondern vielmehr: »Nicht mein, sondern dein Wille geschehe« (Lk 22,42). Gott hat ihm als dem neuen Adam alles noch einmal in die Hände gelegt (Mt 11,27). Sterbend hat er gesiegt und dem Satan sein Anrecht auf die Menschenwelt, diese Erde, genommen. Und so konnte Jesus nach der Auferstehung, in der sich der Vater wunderbar zu ihm bekannte, sagen: »Mir ist gegeben alle Macht im Himmel und auf Erden« (Mt 28,18). Seitdem Jesus sagte: »Es ist vollbracht!« (Joh 19,30), ist der Feind ein geschlagener Feind; unsere Kämpfe heute und auch in der endgeschichtlichen Zeit sind nur noch Nachhutkämpfe. Der Teufel ist entrechtet, nur noch nicht entmächtigt. Das Urteil gegen ihn ist gesprochen und rechtskräftig, es ist nur noch nicht in jeder Hinsicht vollstreckt.

6) Zugleich hat unser Herr bei seinem großen Opfergang auch alle unsere Schuld und Sünde auf sich genommen und sie getragen (Jes 53,5; Joh 1,29; 1Joh 1,7). Jesus, dem der Vater alles Gericht übergeben hat, sah uns Menschen von Ewigkeit her, wie wir zusammengewachsen mit unserer Schuld, unausweichlich auf seinen Richterthron zukommen. Nach der ewigen Gerechtigkeit hätte er uns alle verurteilen müssen. Da ist er still zu uns niedergetreten, hat in seiner Liebe unsere Sünde auf seinen Rücken genommen und gesagt: Wenn schon gerichtet werden muß, dann will ich gerichtet werden; wenn schon verurteilt werden muß, dann will ich verurteilt werden; wenn schon um der Sünde willen gestorben werden muß, dann will ich sterben. So sind wir frei. Und frei ist für uns auch nun der Weg heim zu Gott; ausgeräumt ist die Sünde, die uns zuvor hinausgesperrt hat, so oft wir Gott um Gnade bitten (1Mo 3,24; Jes 59,2; Joe 3,5; Röm 5,2).

7) Jesu wichtigste Aktion ist seine Passion. Er ist geboren worden, um zu sterben. So geht das Apostolische Glaubensbekenntnis, diese in der frühen

Christenheit entstandene knappe Zusammenfassung der biblischen Botschaft, von Jesu Geburt gleich weiter zu seinem Leiden und Sterben: »Geboren von der Jungfrau Maria, gelitten unter Pontius Pilatus ...«

8) Mit Jesus hat das Reich Gottes auf dieser Erde wieder Fuß gefaßt. »Reich Gottes« ist nicht bereits schon die Tatsache, daß Gott und seinen Zielen alles, auch ohne seinen Willen und gegen seinen Willen, dienen muß, selbst der Feind; in seiner Weisheit vermag Gott auch die Macht des Bösen für sich und seine Ziele nutzbar zu machen. »Reich Gottes« ist nur da, wo Gott mit Willen gedient wird. Die Pharisäer umringten Jesus und fragten ihn nach dem Reich Gottes. Da antwortete er: »Siehe, das Reich Gottes ist mitten unter euch«, eben in ihm, unserem Herrn Jesus Christus (Lk 17,20.21). Er, mit seinem Leben als Mensch in dieser Welt, auf dieser Erde, war in vollkommenem Sinn Reich Gottes, Herrschaftsbereich Gottes, in dem Gott unumschränkt regierte: über Jesu Hände, Füße, Lippen, Kraft und Zeit und ganz auch über seinen Willen. Er sagte: »Das ist meine Speise«, davon und darin lebe ich, »daß ich den Willen tue des, der mich gesandt hat« (Joh 4,34). Hier kam Gott ganz zu seinem Recht, hier an diesem einen Punkt des ganzen Menschengeschlechts, in dem Leben unseres Herrn Jesus Christus. Hier war der erste Stützpunkt des großen kommenden Gottesreiches. Hier hatte es Fuß gefaßt. Kein Wunder, daß der Feind, der »Fürst dieser Welt«, der diese Welt besetzt hält, so alarmiert war und mit all seiner List und Gewalt, durch Verführung und Verfolgung, diesen Stützpunkt wieder »auszuradieren« versuchte.

9) Hier, an diesem einen Punkt, im Leben Jesu, war auch wieder der große, das ganze Leben umfassende Gottesdienst voll im Gang, zu dem Gott uns Menschen geschaffen hat und der die einzige Sinnerfüllung unseres Lebens ist: Der Vater schenkte, der Sohn dankte; der Vater gab, der Sohn gab sich ihm hin; der Vater liebte, der Sohn liebte wieder bis in den Tod; und er diente vom Vater her auch den Menschen mit Wort und Tat, mit Leben und Tod. Von ihm hörte Gott nie das »Geschrei der Sünde«, sondern nur Lied und Lob, das wahrhaft »neue Lied« (vgl. Ps 98,1; Mt 11,25.26).

10) Jesus gab und gibt Zeichen dafür: Daß die Kräfte der Natur ihm untertan sind, weil er wahrhaft Gott untertan ist. Daß, weil er die Sünde tilgt, auch ihre Folgen, Krankheit und Tod, überwunden werden. Daß vor seiner Vollmacht die Macht des Satans weichen muß. Seine Wunder sind, mitten in unserer Prüfung des Nicht-Sehens-und-doch-Glaubens, Kostproben, »Zeichen«, die anzeigen, was er einmal im Großen und Allgemeinen tun wird.

2. Der Advent Jesu in der Gegenwart

1) Von dem eingangs erwähnten römischen Kaiser wurde gesagt, daß er an einem Tag die Schlacht vor Rom schlug und bereits am andern Tag in Rom mit seinem Heer den triumphalen Einzug hielt. Warum liegen in dem großen Geschehen, von dem wir hier reden, die Entscheidungsschlacht draußen vor Jerusalem und der triumphale Einzug unseres Herrn in diese Welt mit seiner Wiederkunft in enthüllter Macht und Hoheit Gottes so weit auseinander? Weil dazwischen etwas so überaus Wichtiges geschieht: Eben weil er uns Menschen, die wir mit dem Feind gemeinsame Sache gemacht haben, nicht kommen will zum Schrecken, sondern zum Segen und zur Freude, nicht zum Gericht, sondern zur Gnade, nicht als Feind, sondern als Freund. Deshalb kommt er jetzt so anders: Unsichtbar in seinem Wort und Geist und unscheinbar in seinen Boten, er selbst, der erhöhte Herr, und bietet seinen Frieden an. Er spricht: »Siehe, ich stehe vor der Tür und klopfe an. So jemand meine Stimme hören wird und die Tür auftun, zu dem werde ich eingehen und das Abendmahl mit ihm halten und er mit mir« (Offb 3,20); mit dem schließe ich mich zu enger Gemeinschaft zusammen. Er klopft, steht und wartet und drängt sich nicht auf; er fragt, ob man ihn haben will. Ja, er läßt sogar durch seine Boten um Frieden bitten: »So bitten wir nun an Christi Statt: Lasset euch versöhnen mit Gott!« (2Kor 5,20).

Das ist so, wie wenn jener Kaiser zwischen Schlacht und Einzug noch sein Heer draußen gelassen hätte und zuvor unscheinbar, um den Leuten eine Chance zu eröffnen, allein in die Stadt gegangen wäre, Spott und Hohn in Kauf nehmend, und den Menschen die Friedenshand geboten hätte: »Wenn ihr jetzt noch mein gnädiges Angebot annehmt, dann soll alles gut sein, und nichts soll euch mehr zur Last gelegt werden.« Kein Mensch handelt so. Aber Gott in Jesus Christus, in seinem tiefen Erbarmen mit uns Menschen, tut das.

Weil Gott uns als sein »Du« geschaffen hat und neu schaffen will, weil der Glaube an Jesus Christus, an Gott, ein Verhältnis der Liebe ist, deshalb fragt Gott nach unserem Willen, nach der Willensentscheidung, zu der er uns erst befreien muß und auch wirklich befreit, indem er uns ruft bzw. bei uns klopft.

2) Unser Herr schenkt uns seinen Frieden und rettet uns nur, wenn wir ihn darum bitten (Joe 3,5; Lk 11,9), eben darin muß sich diese unsere Willensentscheidung ausdrücken. Nur wenn wir ihm unser Leben anvertrauen, das heißt, wenn wir glauben, werden wir selig. »Also (wörtlich: auf diese Weise) hat Gott die Welt geliebt, daß er seinen eingeborenen Sohn gab, auf daß alle, die an ihn glauben, nicht verloren werden, sondern das ewige Leben haben« (Joh 3,16). Wenn er so bei uns klopft, unter seinem Wort, gilt es deshalb zu antworten, so wie es einst Abraham tat: »Habe ich

Gnade vor deinen Augen gefunden, so gehe nicht bei mir vorüber« (1Mo 18,3). Es gilt, vor ihm das Leben offenzulegen und ihn um Jesu Opfer willen um Vergebung, um seinen Frieden zu bitten, seiner Zusage zu glauben, unser Leben ihm auszuhändigen, ihm hinzugeben, ihm anzuvertrauen, seiner Verfügungsmacht zu unterstellen.

3) Und als Glaubende sind wir Gott recht, macht er uns vor ihm gerecht, spricht er uns mit seinem schaffenden Wort gerecht (Röm 3,24.26.28). Und wir kommen nicht mehr in Gericht und Verdammnis (Joh 5,24; Röm 8,1; 2Kor 5,21). Wenn wir uns in Jesus und seiner Gerechtigkeit bergen, dann sieht Gott, wenn er uns anblickt, einen anderen Menschen, den mit der Dornenkrone und mit den Wundmalen, den, über dem er spricht: »Dies ist mein lieber Sohn, an dem ich Wohlgefallen habe.« So gilt dann auch für uns: »Christi Blut und Gerechtigkeit, das ist mein Schmuck und Ehrenkleid, damit will ich vor Gott bestehn« – auch schon jetzt, etwa wenn wir zu dem priesterlichen Dienst der Fürbitte vor Gott treten.

4) Wenn wir so »in Christus« sind, wie das Neue Testament so oft sagt, in seinem Umgang, in seiner Nachfolge, in der Hingabe an ihn, in seiner Hand, geborgen in ihm, dann ist er in uns. Unser Herr spricht: »Bleibet in mir, so bleibe ich in euch« (Joh 15,4). Dieser »Christus in uns« ist der Heilige Geist; denn »der Herr ist der Geist« (2Kor 3,17; vgl. auch Joh 14,23). Gott ist trotz unserer Sünde uns nah geworden in dem Herrn Jesus Christus. In seiner Liebe geht er so auf uns ein, daß er in uns eingeht, und zwar gleich wenn wir zum Glauben kommen; Paulus schreibt: »Ihr habt den Geist empfangen, da ihr gläubig wurdet« (Eph 1,13). Und wenn Gottes Geist in uns wohnt, sind wir Gottes Kinder. Denn der Geist Gottes ist der »Geist der Sohnesannahme« (so wörtlich Röm 8,15), die »Adoptionsurkunde« der Kinder Gottes, die aber nicht nur etwas »auf dem Papier« ist, sondern Geist und Leben. Durch Gottes Geist ist das neue Leben in uns da. Wir sind »wiedergeboren«, neu geboren. Dann sind durch Gottes Gnade auch unsere »Namen im Himmel geschrieben«, sozusagen im »Familienbuch« Gottes eingetragen (Lk 10,20; Offb 13,8). Und so sind wir auch »Erben Gottes und Miterben Jesu Christi, wenn anders wir jetzt mit ihm leiden« (Röm 8,17). Durch den Heiligen Geist sind wir aller Hoffnung teilhaftig, denn er ist »der Geist der Verheißung« und das »Unterpfand unseres Erbes« (2Kor 5,5; Eph 1,13.14). »Christus in uns ist die Hoffnung der Herrlichkeit« (Kol 1,27).

5) Unser Herr, der an unsere Tür klopft und in uns eingeht, will Lebensbereich um Lebensbereich bei uns einnehmen, darin die ihm gefällige Ordnung schaffen und alles ganz unter seine gute, heilige und heilsame Herrschaft bringen. Das nennt die Bibel »Heiligung«. Er ist's, der uns heiligt (1Thes 5,23). Wir dürfen Wohnung, »Tempel« seines Geistes sein (1Kor 6,19). Bei der Reinigung auch dieses Tempels stellt Jesus Menschen in

seinen Dienst, wie einst im Tempel zu Jerusalem: »Tragt das von dannen!« Wir sollen, was Menschen uns angetan haben, nicht etwa ihnen nachtragen, sondern »von dannen tragen«. Nachdem uns unser Herr als Glaubende seinen Geist geschenkt hat, geht es nicht darum, daß wir noch mehr vom Heiligen Geist bekommen, sondern daß der Heilige Geist immer mehr von uns bekommt; alle Bereiche, Gaben und Kräfte unseres Lebens sollen unter seine gute Herrschaft kommen (1Thes 5,23).

6) In Christus sind wir eingefügt, »eingeleibt« (Eph 3,6 – alter Luthertext), sozusagen »eingemeindet« in das Reich Gottes, das in dem menschgewordenen ewigen Sohn, in unserem Herrn Jesus Christus, auf dieser Erde, in dieser Menschenwelt, neu Fuß gefaßt hat. Überall da, wo Menschen durch Jesu Wort an ihn glauben, um ihn versammelt sind, ja in ihm sind, da ist Reich Gottes und damit ein Stützpunkt der großen guten, kommenden Herrschaft unseres Herrn. Heute ist der Erdball wie überzogen mit solchen Stützpunkten.

Kein Wunder, daß der Feind durch die oft so unscheinbare Gemeinde Jesu (Kol 3,3) aufs höchste alarmiert ist und gegen sie Sturm läuft, besonders da »er weiß, daß er nur noch wenig Zeit hat« (Off 12,12). Doch geborgen in ihrem Herrn, durch sein Opferblut, im Bekenntnis zu ihm und im Zeugnis für ihn, vermögen die an Jesus Glaubenden, seine Gemeinde, den Feind zu überwinden (Spr 18,10; Offb 12,11).

Auch wir persönlich sind Reich Gottes, indem der Heilige Geist uns regiert, »treibt«, »führt« (Röm 8,14), sein Herrschaftsbereich, indem er in unseren Herzen »wohnt« (vgl. Eph 3,17; Gal 2,20), das heißt sozusagen die »Kommandobrücke« unseres Lebens inne hat. Wir sind Reich Gottes, indem Gott in Jesus Christus durch den Heiligen Geist in unseren Herzen unumschränkt herrscht, so wie einst der Vater über den Sohn in dessen Erdentagen, auch über unsere Hände, Füße, Lippen, Verstandeskräfte, über unsere Zeit und unser Geld und über unseren Willen. Für diese Zeit jetzt gilt: »Das Reich Gottes ist Gerechtigkeit und Friede und Freude durch den Heiligen Geist« (Röm 14,17). Wer jetzt schon mit seinem Leben Reich Gottes ist, der hat einmal durch die Gnade Gottes im Vollsinn Anteil an seinem Reich und seiner Herrschaft.

7) Als Jesus aus seinem Menschsein, aus dieser Welt, mit seiner Himmelfahrt wieder zum Vater heimkehrte, erlosch damit in der Menschenwelt sein großer Gottesdienst nicht wieder. Er setzt ihn seitdem fort, bis zu seiner Wiederkunft (Röm 12,1 ff.). In seinen Erdentagen hatte er als Instrument für seinen Gottesdienst durch Wirkung des Heiligen Geistes einen Menschenleib. Nun hat er dazu durch Wirkung des Heiligen Geistes wieder einen Menschenleib, einen Leib aus Menschen. Seine Gemeinde ist dieser sein »Leib« (1Kor 12,12.13; Eph 1,23; 4,12.16). Unser Herr ist dabei der allein Bestimmende, das »Haupt des Leibes« (Kol 1,18).

Es ist sein »Gottesdienst«, sowohl der Gottesdienst der Gemeinde an jedem Ort wie auch der ihr Leben umfassende Gottesdienst der einzelnen »Glieder« (1 Kor 6,15; Eph 5,30). Der lebensentscheidende und unser Leben allein erfüllende Kreislauf und Gottesdienst ist so auch bei uns Menschen durch unseren Herrn und seinen Geist entstört und wieder in Gang gebracht: Gott schenkt, und der Mensch dankt; Gott gibt, und der Mensch gibt sich ihm hin; Gott liebt, und der Mensch liebt wieder; Gott dient in Jesus Christus uns, und wir dienen ihm wieder, »mit Herzen, Mund und Händen«. Der Dienst gilt unmittelbar Gott in Dank, Lob, Anbetung, Liebe, Hingabe und Willigkeit zu leiden. Und er gilt zugleich auch Menschen, glaubenden und nichtglaubenden, in Glaubenszeugnis und Liebestat, in Verkündigung und äußerer Hilfe.

Es ist der gleiche Dienst, den unser Herr schon in seinen Erdentagen tat: Er predigte und heilte; er speiste, und er führte weiter zu sich, dem »Brot des Lebens« (Joh 6). Unser Herr ist ja gestern und heute derselbe (Hebr 13,8), und er tut gestern und heute dasselbe; er bleibt sich und uns treu. Damit ist die heute viel verhandelte Frage beantwortet, was denn die Aufgabe der Gemeinde Jesu in unserer Zeit sei.

Ihr Dienst mit ihren Gaben und in ihren Aufgaben ist sein Dienst, ein Stück seines großen Gottesdienstes, den er mit seinem Leib auf Gott zu und von Gott her an der Welt tut.

Der wichtigste Dienst der Gemeinde Jesu, jedes einzelnen Glaubenden, ist dabei der des Zeugnisses, der Verkündigung, der Evangelisation, der Mission, daß wir uns von unserem Herrn mitnehmen lassen, wenn er an den Türen der Menschen steht, klopft, wartet und sein die Ewigkeit entscheidendes Friedensangebot macht. Da dürfen wir ihm auf keinen Fall den Gehorsam verweigern. Und von ähnlicher Wichtigkeit ist es, diesen Dienst, den eigenen und den von anderen Christen, mit der anhaltenden Fürbitte zu begleiten; der Baum unserer Wirksamkeit muß das Gebet als tragendes, verborgenes Wurzelwerk haben. Der missionarische Dienst ist deshalb so wichtig, weil von dem wiederkommenden Herrn nur angenommen wird, wer jetzt ihn annimmt (vgl. Joh 1,12; 3,16; Röm 1,16). Das Wort, der Geist und die Liebe Christi drängen uns zu dieser Aufgabe.

8) In dieser Weltzeit, zwischen Himmelfahrt und Wiederkunft, währenddes Jesus auf Grund seines Sieges von Golgatha seinen triumphalen Einzug noch nicht in dieser Welt gehalten hat, arbeitet Gott noch verborgen, sozusagen wie hinter dem Bauzaun. Das hängt damit zusammen, daß Gott in zwei großen heilsgeschichtlichen Schritten die Rebellion der menschlichen Sünde und ihrer schrecklichen Folgen überwindet:

a) Mit dem ersten Kommen Jesu tut Gott den ersten Schritt und heilt die verborgene Ursache allen Elends: Er vergibt Sünde und schenkt seinen Frieden, seine Gemeinschaft, seinen Geist, sein neues Leben, macht

Menschen zu seinen Kindern und, mit entsprechenden Gaben in von ihm zugeteilten Aufgaben, zu seinen Mitarbeitern.

b) Mit dem zweiten Kommen Jesu tut Gott den zweiten Schritt und heilt auch die sichtbare Wirkung, so daß es schließlich heißen wird: »Kein Leid, kein Geschrei, kein Schmerz wird mehr sein«, kein Leidtragen um durch den Tod weggeraffte Menschen, kein Geschrei des Unfriedens, kein Schmerz der Wunden und der Krankheit. »Und der Tod wird nicht mehr sein« (Offb 21,4).

c) Diese beiden großen heilsgeschichtlichen Schritte dürfen nicht geschieden, aber sie müssen unterschieden werden, sonst ist die Verwirrung groß, auch durch unzeitige Erwartungen.

Wohl schenkt Gott, wie und wann er es in seiner Vaterweisheit will, jetzt schon Kostproben dessen, was er am Ziel tun wird, etwa der Fürbitte wunderbare Hilfe in Krankheitsnot, Zeichen, die anzeigen, was er einmal im Großen schenken wird. Aber das ist jetzt nicht die Regel. Denn wir machen als Glaubende jetzt in diesem Leben die große Aufnahmeprüfung für die himmlische Herrlichkeit, ein Examen, bei dem das Hauptprüfungsfach heißt »nicht sehen und doch glauben« (Joh 20,29; 2Kor 5,7; 1Petr 1,8). Daraus werden wir während dieses Lebens nicht entlassen, und bei geistlichem Wachstum werden die Prüfungen eher schwerer als leichter. Auf jeden Fall haben wir jetzt nicht die Herrlichkeitsgestalt Jesu, sondern noch seine Kreuzesgestalt. Jetzt schenkt unser Herr das Heil jedem, der es nur haben will und ihn darum bittet, die Heilung dagegen nur dann, wenn es sich in den Plan seiner Weisheit und Liebe fügt. Deshalb ist der von manchen Kreisen vertretene Satz: »Wer glaubt, ist nicht krank, und wer krank ist, glaubt nicht recht«, ganz und gar unbiblisch.

d) Unser Leben als Christen in dieser Welt ist in der Regel noch unscheinbar. Johann Albrecht Bengel sagt: »Die Welt kennt die Christen nicht, ja sie kennen sich weitgehend selbst nicht.« So heißt es in Gottes Wort: »Euer Leben ist verborgen mit Christus in Gott« (Kol 3,3), verborgen, doch nicht im Winkel, sondern »in Gott« und in der allerbesten Gesellschaft: »mit Christus«. Das gibt uns innere Vollmacht schon auf dem Weg, und das gibt Hoffnung und Gewißheit im Blick auf das Ziel: »Wenn aber Christus, unser Leben, sich offenbaren wird, dann werdet auch ihr offenbar werden mit ihm in Herrlichkeit« (Kol 3,4).

3. Der Advent Jesu in der Zukunft und die Vollendung des Reiches Gottes

Davon ist im Rahmen dieses Beitrags hier vor allem zu reden. Doch es war nötig, auch von Jesu Kommen in der Vergangenheit zu sagen, denn unsere

Hoffnung als Christen auf die großen Taten Gottes in der Zukunft fußt auf den großen Taten Gottes (Apg 2,11) in der Vergangenheit, Kreuz und Auferstehung unseres Herrn. Und ebenso war es nötig, auch von Jesu Advent in der Gegenwart zu sprechen, denn da wird die große Zukunft vorbereitet; Das wird und wächst da, was bei Jesu Wiederkunft nur noch enthüllt wird (Kol 3,3.4). Und es entscheidet sich jetzt, ob wir für diese große Zukunft bereit sind und wir im Vollsinn an ihr teilhaben, an dem Friedensreich unseres Herrn.

A. Was dem großen zukünftigen Advent Jesu vorausgehen muß: die »letzte böse Zeit«.

Die Bedeutung der endgeschichtlichen Entwicklungen

1) Es sei ein Bild erlaubt: Eine Wandergruppe im Hochgebirge wollte noch eine bestimmte Hütte erreichen und erhielt für den langen Weg eine ausführliche Wegbeschreibung, die mit den Worten schloß: »Und dann kommen Sie an eine Schlucht, in die Sie hinab und aus der Sie wieder herauf müssen. Das ist beschwerlich und gefährlich. Doch anschließend sind Sie gleich am Ziel.« Der Weg durch sie war in der Tat sehr beschwerlich und gefährlich. Aber die Gruppe wußte nun dreierlei: Die Wegbeschreibung stimmt; wir sind auch richtig gegangen; nun ist das Ziel gleich da.

In dieser Lage befindet sich die Gemeinde Jesu heute schon mit einiger Deutlichkeit: Die Welt ist gegenüber früher anders geworden; doch sie hat sich gerade dahin verändert, daß die längst angekündigten Vorzeichen des nahenden Ziels immer deutlicher hervortreten. Einerseits empfängt die »Wegbeschreibung« in Gottes Wort für uns dadurch eine auffallende Bestätigung. Und andererseits wissen wir, daß die Wiederkunft unseres Herrn nahe ist. Unser Herr spricht: »Wenn aber dieses anfängt zu geschehen, so erhebet eure Häupter, weil sich eure Erlösung naht« (Lk 21,28). Die endzeitlichen Entwicklungen haben die Bedeutung von Vorzeichen der Wiederkunft Jesu. Es ist uns verboten, den Termin der Wiederkunft wissen zu wollen (Apg 1,7). Aber es ist uns geboten, auf die in der Schrift genannten Vorzeichen zu achten (vgl. Mt 24,32).

2) Wir müssen allerdings sagen: Wenn wir gefragt werden, ob eine bestimmte Zeitentwicklung heute den Charakter eines in der Schrift längst angekündigten Vorzeichens der Wiederkunft Jesu habe, so können wir nicht mit gleicher Gewißheit antworten, als wenn wir gefragt werden, wie ein Mensch ewig selig wird. Zur Beantwortung dieser Frage genügt das untrügliche Gotteswort. Zur Beantwortung jener müssen wir sozusagen die aufgeschlagene Bibel und die aufgeschlagene Zeitung nebeneinander legen und dann Zeitentwicklungen biblisch zu deuten versuchen.

3) Was wir hier erkennen, darf nicht zu voreiligen Spekulationen und Kombinationen führen, die keinen ausreichenden biblischen Grund haben. Es darf auch nicht zur Sensation gemacht werden, über der die Arbeit heute vergessen wird. Vielmehr soll es zum Ansporn werden, mit biblischen Akzenten heute zu arbeiten, insbesondere was unsere und anderer Vorbereitung auf die Wiederkunft unseres Herrn betrifft. Er will uns antreffen im Frieden mit Gott und in dem von ihm aufgetragenen Dienst: »Seid wie die Knechte, die ihres Herrn warten.«

4) Warum das dunkle Vorletzte vor dem lichten Ziel? Warum letzte böse Zeit? Der Feind, der weiß, daß er nur noch wenig Zeit hat (Offb 12,12), will in einem letzten, im Grund verzweifelten Ansturm die noch verhüllten Stützpunkte des großen kommenden Gottesreiches, die Gemeinde Jesu in der Welt und alle ihre Glieder, einnehmen und zerschlagen. Gott dagegen will seine Kinder durch eine letzte Reifeprüfung bewähren und sie dadurch zur Herrlichkeit führen. Und wo das Haupt hindurchgegangen ist, muß auch der Leib hindurchgehen: Der Weg der Gemeinde geht durch Anfechtung, Leiden und Sterben. Die erste Auferstehung, die den Glaubenden gilt, ist dann umso näher. Alle Dinge, auch die endzeitlichen Geburtswehen, müssen den an Jesus Glaubenden dienen, weil alles ihrem Herrn dienen muß (Röm 8,28; vgl. Joh 16,21). So sind endzeitliche Entwicklungen Grund zur Vorfreude (Lk 21,28) auf die Entrückung (1Thes 4,17) und Erste Auferstehung, auf die Wiederkunft unseres Herrn und auf sein Friedensreich.

B. Was sind die in der Schrift angekündigten endzeitlichen Entwicklungen?

a) Im Blick auf die Welt

Der Feind will seinen letzten Trumpf ausspielen, seinen »Christus«, den Antichrist (2Thes 2; Offb 13), und so Gott mit der Offenbarung des wahren Christus zuvorkommen und damit den Ertrag der Heilsgeschichte Gottes während dieser Weltzeit, die Gemeinde Jesu, vernichten. Es muß also vor der Wiederkunft Jesu mit dem Aufkommen einer antichristlichen Weltmacht und Gestalt gerechnet werden: die die ganze Welt beherrscht (Offb 13,2–4.7); die selbst den »Herrgott« spielen und das große Neue schaffen will; die Gebote und Ordnung Gottes zerschlägt und durch Eigenes ersetzt; die die Gemeinde Jesu in den Griff bekommen möchte und auch einen Teil der Weltchristenheit tatsächlich in den Griff bekommt und die trügerische Zeichen und Wunder tut und so die ganze Schaulust der Menschen befriedigt (Mt 24,24; 2Thes 2,9–12; Offb 13,13.14).

Gefährliche Tendenzen heute auf diese Ziele zu, die wir im Auge behalten und denen wir widerstreben müssen:

1) Das Streben nach Welteinheit erhält einen viel zu hohen Stellenwert.

Selbstverständlich sind auch Christen für Ausgleich und Frieden unter Völkern, Mächten und Machtblöcken. Aber sie wissen, daß Einheit nicht zuletzt auch eine Summierung des Bösen bringt. Zweimal steht in der Bibel von Welteinheit während dieser Weltzeit, und beide Male im negativen Sinn: in der Vergangenheit (1Mo 11,4) und in der Zukunft (Offb 13,7). Der Ruf: »Eine Welt oder keine Welt!« wie auch der nach einer Weltrevolution – ebenfalls mit dem Ziel der Welteinheit – muß uns von Offenbarung 13,7b.8 her in jedem Fall bedenklich erscheinen. Linien nähern sich dem Schnitt; eine große Mächtezusammenballung ist im Gang. Angekündigt sind in der Schrift schließlich eine Vormacht und zehn Satellitenstaaten (Offb 17,12.13).

2) Der Mensch in Ost und West will heute selbst Subjekt, Akteur einer »Heilsgeschichte« sein, die doch immer wieder zur Unheilsgeschichte wird. Der Mensch gibt vor, selbst das große Neue zu schaffen. Aber gerade damit verrät er, daß ihn antichristlicher Geist beseelt.

3) Der Antichrist heißt der »Mensch der Gesetzlosigkeit«, griechisch der »anomia« (2Thes 2,3): Und diese »Gesetzlosigkeit«, diese »anomia« wird unter vielen »überhandnehmen« (Mt 24,12). Was meint diese »anomia«? Schon immer haben Menschen die Gebote und Ordnungen Gottes, diese hilfreichen Leitplanken Gottes für unseren Weg durch diese Welt, »übertreten«. Nun aber – das eben bedeutet »anomia« – will der Mensch die Leitplanken Gottes demontieren, abbrechen, abschaffen. Dabei ist heute kaum etwas für die geistige Situation der ganzen Welt so kennzeichnend wie diese »anomia«. Väter des Glaubens haben gesagt: Wenn derartige Entwicklungen einmal nicht mehr nur regional, sondern universal auftreten (vgl. Offb 3,10), dann sei Endzeit.

4) Paulus sagt vom Antichrist nicht nur, daß er »ausgeben« werde, er sei Gott, also der Akteur der »Heilsgeschichte« und der Schöpfer des großen Neuen, sondern auch, daß er sich »in den Tempel Gottes setzen« werde (2Thes 2,4). Wir fragen: Wird also in der Endzeit auf dem Tempelplatz in Jerusalem ein neuer Tempel stehen und wird der Antichrist diesen zu seinem »Kreml« und »Weißen Haus«, zu seinem Regierungssitz machen? Doch es ist zu bedenken, daß im Neuen Testament seit Kreuz und Auferstehung unseres Herrn und seit Pfingsten die Gemeinde Jesu der »Tempel Gottes« ist (1Kor 3,16.17; Eph 2,21.22; 1Petr 2,5). Man könnte also auf etwas immer noch Ausstehendes warten, nämlich auf den Bau eines neuen Tempels in Jerusalem, während das in 2Thes 2,4 eigentlich Gemeinte schon voll im Gang ist: Nämlich daß der antichristliche Geist die Christenheit in aller Welt in den Griff bekommen will. Von daher ist es z. B. sehr bedenklich, wenn etwa gesagt wird: »Die Aufgabe der Kirche ist nichts anderes als die Tagesordnung der Welt.« Denn der, von dem die Kirche sich ihre Aufgaben stellen läßt, der ist ihr Herr, ihr »Gott«, ihr »Christus« – Jesus oder

Menschenmeinung, der Zeitgeist und die ideologischen, antichristlichen Mächte.

5) Ebenfalls schreibt Paulus, daß der Antichrist auffallende trügerische Wunder tut und dadurch viele verführt (2Thes 2,9-12; vgl. Mt 24,24; Offb 13,13.14). Gefährlich ist es dabei, daß die Menschen heute so sehr auf das Sehen gezüchtet werden, auf die »Schau« bis hin zu den Christen, und daß auch unter ihnen vielfach den Zeichen und Wundern eine zu große Bedeutung zugemessen wird. Das kann einmal eine zusätzliche Gefahr mit sich bringen, daß Menschen, auch Christen, auf angebliche »Zeichen und Wunder« des Antichristen hereinfallen.

b) Entwicklungen im Blick auf die Gemeinde Jesu

1) *Die Mission:* Unser Herr kündigt an, daß das Evangelium zu einem Zeugnis für alle Völker verkündigt werden muß (Mt 24,14) und daß auch aus allen Völkern Menschen für den Herrn gewonnen werden (Offb 7,9). Die Ankündigung Jesu in Mt 24,14 könnte auch dann schon erfüllt sein, wenn wenigstens ein repräsentativer Teil der einzelnen Völker das Evangelium gehört hat.

2) *Das Leiden der Gemeinde Jesu:* Unser Herr kündigt an: »Ihr müßt gehaßt werden um meines Namens willen von allen Völkern« (Mt 24,9). In einer Anzahl Länder der Erde tritt dieser Haß noch nicht offen hervor. Aber in sehr vielen Völkern ist er bereits unverblümt vorhanden; da, wo etwa militante Ideologien und Religionen im Besitz der Staatsmacht sind, oder wo auch nur diese Kräfte die Medien beherrschen und die öffentliche Meinung »machen«. Durch unterschwellige, okkulte Verstrickungen weiter Kreise wird mehr und mehr ebenfalls der Haß gegen die Gemeinde Jesu in den Völkern vorbereitet bzw. verschärft. Der Schritt zum Haß von seiten aller Völker ist dann nicht mehr groß, wenn einmal eine antichristliche Macht die Weltherrschaft im Vollsinn antritt. Unser Herr wird deshalb als der Wiederkommende seine Gemeinde als »kleine Herde« antreffen. Doch gerade so gibt er ihr teil an seinem Reich und seiner Herrschaft (Lk 12,32; Offb 3,21).

3) *Eine tiefe Scheidung innerhalb der Christenheit:* Schon im Alten Testament ist die Gemeinschaft, die Gott seinem Volk gewährt, mit einem Ehebund verglichen. Das Gott treue Volk ist die Gattin (Hos 2,21.22), das Gott untreue heißt »Hure« (Jes 1,21; Hes 16,32; Hos 1 ff.). Bei dem Wort »Hure« geht es dabei nicht um die Übertretung des sechsten Gebotes »Du sollst nicht ehebrechen«, sondern des ersten Gebotes: »Ich bin der Herr dein Gott, du sollst keine anderen Götter neben mir haben.« Und nun spricht auch das letzte Buch der Bibel von »Braut« (Offb 19,7; 22,17) und von »Hure« (Offb 17;18). »Schrift muß mit Schrift ausgelegt werden«, haben die Väter gesagt. Das bedeutet hier, daß entsprechend dem alttestamentlichen Sprachgebrauch im Neuen Testament mit »Braut« die dem

Herrn treue Gemeinde gemeint ist und mit »Hure« ein solcher Teil der »Christenheit«, der nicht mehr in Einfalt und Klarheit dem Herrn folgen, gehören und gehorchen will, sondern mit dem Antichrist gemeinsame Sache macht. Ein zu enges Sich-Einlassen mit den Mächten und politischen Ideologien unserer Zeit ist auf jeden Fall gefährlich. Dabei war früher ein enges Bündnis von »Thron und Altar« die besondere Gefahr. Heute ist es in vielen Ländern weit eher das Bündnis von Revolution und Altar. Es wäre falsch, jetzt vorschnell Rollen verteilen zu wollen: »Die und die sind Hure, und die und die sind Braut.« Oder gar: »Die andern sind Hure, und wir sind Braut.« Das wäre Sektenart. Recht ist es dagegen, wenn wir uns angesichts dieser Ankündigung selbst prüfen, unsere Gemeinschaften, Gemeinden und Kirchen. Und recht ist es, auch im Blick auf künftige Entwicklungen, wachsam zu sein.

c) im Blick auf Natur, Schöpfung

Die Schrift kündigt an, daß auch durch die Natur, die Schöpfung, große Erschütterungen gehen (Mt 24,7.29). Dabei bleibt offen, ob diese Erschütterungen ohne menschliches Zutun eintreten oder vom Menschen ausgelöst werden.

d) im Blick auf Israel

In der Schrift ist angekündigt, daß Israel, das heißt ein Teil dieses Volkes, am Ende der Zeit, während den Völkern die Gnade Gottes angeboten wird, kurz vor der Wiederkunft Jesu im Land der Väter wieder gesammelt wird (Dan 17,7; Lk 21,24; vgl. Jes 6,13; 7,3). In zwei Stufen erfolgt dann die Erneuerung des Volkes: Zuerst grünen die Berge und dann sozusagen die Herzen, zuerst wird das Volk äußerlich zusammengebracht und dann wieder geistlich lebendig (Hes 36; 37). Und Israel wird nach seiner Wiedersammlung im Land der Väter zu seiner Erziehung durch Gott von seinen Feinden noch einmal hart bedrängt (Sach 10,8.10; 13,9; vgl. Hes 38). Doch dann wird Israel zu Gott rufen (Sach 13,9). Und danach wird der Herr in offenbarer göttlicher Macht kommen (Sach 14,5) und seinem Volk helfen. Das ist die Wiederkunft Jesu vom Blickwinkel Israels aus, dieselbe Wiederkunft, die sonst in der Schrift aus dem Blickwinkel der Gemeinde Jesu gezeigt wird. Israel wird dann im Anblick des wiederkommenden Herrn Buße tun und den Heiligen Geist empfangen. Auf diese Weise wird nun »das ganze Israel gerettet werden« (Sach 12,10–14; Röm 11,26). Anschließend wird »der Herr« für alle sichtbar »König sein über alle Lande« (Sach 14,9; vgl. Offb 19, 16; 20, 1–6). – Doch noch hält Gott die Uhr der Weltgeschichte an, bis die von ihm vorgesehene Vollzahl aus allen Völkern »eingegangen ist« (Röm 11,25; Offb 7,9). Ehe Gottes Haus nicht voll ist, bricht das Fest nicht an; der Bote muß solange noch eilen (Lk 14,22.23).

C. Mission auch noch in der letzten Zeit?

Bis zuletzt steht die Gemeinde Jesu in der Aufgabe des Zeugnisses, der Evangelisation und der Mission: »Handelt, bis daß ich wiederkomme!« (Lk 19,13). Es geht in der letzten Zeit nicht etwa nur noch, wie manche meinen, um die Zubereitung der bereits Gerufenen. Der Missionsbefehl besteht fort. Es ist nötig, bis zuletzt zu eilen, damit Menschen gerettet werden, so wie einst Lot noch in der letzten Nacht eilte (1Mo 19,14). Auch wir selbst kommen in der letzten Zeit nicht durch, indem wir schweigen, sondern indem wir von Jesus zeugen: »Sie haben überwunden durch des Lammes Blut und durch das Wort ihres Zeugnisses« (Offb 12,11). Und gerade wenn wir wollen, daß das Ziel bald erreicht ist und der Herr bald kommt, werden wir in der Aufgabe der Mission eilen (Lk 14,22.23; 2Petr 3,12).

D. Der Weg der Gemeinde Jesu durch die Endzeit

Im Neuen Testament wird der Weg der Gemeinde Jesu bis zur Erreichung ihres großen Ziels verglichen mit dem Weg Israels von Ägypten ins verheißene Land (1Kor 10,1–13; Hebr 3;4). Was einst Israel gesagt wurde, gilt auch der Gemeinde Jesu, besonders für das letzte dunkle, anfechtungsreiche Stück ihres Weges vor dem großen, lichten Ziel: »Das ist der Weg, den geht! und weichet weder zur Rechten noch zur Linken« (Jes 30,21).

a) »Das ist der Weg, den geht!«

Israel sollte da gehen, wo die Wolken- und Feuersäule, die Bundeslade und der Bundesmittler Mose gingen, und auf diesem Weg geduldig ausharren. – Die neutestamentliche Gemeinde ist gerufen, »dem Lamm nachzufolgen, wo es hingeht« (Offb 14,4), auch in Dienst und Leiden, im Warten und Eilen (2Petr 3,12).

b) »Und weichet weder zur Rechten noch zur Linken«

1) Der Ausbruch nach »links«: Israel war in Versuchung, von Gott und seinem Gebot Urlaub nehmen zu wollen, um mit heidnischen Völkerschaften Götzenfeste zu feiern (4Mo 25) oder gar überhaupt »aufzugeben« und zu den »Fleischtöpfen Ägyptens« und damit unter die Zwingherrschaft Pharaos zurückzukehren. – So ist die Gemeinde Jesu insbesondere auf dem letzten Wegstück in der großen Versuchung, sich der Welt anzupassen oder gar zu dem großen »Pharao«, dem Antichrist, überzulaufen und mit ihm gemeinsame Sache zu machen: mit dem, der – wie gesagt – selbst »Heilsgeschichte« machen und in seiner Eigenmacht Gottes Ordnung und Gebot abbrechen und durch Eigenes ersetzen will (2Thes 2,3.4), mit dem, der das

schillernde Angebot, das unser Herr entschieden abwies, mit gierigen Händen angenommen hat: »Das alles will ich dir geben, wenn du niederfällst und mich anbetest« (Mt 4,9), mit dem, der deshalb ein böses, okkultes Geheimnis hat, womit auch seine trügerische Wundermacht zusammenhängt (2Thes 2,9.10).

2) Der Ausbruch nach »rechts« und scheinbar »vorwärts«: Israel ließ sich einmal auch zu diesem Ausbruch verführen: Mit einem scheinbar großen »Glauben« wollten sie zur selbstgewählten Zeit, nach eigenem Plan und mit eigener Kraft jetzt schon die Erfüllung der Verheißung erzwingen und in das versprochene Land durchbrechen (4Mo 14,40–45). Die Abfuhr, die sie darauf erlitten, war dann auch entsprechend. – Ähnlich ist auch die Versuchung und Gefahr, in die die Gemeinde Jesu geraten kann, nämlich aus dem heilsgeschichtlichen Ort des »Nicht-Sehens und Doch-Glaubens« (Joh 20,29; 2Kor 5,7; 1Petr 1,8) und aus der damit verbundenen Prüfung ausbrechen zu wollen in Ungeduld und in einem nur scheinbar großen Glauben: so, als ob das »große Halleluja« (Offb 19,6) schon angebrochen wäre. So, als ob wir Christen nicht mehr sterben und vorausgehend auch nicht mehr krank sein müßten. So, als ob es vor der Wiederkunft in allen Völkern zu einer großen Welterweckung käme, während doch nach dem Wort unseres Herrn die an ihn Glaubenden von allen Völkern »gehaßt« werden (Mt 24,9) und er bei seiner Wiederkunft seine Gemeinde trotz ihrer Treue im Zeugendienst als »kleine Herde« antreffen wird (Lk 12,32). Da können wir nur in »Geduld und Glauben« (Offb 13,10), in tiefer Demut und hohem Vertrauen an dem heilgeschichtlichen Ort ausharren, an den unser Herr uns noch immer stellt.

E. Wie sind wir für die Wiederkunft Jesu bereit?

Dann, wenn wir den unter seinem Wort bei uns anklopfenden Herrn (Offb 3,20) in unser Leben hereinbitten (vgl. 1Mo 18,3). Wenn wir unser Leben vor ihm offenlegen und ihn um Vergebung bitten. Wenn wir unser Leben ihm anvertrauen, das heißt an ihn glauben. Wenn wir ihm an uns freie Hand geben, daß er in allen unseren Lebensbereichen die ihm gefällige Ordnung schafft und uns »durch und durch heiligt« (Joe 3,5; Joh 3,16; 1Thes 5,23; 1Joh 1,7–9). Wenn wir uns von ihm auch mitnehmen lassen zu Dienst und Leiden, so daß er, wenn er kommt, uns in dem von ihm aufgetragenen Dienst antrifft (Lk 12,37.43).

So, unser Leben in Jesu Hand, wir in ihm und dadurch er in uns (Joh 15,4), sein Geist, sein neues Leben, so können wir des Zieles gewiß sein. Denn nichts »kann uns aus seiner Hand reißen«, nichts »kann uns scheiden von der Liebe Gottes, die in Christus Jesus ist, unserem Herrn« (Joh 10,28;

Röm 8,38.39). Der Teufel »geht zwar umher wie ein brüllender Löwe und sucht, welchen er verschlinge« (1Petr 5,8). Aber wenn wir bei Jesus sind, kann er nur »außen herum gehen« und warten, ob wir uns irgendwann von Jesus entfernen; heran wagt er sich nicht. »Satan flieht, wenn er mich am Kreuze«, wenn er mich bei Jesus »sieht«. Als Glaubende sind wir »versiegelt« durch den Heiligen Geist, verschlossen, verriegelt (Eph 1,13). Im Vertrauen auf unsere eigene Treue könnten wir nicht gewiß sein, aber im Vertrauen auf die Treue unseres Herrn können wir eine felsenfeste Heilsgewißheit haben. Deshalb »laßt uns aufsehen« (wörtlich: wegsehen) »auf Jesus, den Anfänger und Vollender unseres Glaubens« (Hebr. 12,2).

F. Wiederkunft und Gebet

a) Worum sollen wir im Blick auf die nahende Wiederkunft Jesu bitten? Darum, daß wir in der letzten bösen Zeit durchkommen und das Ziel erreichen (Lk 21,36). Darum, daß wir selbst für die große Stunde bereit sind; nicht daß wir einmal zwar über die Wiederkunft Jesu viel gewußt und geredet haben, aber nicht für sie bereit gewesen sind. Darum, daß andere auch durch unseren Zeugendienst wie auch durch alle Evangelisations- und Missionsarbeit, alle weiterführende Verkündigung und Seelsorge für Jesu Wiederkunft bereit werden; die noch gewährte Frist muß mit Sorgfalt genützt werden. Darum gilt es zu bitten, daß Gott, wie er einst den Sohn ins Fleisch gab, das heißt Mensch werden ließ, ihn uns nun in Herrlichkeit schenkt, ehe der Feind seine teuflischen Pläne verwirklichen kann. Unser Herr verheißt: »Die Tage werden verkürzt« (Mt 24,22).

b) Warum um Jesu Wiederkunft bitten? Damit der Vater und der Sohn nicht weiter entehrt und geleugnet, sondern seine Ehre vor aller Welt groß und beherrschend wird. Damit der Feind entmächtigt und ihm das »Handwerk gelegt« wird (Röm 16,20; Offb 20,1–3.10). Damit das Seufzen der Kreatur gestillt wird (Röm 8,19 ff.). Damit die angefochtene Gemeinde, die jetzt glaubt, ohne zu schauen, und ihn liebt, ohne ihn zu schauen (2Kor 5,7; 1Petr 1,8), bald das Fest der Vereinigung für immer mit ihm feiern kann (Offb 19,7). – Wer durch den Heiligen Geist mit Gott denkt und mit ihm wirken möchte, der bittet um die Wiederkunft Jesu; denn der Geist und die Braut sprechen: »Komm!« (Offb 22,17; vgl. 1Kor 2,10). Doch es gilt auch: »Die Geduld Gottes achtet für euere Seligkeit.« Denn nicht Gott ist saumselig; wir sind saumselig, im Blick auf uns und andere (2Petr 3,9.15).

G. Entrückung, Erste Auferstehung, Hochzeit des Lammes

a) Kurz bevor Jesus in Herrlichkeit erscheint, wird er die Seinen aus ihrer Erdengestalt dieser Weltzeit in die ihm gemäße Herrlichkeitsgestalt verwandeln (1Kor 15,50–55) und sie dann zu sich ziehen. Paulus schreibt: »Wir werden hingerückt, dem Herrn entgegen« (1Thes 4,17). Im weltlichen Gebrauch des hier stehenden Grundtextwortes wurde damit der Vorgang bezeichnet, daß anläßlich eines Besuches des römischen Kaisers in einer Stadt seines Reiches beim Heranrücken des Herrschers mit seinem Gefolge der Magistrat dieser Stadt dem Kaiser entgegenging, um ihn ehrenvoll einzuholen. Das also wird uns hier gesagt: »Wir dürfen ihm entgegengehen.«

b) Das geschieht nicht schon vor der großen Trübsal, der antichristlichen Zeit. Denn von der den Herrn am Ziel preisenden Schar wird gesagt, daß sie gekommen sei aus der großen Trübsal (Offb 7,14); sie muß deshalb zuvor in diese Trübsal hineingegangen sein. Entsprechend heißt auch Offb 3,10 wörtlich: »Ich will dich bewahren aus der Stunde der Versuchung heraus.« Unser Herr hilft den Seinen in der Not und, wenn seine Stunde gekommen ist, aus der Not.

c) Andererseits erfolgt die Entrückung nicht erst im Augenblick der Wiederkunft Jesu; denn zwischen Entrückung und Wiederkunft Jesu ist die »Hochzeit des Lammes« (Offb 19,7). Diese ist die sichtbare Vereinigung für immer mit dem erhöhten Herrn. Sie ist zugleich der Schritt aus dem Glauben ins Schauen. Daß ein solches zeitliches Nacheinander der Entrükkung und der Wiederkunft Jesu erfolgt, ist auch aus Offb 14,14–20 ersichtlich. Das Bild von der Einbringung der Glaubenden wird mit der sommerlichen Getreideernte verglichen und die Sammlung der Gott widerstrebenden Menschen mit der Traubenernte im Herbst. Diese fällt mit der Wiederkunft Jesu und dem »Großreinemachen des Hauses«, dieser Erde, zusammen; Offb 14,20 und 19,21 sind Bilder für denselben Vorgang.

Die Entrückung findet gegen Ende der antichristlichen Zeit statt, dann, wenn das Reich des Antichrists anfängt, in die schwere Krise der Schalengerichte zu geraten (Offb 16,10). Da nimmt der Herr die Seinen ans Ziel, so wie er einst Israel am Roten Meer ans Ziel nahm. Und wie damals Israel – voran Mose – nur Gott loben und danken konnte (2Mo 15,1 ff.), so wird dann die Gemeinde Jesu, wenn der Herr sie dem großen »Pharao«, dem Antichrist, entnimmt, ebenfalls nur loben und danken können: »Und sie sangen das Lied des Mose, des Knechtes Gottes, und das Lied des Lammes« (Offb 15,3). Jenes viel kleinere Geschehen in ferner Vergangenheit nach 2Mo 15 ist Modell für ein viel größeres Geschehen in vielleicht schon naher Zukunft nach Offb 15.

d) Die Glaubenden, die im Augenblick der Entrückung nicht mehr leben, sondern bereits verstorben sind, werden dann auch gleich mit einer neuen »Geist-Leiblichkeit« dabei sein (1Kor 15,44). Es wird ihnen nichts entgehen. Paulus schreibt im Blick auf die dann in dieser Welt noch Lebenden: »Wir, die wir leben und übrig bleiben, werden denen nicht zuvorkommen, die entschlafen sind« (1Thes 4,15.16). Sie haben an der ersten Auferstehung teil (Offb 20,4–6), einer »Vorweg-Auferstehung« lang vor der allgemeinen Auferstehung der Toten (Offb 20,11–15).

Auch sonst redet die Schrift von zweierlei bzw. dreierlei Auferstehung zu verschiedenen Zeiten. So schreibt Paulus 1Kor 15,23.24: »In der Auferstehung« geschieht alles »in seiner Ordung«: »Der Erstling Christus«, an Ostern. »Danach die Christus angehören, wenn er kommen wird«: das sind die, die zwischen Ostern und Entrückung im Glauben an Jesus gestorben sind. »Danach der Rest«; so kann statt »Ende« das hier stehende Grundtextwort übersetzt werden: Die allgemeine Auferstehung der übrigen Verstorbenen erfolgt – so sagt das letzte Buch der Bibel – erst nach dem kommenden Friedensreich Jesu (Offb 20,11–15).

Die im Glauben an Jesus Christus Verstorbenen befinden sich bis zu ihrer Auferstehung nicht in einem bewußtlosen »Todesschlaf«, sondern in einer vorläufigen Seligkeit, so daß sie bewußt bei ihrem Herrn sind und auf ihn hören und mit ihm reden können (Offb 6,9.10; vgl. auch Mt 17,4 in Verbindung mit 5Mo 34,5; Lk 16,19–31; 23,43; 1Petr 3,19.20). Entsprechend befinden sich auch die Gottlosen bis zu dem großen letzten Gerichtstermin (Offb 20, 11ff.) in einem Zustand der vorläufigen Unseligkeit, sozusagen wie in »Untersuchungshaft« für diesen Gerichtstermin (Lk 16,23).

e) An der ersten Auferstehung und entsprechend auch an der Entrückung der dann noch in dieser Welt Lebenden haben die teil, die »Christus angehören« (1Kor 15,23), also die, die von unserem Herrn Jesus Christus »teuer erkauft« wurden (1Kor 7,23) und die mit Herzen, Mund und Händen zu seinem Eigentums- und Herrschaftsrecht »ja« gesagt haben. Es haben die teil, die »in dem Herrn« gestorben sind (Offb 14,13), weil sie zuvor in dem Herrn gelebt haben, in seiner Gemeinschaft, in seiner Nachfolge, in seinem Gehorsam, in seinem Dienst, in der Heiligung durch ihn und in der Bergung in ihm und so in seiner Gerechtigkeit (vgl. Röm 8,1; 2Kor 5,21).

H. Die Wiederkunft Jesu Christi

a) Jener römische Kaiser, von dem eingangs gesagt wurde, zog gleich nach seiner Schlacht um Rom in die Reichshauptstadt ein. Unser Herr dagegen wartet nun schon mehr als neunzehnhundert Jahre. Eben deshalb kommt er noch immer so anders, gewaltlos, mit seinem Friedensangebot, unsichtbar in seinem Wort und Geist, unscheinbar in seinen Boten. So »klopft« er an den Türen der Menschen (Offb 3,20), weil er noch Geduld mit uns hat, weil er uns einmal nicht kommen will, in Hoheit und Heiligkeit, als Feind, sondern als Freund. Dann aber kommt er in enthüllter Macht und Hoheit Gottes, nicht mehr scheinbar machtlos – er hatte immer schon Macht, er gebrauchte sie nur nicht (Mt 21,1–9). Er kommt nun vielmehr auf dem »weißen Pferd« (Offb 19,11). In Rom war es die höchste Auszeichnung, die der Senat seinen siegreichen Feldherren verlieh, daß sie im Triumph auf einem weißen Pferd, zum Teil durch eigens gebaute Triumphbogen, in die Reichshauptstadt einzogen. So zieht unser Herr als der große, unvergleichliche »Triumphator« bei seiner Wiederkunft in diese Welt ein. Das sagt das Bild vom weißen Pferd in Offb 19,11.

b) Es wird gesagt, daß das Gewand des wiederkommenden Herrn mit Blut besprengt ist (Offb 19,13). Es ist nicht das Blut anderer, sondern sein »eigen Blut« (vgl. Hebr 9,12). In der großen Entscheidungsschlacht von Gethsemane und Golgatha ist ja nur sein Blut, nicht das anderer geflossen. Bei jener Schlacht vor Rom ließ, wie gesagt, einer Viele für sich bluten. Hier dagegen blutete einer für die Vielen.

c) Gekämpft hat Jesus in Gethsemane und Golgatha allein, aber triumphieren dürfen jetzt mit ihm viele. Wer ist »das Heer im Himmel auf weißen Pferden, angetan mit weißer, reiner Leinwand«, das ihm nun bei seinem Einzug folgen darf? Beim ersten Kommen Jesu, in der Christnacht, waren die »himmlischen Heerscharen« nur geschaffene Engel. Nun aber dürfen die dabei sein und ihm »folgen«, die hier im Leben, im Dienen und im Leiden ihm gefolgt sind. So sagt 1Thes 3,13, daß der Herr kommt »samt allen seinen Heiligen«. Und in Offb 17,14 lesen wir, daß »die Berufenen und Auserwählten und Gläubigen mit ihm sein« werden. Es ist die Schar, die mit ihm die »Hochzeit des Lammes« (Offb 19,7) gefeiert hat; sie darf nun auch mit ihm auf dieser Erde einziehen.

d) Der Antichrist will sich dem wiederkommenden Herrn entgegenstellen. Er und die ihm zur Verfügung stehenden bösen Mächte und Geister versammeln ein Riesenheer aus allen Völkern, in West und Ost, »zum Streit« bei Harmagedon auf den großen »Tag Gottes des Allmächtigen« (Offb 16,13–16); sie meinen, es sei ihr Tag, aber es ist sein Tag; in Offb 17,14 wird ausdrücklich gesagt, daß sie »streiten« wollen »wider das Lamm«. Es ist die letzte, größte, trotzigste Demonstration, die die Welt je gesehen hat: »Wir wollen nicht, daß dieser über uns herrsche« (Lk 19,14). Dann erfolgt in der Offenbarung ein großer Einschub, in dem Stolz und Sturz der »Hure« gezeigt wird (Offb. 17; 18). Und nun wird uns in Kapitel 19 die Fortsetzung von Offb 16 gezeigt: Der Antichrist mit seinem ganzen Anhang steht noch da, willens, »Krieg zu führen mit dem, der auf dem Pferd sitzt«; Offb 19,19 schließt sich unmittelbar an Offb. 16,16 an. Und nun wird deutlich: Die

Schlacht von Harmagedon findet in dem Sinn gar nicht statt, daß sich der Antichrist gegen den wiederkommenden Herrn stellen könnte. Er wird samt dem falschen Propheten kurzerhand von einem Engel verhaftet und bereits endgültig in die Verdammnis gestürzt, und ihr Gefolge kommt um. Paulus schreibt, daß der wiederkommende Herr den Antichrist »mit einem Hauch seines Mundes«, mit einem Wort beseitigt (2Thes 2,8).

II. Das Friedensreich Jesu Christi

1) Nicht Menschen schaffen dieses Friedensreich, auch nicht fromme Menschen; eine solche Illusion haben die Reformatoren mit Recht abgewiesen. Und erst recht schafft es nicht der eigenmächtige, selbstherrliche, gottlose Mensch.

2) Das Friedensreich des in enthüllter Herrlichkeit wiedergekommenen Christus, das Reich der »tausend Jahre« (Offb 20,2), ist in einer ersten Phase der Zielerreichung noch auf dieser Erde, die erst nach diesem Friedensreich weggetan und durch die neue Erde ersetzt wird (Offb 20, 11; 21,1). Gott gibt also dieser alten Erde noch eine Zeit wunderbarer Erfüllung, der Erde, die doch aus seiner Hand stammt und die Jesu Fuß berührte, auf der sein Kreuz aufgerichtet wurde, die sein Blut benetzte und die seinen Leib im Grab barg. »Tausend Jahre sind vor Gott wie ein Tag« (Ps 90,4); auf die harte, dunkle Arbeitswoche der Weltgeschichte mit ihrem Strom von Blut und Tränen läßt Gott einen wundervollen, lichten Sabbat, Sonntag und Sonnentag folgen, da »Jesus Christus selber die Sonne« ist, eben das Tausendjährige Reich Jesu Christi. Heute wird diese Botschaft, die schon vielen der Väter des Pietismus sehr lieb war, von manchen in ihrer Bedeutung neu erkannt: Es hat also auf dieser Erde nicht die Atombombe das letzte Wort, nicht der menschliche Wahn, nicht der Antichrist, nicht die Dämonen und nicht der Feind, sondern der lebendige Gott hat und spricht es; er, der das erste Wort über ihr sprach: »Es werde!« Der hat und spricht es, der ewige Sohn, der in der Mitte der Geschichte sagen konnte: »Es ist vollbracht!« Und, von Kreuz und Grab herkommend: »Mir ist gegeben alle Gewalt im Himmel und auf Erden.« Das muß noch ganz an den Tag kommen (Joh 19,30; Mt 28,18).

3) Es geht also dem Tag entgegen und nicht der Nacht. So schreibt Paulus: »Die Nacht ist vorgerückt, der Tag aber nahe herbeigekommen« (Röm 13,12). Noch hält Gott die Uhr an, damit weiter sein Friede angeboten und angenommen werden kann; der Sieger von Golgatha will uns nicht als Feind, sondern als Freund, nicht zum Schrecken, sondern zum Segen kommen. »Die Geduld Gottes achtet für eure Seligkeit« (2Petr 3,15). Es wird die Nacht noch am dunkelsten, ehe die Sonne aufgeht. Es geht noch durch schwere Krisen und Geburtswehen (Joh 16,21). Aber dann bricht der große Tag mit

der Wiederkunft unseres Herrn, sozusagen ohne Frühdämmerung, an. Und zuerst erfolgt, in der Frühe des großen Tages Jesu Christi, der tausend Jahre, ein schweres, reinigendes Gewitter, durch das der Feind mit seinem ganzen menschlichen und dämonischen Anhang von der Erde weggetan wird; es wird gewissermaßen auf dieser Erde für das Friedensreich Jesu Christi »Großputz« gemacht (Offb 19,19–20,3).

4) Und nicht nur der Antichrist, auch der Satan selbst kann sich nicht zur Wehr setzen. Durch einen Engel wird er »verhaftet« und im »Abgrund«, am Ort des Verschlusses der Dämonen, in »Sicherungsverwahrung« genommen. Der Teufel ist nicht mehr wie bisher los; er kann nicht mehr die Menschen, die Völker, verführen und gegeneinander hetzen und die »Saaten« verwüsten (Offb 20,1–3).

5) Es ist jetzt als nächster heilsgeschichtlicher Schritt also nicht ein Weltuntergang zu erwarten, sondern, nach schweren Geburtswehen, ein »Weltaufgang«, eben weil Gott dieser Erde noch eine Zeit der Erfüllung schenkt. In dieser Hinsicht hat unser Herr seinen greisen Apostel Johannes auf der Verbannungsinsel Patmos und uns mit ihm in noch weiterem Maße über Einzelheiten ins Vertrauen gezogen als zuvor die, die früher geschrieben haben (Offb 1,1.2.19).

6) Die Nachfolger Jesu dürfen in dem kommenden Friedensreich mit ihrem Herrn regieren, so daß sie – wie er mit dem Vater regiert – zugleich priesterlich-mitleidig für die ihnen Aufgetragenen eintreten (Röm 8,34; Hebr 4,15; Offb 1,6; 5,10). Die Märtyrer und die sonst in der Endzeit Bewährten sind in Offb 20, 4–6 als Mitregenten genannt, in Offb 3,21 auch alle anderen, die in Kraft des Sieges Jesu überwinden, wie auch Paulus alle nennt, die in der Leidensnachfolge Jesu stehen (2Tim 2,12; vgl. 1Kor 4,8; 6,2.3).

7) Der Bericht über das Friedensreich Jesu der tausend Jahre auf dieser Erde ist im letzten Buch der Bibel, das manches ausführlich berichtet, auffallend kurz (Offb 20, 1–6). Viele der Väter haben hier in diesem Friedensreich auch die Erfüllung vieler alttestamentlicher Verheißungen gesehen: Von einem wunderbaren Frieden zwischen Mensch und Mensch, so daß »Schwerter zu Pflugscharen werden«, zwischen Mensch und Tier wie auch der Tiere untereinander (Jes 2,4; 11,6–8; 65,25; Mi 4,3), ebenso auch von einer wunderbaren Fruchtbarkeit der Erde, weil sie von allem Fluch der Sünde nun auch sichtbar befreit ist (vgl. 1Mo 3,17.18; Jes 4,2; 65,20; Hes 47,12). Doch wir müssen achthaben, daß wir nicht Linien, spekulativ, ziehen, die so in der Schrift nicht ausdrücklich gezogen sind. Gott hat uns das Grundsätzliche enthüllt; aber es ist auch nötig, daß wir willig sind, uns von unserem himmlischen Vater ins blinde Vertrauen stellen zu lassen. Gerhard Tersteegen sagte: »Ich bin Gottes Kind und nicht Gottes geheimer Rat.« Gott wird uns nicht umsonst hier ein so knappes Wort gegeben haben. Wir sollen nicht viel von Zukünftigem träumen, sondern uns durch die

Hoffnung vor allem zu unseren Aufgaben als Glaubende in der Gegenwart anspornen lassen und uns um so mehr auf sie konzentrieren. So folgt auch am Schluß der Offenbarung auf das gewaltige Schlußbild der ganzen Heilsgeschichte in Offb 21,1–22,5, nach dem Blick weit hinaus auf das Vollendungsziel Gottes, noch ein Schlußwort, das uns wieder in die Gegenwart mit ihren Aufgaben hereinholt (Offb 22,6–21).

Wenn die Bibel, wie manche meinen, von Menschen erfunden worden wäre, dann wäre sie gewiß anders erfunden worden, nämlich so, daß sie all das enthielte, was die Menschen gern wissen möchten, wie es im »Jenseits« aussieht und wie, in allen Einzelheiten, das Tausendjährige Reich sein wird. Und nun steht es unter dem gleichen Gericht, dem Wort der Schrift etwas hinzutun zu wollen, wie ein Wegtun (Offb 22,18.19). Unser Herr bewahre uns vor beidem!

8) Wenn wir im Vollsinn teilhaben wollen am Reich unseres Herrn, dann ist es nötig, jetzt schon mit unserem Leben sein Reich zu sein, in dem er ganz zur Herrschaft und zu seinem Recht kommt, dadurch: daß wir der heiligenden Wirksamkeit seines Wortes und Geistes in uns Raum geben, daß wir seinen Aufträgen im Blick auf unsere Mitmenschen und alle seine Geschöpfe Gehorsam leisten und daß wir ihm auch durchs Leiden folgen.

III. Letzte Bewährungsprobe, allgemeine Auferstehung und Weltgericht

1. Die Echtheitsprobe nach dem Tausendjährigen Reich

In Offb 20,7–10 wird gesagt, daß nach den tausend Jahren der Satan noch einmal losgelassen wird und erneut die Völker »an den Enden der Erde« zum Aufruhr gegen Gott verführt und versammelt. Auch dann, und dann erst recht, endet das Ganze in der Katastrophe für den Feind; er wird endgültig in die Verdammnis gestürzt. Der Teufel ist nicht etwa der Chef der Hölle, sondern ein Mitverdammter »in dem ewigen Feuer, das bereitet ist dem Teufel und seinen Engeln« (Mt 25,41). Auch in tausend Jahren hat der Feind nichts gelernt, sondern in abgrundtiefem Haß gegen Gott nur auf neue Anschläge gesonnen.

Offenkundig gibt es auch im Tausendjährigen Reich noch Völker, die während seiner Dauer vom Feind nicht verführt werden können (Offb 20,3). Nun aber kann er die »Randsiedler« des Tausendjährigen Reiches »an den Enden der Erde« noch einmal gegen Gott aufwiegeln. Es entspricht dem göttlichen Plan und der göttlichen Anordnung (»muß«), daß er dafür Raum empfängt (Offb 20,3). Der Zweck dieses erneuten Loslassens ist die Erprobung der Echtheit des Glaubens der während des Tausendjährigen

Reiches für Jesus gewonnenen Menschen und Völker. Auch das Lossein des Feindes in unseren Tagen und die daraus erwachsende Anfechtung für die Kinder Gottes dienen diesem Ziel, daß ihr »Glaube rechtschaffen und viel köstlicher erfunden werde als das vergängliche Gold, das durchs Feuer bewährt wird« (1Petr 1,7.8). Manche der Väter haben gesagt: Nachdem jetzt Menschen aus den Völkern gesammelt werden (Offb 7,9), die Erstlinge, die Vorhut, die »Überwinder« (Offb 3,21; 21,7), die künftigen Mitregenten und Priester (Offb 1,6; 20,6), die »Braut« (Offb 19,7), das heißt alles in allem die Glaubenden, wird dann eine Mission der Völker als Völker erfolgen (vgl. Mt 28,19), eine Weltmission neuer Dimension, deren Träger dann vor allem das nun bekehrte Israel sein werde (Jes 2,2.3; 60,3 ff.; Mi 4,1 ff.; Sach 8,23; 12,10; Röm 11,26). Doch auch hier wollen wir uns hüten, aus den insbesondere im Neuen Testament so zurückhaltenden Angaben mit menschlichen Schlußfolgerungen und menschlicher Phantasie ein eigenes »System« auf- und ausbauen zu wollen.

2. Die allgemeine Auferstehung und das Weltgericht

1) In Offb 20,11–15 steht, daß alle Toten vor dem »großen weißen Thron« der makellosen Heiligkeit und Gerechtigkeit Gottes stehen werden. Auch die Erde entflieht nun; der Mensch steht hüllenlos vor Gott; hinter nichts mehr kann er sich zu verbergen versuchen, wie er es am Anfang tun wollte (1Mo 3,8.10). Und niemand kann den großen Gerichtstermin im Tod verschlafen. Auch mit einer Kremation kann er sich ihm nicht entziehen. »Auch das Meer gibt seine Toten wieder« (Offb 20,13).

2) Gott wird gewiß allen gerecht werden; es ist ja noch einmal ein Unterschied, ob ein Mensch rechtschaffen oder böse gelebt hat. Doch davon ist hier nicht die Rede. Deshalb sollten auch wir uns hier zurückhalten und Guttaten der Welt weder abwerten noch zum Anlaß von Seligpreisungen machen. Was uns hier gesagt wird, ist das eine, daß es an jenem gewaltigen Tag die entscheidende Frage ist, ob einer im »Buch des Lebens« verzeichnet ist (Offb 20,12.15). Und im »Himmel« angeschrieben, im »Lebensbuch des Lammes«, sozusagen im Familienbuch der Kinder Gottes. Verzeichnet sind die Nachfolger Jesu (Lk 10,20), die, die Jesu Wort angenommen haben, das »Geist und Leben« ist (Joh 6,63), die, die Jesus als ihren Herrn angenommen und seinem lebenschaffenden Geist in ihrem Leben Raum gegeben haben und die deshalb Gottes Kinder sind (Joh 1,12; Röm 8,14–16), alle Glaubenden (Eph 1,13). Die ganze gewaltige Botschaft der Bibel von der Auferstehung aller und vom Weltgericht über alle ist ein eindrücklicher Ruf, uns selbst zu Jesus bekehren zu lassen und alles in unseren Kräften Stehende zu tun, damit auch andere zu ihm bekehrt werden.

3) Die an Jesus Glaubenden werden an diesem großen Gerichtstag nicht mehr vor Gericht gestellt, so wie es unser Herr sagt: »Wer mein Wort hört und glaubt dem, der mich gesandt hat, der hat das ewige Leben und kommt nicht in das Gericht, sondern er ist vom Tod zum Leben hindurchgedrungen« (Joh 5,24). Der durch Jesu Blut getilgten Sünde »wird ewig nicht mehr gedacht« werden, auch nicht an jenem großen Gerichtstag (Jes 43,25; Jer 31,34; 1Joh 1,7; Hebr 8,12).

4) Manche der Väter meinten, aufgrund einiger Schriftstellen von der Hoffnung sprechen zu dürfen, daß Gott auch noch in der Ewigkeit weiterwirke. Doch sie redeten mit dem größten Ernst davon, es gehe dabei durch »Äonen«, Weltzeitalter, Jahrtausende von schwersten Läuterungsgerichten. Und auch das wurde ihnen zu einem mächtigen Impuls zu eigener Buße und Bekehrung und auch zum Zeugen- und Missionsdienst unter anderen: »Warum willst du denn so unendlich lange, schmerzliche Umwege machen, wenn du doch einmal vor Jesus knien wirst? Tu das doch gleich« (vgl. Phil 2,9–11).

Was jene Väter sagten, darf nicht verwechselt werden mit der heute umgehenden Irrlehre, daß das Kreuz Jesu eine Art Generalamnestie für alle bedeute, schon jetzt, ab sofort, daß Gott also »nicht mehr auf dem Richterthron, sondern nur noch auf dem Gnadenthron sitze«. Buße, Bekehrung und Mission wären so unwichtig. Doch das wäre Selbstbetrug und eine unverantwortliche trügerische Beruhigung der andern. Gottes Wort sagt es anders. Nötig ist zu unserer Rettung der persönliche, lebendige Glaube, die Hingabe des Lebens an Jesus. Denn »also hat Gott die Welt geliebt, daß er seinen eingeborenen Sohn gab, auf daß alle, die an ihn glauben, nicht verloren werden, sondern das ewige Leben haben« (Joh 3,16).

Doch auch zur Lehre jener Väter muß gesagt werden, daß auch hier die Gefahr der Spekulation besteht und die der falschen Beruhigung des Menschen im Blick auf die Aufgabe der eigenen Bekehrung und die der Mission. Auf jeden Fall muß in der Mitte bleiben, was in der Schrift in der Mitte steht: »Heute, so ihr seine Stimme hören werdet, so verstocket euer Herz nicht« (Ps 95,7.8; Hebr 3,7).

IV. Die Vollendung

Wenn wir ein Buch mit einer Geschichte lesen, so mögen wir nach einiger Zeit die Neigung empfinden, weiterzublättern, um zu sehen, wie denn das Ganze endet. Wieviel mehr möchten wir doch sehen, wie die ganze Weltgeschichte endet! Und nun ist uns in den letzten Kapiteln der Bibel das Schlußbild der ganzen Welt- und Heilsgeschichte beschrieben; unser erhöhter Herr hat es, zugleich für alle seine Gemeinden, seinem greisen Apostel

Johannes auf der Insel Patmos, wohin damals Johannes verbannt war, gezeigt (Offb 21,1–22,5). Auch wir sind über Johannes ins Vertrauen gezogen (Offb 1,1).

1. Was auf diesem Bild ist und was nicht

A. Was auf diesem Bild ist

Wir sehen sozusagen drei konzentrische, immer enger werdende »Kreise«:

a) *Der weiteste Kreis:* Der neue Himmel und die neue Erde (Offb 21,1). Nach dem schrecklichen Einbruch der Sünde mit ihren Folgen ist nun der Urstand der Schöpfung wiederhergestellt, ja sie ist zum Vollendungsstand hinaufgeführt. Heute macht Gott, wenn auch noch verhüllt, die Menschen neu, die an Jesus Christus glauben (2 Kor 5,17), als Vorhut des großen Kommenden; dann aber macht er »alles neu« (Offb 21,5). »Alles neu« macht nicht der Mensch, der das immer wieder in seinem Größenwahn meint; »alles neu« macht allein der Herr.

b) *Der nächst engere Kreis.* Johannes schreibt: »Ich sah die heilige Stadt, das neue Jerusalem, von Gott aus dem Himmel herabfahren, bereitet wie eine geschmückte Braut ihrem Mann« (Offb 21,1).

Der bescheidene, unscheinbare »Hausbau« des »geistlichen Hauses«, der »Behausung Gottes im Geist«, des «Tempels«, zu dem wir uns jetzt »als die lebendigen Steine erbauen lassen«, wird dann zur lichten, wundervollen, riesengroßen Stadt geworden sein (1Kor 3,16.17; Eph 2,22; 1Petr 2,5; Offb 21,16); das herrliche Licht, das von Gott und dem »Lamm«, unserem Herrn Jesus Christus, in ihrer Mitte ausgeht und durch sie hindurch in die ganze Schöpfung hinausleuchtet, darf in keiner Weise getrübt und behindert werden. Um so wichtiger ist es, daß wir uns jetzt als die »lebendigen Steine« durchläutern lassen, »mehr als das Gold im Feuer bewährt wird« (1Petr 1,7; 2,5); unser Herr läßt sich seine lichte Stadt, die durchscheinend ist wie Glas (Offb 21,21), einmal nicht auch nur durch einen einzigen trüben Stein verunzieren.

Das dunkle Heiligtum der Verborgenheit Gottes im Alten Bund und die mit Christus in Gott verborgene neutestamentliche Gemeinde (Kol 3,3) wird dann zum gewaltigen, in die ganze erneuerte Schöpfung hinausstrahlenden Lichtdom geworden sein (Offb 21,16.23.24). – Unser Herr hat uns jetzt schon »einen hellen Schein in unsere Herzen gegeben, daß durch uns die Erleuchtung zur Erkenntnis der Herrlichkeit Gottes in dem Angesicht Jesu Christi entsteht« (2Kor 4,6). Ja, unser Herr macht uns als Glaubende durch seinen Geist, indem er in uns Wohnung macht, bereits in dieser Weltzeit zum »Licht der Welt« (Mt 5,14; 2Kor 3,17a), weil er selbst das Licht der Welt ist (Joh 8,12). Möge dieses sein Licht aus uns heraus in unsere

Umgebung ungetrübt und einladend hineinleuchten, so daß Menschen dadurch heimfinden zu Gott und in seinen Frieden und nicht in der unseligen Finsternis bleiben müssen (Mt 8,12; 22,13).

c) *Der innerste »Kreis«* inmitten der erneuerten Welt, die Mitte der ganzen Schöpfung: Gott und das Lamm, unser Herr Jesus Christus. Johannes schreibt: »Und ich hörte eine große Stimme von dem Thron, die sprach: »Siehe da, die Wohnstatt Gottes bei den Menschen! Und er wird bei ihnen wohnen, und sie werden sein Volk sein, und er selbst, Gott, wird mit ihnen sein« (Offb 21,3). Hier ist nach der schrecklichen Zertrennung durch die menschliche Sünde (1Mo 3,24; Jes 59,2) die große wundervolle Wiedervereinigung von Gott und Mensch ganz erfolgt. Hier sind Menschen wieder ganz bei Gott zu Hause und Gott bei diesen Menschen. Die dürfen einmal bei ihm so zu Hause sein, die jetzt schon, im Glauben ohne zu schauen, bei ihm zu Hause sind und ihm in ihrem Leben Raum geben (vgl. Joh 14,23; Offb 3,20).

B. Was auf diesem Schlußbild nicht mehr ist

a) Nicht mehr der alte Himmel und die alte Erde, der Schauplatz der satanischen und menschlichen Rebellion gegen Gott (Offb 21,1).
b) Nicht mehr die Tränen; sie werden abgewischt sein durch Gott (Offb 21,4).
c) Und nicht mehr wird vorhanden sein die Ursache der Tränen: all das, was Folge der Sünde war. Bis dahin wird auf Grund des Opfers Jesu, wenn ein Mensch darum bittet, die Sünde selbst vergeben (1. Joh 1,7). Nun wird auch alle Wirkung der Sünde aufgehoben sein: »Der Tod«, der »der Sünde Sold« ist, das »Leid« wegen geliebten Menschen, die der Tod raubte, das »Geschrei« des Unfriedens und der »Schmerz« der Wunden und der Krankheit.

C. Wer auf diesem Schlußbild ist und wer nicht

a) Wer sich auf diesem Bild befindet
1) Wer das Geschenk der Gnade annimmt (Offb 21,6).
2) Wer in der Kraft des Sieges Jesu Christi alles, was ihn wieder von Jesus weglocken oder abbringen will, überwindet (Offb 21,7).

b) Wer sich nicht auf dem Bild befindet
Alle, die der Einladung Jesu nicht gefolgt sind bzw. sich wieder von Jesus abdrängen und weglocken ließen (Offb 21,8; 22,15). Es gibt also auch nun noch ein »Drinnen« und »Draußen«. Jeder wird dann bei seiner eigenen Entscheidung, die er jetzt trifft, festgelegt sein.

D. Die große Zukunft soll unsere Gegenwart bestimmen

So folgt – wie gesagt – in der Schrift auf die Beschreibung des gewaltigen Schlußbildes der Weltgeschichte (Offb 21,1–22,5) noch ein die Gegenwart betreffendes Schlußwort (Offb 22,6–21) mit der – angesichts der Ewigkeitsbedeutung der menschlichen Entscheidung – um so dringlicheren letzten Einladung der Bibel an uns und durch uns an andere: »Wen da dürstet, der komme; und wer da will, der nehme das Wasser des Lebens umsonst« (Offb 22,17).

Erich Markert / Klaus Haag

Der Heilige Geist und seine Gaben

Der Heilige Geist als Person

Vom Heiligen Geist als Person zu reden und zu schreiben, ist schon deshalb nicht leicht, weil wir auf ihn nicht als auf eine geschichtliche Persönlichkeit verweisen können, wie das z. B. bei Jesus von Nazareth möglich ist. Viele sind deshalb allenfalls bereit, den Heiligen Geist als eine unpersönliche Kraft zu verstehen, die von Gott und von Jesus ausgeht. Ein »unpersönliches« Verständnis des Heiligen Geistes mag durchaus unserem heutigen Denken mehr entsprechen. Dabei ist jedoch nicht zu übersehen, daß auch auf Gott den Schöpfer nicht als auf eine historische Persönlichkeit verwiesen werden kann. Es ist wohl lediglich die Tatsache, daß man ihn landläufig in seinen Schöpfungswerken zu erkennen meint, die es leichter macht, ihn uns vorzustellen. Der Schöpfer ist aber seiner Schöpfung und ihrer Geschichte nicht ein-, sondern grundsätzlich vor- und übergeordnet. Auch die Bezeichnung des Schöpfers als des Vaters erleichtert unsere Glaubensvorstellung.

Mit diesen Überlegungen bewegen wir uns bereits in den Gedankengängen der Trinitätslehre (Lehre von der Dreifaltigkeit). Diese spricht ausdrücklich davon, daß uns der eine Gott auf dreierlei Weise, ja in drei »Personen«, entgegentritt, nämlich als Vater, Sohn und Geist. Wie sollen wir das verstehen und glauben?

Es ist hier nicht der Ort, ausführlich auf die Trinitätslehre einzugehen. Gewiß aber ist, daß die Heilige Schrift in ihrer Gesamtheit ein deutliches Zeugnis vom »Dreieinigen Gott« gibt. Natürlich geben wir den Bibelauslegern recht, die sagen, daß eine ausgesprochene Trinitätslehre in der Bibel, besonders im Neuen Testament, nicht zu finden ist. Wohl aber finden sich dort sog. »triadische Formeln« bzw. »triadische Aussagen«, welche die Grundlage für die folgerichtige spätere Formulierung der Trinitätslehre darstellen. Eine der bekanntesten unter ihnen dürfte der sog. »Missionsbefehl« Jesu (Mt 28,19) sein: »Gehet hin und machet zu Jüngern alle Völker: Taufet sie auf den Namen des Vaters und des Sohnes und des Heiligen Geistes.« Es ist auch zu erinnern an 2Kor 13,13: »Die Gnade unseres Herrn Jesus Christus und die Liebe Gottes und die Gemeinschaft des heiligen Geistes sei mit euch allen!«

In diesen triadischen Aussagen wird der Heilige Geist als »Person« verstanden, die dem Menschen genauso gegenübersteht wie Gott der Vater und Gott der Sohn. Wir können begründet sagen, daß im Neuen Testament der Heilige Geist vornehmlich als Person verstanden wird.

Im Johannesevangelium wird z.B. davon berichtet, daß Jesus seinen Jüngern verspricht, den Vater zu bitten, den Heiligen Geist als »Tröster«, als »Parakleten«, d.h. als den Beistand und Fürsprecher zu senden (Joh 14,15–17). Der Heilige Geist lehrt die Gemeinde und erinnert sie an alles, was Jesus gesagt hat (Joh 14,26). Er zeugt von Jesus (Joh 15,26), verherrlicht ihn und verkündigt seine Botschaft (Joh 16,14 ff.). In der Apostelgeschichte beruft er Paulus und Barnabas und sendet sie aus (Apg 13,2–4). Er offenbart Paulus seinen Weg und setzt Bischöfe in den Gemeinden ein (Apg 20,23.28).

Auch in den neutestamentlichen Briefen wird der Heilige Geist als Person verstanden. Er »gibt Zeugnis unserem Geist, daß wir Gottes Kinder sind« (Röm 8,16). Er hilft und vertritt uns beim Beten und erforscht unsere Herzen (Röm 8,26), ja selbst die Tiefen Gottes (1Kor 2,10). Paulus nennt ihn neben Gott und Jesus Christus in einem Atemzug (1Kor 12,4–6 und 2Kor 13,13). Der Heilige Geist wirkt die verschiedenen Gnadengaben in der Gemeinde (1Kor 12,11), indem er jedem das Seine zuteilt, wie er will. Wir rufen durch den Heiligen Geist nicht nur »Abba, lieber Vater« (Röm 8,15), sondern der Heilige Geist spricht in uns selber dieses Gebet (Gal 4,6). Der Geist heiligt (1Petr 1,2), er treibt Menschen zum Weissagen (2Petr 1,21), er gibt Zeugnis (1Joh 5,6), er spricht (Offb 14,13 und 22,17).

Diese Schriftstellen weisen genügend aus, daß wir es beim Heiligen Geist nicht nur mit einer Kraft, sondern mit einem personhaften Gegenüber zu tun haben, mit Gott selbst.

Der Heilige Geist und der gegenwärtige Herr

Von Anfang der Kirchengeschichte ist es Glaubensgewißheit der Christen gewesen, daß der auferstandene und erhöhte Herr in seiner Gemeinde gegenwärtig ist. Das Wort des Auferstandenen: »Siehe, ich bin bei euch alle Tage bis an der Welt Ende« (Mt 28,20) oder die Aussage in Mk 16,20: »Der Herr wirkte mit ihnen und bekräftigte das Wort durch die mitfolgenden Zeichen« gehören zum unaufgebbaren Glaubensgut der Christenheit.

Die Gemeinde ist demnach nicht, wie etwa Schleiermacher gelehrt hat, durch »das Zusammenwirken der einzelnen Wiedergeborenen zu einem geordneten Gemeinleben« entstanden (Schleiermacher, »Der christliche Glaube«, § 115). In diesem Falle wäre sie ein religiöser Verein oder eine christliche Gesellschaftsorganisation. Vielmehr entstand und lebt die Gemeinde durch das Wirken des Heiligen Geistes, der über die Jünger kam. Dadurch wurden sie zur Predigt des Evangeliums von Jesus Christus befähigt. Ihr Wortzeugnis für ihn als Folge der Geistausgießung am

Pfingsttag unterstreicht, daß es die Aufgabe des Heiligen Geistes ist, Christus zu verherrlichen (Joh 16,14). Mit dem Pfingstgeschehen, das als eschatologische (endzeitliche) Erfüllung gegebener Verheißungen verstanden wird (Apg 2,16), geschieht die Gründung der Gemeinde. Dabei bleibt das Pfingstgeschehen Christusgeschehen. Dies nicht nur deshalb, weil es sowohl vom irdischen als auch vom auferstandenen Herrn verheißen ist (Joh 14,15 ff.; Apg 1,8) und zum Christuszeugnis führt, sondern vor allem deshalb, weil im Neuen Testament die Gegenwart des Heiligen Geistes, sowohl in der Gemeinde als auch im einzelnen Gemeindeglied als Gegenwart des auferstandenen und erhöhten Herrn selbst verstanden wird (Joh 14,18).

Hervorgehoben sei dabei nochmals Joh 14,16–18, wo Jesus die Sendung des Heiligen Geistes mit seinem Kommen geradezu in eins setzt: »Ich will den Vater bitten, und er wird euch einen anderen Tröster geben... den Geist der Wahrheit... Ich will euch nicht als Waisen zurücklassen; ich komme zu euch.« Daß wir es beim Pfingstgeschehen mit Christusgeschehen zu tun haben, wird auch durch Paulus vertreten, der sagen kann: »Der Herr ist der Geist« (2Kor 3,17). Auch die Leib-Christi-Theologie des Paulus hat nichts anderes zum Inhalt als die Darstellung der Gemeinde Jesu Christi durch das Wirken des Heiligen Geistes (1Kor 12).

Dadurch, daß Christus durch den Heiligen Geist vergegenwärtigt wird, ist eine Jesus-Unmittelbarkeit in der Gemeinde und beim einzelnen Gläubigen ausgeschlossen. Eine solche könnte nur im Sinne einer Christus-Mystik verstanden werden, die jedoch dem Neuen Testament fremd ist. Christus lebt zwar durch den Heiligen Geist im Gläubigen, aber er steht ihm zugleich auch immer als der erhöhte Herr gegenüber und geht nie in ihm auf. Das paulinische Bild vom Leib Christi, der in der Gemeinde dargestellt wird, ist weder nur symbolisch als eine spiritualistische Hilfsvorstellung noch mystisch im Sinne einer direkten Identifizierung von Christus und der Gemeinde zu verstehen. Es will vielmehr pneumatisch, im Sinne eines Geheimnisses (Eph 5,32) verstanden sein. Der Tatbestand, daß Christus einmal in der gesamten Leibgemeinde als gegenwärtig verstanden (1Kor 12,12), ein andermal lediglich als das Haupt dieses Leibes (Eph 1,22; 4,15; 5,23; Kol 1,18) bezeichnet wird, vertieft dieses Mysterium noch. Durch die Bezeichnung Christi als dem Haupt der Gemeinde wird ausgesagt, daß der in der gesamten Leibgemeinde gegenwärtige Christus gleichzeitig der Herr dieses Leibes ist, von dem aus der ganze Leib zusammengefügt ist (Eph 4,15).

Der Gegenwart Jesu Christi in seiner Gemeinde und im einzelnen Christen entspricht auch seine Gegenwart im heiligen Mahl. Auch hier handelt es sich nicht um eine mystische Vereinigung Jesu mit irdischen Elementen, sondern um eine durch den Heiligen Geist gewirkte wirksame und reale Gegenwart des Herrn in, mit und unter Brot und Wein, wie es sonderlich die lutherischen Reformatoren lehrten. Wir haben es dabei auch mit einem Mysterium zu tun, mit einem geistlichen Geschehen, das wir mit »Realpräsenz« Christi im heiligen Mahl bezeichnen. Dieses geistliche Geschehen ist nicht an sich wirksam, sondern nur in Verbindung mit dem dabei verkündigten Wort Gottes. Was für das Sakrament des heiligen Abendmahls gilt, das gilt auch für das Sakrament der heiligen Taufe. So kann abschließend gesagt werden: Der auferstandene und erhöhte Herr ist durch seinen Heiligen Geist in seiner Gemeinde, im Einzelchristen und in den Sakramenten nach dem Zeugnis des Wortes Gottes gegenwärtig.

Der Heilige Geist und das Wort Gottes

Das Wirken des Heiligen Geistes ist aufs engste mit dem Wort verbunden. Ohne Gottes Geist ist wiederum das Wort Gottes nicht wirksam. Schon im Alten Testament wird prophetisches Reden nicht ohne den Heiligen Geist für möglich gehalten (Mi 3,8 ff.). Hesekiel weissagt, weil der Geist des Herrn auf ihn gefallen ist (Hes 11,5). Der Gottesknecht verkündigt das Recht, weil Gott ihm seinen Geist gegeben hat (Jes 42,1; 48,16; 59,21; 61,1). Auch die Geschichtsbücher des Alten Testaments verbinden prophetisches Reden mit dem Heiligen Geist (4Mo 11,25 ff.; 24,2 f.; 2Sam 23,2; 2Chr 15,1 f.; 24,20).

Jesus versteht sich als Gottesknecht, der im Geist des Herrn das Evangelium verkündigt (Lk 4,17 ff.). Vor irdischen Gerichten redet der Heilige Geist selbst durch die Jünger (Mt 10,20). Sie werden zu Zeugen Jesu, indem sie den Heiligen Geist empfangen, und dieser Geistempfang führt sie am Pfingsttag zum Predigen (Apg 1,8 und 2,4). Stephanus redet »voll Heiligen Geistes« (Apg 7,55).

Auch für Paulus gehören Wort und Geist zusammen. Seine Predigt besteht »nicht allein im Wort, sondern auch in der Kraft und in dem Heiligen Geist...« (1Thes 1,5; 1Kor 2,4). Er nennt das Wort das »Schwert des Geistes« (Eph 6,17). Dabei versteht Paulus das Zusammenwirken von Wort und Geist nicht im Sinne eines Nebeneinanderwirkens, sondern im Sinne eines In- und Miteinanderwirkens. Das Neue Testament weiß auch davon, daß der Geist selbst redet (Hebr 3,7; Apg 8,29; 10,19; 11,12; 13,2; 20,23; 21,11; Offb 14,13; 22,17). Er gibt Weisungen an die Gemeinden (Offb 2,7.11.17.29; 3,6.13.22).

Martin Luther hat diesem biblischen Befund voll Rechnung getragen und die Zusammengehörigkeit von Wort und Geist zur Grundlage reformatorischer Pneumatologie gemacht. Der Heilige Geist sagt nichts anderes als das Wort Gottes, das uns in der Schrift gegeben ist. Er spricht und beruft »durch das Evangelium« (vgl. Erklärung Martin Luthers zum 3. Glaubensartikel).

Dabei ist zunächst an das gepredigte Wort zu denken, das aber nach reformatorischem Verständnis nur auf der Grundlage der Heiligen Schrift legitime christliche Verkündigung ist. Sowohl der biblische Kanon als auch die darauf beruhende Verkündigung sind vom Heiligen Geist gewirkt (2Petr 1,20f.). Andererseits wird aber durch das Wort Gottes der Heilige Geist erst gegeben. Petrus predigt am Pfingsttag und ruft seine Hörer zur Buße und zur Taufe auf, wodurch sie die Vergebung der Sünden erlangen und den Heiligen Geist empfangen (Apg 2,37ff.). So wird der Heilige Geist durch das verkündigte und schriftlich fixierte Wort vermittelt. Gleichzeitig vernehmen wir Gottes Wort nur durch den Heiligen Geist. Dieses unauflösliche Mit- und Ineinander von Wort und Geist wird daran deutlich, daß die gegenwärtigen Wirkungen des Heiligen Geistes sich der Prüfung durch das Wort stellen müssen.

Dieses »Schriftprinzip« im Hinblick auf das Wirken des Heiligen Geistes hat uns vor allem Martin Luther in seiner Haltung den Schwärmern gegenüber gelehrt. In den »Schmalkaldischen Artikeln« schreibt er im Artikel »Von der Beichte«:

»Und in diesen Stücken, die das mündliche, äußerliche Wort betreffen, ist fest darauf zu bleiben, daß Gott niemand seinen Geist oder Gnade gibt ohne durch oder mit dem vorangehenden äußerlichen Wort, damit wir uns bewahren vor den Enthusiasten, das heißt den Geistern, die sich rühmen, ohne und vor dem Wort den Geist zu haben und danach die Schrift oder das mündliche Wort richten, deuten und dehnen nach ihrem Gefallen...«

Die Gefahr, daß Wort und Geist getrennt werden oder der Geist dem Wort übergeordnet wird, war nicht nur in der Reformationszeit vorhanden, sondern durchzieht die gesamte Kirchengeschichte bis in unsere Tage. So sind z.B. Offenbarungen und Botschaften, die als vom Heiligen Geist empfangen und ohne Verbindung mit dem Wort weitergegeben werden, als unbiblisch abzulehnen, wenn sie dem Wort der Schrift nicht entsprechen.

So ist der Heilige Geist nicht nur grundsätzlich verbunden mit dem geschriebenen und gepredigten Wort, sondern vor allem mit dem menschgewordenen Wort, mit Jesus Christus selbst. Es ist ja die vornehmste Aufgabe des Heiligen Geistes, Jesus zu verherrlichen (Joh 16,13ff. und 14,26). Die Pneumatologie wird ihrer Aufgabe nur in enger Verbindung mit der Christologie gerecht. Wo sich die Pneumatologie von der Christologie trennt, treten die Merkmale der Schwärmerei zutage. Auch wird dann die Theologie des Kreuzes durch eine Theologie der Herrlichkeit verdrängt. Das entspricht aber nicht dem Zeugnis der Heiligen Schrift und dem damit gegebenen geschichtlichen Standort der Gemeinde hier und jetzt.

Geistestaufe und Geistesleitung

Immer wieder in der Kirchengeschichte gab es Gläubige, die nach der Bekehrung und Wiedergeburt noch eine besondere »Geistestaufe« für nötig erachteten. Das gilt auch für unsere Zeit. Ihnen sei gesagt, daß der Begriff »Geistestaufe« im Neuen Testament so überhaupt nicht vorkommt. Wohl wird von der Taufe mit bzw. im Heiligen Geist gesprochen (Mt 3,11; Joh 1,33; Apg 1,5). Damit ist das Gläubigwerden und die Eingliederung in die Gemeinde Jesu gemeint. Der Begriff »Geistestaufe« als solcher fehlt im Neuen Testament.

Werner de Boor schreibt in seinem Büchlein »Was ist es mit dem Heiligen Geist?« (EVA, Berlin 1975, S. 19f.):

»Das Pfingstereignis als solches ist die von Johannes angekündigte ›Taufe mit Geist und Feuer‹, die grundlegend der gläubigen Gemeinde aller Zeiten die Gabe des Heiligen Geistes schenkt. Nirgends wird darum in der apostolischen Unterweisung eine besondere ›Geistestaufe‹ neben dem ›Geistesempfang‹ und dem ›Wohnen des Geistes‹ in den Glaubenden gefordert. Nirgends werden Glieder der Gemeinde, die besonders ›geistesgetauft‹ sind, von den anderen unterschieden, die ›nur‹ den Heiligen Geist ›empfangen‹ haben. Der Ausdruck ›Taufe‹ im Zusammenhang mit dem Heiligen Geist wird noch einmal in 1Kor 12,13 gebraucht. Aber ganz klar sind es hier alle Gemeindeglieder, die dem Apostel vor Augen stehen. Und sie sind auch nicht ›mit dem Heiligen Geist Getaufte‹, sondern ›durch ihn‹ in den einen Christusleib eingefügt. Die Lehre von einer besonderen ›Geistestaufe‹ ist biblisch nicht begründet und daher abzulehnen.«

Dem können wir ganz zustimmen. Dort, wo der Heilige Geist selbst als Handelnder dargestellt wird, etwa in 1Kor 12,13, geht es um die Gemeinde als den Leib Christi, der dadurch entsteht, daß die einzelnen Glieder durch den »einen Geist alle zu einem Leibe getauft« sind. Gerade die Leib-Christi-Theologie des Paulus ist ein Zeugnis für die tiefe Durchdringung von Christologie und Pneumatologie.

Wir können davon ausgehen, daß Paulus, wenn er hier vom Taufen spricht, nicht eine über alle anderen geistlichen Erfahrungen hinausgehende »Geistestaufe« im Auge hat, sondern die Wassertaufe meint, die für ihn mit der Geistmitteilung verbunden ist.

In der Regel wird der unbiblische Begriff »Geistestaufe« dort angewandt, wo man eigentlich von Geistesfrucht oder von Geisteserfahrungen reden sollte, die es in jedem Christenleben gibt. Es ist zu beobachten, daß bei den Verfechtern einer besonderen Geistestaufe in der Regel das subjektive geistliche und nicht selten emotionale Erlebnis im Vordergrund steht, während die Geistesfrucht und neue Glaubenserfahrungen objektive vom Herrn durch den Heiligen Geist vermittelte Gaben sind.

Vom Neuen Testament völlig gedeckt ist das Reden von der Geistesleitung. Hier handelt es sich um objektives Wirken des Heiligen Geistes in einem Christenleben oder in einer christlichen Gemeinde. Wenn Paulus z. B. schreibt: »Denn welche der Geist Gottes treibt, die sind Gottes Kinder« (Röm 8,14), kann ebenso richtig übersetzt werden: Welche der Geist Gottes führt, welche sich von Gottes Geist leiten lassen, die sind Gottes Kinder.

Von alters her wird für diese Führung durch den Heiligen Geist der theologische Begriff »Inspiration« verwendet. In diesem Zusammenhang sei auf 2Petr 1,21 hingewiesen. Dort ist davon die Rede, daß Menschen, vom Heiligen Geist getrieben, im Namen Gottes geredet haben. Im Petrusbrief ist das auf die in der Schrift überlieferte Prophetie bezogen. Es gilt aber ebenso für alle andere Geistesleitung. Ein Musterbeispiel dafür ist Apg 16,7 ff. Hier wird berichtet, daß Paulus mit seinen Begleitern seine Reisepläne ändert, weil der »Geist Jesu« das Befolgen seiner ursprünglichen Pläne nicht zuläßt. Auch die Mahnung des Paulus an die Galater: »Wenn wir im Geist leben, so lasset uns auch im Geist wandeln« (Gal 5,25), ist wohl gleichermaßen auf die Geistesfrucht wie auf die Geistesleitung zu beziehen.

Wenn von Geistesleitung gesprochen wird, sollte aber stets genau geprüft werden, ob damit nicht eigene menschliche Ziele und Wünsche gedeckt werden. Ist letzteres der Fall, dann dürfte nicht der Heilige Geist, sondern Menschengeist am Wirken sein (Hes 13,3). Hier ist die Gabe der Geisterunterscheidung vonnöten; um sie dürfen die Christen, die in der Leitung der Gemeinde stehen, bitten. Die Gemeinde Jesu kann ihren Weg nur recht gehen, wenn sie sich vom Herrn selbst durch seinen Heiligen Geist leiten läßt.

Die Gaben des Heiligen Geistes

Für das Leben der Gemeinde als des Leibes Christi sind die »Zuteilungen« der Gaben, Dienste und Kräfte entscheidend (1Kor 12,4–5). Sie sind der Gemeinde und dadurch den einzelnen Gemeindegliedern gegeben. Das Charisma, d. h. die Gnadengabe des einzelnen Gemeindegliedes am Leibe Christi, ist die individuelle Zueignung der Gnade Gottes, die der gesamten Gemeinde gegeben ist. Paulus geht davon aus, daß die Gnade Gottes, die der Gesamtgemeinde geschenkt wird, sich in Gnadengaben (Charismen) bei jedem Gemeindeglied äußert. Dabei kann kein Glied mit seinem spezifischen Charisma auf das andere Glied mit dessen spezifischem Charisma verzichten. Ein Charisma zu haben, bedeutet deshalb nicht Auszeichnung einzelner, denn jeder ist mit einem solchen begabt, sondern Teilhabe am Reichtum, den Gott durch seinen Heiligen Geist der Gesamtgemeinde geschenkt hat. Insofern kann von allen Gemeindegliedern als von »Charismatikern« gesprochen werden.

Paulus nennt in seinen Briefen eine ganze Anzahl von Charismen. Aufzählungen finden sich z. B. Röm 12,6ff.; 1Kor 12,4ff.; Eph 4,11ff. Auch 1Kor 12,27ff. ist mit zu nennen, obwohl es sich hier mehr um eine Aufzählung von Diensten handelt, die natürlich nur kraft der entsprechenden Charismen ausgeübt werden können. Überhaupt scheint Paulus nicht scharf zwischen Gaben und Diensten unterscheiden zu wollen. Fraglich ist, ob er eine qualitative Rangordnung der Gaben kennt. Auf jeden Fall wertet er die Gaben. Er kann von »den besten Gaben« sprechen (1Kor 12,31). Auch in seiner Beschäftigung mit der Zungenrede bzw. dem Sprachengebet in 1Kor 14 nimmt er deutlich Wertungen zwischen den Charismen vor.

Das Charisma ist nach Paulus gleichzeitig das »Maß des Glaubens«, das Gott einem jeden Gemeindeglied zugeteilt hat (Röm 12,3). Die Funktion, die der einzelne Charismatiker in der Gemeinde einnimmt, richtet sich nach diesem »Maß des Glaubens«. Dabei soll die Anwendung der Gabe »in Analogie mit dem Glauben«, die Lutherbibel übersetzt »dem Glauben gemäß«, geschehen (Röm 12,6–7). Das gilt gewiß nicht nur für die Gabe der Prophetie, von der Paulus spricht. »Analogie mit dem Glauben« bedeutet für Paulus, daß jeder Gabenträger seine Gabe gemäß der ihm verliehenen Glaubenseinsicht anwenden soll. Andere Ausleger verstehen Analogie mit dem Glauben als Analogie mit dem Glauben(sbekenntnis) der Gemeinde. Damit zeigt er dem einzelnen Gemeindeglied die Möglichkeiten und Grenzen in der Anwendung seines Charismas.

Eine Rangfolge der Charismen im Sinne einer grundsätzlich abgestuften Qualität scheint Paulus aber abzulehnen. Im Verhältnis der Charismen bzw. Charismatiker zueinander gibt es für ihn kein Übereinander, sondern nur ein Füreinander (1Kor 12,21ff.). Die Glieder am Leibe Christi sind verschieden und haben somit auch verschiedene Gaben und Aufgaben. Gleichermaßen sind sie aber auch aufeinander angewiesen (Röm 12,4ff.; Eph 4,16). Dem entspricht auch 1Petr 4,10, wonach jeder die Aufgabe hat, sein Charisma wie ein guter Haushalter zu gebrauchen und in den Dienst am anderen zu stellen. Eine Gnadengabe hat nicht an sich Wert und Echtheit. Sie bekommt ihren Wert und den Erweis ihrer Echtheit erst durch die Art und Weise ihrer Anwendung im Dienst aneinander, füreinander und miteinander. Dem Glied der Gemeinde ist sein Charisma nicht zur eigenen Verherrlichung und Erbauung gegeben, sondern nur zur Verherrlichung des Herrn und zur Auferbauung seiner Gemeinde.

Daraus ergeben sich auch Konsequenzen für die Beantwortung der Frage, ob zwischen sog. »natürlichen Gaben« und Gnadengaben unterschieden werden kann und muß. So wahr jede natürliche Gabe in das Sterben des alten Menschen miteinbezogen ist, so wahr kann sie auch in der Wiedergeburt zum neuen Leben erweckt und als Charisma in Dienst genommen werden (2Kor 5,17). Das darf aber nicht zu der Meinung führen, Charismen seien lediglich in der Wiedergeburt gleichsam »veredelte« natürliche Gaben. Das ist durchaus möglich. Gottes Geist kann dem wiedergeborenen Menschen aber auch Charismen geben, die er vor seiner Wiedergeburt nicht hatte.

An dieser Stelle müßte auf den Charakter und die Anwendung der verschiedenen Charismen eingegangen werden. Das ist in diesem Zusammenhang nicht möglich. Deshalb sei auf das Buch »Eine Gnade, viele Gaben, Beiträge zum biblischen Zeugnis von den Gnadengaben«, hingewiesen (Hrsg. Kurt Heimbucher, Gnadauer Verlag, Dillenburg 1980). Dort finden wir eine sachkundige Stellungnahme zum vorliegenden Thema durch verantwortliche Brüder der Gemeinschaftsbewegung.

Im allgemeinen wird oft der Charismenbegriff zu eng verstanden. Paulus faßt ihn ganz weit, indem er Röm 6,23 ausführt: »Gottes Gabe ist das ewige Leben in Christus Jesus, unserem Herrn.« Nur auf dem Hintergrund dieser umfassenden Charis ist der Empfang aller anderen Charismen möglich. Nur weil der auferstandene und in seinem Geist gegenwärtige Herr uns sein Leben als die größte Gabe schenkt, können die verschiedenen Gnadengaben im Leben der einzelnen Christen wirksam werden. Röm 5 und 6 kann geradezu als das Hohelied dieser großen und entscheidenden Charis verstanden werden. Daß dort *charis* (Gnade), *charisma* (Gnadengabe), *dorea* und *dorāma* (Geschenk) wechselseitig gebraucht werden, will nur unterstreichen, auf welch vielfältige Weise Paulus diese Gabe aller Gaben beschreibt und bewertet, deren Inhalt das Leben in Christus ist (Röm 6,11.23).

In dieser Ausweitung des Charismenbegriffes wird die Charismenlehre mit der Christologie verbunden. Das ist folgerichtig, weil die Gabe nicht vom Geber getrennt werden kann, das ewige Leben nicht von dem, der für uns dieses Leben erworben hat. Daß es keine scharfen Grenzen zwischen Christologie bzw. Soteriologie (Lehre vom Erlösungswerk) und Pneumatologie (Lehre vom Geist), sondern nur ein enges Miteinander und Ineinander gibt, unterstreicht Paulus besonders im 8. Kapitel des Römerbriefes.

Die folgerichtige Ableitung der paulinischen Charismenlehre von der Rechtfertigung des Sünders allein aus Gnaden führt letztlich zu einer engen Verbindung der Lehre von den Charismen mit der Heiligungslehre. Heiligung bedeutet u. a. verantwortliche Anwendung der Charismen. Wenn die Anwendung der Charismen sich mit dem Heiligungsleben deckt, verwundert es auch nicht, daß sie oft im Imperativ stehen und ermahnenden Charakter tragen (Röm 12,3 ff.). Die Kapitel 12 bis 14 des 1. Korintherbriefes sind geradezu ein Kompendium paulinischer Ermahnung. Sie besteht darin, den Charismatikern in der Gemeinde und den Charismen im Heiligungsleben des einzelnen den rechten Platz anzuweisen.

Die Frucht des Geistes

In einem Leben, das durch Umkehr zu Jesus Christus und Wiedergeburt durch den Heiligen Geist neu geworden ist, wird auch die »Frucht des Geistes« wachsen. Genauso, wie jedem Gläubigen die Gaben des Heiligen Geistes zuteil werden, wird auch jeder wahrhaft Gläubige die Frucht des Heiligen Geistes hervorbringen. Diese erst ermöglicht es, die Gaben des Geistes recht anzuwenden. Sie gibt Aufschluß über den Reifegrad des Glaubens und ist das erkennbare Merkmal rechten Heiligungslebens. Das unterstreichen auch andere Stellen des Neuen Testamentes, die von der »Frucht« reden, z. B. Röm 6,22; Eph 5,9, aber auch Joh 4,36; 15,2.4.5.16.

Wenn wir von der »Frucht des Geistes« reden, denken wir zuallererst an Gal 5,22. Es ist verwunderlich, daß Paulus dort von der Frucht des Geistes in der Einzahl spricht, obwohl er eine ganze Anzahl von Früchten des Geistes aufzählt: Liebe, Freude, Friede, Geduld, Freundlichkeit, Gütigkeit, Glaube, Sanftmut, Keuschheit. Aber damit will uns der Apostel wohl sagen, daß die aufgezählten »Früchte« nicht allein existieren können, sondern erst gemeinsam in der Ergänzung die Frucht des Geistes bilden. Der Heilige Geist schenkt nicht Liebe ohne Freude, Frieden ohne Freundlichkeit, Geduld ohne Sanftmut usw.

Es ist kaum anzunehmen, daß die Liebe zufällig in der Aufzählung an erster Stelle steht. »Die Frucht des Geistes aber ist Liebe.« Sie nimmt nicht nur bei der Frucht des Heiligen Geistes eine zentrale Funktion ein. Auch im Hinblick auf die Gaben des Geistes ist sie von besonderer Bedeutung. Über aller Notwendigkeit der Anwendung von Gaben beim Aufbau der Gemeinde zeigt uns Paulus noch einen »köstlicheren Weg«, nämlich den Weg der Liebe, der göttlichen Agape, der Liebe, mit der Gott uns so geliebt hat, daß er uns seinen eingeborenen Sohn gab. Sie ist in ihrem Wesen nicht Gefühl oder Sympathie. Sie ist eine Gabe, die nicht nur angenommen, sondern weitergegeben werden will. Sie steht mit den Charismen nicht auf einer Ebene. Vielmehr ist sie der »köstlichere Weg«, den Paulus 1Kor 12,31 aufzeigt und in 1Kor 13 weiter beschreibt. Sie ist Gabe für unser Christsein und dessen Frucht zugleich.

Wer den Weg der Liebe nicht gehen will, kann auch die Charismen im Sinne des Neuen Testaments nicht anwenden. Er wird dann nicht zu denen gehören, die »füreinander gleich sorgen« (1Kor 12,25) und die einander »kräftig Handreichung tun« (Eph 4,16). Ohne Liebe kommt es zu Spaltungen des Leibes Christi (1Kor 12,25). Ohne Liebe gibt es kein Zusammenwirken der Gaben zur Auferbauung der Gemeinde und kein fruchtbares Wachstum in der Heiligung.

Dieselbe Bedeutung, welche die Liebe für die Gaben des Geistes einnimmt, hat sie auch für die Frucht des Geistes. Sie ist die einzige Möglichkeit, in der Christen miteinander glauben, leben und dienen können. Sie macht alle anderen Aspekte der Frucht des Geistes, wie sie Gal 5,22 aufgezählt werden, erst möglich. Diese sind nichts anderes als »Ausstrahlungen und Konkretisierungen der Liebe« (Hans Brandenburg). Das heißt: Durch die Liebe ist Freude erst möglich, genauso wie es keinen Frieden ohne Liebe geben kann. Und wer kann Geduld, Freundlichkeit und Güte seinen Mitmenschen gegenüber aufbringen, ohne sie von Herzen zu lieben? Auch Glaube, Sanftmut und Keuschheit sind nicht möglich, wenn sie sich nicht auf die Agape, die göttliche Liebe, gründen.

Das Beten um den Heiligen Geist

In der Frage, ob man um den Heiligen Geist bitten soll, gehen die Meinungen und Antworten sehr auseinander. Zunächst stellen wir fest, daß wir von Jesus selbst nur eine einzige deutliche Aussage haben, die uns das Gebet um den Heiligen Geist empfiehlt. Er sagt Lk 11,13: »Wenn nun ihr, die ihr böse seid, euren Kindern gute Gaben geben könnt, wieviel mehr wird der Vater im Himmel den heiligen Geist geben denen, die ihn bitten!« Diese eindeutige Aussage unseres Herrn spricht auf jeden Fall zugunsten des Betens um den Heiligen Geist. Sie verliert auch ihr Gewicht nicht dadurch, daß sie sehr singulär im Neuen Testament steht.

Nun gibt es aber nicht wenige, auch unter maßgeblichen Theologen, die das Beten um den Heiligen Geist für einen Gläubigen als nicht mehr nötig erachten. Sie vertreten vielmehr mit Recht den Standpunkt, der Glaube sei ohne den Heiligen Geist gar nicht möglich. Ein gläubiger Mensch hat somit den Heiligen Geist und braucht nicht mehr um ihn zu bitten.

Dies ist ernsthaft zu bedenken. Zunächst darf natürlich Lk 11,13 nicht in dem Sinne verstanden werden, daß wir ständig um den Heiligen Geist bitten sollen. Vielmehr, sagt Jesus, wird der Vater ihn uns auf unser Bitten hin geben. Wir bedürfen dann keiner ständigen Wiederholung unserer Bitte. Gott gibt uns, sagt Jesus in diesem Gleichnis, den Heiligen Geist viel lieber als ein irdischer Vater seinen Kindern das tägliche Brot.

Es fällt auch auf, daß die Apostel in den Briefen des Neuen Testaments die Gemeinden und deren Glieder nicht auffordern, um den Heiligen Geist zu bitten. Sie gehen vielmehr davon aus, daß diese den Geist bereits haben. »Die Liebe Gottes ist ausgegossen in unser Herz durch den heiligen Geist, der uns gegeben ist«, kann Paulus Röm 5,5 sagen. Vor allem betont Paulus im 8. Kapitel des Römerbriefes, daß Christsein ohne den Heiligen Geist gar nicht möglich ist (Röm 8,9.11.13–16.23.26, aber auch 1Kor 2,12; 3,16; 6,11.19; 12,3.13; 2Kor 1,22; 4,6; Eph 2,18; 4,3.4; 1Thes 4,8; 2Thes 1,7.14 und dazu die nichtpaulinischen Stellen: 1Petr 4,14; 1Joh 3,24; 4,13; Jak 4,5).

Diese nicht geringe Anzahl von Bibelstellen will uns deutlich machen, wie selbstverständlich die neutestamentlichen Briefe davon ausgehen, daß der Heilige Geist den Gemeinden und ihren Gliedern gegeben ist. Dazu ist es unbestrittene Lehraussage der Kirche, daß der Empfang des Heiligen Geistes für die Gemeinde ein für allemal mit dem in Apg 2 geschilderten Pfingstgeschehen erfolgte. Jeder, der bis heute durch die Predigt des Evangeliums, durch Buße, Taufe und Vergebung der Sünden Glied der Gemeinde Jesu wird, empfängt den Heiligen Geist, der in der Gemeinde vorhanden und wirksam ist. Er bekommt Anteil am Pfingstgeschehen. Das Pfingstgeschehen wirkt fort. Es ist deshalb unbiblisch, um ein erneutes Pfingsten zu beten.

Was bedeutet das aber nun für die Frage, ob die Bitte um den Heiligen Geist für die Gemeinde oder das einzelne Gemeindeglied gerechtfertigt ist? Auf dem Hintergrund der bisherigen Ausführungen scheint diese Frage verneint werden zu müssen. Dennoch soll diese Antwort nicht vorschnell gegeben werden. Paulus schreibt z. B. an die Gemeinde in Ephesus: »Werdet voll Geistes« (Eph 5,18). Daraus ist zu schließen, daß eine Gemeinde mitsamt ihren Gliedern oft dem Wirken des Geistes nicht genügend Raum gibt. Ja, Paulus hält es sogar für möglich, daß eine Gemeinde nicht mehr im Geiste wandelt, wie aus Gal 5,16 zu schließen ist, ja, daß eine Gemeinde im Geist anfangen, aber im Fleisch enden kann (Gal 3,3).

Hätte die Gemeinde das Beten um den Heiligen Geist nicht nötig, so könnten wir z. B. auf die meisten unserer Pfingstlieder verzichten. Eben aber haben wir festgestellt, daß wir den Heiligen Geist nicht wie einen festen Besitz haben, sondern ihn durchaus auch wieder verlieren können. Deshalb ist es für eine Gemeinde und für gläubige Christen richtig zu sagen: »Wir haben den Heiligen Geist.« Das soll aber nicht im Bewußtsein einer falschen Sicherheit geschehen. Wir haben nämlich den Heiligen Geist, wie übrigens alle Glaubensgüter und Gaben Gottes, nicht wie einen festen unverlierbaren Besitz. Wir haben dies alles nur als solche, die es ständig neu empfangen. So stehen wir immer als die Empfangenden vor Gott, deren Hände und Herzen täglich neu gefüllt werden. So gesehen, ist die Bitte um den Heiligen Geist gerechtfertigt und sinnvoll.

Das Beten im Heiligen Geist

Mit Gott reden, zu ihm beten, ist nicht kraft unseres menschlichen Geistes und seiner Erkenntnisfähigkeit möglich. Daß wir zu Gott »Vater« sagen, geschieht nicht aufgrund unserer Erkenntnis, daß er es so gut wie ein Vater mit uns meint. Vielmehr ist Gott tatsächlich unser Vater, und wir dürfen seine Kinder sein, weil sein Sohn unser Bruder wurde. Es ist Gottes Tat, die uns zu seinen Kindern macht, wie auch Gottes Geist es ist, der »unserem Geist Zeugnis gibt, daß wir Gottes Kinder sind« (Röm 8,16). Und nur, wenn wir uns von Gottes Geist »treiben« lassen, sind wir Gottes Kinder, wie wir auch nur durch und in diesem Geist zu rufen vermögen: »Abba, lieber Vater« (Röm 8,14f.). Wir wissen von uns aus gar nicht, »was wir beten sollen« und »wie sich's gebührt« zu beten, sondern »der Geist hilft unserer Schwachheit auf« und »vertritt uns mit unaussprechlichem Seufzen« (Röm 8,26).

Daß christliches Beten ein Beten im Geist Gottes ist, sagt Jesus auch der Samariterin am Jakobsbrunnen (Joh 4,19–26). »Es kommt die Zeit und ist schon jetzt, in der die wahren Anbeter den Vater anbeten werden im Geist und in der Wahrheit; denn auch der Vater will solche Anbeter haben. Gott ist Geist, und die ihn anbeten, die müssen ihn im Geist und in der Wahrheit anbeten« (Joh 4,23.24).

Diese Zeit ist mit Jesus bereits angebrochen. Es ist die Endzeit, die in die Vollendung der Heilsgeschichte mündet, in der es keinen Tempel als Ort der Anbetung mehr geben wird (Offb 21,22). Wenn Jesus sagt, in dieser Zeit werden die »wahrhaften Anbeter Gott im Geist und in der Wahrheit anbeten«, dann nehmen wir die tiefen Dimensionen dieser Aussage wahr, wenn wir uns vergegenwärtigen, daß Jesus im Johannesevangelium Gott selbst als Geist bezeichnet (Joh 4,24), sich mit dem kommenden Parakleten geradezu identifiziert (Joh 14,18) und mit Wahrheit letztlich niemand anderen als sich selber meint (Joh 14,6). So können wir daraus schließen: Beten ist nur möglich im Heiligen Geist. Weil wir aber gerade im Johannesevangelium von unserem Herrn gelehrt werden, daß Vater, Sohn und Geist in einer unauflöslichen Einheit zusammenwirken, ist rechtes Beten im Heiligen Geist nur möglich im Glauben an den dreieinigen Gott.

Das Beten zum Heiligen Geist

Im vorangehenden Kapitel stellten wir fest, daß das Beten nur im Heiligen Geist möglich ist. Dann stellt sich die Frage, ob dann ein Beten zum Heiligen Geist überhaupt denkbar ist. Kann denn Gottes Geist, der uns im Beten hilft und das Beten lehrt (Röm 8,26), durch den wir zu Gott »Vater« sagen dürfen (Röm 8,14ff.; Gal 4,6), gleichzeitig das Gegenüber, der Adressat unseres Betens sein?

Wenn wir mit unserer Kirche den dreieinigen Gott bekennen, d.h. auch wenn wir den Heiligen Geist als »göttliche Person« verstehen, ist es schwer verständlich, warum wir nicht zu ihm beten sollten wie zum Vater und zum Sohn. Und wenn der Heilige Geist uns Lehrer (Joh 14,26) und Helfer im Beten ist, wie wir es im vorigen Kapitel ausführten, dann ist es schwer verstehbar, warum wir mit einem solchen Lehrer und Helfer nicht reden sollten. Die Kirche hat es zu allen Zeiten getan. Vor allem in den Pfingstliedern hat solches Reden und Beten zum Heiligen Geist seinen Niederschlag gefunden. Warum sollte der Christ nicht auch mit dem Heiligen Geist im Gebet reden, der doch zu ihm spricht (vgl. Seite 109.111), ihn beauftragt (Apg 13,2) mit der Gemeinde »beschließt« (Apg 15,28) und den Gemeindegliedern nach seinem Ermessen Gaben zuteilt (1Kor 12,11).

Besonders müssen wir uns vergegenwärtigen, daß in der Kirche das Beten zum Heiligen Geist nicht losgelöst worden ist vom Gebet zum Vater und zum Sohn. Das entspricht der bereits gemachten Feststellung, daß die Lehre vom Heiligen Geist nicht von der Lehre von Christus und der Gotteslehre überhaupt getrennt werden darf. Wo es zu solcher Verselbständigung der Pneumatologie kam, entstanden schwärmerische Gruppierungen, die früher oder später aus der Kirche ausgeschieden wurden.

Wir beten also zum Heiligen Geist, weil wir auch zum Vater und zum Sohn beten. Wir vermögen unsere Pfingstlieder nur zu singen, weil wir auch die Weihnachts- und Osterlieder singen. Wir verselbständigen unseren Glauben an den Heiligen Geist nicht gegenüber unserem Glauben an den Vater und an den Sohn, denn das Werk des Heiligen Geistes ist die Ehre des Vaters (Röm 8,15 ff.), die Verherrlichung Jesu (Joh 16,14), die Auferbauung der Gemeinde (1Kor 12) und der Glaube an den dreieinigen Gott (vgl. u. a. Luthers Erklärung zum 3. Artikel).

Das Beten zum Heiligen Geist ist also dann möglich, wenn es nicht vom Beten zum Vater und zum Sohn gelöst und somit der Gefahr begegnet wird, als sei der Glaube an den Heiligen Geist ein Glaube höherer Ordnung und besonderer Qualität.

Die Gemeinschaftsbewegung und die Lehre vom Heiligen Geist

Das biblische Zeugnis vom Heiligen Geist ist in zurückliegenden Jahrzehnten in der Gemeinschaftsbewegung vielfach bedacht und dargestellt worden.

Die Durchsicht der Themen, die bei den Gnadauer Pfingstkonferenzen entfaltet worden sind, läßt die Freude und Dankbarkeit über das Wirken des Heiligen Geistes erkennen: »Das Einwohnen des Heiligen Geistes« (1894), »Die unterschiedlichen Wirksamkeiten Gottes des Vaters, Gottes des Sohnes und Gottes des Heiligen Geistes« (1898), »Geistesleitung« (1900), »Die Kraft des Heiligen Geistes im ewigen Wort« (1902), »Die Taufe mit dem Heiligen Geist nach der Schrift« (1906), »Die Gabe des Heiligen Geistes und die Geistesgaben« (1908), »Das Bedürfnis der Gemeinde nach einer größeren Ausrüstung mit Geisteskraft und die Bedingungen für eine schriftgemäße Befriedigung desselben« (1910), »Kraftwirkungen des Heiligen Geistes« (1913), »Gesundes Geistesleben« (1924), »Die schöpferische Kraft des Heiligen Geistes« (1933), »Der biblische Weg zu vermehrter Geistesausrüstung« (1933), »Wort und Geist« (1958), »Das biblische Zeugnis vom Heiligen Geist« (1973) u. a.

Die Gemeinschaftsbewegung hat sich stets daran erinnert, daß das Wirken des Heiligen Geistes im Leben des einzelnen auf die Gemeinschaft der Gläubigen mit dem Herrn und untereinander zielt. Sie hat bewußt bejaht, was Martin Luther im Kleinen Katechismus vom Wirken des Heiligen Geistes gelehrt hat: »Gleich wie er die ganze Christenheit auf Erden beruft, sammelt, erleuchtet, heiliget und bei Jesus Christus erhält im rechten einigen Glauben ...«

Damit ist auch an dem Segenswort des Apostels angeknüpft, in dem er die »Gemeinschaft« beschreibt, die der Heilige Geist schenkt und zu der er beruft und ermächtigt (2Kor 13,13); schließlich ist das auch die Konsequenz in den beiden Kapiteln von den Gnadengaben, wenn Paulus auf das Geheimnis hinweist, daß die Gläubigen zu dem *einen* Leib des Christus gehören. Durch den *einen* Geist sind sie zu dem *einen* Leib des Christus getauft, und durch die *eine* Gnade sind sie in dem *einen* Leib des Christus zusammengefügt (1Kor 12,13; Röm 12,5–6). Wie jeder Leib eine Einheit sein muß, wenn er gesund bleiben soll, so verhält sich das auch mit dem »Leib des Christus«, der Gemeinde.

Dabei führt diese »Einheit« weder dazu, daß geistliches Leben uniformiert noch Aufträge vereinheitlicht werden. »Der Leib ist nicht *ein* Glied, sondern viele«; und die Glieder versehen nicht den gleichen Dienst; aber sie leben durch denselben Geist und dienen demselben Herrn (1Kor 12,12–26).

Die Gemeinschaftskreise sind in dem Maße lebendig geblieben, wie sie durch Gottes Wort und Geist mit dem Herrn Jesus Christus in Verbindung geblieben sind. Elias Schrenk hat diese geistliche Wirklichkeit im Jahre 1908 mit Nachdruck hervorgehoben:

»Der Heilige Geist, wie er in den letzten Reden des Heilands erscheint, der Christum verklärt in unseren Herzen und durch den Christus nach Römer 8 in unseren Herzen wohnt, muß uns im Vordergrund stehen, und dieser Geist ist der Geist der Wahrheit nach Jesu Worten. Darum stehen wir vor der einfachen Frage: Bin ich ein Glied am Leibe Christi? Wenn ich der Gnade Gottes gewiß bin, wenn mir der Heilige Geist die Kindschaft bezeugt, dann bin ich es. Damit ist aber die Frage noch nicht beantwortet: Wie groß ist mir der Herr? Welche Erkenntnis habe ich vom Heiland? Inwieweit hat mir ihn der Geist verklären können? Inwieweit lebt er in mir, regiert er mich, inwieweit kann er mich brauchen? Er kann uns brauchen entsprechend unserer inneren Lebensverbindung mit ihm durch den Geist« (Gnadauer Pfingstkonferenz, 1908, Stuttgart, S. 130).

Zur Lebensverbindung mit Jesus gehört dann auch das »fortwährende Festhalten an der Gemeinschaft« (Apg 2,42), zu dem der Heilige Geist befähigt: Er führt in den unerschöpflichen Reichtum des Wortes ein und öffnet das Verständnis für das Heil Gottes (Joh 14,26; 1Kor 2,12ff.); er ermächtigt zur Liebe, die nicht zuletzt auch in der Feier des Abendmahles und im gemeinsamen Gebet Ausdruck findet. Denn wo Gottes Geist wirkt, führt er Menschen und Gemeinden zur Anteilnahme und zum Anteilgeben in der Liebe und im Glauben und im Gebet, so gewiß er ein »Geist der Gnade und des Gebetes« ist (Sach 12,10).

Zum sorgfältigen Achten auf das biblische Zeugnis vom Heiligen Geist war die Gemeinschaftsbewegung auch in Zeiten besonderer Herausforderung angewiesen, etwa durch das Aufkommen der Pfingstbewegung am Anfang dieses Jahrhunderts oder durch Erscheinungen der sogenannten Charismatischen Bewegung in unseren Tagen.

Sie war und ist immer gut beraten, wenn sie der apostolischen Weisung folgt, »alles« zu prüfen und »das Gute« zu behalten (1Thes 5,19–22). Dabei kann und darf das Fragen nach der gültigen Wahrheit nicht aus dem Gesamtzusammenhang der Schrift gelöst werden und auch nicht aus dem Gesamtzeugnis über Gott, den Vater, den Sohn und den Heiligen Geist. Denn es sind nicht nur die jeweiligen Einzelerscheinungen oder Lehraussagen zu prüfen, sondern der grundsätzliche Zusammenhang von Lehre und Leben. Es ist nicht nur der jeweilige Bezug zur Einzelaussage der Bibel zu bedenken, sondern auch die lehrmäßige Akzentuierung, die an der einzelnen Stelle vorgenommen wird.

Schließlich kann dieses Fragen nach der Geltung des Wortes nur gelingen, wenn es vom Verlangen »nach einer größeren Ausrüstung mit Geisteskraft« begleitet ist, wie Elias Schrenk 1910 in einem Referat wegweisend dargelegt hat:

»Wo liegt die Ursache unserer Armut? Liegt sie in Gott, oder in seiner Gemeinde? Sie kann nicht in Gott liegen, sie liegt in uns. Schon die Gegenwart des Heiligen Geistes in der heutigen Gemeinde ist ein Tatbeweis der Treue Gottes. Es ist des Vaters Wille, daß seine Gemeinde durch den Heiligen Geist erbaut, erfüllt und vollendet werde (Eph 3,19; 4,12.13). Unser Mangel ist nicht des Vaters Wille: Er gibt den Heiligen Geist denen, die ihn bitten (Luk 11,13).

Liegt die Ursache des Mangels an Geistesausrüstung an uns, so ist es klar, daß wir zunächst nicht um eine Art Pfingstwunder zu bitten haben, das wäre ein bequemer Weg, sondern uns gründlich beugen sollen wegen unserer Untreue.

Wieviel irdischer Sinn, wieviel Mammonismus, wieviel Weltförmigkeit und wieviel Fleischessinn tritt uns bei unserm Geschlecht entgegen! Diese Sünden, die großen Mangel an Scheidung von Fleisch und Geist offenbaren, treten uns auch in ernsteren Kreisen entgegen. Alle diese Dinge sind ein Satansbollwerk gegenüber dem Heiligen Geist. Er kann bei vielen nicht durchdringen, und sie nicht in die Gotteskindschaft einführen. Darum ist die Gemeinde Gottes zu schwach dem Verderbensstrom gegenüber, der sich durch unser Volk ergießt. Wir bekennen auch mit Schmerz, daß die Zahl der Geistesmenschen unter uns viel zu klein und das Heer der Halben, Oberflächlichen und Lauen zu groß ist. So ergeht der Ruf Gottes an sein Volk: Lasset euch scheiden und reinigen von allem gottwidrigen Wesen; tut allen offenbaren und geheimen Bann von euch, und machet Bahn dem Heiligen Geist durch gründliche Buße...«

Und an späterer Stelle fährt er fort: »Die Schrift bewahrt uns auch vor dem Irrtum, immer nur von einmaliger Geistestaufe zu reden. Nach Joh 20,22; Apg 2; 4,31; Eph 1,13.17; 3,16.19 und 5,18 gibt es und muß es für das Wachstum der gläubigen Gemeinde eine fortlaufende Mitteilung des Heiligen Geistes geben. Diese Tatsache nötigt uns, es mit Nachdruck auszusprechen, daß es weitaus die Hauptbedingung für vermehrte Geistausrüstung ist, daß wir täglich offene Gefäße seien und bleiben für vermehrte Mitteilung des Heiligen Geistes...« (Gnadauer Pfingstkonferenz, 1910, Stuttgart, S. 103–104, 111–112).

Es hat der Gemeinschaftsbewegung stets zum Gewinn gereicht, wenn sie die Bereitschaft ihres Herrn ernstgenommen hat, durch den Heiligen Geist Kräfte des Lebens in die Gemeinde zu geben, damit diese wachsen und sich auferbauen kann (Apg 9,31). Dabei standen und stehen keineswegs Zeiten des Wohlergehens oder der äußeren Erfolge wie selbstverständlich im Blickfeld. Es geht vielmehr immer um das Leben der Gemeinde mit ihrem Herrn, der sich auch im Leiden seiner Glieder verherrlichen und großmachen kann (Joh 15,26–16,4).

Weil der lebendige Herr seine Gemeinde erbaut, gibt er ihr in ihren einzelnen Gliedern durch den Heiligen Geist die Gaben, die sie braucht, um ihren Dienst zur Ehre des Herrn ausführen zu können (Röm 12,6; 1Kor 12,7).

Es ist erschreckend, daß mancherorts die Frage um die Gnadengaben zum Streitpunkt gemacht worden ist. In allem Ringen um die rechte Erkenntnis muß wegweisend gelten: Wo es um Gaben der Gnade geht, wird die schenkende Liebe des Herrn sichtbar. Darum soll von Gnadengaben immer mit Dank und Hingabe geredet werden. Weil der Herr allen Gaben gegeben hat – »zum gemeinsamen Nutzen« –, soll ihn die Gemeinde miteinander ehren, indem sie diese Gaben zum Einsatz bringt. Das bewahrt die einzelnen davor, die Gaben zu mißbrauchen, um sich damit wichtig zu machen. Das bewahrt aber auch davor, sich auf einzelne oder bestimmte Gaben festzulegen. Es gilt vielmehr: »Dies alles aber wirkt derselbe *eine* Geist und teilt einem jeden das Seine zu, wie er will« (1Kor 12,11).

Das biblische Zeugnis vom Einsatz der Gnadengaben korrespondiert mit der Erkenntnis, daß die Gemeinde zum »allgemeinen Priestertum« berufen und befähigt ist. Während alle, die durch den Glauben an Jesus Christus zu neuem Leben wiedergeboren sind, in priesterlichem Dienst stehen (1Petr 2,5.9), wirkt jeder einzelne mit der Gabe, die ihm durch den Heiligen Geist anvertraut ist, an dem Platz, an den der Herr ihn berufen hat.

Dabei kann als Erkennungszeichen für den rechten Ursprung und als Hilfe für den gemeindebauenden Gebrauch der Gnadengaben gelten: Wo Gnadengaben recht eingesetzt werden, wird die Liebe gemehrt (1Kor 13) und der lebendige Gott und Herr gepriesen (1Petr 4,10.11).

Wegleitend wird für die Gemeinschaftsbewegung bleiben, daß die Lehre vom Heiligen Geist und seinen Gaben (Pneumatologie) fest mit dem biblischen Zeugnis über Jesus Christus (Christologie) verbunden bleibt, wie auch das Ringen um die rechte Lehre nicht vom glaubwürdigen Leben in der Liebe getrennt werden kann und darf. Denn: »Jesus Christus ist die eine große, unüberbietbare Gnadengabe Gottes an diese Welt. – Die Liebe ist es, die alle anderen Gaben überstrahlt. Sie ist ›der köstliche Weg‹ (1Kor 12,31 b), der uns gewiesen wird« (Hrsg. K. Heimbucher, Eine Gnade – viele Gaben, Dillenburg, 1980).

Siegfried Kettling

Rechtfertigung und Heiligung

».. meine Antinomer (= Gegner der Gebote Gottes) predigen sehr fein und mit rechtem Ernst von der Gnade Christi, von der Vergebung der Sünden. Aber dies consequens (= das, was daraus folgt) fliehen sie wie der Teufel, daß sie nämlich den Leuten sagen sollten vom dritten Artikel der Heiligung, das ist vom neuen Leben in Christo, denn sie meinen, man solle die Leute nicht erschrecken noch betrüben, sondern immer tröstlich predigen von der Gnade und Vergebung der Sünden in Christo und beileibe ja meiden diese Worte: ›Hörest du, du willst ein Christ sein und gleichwohl ein Hurenjäger, volle Sau, hoffährtig, geizig, Wucherer, neidisch, rachgierig, boshaft bleiben ..‹ Sondern so sagen sie: ›Hörest du, bist du ein Ehebrecher, ein Hurer, ein Geizhals oder sonst ein Sünder, glaubest du nur, so bist du selig, darfst dich vor dem Gesetz nicht fürchten, Christus hat alles erfüllet‹ ... Ja, es heißt eben in demselben (= in einem Atemzug) Christum wegnehmen und zunichte machen, wenn er am höchsten gepredigt wird. (Sie) sind wohl feine Osterprediger, aber schändliche Pfingstprediger, denn sie predigen nichts .. von der Heiligung des Heiligen Geistes, sondern allein von der Erlösung Christi, so doch Christus ... Erlösung von Sünden und Tod erworben hat, daß uns der Heilige Geist soll zu neuen Menschen machen aus dem alten Adam. *Denn Christus hat uns nicht allein gratiam, die Gnade, sondern auch donum, die Gabe des Heiligen Geistes, verdienet, daß wir nicht allein Vergebung der Sünden, sondern auch Aufhören von den Sünden hätten ...* Aber unsere Antinomer sehen nicht, daß sie Christum predigen ohn und wider den Heiligen Geist, weil sie die Leute wollen lassen in ihrem alten Wesen bleiben und gleichwohl selig sprechen, so doch die Konsequenz das will, daß ein Christ soll den Heiligen Geist haben und ein neu Leben führen oder wissen, daß er keinen Christum habe.«

(Martin Luther)[1]

I. Das Verhältnis von »Rechtfertigung« und »Heiligung«

Wir versuchen, diesen beiden Grundworten zunächst durch eine biblische Betrachtung (zu Epheser 2,8–10) auf die Spur zu kommen. Daran schließt sich eine dogmatische Überlegung an.

1. Biblische Betrachtung: »Nicht aus Werken«, aber »zu guten Werken« (Eph 2,8–10)

Das Miteinander von Rechtfertigung und Heiligung läßt sich besonders plastisch an einem Abschnitt aus dem Epheserbrief erfassen, auch wenn die beiden Begriffe (als spezielle Fachausdrücke) dort nicht vorkommen: Wir orientieren uns an *Eph 2,8–10.*

»Einst«

Zunächst werfen wir einen Blick auf die vorangehenden Verse des Kapitels. Da wird einmal das Woher beschrieben, das elende *»Einst«* (V. 2a), das unheimliche Land, aus dem »wir alle« (V. 3a) kommen (V. 1–3). Zum anderen wird die rettende *Wende* markiert: »Aber Gott ..« (V. 4–7). – »Wer waren wir?« (vgl. GL27, Str. 2). »Söhne des Ungehorsams« (V. 2), solche also, die ihr Wesen, ihre »Natur«, ihr ganzes Sein darin hatten, gegen Gott und ihr eigenes Geschöpfsein zu rebellieren, »selbst-herrlich« sein zu wollen. »Kinder des Zorns« (V. 3) hießen wir, solche, die in den Bereich des göttlichen Gerichts gebannt waren, der Verdammnis bereits anheimgefallen. Als solche waren wir »tot durch Übertretungen und Sünden« (V. 1).

Das Todesurteil *»tot«* ist keineswegs nur »übertragen«, d.h. bildhaft, uneigentlich gemeint. Nicht »im übertragenen Sinn«, sondern ganz real waren wir tot. Dieses Tot-Sein ist das eigentliche; das biologische Sterben nur die Außenseite, die Konsequenz der »Sünde«, der Absonderung vom wahren Leben (Röm 5,12; 6,23). »Ungehorsam« – »Zorn« – »Tod« heißen die Markenzeichen des »Einst«-Zustandes. Dabei befinden sich diese heillosen Menschen im Griff übermenschlicher Gewalten, die sie – von außen kommend – fremdsteuern: Der »Äon dieser Welt(zeit)« wird genannt, der Zeit-Geist der gefallenen Welt, dazu der »Mächtige, der in der Luft herrscht« (V. 2), der Satan als »Gott dieses Äons« (2Kor 4,4).

Diese »unsauberen Herren« stoßen von außen nach innen vor, haben einen Brückenkopf, einen Stützpunkt im Inneren des »alten« Menschen: Er wird nicht einfach brutal zum Bösen vergewaltigt; er stimmt dem Widergöttlichen mit Leidenschaft zu. Er *ist* Rebell. Der fremde dämonische Wille und das eigene Begehren sind innig verschmolzen. Vom *»Fleisch«* wird dieser Mensch bestimmt, d.h. von der Sucht (im schmutzigen oder vornehmen Gewand), selbst Herr und Gott zu sein. Diese »Selbst-Sucht« (»Begierden, Willen des Fleisches«, V. 3) ist sein innerster Lebenstrieb, dieses »Selbst« will er unbedingt verwirklichen.

»Man braucht bei dieser ganzen Schilderung des Vorlebens der Christen durchaus nicht an die grobe Ausschweifung und brutale Ungerechtigkeit der Durchschnittsheiden zu denken. ›Es gibt auch hochkultiviertes, edles, sogar sehr religiöses und, wie die Pharisäer beweisen, sogar theologisch gebildetes Fleisch‹.«[2]

Tod – Teufel – Sünde – Fleisch (wilde Selbst-Sucht) bilden miteinander eine »unheilige Allianz«; in dieses dämonische Blendwerk ist der Mensch verstrickt wie ein Insekt im Spinnennetz und ist zugleich mit ganzem Herzen dabei, ist Opfer wie Täter, ist Vergewaltigter wie begeistert Engagierter: Er ist »dahingegeben« (Röm 1), d.h. er muß, was er will, und er will, was er muß!

Vom Römerbrief her (bes. Kap. 7) muß man hinzufügen: Wenn Gottes *Gesetz*, der heilige, gerechte, gute und wahrhaft geistliche Gotteswille (Röm 7, 12.14), in dieses Schlangennest hineinstößt, wird diese Brut erst recht aktiv – wie das kühle Wasser den ungelöschten Kalk zum Sieden bringt und somit sein innerstes Wesen an den Tag holt. Gottes heilige Forderung, sein gebietendes »Du sollst nicht!« läßt die Sünde erst recht geil und rebellisch, läßt sie »überaus sündig« werden (Röm 7,13). Jetzt steigert sich die Bosheit zum Exzeß! Wie ist da, wo selbst Gottes gutes Gesetz nur Sünde provoziert, noch Rettung möglich?

»Jetzt aber«

»Aber Gott« (V. 4)! Gott setzt ganz neu ein, beginnt ganz aus seinem Ureigensten, ganz spontan, ganz kreativ. Die Stichworte »Erbarmen, Liebe (Agape) (V. 4), Güte (V. 7), Gnade (V. 5.7.8) kennzeichnen diesen souveränen, freien Entschluß zur Rettung der Verlorenen. Auf einer ganz neuen Ebene setzt Gott ein (»abgesehen vom Gesetz«, Röm 3,21), nämlich indem er seinen Sohn dahingibt (Röm 8,32). Mit Karfreitag und Ostern bricht der »neue Äon«, das Reich Gottes, herein. Gott offenbart seine unzerstörbare Treue zu seinem Bundesvolk Israel, zu der verlorenen Menschheit wie zu der ganzen Schöpfung; der Richter enthüllt als Retter sein Heil. Er setzt gegenüber aller dämonischen Rebellion seine Gottheit durch, und zwar seinen Geschöpfen zum Heil. Diese gnadenhafte Selbstdurchsetzung Gottes nennt Paulus *»Gerechtigkeit Gottes«* (Römer-, Galaterbrief!), ihr »Ankommen« beim Menschen »Rechtfertigung«.

Im Epheserbrief wird an unserer Stelle dieses »Ankommen« der Gnade, dieses Hereingeholtwerden in den Christus Gottes ungeheuer kühn beschrieben. Die griechische Zeitform Aorist stellt als bereits geschehen fest:

Wir – die Toten – *sind*(!) zusammen mit Christus auferweckt worden (V. 5 f.). Wir sind also in das Geschick Jesu »eingeleibt« worden: Was er *für* uns tat (1Kor 15,3; Röm 5,7), das wird jetzt zu unserm Heil *an* uns vollstreckt: Wir starben *mit* ihm und wurden *mit* ihm auferweckt (Röm 6,4.6.8; Kol 2,12 f.; vgl. 2Kor 5,14.19). Ja, sagt Eph 2,6: »Wir sind bereits (!) mit eingesetzt in den Himmel.« Wir bilden für »die kommenden Zeiten« (V. 7) die große Demonstration des »überschwenglichen Reichtums seiner Gnade«, d. h. an uns zeigt Gott, wer er ist und was er kann!

Bei diesen »überschwenglichen« Schon-Aussagen (bereits gestorben, mitauferweckt, miterhöht) darf keinen Augenblick vergessen werden, was der Apostel präzis herausstellt: *»In Christus«* gilt das (V. 6.7)! Es gilt nicht einfach »an sich«, gilt nicht platt »in uns selbst«. In sich selbst sind diese »Mitinthronisierten« eben jene armseligen Leute, die der Apostel oft so scharf zurechtweisen muß (1 u. 2 Kor; Gal!), jene »seltsamen Heiligen«, die täglich des Vaterunsers bedürfen (Brot, Vergebung, Beistand in Versuchung). Der bedeutsamen Unterscheidung *»in Christus« – »in uns selbst«* werden wir noch später nachgehen müssen.

Hier setzen wir nun die für uns wesentlichen Verse *Eph 2, 8–10* ein, bei denen wir anklopfen wollen, um nach dem Zusammenhang von Rechtfertigung und Heiligung zu fragen.

V. 8. »Denn *aus Gnade* seid ihr selig geworden *durch Glauben,* und das nicht aus euch: Gottes Gabe ist es.
V. 9. *Nicht aus Werken,* damit sich nicht jemand rühme.
V. 10. Denn wir sind *sein Werk* geschaffen in Christus Jesus *zu guten Werken,* die Gott zuvor bereitet hat, daß wir darin wandeln sollen.«

»Aus Gnade«

Zunächst wird in strahlendem Ton das Thema *Rechtfertigung* eingeführt (V. 8 f.). *»Aus Gnaden gerettet!«* – allein aus Gnaden, *sola gratia;* denn scharf pointiert heißt es: »das nicht aus euch« und präzisierend *»nicht aus Werken«.*

Jede menschliche Eigenleistung, jede »Mischfinanzierung« (Gottes Gnade *und* unser Bemühen) ist ausgeschlossen, ist verdammt. Alle unsere »Werke« entstammen ja dem »Fleisch«, auch die »frömmsten« sind Selbstbetätigung des »alten Adam«, der damit an seinem Denkmal baut. »Was vom Fleisch geboren ist, das ist Fleisch« (Joh 3,6) und vermag sich aus dieser Kategorie durch nichts herauszuarbeiten. Die »Werke« – die scheußlichsten Verbrechen, die hochreligiösen Klettertouren (Luther im Kloster), das eifrigste Engagement (vermeintlich) für Gott (Saul, der im Eifer für das Gesetz die Gemeinde verfolgt) – die »Werke« in all ihren Variationen unterstehen dem Urteil: »Was nicht aus dem Glauben kommt, das ist Sünde« (Röm 14,23).

»Nicht aus Werken« – *»damit sich nicht jemand rühme«.* Wenn wir einen noch so geringen Eigenbeitrag aufzuweisen hätten, würden wir auf uns selbst zeigen und so das Kreuz Christi entwerten und Gott die Ehre rauben. »Es ist ein Grundgedanke« (in der Theologie des Paulus), »daß Gott alle Ehre bei der Erlangung des Heils gehört (Röm 4,2; 11,6)«[3].

Wir halten die von Paulus wuchtig eingerammten Eckpfeiler fest, diese Grunddaten der Rechtfertigung: Von unserer Rettung gilt ganz strikt: »Aus Gnade« – »nicht aus euch« – »nicht aus Werken« – »Gottes Gabe«!

»Durch Glauben«

Wie aber kommt dieses Heil bei uns an, wie erreicht es unser Leben, wie zeichnet es sich in unsere Biographie ein? *»Durch Glauben«*, lautete die Antwort. Daß wir es deutlich sehen: Auch dies »durch Glauben« steht unter dem herrischen Titel: *»Gottes Gabe ist es.«* Wer vom *Glauben* biblisch, paulinisch, reformatorisch reden will, muß betonen: Der Glaube ist nicht unser Werk, sondern Gottes Tat; er ist nicht die von uns zu leistende Vorbedingung (Qualifikation, Eintrittskarte) für das Heil, sondern das Heil selbst – so wie es bei uns persönlich ankommt, in unseren Herzen Platz greift. Glaube ist nicht positive Leistung unsererseits, sondern der radikale Verzicht auf jede Eigenleistung, ist Leere, von Gottes Geist gefüllt. *Für Paulus gehören Glaube und Gnade so sehr zusammen* (Röm 4,16) *wie Glaube und (eigene) »Werke« auseinander gehören* (Röm 4,5).

»Gottes Gabe ist es«! Gottes Gabe ist 1. die Sendung des Sohnes, das Werk der Versöhnung in Jesus Christus; Gottes Gabe ist 2. die Sendung des Geistes, das »Wort von der Versöhnung« (2Kor 5,19), das heilbringende Evangelium; Gottes Gabe ist 3. die Erweckung des Glaubens in unserem Herzen durch das Evangelium, wobei wir zum Geburtsschrei der Gotteskinder ermächtigt werden: »Abba, lieber Vater!« (Röm 8,15; Gal 4,6). Über diesem ganzen Bogen steht: »Gottes Gabe ist es.« Auch das 3. Glied gehört auf Gottes Seite, ist Gottes Wunder in uns, nicht unsere Produktion. Freilich ist der persönliche Glaube auch (in zweiter Linie) »unsere« Antwort, »unser« Echo, »unser« Ergreifen der Verheißung. Wie gehört das zusammen?

Phil 2, 12.13 kann eine entscheidende Hilfe zum Verstehen sein: »Schaffet eure Seligkeit (Errettung) mit Furcht und Zittern! (A) – *denn* Gott ist's, der in euch wirkt beides, das Wollen und das Vollbringen nach seinem Wohlgefallen (B)«.

Alle logischen und theologischen Probleme fallen da über uns her. Hilflos sind zunächst unsere Orientierungsversuche: Gilt A (der Imperativ), dann sind wir (so scheint es) »gnadenlos« auf uns selbst geworfen. Wir sollen unser eigenes Heil produzieren, während Gott in Pension scheint. Selbstbefreiung, -rettung, -erlösung ist gefordert. Wie der Riese Atlas die Weltkugel trägt, so müssen wir unser Heil selbst stemmen.

Gilt dagegen B (der Indikativ), so schafft Gott alles allein (Wollen wie Vollbringen). Wir sind dann nicht nur völlig ausgeschaltet, nicht nur pensioniert, sondern zu bloßen Objekten, zu willenlosen Marionetten degradiert.

Oder sollen wir versuchen, A und B nach einem Kooperationsmodell zusammenzureimen, etwa als eine Art »Mischfinanzierung«: Gott tut »fast alles«, er bringt die Hauptmasse ein, aber ein wenig »Eigenbeteiligung« unsererseits (1 Prozent?) ist doch erforderlich?

Wir merken sofort: All diese Lösungsversuche scheitern an dem mächtigen *»Denn«*, das Imperativ und Indikativ wie ein Scharnier verbindet. Also: *Weil* Gott ganz und gar *alles* tut, *darum* sind wir ganz und gar gefordert.

Wäre hier von zwei menschlichen Arbeitskollegen (auf einer Ebene) die Rede, dann wäre das absolut unverständlich: (Was Herr X ganz erledigt, braucht Herr Y eben nicht zu tun). Aber hier geht es um Gottes (des Schöpfers und Neuschöpfers) Wirken. Und dieses göttliche Wirken läßt sich zu unserem eben nicht *alternativ* verstehen (Er *oder* wir), auch nicht *additiv* (Er *und* wir: 99 Prozent zu 1 Prozent), sondern *»dimensional«*. Die »Dimension« des göttlichen Handelns umschließt, umgreift, durchdringt und durchtränkt, ja trägt und ermöglicht unser Wirken. Gott handelt nicht so, daß er sein Geschöpf annulliert, sondern wie er uns den Willen schuf, so beginnt er, unsern Willen durch seinen Geist von innen her zu bestimmen: Das erste Fragen, Sehnen, Rufen nach ihm, – *er* schafft's (das Wollen). Und jeden Schritt, jeden Griff bis zum gelungenen Werk des Gehorsams, – *er* schafft's (das Vollbringen). Gerade indem er alles in uns tut, macht er unser Innerstes ganz aktiv. Sein Wirken schaltet uns nicht aus, sein Geist schaltet vielmehr unser Denken und Fühlen, Wollen und Tun ganz ein, bestimmt unser Bewußtsein wie die Tiefen des Unbewußten. Sein göttlich-schöpferisches Schaffen schenkt seinen Kindern das geschöpflich-dankbare Nachschaffen, das Nach-vollziehen (was Mühe und Arbeit, Furcht und Zittern nicht ausschließt). Das gilt für das Verständnis der Inspiration der Heiligen Schrift (A. Schlatter hat das unermüdlich betont) wie für alle Arbeit in der Heiligung!

Gott schafft in uns »Wollen und Vollbringen«, schaltet den »alten Adam« aus, gibt ihn in den Tod, schaltet aber den »neuen Menschen« ganz ein. »Dimensional« (so sagten wir) umgreift Gottes Handeln unser Tun, durchtränkt es, ja macht es so allererst möglich. Gewiß, »ich *werde* bekehrt« (»Gottes Gabe ist es«!), aber nicht unter »pneumatischer Narkose«, sondern so, daß Gottes Geist bei mir den Entschluß, die Entscheidung, die Ab- und Hinkehr wirkt, aber eben nicht als Tat des »alten Adam«, sondern als ersten Lebensakt des »neuen Menschen«. So – »im Geist«, »in Christus« – darf ich sagen: *»Ich* glaube« (nicht etwa: Es glaubt in mir!), wie ich auch sagen darf: *»Ich* bete, *ich* hoffe, *ich* liebe«. Ich habe mich selbst neu empfangen, bin ein neues Subjekt, eine »neue Kreatur«, aber eben: »nicht aus euch«, eben: in Christus, im Geist!

Die Väter der lutherischen Orthodoxie haben klug unterschieden: Zwischen Evangelium und Glaube besteht eine doppelte Beziehung: 1. Der Glaube ist *Wirkung* (Geschöpf) des Evangeliums (das ist sachlich grundlegend!), 2. Der Glaube ist *»Empfangsorgan«*, ist die eben von Gottes Geist geschaffene Hand, die zupackt und sich die Verheißung zueigen macht (»Du bist mein!«), ist der eben zum Loben befreite Mund, der nun bekennt: »Mein Herr und mein Gott!« Der Glaube rettet, er rechtfertigt; gewiß, aber nicht aus sich selbst, weil er in sich so wertvoll wäre, sondern »kraft des ergriffenen Objekts« (so die Väter), weil er sich an Jesus klammert. »Jesus rettet: und »Der Glaube rettet« – das steht nicht in Konkurrenz: *Der Glaube rettet, weil er Jesus den Retter sein läßt*, ihm den Platz frei macht. Darum ist der Glaube nicht an sich selbst interessiert, von sich fasziniert, schwätzt nicht von seiner Gläubigkeit (und ihren Empfindungen), sondern bekennt einzig dies: Christus allein!

». . . zu guten Werken«

Wie Trompetenstöße erklingen in unserem Text die Parolen der Reformation: »Allein Jesus Christus, allein aus Gnaden, allein durch den Glauben.« Das sind die entscheidenden Wahrzeichen der *Rechtfertigung*. Wir wollten aber weiterfragen nach dem Zusammenhang mit der *Heiligung*.

V. 10 beginnt: »Wir sind *sein Werk*«. Das griech. Wort »poiäma« kommt bei Paulus noch einmal vor (Röm 1,20) und meint dort das Schöpferwerk Gottes. Hier in Eph 2 geht es um die *Neuschöpfung*, die »neue Kreatur« (2Kor 5,17; Gal 6,15; vgl. Röm 4,5.17). Diese »neue Kreatur« ist im Unterschied zum »toten« Menschen (V. 1) im Vollsinn *Lebe*-wesen. Zum Leben aber gehört Bewegung, Wirken, Schaffen. Ja, diese wirksame Lebendigkeit ist für Paulus geradezu Ziel der Neuschöpfung: *»geschaffen zu guten Werken«*. Es lohnt, sich diese handliche Formel einzuprägen: *»Nicht aus* (griech.: »ex«) *Werken«, das ist Signal der Rechtfertigung, – aber »zu* (griech.: »epi«) *Werken«, das ist das Grundmotiv der Heiligung*.

Die alten Werke, die eigensüchtigen, bösen, auch die »Gesetzeswerke (mit denen der »alte Adam« Gottes Gebote zur eigenen Ehre zu manipulieren suchte), diese »toten Werke« (Hebr 9,14), *aus* denen nichts zu machen war, sind radikal ausgeräumt. Ihr Platz aber bleibt nicht leer, ein Vakuum, ein Nichts; er wird besetzt von den »guten Werken«, *zu* denen der neue Mensch bestimmt ist.

»Geschaffen in Jesus Christus zu guten Werken.« Das *»in Christus«* ist die entscheidende Zwischenbestimmung: *In ihm* geschah die Neuschöpfung; *in ihm* werden die guten Werke getan. Allein darum sind sie im

Vollsinn »gut« (d. h. Gott wohlgefällig). Sie sind es als »Frucht des Geistes« (Gal 5,22), die wahrhaftig nicht »auf unserm Mist gewachsen« ist.

Wichtig ist die Zielaussage: Wir haben unsere Bestimmung im »guten Werk«, nicht im Genießen, nicht im Schlafen, nicht in der Passivität. Mit dem »guten« Werk verhält es sich freilich wie bei dem Glauben: Auch hier ist Gott es, der Anfangen und Vollenden setzt, Wollen und Vollbringen. Auch hier ist alles umgriffen, durchatmet von Gottes Geist, aber auch hier gilt: Wir sind ganz »eingeschaltet«; unser Überlegen, Planen, Organisieren, unsere Zurechnungsfähigkeit und Verantwortlichkeit sind von Gott gewollt und bestimmt.

Daß Gott Wollen und Vollbringen schafft (Phil 2,13), sagt Eph 2 mit einer überraschend neuen Wendung: Die Werke, die wir tun, sind von Gott »zuvor bereitet«, *»zuvor-gefertigt«*, werden von ihm schon »in Bereitschaft gehalten« (V. 10). Sie warten gleichsam darauf, abgeholt zu werden. Gott hat sie bei sich schon vollendet und legt sie (als fertig!) in unsere Hände; wir dürfen sie »aus dem Himmel« empfangen und auf dem irdischen Niveau ausführen.

Paulus redet also »von der Programmierung dieser Werke im Denken und Wollen Gottes.« »Was wir als die ›in Christus Geschaffenen‹ tun, brauchen wir nicht neu zu erfinden ..., sondern das ist in Gottes Gedanken längst gedacht, in seinem Herzen längst erwogen und geplant und gewollt« – ja, so müssen wir hinzufügen, vollendet[4]. (Wir haben hier eine Parallele zu der »überschwenglichen Aussage«: Wir sind schon mit-auferweckt und mit-inthronisiert.) Wir dürfen und sollen »in ihnen wandeln«: Gott baut seine guten Werke gleichsam um uns herum auf wie einen neuen Garten Eden. »Wandeln« sollen wir in ihnen wie zwischen den Anlagen des Paradieses, dürfen diesen Garten »bewachen und bebauen« (1Mo 2,15), dürfen darin »wie Kinder fromm und fröhlich sein« und damit Gott ehren.

In diesem »guten Werk« ist also einerseits die Dimension des *Spiels,* wie es zu Gottes *Kindern* paßt, andererseits aber auch die der mühevollen *Arbeit*, wie sie Gottes *Mitarbeiter* (2Kor 6,1; Kol 4,11) gebührt. Paulus weiß von »kopos«, von Plackerei und Knochenarbeit zu reden (1Kor 15,58), weiß von Kampf, von Schweiß und Tränen. Aber von Frustration, von dem Bewußtsein des »vergeblich«, weiß er nichts zu sagen: Wir dürfen ja nachvollziehen, was Gott schon bereitstellte, und alles, was im Namen Jesu geschah, ist nicht vergeblich (lat. *frustra*), denn es darf – wie es aus Gottes Welt kommt! – durch die Auferweckung eingehen in Gottes neue Welt (1Kor 15,18). Der Glaube darf durch die (scheinbaren) Frustrationen hindurchgreifen zu dieser Verheißung.

Ergebnis

Wir versuchen zu sammeln und auszuwerten: Was ergibt sich aus Eph 2 für unsere Frage nach *Rechtfertigung* und *Heiligung*?

1) Ein gegliedertes Ganzes

Zwischen *Rechtfertigung* und *Heiligung* (»aus Gnaden gerettet – sein Werk – zu guten Werken«) ergibt sich in unserem Text keinerlei Bruch. Es geschieht gleichsam alles in einem Atemzug, ist im Grunde ein einziges Ganzes, *ein* Gotteswerk ohne Naht und Sprung. Da werden also nicht getrennte Stücke künstlich addiert und zusammengeleimt. *Alles ist aus einem Guß!* Theologisches Nach-Denken muß also zuerst diese Verbindung sehen, dann ist auch Unterscheidung möglich. Unterscheidung freilich nur so, wie es bei einem lebendigen Organismus Glieder gibt, die durch Gelenke verbunden sind. Als Gelenk (gleichsam als Scharnier) steht in der Mitte: Wir sind Gottes Werk, sind neue Schöpfung. *Rechtfertigung* heißt dann: *Wie diese neue Schöpfung zustande kommt* (als Erweckung aus dem Tod durch »Einleibung« in Jesus Christus); *Heiligung: Wie diese neue Schöpfung zu Gottes Ehre lebt* (Berufung zum guten Werk).

2) Ein Subjekt

Vor allem ist bei Rechtfertigung und Heiligung kein Subjektwechsel zu beobachten. Gott wirkt alles in allem! Es ist also keineswegs so, daß wohl *Gott* den Anfang schafft, den Menschen auf ein neues Niveau hebt (Rechtfertigung), daß dann der *Christ* – von Dankbarkeit bewegt – seinerseits den Weg unter die Füße nimmt und weitermarschiert (Heiligung). Es ist nicht so, daß der wiedergeborene Mensch, durch einen Zauberstreich verwandelt und mit übernatürlichen Kräften ausgerüstet, mit der neuen Ausstattung (dem neuen »habitus«, sagen die Theologen) in eigener (freilich empfangener, gottgeschenkter!) Kraft unterwegs wäre! Nein, auch der neue Mensch ist nur neuer Mensch, indem er von Sekunde zu Sekunde an Christus klebt. *Rechtfertigung wie Heiligung geschehen einzig »in Christus«, sind nur in der dauernden Verbindung mit ihm real.* Wie Jesus Christus uns »zur Gerechtigkeit« gemacht ist, so auch »zur Heiligung« (1Kor 1,30). Die Fanfarenstöße »Christus – die Gnade – der Glaube allein« gelten für die Heiligung nicht weniger als für die Rechtfertigung. Gott ist hier wie dort das eine Subjekt; wir sind lebendig allein in Ihm. – Die Unterschrift unter jenem Christusbild des Domenico Fetti, die den jungen Grafen Zinzendorf in der Düsseldorfer Galerie so sehr ansprach »Ego pro te haec passus sum; tu vero, quid fecisti pro me?« (frei übersetzt: »Das tat ich für dich; was tust du für mich?«), diese Unterschrift ist als theologische Leitfrage durchaus *irreführend*.[5]

3) ER in und durch uns

Wir sahen: Rechtfertigung und Heiligung sind ohne Unterschied Gottes eigenes Werk. Er steht da als Anfänger und Vollender durch seinen guten Geist. Aber dabei behandelt er uns nicht als Marionetten, als leblose Objekte, nicht »wie *lapis et truncus*, wie Stein und Baumstumpf« (Luther). Er schafft bei der Wendung zum Glauben wie zum guten Werk in uns »Wollen und Vollbringen« (Phil 2,13).

»Der Glaube wird nur dadurch möglich, daß in Gottes Licht nicht alles andere dunkel wird, sondern der Mensch zum Leuchten kommt und an Gottes Sprechen der Mensch nicht verstummt, sondern selbst zum Sprechen gelangt und in Gottes Dienst denken und reden lernt und aus Gottes Offenbarung .. die Versetzung des Menschen (folgt) in die Lebendigkeit und Tätigkeit, die ihm Gott verleiht« (A. Schlatter).[6]

Was die *Rechtfertigung*, den Weg zum Heil angeht, das hat C. H. Spurgeon sehr anschaulich beschrieben: Des Menschen *Bewegung* – sein Wollen und Tun – ist ein inneres *Bewegtsein* durch den Heiligen Geist:

»Der Gedanke traf mich: ›Wie bist du Christ geworden?‹ (Antwort) ›Ich habe den Herrn gesucht!‹ ›Aber wie bist du darauf gekommen, den Herrn zu suchen?‹ In diesem einzigen Augenblick leuchtete die Wahrheit in mir auf: Ich hätte ihn nicht gesucht, wenn er nicht schon vorher meine Gedanken beeinflußt hätte, indem er mich dazu brachte, ihn zu suchen. – ›Ich betete‹, so dachte ich. Aber dann fragte ich mich: ›Wie kam ich dazu zu beten?‹ ›Ich wurde durch die Heilige Schrift zum Beten ermuntert.‹ ›Wie kam ich dazu, die Heilige Schrift zu lesen?‹ ›Ich las sie, aber was hatte mich dazu gebracht?‹ – Da, in einem Augenblick, sah ich, daß Gott der Urgrund aller Dinge ist, daß er der Urheber meines Glaubens war, und so öffnete sich die ganze Lehre der Gnade vor mir ... Ich verdanke meine ganze Veränderung nur Gott.«[7]

Von der *Heiligung* können wir nicht anders lehren: Die verborgensten Regungen, die innersten Impulse, die Anstöße in unserem Unbewußten, die Einfälle in unserer Phantasie, den Weg zum Entschluß und zur Tat der Liebe, – all dies »Wollen und Vollbringen« schafft Gott in uns, indem er uns von innen motiviert, uns ganz »einschaltet«. All dies geschieht »in Christus«, »im Geist«. So – umgriffen und durchtränkt von Gottes »Ein-fluß« – wird *sein* Werk *unser* Werk (als Spiel, Arbeit, Kampf). Gott achtet es so sehr als Werk *unseres* Gehorsams, daß er dies Werk *lohnen* will, indem er es einbaut in seine ewige Welt und uns als seine Kinder und Mitarbeiter darin ehrt (Lk 6,33; 1 Kor 3,8.14; Offb 22,12,14,13).

Was diese innere Struktur angeht, so können wir die Heiligung nicht von der Rechtfertigung abheben; hier wie dort haben wir es mit demselben Stil Gottes zu tun. Unterscheiden können wir so: *Rechtfertigung* als den gottgewirkten Weg *zum* Heil, *Heiligung* als den gottgewirkten Weg *im* Heil.

4) Das gute Werk

Als Bestimmung des Menschen wird genannt: »geschaffen zu guten Werken«. Diese Bestimmung galt dem Menschen schon von der Schöpfung her: Lebendigsein und Wirken sind eine Einheit (erst unter dem Fluch wird das Wirken zur Mühsal; vgl. 1Mo 2,15 mit 3,16—19). In der Absonderung von Gott aber produziert der Mensch nichts als »tote Werke« (Hebr 9,14), solche, die aus dem Tod kommen und in ihn führen. Dem setzt Gott – *sola gratia* – sein *»gutes Werk«* entgegen; das eine, mit dem er in Jesus Christus die Welt versöhnt, im Heiligen Geist sie erneuert und vollendet. Mit diesem guten Werk richtet Gott seine Gottheit (wir können sagen »seine Heiligkeit« oder auch »seine Gerechtigkeit«) auf mit dem Endziel, »daß Gott sein wird alles in allem« (1Kor 15,28). In dieses eine »gute Werk« hat er uns hereingeholt, indem er uns in den Glauben an Jesus Christus führte (Rechtfertigung) und in diesem Glauben zur Liebe tüchtig macht (Heiligung). Dieser Weg mit uns steht unter der festen Gewißheit: »Der in euch angefangen hat das gute Werk, der wird's auch vollführen bis an den Tag Jesu Christi« (Phil 1,7). Rechtfertigung wie Heiligung sind also Teilhabe an dem einen guten Werk Gottes, an der großen Weltversöhnung, -erlösung, -vollendung.

»Neu-geschaffen zu guten Werken«, das gibt dem Christenleben eine durchaus *positive* Zielangabe. Die guten Werke sollen den Platz der »toten« einnehmen. Geht es um diese *positive* Bestimmung, dann kann Heiligung von dem großen Heilsziel Gottes her nie nur oder primär *negativ* definiert werden! Heiligung ist nie nur oder primär Unterlassen und Vermeiden des Alten, der »Welt«. Gewiß ist der Bruch mit dem Alten grundsätzlich notwendig und will täglich bewährt werden. Aber das Nein zielt auf das Ja, hat nur eine begleitende, unterstreichende Funktion. Heiligung ist unzulässig verengt, wenn sie zu einem Kapitel »Vermeidungsethik« wird, sie ist die umfassende Berufung zum Teilhaben an Gottes großem »guten Werk«, Dabei muß der Horizont von den universal großen Zielen Gottes bestimmt sein, vom Reich Gottes, von seiner Kraft und seiner Herrlichkeit. Nicht nur die negative Fassung (»Vermeidung«), auch die *individualistische* Fassung (Wie komme ich persönlich zur sittlichen Vervollkommnung? Wie werde ich geläutert?) karikiert die Heiligung. Trachten wir nach dem einen großen »Guten Werk« Gottes, nach seinem Reich in der Weite der Berufung zu Mission und Diakonie, so wird uns solches alles (auch das ganz Persönliche) zufallen!

5) Nachvollzug des Vorgegebenen

Noch eine Grundlinie und -struktur begegnet uns in Eph 2. Sie gilt ebenfalls für Rechtfertigung und Heiligung gleichermaßen: Es geht hier wie dort um den »Nachvollzug des Vorgegebenen«. Unerhört kühn wird Jesu Weg mit dem unsern verbunden: Wir sind nicht nur »mit-begraben« (Röm 6,4), sondern auch »mit-auferstanden«, ja »mit-inthronisiert«. All das ist uns »vor-gegeben«, ist »bei Gott« bereits perfekt. Rechtfertigung darf dieses unerhörte *»Schon«* erfassen und sich aneignen, es »nach-vollziehen«. Wie sich das zu dem »Noch-Nicht« verhält, das unsere tägliche Erfahrung erlebt und erleidet, werden wir noch zu bedenken haben.

Im Blick auf die Heiligung redet unser Text nicht weniger kühn: Auch die »guten Werke« sind bereits »vor-gefertigt«, liegen vollendet in Gottes Hand, wollen von uns in der Liebe »nach-vollzogen« und so in die empirische Welt des Alltags eingezeichnet werden. Auch hier geht es um das »Schon« und »Noch-Nicht«.

Jedenfalls wird für den Glauben deutlich: Ob er sich als Dank auf das »für uns« vollzogene Werk Christi bezieht, ob er sich als Hoffnung auf die Endvollendung hin erstreckt, ob er sich in der Liebe dem Jetzt (der Welt, den Mitmenschen, den eigenen Aufgaben) zuwendet, stets ist Glaube – wie die Väter sagten – »reditus ad perfectum«, Rück-gang, Rück-griff auf das, was für Gott und bei Gott schon vollendet liegt und zugleich für uns immer noch aus-steht. Daraus entspringt für uns bei aller Anfechtung, in die uns die Spannung von »Schon und Noch-Nicht« versetzt, die Gewißheit: So gewiß Gott schon am Ziel ist, wird er mit uns ganz gewiß ans Ziel kommen und fraglos mit seinem großen guten Werk der Weltverwandlung, des neuen Himmels und der neuen Erde.

2. Dogmatische Überlegungen

Wir haben bereits (etwa an Eph 2) beobachtet, daß im Neuen Testament Rechtfertigung und Heiligung keineswegs beständig als Zwillingsbrüder zusammen- oder einander gegenübergestellt werden. Wie kam es zu dem uns so vertrauten Duo?

Wir zeigen zunächst in einem *theologiegeschichtlichen Exkurs* (A.), wie *Luther* (in seiner Erklärung zum 3. Glaubensartikel) noch *vor* dieser Zweiteilung steht und alles unter Heiligung zusammenfaßt. Wir sehen dann, wie die *Orthodoxie* durch ihre Lehre von der *»Heilsordnung«* der Unterscheidung Rechtfertigung – Heiligung immer mehr Gewicht verschafft. Es geht also in der Tat – auch wenn die Sache völlig biblisch ist – um »kirchliche Sprache« (Schlatter).

Im folgenden Abschnitt (B.) versuchen wir zu umschreiben, was *Rechtfertigung* bedeutet, in C. bemühen wir uns um das Wort *Heiligung*. D. soll dann das Verhältnis beider bündeln.

A. Theologiegeschichtlicher Exkurs:

a) Luthers Erklärung zum 3. Glaubensartikel

In Luthers Kleinem Katechismus (2. Hauptstück) ist das ganze Werk des Heiligen Geistes unter dem Stichwort *»Von der Heiligung«* zusammengefaßt. Heiligung ist also der Leitbegriff für die ganze Fülle des sog. 3. Glaubensartikels.[8]

Der dritte Artikel. Von der Heiligung (Erklärung)

> »Ich glaube, daß ich nicht aus eigener Vernunft noch Kraft an Jesus Christus, meinen Herrn, glauben oder zu ihm kommen kann; sondern der Heilige Geist hat mich durch das Evangelium berufen, mit seinen Gaben erleuchtet, im rechten Glauben geheiligt und erhalten; gleichwie er die ganze Christenheit auf Erden beruft, sammelt, erleuchtet, heiliget und bei Jesus Christus erhält im rechten, einigen Glauben; in welcher Christenheit er mir und allen Gläubigen täglich alle Sünden reichlich vergibt und am Jüngsten Tag mich und alle Toten auferwecken wird und mir samt allen Gläubigen in Christus ein ewiges Leben geben wird.
> Das ist gewißlich wahr.«

Was tut der Heilige Geist? Seinem Namen und Wesen gemäß *»heiligt«* er, d. h. er ergreift Menschen, belegt sie für Gott mit Beschlag, führt sie zu Jesus, und so schafft er *»Heilige«*. »Heilige« sind nicht (im römisch-katholischen Sinn) Elitechristen, die sich durch überpflichtige, überschüssige gute Werke *(opera supererogatoria)* vor anderen und dann auch für andere qualifizieren. Heilige sind ausnahmslos alle, die »zu Jesus Christus gekommen« sind und an ihn glauben. Diese Heiligkeit ist streng »sanctitas passiva«, als Geschenk empfangene (nicht selbst »geleistete«) Heiligkeit. Darum ist es nicht Hochmut, wenn ein Christ sich einen »Heiligen« nennt. Im Gegenteil! Hier gilt, daß wir »nicht können hoffärtig genug sein«, nicht hoch genug greifen: Die Gemeinde der begnadigten Sünder besteht aus »eitel Heiligen«. Luther kann von daher auch sagen, der Heilige Geist mache unsern Geist in Christus zu einem »spiritus sanctus«, einem »heiligen Geist«. Das ist nur die Konsequenz des »seligen Tausches«: Was Sein ist, wird unser!

Erregend ist, wie Luther bei seiner Erklärung in die Weite und Tiefe des 3. Artikels durch eine sehr enge Pforte hindurchführt: »Ich glaube, daß ich nicht … glauben kann«, nämlich »nicht aus eigener Vernunft noch Kraft«. Luther sagt ganz einfältig: Ich kann von mir aus nicht »zu Jesus Christus« (bzw. zum Glauben) »kommen« (hier ist Luthers schwergewichtige Lehre vom unfreien Willen ganz schlicht gesagt). Nein, ich kann's nicht. Das Werk des Heiligen Geistes ist schlechterdings heilsnotwendig. Der Heilige Geist muß mich so zu Jesus tragen, wie die Freunde den Gelähmten brachten. So, als Getragener, Geführter (*sola gratia!*) komme ich zum Glauben.

Was den *Aufbau* der Erklärung Luthers angeht, so könnte man bei einer formalen Beobachtung einsteigen: Viermal verbindet Luther das, was der Heilige Geist am einzelnen Christen tut, mit dem, was geschieht bei »der ganzen Christenheit auf Erden«, bzw. »allen Gläubigen«, bzw. »allen« (in Christus gestorbenen) »Toten«. Sehr schön wird so der Zusammenhang deutlich zwischen dem einzelnen und dem ganzen »Leib Christi«, dessen Glied er ist. Bei der Heiligung entsteht die eine wahrhaft heilige, wahrhaft »katholische« (d. h. umfassende), die wahrhaft »evangelische« Gemeinde, die quer durch alle Konfessionen geht. Der Geist »sammelt« sie zum Fest der Freude an der wahren Einheit der Kirche Christi.

Sinnvoller aber dürfte es sein, (mit J. Meyer) bei der Gliederung den vier inhaltlichen Schwerpunkten zu folgen. Was ist also das Werk des Heiligen Geistes, *was meint Heiligung?*

1) Der Geist *»beruft«*. Dabei denkt Luther an das »leiblich äußerliche Wort«, an das gepredigte, zugesprochene Evangelium, bei dem die Melodie gilt: »Horch, was kommt von draußen rein!« Wort und Sakrament drängen – von außen kommend – an mein Ohr und in mein Gehirn, in meinen Mund und meinen Magen, auf meine Haut. Sie wollen aber das »Herz« erreichen.

2) So verbindet Luther mit dem »beruft« das *»erleuchtet«*. Der Geist schafft ein inneres Hellwerden durch sein »heimlich Einraunen« (»ihr werdet eine Stimme *in euren Herzen* hören, daß Jesus Christus für euch gestorben ist«). So, durch das innere Wirken des Geistes, kommt es zum Inne-Werden des Wortes, zum persönlichen, existentiellen Glauben.

Luther unterscheidet also ein »äußerliches« (Predigt) und ein »innerliches« (heimliches Einraunen im Herzen) Wirken des Geistes; er verbindet beide so, daß das von außen kommende Wort gleichsam das »Fenster« (auch »Kanal, Brücke, Pfad, Tür« kann Luther sagen) ist, durch das es innen hell wird. Durch dieses Miteinander von »praedicatio« (Predigt) und »illuminatio« (Erleuchtung) kann der Mensch von Herzen glauben (nun »blickt er es«, wie heutige Umgangssprache sagt). Bei dieser »Erleuchtung« (auch vom »Entflammen« – *incendere* – ist die Rede) wird es hell und warm: »Intellektuelle« Gaben (Erkennen im Glauben, Einsicht, Gewißheit) wie »affektive« (Freude, Freimut, Zuversicht) sind beieinander. Wesentlich ist: Bei den »Gaben« geht es nicht um isolierbare, sächliche »Heilsgüter«, sondern darum, daß Menschen »zu Jesus kommen«, also um personale Begegnung.

3) Der Geist eignet die *Sündenvergebung* zu. Sie erstreckt sich über ausnahmslos »alle Sünden« (die Lästerung des Heiligen Geistes ist nur deswegen unvergebbar, weil sie gerade im beharrlichen Nein gegen den Sünderheiland und seine Vergebung besteht). Diese Sündenvergebung

erfolgt *»täglich«*. Im Unterschied zu den hochfliegenden Schwärmern, die »schon und noch nicht« vertauschen und das, was in Ihm gilt (»Ich bin ganz rein«) in sich selbst (empirisch konstatierbar) suchen, die als schon »perfekte« vom »reinen Herzen« und der beständigen Abwesenheit des »alten Adam« schwätzen, die meinen, das Vaterunser schon hinter sich zu lassen (welche Hoffart!), weiß Luther: Wir brauchen »täglich« Vergebung bis zum ewigen Richterthron, wir beten »täglich«: »Vergib uns unsere Schuld!« und werden erhört. »Gerade der gereifte Christ erlebt die tiefste Sündenerkenntnis« (J. Meyer, S. 372). Als Sünder wie auch als von innen und außen immer wieder Angefochtene leben wir davon, daß der Heilige Geist uns »bei Jesus Christus *erhält* im rechten einigen Glauben.«

»Reichlich« wird uns die Sündenvergebung zuteil d. h. auf vielerlei Weise: im persönlichen Bußgebet, durch ein gedrucktes Gotteswort, durch den brüderlichen Zuspruch, beim Abendmahl, unter dem ausdrücklichen Freispruch in der Beichte... Gott ist nicht arm, handelt nicht ärmlich, weiß viele Weisen, uns getrost zu machen.

Es ist deutlich, daß die Punkte 1) bis 3) *ein und dieselbe Gabe* meinen, man kann sie weder sachlich noch zeitlich wie die Sprossen einer Leiter hinter- und übereinander ordnen. Es geht um verschiedene Aspekte, nicht um Stufen oder Grade. Was bei Gott eine lebendige Ganzheit ist, wird hier theologisch unter verschiedenen Begriffen entfaltet.

4) Bei der Heiligung geht es – so sagten wir gerade – um *das Ganze*. Das zeigt sich auch darin, daß das Werk des Geistes, der Menschen mit Jesus verbindet, eine futurische, eine eschatologische Dimension hat. So gewiß wir (nach Kol 2,12; Eph 2,6) geistlich mit Christus auferstanden sind und (nach Joh 5,24) das ewige Leben haben (beides Präsens), so gewiß haben wir das alles »in Ihm«, »im Glauben«, noch nicht im Schauen (2Kor 5,7). So ist der Heilige Geist selbst »Angeld« (»erste Rate« 2Kor 1,22; 5,5; Röm 8,23); dem »Unterpfand« läßt Gott die ganze, runde Verwirklichung folgen: *Auferweckung* und *ewiges Leben*. So meint nach dem Kleinen Katechismus *Heiligung das gesamte Heilswerk Gottes in uns – vom ersten zagenden Gebet bis zum Jubel der Vollendung*.

Fragen wir bei Luthers Erklärung nach der uns beschäftigenden Frage nach dem Verhältnis von Rechtfertigung und Heiligung, so stellen wir überrascht fest: Fehlanzeige! Scheinbar kommt die Rechtfertigung gar nicht vor. Schauen wir genauer hin, dann bemerken wir, daß das Herzstück der Rechtfertigung, die Vergebung der Sünden, sehr nachdrücklich entfaltet wird (»täglich alle Sünden reichlich vergibt«), daß aber diese entscheidende Rechtfertigungsaussage unter dem den ganzen 3. Artikel übergreifenden Titel Heiligung steht.

Wir konstatieren: Es ist in den Anfängen der Reformation nicht anders als bei Paulus: Beide Begriffe vermögen jeweils *das Ganze* auszusagen, sie werden nicht wie A und B hintereinander geordnet und bilden keineswegs erst miteinander und als Summe die Einheit des göttlichen Gnadenwerks ab. Johannes Meyer formuliert von Luthers Erklärung zum 2. und 3. Artikel so: »Die justificatio (Rechtfertigung) gehört dem Gedankenkreise des 2. Artikels an, da Jesus seine justitia (Gerechtigkeit) auf die Seinen überträgt« (vgl. »unter ihm lebe und ihm diene in ewiger Gerechtigkeit...«) »Die sanctificatio (Heiligung) gehört zum Gedankenkreise des 3. Art., weil der spiritus sanctus sanctificat (der Heilige Geist heiligt). Derselbe Tatbestand heißt also, von Christus her angeschaut, justificatio, vom Geiste her angeschaut, sanctificatio. *Sachlich ist beides gleich«* (S. 365).

b) Die Lehre von der »Heilsordnung«

Wir haben – vielleicht mit Überraschung oder auch Befremden – festgestellt, daß für Luther (nach seinem Kleinen Katechismus) Rechtfertigung und Heiligung nicht das uns so vertraute Zwillingspaar darstellen (jedenfalls nicht unter diesen Vokabeln). – Die altprotestantischen Väter (»Orthodoxie«; 17. Jahrhundert) liebten das Nach-Denken und dabei das Miteinander von Unterscheiden und Verbinden. Sie wollten so den unendlichen Reichtum der Güte Gottes zu seinem Ruhme nachzeichnen. So entwickelten sie die Lehre von der *»Heilsordnung«* (dem «ordo salutis«). Möglichst umfassend sollte entfaltet werden, was alles die Gnade Gottes dem Menschen zuwendet (ihm »appliziert«), was sie in seinem Denken, Wollen, Tun, in seiner ganzen Existenz bewirkt. Man unterschied (teilweise in Anknüpfung an die Stichworte aus Luthers Katechismus: »berufen, erleuchten, heiligen, erhalten..«) folgende Gesichtspunkte: *Berufung* (vocatio), *Erleuchtung* (illuminatio), *Bekehrung* (conversio), *Wiedergeburt* (regeneratio), *Rechtfertigung* (justificatio), »mystische« (Herzens-)*Gemeinschaft* mit dem dreieinigen Gott (unio mystica), *Erneuerung* oder *Heiligung* (renovatio/sanctificatio), *Bewahrung* des Glaubens und der Heiligkeit (conservatio), *Verherrlichung* (glorificatio) – so der Theologe Hollaz.[9]

Das ist nicht als zeitliche Folge oder gar als sachliche Rangordnung gemeint. Alle diese Akte hängen – wie der Theologe Quenstedt betont – »enger als ein mathematischer Punkt« zusammen[10], d.h. sie fallen sachlich in eins, sind nur verschiedene Aspekte, nur Ausstrahlungen der einen göttlichen Gnade. Jedes Wort meint das Ganze, jedes will nur eine der vielen Facetten am farbensprühenden Diamanten besonders betrachten. Etwa: Gott erfaßt unser Denken (er »erleuchtet«), unser Wollen und Tun (er »erneuert«, bzw. »heiligt«); Gott hält uns trotz Versagens bei sich fest (er »bewahrt, konserviert«). Bei alldem geht es nicht um *Etwas*, um Heilswege, Heilsgüter, es geht um *Ihn*, um die Lebensgemeinschaft, die »Union« mit Jesus Christus, dem gegenwärtigen Herrn. Im Bild gesagt: Die einzelnen Gnadenwirkungen Gottes sind wie die *Speichen eines Rades*, die vom

Zentrum, von der Nabe, ausstrahlen; dreht man das Rad, so bewegen sich alle Speichen gleichzeitig.

Sachlich falsch, ja verderblich wird die Lehre von der »Heilsordnung«, wenn man die verschiedenen Aspekte der einen Gottestat wie die Stufen einer *Treppe* oder die Sprossen einer *Leiter* hinter- und übereinander ordnet, so daß nun der Christ in seiner geistlichen Biographie eine Sprosse nach der anderen, sich dabei im Glauben immer höher entwickelnd, zu erklimmen hat. Dann könnte man fragen: »Stehst du noch bei der ›Erleuchtung‹ oder schon bei der ›Wiedergeburt‹?« Man könnte meinen, bei der »Heiligung« habe man die »Rechtfertigung« als überholte Stufe grundsätzlich hinter und unter sich gelassen. Man könnte jetzt eine »Gnade« Gottes gegen die andere isolieren (jemand wäre wohl schon »bekehrt«, aber noch nicht »gerechtfertigt«). Man könnte die »Heilsordnung« in ihrem Nacheinander gesetzlich vorschreiben wollen – als »eine Normierung..., wie sich der chronologische Ablauf im Glaubensvollzug zu gestalten hat.« »Das wäre eine verhängnisvolle Vergewaltigung gegenüber der Freiheit, in der Gott auf seinen Wegen mit dem Menschen handelt« (Köberle). Dabei ließe sich über die rechte Reihenfolge der Stufen trefflich streiten...

Wir halten als Ergebnis fest: 1) Von der sog. »Heilsordnung« läßt sich nur dann sinnvoll reden, wenn man nach dem Modell »*ein* Rad – *viele* Speichen« die Weite und den Reichtum des einen Gotteshandelns am und im Menschen bedenken möchte; das Modell »Leiter – Sprossen« ist völlig zu verwerfen. – 2) *Innerhalb der so verstandenen »Heilsordnung« empfangen die Begriffe Rechtfertigung (justificatio) und Heiligung (renovatio/sanctificatio) besonderes Gewicht.*

Wir fragen im folgenden: Was meinen diese beiden Begriffe? Welchen besonderen Aspekt des einen Gotteswerks heben sie jeweils auf den Leuchter? Wie ist das Verhältnis beider zueinander zu bestimmen?

B. Rechtfertigung

Will man versuchen, kompakt und komprimiert zu umreißen, was Rechtfertigung meint, so kann man etwa so formulieren:

1) Rechtfertigung meint jene fundamentale, unser Leben grundstürzend und grundlegend erneuernde *Gottestat*, in der Gott uns, die »Sünder«, die unannehmbaren Rebellen (»Feinde«, »Gottlose«, Röm 5,6.10), *allein aus Gnaden* annimmt und uns in den Stand der adoptierten Gotteskinder versetzt, die »Abba« rufen dürfen (Gal 4,6; Röm 8,15). »Aus Gnaden«, das meint: allein aus seiner freien Liebe (Agape) heraus, ganz von sich her, ganz »um seinetwillen« (Jes 43,25), ganz spontan und kreativ, – »ohn all mein Verdienst und Würdigkeit« (Luther).

2) Der dreieinige Gott tut das *allein in Christus*, tut es aufgrund und kraft des umfassenden, allgültigen Sühnetodes seines Sohnes Jesus Christus (Röm 3,24–26), der für alle Sünden aller Menschen aller Zeiten und Regionen »ein-für-allemal« die gültige Versöhnung schuf und so die Schuldfrage grundsätzlich und umfassend löste (»Es ist vollbracht«, Joh 19,30).

3) Gott vollzieht die Rechtfertigung, indem er durch seinen *Geist* uns das »geistvolle« *Evangelium* (»Wort vom Kreuz«, 1Kor 1,18; »Wort von der Versöhnung«, 2Kor 5,19/ »promissio« – Verheißung, so Luther / Wort und Sakrament) zuspricht und durch dies schöpferische Wort den *Glauben* in uns weckt. Mit diesem Ruf in den Glauben befreit er uns von allen finsteren Gewalten, reißt uns heraus aus der Tyrannei von Sünde, Tod und Teufel und versetzt uns in die Lebensgemeinschaft mit dem gekreuzigten, auferweckten und kommenden Kyrios Jesus. Dieser Glaube ist die *Versetzung in Christus hinein*, d.h. ein Akt des Herrschaftswechsels: Wir werden dem neuen Herrn zu eigen mit allem, was wir sind und haben (als Geschöpfe und Sünder; mit Vergangenheit, Gegenwart, Zukunft; nach Leib, Seele und Geist). »Dafür« wird dieser Herr uns zu eigen mit allem, was er ist und hat (als Gott und Mensch; als Herr und Bruder; mit seiner Gerechtigkeit, Heiligkeit, seinem Leben ...). Diesen Wechsel in der gleichsam »ehelichen Gemeinschaft« nannte Luther den »fröhlichen Tausch«. *Allein in diesem Glauben*, in dem durch Gottes Geist geweckten und unser Inneres bestimmenden Ja, in der gehorsamen, staunenden, anbetenden Einwilligung dazu, daß Gott allein in Christus, allein aus Gnaden uns »verlorenen und verdammten Sünder« seine geliebten Kinder sein läßt, – allein in diesem Glauben sind wir »gerecht«, d.h. Gott recht, vor ihm richtig und gut. Glauben heißt: »Gott recht geben« (Luther).

4) Die Rechtfertigungsaussage: »Gott nimmt den Unannehmbaren an« (P. Tillich) steht unablösbar in dem Horizont a) des *Sühnetodes Jesu* (»Christi Blut machet allen Schaden gut«) und b) des *»Jüngsten«* (des letzten, eschatologischen) *Gerichts*: Gottes Urteil über uns: »Du bist mir recht!« hat die Qualität eines letztinstanzlichen und letztgültigen Spruchs. Es ist die Vorwegnahme des Jüngsten Gerichts und seiner letzten Entscheidung (Joh 5,24). *Mit dem Rechtfertigungsurteil ist meine Ewigkeit definitiv heilshaft entschieden.* Auf das grundlegende »Fürchte dich nicht, du bist mein!« (Jes 43,1) darf ich mich bis zum Sterben, ja bis ins letzte Gericht zurückbeziehen und dessen getrösten.

5) Dieses Rechtfertigungsurteil umschließt beides: Es ist Gericht und Heil, Verdammnis und Seligkeit, Hinrichtung und Aufrichtung, *Gesetz* und *Evangelium*. (a) Es ist das verdammende Urteil: »Sünder bist du – und als Sünder verloren!« Der darauf antwortende, das Todesurteil akzeptierende Glaube (!) hat die Form der *Buße* (»Ich bin's, ich sollte büßen ..«) (b) Es ist zugleich – Wunder der Gnade! – das diesen Sünder rettende, freisprechende

Urteil: »Dir sind deine Sünden vergeben! Du Verlorener, in Christus (in *Ihm!*) bist du für ewig gerettet!« Der auf dies Lebensurteil antwortende, den Freispruch bejahende Glaube hat die Form des *Christusbekenntnisses:* »Mein Herr und mein Gott!« So wird im Rechtfertigungsurteil das Geschick Jesu (*Für mich* – um meiner Sünden willen gekreuzigt, verflucht! – *Für mich* – um meiner Gerechtigkeit willen auferweckt, Gal 3,13 f.; Röm 4,25) über uns ausgerufen und proklamiert. Aber nicht nur das: Es wird in der Kraft des Geistes *an uns vollzogen und vollstreckt*. Wir werden in die Schicksalsgemeinschaft mit Jesus Christus hineingezogen: Das *Für* (1Kor 15,3 f.) wird zum *Mit*: Wir sind *mit* Ihm gestorben, *mit* Ihm zu neuem Leben erweckt (Röm 6; Kol 2,12; beachte 3,3).

6) Das Rechtfertigungsurteil hat eine doppelte Dimension: Es ist (a) *»forensisches«* (rechtlich erklärendes) und (b) *effektives* (Neues bewirkendes) Urteil. Beides ist sachlich unscheidbar eins: Gottes »erklärendes« Wort ist stets schöpferisches Wort! Begrifflich aber (im Vollzug des Nach-Denkens) ist beides zu unterscheiden:

(a) Gottes Urteil versetzt mich Sünder *in Christus* hinein, d. h. Gott sieht mich nun von allen Seiten von seinem Sohn umschlossen: »Christi Blut und Gerechtigkeit, das ist mein Schmuck und Ehrenkleid.« So komme ich zu einem neuen *Stand* (der meinen bösen Sünden-Fall aufhebt), ich empfange eine neue *Geltung*: Ich, der durch und durch Aussätzige, werde – in Christus! – für durch und durch rein erklärt. Ich, der verfluchte Sünder, werde – in Christus! – zu Gottes Kind erklärt. Und das, wofür Gott mich erklärt, das *bin ich* wahrhaftig und in Ewigkeit. Also: *Als (in mir selbst!) durch und durch Aussätziger bin ich (in Ihm!) ganz rein.* In Ihm bin ich wahrhaft »neue Kreatur« (2Kor 5,17). Die neue Geltung bedeutet zugleich ein *neues Sein (effektive* Dimension).

(Anmerkung: In philosophischer Begrifflichkeit hat man unterschieden zwischen *»analytischen«* und *»synthetischen«* Urteilen (Urteilssätzen). Ein analytisches Urteil erhebt durch das Prädikat nur, was im Subjekt schon vorhanden ist. Etwa: Das Quadrat ist viereckig. Der Kreis ist rund. – Ein synthetisches Urteil fügt Neues hinzu: Das Quadrat ist riesig. Der Ball ist rot. – In diesem Sinn ist das *Rechtfertigungsurteil* keineswegs analytisch: Es wird nicht erhoben, was wir in uns immer schon sind. Dann käme nur heraus: verlorener Sünder. Nein, Gott *setzt* im synthetischen Urteil *wunderbar Neues:* In Jesus sind wir rein, sind Gottes Kind, sind neue Kreatur!)

(b) Als Gottes schöpferisches Wort hat das rechtfertigende Urteil zugleich verwandelnde Kraft. Das mir zunächst als Aussage der Geltung zugesprochene neue Sein, das in Christus ewig gültig ist, beginnt sich nun auch – in Ihm, in der Kraft Jesu – auf der irdischen, der horizontalen Ebene (sozusagen empirisch) *auszuwirken*. Ich, der in mir selbst ganz Aussätzige, werde von dem großen barmherzigen Samariter und dem guten Arzt Jesus in sein Spital gebracht und in einen anhebenden *Prozeß der Heilung* genommen. Hier wiederholt sich, was Paulus mit dem für ihn so kennzeichnenden Verhältnis von Indikativ und Imperativ sagt: Als der Rein-*Gewordene* darf ich nun rein werden: *»Du bist rein, laß dich reinigen!«* – Hier setzt der Begriff *Heiligung* ein: Bei ihm geht es darum, *daß und wie sich das Heil in die empirische Welt einzeichnet.*

C. Heiligung

Wir wollen versuchen, mit knappen Strichen anzudeuten, was *Heiligkeit* und *Heiligung* im biblischen Denken meinen.[11]

1) *Gott – der für uns Heilige*

Luther hat von Gottes *Gerechtigkeit* erkannt, daß sie nicht eine »ruhende Eigenschaft« ist, die Gott bei sich selbst hat und für sich selbst behält, sondern daß Gottes Gerechtigkeit die ausstrahlende Macht seiner heilschaffenden Treue ist, sein zu uns drängendes Erbarmen. Gott ist so gerecht, daß er es für uns ist! Entsprechendes gilt auch von *Gottes Heiligkeit*. Sie ist gewiß Bezeichnung für Gottes Gottheit selbst, für seine Unnahbarkeit (Gott – der »ganz andere«, Barth) und Unzugänglichkeit (in einem Licht wohnend, zu dem niemand kommen kann). Aber seine Heiligkeit ist »nicht bloß Gottes Erhabenheit, sondern zugleich auch seine Kraftgeladenheit« (Gaugler, 12). Das bedeutet: Sie ist ausstrahlende, um sich greifende Heiligkeit, die schlechthin alles erfassen und durchdringen will. Ihre verzehrende Gewalt überwindet alles »Unreine« (Im Moselied, das Gottes Triumph über Ägypten besingt, entsprechen der Heiligkeit Gottes seine Ruhmestaten und Wunder, 2Mo 15,11). Zu dem dreifachen »Heilig!«, mit dem die Serafim Gott ehren (seinen Namen »heiligen«), tritt sofort die Aussage: »Fülle der ganzen Welt ist seine Herrlichkeit« (Jes 6,3). Bengel und Oetinger betonten: Seine Herrlichkeit ist seine aufgedeckte (nach außen strahlende) Heiligkeit. Diese *universale »Tendenz«* der Heiligkeit Gottes muß stets im Auge behalten werden: Der heilige Gott will, daß alles heilig (d. h. ihm konform, ihm gemäß) sei. Und – welch Wunder – das will er nicht *gegen* uns Unreine, sondern *für* uns!

2) *Das heilige Volk*

Gott erweist sich als der Heilige, indem er »heiligt«, d. h. Menschen in seine Herrschaft, in seine Gemeinschaft zieht, sie sich (zu ihrem Heil) zu eigen macht. Grundmuster dafür ist sein Bundesschluß mit Israel. Er macht es zu seinem »heiligen Volk«, indem er es liebt, erwählt, loskauft (5Mo 7,6–11). Gott wird »der Heilige Israels« (Jes 1,4; 12,6; 29,19). Darin liegt beides: Er gibt sich seinem Volk ganz zu eigen und ist doch der erhabene Herr. »Gott bin ich und nicht ein Mensch, der Heilige in deiner Mitte« (Hos

11,9). Das Volk, das Gott ergriff, heißt das »heilige Volk« (2Mo 19,6; 5Mo 7,6; 14,2), der Teil des schuldigen Volks (der »unrein« wurde), den Gott durch das Gericht hindurch bewahrt, ist der »heilige Rest« (Jes 4,3). Alle »Gläubigen« in Israel können »die Heiligen« genannt werden (Ps 34,10).

3) *»Heilig« in Christus*

Der neue Bund, den Gott in Jesu Sterben und Auferweckung stiftet, ist Erweis der Heiligkeit Gottes: So heiligt Gott sich selbst (erweist sich als der Heilige, der seine Gottheit durchsetzt) und seine Geschöpfe! Die Menschen haben seinen Namen entheiligt (Gottes Gottheit für nichts geachtet, 3Mo 22,32, Ps 55,21, Jer 34,16; Röm 2,23 f.). Jetzt heiligt Gott seinen Namen, bringt ihn zu Ehren (Jes 29,23). Er tut das in seinen Gerichten (3Mo 10,3), überschwenglich aber in der einen Rettungstat, im Sterben seines Sohnes. Jesus Christus ist in Person der »Heilige« (Apg 3,14; 4,27; Offb 3,7). Indem er sich Gottes rettendem Gericht als Opfer darbietet, sagt er: »Ich heilige mich selbst für sie, daß auch sie wahrhaft geheiligt seien« (Joh 17,19). Dieser Jesus – der *eine* »Heilige Gottes« (Mk 1,24; Joh 6,69) – ist unsere Heiligkeit, unsere Heiligung, dh. er macht uns zu Heiligen (1Kor 1,30). »Nicht: Er *spendet* uns die Heiligung. Er *ist* der Heilige Gottes, und wir sind »in ihm« geheiligt (1Kor 1,2). In Christi Opfertat ist die Gemeinde heilig, rein und unsträflich, keine Anklage kann sie treffen« (Schniewind, 109). Wir sind »geheiligt«, weil Gott uns ergreift. »Ihr seid reingewaschen, ihr seid geheiligt, seid gerecht geworden durch den Namen des Herrn Jesus Christus« (1Kor 6,11). Über 60mal lautet der Name der Christen im Neuen Testament *»die Heiligen»* (zuerst wohl Selbstbezeichnung der Gemeinde in Jerusalem). Die Korinther, die Paulus schwerer Sünden zeihen muß, sind gleichwohl Heilige (abgesehen von ihrer sehr mangelhaften sittlichen Qualifikation)! Sie sind Heilige, wie sie Gerechte sind – niemals in und aus sich selbst, sondern exklusiv in Christus, der ihnen »von Gott gemacht ist zur Gerechtigkeit und zur Heiligung« (1Kor 1,30, vgl. 1,2). Grundlegend ist also diese geschenkte, gnadenhaft zugewandte Heiligkeit, diese »fremde (uns in Christus beigelegte) Würde.« Wir halten fest, daß hier »gerecht« (= gerechtfertigt) und »heilig« (= geheiligt) geradezu dasselbe bedeuten!

4) *»Intensive« Heiligung (ganz und gar – durch und durch)*

Zu Gottes Heiligkeit gehört seine »Willenhaftigkeit (H. P. Müller, 598), d. h. Gott will etwas, sein Bund hat verpflichtenden Charakter. Im Alten wie im Neuen Testament klingt es unisono: »Ihr sollt heilig sein, denn ich bin heilig« (3Mo 11,44; 1Petr 1,15 f.). Gott will also, daß seine »Heiligen« in allen Dimensionen ihrer Existenz, mit ihrem ganzen »Leibe« (d. h. mit Denken, Fühlen, Wollen, Tun ...) »geheiligt«, mit Gottes Willen konform, zu seiner Art passend werden. Dazu sollen sie sich als lebendiges Ganzopfer, das »heilig« ist, darbringen (Röm 12,1). Aus dem Indikativ »Ihr seid heilig!« springt der Imperativ heraus: »Seid heilig!«. Es gilt, der Heiligung nachzujagen, ohne die man den Herrn nicht sehen, also das Ziel des Christenlebens verfehlen wird (Hebr 12,14). Gottes Wille ist unsere Heiligung, zur Heiligung hat er uns berufen (1Thes 4,3–7). In der Heiligung gilt es fortzufahren (sie zu »vollenden« 2Kor 7,1). *»Paraklese«* sind diese Imperative (Röm 12,1); das Wort »para-kalein« heißt ebenso: freundlich bitten, ermutigend zusprechen, gut zureden – wie mit letztem Ernst zur Sache rufen, feierlich beschwören. Es geht um Leben und Seligkeit! Große Freude ist es, heilig leben zu dürfen (Gott entsprechend, ihm wohlgefällig); und letzter »heiliger« Ewigkeitsernst liegt in diesem Anspruch. – Wir halten fest: Die *geschenkte Heiligkeit* ist der Ausgangspunkt und die bleibende Grundlage (= Rechtfertigung!) – die *zu praktizierende Heiligung* ist der beharrlich zu beschreitende Weg – die *vollendete Heiligkeit* ist das Ziel des Christseins. Gott aber ist überall das Subjekt, Start und Ziel liegen gleichermaßen »in Christus«! »Er selbst, der Gott des Friedens, heilige euch durch und durch ... (nach) Geist samt Seele und Leib« (1Thes 5,23).

5) *»Extensive« Heiligung (alles und jedes – überall und jederzeit)*

Es ist ein deutliches Zeichen der »extensiv« um sich greifenden Heiligkeit Gottes, wenn auch Gegenstände, Orte, Zeiten (besonders im Alten Testament) heilig heißen. *Alles, was Gott berührt,* für sich aussondert, exklusiv sich reserviert, *ist heilig*: der Tempel (das Allerheiligste darin!), der Berg, die Priestergewänder, die Räucherpfannen wie die Tempelgewichte. Den Sabbat gilt es zu heiligen (2Mo 20,8) wie die Feste Israels; heilig ist die Kriegsbeute, die man sich nicht privat aneignen darf, heilig ist Jerusalem. Heilig ist Gottes Weg (Ps 77,14), heilig (d.h. der menschlichen Erotik entzogen) der Kuß, mit dem sich Christen grüßen (Röm 16,19). Im Neuen Testament vollzieht sich eine große *Konzentration* auf Christus hin (er ist allein der wahrhaft Heilige!), die Christen sind damit in große Freiheit (von kultisch-rituellen Geboten) gestellt. Andererseits erfährt das Wort »heilig« eine gewaltige *Ausweitung*: Schlechthin alles, was Christen tun (ihr Wachen und Schlafen wie ihr Geschlechtsverkehr), steht unter der Losung »Heilig dem Herrn«. Die Unterscheidung »sakral« und »profan« (= außerhalb des heiligen Bereichs) ist gefallen. Nun heißt's: *»Alles*, was ihr tut mit Worten oder mit Werken, das tut alles im Namen des Herrn Jesus« (Kol 3,17). »Die Heiligkeit Gottes will unser ganzes Leben umspannen« (Schniewind, 105).

6) *Heiligung in eschatologischer Dimension*

Die Vaterunser-Bitte »Geheiligt werde dein Name!« steht parallel zu der »eschatologischen« (auf die Endvollendung bezogenen) Bitte: »Dein Reich komme!« Diese 1. Bitte ist also kein versteckter Hinweis auf das, was wir leisten sollen (also ein heimlicher Imperativ), sondern eine heimliche Verheißung dessen, was Gott tun will und wird: Er wird selbst seinen Namen allumfassend und endgültig heiligen, er wird seine Gottheit so unbestreitbar durchsetzen, daß alle Knie sich beugen müssen. Vollendete

Heiligung des Gottesnamens bedeutet: »Gott wird sein alles in allem« (1Kor 15,28). Gemeint ist: Nur noch Gottes Wille geschieht – wie jetzt schon im Himmel (bei den Engeln!), so dann umfassend in der ganzen neuen Schöpfung. Mit dem einen »Heiligen Gottes« bricht diese umfassende Gottesherrschaft bereits an; sie ist »nah« und »da« in ihm. Diese heilsgeschichtliche, diese *Reichs-Perspektive* darf nie vergessen werden, wenn von Heiligung die Rede ist. Heiligung darf nie eingeschrumpft werden auf die persönliche Glaubens- und Lebensgeschichte der einzelnen Christen. (Das war manchmal die Verengung im »pietistischen« Verständnis: »Durchheiligung« des einzelnen). Heiligung ist auch mehr als die Vollendung der ganzen Kirche, der einen Christenheit. Heiligung geht wahrhaft »aufs Ganze«. Ein neuer Himmel und eine neue Erde, die voll sind vom Jubel der Serafim: »Heilig, heilig, heilig ist Jahwe Zebaoth, der Vater Jesu Christi« – das ist Ziel der »Heiligungsarbeit« Gottes.

(Anmerkung: Diesen Aspekt hat besonders E. Gaugler herausgearbeitet: »In der Heiligung, die Gottes Herrschaft in Seiner Schöpfung bedeutet, ist beides gleich stark betont: Daß Gott zu Seinem Ziele kommt *und* daß eben in der Welt der neuen Schöpfung ... auch der Mensch zu seinem Ursprung zurückgeführt wird, wirklich wieder Geschöpf Gottes und damit auch erst wahrhaft Mensch wird«/ 57. »Es geht nicht bloß um den einzelnen ›Heiligen‹. Die individualistische Fragestellung wird dem Problem nicht gerecht ... Es geht in der Heiligung um die Schaffung des Gottesvolkes, Seiner Gemeinde. Ja, es geht sogar über eine im bloß soziologischen Sinne kirchliche Fragestellung hinaus um Gottes Werk selbst, um die neue Schöpfung, um die ›Heimholung der Welt‹«/ 74.)

D. Das Verhältnis von Rechtfertigung und Heiligung

Adolf Köberle hat das rechte Verbinden und Unterscheiden von Rechtfertigung und Heiligung eine »theologische Meisterfrage« genannt.[12] Hier kann alles, was wir sagen, nur Versuch sein, vorläufig und unzulänglich.

1) Die Begriffe Rechtfertigung und Heiligung meinen *das eine und selbe Werk* des *Gottes*, der unser Erretter und unser Herr ist. Sie erfassen dies eine Werk aber jeweils *unter verschiedenen Gesichtspunkten*. Es geht um den Versuch, im Nachdenken des Glaubens begrifflich zu unterscheiden und zu verbinden.

Darin spiegelt sich, daß wir Christenmenschen als Geschöpfe in Raum und Zeit, zumal an unserem heilsgeschichtlichen Ort das eine Ganze stets nur stückweise und das »Ewige« immer nur im zeitlichen Nacheinander erfahren, denken, aussagen können.

2) *Rechtfertigung* sieht das Werk Gottes in der Dimension des »Oben«,

des »eschatisch (= end- und letztgültig) Vollendeten« (»schon«), des »Ewigen« an. Hier haben die »hochgemuten« Aussagen des Neuen Testaments ihren Ort: Gott hat uns in Christus bereits für vollkommen rein erklärt (neue Geltung), hat uns in den Stand der »Heiligen«, der »Kinder Gottes« versetzt (neues Sein), hat uns alle Sünde ein-für-allemal vergeben, uns in die Gerechtigkeit Christi ein-für-allemal eingehüllt. Wir sind »schon« mit-gestorben, mit-auferweckt, mit-inthronisiert, mit-verherrlicht!

Rechtfertigung sieht den Christen von dem in Gott (»oben«, »ewig«) verbürgten *Ziel* an!

3) *Heiligung* will zeigen: Dies im »Oben« schon Vollendete drängt ins »Unten«. Es will in der Welt von Raum und Zeit, in der Welt des Empirischen (der Alltagserfahrung), in der persönlichen Biographie, in der konkreten Gemeinde (dem jeweiligen Kirchentum, bzw. der Gemeinschaft) *leibhaft* werden. Dabei schlüpft das Vollendete und Ganze in die Gestalt des Anbruchhaften, der verschiedenen Stufen und Grade; das Vollkommene erscheint gebrochen im Stückwerk. Das »Ewige« zeichnet sich ein in Raum und Zeit. Von dem Einen und Ganzen gilt jetzt »mehr und mehr«, »nach und nach«: »Mehr und mehr«, d. h. zeitlich im Christenleben ein Wachsen von Tag zu Tag, d. h. räumlich – etwa in der Mission – ein Vordringen von Ort zu Ort. An die Stelle des »statim« (»alles mit einem Mal«) tritt das »paulatim« (»allmählich«), so formuliert Luther. – Hier haben alle die ermahnenden Aussagen des Neuen Testaments (die »Paränese«, die Imperative) ihren Platz.

Heiligung sieht das Christenleben als *Unterwegssein* an!

4) »Oben« schon vollendet – »unten« noch im Gange; – sieht man dies Miteinander in einem mathematischen Bild als die beiden Brennpunkte einer Ellipse an, dann bedeutet *Christenleben eine beständige Bewegung von dem einen Pol zum andern.*

In aller Heiligung wohnt die Erfahrung des nur teilweisen Gelingens der Siege wie der Niederlagen (wo ernsthaft Heiligung geschieht, wächst konkrete Sündenerkenntnis). Diese Erfahrung des Halben und schuldhaft Unfertigen läßt uns immer wieder Zuflucht nehmen zu dem Vollendeten und Ganzen, das über und vor uns steht. Aus dem täglich nur teilweisen Sauber- und immer wieder Beschmutzt-Sein eilen wir ins Bad der vollkommenen Vergebung (»ganz rein!«). Begrifflich gesagt: Von der Heiligung laufen wir zur Rechtfertigung, eine beständige Rückkehr in den Ursprung!

Die Rechtfertigung, dies Umfangensein vom ganzen Heil, treibt ständig neu wieder auf den Weg, ermutigt, »inspiriert« (sozusagen mit dem verbürgten Ziel im Rücken!) zu unverzagten Schritten nach vorn. So entspringt täglich aus der Rechtfertigung neu die Beauftragung und Befähigung zur Heiligung. Diese *Bewegung* von dem einen Pol zum anderen und wieder zurück beschreibt die innere Dynamik des Christenlebens; sie ist in dieser Zeit *unabschließbar*, ist beständiger Prozeß!

Es wäre eine schwärmerische Illusion, wenn jemand meinen wollte, die Rechtfertigung als überwundene Stufe, als überstiegene Sprosse *hinter* sich zu haben, der 5. Vaterunserbitte (»Vergib uns!«) nicht mehr zu bedürfen. – Heiligung hat Rechtfertigung niemals als überholt hinter sich, sondern stets als Fundament unter sich: Alle Heiligung geschieht auf der stets neu zu erfassenden Basis der Rechtfertigung (vgl. unten Teil II 2: Perfektionismus?).

5. Das Christenleben, so sagten wir, ist wesentlich Bewegung von dem einen Pol zum anderen, wobei der Zielpunkt sich immer wieder in den Startpunkt verwandelt. Erstarrung tritt ein, wo man an einem Pol verharrt, ihn isoliert, ihn zum »Standpunkt« macht. So sind *zwei Formen der Erstarrung und Entstellung* möglich: Man kann die Rechtfertigung wie die Heiligung einseitig zum Zentrum machen[13]:

(a) *Rechtfertigung ohne Heiligung*: Ein einseitiges Verharren bei der (isolierten) Rechtfertigung führt in eine schlimme Ideologie der Ruhe, in den *Quietismus*. Hier meint man, Gottes Gnade habe uns nur »zur Ruhe« (zum »Seelenfrieden«) gebracht, statt auch zu kräftiger Bewegung berufen. Man wähnt, Gottes Wort sei nur Zuspruch und Trost, nicht auch Anspruch und Dienstanweisung.

Solcher Quietismus, solche »Ideologie der Ruhe« (aus isoliertem Rechtfertigungsdenken) erscheint in *zwei Krankheitstypen:*

Auf der einen Seite herrscht ein Sich-Berauschen am bloßen Gnadenwort, wobei man die Gnade als »billige« mißversteht (Bonhoeffer). Diese »billige Gnade«, die keinen Anspruch bei sich hat, rechtfertigt (so meint man) nicht nur den Sünder, sondern auch die Sünde! Die (so mißverstandene) Gnade erlaubt nicht nur das Sündigen (durch Verharmlosung), sie fordert geradezu das Sündigen heraus: Die Gnade – so die frivole Meinung – sei eine so gigantische »Müllvernichtungsanlage«, deren herrliche Kapazität man nur voll ausschöpfen und so erst recht zum Glänzen bringen könne, indem man kräftig sündige: Damit würde die Gnade (zu ihrer Verherrlichung!) spielend fertig (vgl. Röm 5,20b; 6,1f.).

Diesem ersten Krankheitstyp *»Quietismus der billigen Gnade«* steht der zweite gegenüber: *»Quietismus aus Arm-Sünder-Mentalität«*. Hier kommt man ebenfalls nicht zum »guten Werk«; aber nicht aus Verachtung des Tuns, sondern aus einem Minderwertigkeitsbewußtsein heraus: »Ich armer Sünder habe, weiß, kann … nichts!« Das ist ebenfalls Mißachtung der Gnade. Hier wird nur die eigene Verlorenheit meditiert, aber der Retter wird nicht angeschaut. Hier werden immer nur die gebrochenen eigenen Glieder befühlt; aber der Schöpferruf »Steh auf und geh!« wird verachtet.

So bewegt sich der Quietismus zwischen *hochmütiger Sicherheit* und *depressivem Kümmerchristentum*, ist *Quietismus der Faulheit oder der Angst.*

(b) *Heiligung ohne Rechtfertigung*: Hier haben wir es mit einem falschen, weil »bodenlosen« Aktivismus zu tun. Ohne Rechtfertigung (ohne die Macht der Gnade) will der fromme Mensch selbst aktiv werden. Dieses neue »Pharisäertum« begegnet uns ebenfalls in zwei Varianten.

Auf der einen Seite haben wir es mit dem *falschen* (nicht in Christus »hochgemuten«, sondern in sich selbst übermütigen) *»Kraftgefühl«* (Köberle) zu tun, mit dem selbstgefälligen »Sich-Rühmen«, mit dem selbstgefällig anmaßenden Protzen mit den eigenen Siegen und der eigenen Vollkommenheit (jenseits von allem Sündenbewußtsein). Letzte Übersteigerung ist der Wahn von der hohen Verdienstlichkeit der eigenen Leistung (»Wie stolz muß Gott auf mich sein!«).

Dieser strahlende »Pharisäismus« hat ebenfalls sein dunkles Gegenstück: die *»falsche Verzagtheit«* (Köberle). Hier geht es um den selbstkritischen »Pharisäer«, der die gewaltige Aufgabe vor sich sieht und damit seine geringen Kräfte mißt. Das führt zu einer selbstquälerischen, skrupulösen (= von Gewissensnöten erfüllten), kasuistisch unsicheren (in jedem »Fall« wird nach der Anweisung des göttlichen Gesetzes gefragt), insgesamt zu einer gesetzlich unfreien, verklemmten und verkrampften Haltung.

Isolierte Heiligung, das bedeutet *falschen Aktivismus – in der Variation des eigenen Erfolgs* (»Es gibt viel zu tun, aber das bißchen mache ich schon!«) *oder des eigenen Scheiterns* (»Es gibt viel zu tun, aber wie könnte ich nur ein Zehntel richtig bewältigen?«). Dem selbstsicheren Übermut steht die zitternde Verkrampftheit gegenüber.

6) Kurz seien zur Abgrenzung zwei *Modelle* genannt, die das Verhältnis von Rechtfertigung und Heiligung *falsch* bestimmen:

(a) die römisch-katholische Sicht: Hier ist das Fundamentale die Heiligung, das gelungene Leben im guten Werk. Das Rechtfertigungsurteil wird erst ganz am Ende (im Jüngsten Gericht) als Gesamtbilanz über das abgeschlossene Leben ausgestellt: Dieser ist gerecht, denn das von der Gnade begleitete Heiligungswerk ist im ganzen gelungen (dabei noch Fehlendes ersetzt Christi und der Heiligen Verdienst). – Es ist deutlich, daß hier wahre Heilsgewißheit nicht möglich ist, denn diese kann nur ruhen auf dem ewig Vollkommenen des allgenugsamen Werkes Christi, das mir *schon* gilt!

(b) die in manchen Gruppierungen (fälschlicherweise gelegentlich dem Calvinismus oder auch dem Pietismus zugeschriebene) Aufteilung: *Rechtfertigung* ist *Gottes Werk* an uns. Wir werden gerechtfertigt (passivisch). *Heiligung* ist jetzt *des Christen Antwort*, seine dankbare Reaktion auf Gottes Tat. Ich wurde gerechtfertigt, nun (freilich in der Kraft der »neuen Kreatur«) heilige ich mich. – Hier zerbricht Gottes Werk; das Eine und Ganze wird auf zwei Subjekte (Ihn und uns) aufgeteilt. Der fromme Mensch wird dabei von Christus abgelöst und selbständig gemacht, wird auf seine eigenen »frommen Beine« gestellt (vgl. dazu Teil II, 5)[14].

Wir halten fest: Rechtfertigung und Heiligung sind zwei Aspekte des einen Werkes Gottes. Das erste Wort will sagen, was Gott *an* uns tut, das zweite, was er dabei *in* und *durch* uns wirkt.

Was die Heilsgewißheit betrifft: Selig und getröstet sterben kann ich nur mit dem Blick auf das Ganze, daß das »oben« schon fest verbürgt, ja bei Gott bereits vollendet ist (»wir sind schon herrlich gemacht, Röm 8,30); selig sterben kann ich niemals im Blick auf den bruchstückhaften Anfang des neuen Lebens in meiner Biographie. »In Ihm« habe ich alles; er ist mir gemacht zur Gerechtigkeit und zur Heiligung!

II. Konsequenzen

Im abschließenden Teil II. sollen – in lockerer Reihung – einige Konsequenzen des bisher Bedachten gezogen werden. Am Ende steht eine Art Allegorie, die noch einmal versuchen will, Einheit und Unterschiedenheit von Rechtfertigung und Heiligung auszusagen.

1. »Gerechter und Sünder zugleich«

Luther hat den Christen (!) mit der ebenso einprägsamen wie inhaltlich provozierenden Formel gekennzeichnet: *»Gerechter und Sünder zugleich«* (simul justus et peccator).

E. G. Woltersdorf hat ganz entsprechend formuliert in seinem Lied »Wer ist der Braut des Lammes gleich?« (GL 355, Str. 4 u. 5 a): »Wer bin ich, wenn es mich betrifft? Ein Abgrund voller Sündengift. – Wer bin ich, Lamm, in deiner Pracht? Ein Mensch, der Engel weichen macht; so rein, so weiß, so schön, so auserwählt, daß mir's an Worten zur Beschreibung fehlt. – O Sündenschuld, wie beugst du mich! O Glaube, wie erhebst du mich.«

Was bedeutet das seltsame »Gerechter und Sünder zugleich«?

1) Beide Aussagen zielen auf denselben Menschen: *»Ich«*, der Christ, bin gemeint. Beide Feststellungen meinen denselben Zeitpunkt: Sie gelten *jetzt.* Beide wollen Ganzheitsurteile, Totalitätsaussagen sein: Ich bin das eine wie das andere *ganz* (nicht 50:50).

2) Beide Aussagen erfassen den Menschen unter zwei ganz gegensätzlichen Blickwinkeln: *Gerecht* – und zwar ganz gerecht, nichts als gerecht (»so rein, so weiß, so schön«) – bin ich *in Christus.* In Ihm bin ich – in diesem Augenblick! – ganz vollkommen. (Alles, was Ihm gehört, ist ja – nach der Regel vom »seligen Tausch« – ganz mein). – *Sünder* vom Scheitel bis zur Sohle, Sünder bis in die Tiefen meiner Träume und meines Unbewußten (»ein Abgrund voller Sündengift«) bin ich – in diesem Augenblick – *in mir selbst.*

3) Beide Aussagen werden vor Gott ausgesprochen, sind gehorsame Antwort auf sein Wort in Gesetz und Evangelium: Die eine ist *Bußbekenntnis* (»O Sündenschuld, wie beugst du mich!«), sie sagt, warum ich ganz und gar und für und für von Jesus, meinem Erretter, abhänge. – Die andere ist *Glaubensbekenntnis* (»O Glaube, wie erhebst du mich!«), sie spricht jubelnd aus, was Jesus mir bedeutet: »meine Rechtfertigung und meine Heiligung«.[15]

4) Beide Aussagen haben eindeutig *nicht denselben Rang*: Das »ganz Sünder« meint das *Noch des »alten Adams« und des alten Äons;* beide aber sind grundsätzlich gestorben und überwunden, wenn auch ihre endgültige (offensichtliche) Vernichtung »noch nicht« am Tage liegt und deshalb erfleht wird (»Dein Reich komme!«). – Das »ganz gerecht« meint das *Schon der »neuen Kreatur« und des neuen Äons*, die in Christus Realität aller Realitäten sind, aber eben *noch* »verborgen in Gott«; deshalb wird ihre endgültige Offenbarung erfleht (»Dein Reich komme!«). – Beide Aussagen beschreiben den Spannungszustand in der »Schnittmenge« der beiden Äonen. Aber die erste ist Gegenwart mit Vergangenheitscharakter, die zweite Gegenwart voller Zukunftsverheißung.

5) Beide Aussagen (beide damit bezeichneten Wirklichkeiten) können nie schiedlich-friedlich (gar harmonisch) nebeneinander stehen. Sie signalisieren eine *Kampfsituation*, eine *Konfrontation* von letztem Lebens- und Todesernst. Die eine Größe muß täglich sterben, die andere täglich auferstehen. Beide kennzeichnen miteinander eine *Anfechtungs*situation, aus der der Schrei bricht: »Maranatha! Komm, Herr Jesus!«

6) An dieser Front geschieht *Heiligung* als der *Kampf vom Sieg her auf den Sieg zu*. Luther hat diese Kampfposition »zwischen den Zeiten« mit dem Morgengrauen verglichen: Man kann diskutieren, ob das noch Nacht oder schon Tag sei. Aber da ertönt der Jubelruf: »Magis autem dies«! »Es ist doch mehr Tag!« Denn die Morgenröte wird nicht zur Mitternacht zurückkehren, sondern nur dem hellen Sonnenglanz das Feld räumen.

7) Aber wird das schmerzliche Nebeneinander von »ganz Sünder« und »ganz Gerechter« nicht durch die Heiligung (durch ein »Siegesleben«!) allmählich zugunsten eines progressiven »mehr und mehr gerecht« (im Sinne eines täglichen Fortschritts) gemildert und zuletzt ganz aufgehoben?

Hier wird man zwischen »extensiv« (flächenhaftem Landgewinn) und »intensiv« (der Tiefendimension) sorgfältig unterscheiden müssen. Einerseits: Extensiv, expansiv erobert die Heiligung ganze Lebensgebiete für den Schöpfer zurück. Der Alkoholiker wird nicht nur (auf einen Schlag oder nach und nach) »trocken«, der Drogensüchtige nicht nur »sauber«; beide empfangen ein neues Leben, Sinn und Ziel. Der Dieb wird ehrlich, der Lügner wahrhaftig, der Jähzornige sanft. All das (und viele ähnliche

Erfahrungen) sind Siege der Gnade. Diese expandierende Gnade, diese »extensive« Heiligung, legt ganze Sumpfgebiete trocken und schafft sie zu fruchtbarem Land um.

Andererseits: Wenn der so »erneuerte« Mensch nur *einen* neidischen Gedanken denkt, nur *einen* Zweifel an Gottes Wort und Treue in sich spürt, so zeigt sich darin nicht nur ein noch verbliebener kleiner »Rest« des Alten. Vielmehr hat der *ganze* »alte Adam« dabei sein Haupt erhoben: »Sieh, ich bin auch noch da!« Der »Abgrund voller Sündengift« hat (vielleicht lange unsichtbar geblieben) eine Giftblase aufsteigen lassen, hat seine Anwesenheit bekundet. Hier kann man zutiefst nicht quantitativ (extensiv), sondern nur qualitativ reden. *Wir bleiben »Sünder und Gerechte zugleich«, bis Jesus uns vollendet.* Mit vollem Recht sagt W. Joest: »Darin behält Luthers Bekenntnis ›totus peccator‹ (= ganz Sünder) recht; ist es nicht extensiv zu verstehen als die Behauptung, daß im ganzen Christenleben nichts als Sünde geschieht, so gilt es aber in einem intensiven Sinn: In jeder Sünde steht immer der ganze Mensch als Sünder vor Gott. Nicht nur etwas ist fehlgegangen, sondern er selbst hat Gott den Rücken gekehrt.«[16]

Das bleibende Sündersein bei aller »Heiligungsarbeit« hat Zinzendorf einprägsam herausgestellt: »Und würd ich durch des Herrn Verdienst/ auch noch so treu in seinem Dienst,/ gewönn den Sieg dem Bösen ab/ und sündigte nicht bis ins Grab:/ So will ich,/ wenn ich zu Ihm komm,/ nicht denken mehr an gut und fromm,/ sondern: da kommt ein Sünder her,/ der gern fürs Lösgeld selig wär.«

Sieg über konkrete Sünden hebt also das tiefe Sünder-Sein und dabei das völlige Angewiesensein auf das »Lösgeld« niemals auf!

2. *Perfektionismus?*

»Perfektionismus« bedeutet die Überzeugung, hier auf Erden schon ohne Sünden leben zu können, »perfekt«, vollkommen zu werden. Zwei Arten sind zu unterscheiden: Die *erste* ist der *idealistisch-humanistische Perfektionismus.* Er meint, durch Mobilmachung aller geistigen und sittlichen Kräfte, durch beständiges »Streben« (»edel sei der Mensch, hilfreich und gut...«) sich zur Vollkommenheit emporarbeiten zu können. Ist dieser Humanismus religiös geprägt (wie bei den Pharisäern), so benutzt er für seine Aufstiegsarbeit als Leitersprossen die göttlichen Gebote. Das (vielleicht unbewußt) erstrebte Ziel ist die eigene Selbstvervollkommnung, das Sich-Rühmen vor Gott und den Menschen. Hier erfolgt »Selbst-Heiligung«. – Solcher Humanismus kennt oder akzeptiert nicht die biblischen Grundaussagen über die Verlorenheit des Menschen, der in seinem Dichten und Trachten *nur böse ist von Jugend auf.*

Mit dieser ersten Fassung, die auf den *»großen Menschen«* zielt, sind wir rasch fertig. Viel schwieriger und wichtiger ist für uns die zweite Gestalt des Perfektionismus: Hier scheint nämlich alles auf die *Ehre Jesu*, des Erlösers und Befreiers, gerichtet! Hier wird dem göttlichen Gerichtsurteil über den Menschen voll zugestimmt: Von sich aus vermag er nichts Gutes! Deshalb gilt es, einzig auf Jesus zu schauen, von ihm aber nun auch wirklich alles – auch den vollkommenen Sieg – zu erhoffen. So fragt Pastor Jonathan Paul sich, was er Jesus zutraue, ob er von diesem Herrn und seiner Allmacht hier und jetzt die »völlige Erlösung« erwarte, also das Ganze, oder nur kleingläubig ein paar Bruchstücke. »Und dann ertönte in meinem Innern die Stimme des Glaubens: ›Jesus wird!‹« Und J. Paul findet seinen Glauben empirisch bestätigt: Seither »hat keine Befleckung weder durch Gedanken noch durch Hinreißung des Temperaments ... stattgefunden; es ist weder bei Tag noch bei Nacht etwas Störendes zwischen den Herrn und mich getreten«.[17] (Nach J. Paul blieb zwar die Möglichkeit zu sündigen bestehen, aber faktisch fand kein Sündigen mehr statt.) G. H. C. MacGregor verstand die Heiligung als »eine augenblickliche Heilung«, ein Geschenk Jesu als Antwort auf die »völlige Hingabe an den Herrn«, eine Art zweite Bekehrung.[18]

An der subjektiven Redlichkeit dieser »Perfektionisten« braucht man nicht zu zweifeln. *Sachlich* aber sind ihre Aussagen, so sympathisch sie berühren, *unhaltbar*:

1) Hier dominiert eine *Erfahrungstheologie*, die von Schrift und Bekenntnis her nicht korrigierbar ist. Hier regieren Sehnsüchte und *Postulate*, nicht klare Verheißungen. 1904 (Gnadauer Konferenz) stimmte P. Regehly J. Paul zu, und zwar mit folgenden typischen Sätzen: »Die Sehnsucht hat er (= Gott) hineingelegt (in unser Herz), aber die Erfüllung nicht?.. Danach dürstete auch mein Herz und dürstet noch. Derselbe Herr, der das Dürsten in unsere Herzen gegeben hat, hat auch die Erquickung dafür.« Mit Recht urteilt H. v. Sauberzweig: »Man sieht, daß bei diesen Brüdern nicht Schriftgründe ausschlaggebend sind, sondern vielmehr das Sehnen und Dürsten des Herzens, woraus dann *Postulate* (Forderungen: So muß es sein!) gefolgert werden.«[19] – (In der wahren Heiligung müssen gerade die Postulate – »So *muß* er mich führen, so mir helfen« etc. – sterben!).

2) Hier wird die tiefe Wurzel*sünde* (im *Singular*, – das: Ich *bin* Sünder!) mit ihren Äußerungen und Konsequenzen, den moralisch faßbaren, den auflistbaren und einzeln bekennbaren *Sünden (Plural)* verwechselt! Wo die greifbaren »Fehlleistungen« (Gedanken-, Wort-, Temperamentsünden) nicht konstatierbar sind (bei sich selbst oder anderen), da erklärt man schlicht den »alten Adam« für nicht mehr existent. – Im übrigen ist J. Pauls Position nicht schlüssig: Solange das Sündigen noch *möglich* ist, ist der »alte Adam« noch ansprechbar, also noch da. Also bin ich »ganz Sünder«! (Vgl. II, 1.).

3) Hier wird der heilsgeschichtliche Ort, die Spannung von *schon* und *noch*

nicht aufgelöst, was *Schwärmerei* bedeutet. Freilich wird Gott alles Dürsten nach »perfekter« Sündlosigkeit stillen, aber eben zu *seiner* Stunde!

4) Hilfreich ist eine Unterscheidung, die wir Augustin verdanken. Von den Menschen vor dem Fall sagt er: *»Sie konnten sündigen«* (es aber auch vermeiden – »posse peccare«). Von den sündigen Menschen gilt: *»Sie können nicht nicht-sündigen«* (»non posse non peccare«). Von den Wiedergeborenen heißt es: *»Sie können nicht-sündigen«* (aber eben auch sündigen – »posse non peccare«). Von den Seligen und Vollendeten erwarten wir: *»Sie können nicht sündigen«* (»non posse peccare«). Hier ist die heilsgeschichtliche Ökonomie voll zur Geltung gebracht.

Auf der Gnadauer Pfingstkonferenz 1904 widersprach Pastor Witt, Havetoft, seinem Vorredner Paul: »Je näher wir unserem Gott kommen, je mehr wir ihn erkennen, desto mehr erkennen wir auch uns in unserer Sündhaftigkeit, wenn wir auch mit heiligem Ernst kämpfen gegen die Sünde im Glauben an den Sieg in Christo ...«[20]

Die Aussage aus dem 1. Johannesbrief bleibt gültig: »Wenn wir sagen, wir haben keine Sünde, so betrügen wir uns selbst, und die Wahrheit ist nicht in uns« (1,8). Die häufig zitierte andere Stelle: »Gottes Kinder bleiben in ihm und können nicht sündigen« (3,9) besagt nicht, daß Christen bereits sündlos sind, sondern daß Sünde niemals aus der Christusgemeinschaft heraus entsteht, daß man niemals »in der Kraft Jesu« sündigen kann, daß Jesus nie »der Sünden Diener« wird (Gal 2,17).

5) Was meint Augustin, wenn er von den Christen sagt: Sie können nicht-sündigen (»posse non peccare«)? Hier geht es um die konkreten Tat-, Wort-, Gedanken-, Unterlassungssünden, also um das Sünde-Tun (nicht das tiefe Sünder-Sein). Weil Jesus der Sieger ist, ist keine Situation denkbar, in der ein Christ faktisch sündigen *müßte*, keine Situation, in der die Versuchung größer wäre als die Macht des Blutes Jesu, keine Situation, in der die Bitte um Hilfe das göttliche Ohr nicht erreichte. *Wir müssen nicht fallen!* – Dies hat Graf Zinzendorf treffend formuliert: »Wenn nun kam eine böse Lust, so dankt ich Gott, daß ich nicht mußt; ich sprach zur Lust, zum Stolz, zum Geiz; dafür hing unser Herr am Kreuz« (GL 278, Str. 6).

6) Wir sahen: Die zweite Gruppe der Perfektionisten (Paul und andere) suchte *Jesus und sein Erlösungswerk großzumachen.* Aber es ist die Frage, worin wir eigentlich an unserm heilsgeschichtlichen Ort (in jener spannungsvollen »Schnittmenge«) die eigentliche Herrlichkeit Jesu zu rühmen haben. Darin nämlich, daß er mit nimmermüder Geduld uns mit unsern Lasten trägt, daß er das Leiden an den Sünden der Seinen auf sich nimmt, daß er uns – trotz allem – nicht verwirft. Etwas Großes von Jesus zu sagen, bedeutet dagegen nicht, heute etwas herbeizwingen zu wollen, was der Endvollendung und dem Jubel der Ewigkeit vorbehalten ist.

3. Passive oder aktive Heiligung?

Stimmt die Rechtfertigungsaussage? Bin ich wirklich »ein verlorener und verdammter Mensch« (Luther), »ganz und gar untüchtig zu irgendeinem Guten« (Heidelberger Kat., Frage 8)? Dann bin ich doch völlig auf Gottes Kommen zu mir, auf sein Wirken an und in mir angewiesen. Dann wäre doch alles »eigene« Heiligungsbemühen von vornherein aussichtslos, ja frevelhafter Übermut. Muß ich dann nicht rein passiv abwarten, ob und bis es Gott gefällt zuzupacken, mich zu ändern? Ist nicht jede »eigene« Aktivität vermessene Mißachtung der Rechtfertigung, des »sola gratia«? Muß das Ergebnis nicht »Quietismus« heißen (reines Stillhalten und Ruhig-Bleiben), absolute Passivität?

1) Wer so argumentiert, hat die Hälfte des Christenbekenntnisses vergessen und es damit ganz zerstört. Zwei Aussagen, die wohl zu unterscheiden sind, gehören untrennbar zusammen: die rückwärtsgewandte der Buße (»was mich betrifft, ein Abgrund voller Sündengift«) und die vorwärtsgerichtete des Glaubens an den Sieger Jesus (»Ich vermag *alles* in dem, der mich mächtig macht, Christus«, Phil 4,13). Wer für die pure Passivität plädiert, übersieht, daß Glauben gerade das Wegsehen ist (Hebr 12,2) von mir und dem Status quo auf das hereingebrochene Reich Gottes.

Abrahams modellhafter Glaube besteht gerade darin, daß er wohl die empirischen Fakten, soz. die gynäkologischen Gutachten der Fachärzte, klar ins Auge faßte (»er sah an seinen erstorbenen Leib und den erstorbenen Leib der Sara«). Aber durch diese konstatierbaren Fakten hindurch griff er nach der Zusage Gottes. Im Glauben ergriff er den verheißenen Sohn schon, ehe er noch geboren war.

Der Glaube liegt also mit der empirischen Erfahrung im Streit um das, was wahrhaft *wirklich* ist: Ist es das, was ich vor Augen sehe, oder die Zusage Gottes? Was im Blick auf mich selbst Realität ist (»untüchtig zu irgendeinem Guten«!), eben das ist im Blick auf Jesus unwirklich wie ein Spuk: In Ihm vermag ich alles!

2) Was nun das »eigene« Heiligungsbemühen angeht, so ist das Wörtchen *»eigen«* präzis zu fassen. Ist das gemeint, was ich von Hause aus als »natürlicher Mensch«, als »alter Adam« mitbringe, dann gilt in der Tat: Fleisch und Blut können Gottes Reich nicht ererben! Aber das Wort »eigen« hat nicht nur diesen (gleichsam »alten«) Sinn! Gott schafft ja das neue Wollen und Vollbringen »in mir« (Phil 2!). Er will »in mir«, aber nicht so, wie ein Autofahrer im Auto will und schaltet: mechanisch, maschinell, sondern wahrhaft göttlich, wahrhaft geistlich. Er will so in mir, daß er mich wollen macht.

»Durch die Gnade erwacht mitten in unserem verdorbenen Begehren ein gutes Wollen und dies dazu, damit wir es als das unsrige bejahen, uns mit ihm einigen und durch dasselbe unser schlechtes Begehren in uns tilgen... Unser Wollen wird uns so gegeben, daß es *unser* Wollen ist..., womit wir uns eins machen können, dürfen, sollen, als mit unserm Wesen und Eigentum« (A. Schlatter).[21]

So entsteht in uns ein neues, uns geschenktes, in uns gewirktes, aber als solches nun uns *»eigenes«* Wollen. Gott schafft Neues in uns; wir dürfen es (freilich niemals von ihm abgelöst!) als *unser* Neues erfassen. So ist unsere *»Heiligungsarbeit«* »dimensional« umgriffen, durchtränkt von seiner Heiligungsarbeit in uns! So darf ich nun, wenn ich entdecke: »Dies muß weg! Das muß statt dessen geschehen!« (Seinen Sieg im Rücken, Seinen Geist im Herzen) *zäh und fröhlich an mir arbeiten.* Ich darf meinen Launen, meinem Hochmut, meiner Lust, über andere zu reden, meiner Gebundenheit an etwas zäh und fröhlich (vielleicht in monate- oder jahrelangem Kämpfen, vielleicht mit einem Überraschungssieg) entgegentreten. Aber eben »in ihm« und deshalb nicht (gesetzlich) »verbissen«, sondern *»gelassen«* (ich lasse mich Ihm) und *humorvoll* (»Trotz dem alten Drachen... Jesus siegt!«). Wenn *er* in uns arbeitet, macht er uns mit Bewußtsein und Willen, mit Fantasie und Aktivität zu seinen *Mitarbeitern.*

Die Frage »Heiligung aktiv oder passiv?« ist also falsch gestellt, ist in der »dimensionalen« Art Seines Wirkens in uns überholt.

3) Alles gewaltsame Postulieren: Gott *muß* mich *jetzt* und *so* befreien! muß als Ausdruck des alten »Eigenwillens« sterben: *Für den Glaubenden »muß« Gott eben gar nicht*, auch nicht, wenn wir *beten*!

A. Schlatter hat warnend auf einen gewaltsamen – geradezu mathematisch-schließenden – *Gebetsstil* hingewiesen. Man fragt 1. Will Gott, daß ich vom Rauchen loskomme? Gewiß! – 2. Ist also das Gebet um Befreiung in seinem Sinn und in seinem Namen? Gewiß! – 3. Stimmt es, daß wir jetzt sofort »haben«, was wir so erbeten? Sicher doch! – Also: Wenn ich jetzt bete, dann habe ich sofort für die momentane Erfüllung zu danken: Hallelujah, ich bin frei vom Nikotin!

Die seelsorgerliche Erfahrung kennt solche »Sofortlösungen«, aber bei anderen auch den langen Kampf. Haben die Menschen nicht recht gebetet, zu wenig geglaubt? Zu der in der Sache selbst liegenden Not wird noch die Pression gefügt: Du mußt eben glauben!

A. Schlatter: »Berufen wir uns darauf, daß der Glaube alles empfange, was er erbitte..., so gehört es... zur Vollständigkeit des Glaubens, daß wir... die keusche Unterordnung unter Gott unverletzbar bewahren und uns keine Verkehrung des Glaubens in ein gebieterisches Postulieren gestatten, das Gottes Gnade beherrschen will. In welchem Maß und in welcher Ordnung uns der Sieg über uns selbst gegeben wird, darüber verfügt Gottes Gerechtigkeit, nicht unsere Wünsche... Wird aus der Gebetsverheißung Hoffart (!) abgeleitet und die Erhörung für erzwingbar gehalten, dann treten auch die phantastischen Ansprüche an die Leistungsfähigkeit der Christenheit ... unvermeidbar ein.«[22]

4) Eine andere Dimension der »passiven Heiligung« (jetzt in einem anderen Sinn verstanden) soll nicht übergangen werden. Heiligung geschieht nicht nur im aktiven, kämpferischen Einsatz (sei es für etwas Positives im Reich Gottes, sei es gegen eine Sünde). Heiligung geschieht auch in der *Geduld*, im Darunterbleiben unter uns auferlegtes *Leiden*. Es kann sich um körperliche oder seelische Gebrechen handeln, um ein Leiden an Grenzen, die uns in unserer Leiblichkeit gesetzt sind (etwa Behinderungen) oder um schwere Trauerarbeit. Heiligung besteht darin, daß Gott in solchem Leiden *die Ehre gegeben wird*, daß wir (wenn auch ohne Verstehen des Warum oder Wozu) anfangen, Gott zu loben, den Gott, der uns alle Dinge zum Besten dienen läßt (Röm 8,28). Hilfreich ist das meditierende Lesen etwa des Liedes »Endlich bricht der heiße Tiegel ...« (Gl 477, Str. 2–6); hier wird beschrieben, wie Gott Leiden in Segen transformiert.

4. *Negative Heiligung?*[23]

1) Zur Heiligung gehört fraglos Jesu Ruf weg von »der alten Welt«. »Sündige hinfort nicht mehr!« (Joh 8,11). Zur Heiligung gehört das Wort des Paulus: »Laßt euch nicht dem ›Schema‹ dieses Äons gleichschalten!« (Röm 12,2). Seid ja keine Konformisten! Gemeinde Jesu ist stets ein Stück »Anti-Gesellschaft«, »Protestgemeinschaft«, »Alternativgruppe« – oder sie ist »dummes Salz.« Aber dieses »*Weg* von der Welt (= alter Äon)!« hat Sinn und Tiefe, Verheißung und Freude nur in dem Ruf Jesu »*Her* zu mir! Folge mir nach!« Bei aller Bekehrung begründet und trägt das *Positive* das Negative, das Ja das Nein, die Hinkehr die Abkehr. Das Positive gibt den Ton an: »Geschaffen zu guten Werken ...« »Verwandelt euch durch Erneuerung des Denkens« (Röm 12,2).

2) Tatsächlich wird jedoch Heiligung oft primär negativ als *Vermeidung*, als *Unterlassung* definiert. Dabei wird die »Welt« oft nicht in ihrer wahrhaft abgründigen Tiefe (die Wurzelsünde, die in mir daheim ist!) erfaßt, sondern in sehr vordergründigen Erscheinungen, die zudem oft von Jahrzehnt zu Jahrzehnt wechseln. Eine gefährliche Verharmlosung!

Aber das Nein muß dem Ja dienen. Wenn z. B. eine Blaukreuzgruppe nur die Abstinenz (den Verzicht auf den Alkohol) als Ziel hat, wird sie rasch gesetzlich und pharisäisch. Ist sie aber vom Ansatz her »Trinkerrettungsarbeit«, üben in ihr auch Nichtabhängige Verzicht aus (nicht auf!) Freiheit um des Gefährdeten willen, dann hat sie Weite und Leuchtkraft. Wird das Wort »Welt« zudem undifferenziert gebraucht, unterscheidet man nicht die Welt als Gottes gute Schöpfung (1. Glaubensartikel) von »Welt« als gottfeindlichem Kollektiv, als »Schema« des alten Äons, dann wird negative Heiligung muffig, kleinkariert, kultur- und bildungsfeindlich, apolitisch, oft auch nur dümmlich und altmodisch (wobei die heute »fromme« Mode die »weltliche« von vorgestern ist, und das nicht nur bei Textilien). Solche »geist-lose« Heiligung ist niveau- und perspektivlos, banausenhaft und abstoßend. So gewiß Christen im Detail genau sein sollen (»geheiligte Pedanten« suchte H. Bezzel), so gewiß muß die Reich-Gottes-Dynamik, die »Freiheit eines Christenmenschen« einladend spürbar sein. Ein Christ, der nicht sieht, wie etwa Bachs Kantaten und Oratorien Heiligung der *Töne* bedeuten, wie etwa Rembrandts biblische Gemälde Heiligung der *Farben* praktizieren, wie etwa Jeremias Gotthelfs Romane Heiligung der *Wörter* praktizieren, wie die »Systeme« der großen Bibeltheologen (bei Paulus beginnend) Heiligung der *Gedanken* bewirken, – ein Christ, der all das nicht sieht oder sich dem bewußt verschließt, verdunkelt die Herrlichkeit (den »Lichtglanz«) seines Herrn. Die Väter des Pietismus haben jedenfalls mit ihren missionarischen, diakonischen, pädagogischen (Francke in Halle), auch literarischen (Jung-Stilling) Großtaten für die Größe des Herrn demonstriert, dem es um das Ganze geht.

3) Wahrhaft widerlich ist die gesetzlich-überhebliche, zugleich tief *unwahre »Heiligung«* beim älteren Bruder in Jesu Gleichnis (Lk 15). Was ihn im Elternhaus hielt, war nicht die Liebe zum Vater, sondern nur Angst vor dem Draußen; sein Gehorsam erschien ihm nicht als Sohnesfreude, sondern als Sklavenlast; aus dem ätzenden Bloßstellen des jüngeren Bruders spricht der geheime Neid (wenigstens in homöopathischer Verdünnung hätte er doch auch gern die »Welt« genossen). Jesus hat die herrliche Regel aufgestellt: »Wem viel vergeben ist, der liebt viel!« (Lk 7,47). Ob viele deshalb so hochmütig und hart sind, weil sie nicht wissen, wieviel ihnen bereits vergeben wurde und wieviel Vergebung sie noch brauchen?

5. Naturhafte oder personhafte Gottesgemeinschaft?

1) Bekehrung kommt nicht so zustande, daß ein Mensch am Abend gleichsam narkotisiert einschläft, dann während des Tiefschlafs von Gottes *Zaubermacht* angerührt wird, neue Drüsen, neue Hormone, neue Gehirnzellen, neue Charakteranlagen, ein neues Herz und Gewissen transplantiert bekommt und schließlich am Morgen als eine *naturhaft gewandelte* »neue Kreatur« erwacht. Dann wäre »ich« nicht mehr »ich«; ein völlig anderes Wesen läge im Bett, nicht einmal die Kontinuität meines Namens und meiner Geschichte (Erinnerung) bliebe bestehen.

Bekehrung ist von Gott gewirkter *Herrschaftswechsel*: Ich werde – mitsamt meinen Hormonen, mitsamt meinen Charakteranlagen – dem neuen Herrn Jesus unterstellt und mit allem auf seine Ziele hin orientiert. Dieser Herrschaftswechsel ist einerseits gewiß eine *Umsiedlung* (ich werde umgesiedelt, bekomme eine neue Heimat), sie ist andererseits aber auch ein bewußter *Umzug* (ich sage Ja zu der neuen Adresse). Bei diesem Herrschaftswechsel werde ich (der ich »aus eigener Vernunft und Kraft nicht glauben kann«) zum Glauben befreit und ermächtigt, aber das geht durch mein Bewußtsein, durch meinen Willen hindurch. Die gottgewirkte *Bekehrung* (Gott kehrt mich um!) wirkt sich in mir, psychologisch (empirisch) betrachtet, als bewußte und willenhafte *Entscheidung* aus.

Hier, wo die Regel von Phil 2,12f. gilt (Gott wirkt Wollen und Vollbringen), darf man nicht scheiden, was Gott zusammenfügt: Gottes Wirken umgreift das meine »dimensional«. Aber so – in Christus, im Geiste – kommt es zu einer personhaften, willenhaften, bewußten Übergabe meines Lebens.

2) Wir müssen, wenn wir von »neuer Kreatur« sprechen, wegkommen von der Vorstellung *naturhafter* (gleichsam chemisch-physikalischer) Verwandlungsprozesse. Gott behandelt uns (die er nach seinem Bilde schuf) nicht mechanisch, nicht wie »lapis et truncus«, »wie einen Steinbrocken und einen Baumstumpf« (Luther). Er begegnet uns »persönlich«, gewinnt uns Herz und Gewissen ab, prägt uns durch seinen Geist in unserem Geist. Der Heilige Geist ist nicht Naturkraft (Erdbeben, Orkan, die mich wohl vernichten, aber nicht gewinnen können); er ist Gott selbst, kommt personhaft auf mich zu. Adolf Schlatter hat richtig gesehen: Natur und (mechanische) Macht (Gewalt) gehören ebenso zusammen wie *Person* und *Liebe*. Das Letztere ist das Führende. Unergründlich tief ist, wie der Schöpfer und Vater Person und Liebe (dies voran) mit Natur und Macht eint.[24]

3) Warum ist diese Überlegung wichtig? Wenn die Neuschöpfung rein naturhaft zu verstehen wäre (als völlige Verwandlung, als eine Art »Transsubstantiation«), *dann brauchte der Christ als »neue Kreatur« Jesus Christus in der Tat nicht mehr.* Am Anfang wäre der Erlöser freilich notwendig – bei dem Akt der Neuschöpfung. Aber bin ich einmal ein »kompletter Heiliger«, bin ich (freilich aus Gnaden) rundum neu, dann kann ich durchaus in der Folge selb- und eigenständig »aus mir« (aus meinem qualitativ neuen Ich) ohne ihn weitermarschieren. Es geht dann ähnlich zu wie bei der Gottesanschauung des Deismus: Danach hat Gott am Anfang die Welt geschaffen wie ein Uhrmacher seine Uhr. Er hat alle Rädchen und Federn eingesetzt, alle Gesetze einprogrammiert: Die so geschaffene Uhr (= Welt) läuft jetzt »aus sich« weiter, selbst wenn der Schöpfer stürbe!

Dies Modell würde aber dazu führen, daß der »neue Adam« eine verbesserte (oder verschlimmerte?) Neuauflage des »alten« wäre: Jesus wäre nur das willkommene Mittel, der Heilige Geist nur der Motor zur *Selbst*verwirklichung, *Selbst*findung, *Autonomie*. Das Sein-Wollen-wie-Gott (1 Mo 3) wäre endlich »gelungen«!

So aber ist es eben nicht! Alle Bekehrung, alle Heiligung führt in die ständige Lebensgemeinschaft mit Jesus (Wort, Gebet, Gehorsam), in das ständige Gespräch mit ihm, in die *Abhängigkeit des Kindes vom Vater*. Ich bleibe stets Kind, werde nie mündig (im Sinn von unabhängig), bleibe stets Jünger und werde nie Meister. Und Ewigkeit wird heißen: »ewig, ewiglich mit Jesus sprechen« (Kierkegaards Grabstein). Es gibt keine Emanzipation vom Vater im Namen des »neuen Ich«. – Es ist charakteristisch, daß alle Perfektionisten (vgl. II, 2) die »neue Kreatur« im Sinne naturhafter Verwandlung verstehen!

4) Wohl gibt es im Neuen Testament *naturhafte Bilder*. Jesus nennt sich den Weinstock, uns die Reben (Joh 15,5). Aber es wird gerade nicht gesagt, daß die Trauben nun naturhaft »automatisch« wachsen. Vielmehr kommt sofort der *Imperativ*: Bleibet in mir! (15,4). Das ist eindeutig personal geredet (eine solche Aufforderung an eine wirkliche Rebe wäre ebenso sinnlos wie überflüssig). – Ganz entsprechend redet Paulus von »der Frucht des Geistes« (Gal 5,22). Auch hier heißt es nicht: Alles kommt »von selbst«, sondern die Überschrift ist ein Imperativ: »Lebt im Geist!« (V. 16), »Laßt uns im Geist wandeln!« – Die naturhaften Aussagen wollen auf die Schöpfermacht Gottes weisen, von der alles (auch das geistliche) Leben kommt. Aber es wird nicht jener schlafend-passiven Heiligung das Wort geredet. Gerade in den Imperativen liegt die schöpferische Wirksamkeit Gottes. Sie sind nicht Appelle an den »alten Adam«; der ist ja »tot in Sünden«. Das Besondere an Gottes Imperativen ist, daß sie nicht uns die Energie abverlangen (»Du sollst, denn du kannst!«), sondern uns die Energie schenken und mitbringen (»Du darfst, weil Ich kann und jetzt in dir wirke!«). Sie sind alle geformt nach dem Muster jenes Imperativs, den Jesus dem Lazarus zuruft, der bereits verwest: »Lazarus, komm heraus!« (Joh 11,43). Dieser schöpferische Imperativ »macht« dem Lazarus Beine, und mit diesen »seinen« Beinen macht er sich gehorsam auf den Weg. So behandeln uns die Imperative als personhafte Wesen, als verantwortliche Subjekte, als bewußte Täter, ja als zurechnungsfähige Partner und Mitarbeiter, – eben in jenem geheimnisvoll »dimensionalen Sinn«, nach dem Gott wirkt alles in allem. Das Schlüsselwort heißt »in Christus«, »im Geist«. Das heißt personhafte Gottesgemeinschaft, das heißt »aktive«Heiligung.

Nachwort: Im Spital »Zum großen Arzt«

(Zum Abschluß eine Art Gleichnis. Ich weiß wohl, daß das Bild hinkt und wie wenig personale und naturhafte Züge ausgewogen sind.)

Da ist ein Patient, Herr Adam, dem alle Mediziner bescheinigen: »Moribundus«, Todeskandidat, bösartigste Bluterkrankung im letzten Stadium, im Grunde schon tot!

Da gibt es ein merkwürdiges Krankenhaus, an dessen Wand der Satz gemalt steht: »Ich bin der Herr, dein Arzt.« Um auch das letzte zu versuchen, transportiert man den Sterbenden in dieses Spital. Seltsam ist die Begrüßung bereits am Portal. Der Arzt legt dem Todkranken die Hand auf die Schulter: »Ich sage dir: *Du bist gesund*! Achte jetzt nicht auf all die Symptome deiner Krankheit. Mein Wort ist hier die allein gültige Wirklichkeit. Glaub mir: Bei mir, in meinen Augen, bist du *vollkommen heil.* Und mein Urteil ist unfehlbar!« –

Merkwürdig ist die Behandlung, die jetzt beginnt. Nicht mit irgendwelchen Medikamenten wird Herr Adam versorgt, *der Arzt selbst ist die Therapie*. Wohl gibt es eine Bluttransfusion. Aber es ist des Arztes eigenes Blut, das in den Patienten hinüberfließt. Und – eigenartig – der Schlauch und die Kanüle werden nie abgenommen; beständig fließt der Lebensstrom. Wohl gibt es Bestrahlung. Aber es ist der Arzt selbst, der Herrn Adam täglich in die Augen schaut. Tief geht dieser Blick. Der Patient merkt: Dieser Blick ist nicht nur diagnostisch (das auch: Ich bin durchschaut); er ist therapeutisch, er heilt mich zutiefst. Am wichtigsten aber ist für den Patienten die tägliche Gesprächstherapie. Wundersam befreiend dieser Austausch. Die verborgensten Nöte vermag der Patient ohne Scheu zu sagen. Heilend sind die liebevollen Anweisungen: »Das unterläßt du bitte jetzt! Statt dessen ist dies jetzt dran!«

Herr Adam spürt, wie er gesundet. Bald kann er aufstehen, umhergehen, Besuche empfangen (jedem empfiehlt er eifrig dies Spital und seinen Arzt!). Erstaunliche Kräfte werden frei: Er bewährt sich bereits als Hilfspfleger an Mitpatienten.

Eines Tages aber meint Herr Adam, nun sei er gesund genug. Unbemerkt (so denkt er jedenfalls) entweicht er dem Spital, der beständigen Transfusion, dem Blickkontakt und Gespräch. »Ewig werde ich dem Arzt dankbar sein«, murmelt er, »aber jetzt bin ich in mir selbst stark, kann hingehen, wohin es mir beliebt«.

Auf der Treppe vor dem Portal findet man den Bewußtlosen. Gerade noch rechtzeitig wird er zurückgebracht. »Bleib bitte bei mir!« hört er den Arzt sagen, als er erwacht. »In dir selbst bleibst du der ›alte Adam‹, ein sicherer Todeskandidat; nur bei mir, in meinem Haus, bist du gesund!«

Anmerkungen

1 Von den Konziliis und Kirchen, Münchener Ausgabe, Ergänzungsreihe Band 7, München 1963, S. 86f.

2 Ernst Gaugler, Der Epheserbrief, Zürich 1966, S. 90.

3 Ebenda, S. 99.

4 Gottfried Voigt, Das heilige Volk (Hom. Auslegungen Band II), Göttingen 1979, S. 372.

5 Erich Beyreuther, Der junge Zinzendorf, Marburg/Lahn, 1957, S. 169.

6 Adolf Schlatter, Das christliche Dogma, Stuttgart 1923, 2. Auflage, S. 366f.

7 C.H. Spurgeon, Alles zur Ehre Gottes (Autobiographie), Wuppertal 1984, S. 97.

8 Wichtig ist die historische Untersuchung: Johannes Meyer, Historischer Kommentar zu Luthers Kleinem Katechismus, Gütersloh 1929, S. 340–374.

9 Heinrich Schmid, Die Dogmatik der evgl. luth. Kirche, Frankfurt/M. 1876, 6. Auflage, S. 323.

10 Karl Barth, Kirchliche Dogmatik IV/2, S. 569.

11 Vergleiche zu diesem Abschnitt: Ernst Gaugler, Die Heiligung im Zeugnis der Schrift, Bern 1948; Julius Schniewind, Heiligung – in: Geistliche Erneuerung, Göttingen, 1981, S. 105–114; H.P. Müller, Artikel kadosch – heilig, Theologisches Handwörterbuch zum AT, Band II, Sp. 598–609.

12 Adolf Köberle, Rechtfertigung und Heiligung, Leipzig 1929, 2. Auflage, S. 274.

13 Vgl. zu diesem Abschnitt Köberle (Anmerk. 20),S. 274–284; Karl Barth (KD IV/2, S. 571) unterscheidet »faulen Quietismus« von »einem illusionistischen Aktivismus«.

14 Vgl. dazu Friedrich Brunstädt, Theologie der lutherischen Bekenntnisschriften, Gütersloh 1951, S. 112.

15 Vgl. dazu Adolf Schlatter, Der Dienst der Christen in der älteren Dogmatik, in: Schlatter, Zur Theologie des Neuen Testamentes und zur Dogmatik (Kleine Schriften), herausgegeben von Ulrich Luck, München 1969, dort S. 53: »... haben unsere Alten ... für die Buße und das Glauben Koexistenz verlangt und ihr Doppelurteil auf dasselbe Ich bezogen, was ich jetzt bin. Sie haben somit die Unfreiheit und die Freiheit zum Guten gleichzeitig in dieselbe Persönlichkeit hinein verlegt, jene als Ergebnis ihrer eigenen Natur, diese als Gabe der Gnade.«

16 Wilfried Joest, Dogmatik Band 2, Göttingen 1986, S. 484.

17 Zitiert bei Kurt Hutten, Seher, Grübler, Enthusiasten, Stuttgart 1958, 5. Auflage, S. 458 (aus J. Pauls Zeitschrift »Heiligung« 1904).

18 Ebenda, S. 457.

19 Hans von Sauberzweig, Er der Meister – wir die Brüder, Denkendorf 1977, 2. Auflage, S. 224f.

20 Ebenda, S. 223.

21 Schlatter, s. oben Anmerk. 15, S. 55/56.

22 Schlatter, Das christliche Dogma, s. oben Anmerk. 6, S. 473 und Anmerk. 291 auf S. 603.

23 Zu diesem Thema ist bleibend wichtig, was Schlatter in dem oben unter Anmerk. 15 genannten Aufsatz darlegt über »Die negative Fassung der Heiligung«, S. 63 ff.

24 Vgl. ebenda, S. 66.

Helmut Burkhardt

Wiedergeburt und Bekehrung

I. Wiedergeburt und Bekehrung – spezifisch pietistische Lehrbegriffe?

Der Pietismus zielte von seiner ursprünglichen Intention her weniger auf eine Erneuerung der Lehre als vielmehr des Lebens. Sein eigentlicher Ansatzpunkt war die Beobachtung und schmerzliche Erkenntnis, daß die, die sich Christen nannten, nicht als solche lebten:

»Wo wir mit christlichen und nur etwas erleuchteten Augen... den jetzigen Zustand der gesamten Christenheit ansehen, so möchten wir billig mit Jeremias 9,V.1 in das klägliche Wort ausbrechen: Ach daß wir Wassers genug hätten in unsern Häuptern und unsere Augen Tränenquellen wären, daß wir Tag und Nacht beweinen möchten den Jammer unsers Volkes.«

Mit diesen Worten beginnt Spener seine Pia desideria[1], und er konkretisiert diese Behauptung im Verlauf der Schrift durch den Hinweis auf die in der evangelischen Christenheit immer mehr um sich greifenden Übel der Trunkenheit, der Rechtsstreitigkeiten, der Unlauterkeit in Handel und Gewerbe sowie allgemein sozialer Ungerechtigkeit. Auch die sogenannten »höheren« Stände der Obrigkeit und der Theologenschaft geben alles andere als ein besseres Bild, im Gegenteil, sie verleiten durch ihr verweltlichtes Leben und Denken zu Unglauben und Lieblosigkeit.[2] Zustimmend zitiert Spener seinen Lehrer, den Rostocker Theologen Dorscheus:

»Wie vorher die Juden... verwehrten, daß den Heiden das Evangelium gepredigt würde, so tun die Christen mit ihren schändlichen Ärgernissen, Gottlosigkeit, Heuchelei, Ungerechtigkeit, Betrügerei, Unreinigkeit, anderen schrecklichen Lastern, Spaltungen, Haßstreitigkeiten, grausamen und schrecklichen Kriegen, vor allem, daß sie das dringlichste Werk, daß sie leider das Band der heiligsten Bruderschaft zerrissen haben, sowohl ihr eigenes Heil wegwerfen, als auch die Seligkeit der Juden und anderer Ungläubiger verhindern.«[3] So zeigt Spener Verständnis für jene »gut gesinnten Gemüter«, die angesichts dieses Zustandes der evangelischen Christenheit »auf den Gedanken gekommen: Wir stecken wohl auch in Babel.«[4]

Der Anlaß für die Entstehung der pietistischen Bewegung ist also in Fragen der Lebensgestaltung zu sehen, biblisch-theologisch gesprochen in der Frage der Heiligung.[5] Aber damit ist die Diagnose noch keineswegs abgeschlossen, so daß man frisch-fröhlich ans Werk der Therapie gehen könnte. Die Therapie Speners besteht ja darin, daß er alle Wendung zum Besseren vom vermehrten Beachten des biblischen Wortes erwartet: »Je reichlicher also das Wort Gottes unter uns wohnen wird, je mehr werden wir des Glaubens Früchte zuwege bringen.«[6] Würde man also von der Diagnose »Mangel an Heiligung« direkt zur Therapie »Mehr Wort Gottes« fortschreiten, so wäre das Ergebnis vermutlich nichts anderes als gesetzlicher Krampf. Das mag der normale Weg heutiger volkskirchlicher Verkündigung sein. Der Weg des Pietismus aber war es nicht. Gerade darin bewährte er sich, allen beliebten Etikettierungen zum Trotz, die gerade ihm gern den Vorwurf der Gesetzlichkeit anhängen möchten, als zutiefst evangelischer Weg. Denn die Frage nach der Heiligung ist für Spener die nach den Früchten des Glaubens.[7]

Die Beobachtung eines Mangels an Heiligung führt also weiter zur Frage nach der Echtheit des Glaubens und damit des Christseins der Christen. Wo die Früchte schlecht sind, stellt sich uns nach der uns von Jesus selbst nahegelegten Logik die Frage nach der Art des Baumes (Mt 7,16–18). Die Glaubensfrüchte fehlen also weithin, weil es an Glauben selbst fehlt. Denn »... dasjenige, was sie für Glauben halten ... ist durchaus nicht der rechte Glaube, der aus des Heiligen Geistes Erleuchtung ... durch das göttliche Wort geweckt ist, sondern eine menschliche Einbildung.«[8] »Viele führen ein ganz offenbar unchristliches Leben, so daß sie es selbst nicht in Abrede stellen können, da es in allen Stücken von der Regel abgeht ... Bei alledem aber bilden sie sich eine feste Zuversicht ein, daß sie doch selig werden. Fragt man sie, worauf sie sich gründet, so wird man feststellen, wie sie sich selbst eingestehen, daß sie sich darauf verlassen, daß wir nicht durch unser Leben selig werden. Doch würden sie ja an Christus glauben ... Daher könne es nicht fehlen, daß sie aus solchem Glauben selig würden. Dabei halten sie fleischliche Einbildung eines Glaubens ... für den Glauben, der selig mache. Das ist aber ein so schrecklicher Betrug des Teufels als je ein Irrtum sein kann.«[9]

Scheinbar korrekter Gebrauch der reformatorischen Formeln *sola fide* und *solus Christus* bewahrt hier nicht davor, krassen Unglauben als Glauben auszugeben. Dieser Tatbestand nötigt Spener zu einer differenzierteren soteriologischen Begrifflichkeit: Der Glaubensbegriff bedarf der Interpretation durch die Begriffe Wiedergeburt und Bekehrung, die ihm geschichtliche Tiefenschärfe geben. Glauben ist nicht nur ein intellektueller Akt des Fürwahrhaltens, sondern ein bleibendes Bestimmt- und Ausgerichtetsein auf Gott durch die in Wiedergeburt und Bekehrung tief in das persönliche Leben von Menschen eingreifende und es verändernde Wirkung des göttlichen Wortes. Entsprechend kann man den »wahren göttlichen Glauben« haben – oder eben nicht haben. Und von diesem Haben oder Nichthaben wird dann auch das Leben und Wirken des betreffenden Menschen geprägt sein. Den Wendepunkt von Nichtglauben zu Glauben aber markiert die Bekehrung oder Wiedergeburt.[10]

Die Frage nach der Echtheit des Glaubens enthält also zugleich die Frage, ob er denn überhaupt jemals wirklich zustande gekommen sei, führt also zur Frage nach dem Anfang des Christseins in Wiedergeburt und Bekehrung. Weil aber das biblische Wort der »Same der Wiedergeburt« ist (1Petr 1,23), deshalb ist die vermehrte und intensivierte Beachtung des Wortes das entscheidende Heilmittel für den Schaden der Christenheit. Denn nicht aus irgendwelchen menschlichen Anstrengungen heraus, sondern nur aus der durch Gottes Wort und Geist gewirkten inneren Erneuerung der Wiedergeburt wird, wie aus einem Brunnen, »alles, was in unserem Leben Gutes ist, herfließen.«[11]

So bekam die sonst allerdings kaum beachtete Lehre von Wiedergeburt und Bekehrung im Pietismus ein Gewicht, das sie bisher in der Theologie kaum irgendwo gehabt hatte. Dabei fiel von Anfang an ein besonderer Akzent auf den Gedanken der Einmaligkeit des Glaubensanfangs innerhalb der Lebensgeschichte eines Menschen. Dieser Gedanke ist bei Spener grundsätzlich da, deutlicher in den Vordergrund aber rückte er durch den alten hallischen Pietismus, der besonderen Bekehrungserfahrung Franckes als einem plötzlichen Widerfahrnis entsprechend.[12] Im neueren Pietismus dann, wie er in Deutschland vor allem durch die Gemeinschaftsbewegung repräsentiert wurde, war das Verständnis von Wiedergeburt und Bekehrung als je einmaligen Ereignisses am Anfang des Christseins von Anfang an herrschend. Mit ein Grund dafür dürfte darin liegen, daß hier, anders als noch bei Spener[13], die Lehre von der Taufwiedergeburt durchgehend abgelehnt wurde. Gerade an dieser Zuspitzung der Lehre von Wiedergeburt und Bekehrung als einmaligem Ereignis aber, an diesem »pietistischen Dogma«[14], entzündet sich immer wieder der stärkste Widerspruch in Theologie und Kirche.

Dieser Widerspruch richtet die Aufmerksamkeit vor allem auf die Frage nach der möglichen Motivation des pietistischen Drängens auf persönliche Wiedergeburt und Bekehrung. Die Kritik gipfelt in dem Vorwurf: Die Motivation der Pietisten in dieser besonderen Lehre von Wiedergeburt und Bekehrung ist eine zutiefst egoistische, ja zuletzt gottlose, nämlich dem Menschen zuviel zutrauende.

Ihr Motiv ist egoistisch: Denn das Drängen auf Bekehrung und die Behauptung des eigenen Bekehrtseins dienen im Grunde nur der Befriedigung des eigenen Geltungsbedürfnisses. Manche können anscheinend ihr Geltungsstreben nicht anders befriedigen, weil sie unfähig sind, sich im alltäglichen Leben durchzusetzen. Deshalb suchen sie Ersatz im religiösen Bereich, um wenigstens dort etwas zu sein, und zwar etwas Besonderes, mehr als andere. Von daher ist eigentlich auch zu verstehen, warum die

Scheidung von Gläubigen und Ungläubigen durch die Bekehrung so sehr betont wird. Selbst die scheinbar so selbstlose Arbeit der Evangelisation dient schließlich nur der Herausstellung dieses Unterschieds. Sie gibt den Bekehrten die willkommene Gelegenheit, ihre sonst leider kaum auffallende Besonderheit öffentlich zu manifestieren und so sich selbst zu bestätigen. Dazu erweisen sich besonders Berichte von der eigenen Bekehrung als nützlich. Solcher Selbstbestätigung dient schließlich auch die Registrierung und wenn möglich Publizierung der Zahl der Bekehrten als Erfolgsbilanz.

In besonders prononcierter Form hat H. Gollwitzer solche Kritik in einem Beitrag zum Lutherjahr vorgetragen: Vorreformatorisches Glaubensverständnis sei vom sog. Geist des Athanasianums geprägt gewesen. Die dies altkirchliche Bekenntnis einleitende Formel »Quicunque vult salvus esse, ante omnia opus est ut teneat catholicam fidem« (»Für jeden, der selig werden will, ist vor allem nötig, daß er den katholischen Glauben festhält«) sei Ausdruck eines alles beherrschenden Heilsegoismus. Hier sei nicht Golgatha die große Wende vom Unheil zum Heil der Welt, sondern die menschliche Entscheidung, die das im orthodoxen Glaubensbekenntnis formulierte Heilsangebot annimmt.[15] Luther habe zwar in seiner Entdekkung der sich in Christus allen vorbehaltlos zuwendenden Gnade versucht, sich von diesem Heilsverständnis zu lösen. Aber er sei darin nicht konsequent gewesen, da er das Heil des einzelnen immer wieder von seinem eigenen Glauben abhängig gemacht habe.[16] Daraus folgt: »Wieder durchzieht die Menschheit die große Kluft, früher die Kluft zwischen den Guten und den Bösen..., jetzt die Kluft zwischen den Glaubenden und den Nichtglaubenden.«[17] Und Gollwitzer fährt fort: »Der Pietismus hat bis zu den heutigen Evangelikalen – abgesehen von den zur Allversöhnung tendierenden Gruppen – diese Lehre vom Glauben als der Rettungsbedingung übernommen.«

Während Gollwitzer bei Luther als Folge solchen Denkens seinen Antijudaismus bezeichnet[18], unterstellt er den heutigen Evangelikalen als Folge ihres Heilsegoismus' Neigung zur Kompromißbereitschaft mit Unrechtsregimen, wenn diese sie nur ungehindert ihre weltliche Verhältnisse nicht berührende Heilsbotschaft verkünden lassen.[19] So hat solche »Hybris der Glaubenden gegenüber Nichtglaubenden« immer wieder »mörderische Folgen.«[20] Als gesetzlich geforderte Bedingung des Heils wird der Glaube zur Leistung, die der Mensch selbst aufbringt. Das Glaubenkönnen ist sein Verdienst, der ihn über die Nichtglaubenden erhebt. Ein solches Glaubensverständnis aber ist nicht nur lieblos, es ist zugleich auch gottlos. Denn es gibt dem Menschen die Ehre, die Gott allein gebührt.

II. Die biblische Lehre von Wiedergeburt und Bekehrung

Der hohe Stellenwert, den Wiedergeburt und Bekehrung in Theorie und Praxis des Pietismus haben, läßt, ebenso wie die harte Kritik an diesem »pietistischen Dogma«, danach fragen, wie diese doch zweifellos in den für christliche Lehre maßgeblichen biblischen Schriften vorhandenen Begriffe dort eigentlich gebraucht werden und wie sie deshalb zu verstehen sind.

1. Bekehrung

Der Begriff »Bekehrung« wird heute oft sehr allgemein im Sinne einer drastischen inneren und, daraus folgendend, auch äußeren Veränderung im Leben eines Menschen verstanden, als »Bekehrung« etwa zu einer vegetarischen Lebensweise oder auch zu einer bestimmten Ideologie. Aber hier ist der Ursprung des Wortes in der biblischen Sprache kaum noch erkennbar.

In der Bibel ist Bekehrung ein Bildwort, dem eine klare Vorstellung zugrunde liegt, nämlich die einer lokalen Veränderung im Sinne einer Rückkehr an einen vorher verlassenen Ort. Diese Vorstellung wird nun in der Bibel zum Bild für einen religiösen Vorgang, in einem bestimmten geschichtlichen Zusammenhang: Wenn das zum Bund mit Gott erwählte Volk im Ungehorsam gegen die zum Leben im Bund gegebenen Gebote aus dem Bund ausbricht, soll es wieder »zurückkehren« (hebräisch: *schub*) an den Ausgangsort, von dem es abkam, zu dem den Bund konstituierenden und den Bundesgehorsam fordernden Gott. Solcher Ruf zur Umkehr ist zentrales Thema der Prophetie in Israel (2Kön 17,13; Sach 1,4; 1Sam 7,3; vgl. 5Mo 4,25 ff.; 30,2.8.10). Bekehrung ist also keineswegs ein allgemeinreligiöser Begriff. Vielmehr hat er seinen Ursprung in einem bestimmten geschichtlichen Zusammenhang, ausgehend von der im Bundesschluß am Sinai manifestierten Erwählung Israels zum Volk Gottes und der geforderten Bewährung dieses Bundes im Halten der Gebote (2Mo 19,5).

Dieser Bund Gottes mit Israel ist im Alten Testament aber nicht partikularistisch im Sinne einer National- oder Volksreligion verstanden, sondern auf dem universalen Hintergrund des Weges Gottes des Schöpfers mit der Menschheit (1Mo 1–11). Die nach dem Bilde Gottes und damit zur Gemeinschaft mit ihm geschaffenen Menschen (1Mo 1,26f.) sind seit dem Sündenfall »böse von Jugend auf« (1Mo 6,3; 8,21). Durch Israel aber, sein priesterliches Volk (2Mo 19,6), will Gott alle Völker segnen (1Mo 12,3). Indem er gerade dieses kleine, an sich unbedeutende Volk erwählt und ihm so seine grundlose Liebe erweist (5Mo 7,6–8), möchte er es dazu bringen, ihn von ganzem Herzen zu lieben (5Mo 6,5) und seinen Nächsten wie sich selbst (3Mo 19,18.33).

Aber auch dieser Weg der besonderen Zuwendung Gottes zu seinem Volk, Israels Errettung aus Ägypten, die Gabe der Thora, des Landes, die Bewahrung vor seinen Feinden, alles vermochte nicht, Israel zu seinem von Gott gesetzten Ziel zu führen. Gott gab sein Volk trotzdem nicht auf, er sandte seine Boten, die Propheten, mit ihrem Ruf zur Umkehr. Aber auch ihrem Wort verweigerte sich Israel. Die Propheten, deren Schriften uns in der Bibel überliefert sind, konstatieren weithin nur die Tatsache, daß Israel nicht umkehrt (Am 6 u.a.) bzw. nur äußerlich, nicht wirklich von ganzem Herzen (Hos 6,4; 7,16).[21] Darin zeigte sich: In diesem tiefen Sinn kann es gar nicht umkehren (Jer 13,23; 30,12).

Und doch ließ Gott auch jetzt nicht von seinem Volk und dem mit seiner Erwählung eingeschlagenen Weg. Er verhieß nach dem Gericht, das allerdings zunächst über Israel kommen sollte, eine grundlegende Wende in einer von ihm geschenkten inneren Umkehr: »Siehe, es kommt die Zeit, spricht der Herr, da will ich mit dem Hause Israel und mit dem Hause Juda einen Bund schließen; nicht wie der Bund gewesen ist, den ich mit den Vätern schloß ... Ich will mein Gesetz in ihr Herz geben und in ihren Sinn schreiben, und sie sollen mein Volk sein, und ich will ihr Gott sein« (Jer 31,31–33). »Und ich will euch ein neues Herz und einen neuen Geist in euch geben, und will das steinerne Herz aus eurem Fleisch wegnehmen und euch ein fleischernes Herz geben. Ich will meinen Geist in euch geben und solche Leute aus euch machen, die in meinen Geboten wandeln und meine Rechte halten und danach tun« (Hes 36,26 f.). Immer noch ist Israel hier als Volk angesprochen. Mit der angekündigten Verinnerlichung des Gottesverhältnisses bahnt sich aber zugleich eine gewisse Individualisierung an.[22]

Das Gericht kam. Jerusalem wurde zerstört. Ein Großteil des Volkes wurde in die Verbannung in Babylon geführt. Dort kam es dann tatsächlich zu einer gewissen Neubesinnung. Aber weder die Rückkehr aus der Verbannung und der Neubau Jerusalems und des Tempels noch auch die Neubesinnung auf Gottes Gesetz insbesondere in der später u. a. in den Pharisäismus mündenden chassidischen Bewegung waren wirklich schon jene von den Propheten angekündigte Umkehr von ganzem Herzen, jene Erweckung der Totengebeine zum Leben, von der Hesekiel gesprochen hatte (Hes 37). Im Gegenteil: gerade die Besinnung und Konzentration der Frömmigkeit auf die Thora führte zu einer neuen, vertieften Gestalt menschlicher Autonomie in der pharisäischen Werkgerechtigkeit.[23]

Dann aber trat Johannes der Täufer auf mit seinem Ruf: »Kehrt um, denn das Reich Gottes ist nahe herbeigekommen« (Mt 3,2). Die Taufe, die er anbietet, macht zugleich deutlich, was Umkehr heißt: Ja-sagen zu Gottes Todesurteil über das eigene Leben.[24] Noch ist damit die verheißene große Wende nicht da. Aber sie steht unmittelbar bevor: »Ich taufe euch mit Wasser zur Umkehr; der aber nach mir kommt, ist stärker als ich, und ich bin nicht genug, ihm die Schuhe abzunehmen; der wird euch mit dem heiligen Geist und Feuer taufen« (Mt 3,11). Und dieser andere, Jesus, kommt: »Dies ist mein lieber Sohn, an welchem ich Wohlgefallen habe« (Mt 3,17). Der Sohn aber ist zugleich »das Lamm Gottes, das der Welt Sünde trägt« (Joh 1,29; vgl. Mt 3,15). In der Vollmacht des Sohnes Gottes, der sein eigenes Leben einsetzt für die Sünde der Welt, bis hin schließlich zum Tod am Kreuz (Joh 3,16; Mt 20,28), in dieser Vollmacht nimmt Jesus den Umkehrruf des Täufers auf (Mt 4,17). Aber das Wort hat jetzt eine andere Qualität als vorher im Munde des Johannes. Denn mit Jesus ist das Reich nicht nur nahe, es ist in seiner Person zugleich auch schon da: »Die Zeit ist erfüllt... Kehrt um und glaubt an das Evangelium« (Mk 1,15).

Auf Jesu Ruf hin kommt es nun tatsächlich zu jener tiefgreifenden, Menschen verändernden Umkehr, die die Propheten verheißen hatten. Menschen lassen alles und folgen Jesus nach (Mk 1,16–18). Was dem Menschen bisher unmöglich war, wird jetzt durch Gott ermöglicht (Mt 19,26ff.). Diese Umkehr ist aber in keiner Weise Leistung des Menschen, sondern eben Geschenk Gottes, konkret ermöglicht durch das vollmächtige Wort Jesu: »Dir sind deine Sünden vergeben« (Mt 9,5), »Folge mir nach« (Mt 9,9). Deshalb ist Umkehr Freude und der Ruf zur Umkehr Evangelium (Mk 1,15b; Lk 15).[25]

Dabei ist sie aber, obgleich Geschenk Gottes, doch seine, des Menschen, Umkehr. Die Größe, das Wunder dieses Geschenks besteht gerade darin, daß es nicht irgend etwas, sondern eben diese Heimkehr zum Vater gibt. Diese Heimkehr aber ist ein Ereignis, in dem der ganze Mensch in seinem Denken, Fühlen und Wollen erfaßt ist, in dem so sein Leben real verändert und ihm neue Grundmotivation und neue Grundorientierung gegeben ist: »Ihr sind viele Sünden vergeben, darum hat sie mir viel Liebe erzeigt« (Lk 7,47). »Siehe, Herr, die Hälfte meiner Güter gebe ich den Armen, und wenn ich jemand betrogen habe, das gebe ich vielfältig wieder« (Lk 19,8).

Wirkliche Umkehr hat in Jesus Grund und Maß. Bekehrtsein heißt immer beides zugleich: den Bergprediger zum Herrn und den Gekreuzigten zum Heiland zu haben. Bekehrtsein heißt: Los sein von sich selbst und gerade darin schon Anteil haben am wahren, am ewigen Leben (Mt 16,25).[26]

Weshalb dabei die einen dem Ruf Jesu folgen, andere nicht (Mt 19,22ff.), diese Frage bleibt in der Bibel offen als unergründliches Geheimnis, das weder durch den Rationalismus der Allversöhnungstheorie noch durch gesetzliche Erklärung aus unterschiedlicher Disposition und Leistung des Menschen entschlüsselt werden kann.

Als dann nach den Ereignissen von Kreuz und Auferstehung die Jünger das Evangelium nicht nur weiter in das jüdische Volk hinein, sondern auch darüber hinaus zu allen Menschen tragen, da ist allerdings Jesus Christus selbst der zentrale Inhalt ihrer Botschaft. Wo es aber zum Glauben an diesen

Jesus als den Retter aus Sünde und Verlorenheit kommt, da vollzieht sich eben Bekehrung (Apg 2,38; 1Thes 1,9) als grundlegende Wende vom Unheil zum Heil im Leben des nunmehr Glaubenden (Apg 4,12; 16,30f.; Röm 10,9f.). Dabei tritt oft der Begriff des Glaubens an die Stelle des Begriffs der Bekehrung (Apg 4,4 u.a.; Röm 13,11; Gal 2,16).[27] Dies geschieht aber bezeichnenderweise im Griechischen in der grammatischen Form des Aorist, die – anders als das Imperfekt – einen in der Vergangenheit liegenden, einmaligen Vorgang bezeichnet. Paulus sagt also in Röm 13,11 keineswegs, daß jetzt das Heil näher sei als zu der Zeit, »als ihr glaubtet« (sie glauben ja immer noch; das Glauben schlechthin gehört keineswegs der Vergangenheit an!), vielmehr »als ihr gläubig wurdet«, als also der erste und grundlegende Schritt vom Unglauben zum Glauben getan wurde.

Dabei ist offenkundig, daß diese über Leben und Tod des einzelnen entscheidende Wende sich nicht auf Golgatha schon vollzog, wie immer wieder gern mit reformatorischem Pathos und vermeintlicher Christozentrik behauptet wird. Sondern diese Wende vollzieht sich, zwar allerdings aufgrund von Golgatha, konkret doch erst im Leben des einzelnen als eine zwischen Einst und Jetzt unterscheidende Wende (Röm 5,1.8f.; 6,17). Neben diesem im Leben des Glaubenden gegebenen »Schon« des Heils steht sicher nach wie vor ein dieses »Schon« einschränkendes, aber keineswegs aufhebendes »Noch nicht« (Röm 8,24; Phil 3,12f.). Die je einmalige Umkehr, muß deshalb in stets neuer Buße (Offb 2–3) bewährt werden. Damit wird aber die bleibende Realität des Neuen Lebens des Christen nicht in Frage gestellt.

2. *Wiedergeburt*

Dieser Aspekt der Neuheit des Lebens des Bekehrten, der Neuheit gerade auch darin, daß eben nicht er selbst es zustande gebracht hat, sondern Gott in ihm durch den Heiligen Geist, dieser Aspekt kommt im Neuen Testament im Wort von der Wiedergeburt zu einem eigenen sprachlichen Ausdruck.

Auch dies Wort ist ein Bildwort. Geburt bezeichnet ein entscheidendes Stadium im Werden eines tierischen oder menschlichen Lebens. In der stoischen Philosophie wurde das Wort für Wiedergeburt (*palingenesis*) vielleicht zunächst in der allgemeineren Bedeutung »Wiederentstehung« auf das Geschick des Kosmos bezogen, der nach stoischer Auffassung in einem ständigen Kreislauf aller Dinge immer wieder vergeht und neu entsteht. Auf dem Hintergrund der orphisch-pythagoräischen Seelenwanderungslehre konnte das Wort dann auch auf das Wiederaufleben einzelner in einer neuen Weltperiode angewandt werden.[28] Auf den Kosmos bezogen findet sich das Wort von der Wiedergeburt auch einmal im Munde Jesu (Mt 19,28) im Blick auf ein endgültiges zukünftiges Handeln Gottes.

Anders aber als in der Stoa hat im Neuen Testament die neu entstehende Welt nicht nur endgültigen Charakter, sondern auch eine ganz neue Qualität (2 Petr 3,13; Offb 21,1). Dieser Unterschied gilt erst recht bei der individuellen Verwendung des Bildes im Neuen Testament. Wiedergeburt ist nicht einfach erneute Existenz, vergleichbar mit einer Wiederbelebung, sondern erneuerte, veränderte Existenzweise. Die Wiedergeburt ist ein »von oben« Gezeugtwerden (Joh 3,3), d.h. aus dem Geist Gottes (3,5), im Unterschied zur natürlichen Geburt »aus dem Fleisch« (3,6). Das Leben »aus dem Fleisch« ist faktisch zugleich ein von der Sünde bestimmtes (3,19f.), kann deshalb keinen Anteil am Reich Gottes geben (3,5). Das Leben »aus dem Geist« ist dagegen das von der im Kreuz Christi offenbaren Liebe Gottes bestimmte (3,16.21).

Damit werden im Neuen Testament alttestamentliche Überlieferungen aufgenommen, die von der Bitte um den »neuen Geist« (Ps 51,12) und der Verheißung der Erneuerung des Herzens durch den von Gott gegebenen Geist wissen (Hes 36,26f.). Die Verwirklichung solcher Verheißung wird jetzt vom Werk Jesu her möglich, im Glauben an den Sohn Gottes, der sein Leben für das der Welt gab (Joh 3,14–16). Aus solcher Neugeburt des Menschen entsteht ein neues, bleibendes Verhältnis zu Gott, das der Kindschaft (Joh 1,12f.; 1Joh 3,1). Es ist geprägt von der Liebe zum himmlischen Vater wie zum menschlichen Bruder (1Joh 5,1 f.).

Beide Grundelemente des biblischen Wiedergeburtsgedankens: daß sich in ihr eine das ganze Leben bestimmende Wende vollzieht und daß diese Wende nicht vom Menschen her möglich ist, sondern von Gott her in freier Gnade gegeben wird, kommen ebenso auch bei Paulus zum Ausdruck: Gott rettete uns in der Wiedergeburt »nicht um der Werke willen der Gerechtigkeit, die wir getan hatten, sondern nach seiner Barmherzigkeit« (Tit 3,5). Dies Wirken des Geistes Gottes gründet auf der Erscheinung der »Freundlichkeit und Menschenliebe Gottes unseres Heilands« in Jesus Christus (3,4.6). Aber als Wende *unseres* Lebens vollzieht es sich *jetzt*: »Die wir *vormals* unweise, ungehorsam, verirrt, dienstbar den Begierden waren« (3,3), *jetzt aber* erneuert wurden »im Heiligen Geiste, welchen er ausgegossen hat über uns reichlich durch Jesus Christus, damit wir durch desselben Gnade gerecht und Erben seien des ewigen Lebens nach der Hoffnung« (3,6f.). Hier stellt Paulus auch sprachlich den Zusammenhang mit der für sein Denken so zentralen Botschaft von der Rechtfertigung der Gottlosen her: Wiedergeburt ist für ihn Bildwort für das, was in der Rechtfertigung geschieht. Gott nimmt den Schuldigen in seine Gemeinschaft auf. Dieser darf »Vater« zu ihm sagen (Röm 8,15; Gal 4,6). Die so erfahrene Liebe

Gottes wird zum bleibenden, stets neu im Sinne Christi verändernden Motiv im Leben des Glaubenden (Tit 3,6; Röm 5,5).

III. Systematische Konsequenzen als Fragen an Pietismus und Kirche heute

Die Untersuchung des biblischen Zeugnisses hat gezeigt: Die Botschaft von Wiedergeburt und Bekehrung als grundlegender Wende im Leben jedes Menschen, der teilhat am Reiche Gottes, und damit als je einmaliges Ereignis am Anfang des Christseins ist kein Sonderfündlein des Pietismus, kein »pietistisches Dogma«, sondern christliche Lehre schlechthin. Wer sie in Frage stellt, stellt grundlegende biblische Gegebenheiten und Erkenntnisse in Frage: Er verharmlost die Sünde des Menschen, leugnet das biblische, von der Reformation neu auf den Leuchter gestellte Evangelium und verfälscht das Christentum zur natürlichen Religion, in der eine solche Umkehr und Neugeburt allerdings nicht nötig wäre.[29] Mit Bekehrung und Wiedergeburt fängt das Christsein an, ohne sie gibt es kein Christsein: weder wirkliche Gewißheit des Heils noch wirkliche Erneuerung zum Leben mit und für Gott.

Die biblische Lehre über Wiedergeburt und Bekehrung ist in ihren Grundzügen eindeutig und exegetisch kaum bestreitbar. Um so überraschender ist, daß diese Lehre in der Praxis der sich doch ihrer Geschichte und Verfassung nach auf das biblische Wort gründenden evangelischen Volkskirchen fast völlig übergangen und in der Theorie, wenn nicht auch übergangen, dann doch in der Regel bestritten, ja bekämpft wird? Wie ist dies widersprüchliche Phänomen zu erklären? Was ist es eigentlich, was das Wirksamwerden der biblischen Lehre über Wiedergeburt und Bekehrung weithin hindert?

1. Widerspruch gegen das Zeugnis von Wiedergeburt und Bekehrung

Der Widerspruch gegen das Zeugnis von Wiedergeburt und Bekehrung hat im volkskirchlichen Bereich eine doppelte Gestalt: die des Heilsobjektivismus und die des humanistischen Entwicklungsgedankens.

Um bei letzterem, dem *humanistischen Entwicklungsgedanken* zu beginnen: Hier wird Christsein von einer Zielvorstellung, einem Ideal her, bestimmt. Christsein heißt ein im Sinne bürgerlicher Ethik (Nächstenliebe) oder auch der Bergpredigt (Feindesliebe) »guter« Mensch zu sein. Einerseits ist das im Grunde jeder: seinem »guten Kern« nach, den es durch erzieherische Maßnahmen zu wecken und zu fördern gilt. Andererseits kann aber eigentlich niemand sagen, daß er in seinem Leben wirklich schon diesem Ziel entspreche. Insofern »ist« im Grunde niemand Christ, im Gegenteil, es wäre ganz unchristliche weil unmenschliche Arroganz, von sich zu behaupten, daß man wirklich Christ sei, man sei vielmehr bestenfalls immer nur auf dem Wege, es zu werden.

Wo jener Erziehungsprozeß etwas dramatischer verläuft als normal, wo der Mensch in bestimmte Lebenskrisen hineingerät, aus denen er dann, unterstützt durch Erziehung oder Lebensberatung, »geläutert« hervorgeht, da mag man vielleicht auch einmal, mehr oder weniger ernsthaft, von »Bekehrung« oder auch »Wiedergeburt« sprechen. Normalerweise aber haftet diesen Begriffen eher etwas Anrüchiges, bürgerlichen Anstand Verletzendes an.

Vielleicht ist diese Auffassung vom Christsein und Christwerden die in unserer äußerlich ja immer noch vorwiegend christlichen Gesellschaft verbreitetste Auffassung. Innerhalb der theologischen Theorie hat sie am ehesten in der von humanistisch-idealistischem Gedankengut getragenen liberalen Theologie eine Heimat. Als Beispiel aus der Zeit der Entstehung der Gemeinschaftsbewegung mag Albrecht Ritschl, das Schulhaupt der damaligen liberalen Theologie, genannt werden. Nach ihm sind Wiedergeburt und Bekehrung »im besten Fall nur als eine Stufe in der christlichen Entwicklung zuzugestehen.«[30]

Nun mag tatsächlich dort, wo ein junger Mensch in einer bewußt christlichen Umgebung aufwächst, sein Christwerden oft nach außen hin wie eine Entwicklung, ein Hineinwachsen in den Glauben, aussehen. Viele, die sich selbst durchaus als wiedergeboren ansehen, die tatsächlich in einem entschlossenen Glauben an Jesus Christus stehen, geraten in Verlegenheit, wenn man sie nach einem Datum ihrer Bekehrung fragt. Aber entscheidend ist ja nicht, wann und wie man Christ geworden ist, sondern nur, daß man es wirklich *geworden* ist. Auch der scheinbar in den Glauben »Hineingewachsene« wird nie sagen, daß sein Christsein nur Entwicklung des in ihm Angelegten sei, sondern bekennen, daß er alles, was er als Christ ist, den Wirkungen des Evangeliums zu verdanken hat, die als etwas Fremdes, ihn Veränderndes in sein Leben traten.

J. Schniewind sagt in seiner kleinen Schrift »Das biblische Wort von der Bekehrung« zu dieser Frage: »Muß es denn solche Bekehrungs*stunden* geben? Es herrscht wohl völlige Einheit darüber, daß es solcher besonderer Erfahrungen eines Augenblicks nicht bedarf. Es gibt Bekehrung auch ohne solche datierbaren Stunden. Muß es denn überhaupt Bekehrung geben? Ja. Denn das Christentum versteht sich nie von selbst. ›Mit Ernst Christ sein wollen‹: was das heißt, lernt man nur an bestimmten Ereignissen unter dem bestimmenden Wirken Gottes, das er in unserem Leben übt, unter bestimmten Führungen, die uns den Ruf Gottes vernehmlich machen. Wo und wie dies geschieht, wird bei jedem einzelnen ganz verschieden sein. Eine längere Spanne des Lebenslaufs kann solch eine Wendung bedeuten. Die Wendung kann ganz im verborgenen geschehen, sie kann sich in plötzlicher Umkehr zutragen. Und doch ist eins zu sagen: Die Wendung, jemand sei ›immer in seinem Kinderglauben geblieben‹, wird kaum richtig sein ... Es gibt keine Begegnung mit Gott ohne die Begegnung mit dem Gesetz, das uns tötet. Wer begreift Gottes Todesurteil ganz? In den meisten Fällen wird es wohl erst im Erwachsenen-Leben deutlich werden, was dies Todesurteil in sich schließt, wie tief dies Todesurteil greift.«[31]

Der *Heilsobjektivismus* tritt uns in doppelter Gestalt entgegen: in der Berufung auf die Taufe und auf das einmalig-geschichtliche Heilsereignis in Kreuz und Auferstehung Christi.

In der katholischen wie weithin auch in evangelischen Kirchen gilt die Auffassung, daß das Christsein eines Menschen konstitutiv mit der *Taufe* beginnt. Mit dieser wird dann auch die Wiedergeburt als gegeben vorausgesetzt. In der Taufliturgie der VelKD heißt es z. B.: »... wir sagen dir von Herzen Lob und Dank, daß du ... auch dieses Kind durch die Taufe wiedergeboren hast.«[32]

Diese Anschauung vom Christwerden durch die Taufe ist neben der humanistischen Konzeption wichtigste Grundlage des volkskirchlichen Systems und volkskirchlicher Frömmigkeit. Dabei meint man, mit der Lehre von der Taufwiedergeburt die reformatorische Auffassung von der Begründung des Heils außerhalb von uns *(extra nos)* und das »allein aus Gnade« *(sola gratia)* gegen jeden, z. B. auch angeblichen pietistischen Synergismus festzuhalten.

Aber man gerät darüber unvermeidlich in die Nähe eines magischen Sakramentsverständnisses und in Spannung zu jenem anderen großen reformatorischen Grundsatz des »allein im Glauben« *(sola fide)*. Denn nach dem bereits auf die alte Kirche (Augustin) zurückgehenden Sakramentsverständnis der Reformation ist die Taufe kein Zaubermittel, das allein durch Vollzug eines Ritus auf geheimnisvolle Weise geistliche Wirkungen hervorbringt. Vielmehr ist die Taufe »sichtbares Wort« *(verbum visibile)*, das deshalb auch auf die Annahme im Glauben zielt. Glaube bzw. Bekehrung und Wiedergeburt einerseits und Taufe andererseits gehören zwar grundsätzlich zusammen, aber doch immer und nur so, daß Wiedergeburt wirklich das bleiben muß, was sie biblisch ist: der Beginn geistlichen Lebens im Glauben. Die Taufe eines Kleinkindes ist deshalb nicht zugleich auch schon Wiedergeburt, sondern sozusagen eine göttliche Vorgabe, die dann in der geistlichen Erneuerung des Menschen im Glauben zum Ziel kommt. Wo man dagegen die Taufe des Kleinkindes selbst schon als Wiedergeburt versteht, wie es in volkskirchlicher Frömmigkeit weithin der Fall ist, da gibt man sich einem heute weniger denn je verantwortbaren Illusionismus hin. Mehr noch: Die ethische Unterweisung der Kirche, die von einer gar nicht vorhandenen Christlichkeit der Mehrzahl der Kirchenglieder ausgeht, wird in eine den Menschen ohne persönlichen Glauben an das Evangelium überfordernde Gesetzlichkeit hineingeführt. Der Frühpietismus versuchte wohl noch, die Lehre von der Taufwiedergeburt mit seiner Arbeit an der inneren Erneuerung der Christenheit zu verbinden, indem er von der Möglichkeit und Notwendigkeit einer Erneuerung der Wiedergeburt sprach.[33] Die Gemeinschaftsbewegung aber hat diesen Versuch von vornherein aufgegeben und lehnt die Lehre von der Taufwiedergeburt einhellig ab.[34]

Es gibt aber auch eine Gestalt des Heilsobjektivismus, die den Objektivismus so weit steigert, daß die Wende zum Heil ganz aus dem Leben des einzelnen heraus und allein auf das einmalig-geschichtliche Heilsereignis in Jesus Christus verlegt wird. Nur so sei allem, insbesondere pietistischem Subjektivimus, allem eigenen Werk konsequent abgesagt. »Die Achse der großen Wendung vom Unheil zum Heil liegt in Golgatha, nicht mehr in uns Menschen.«[35]

In der Gemeinde dürfte dieser heilsgeschichtliche Objektivismus kaum Fuß gefaßt haben. In der Theologie dagegen, vor allem im weiteren Umfeld der dialektischen Theologie, dürfte er die weithin dominierende Anschauung sein. Dabei dient er nicht nur einer theologischen Verklärung des sog. »anonymen Christentums« in unserer säkularisierten nachchristlichen Gesellschaft, sondern auch als Rechtfertigung synkretistischer Tendenzen in der Ökumene der Religionen: in Christus ist die Menschheit (auch in anderen Religionen) bereits erlöst. Unsere Aufgabe kann nicht sein, Menschen aus ihrem religiösen Kontext herauszulösen und zu dem einen Leib Christi zu führen, sondern die in Christus bereits vorhandene Einheit der Menschheit in der sozialen Aktion nur noch sichtbar zu machen.

Aber biblisch gesehen ist die Versöhnung der Welt in Christus (2Kor 5,19) keine Theorie, die den Ruf zur Umkehr überflüssig macht, sondern ein Ereignis, das auf ihn zielt: »So bitten wir nun an Christi Statt: Lasset euch versöhnen mit Gott« (2Kor 5,20).[36] Erst von so wirklich Versöhnten werden dann allerdings auch im zwischenmenschlichen Bereich versöhnende Wirkungen ausgehen.

2. Hindernisse für die Aufnahme des Zeugnisses von Wiedergeburt und Bekehrung in der Kirche

Die Hemmnisse, die einer Aufnahme des Zeugnisses des Pietismus von Wiedergeburt und Bekehrung in der Kirche entgegenstehen, liegen aber keineswegs nur in der von außen an den Pietismus herangetragenen Kritik. Sie bestehen genauso und wohl noch wirksamer in Mängeln, die dem Zeugnis des Pietismus selbst immer wieder anhaften.

Das im Pietismus lebendige Drängen auf Verwirklichung des in Christus gegebenen neuen Lebens ist zwar grundsätzlich durch und durch biblisch.[37] Es birgt aber zugleich auch die Gefahr möglicher Mißverständnisse und Fehlhaltungen in sich.

Eine Hauptgefahr ist die des *Synergismus* in der Bekehrung. Aus der biblisch legitimen Erkenntnis, daß Bekehrung sich im persönlichen Leben des Menschen vollzieht, konkret also auch menschliche Entscheidungen impliziert, ohne die es kein wirkliches Christsein gibt, wurde immer wieder der falsche theoretische Schluß gezogen, daß der Mensch dann auch aus sich heraus zu dieser Tat in der Lage sein müsse, mithin daß er frei sei, sich für Gott zu entscheiden.[38] Das aber ist nun eine Annahme, die nicht nur dem einhelligen Zeugnis der Reformatoren und der Bekenntnisse der reformatorischen Kirchen, sondern schließlich und vor allem auch der Heiligen Schrift widerspricht: »Beim Menschen ist es unmöglich« (Mt 19,26).[39]

Was steht eigentlich auf dem Spiel? Wirklich keine Bagatelle, sondern zentrale evangelische Wahrheit: Wo dem Menschen das Entscheidende selbst zugetraut wird, nämlich sich aus seiner natürlichen Willensfreiheit heraus für Gott zu entscheiden, da ist nicht mehr gesehen, daß der Mensch ganz Sünder ist, deshalb ganz verloren und ganz auf Gottes Gnade angewiesen. Wo aber dies nicht mehr gesehen wird, da wird der Mensch dazu verführt, letztlich an sich selbst zu glauben oder eben an seine eigene, aus eigener Kraft geleistete Bekehrung und so Gott die Ehre zu nehmen, die ihm gebührt (Röm 10,2 f.).

Allerdings: Wer heute auf diese mit der Bekehrungspredigt verbundenen Gefahren aufmerksam macht, sagt damit keineswegs etwas Neues, das nicht in der Gemeinschaftsbewegung schon längst gesehen und ernsthaft bedacht wurde. Dies geschah z. B. in besonderer Offenheit und Eindringlichkeit schon 1902 auf der ersten Eisenacher Konferenz im Gespräch zwischen profilierten Vertretern der Gemeinschaftsbewegung und der Universitätstheologie:

Bereits am ersten Tag hielt der damals in ganz Deutschland bekannte Evangelist S. Keller ein kurzes Referat über »Die Notwendigkeit der Bekehrung.« Bereits die ersten Sätze sprechen das Problem der Willensfreiheit an: »In der Welt der vernunftlosen Kreaturen geschieht der Wille Gottes prompt und glatt. Anders im Gebiet der vernünftigen Kreaturen. Da gibt es keinen Zwang, da herrscht Freiheit. Da ist Willensentscheidung notwendig... An den Grenzpfählen der Selbstentscheidung muß selbst die Gottestat Halt machen.«[40]

Die erste Aussage ist sicher richtig. Daß auch der natürliche Mensch keineswegs »Stock und Stein« sei, haben die reformatorischen Bekenntnisse immer festgehalten.[41] Aber schon der zweite Satz wird problematisch, wenn er die innerhalb des kreatürlichen Bereichs geltende Willensfreiheit des Menschen nun auch auf sein Verhältnis zu Gott anwendet. Denn man müßte doch eigentlich weiter folgern (was Keller natürlich nicht tut): Die, die bekehrt und damit gerettet sind, haben sich dies also selbst, ihrer eigenen natürlichen Fähigkeit zuzuschreiben. Aber müßte man nicht, anders als Keller am Schluß des zitierten Satzes, eher umgekehrt folgern: Wenn der Mensch wirklich frei wäre, dann wären alle Menschen bekehrt?

Nun war sich Keller aber, wie der Fortgang des Referats zeigt, des Problems durchaus bewußt. So spricht er von der Gefahr, daß man durch Drängen unechte Bekehrungen produziert, lehnt auch die Forderung ab, daß man unbedingt Tag und Stunde seiner Bekehrung wissen müsse. Er beharrt mit gutem Recht darauf, daß er »im Neuen Testament mehr plötzliche als allmähliche Bekehrungen« finde, und darauf, daß er nicht wisse, wie es zugehen solle, »daß ein unbewußtes ›Ja‹ *allmählich* in ein bewußtes übergeht«. Dann aber gelingt ihm eine Formulierung, die dem evangelistischen Anliegen wie den theologischen Bedenken gerecht wird: »Das Größte, was Gott(!) dem Menschen antut, kann ihm doch nicht hinter seinem Rücken widerfahren, nicht ohne daß er dabei ist.«[42]

Trotzdem stieß A. Schlatter gleich als zweiter Diskussionsredner nach und wies nachdrücklich noch einmal auf Gefahren der Bekehrungspredigt hin:

»Ich halte es für eine wichtige Aufgabe der heutigen Versammlung, daß die Brüder, die in der Evangelisationsarbeit stehen, sich klar machen, warum wir anderen ihrer Arbeit und der der ganzen Gemeinschaftsbewegung mit großen Bedenken gegenüberstehen. Gemeinsam ist uns allen der persönliche Glaubensstand und der ernste Wille, die Gemeinde zu einem bewußten Ergreifen anzuhalten. Niemand von uns redet von einem Glauben, bei dem nicht geglaubt wird, von einem Gehorsam ohne ernste Selbstverleugnung und bewußte Unterwerfung unter den göttlichen Willen. Wir verstehen das Evangelium als unsere eigene Berufung in Gottes Liebe, die wir mit unserem eigenen Glauben täglich erfassen dürfen. Wo liegt die Scheidelinie? Da fragt man: *Wo* bist du bekehrt? Wo? *Wie* bist du bekehrt? Wie? Da liegt die Gefahr... *Es entsteht eine Gefahr, wenn die inneren Erlebnisse als Glaubensgrund gelten sollen, und* die Erinnerung an die

Weise, wie wir uns bekehrt haben, unseren Aufblick zu Gott tragen soll. Damit geht der Glaubensstand verloren.«[43]

Und als J. Lepsius, der Initiator der Konferenz und Leiter der Diskussion, in einem Gesprächsbeitrag vermitteln wollte, rief Schlatter dazwischen: »Lepsius, glaubst du an deine Bekehrung?« Worauf Lepsius, ganz im Sinne Schlatters, antwortete: »Ich glaube an Jesus.«[44]

Darauf meldete sich, die Gesprächslage noch einmal verschärfend, H. Cremer zu Wort: »Wenn wir den Menschen auffordern: bekehre dich, übergib dich deinem Heiland!, so stellen wir wissentlich oder unwissentlich den Menschen und sein Glauben auf seine Tat, und lehren den Menschen, entweder an seine Tat oder an seine Erlebnisse zu glauben, nicht aber zu glauben an Jesus.«

Cremer verweist dann ausdrücklich auf Luthers Schrift »Vom unfreien Willen« und stellt in ihrem Sinn fest: »Wenn wir uns *nicht* bekehren, so ist das *unser* Tun; wenn wir(!) uns bekehren, so ist das *Gottes* Tun.«[45]

Mit diesen Aussagen steht er ganz nahe bei Kellers oben zitiertem Satz. Aber er fährt dann fort: »Es ist seelengefährlich, dem Menschen zu sagen: *Du* mußt dich Jesus übergeben, *du* mußt dich bekehren! Nicht wir bekehren uns, sondern *Gott* ist es, der uns bekehrt. Darum haben wir nicht zu predigen: tue dies und das, sondern: du, in Sünde verlorener Mensch, du bist längst erlöst, glaube es nur!«[46]

Mit diesem, die sachliche Auseinandersetzung zuspitzenden, im letzten Satz doch wohl auch in seiner Annäherung an so nicht biblischen Heilsobjektivismus überspitzenden Beitrag endete der erste Gesprächsgang zunächst noch durchaus offen. Deshalb wurde für den nächsten Tag eine – an sich nicht vorgesehene – Fortführung der Debatte angesetzt.

S. Keller eröffnete sie wieder, indem er versuchte, bei Cremers und Schlatters Betonung der Objektivität des Heilsgrundes in Christus anzuknüpfen: »Das Manifest auf Golgatha, das Gnadenmanifest ist längst unterschrieben, aber unsere entkirchlichten Brüder wissen davon nichts, und darum muß man es ihnen sagen, damit sie gläubig werden. Das ist alles, was ich will. Dafür will ich mir Freunde gewinnen, auch Professor Schlatter will ich gewinnen.«[47]

Darauf antwortete der Angesprochene, nun seinerseits die Anliegen des Gesprächspartners betont aufnehmend: »Die Frage, die uns bewegt, ist ... was sind wir unserem in Sünde und Unglauben gefangenen Volke schuldig? Ich möchte wiederholen, was ich für eine gesunde Bekehrungspredigt halte.

Ungesund ist jede Bekehrungspredigt, welche den Menschen darüber in Zweifel läßt, daß er an seiner Sünde stirbt.

Ungesund ist jede Bekehrungspredigt, welche sich stellt, als ob der gute Hirte nicht für alle da ist und die erlösende Gnade nicht als eine wirklich und jetzt zu ergreifende darbietet.

Ungesund ist aber auch«, und damit bringt Schlatter noch einmal seine kritischen Bedenken vor, »jede Bekehrungspredigt, die den Menschen anleitet, seinen Gnadenstand statt auf das Wort und die Tat Gottes auf das Maß von Erfahrung zu gründen, das er gemacht hat. Es entsteht eine Gefahr, wenn die inneren Erlebnisse als Glaubensgrund gelten sollen und die Erinnerung an die Weise, wie wir uns bekehrt haben, unseren Aufblick zu Gott tragen soll. Auf die Frage, worin findest du Gott? Was weißt du von ihm? dürfen wir nicht antworten ›das habe ich empfunden, das ist mir passiert, die Erfahrung habe ich gemacht‹, das kann an seinem Orte eine fruchtbare Bezeugung Gottes gewesen sein, aber der Zeuge Gottes für uns sind nicht unsere Erfahrungen, sondern unser Herr. Eine richtige Bekehrung ist eine Bekehrung zum Glauben an ihn; in diesem Glauben leben, heißt bekehrt sein. Darauf hat jeder Evangelist und Prediger zu achten, daß er seine Leute wirklich zum Herrn bringt, damit nicht das, was wir erleben oder fühlen, sondern Gottes Tat und Wort unseres Glaubens Inhalt und Kraft bleibe wie am Anfang so auch im Fortgang des Christenstandes. Wenn das nicht der Erfolg der Predigt ist, so ist sie krank.«[48]

Zwar erhoben sich im Laufe der Diskussion auch noch einmal gegensätzliche Stimmen. So behauptete ein Cremer nahestehender Theologe (Brauer): »Ich könnte nicht mehr lutherischer Pastor sein, wenn ich nicht glauben könnte, daß die Taufe das Bad der Wiedergeburt ist.« Und ein anderer (Burkhardt) hielt ihm in nun doch wieder gefährlich synergistisch klingenden Worten entgegen: »Wenn wir nicht wollen könnten, dann wäre das Nichtwollen keine Sünde. Wenn aber das Nichtwollen Sünde ist, dann muß der sündige Mensch wollen, d. h. (??) glauben können.«[49]

Aufs ganze gesehen aber konnte Lepsius doch nicht zu Unrecht in seinem Konferenzbericht feststellen, die »persönliche und öffentliche Aussprache am zweiten Tage« habe »zu einer völligen Verständigung in der Grundfrage« geführt.[50] Diese Übereinstimmung kam besonders in dem abschließenden Votum von Martin Kähler zum Ausdruck:

»Es ist mein Beruf, über die Zeiten der Kirche zu blicken und zu verfolgen, wie das eine Evangelium zu verschiedenen Zeiten gepredigt wurde. Eine wie große Zeit war es, als seit den Zeiten des Apostels Paulus zum ersten Mal wieder die Gnade Gottes gepredigt wurde, und doch ist seit jener Stunde noch nie in der evangelischen Kirche eine volle Einheit und Klarheit darüber zu gewinnen gewesen, wieweit geht die Gnade, wieweit das menschliche Wollen? Ein lösendes Wort darüber ist noch nicht gesprochen worden. Nicht wahr, meine lieben Brüder, vom Artikel von der Rechtfertigung allein aus Glauben an den gekreuzigten und auferstandenen und erhöhten Jesus will doch in dieser Gemeinschaft keiner weichen, das steht uns über allen Methoden und Erkenntnissen. Aber Gott handelt mit uns als mit Personen, darum geht durch das ganze Neue Testament der

Imperativ: glaube, glaube, glaube! Auch wenn es heißt, du darfst glauben, heißt es, du darfst, also glaube! Das Geheimnis, wie Gott es macht, daß er ohne Verletzung meiner Persönlichkeit doch mich überwindet, das Geheimnis werden wir mit Theorien nicht aufdecken. Von mir muß ich sagen, Gott macht es; Gott aber sagt zu mir: Mache du es! Und darum können wir sagen: darüber ist kein Zweifel, daß Leute, die von Gott nichts wissen, ob sie Deutsche oder Südseeinsulaner sind, mit ihrem Bewußtsein sich bekehren müssen.

Und noch eins, wenn wir auch noch so freundlich in unserem Christenstande geführt worden sind, wir hatten doch vom alten Menschen noch so viel in uns, daß irgendwann einmal in uns der Eindruck entstehen mußte, jetzt ist der alte Mensch nicht mehr unabhängiger Herr in mir. Ob ich da eine Zeit angeben kann oder nicht, einmal wird das doch so sein müssen.

Wenn dann die Kirche so lange um das Verhältnis dieser Dinge gerungen hat, nun so laßt uns einander tragen, auch wo wir uns nicht bis ins einzelne hinein verstehen können. Die Hauptsache ist, daß wir einander immer wieder daran erinnern: Wir haben nichts zu predigen als das Kreuz des Erhöhten und an nichts uns zu halten als an die freie Gnade unseres Gottes.«[51]

Eine andere, ebenfalls aus dem berechtigten Drängen auf Wirklichkeit des neuen Lebens des Christen entstehende Gefahr ist die des *Perfektionismus*.

Ist mit der Bekehrung wirklich etwas Neues geworden oder nicht? Diese Frage wird mit biblischem Recht in der Gemeinschaftsbewegung mit Ja beantwortet (2Kor 5,17). Aber diese Antwort kann leicht mit einem Verständnis von Wiedergeburt verknüpft werden, das zu perfektionistischen Anschauungen und Haltungen führt. Dies geschieht da, wo das einem Naturvorgang (Geburt) entnommene Bild in falscher Weise wörtlich genommen wird und so die Wiedergeburt selbst zu einem Naturprozeß wird. Dann denkt man sich die Wiedergeburt als eine geheimnisvolle Verwandlung der vorher sündigen Natur des Menschen in eine göttliche. Mit diesem Gedanken steht man in alten, theosophisch-mystischen Traditionen, die bis in die Zeit der alten Kirche, ja bis in vorchristliche Mysterienreligionen zurückreichen, in denen die Erlösung als Vergottung verstanden wird.[52]

Auch diese Gefahr wurde innerhalb der Gemeinschaftsbewegung früh erkannt und diskutiert. Wieder war es J. Lepsius, der Begründer der Eisenacher Konferenz, der das Gespräch aufnahm, und zwar in Beantwortung der Kritik, die sein Vortrag vor Studenten der Deutschen Christlichen Studentenvereinigung (DCSV) über das Thema »Wie werden wir neue Menschen?« gefunden hatte. Lepsius hatte in diesem Vortrag in allerdings überspitzender Dialektik die Realität des neuen Menschen als nur in Christus selbst vorhanden beschrieben: »Neue Menschen gibt es überhaupt nicht, hat es nicht gegeben und wird es nie geben.« »Es gibt nur einen neuen

Menschen, es hat nur einen gegeben, und es wird in alle Ewigkeit nur einen geben, der von sich sagen konnte und sagen mußte: Ich bin der neue Mensch. Dieser neue Mensch ist Jesus Christus.«[53]

Nachdem Lepsius diesen Vortrag in seiner Zeitschrift »Reich Christi« öffentlich verteidigt hatte, formulierte nun auch Graf Pückler, der Leiter der DCSV und damalige Vorsitzende des Gnadauer Verbandes, seine bereits mündlich geäußerte Kritik in seiner Zeitschrift »Michaelsbote«. Vor allem richtet sich seine Kritik gegen einen Satz des Vortrags, in dem Lepsius gesagt hatte: »Es ist eine Sache von entscheidender Wichtigkeit für die Gesundheit unseres inneren Lebens, uns davon zu überzeugen, daß durch die Wiedergeburt keinerlei wesenhafte Veränderung in uns geschieht, weder eine sakramentale Infusion eines neuen himmlischen Wesens noch die Schöpfung eines neuen habituellen Charakters.« Pückler versicherte zwar, daß er wie auch die anderen Kritiker dieses Satzes keineswegs die an seinem Schluß angedeuteten Vorstellungen vertrete. Aber er hält Lepsius doch vor, daß es in der Konsequenz seines Satzes liege, die wirkliche Neuheit des christlichen Lebens zu bestreiten. Das will er nicht hinnehmen. Aber im Vertreten dieses seines berechtigten Anliegens läßt Pückler sich doch zu Formulierungen verleiten, die nun ihrerseits den berechtigten Protest von Lepsius auf den Plan rufen. Mag man bei Pücklers Rede von einer »wesenhaften Veränderung durch die Wiedergeburt«[54] noch ein Wahrheitsmoment finden, so gerät er nun doch auf ein problematisches Gleis, wenn er die Neuheit des christlichen Lebens als »physiologische Realitäten der wiedergeborenen Seele« bezeichnet.[55]

Erst recht auf schwankenden Boden begab sich dann der Pückler sekundierende F. Brockes in dem damals in ganz Deutschland weitverbreiteten Gemeinschaftsblatt »Philadelphia«, indem er die Rede von der »wesenhaften Veränderung« durch die Begriffe der Natur oder Substanz des Menschen, die in der Wiedergeburt verändert würde, interpretiert, womit er in bedenkliche Nähe der flacianischen Lehre von der Sünde als der Substanz des Menschen rückt. Weiter macht er die im Glauben vollzogene Bekehrung zur Voraussetzung der erst danach sich vollziehenden Wiedergeburt: »Durch diesen Heilsglauben ist der Boden bereitet für den neuen Lebensanfang... So kann Gott ihm dann(!) in einer erneuten Schöpfung seinen Geist geben, der ihm der Anfang eines neuen Lebens wird.«[56]

Lepsius kommentiert fast genüßlich: »Die Wiedergeburt folgt nun erst als ein völlig von der Rechtfertigung verschiedener zweiter Akt als die eigentliche Hauptsache nach.«[57] Die Heiligung wie die endliche Auferstehung von den Toten werden nun zur »Naturnotwendigkeit«.[58] Angesichts solch problematischer, geradezu naturalistischer Terminologie wies Lepsius mit Recht darauf hin, daß die Wiedergeburt ein Ereignis im menschlichen Personenleben ist und mit der im Glauben erfaßten Rechtfertigung zusammenfällt. Entsprechend ist auch die Heiligung kein Naturvorgang, sondern Wirkung des Heiligen Geistes auf das Personleben des Menschen. »Er wandelt unsere Gesinnung, er wandelt unsere Denk- und Handlungsweise, er wandelt unseren Charakter, und das nach dem Maße, als wir uns in Gehorsam des Glaubens von ihm beeinflussen, erleuchten und erziehen lassen – und er tut dies alles, indem er Christus vor unseren Augen verklärt.«[59]

Die Auseinandersetzung zog weite Kreise. Rektor Dietrich, Schriftleiter des Philadelphia-Blattes und führende Persönlichkeit des süddeutschen Pietismus, stellte sich zu Pücklers Lehre von der »substantiellen Wiedergeburt«[60], Jellinghaus, führender Theologe der Heiligungsbewegung, unterstützte Lepsius.[61] Die Sache wurde dem Gnadauer Vorstand zur Verhandlung vorgelegt, aber nicht entschieden.[62] Aufs ganze gesehen aber hat sich die spekulative Lehre von der »physiologischen Wiedergeburt« nicht durchgesetzt. Th. Haarbeck jedenfalls hat sie in seiner »Glaubenslehre«, dem über Jahrzehnte hin in der Gemeinschaftsbewegung wichtigsten dogmatischen Lehrbuch, nicht übernommen. In Anlehnung an J. T. Beck erkennt er zwar der Rede von einer wesenhaften, ja sogar »substantiellen« Veränderung im Unterschied zu einer »bloß moralischen« ein gewisses Recht zu, es komme aber darauf an, sie recht zu verstehen. So verweist er einmal darauf, daß auch Beck sich das im Wiedergeborenen entstandene selbständige Leben »nur als innigste Lebensgemeinschaft mit Christus denkt«, und daß »wesenhaft« nicht aufzufassen ist im Sinne von »stofflich«, »zauberhaft«, »vom Glauben gelöst«. Denn »wir sind und haben und vermögen alles nur in Christus und nur im Glauben.« Auch bei Wiedergeborenen ist die alte Natur noch da und muß im Glauben täglich aufs neue in den Tod gegeben werden.[63]

So kann die biblisch recht verstandene Wiedergeburt und Bekehrung nie zur Arroganz derer verführen, die meinen, jetzt in sich selbst etwas Besseres zu sein als andere. Als begnadigte und deshalb in der realen Heiligung stehende Sünder bleiben wir immer auf die vergebende Gnade Gottes in Christus Angewiesene. Insofern aber bleiben wir auch immer in der Solidarität mit denen, die für sich persönlich noch keinen Zugang zu dieser Gnade gefunden haben.

Bekehrung und Wiedergeburt sind biblisch nur recht zu verstehen im größeren heilsgeschichtlichen Horizont der Durchsetzung der Herrschaft Gottes in der Welt. Aber anders als im Alten Testament, wo dieser Weg Gottes über die Erwählung eines ganzen Volkes ging und auch der Ruf zur Umkehr zunächst immer an das Volk als ganzes ergangen war, zielt im Neuen Testament Bekehrung und Wiedergeburt immer auf den einzelnen.[64]

Auch in dieser Zuspitzung auf den einzelnen aber liegt zugleich eine Gefahr, nämlich die des Individualismus. Mit dieser Individualisierung der Botschaft ist zugleich auch leicht eine *Spiritualisierung* verbunden. Wenn es in der Bekehrung um die ewige Rettung eines je einzelnen aus dem zukünftigen Gericht und für das ewige Leben geht, so kann diese Konzentration auf den einzelnen leicht zu seiner Isolierung führen in dem Sinn, daß es eben nur noch um die Rettung einzelner »Seelen« für die Ewigkeit geht und neben diesem Ziel alle anderen Perspektiven zur Belanglosigkeit verblassen. Evangelisation und Verantwortung für die Welt werden zur unheilvollen, ganz unbiblischen Alternative.[65] Und auch die Gemeinde ist nicht mehr eine von Gott in Christus gestiftete, in historischem Zusammenhang über die Generationen hinweg bestehende Gemeinschaft, sondern mehr nur Anhäufung isolierter geretteter Seelen.

Aber alle diese allerdings problematischen Erscheinungen folgen keineswegs aus dem biblischen Zeugnis von Wiedergeburt und Bekehrung, sondern aus seinem Mißverständnis. Denn Wiedergeburt zur Kindschaft Gottes stellt immer zugleich in die Gemeinschaft der Brüder und Schwestern (1Joh 5,1). Wenn irgend etwas in der Welt, dann ist Wiedergeburt gemeinschaftsbildend, weil die in der Wiedergeburt erfahrene Liebe Gottes nun ihrerseits zu vorbehaltloser, selbstloser Liebe motiviert und befähigt. Und in der Bekehrung geht es zwar allerdings um unser Verhältnis zu Gott und insofern um Bestehen in seinem Gericht. Aber der Richter der Welt ist ihr Schöpfer, der uns gerade nach dem fragt, was wir mit seiner Schöpfung, unserem Mitmenschen, der Kreatur gemacht haben. Diese Verantwortung ist je immer meine eigene. Darin besteht die Würde des Menschen als Gottes Ebenbild. Deshalb werde ich als einzelner von Gott zur Rechenschaft gezogen. Im Evangelium wird mir als einzelnem die Vergebung meiner Schuld zugesagt, die ich in einem Leben ohne Gott gerade auch in meinem Umgang mit dem Mitmenschen und der Schöpfung überhaupt auf mich geladen habe. Zugleich ist das Evangelium aber auch Berufung zu einer ganz neuen Gestalt meines Lebens, nun unter Gott. Wo es dazu kommt, daß ein Mensch zu diesem Evangelium ja sagt, da geschieht Bekehrung. Das ist sicher ein Vorgang, der zunächst nur diesen einzelnen betrifft, der aber, wenn er echt ist, nicht ohne Folgen für die Lebensbezüge sein kann, in denen er steht. Und umgekehrt: Wirkliche Veränderungen in der Gesellschaft sind nur da zu erwarten, wo einzelne verändert werden.

So bleiben wir dabei: Das Zeugnis von Wiedergeburt und Bekehrung, auch und gerade im Sinne eines je einmaligen, das Leben von Menschen grundlegend erneuernden Ereignis ist kein »pietistisches Dogma«, sondern biblische Wahrheit. Wenn wir an diesem Zeugnis festhalten, so geschieht das nicht aus irgendwelchen egoistischen Motiven heraus, nicht einmal biblizistischen, einfach deshalb, weil es nun einmal so in der Bibel steht. Vielmehr halten wir daran fest, weil es uns als von der Liebe Gottes in Christus ergriffenen Leuten mit der Bibel um die Realität des Werkes Gottes unter uns geht.

Anmerkungen

1 Zitiert nach der Ausgabe von E. Beyreuther, Wuppertal 1964 (= B), S. 21; in der Ausgabe von Aland (= A), Kleine Texte für Vorlesungen und Übungen 170, 1964, S. 9f.
2 B 33ff.; A 28ff.
3 B 41; A 37f.
4 B 42; A 38.
5 B 53; A 52.
6 B 53; A 54.
7 Ebda.
8 B 26; A 17.
9 B 38f.; A 34.
10 B 26f.; A 17f.
11 Spener, Von der Wiedergeburt, hg. H. G. Feller 1963, S. 13.
12 Vgl. H. Burkhardt, Die biblische Lehre von der Bekehrung, 2. Aufl. 1985, S. 41–44.
13 Ebda, S. 40f.; vgl. B. Weber, Der Artikel von der Wiedergeburt bei Philipp Jacob Spener, in: Maier/Rost, Taufe, Wiedergeburt und Bekehrung, 1980, S. 87–96.
14 So J. Triebel in einer Rezension des oben Anm. 12 genannten Buches in Theol. Beitr. Jg. 10, 1979, S. 236.
15 So H. Gollwitzer, Von Glauben und Unglauben bei Martin Luther, in: Ev. Theol. Jg 44/1984, S. 360–379, hier bes. S. 371f.
16 A.a.O., S. 377.
17 A.a.O., S. 373.
18 A.a.O., S. 367.
19 A.a.O., S. 373 Anm. 27.
20 A.a.O., S. 377.
21 Vgl. H. W. Wolff, Das Thema ›Umkehr‹ in der alttestamentlichen Prophetie, ZThK 1951, S. 129–148; H. Burkhardt, a.a.O. (Anm. 12), S. 12–15.
22 Vgl. H. Burkhardt, a.a.O., S. 18f.
23 Vgl. H. Cremer, Die paulinische Rechtfertigungslehre, 1899, S. 95ff.
24 Vgl. Schniewind, Das biblische Wort von der Bekehrung, 1948, S. 8.
25 Vgl. Schniewind, Die Freude der Buße, 1956.
26 Die von H. Gollwitzer in seinem o.e. Aufsatz in der Linie E. Fromms beschworene Alternative von »Haben und Sein« erweist sich hier als der Bibel fremde idealistische Konstruktion.
27 Vgl. weitere Belege bei H. Burkhardt, a.a.O., S. 88, Anm. 62f.
28 Vgl. Büchsel, Art. paliggenesia, ThW I, 485f.
29 So auch Schlatter, Das christliche Dogma, 2. Aufl. 1923, S. 29.
30 Ritschl, Unterricht in der christlichen Religion, 1875, § 56a. Vgl. H. Burkhardt, Das biblische Zeugnis von der Wiedergeburt, 2. Aufl. 1981, S. 9.
31 Schniewind, a. a. O. (Anm. 24), S. 19f.; vgl. H. Cremer, Die christliche Lehre von den Eigenschaften Gottes, 1897, Nachdruck 1983, S. 44: »Denn nie hat sich jemand zum Kinde Gottes ›entwickelt‹«.
32 Agende III der VelKD, Studienausgabe 1963, S. 62.

33 Vgl. H. Burkhardt, a.a.O (Anm. 12), S. 41; B. Weber, a.a.O. (Anm. 13), S. 92f.
34 Vgl. Haarbeck, Biblische Glaubenslehre, 12. Aufl. 1956, S. 186: »Eine derartige Vorstellung wäre... völlig unbiblisch und falsch.«
35 Gollwitzer, a.a.O. (Anm. 15), S. 371; vgl. O. Weber, Grundlagen der Dogmatik II, 1962, S. 396.
36 Vgl. die Kritik von G. Sauter an Gollwitzers genanntem Aufsatz im selben Heft der Ev. Theol. bes. S. 384f. (zu 2Kor 5,17–19).
37 So O. Rodenberg, Das unvergleichliche Wort, 1965, S. 108.
38 So z.B. A. Kuen, Ihr müßt von neuem geboren werden, 1969, S. 26ff.; vgl. H. Burkhardt, a.a.O. (Anm. 12), S. 52f.
39 Vgl. H. Burkhardt, a.a.O., S. 21.
40 Das Reich Christi (RCHr), Jg. 5/1902, Sp. 1982.
41 Vgl. H. Burkhardt, a.a.O. (Anm. 12), S. 53.
42 Keller, a.a.O. (Anm. 40), Sp. 183.
43 RChr, a.a.O. (Anm. 40), Sp. 183f.
44 RChr, a.a.O., Sp. 184.
45 RChr, a.a.O., Sp. 185.
46 Ebda.
47 RChr, a.a.O., Sp. 200.
48 RChr, a.a.O., Sp. 200f.
49 RChr, a.a.O., Sp. 202.
50 RChr, a.a.O., Sp. 163.
51 RChr, a.a.O., Sp. 202f.
52 Vgl. M. Schmidt, Teilnahme an der göttlichen Natur, in: Wiedergeburt und neuer Mensch, AGP 2, 1969, S. 238–298, bes.S. 238f.
53 RChr, Jg. 3/1900, Sp. 310f.
54 Pückler, Die Wiedergeburt, die wesenhafteste aller Veränderungen, in: St. Michaels Bote Nr. 4; abgedruckt in RChr, Jg. 4, 1901. Sp. 141–143.
55 Ebda., Sp. 142.
56 F. Brockes, Geschieht durch die Wiedergeburt eine wesenhafte Veränderung im Menschen oder nicht?, in: Philadelphia 1901, Nr. 5; abgedruckt in RChr, Jg. 4/1901. Sp. 143–150; obiges Zitat Sp. 147.
57 Ebda.
58 Ebda., Sp. 149.
59 J. Lepsius, Mystischer Materialismus oder Evangelium?, in RChr, Jg. 4/1901, Sp. 165–175. 194–202, obiges Zitat Sp. 197.
60 Ebda., Sp. 166.
61 P. Jellinghaus, Ist die Rechtfertigung und die Wiedergeburt eine substantielle Umwandlung der Menschennatur?, RChr, Jg. 401901, Sp. 36–40.
62 D. Lange, Eine Bewegung bricht sich Bahn, 1979, S. 135.
63 Th. Haarbeck, Biblische Glaubenslehre, 1956, S. 162–164.
64 Vgl. H. Burkhardt, Das biblische Zeugnis von der Wiedergeburt, 2. Aufl. S. 25f.; ders., Die biblische Lehre von der Bekehrung, S. 18f.

Karl-Heinz Bormuth

Das Lebenszeugnis der Christen in Gemeinde und Welt

1. Einleitende Fragen

Mit diesem Thema ist ein entscheidendes Anliegen des Pietismus berührt. Dabei geht es nicht einfach um bestimmte Handlungsanweisungen für das rechte, Gottes Willen entsprechende Leben. Vielmehr wird jeder, der versucht, christliche Ethik darzustellen, den wesentlichen Grundzug dieser Ethik aufzuzeigen haben. Nach dem Zeugnis des Neuen Testaments wie auch der reformatorischen Theologie ist die Voraussetzung alles christlichen Handelns die Rechtfertigung des Sünders aus Gnaden allein, »der Artikel, mit dem die Kirche steht und fällt«.

Daneben wird auch immer bedacht werden müssen, wie das Verhältnis Gemeinde – Welt zu verstehen ist. Gerade weil das Zeugnis des Christen in Gemeinde und Welt angesprochen werden soll, muß der einzelne Christ wie jede Gemeinde das Verhältnis zur Welt klären. Erst dann kann in Handlungsmodellen aufgezeigt werden, wie sich das christliche Lebenszeugnis darzustellen hat.

2. Ethische Grundfragen

2.1 Ethik auf dem Boden der Rechtfertigung

Wenn die Apostel des Neuen Testaments ihre ethischen Ermahnungen geben, geschieht das in der Regel schon im äußeren Aufbau ihrer Briefe so, daß die dogmatische Fundierung, die Grundlegung des Glaubens, in der Darstellung der entscheidenden Heilsereignisse im Christusgeschehen vorausgehen. So verhält es sich auch in dem wichtigen Kapitel Römer 12, wo Paulus seine Einzelanweisungen für das Verhalten der Christen »durch den Hinweis auf die Barmherzigkeitserweise Gottes« gibt. Und diese »Barmherzigkeitserweise« sind nichts anderes als die bis dahin im Römerbrief dargestellten Heilstaten Gottes. So wird das christliche Handeln allein unter dem Vorzeichen der Rechtfertigung, des empfangenen Heils stehen. Es ist niemals heilswirksam, sondern stets erst durch das Heil bewirkt. Darum ist es auch, selbst in seinen reinsten Taten, seiner entschiedensten Hingabe und seinen höchsten Opfern, immer nur unter der rechtfertigenden Gnade

Gottes angenehm. Es ist immer Handeln aus Glauben. Es bleibt vergebungsbedürftig. Nur der gute Baum bringt die guten Früchte. Und dieser gute Baum ist derjenige, der im rechten Verhältnis zu Gott durch den rechtfertigenden Glauben steht.

Ist somit die Rechtfertigung Vorzeichen des christlichen Ethos, so ist sie auch seine Quelle. Hingabe des ganzen Menschen an Gott und damit auch aller seiner Teilbereiche des Handelns geschieht aus Dank für das empfangene Heil. Nur der gelöste Dank der aus der Gottesferne Erlösten bietet die rechte Motivation für alles Wirken.

Da es sich aber um Leute handelt, die ins rechte Verhältnis zu Gott gesetzt sind, wird ihr Handeln sich auch im Rahmen und nach den Leitlinien der Gebote Gottes vollziehen. Denn das Gottesverhältnis ist ein personales und worthaftes. Der Mensch ist und bleibt Gegenüber Gottes. Er wird niemals und soll niemals in mystischer Weise in Gott aufgehen. Deshalb braucht er auch die Ansprache durch das wegweisende Wort Gottes für sein Handeln. Nicht erst die Möglichkeit, durch fremde Maßstäbe von Gottes Willen weggelenkt zu werden, begründet das immer neue Hören auf Gottes richtunggebendes Wort. Vielmehr hängt es damit zusammen, daß der Glaubende als »Kind Gottes« sein eigentliches Merkmal darin hat, daß er auf den Vater im Himmel hört, mit ihm im Gespräch bleibt und sein Wort vernimmt.

Aus dieser Gottverbundenheit im Glauben heraus ist das Wort Gottes in seinen ethischen Anweisungen nicht nur Erkenntnisquelle und Handlungsorientierung, sondern auch wirkendes Wort. Wer es glaubend hört, empfängt daraus auch Kraft zum Handeln. So hängen auch hier Rechtfertigung und Heiligung, Indikativ und Imperativ, Heilszusage und Handlungsanweisung zusammen.

2.2 Ethik in Situation und Grenzsituation

Christliche Ethik darf nicht weltferne Theorie sein. Sie gehört ins Leben und muß sich da bewähren. Und dieses Leben besteht aus vielen Einzelsituationen, von denen keine der anderen gleicht. Verschiedene Menschen mit unterschiedlichen Erfahrungen und Zielsetzungen begegnen uns in einem Umfeld und mit einem Handlungspotential, das sehr vielgestaltig sein kann. Kann man da so ohne weiteres die biblischen Grundlinien und Maßstäbe zur Anwendung bringen, ohne die Situation zu vergewaltigen? Und enstehen nicht in jeder Zeit neue Möglichkeiten und Fragestellungen, die größtenteils im Erfahrungsbereich und Aussagehorizont der biblischen Schreiber noch unbekannt waren und für die kaum eine eigentliche Handlungsanweisung vorliegt? Dazu kommt, daß die Bibel selber auch für den ihr bekannten und vorgegebenen Lebensbereich nirgends ein lückenloses Netz von Geboten bereitstellt. Sie bietet uns keine Kasuistik, keine Fallethik, in der für jede nur denkbare Situation eine ethische Anweisung vorläge. Noch ein Letztes muß hier erwähnt werden: das Problem der Grenzsituationen. Es sind Situationen, in denen der zur Entscheidung und zum Handeln aufgerufene Mensch an die Grenze seiner Entscheidungs- und Handlungsfähigkeit gekommen zu sein scheint. Situationen, in denen der Konflikt zwischen Leben und Wahrheit aufbricht, wie etwa bei der Frage der Wahrheit gegenüber dem Todkranken; oder in denen der Konflikt zwischen Leben und Leben aufbricht, ebenso der Konflikt zwischen Können und Dürfen, wie etwa in den verschiedenen Bereichen der modernen Medizin und ihrer Anwendung. Auch viele Situationen im Zuge des Zweiten Weltkrieges und der Nachkriegszeit haben solche Konflikte heraufbeschworen.

Aus all den erwähnten Gründen hat sich gerade in den letzten Jahrzehnten die Richtung der Situationsethik herausgebildet. Sie möchte an die Stelle der einzelnen normativen Gebote der Schrift ein allgemeines Handlungsprinzip setzen. Sie findet es in dem Gebot der Liebe. Liebe ist danach die einzige Forderung an den Menschen, der nur in mündiger Verantwortlichkeit der Situation entsprechend handeln soll, ohne an ein bestimmtes Gebot gebunden zu sein. Dabei geht sie so weit, daß sie gelegentlich auch eine Lüge oder eine Ehescheidung als richtig ansehen kann. Manche Situationsethiker bekennen sich eindeutig zu dem Satz: Der Zweck rechtfertigt die Mittel!

Doch die Schwächen der Situationsethik sind klar erkennbar. Einmal überfordert sie den Menschen in verschiedener Hinsicht: darin, daß er ohne Orientierung an klaren Gottesworten, rein aus mündiger und möglichst spontaner Eingebung, die richtige Entscheidung treffen soll. Wenn er das könnte, müßte er an der Allwissenheit Gottes Anteil haben. Auch hat sie ein falsches Bild von Liebe. Nirgends in der Schrift wird nämlich das Liebesgebot an die Stelle anderer Gottesgebote gesetzt, so daß diese überflüssig und hinfällig würden. Immer ist diese Liebe so etwas wie eine Grundkraft und innere Wesenslinie des christlichen Handelns, die im Rahmen der einzelnen Gebote zur Geltung kommt. Ebenso vermißt man bei den Situationsethikern den Hinweis auf den lebendigen Gott, dem auch diese Welt mit ihrem Geflecht von Schuld und Konflikten nicht aus den Händen entglitten ist. Seine Weisungen sind auch durch die Gestaltung der modernen entchristlichten Welt nicht überflüssig und wertlos geworden. Vielmehr will er seine Leute auch in solchen Situationen leiten. Das geschieht allerdings so, daß Gott weder durch eine enge Kasuistik mit genauen Schilderungen jedes Falles noch durch eine allgemeine Formel wie das Liebesgebot seine Leute führen will. Die ethischen Gebote der Bibel stecken einen Rahmen ab und zeigen Leitlinien auf. Aus der glaubenden Verbindung mit Gott heraus, im Gebet und unter der Leitung des Geistes Gottes wird von Fall zu Fall zu prüfen sein, wie dieser Rahmen gefüllt wird, und wohin diese Leitlinien weisen. Deshalb gehört es zu einer echten, gottgewollten Mündigkeit des Christen in der Welt, daß er in diesem Sinne anhand der Gebote und nicht unter Umgehung der Gebote immer mehr die Fähigkeit gewinnt, zu prüfen, »was der gute, wohlgefällige und vollkommene Gotteswille sei« (Röm 12,2).

2.3 Ethik als Lebenszeugnis in Gemeinde und Welt

Christen leben in dieser Welt. Die Gottesherrschaft, die mit Jesu Kommen, seinen Worten und Taten angebrochen ist (Mk 1,15), ist in seiner Gemeinde am Werk. Das geschieht allerdings nicht flächendeckend, sondern zeichenhaft. Wo Christen leben und handeln in der Kraft des Glaubens und unter Gottes Wort, wird ein Zeichen für Gottes Herrschaft aufgerichtet. Darin sind sie Zeugnis für ihren Herrn, für sein Heil und seine Ziele mit der Welt.

Wenn nun das Neue Testament von der »gegenwärtigen, bösen Welt« spricht (Gal 1,4), von der die Christen errettet sind und mit der sie sich nicht gleichschalten sollen (Röm 12,2), dann versteht es unter »Welt« nicht einfach die Schöpfungs- und Menschenwelt als solche, wie sie sich jedem Beobachter darbietet. Vielmehr versteht es unter »Welt« ein gottfeindliches System, das zwar nicht total dämonisiert ist, in dem aber das Böse in alle Strukturen mit hineinverflochten ist.

Die Welt kennt keine reinen Strukturen mehr. Was auf der einen Seite Gottes gute Schöpfung ist, kann jederzeit den in ihm lebenden Menschen versucherisch von Gott wegführen. Doch bedeutet das nicht, daß die Menschen die Welt und ihre Strukturen nur wie ein schicksalhaft Gegebenes hinnehmen müssen. Vielmehr ist die Welt nur in Großformat, was das Menschenherz in Kleinformat ist. Die Welt, das bin ich, das ist mein Wesen ins Große transformiert. So hat auch der Christ nie die Welt hinter sich. Als Untergrund seines Lebens in Form des »alten Adam« ist sie ständig da und will täglich im Glauben an Jesus Christus überwunden sein. Dieses Überwinden geschieht weder durch einen kreuzzugartigen Kampf gegen die Welt noch durch einen asketischen Rückzug aus der Welt. Jesu Gebetswort in Joh 17,15 weist hier die Richtung, indem es die Christen unter Verheißung und Auftrag zugleich stellt. Denn sie werden von Gott nicht aus der Welt herausgenommen, sondern in ihr aufgrund der Fürbitte Jesu bewahrt vor dem Bösen (vgl. 2 Thes 3,3) und gestärkt für ihre Aufgaben an der Welt, so daß das Sein der Christen sich in dem Wort zusammenfassen läßt: In der Welt, aber nicht von der Welt.

Ziel des Seins in der Welt ist einmal die Mitarbeit an der Weltgestaltung unter der gnädigen Erhaltungsordnung Gottes. Zum andern ist es das

Zeugnis für den Herrn, damit Menschen aus der Welt das gnädige Heimgesuchtwerden durch Jesus erfahren (1 Petr 2,12). Beides geschieht in Wort und Tat, beides gehört zusammen.

2.4 Das Modell der bejahten Leiblichkeit

Die Leiblichkeit des Menschen ist der Bereich, der ihm am unmittelbarsten anvertraut ist. Denn menschliches Leben auf dieser Erde gibt es nur als leibhaftes Leben. Dabei gilt: Der Mensch *hat* nicht einen Leib, sondern er *ist* ein Leib. Leib, Seele und Geist sind nicht wie drei Bestandteile, aus denen der Mensch zusammengesetzt wäre, sondern sie sind jeweils Aspekte des Menschseins.

Christliche Ethik wird sich deshalb klar von der vom Philosophen Plato herkommenden, scharfen Trennung von Leib und Seele unterscheiden müssen. Plato bewertet die Seele als den hochstehenden Teil am Menschen, der göttlich und unsterblich ist, den Leib sieht er als menschlich und sterblich und damit minderwertig gegenüber der Seele an. Die Geschichte der Christenheit von der Alten Kirche her übers Mittelalter zeigt nur zu deutlich die verheerenden Folgen des Platonismus. Alle Leibfeindlichkeit und verkehrte Askese haben hier ihre Wurzel. Gott aber will die Bejahung des leiblichen Lebens, als einer hohen Gabe, die er als der Schöpfer dem Menschen verliehen hat. Denn das Böse in Form der »fleischlichen Lüste und Begierden« hat ja nicht darin seine Ursache, daß der Mensch einen Leib mit seinen Regungen hat, sondern darin, daß der ganze Mensch nach Leib, Seele und Geist seit dem Fall Sünder ist. Bejahung der Leiblichkeit bedeutet also nicht die Bejahung und das Ausleben der sündhaften Bestrebungen, die sich unserer Leiblichkeit bedienen wollen. Vielmehr geht es darum, daß aus der Macht göttlicher Vergebung und durch die heiligende Kraft des Geistes Gottes der ganze Mensch nach Leib, Seele und Geist in die befreiende Verfügung Gottes kommt. Das will Paulus sagen, wenn er vom Leib als dem Tempel des Heiligen Geistes spricht (1 Kor 6,19). Einige Bereiche des Leiblichen im engeren und weiteren Sinne können hier Lebenszonen des christlichen Zeugnisses für den Schöpfer und Erlöser des Leibes sein.

2.4.1 Dankbare Daseinsfreude

Bonhoeffer, der in seiner Ethik dem Bereich des »Natürlichen« einen großen Raum widmet, macht klar, daß das leibliche Leben für den Menschen immer wieder beides ist: Selbstzweck und Mittel zum Zweck.

Wir essen und trinken nicht nur, um gesund und fit zu bleiben für die notwendigen Aufgaben im Leben, sondern um auch an Essen und Trinken, an einem guten Mahl und schön gedeckten Tisch unsere Freude zu haben. Denken wir nur einmal daran, wie oft in der Bibel davon die Rede ist. Selbst die höchste Vollendung allen Menschentums wird dargestellt als ein Hochzeitsfest (vgl. Mk 2,19; Offb 19,7).

Ähnlich steht es mit der Kleidung und Wohnung des Menschen, die ihm nicht nur als Schutz dienen, sondern die er sich auch schön und schmuckvoll ausgestaltet. Von den Bereichen der Erholung und Ruhe kann man das gleiche sagen. Besonders gilt das aber von der Sexualität des Menschen, die eine hohe Gabe der Leiblichkeit im Rahmen des ganzheitlichen Menschseins ist. Sie dient nicht nur der Vermehrung des Menschen, der Zeugung des Nachwuchses. In der geschlechtlichen Vereinigung der Partner liegt ein Ausdruck hoher Freude, tiefen Glücks und dauerhafter Erfüllung.

Zu alledem kann Bonhoeffer den schönen Satz sagen: »Es geht aus dem Gesagten hervor, daß der Sinn des leiblichen Lebens niemals in seiner Zweckbestimmung aufgeht, sondern erst in der Erfüllung des ihm innewohnenden Anspruchs auf Freude erschöpft wird.«

So verherrlicht der dankbare Gebrauch der Leiblichkeit den Schöpfer und Erlöser. Wäre diese Seite jedoch alles, so würde auch der Christ an der Stelle zum Genußmenschen. Deshalb wird die Erfüllung des Leiblichen in seiner Zweckgebundenheit immer die notwendige Ergänzung dazu bilden. In Lebenserhaltung, Lebenspflege, Lebensvermehrung und Dienst für den Mitmenschen findet sie ihren wesentlichen Ausdruck. Ja, die besondere Führung Gottes kann auch die Aufopferung und Hingabe des Leibes für andere erforderlich machen. Doch niemals wird der Christ angesichts des Ernstes solcher Möglichkeiten die von Gott ihm bereiteten Freuden seiner Leiblichkeit nur halbherzig genießen, weil er denkt, Gott gönne sie ihm eigentlich nicht. Beides, Freude und Schmerz, Genuß und Opfer, entspannte Gelöstheit und tiefer Ernst gehören ins Leben. Gott dosiert sie recht für jeden, denn auch hier hat alles seine Zeit, in die wir uns als Diener Gottes einfügen dürfen (vgl. Röm 12,11–12; Pred 3,1 ff.).

2.4.2 Schutz und Erhalt des Leibes

Aus dem bisher Gesagten wird deutlich: Hemmungslosigkeit im Genuß leiblicher Möglichkeiten, wie es in Alkoholismus, Schlemmertum, Drogenrausch, enthemmter Sexualität und übertriebener Körperkultur geschieht, führt zur Vergötzung des Leibes. Hemmungslose und uneingeschränkte Ausnutzung und Ausbeutung des Leibes durch überhöhte Arbeitsleistung, Gewinn- und Rekordsucht degradieren den Leib zu einem Werkzeug. Beides ist auf seine Weise eine Mißachtung der Gabe des Schöpfers, die uns zu vernünftigem Gebrauch anvertraut ist.

Hier dürfen Christen nach beiden Seiten Zeugen eines sinnvollen Gebrauchs ihrer Leiblichkeit sein. Das Wichtige und Entscheidende tun, unter der Führung Gottes die wesentliche Lebens- und Berufsarbeit erkennen und annehmen, seine Aufgaben auswählen und sich beschränken, sich auch von Menschen nicht sinnlos antreiben und knechten lassen, sind hier entscheidende Positionen für den Christen.

Gott will nicht, daß wir unnötig und vor der Zeit unsere körperlichen und seelischen Kräfte ruinieren. Wir können dann Gott nicht mehr über unserer Leiblichkeit preisen und entziehen auch unserem Mitmenschen vor der Zeit unsere Kräfte, mit denen wir ihm hätten dienen können. Elias Schrenk sagt hierzu einmal: »Der Herr ist so kein arger Treiber, wie die Leute meinen. Er jagt sie nicht in allerlei Rennen hinein, daß sie keine Zeit mehr finden für Sammlung, für Gebet und Gottes Wort. Er nötigt sie nicht, dem Leib zu schaden durch unsinnige Arbeit. Der Feind ist der Treiber; er will die Leute nicht zu sich selbst kommen lassen.«

2.4.3 Sinnvolle Askese

Schon lange kennt die christliche Kirche den Begriff der Askese. Damit ist eine Form freiwilliger Enthaltsamkeit von Dingen gemeint, die als solche nicht gegen Gottes Willen gerichtet sind. Über lange Zeit – in mancher Form noch heute – wurde sie aber verstanden als eine Lebensform, durch die man sich bei Gott Verdienste erwerben oder durch die man zumindest eine höhere Stufe des Christseins erlangt. Beides jedoch widerspricht dem, was das Neue Testament dazu meint. Weder Jesus noch die Apostel haben an irgendeiner Stelle Askese um jeden Preis oder in verdienstlicher Form gefordert. Immer ist sie freiwilliger Verzicht auf etwas an sich Gutes um eines bestimmten Zieles willen.

So kann Verzicht auf bestimmte Nahrungs- und Genußmittel der Erhaltung und Kräftigung des Leibes dienen.

So kann auch Verzicht auf die Betrachtung und Beschäftigung mit bestimmten Werken der Literatur oder darstellenden Kunst (etwa in Theater, Film, Fernsehen) vor Schädigungen oder Versuchungen des Seelenlebens bewahren (vgl. 1 Kor 6,12; 10,23).

Askese als Nahrungsfasten oder Verzicht auf ablenkende Unterhaltung in mancherlei Form kann der geistlichen Konzentration dienen. Hierhin gehört auch der vorübergehende Verzicht auf die körperliche Ehegemeinschaft (1 Kor 7,5; Mk 9,29).

Askese kann, gerade in einer christlichen Gemeinde mit ihren verschiedenen Gliedern, als Hilfe für im Glauben angefochtene und bedrängte Mitchristen geboten sein. Was zur Zeit der Apostel das Problem des Götzenopfers war, ist heute etwa die Frage des Alkohols als eines Suchtmittels.

Askese kann aber auch einer bestimmten lebenslangen Führung Gottes entsprechen, wie sie im Verzicht auf Ehe, Besitz und Selbstbestimmung in

Bruder- und Schwesternschaften und modernen Kommunitäten, aber auch im Leben einzelner zum Ausdruck kommt.

Solche Askese wird nur in dem Maße sinnvoll sein, d. h. dem Sinn des biblischen Evangeliums entsprechen, wie sie eine fröhliche Askese ist (vgl. Mt 6,15–18). Durch sie wird dann der Leib nicht entwertet, sondern gerade aufgewertet; denn echter Verzicht geschieht nur da, wo man auf etwas Gutes und Wertvolles verzichtet.

2.5 Das Modell der anvertrauten Tätigkeit

2.5.1 Die grundsätzliche Freiheit

Der Mensch lebt in bestimmten Weltbezügen. Er geht mit Dingen und Menschen um. Er hat ein bestimmtes Handlungspotential, das ihm zur Verfügung steht. Letztlich kommt darin zum Ausdruck, daß Gott ihm diese Welt zum Bauen und Bewahren anvertraut hat. Gottes Schöpfungswelt braucht den Menschen, der sie ausbaut, ordnet, lenkt und bewahrt. So ist der Mensch zur Weltgestaltung im weitesten Sinne gerufen. In seinem Arbeiten nimmt er das entgegen, was ihm in der Welt zur Verfügung steht, und bearbeitet es. Dabei ist menschliche Arbeit zu unterscheiden von der Arbeit der Tiere. Die Bienen sammeln Honig, die Vögel bauen Nester, und die Wildtiere erjagen ihre Beute. Aber sie tun es gleichsam automatisch, aus den angeborenen Verhaltensweisen ihrer Instinkthaftigkeit heraus. Sie stehen unter einem Müssen. Der Mensch aber ergreift sein Tun grundsätzlich in Freiheit. Zu seiner Arbeit gehört immer wieder die Freiheit eines Entschlusses. Sie unterliegt einer Entscheidung. So wird die Arbeit die »einem Sollen unterworfene, in Freiheit bejahte und mit Anstrengung verbundene Tätigkeit eines Menschen« (Thielicke).

Sie dient zwar in erster Linie der Fristung des Lebens. Durch sie schafft sich der Mensch die Bedingungen zum Erhalt seines Daseins. Darüber hinaus schafft er sich aber auch Dinge, die mehr als nur die elementarsten Grundbedürfnisse befriedigen. Deshalb ist menschliche Arbeit, weil sie nicht instinktiv gelenkt, in vorgeschriebenen Bahnen verläuft, auch immer mit Kulturschaffen verbunden.

Zu ihr gehört die ganze Bandbreite von der einfachsten und notwendigsten Daseinssicherung bis zu den feinsten Formen der künstlerischen Gestaltung. In alledem erfüllt der Mensch den Auftrag des Schöpfers zur Gestaltung und Erhaltung der Welt (vgl. 1 Mo 2,15). In diese Freiheit der Möglichkeiten mit ihren hilfreichen wie bedrohlichen Auswirkungen ist jeder gestellt. Nur in der Abhängigkeit von dem Gott, der als der Schöpfer in Christus auch der Erlöser ist, wird sich segensvolle Weltgestaltung im

Rahmen der gewährten Freiheit ereignen können. Dazu aber sind Christen als einzelne wie als Gemeinschaft aufgerufen.

2.5.2 Die hilfreiche Vielgestaltigkeit

Gottes Welt ist auf Vielgestaltigkeit und Mannigfaltigkeit angelegt. Schon in der Aussage »ein jegliches nach seiner Art«, die im Schöpfungsbericht wiederholt auftaucht, wird das erkennbar. So verläuft auch das menschliche Wirken in Arbeitsteiligkeit. Dazu hat der Schöpfer sowohl die natürlichen Begabungen wie geistlichen Gaben in Vielfalt ausgeteilt. Persönliche Begabung erkennen und in einem gesunden Lernprozeß einüben, gehört zu den wesentlichen Lebensaufgaben des Christen.

Wir dürfen dankbar sein, daß uns die reformatorische Ethik, vor allem Martin Luthers Ausführungen zu diesen Fragen, wieder auf den biblischen Boden zurückgeführt haben. Das Altertum, zu denken ist hier vor allem an die Ethik des Aristoteles, teilte die Tätigkeiten des Menschen in solche, die eines freien Menschen würdig waren, und solche, die ihn an seiner Menschenwürde schädigen sollten. Zu der zweiten Art zählte man vor allem die Handarbeit. Das katholische Mittelalter unterschied zwischen geistlicher und weltlicher Tätigkeit. Nur gelegentlich war es danach überhaupt möglich, durch eine nicht-geistliche Tätigkeit Gott einen Dienst zu erweisen. Beten, Fasten, kultische Handlungen standen als solche über gewöhnlicher Alltagsarbeit. Luther schuf ein Arbeitsethos und Berufsethos, das von der Rechtfertigung ausging. Nicht die Arbeit als solche bestimmte danach über ihren Wert und auch über den Wert dessen, der sie verrichtete; vielmehr ging es nach dem Wort Jesu: Der gute Baum bringt auch gute Früchte. Ist der Baum, d. h. ohne Bild der ganze Mensch, durch die glaubende Annahme der rechtfertigenden Gnade vor Gott angenehm und gut, dann ist auch all sein Tun angenehm. Jetzt konnten Christen wieder mit gutem Gewissen in jedem Stand, auf allen Ebenen der beruflichen Tätigkeit Gott dienen. Weltgestaltung aus Glauben war neu möglich.

Diese Wiedergewinnung biblischen Bodens im Arbeitsethos ist uns heute sehr vonnöten. In einer Zeit, in der die Welt immer weltlicher wird und Gott immer mehr ausklammert, macht sich gerade bei Christen leicht der Gedanke breit, daß man Gott nur recht dienen könne in einer gewissen geistlichen Tätigkeit, zumindest aber in einem Beruf, in dem man »am Menschen arbeitet« und nicht nur an Akten oder Maschinen. Daß neben der besonderen geistlichen Arbeit und sozialen Tätigkeit auch die einfache »weltliche« Berufsausübung notwendig und von Gott gewollt ist, sollte man nicht übersehen. Wer hier seinen Platz einnimmt, erfährt genauso Lebenserfüllung unter Gott. Gottes Wille zur Vielfalt stellt in unterschiedlicher Ausprägung Menschen in Arbeitsteilung zueinander und nebeneinander.

2.5.3 *Die besondere Herausforderung*

Trotz dieser grundsätzlichen Hilfe durch die Rückbesinnung auf das reformatorische Arbeitsethos bleiben manche spannungsvollen Fragen offen. Nicht alle Probleme der heutigen Arbeitswelt sind für den Christen damit gelöst. Die rasante Entwicklung in Wirtschaft und Technik, Wissenschaft und Industrie, Verkehr und Informationswesen haben auch die Arbeits- und Berufswelt verändert. Aus der notwendigen Arbeitsteilung ist eine hochgradige Arbeitsteilung und Spezialisierung in den Berufen geworden. Manche Berufe wie der des kleinen Handwerkers oder Kaufmanns sind am Aussterben. Andere Berufe, besonders im Bereich von Technik und Verwaltung, sind ganz neu entstanden. Herkömmliche Berufsbilder sind stark im Wandel. Auch die sozialen Berufe sind davon betroffen. Kein Beruf kann heute mehr ohne eine mehr oder weniger gründliche Ausbildung ausgeübt werden. Dazu ist meist eine kontinuierliche Fortbildung nötig, um mit den ständigen Neuerungen schrittzuhalten. Diese Tatsache sowie die internationale Verflechtung der Wirtschaft führt zu ständigen Veränderungen auf dem Arbeitsmarkt.

Das alles erfordert vom berufstätigen Menschen ein hohes Maß an Anpassungsfähigkeit, sogenannte Flexibilität. Sie kann als die hervorstechende moderne Berufstugend bezeichnet werden. Ja, für den Christen heißt das, er solle sie sich von Gott als ein zeitgemäßes Berufscharisma erbitten. Wie mancher wird ein- oder mehrmals im Laufe seines Lebens den Beruf wechseln und dabei auch oft umschulen müssen! Auch hier bewußt in der Zeit als einer von Gott gegebenen Situation zu stehen und mit seiner Hilfe die Herausforderungen anzunehmen und zu bestehen, kann eine wesentliche Seite am Lebenszeugnis des modernen Christen sein. Er darf seinen Zeitgenossen Mut machen, nicht alten Zeiten nachzutrauern oder sie in einer falschen »Schäferromantik« zurückzuholen. Die Zeit, in der jeder Christ seinen einen Lebensberuf als die Lebensaufgabe erhielt, ist vorbei. Auch in den erwähnten veränderten Bedingungen darf er Gottes Führung erfahren, in der Gewißheit, daß Gott etwas daraus macht zur Erhaltung dieser Welt, bis Jesus einmal wiederkommt. So wird der eine als Christ seine Aufgabe in sogenannter weltlicher Berufsarbeit finden, der andere in einem sogenannten Reichsgottesberuf. Beides ist, im Glauben getan, vor Gott gleichwertig, wenn auch nicht gleichartig. Nur wer diesen Blick hat, wird auch die Nöte und Anfechtungen einer stumpfsinnigen, wenig abwechslungsreichen und kaum zur Kenntnis genommenen Tätigkeit getrost aufnehmen und in Gottes Kraft durchstehen.

2.6 Das Modell der tragenden Begegnung

2.6.1 Leben aus der Begegnung

Es gehört zu den Grundpfeilern allen Menschentums, daß der Mensch geschaffen ist zum Gegenüber Gottes (1 Mo 1,27). Nur in der dadurch ermöglichten Begegnung mit dem lebendigen Gott wird der Mensch wahrhaft zum Menschen. Auch in dem hebräischen Seelenbegriff kommt das zum Ausdruck. Dort ist der Mensch als lebendige Seele (1 Mo 2,7) der Gottes bedürftige Mensch. Damit wird das Gespräch mit Gott im Gebet die Urform menschlichen Seins und Quelle aller Lebensentfaltung. Neben dem Gespräch mit Gott als dem eigentlichen und tragenden Gegenüber des Menschen gehört zur Lebensentfaltung die Begegnung mit dem menschlichen Du. Martin Buber, der jüdische Denker, faßt es in die Worte: »Ich werde am Du.« Darin ist beides verknüpft, die Gottesbegegnung und die Menschenbegegnung.

So ist das Hören auf Gottes Wort und der Umgang mit Gott im Gebet die entscheidende Voraussetzung für das Gelingen menschlicher Begegnungen. Was hier oft in der Stille und im Verborgenen sich vollzieht, kann in jedem Christen eine Tiefenwirkung entfalten, die dann im Miteinander zu einer bedeutenden Breitenwirkung wird.

2.6.2 Wort und Wahrheit

Entscheidendes Mittel aller Begegnungen ist das Wort. Es ist nicht nur ein neutrales Verständigungszeichen, ein Kommunikationssignal, sondern hat seine Eigendynamik. Vom rechten Wort lebt jede Begegnung. Dieses rechte Wort kann aber nur ein tragendes Wort sein, ein Wort der Wahrheit. Hier müssen wir ganz vom biblischen Wahrheitsverständnis ausgehen. Im Unterschied zum griechischen Wahrheitsbegriff, der das logisch Richtige und gedanklich Einsehbare zum Inhalt hat, geht es der Bibel bei der Wahrheit immer um das, was trägt, worauf man sich existentiell verlassen kann. Wahrheit im griechischen Sinne hat man, wenn man etwas gedanklich nachvollziehen kann. Wahrheit im biblischen Sinne hat man, wenn man sich mit seinem Leben auf etwas gründen und verlassen kann. Deshalb kann die Wahrheit im Sinne der Schrift auch eine Person sein. Jesus sagt von sich, daß er die Wahrheit ist (Joh 14,6).

Deshalb ist die Lüge in der Schrift nicht nur das sachlich Falsche, das mit der objektiven Wirklichkeit nicht übereinstimmt, sondern auch das, worauf man sich bei aller sachlichen Richtigkeit nicht mit dem Leben verlassen kann, das einem nicht hilft, zu seinem eigentlichen Leben zu kommen, indem es, wie Jesus sagt, frei macht (Joh 8,32). Die Dämonen können richtige Aussagen über Jesu Göttlichkeit machen; dennoch sind sie Lügner, und Jesus läßt ihr Zeugnis nicht stehen. Sie sind nicht aus der Wahrheit

Gottes, und ihr Wort wirkt nicht Glauben. Denn es kommt nicht aus dem Zusammenhang göttlicher Liebe, die erlösen will, sondern ist zähneknirschendes Eingeständnis der dem Untergang geweihten Geister.

Von dieser Gesamtperspektive her will das Wort unter Menschen verstanden werden. Aussagen sind wahr und stiften Gemeinschaft, wenn sie nicht nur in Übereinstimmung mit den sachlichen Tatbeständen sind, sondern auch den rechten Bezugsrahmen von Gott und Mensch beachten. Deshalb sind Halbwahrheiten genauso unwahr wie Aussagen eines sogenannten Wahrheitsfanatikers, der jedem zu allen Zeiten unter allen Umständen meint alles sagen zu sollen. Wahrheit will dem anderen Menschen tragenden Grund für sein Leben bieten. Sie möchte ihm helfen und ihn fördern. Deshalb wird sie Zeit und Ort, Entwicklungs- und Erkenntnisstand des anderen beachten. Aber sie wird, auch wenn sie die Wahrheit dosiert vorbringt, sie nie so sagen, daß etwas von dem Gesagten widerrufen werden muß. Schließlich kann man nie über die Wahrheit hinauswachsen, aber man kann in sie hineinwachsen.

2.6.3 Sprache und Weltbild

Weil Sprache nicht nur Verständigungsmittel ist, sondern eine ihr innewohnende Eigendynamik hat, beschreibt sie nicht nur Dinge, die ohne sie und unabhängig von ihr existieren, sondern sie schafft für den Menschen, der mit ihr umgeht, eine Wirklichkeit. Sie ist eigentlich die erste Form von Weltgestaltung, der Anfang des Herrschens über die Erde, das Gott dem Menschen auftrug. Erkennbar wird es an der Namengebung über den Tieren (vgl. 1 Mo 2,19–20). Hier tritt der Mensch erstmalig aus der stummen, wortlosen Beziehung zur Welt heraus in eine worthafte Beziehung und schafft damit ein Weltbild. So wie er die Wesen seiner Umgebung nennt, so sind sie. Namengebung ist Herrschaftsausübung.

Welche wunderbare Möglichkeit, aber auch welche unerhörte Versuchung liegt in der Sprache! Wie arm und wie reich, wie schuldvoll und wie heilvoll kann ein Leben aus der Kraft der Worte werden, die ein Mensch vernimmt oder die er ausspricht! Wie können schlagwortartige Vereinfachungen oder Verkürzungen echte Gemeinschaft hindern oder zerstören! Letztlich schaffen sie nur Masse, und Masse wiederum braucht und benutzt Schlagwörter. Wie können andererseits Menschen, wenn sie den Reichtum ihrer Sprache in Liebe und aus aufmerksamer Beobachtung und Zuwendung zu Menschen und Dingen gebrauchen, anderen Menschen zu einem tieferen Verständnis ihrer selbst und der sie umgebenden Welt verhelfen und so ihr Leben bereichern und zur Entfaltung kommen lassen! Sprachpflege, positive Entfaltung des großartigen Geschenks der Sprache, ist eine hohe Aufgabe der Christen. Hiermit können sie auf allen Ebenen menschlicher Begegnungen einen bedeutenden Beitrag zur Weltgestaltung und Welterhaltung leisten.

2.6.4 Zwischen Manipulation und Information

Jeder Mensch ist auf ein bestimmtes Maß an Informationen angewiesen, um in der Welt existieren zu können. Diese altbekannte Tatsache hatte bis vor kurzem nichts Aufregendes an sich. Heute ist das anders geworden. Informationswissenschaftler haben errechnet, daß das Gesamtwissen der Menschheit in den letzten hundert Jahren etwa um ein Zwanzigfaches zugenommen hat. Jeder von uns kann, zumindest in vielen Bereichen, zwanzigmal soviel wissen wie seine Urgroßeltern.

Das ist nicht nur eine sicher bedeutsame Bereicherung, sondern stellt vor ungeahnte Probleme. Prof. Steinbuch in Karlsruhe spricht in diesem Zusammenhang von der »informationellen Unzulänglichkeit« des Menschen. Damit meint er ein Dreifaches: 1. Jeder kann in begrenzter Zeit nur eine bestimmte Menge von Informationen aufnehmen. Deshalb fehlt vielen heute, wenn sie schwierige Zusammenhänge in kurzer Zeit erfassen sollen, angesichts der nötigen Informationsmenge die entsprechende Zeit. 2. Die gesamte Informationsmenge ist nur ein Bruchteil von dem, was er über die ihn umgebende Welt wissen kann. 3. Unser Gegenwartsspeicher mit dem jederzeit abrufbaren Wissen reicht meistens nicht aus, für komplizierte Fragen alles Nötige bereit zu halten.

Daraus folgt, daß man weiterhin mit unzureichender Information handeln muß, d. h. also Risikoentscheidungen fällen muß. Oder man ist auf das Wissen anderer angewiesen, das man aber kaum nachprüfen kann. Oft ist auch der Mensch infolge der Reizüberflutung durch Medien und andere Angebote der Information schon informationsmüde geworden und wenig aufnahmefähig. Dazu kommt, daß man angesichts so vieler komplizierter Informationen im wissenschaftlichen und technischen Bereich gern zu einfachen Wahrheiten greift. Einfache Informationen setzen sich am besten durch.

Alle diese genannten Dinge und manches andere, was hier nicht erwähnt werden kann, erhöht die Anfälligkeit des Menschen für Manipulation. Denn Manipulation will ja zu Zielen und Zwecken leiten, die der Manipulierte im Augenblick nicht als solche erkennt. Er meint etwa, einen günstigen Kauf getätigt zu haben, und erkennt zu spät, wie er bestimmten Bedürfnissen gefolgt ist, die man geschickt bei ihm geweckt hat, denen er aber bei ruhiger Überlegung nicht gefolgt wäre. Er folgt einem Schlagwort, weil es viel Wahres an sich hat, und merkt zu spät, daß es doch eine Verkürzung der Wahrheit und damit eine Unwahrheit darstellte.

Nicht nur in Politik und Wirtschaft, Handel und Verkauf, Werbung und Information droht immer wieder die Gefahr der Manipulation. Auch die christliche Verkündigung, die sich an den Menschen wendet und ihn für die Sache des Evangeliums gewinnen will, muß hier aufpassen. Wie leicht werden griffige Sätze geformt und als christliche Schlagwörter benutzt! Wie schnell wird die Botschaft einseitig und nicht in ihrer ganzen Breite gesagt! Verkürzungen und Verfälschungen der Wahrheit geschehen manchmal in bester Absicht, und doch sind sie so gefährlich. Nur das Vertrauen darauf, daß Gottes Wahrheit die Kraft hat, sich selbst durchzusetzen, bewahrt davor, mit manipulativen Mitteln nachhelfen zu wollen.

2.6.5 Die heilenden Kräfte

Soll menschliche Begegnung wieder geheilt und damit zu echter Du-Beziehung werden, muß das Wort geheilt werden. Hier hat die christliche Gemeinde in der Welt einen entscheidenden Auftrag. Wo ein Mensch in der Gemeinschaft mit Gott seine Ganzheit wiedergewonnen hat, wirkt sich das auch auf seine Sprache und den Gebrauch seiner Worte aus. Der betende Umgang mit Gott und seinem Wort wirkt heilend in das menschliche Wort hinein. Denn Gebet ist im Grunde die Urform menschlicher Rede überhaupt.

Dann wird die Sprache neu in ihrer Aussagekraft und Vielfalt entdeckt, im Zusammenhang damit aber auch die Welt in ihrer Vielgestaltigkeit. Oberflächliche Aussagen, pauschale Urteile, schlagwortartiges Abtun bestimmter Dinge und Ereignisse hören auf. In Liebe und Geduld macht man sich daran, die Wirklichkeit neu zu entdecken, weil man die Worte neu entdeckt hat. Denn Sprache und Weltbild gehören ja, wie schon erwähnt, zusammen. Die Sprachverarmung des modernen Menschen ist nur ein Zeichen seiner inneren Verarmung. Man spürt es besonders daran, daß manche Worte wie »Ehrfurcht, Treue, Zucht, Barmherzigkeit« vielfach kaum vorkommen. Gewinnen diese Worte bei den Christen ihren tiefen biblischen Gehalt wieder, wirkt sich das in ihrer Umgebung aus. Zu den heilenden Kräften gehört aber mitunter auch eine zuchtvolle Informationsaskese. Nur wer immer wieder der Flut der Worte und Eindrücke entgeht und sich in der Stille sammelt, wird die Kraft haben, konzentriert im Stimmengewirr der Zeit zu stehen und bei aller »informationellen Unzulänglichkeit« Wesentliches von Unwesentlichem, Wahrheitsträchtiges von Irreführendem zu unterscheiden, vor allem aber ein Ohr zu behalten für die Stimme des Guten Hirten. Das Wort Gottes in seiner ihm eigenen Kraft wird ihn ein Zeichen echter Weltbewältigung und Du-Begegnung werden lassen.

2.7 Das Modell der verantworteten Verfügung

2.7.1 Die notwendigen Mittel

Wie schon im Zusammenhang mit den Fragen der Arbeit deutlich wurde, gehört zum Handeln des Menschen auch immer ein bestimmtes Handlungspotential. Wer in Freiheit handeln will, braucht auch freie Verfügung über

Mittel, mit denen er umgeht. Insofern gibt es kein rein besitzloses Dasein. Die Bibel Alten und Neuen Testaments setzt voraus, daß jeder Mensch Dinge sein eigen nennen darf. Nirgends wird erkennbar, daß privates Eigentum erst eine Folge des Sündenfalls oder etwa das Kennzeichen des sündigen Menschen sei. Gott will nicht den eigentumslosen Umgang mit den Dingen des Lebens, sondern den verantwortlichen Umgang des Menschen mit den Gütern, die er ihm zukommen läßt. Nicht Besitz und Eigentum als solche sind verwerflich, sondern der Mißbrauch dieser Dinge. Selbst der Blick auf das baldige Weltende soll nicht zur Besitzlosigkeit motivieren, sondern nur vor dem Mißbrauch warnen (1 Kor 7, 29–31). Die eschatologische Bereitschaft, in innerer Gelöstheit von Menschen und Dingen zu leben, ist nicht gleichbedeutend mit Mittellosigkeit. Wie sollte auch in einer Gesellschaft, in der sowieso alles allen gehört, das Verbot des Stehlens noch einen Sinn haben? Und der, der durch den Glauben an Christus vom Stehlen frei geworden ist, wird vom Apostel ermahnt, sich durch treue Arbeit Besitz und Güter zu schaffen, um, statt zu stehlen, dem Mitmenschen etwas geben zu können (Eph 4,28).

Luther faßt es treffend zusammen, wenn er sagt: »Soll ein Christ geben, so muß er zuvor haben; was nichts hat, das gibt nichts. Und soll er morgen und übermorgen und über ein Jahr auch geben, so kann er's nicht heute alles weggeben. Darum da der Herr Christus gebietet zu geben, gebietet er's denen, so da haben und zu geben des Vermögens sind ... Denn es kann die Welt nicht bestehen, daß wir alle sollten Bettler sein und nichts haben. Denn auch kein Hausvater sein Haus und Gesinde nähren könnte, wenn er selbst gar nichts hätte.«

2.7.2 Die verantwortliche Haushalterschaft

Freiheit, zu haben und zu verfügen, bedeutet aber nicht grenzenlose und bindungslose Verfügungsgewalt. Wie das alttestamentliche Gottesvolk es war, so ist auch die neutestamentliche Gemeinde Volk des Eigentums (1 Petr 2,9). Von daher hat Gott die eigentliche Verfügung über alles, was den Christen gehört. Er hat ihnen damit ihren Besitz nur leihweise anvertraut. Sie sind Haushalter der Güter geworden und haben vor Gott über den rechten Umgang damit Rechenschaft abzulegen.

Wie dies im einzelnen zu geschehen hat, wird im Alten Testament näher ausgeführt. Dort erkennen wir im Mosegesetz so etwas wie eine Sozial- und Eigentumsordnung. Das hängt aber damit zusammen, daß das alttestamentliche Gesetz zugleich auch Lebensordnung für die ganze Volksgemeinschaft war. Einen eigentlichen Unterschied zwischen religiösen Geboten und bürgerlicher Gesetzgebung gab es daher nicht.

Im Neuen Testament ist es anders. Christen stellen niemals zugleich eine geschlossene Volksgemeinschaft oder einen Staat dar. Sie sind Zellen in der

Gesellschaft. Deshalb haben uns Jesus und die Apostel keine Eigentumsordnung hinterlassen. Vielmehr sind die Christen als einzelne wie als Gruppen zu verantwortlicher Haushalterschaft ihrer Güter aufgerufen. Entscheidendes Motiv ist dabei die Liebe zum Nächsten. Ihm zu helfen, ihn zu unterstützen, ihm auch Hilfe zur Selbsthilfe zu geben, sind Aufgaben des Christen.

Aber auch in der ganz privaten Sphäre, in die andere Menschen gar nicht näher einbezogen sind, gilt es haushalterisch mit dem Eigentum umzugehen. Unnötiges Wegwerfen, mutwillige Verschwendung und sinnlose und willkürliche Zerstörung von Eigentum sind vor Gott nicht recht. Gerade in der sogenannten Wegwerfgesellschaft müssen sich Christen wieder daran erinnern lassen. Was an Haushaltsgeräten und Möbelstücken auf dem Sperrmüll steht und was an Lebensmitteln und Kleidungsstücken in den Müllcontainern verschwindet, zeugt nicht immer von verantwortlichem Umgang mit Dingen, die Gott geschaffen und dem Menschen anvertraut hat. Sicher gibt es gerade in Großbetrieben staatliche Vorschriften der Hygiene und Maßnahmen der Zweckmäßigkeit, die nicht umgangen werden können und die auch weiterhin ihre Berechtigung haben. Doch sollte der Christ immer wieder zwischen dem, was erforderlich und zweckmäßig ist, und dem, was noch vor Gott verantwortbar ist, abwägen. Wo das schon gar nicht mehr geschieht, ist etwas nicht in Ordnung.

Der tägliche Dank für alles, was uns der lebendige Gott in seiner Schöpfung darreicht, und das offene Herz und die offene Hand für den Mitmenschen werden entscheidend helfen, die rechte Stellung zum anvertrauten Eigentum zu bekommen,

2.7.3 Die besonderen Zeichen

Alles, was Gott dem Menschen gegeben hat, kann ihm auch zur Gefahr und Versuchung werden. Wo der Mensch nicht in der Gemeinschaft mit Gott Lebenserfüllung gefunden hat, wird er sie in anderen Dingen suchen. Lebensqualität durch Gütervermehrung ist eine uralte Menschheitsparole. Aber sie hält nicht, was sie verspricht. Die Propheten des Alten Testaments genauso wie die neutestamentlichen Gottesboten haben hier ihre eindringlichen Warnungen ausgesprochen. Immer noch gilt, was Jesus sagt: »Niemand lebt davon, daß er viele Güter hat.« Doch Versuchung kommt getarnt und ist nicht gleich als solche erkennbar. So hat auch unsere Zeit ihre besonderen Herausforderungen an den Christen, was die Eigentumsfrage betrifft.

Nicht lange nach dem Krieg haben wir ein ungeahntes Aufblühen unserer Wirtschaft erlebt und sind in kurzer Zeit in die Reihe der führenden Industrienationen der Welt aufgerückt. Als Sozialstaat haben wir ein gut funktionierendes System sozialer Sicherung. Das alles hat nicht nur Dankbarkeit, sondern auch Luxus, Verschwendung und Anspruchshaltung mit sich gebracht. Gedankenloser Umgang mit den täglichen Gebrauchsgütern, Steigerung des persönlichen und öffentlichen Komforts zum unnötigen Luxus, Konsumdenken und Verbraucherhaltung, die in Materialismus und Genußhaltung führen, Anspruchsdenken, das auf nichts mehr verzichten möchte und nur noch um seine materiellen Vorteile und Rechte kämpft, sind vielfach die Folgen. Nicht von ungefähr gibt es Alternativbewegungen, die hier den Finger auf Wunden legen. Die Forderungen nach dem einfachen Leben, Umverteilung des Großeigentums und die Suche nach dem Lebenssinn jenseits dieser Welt der Dinge und des Machbaren sind verständliche Gegenreaktionen.

Hier sind Christen aufgerufen, Zeichen zu setzen in ihrem Verhalten. Gesetzliche Festlegungen helfen nicht. Nur aus der Kraft des Evangeliums und auf dem Boden der Rechtfertigung werden neue Wege zu finden sein.

In zweierlei Weise werden Christen hier Zeichen setzen. Einmal wird jeder in seinem alltäglichen Lebensbereich vor Gott zu prüfen haben, wo die Grenze zwischen schöner und sinnvoller Ausgestaltung seines Lebensraumes einerseits und unnötigem Luxus andererseits liegt. Auch wird er sehen müssen, wie er mit dem, was er hat, seinen Mitmenschen dienen kann. Das offene Haus für andere, in dem die Möbel und die Fußböden keine Heiligtümer sind, sondern Gebrauchsgegenstände, könnte ein Beispiel sein.

Auch Zeit, Kraft und Geld sind anvertraute Güter, selbst wenn wir sie uns mühsam errungen haben. Wieviel davon der Sache Gottes in dieser Welt zur Verfügung gestellt werden kann, sollten Christen immer wieder neu prüfen. Noch gilt, daß Gott einen fröhlichen Geber lieb hat (2 Kor 9,7). Und wie sollte der, der sein ewiges Heil geschenkweise aus Gottes Hand empfangen hat, nicht im bereitwilligen Geben irdischer Gaben ein Zeichen setzen!

Daneben kennen wir besondere Führungen Gottes, die Menschen dazu veranlaßt haben, weitgehend auf Einkommen und Besitz im üblichen Sinne zu verzichten. Ein solches Modell war etwa die Gütergemeinschaft der ersten Christen, wie sie uns am Anfang der Apostelgeschichte berichtet ist. Heute finden wir ähnliches in Diakonissenhäusern sowie in Brüder- und Schwesternschaften und Kommunitäten verschiedener Prägung. Gemeinsam ist ihnen allen, daß ihre Art des Umgangs mit dem Besitz weder ein Ideal noch ein allgemeines Gesetz ist. Letztlich entspringt es einer vor Gott gewonnenen inneren Freiheit zu Dienst und Hingabe, die aus dem Vertrauen lebt, daß Gott seine Leute versorgt. Es ist ein starkes Zeichen zur Überwindung des Sorgengeistes und eine Illustration für Jesu Worte in Mt 6,24ff. Daraus die Utopie einer eigentumslosen Gesellschaft als innerweltliche Lösung für die gesellschaftlichen Probleme abzuleiten, würde am Sinn der neutestamentlichen Botschaft vorbeigehen.

So wie die Bergpredigt immer wieder nur die »Erschütterung der Erde vom Himmel her« sein kann, werden auch diese Formen christlichen Umgangs mit Eigentum bzw. Eigentumslosigkeit gewissermaßen Zeichen in einer säkularisierten Welt sein. Sie machen darauf aufmerksam, daß der Mensch nicht »vom Brot allein« lebt, sondern zutiefst und zuerst aus der Gemeinschaft mit dem Schöpfer und Erlöser.

2.8 Das Modell der mündigen Einordnung

2.8.1 Die Strukturen und das Böse

Unter der Leitlinie »in der Welt, aber nicht von der Welt« ist der Christ nicht nur im privaten Bereich und als einzelner gefordert. Die Welt, in der er lebt und der er zugleich in allen seinen Handlungen begegnet, ja an der er mitgestaltet, hat eine bestimmte Struktur. Im Neuen Testament ist vom »Wesen« dieser Welt die Rede (1 Kor 7,31). Dem sollen sich die Christen nicht gleichgestalten lassen (Röm 12,2). Das griechische Wort »schema«, das dort benutzt wird, meint die Grundstruktur der Welt. Sie »liegt im Bösen« (1 Joh 5,19). Zugleich ist die Welt aber Schöpfung Gottes, die er in seiner Geduld und Gnade erhält. Wie verhält sich nun das Böse zu der Weltstruktur als ganzer und auch zu den einzelnen Institutionen und Strukturen, die uns in der Welt begegnen?

Wir müssen hier erkennen, daß das Böse nicht nur im Herzen der Menschen sitzt, sondern daß es über die Menschen in die Struktur dieser Welt eingegangen ist; und zwar in einer solchen Weise, daß hier Gut und Böse oft nicht mehr voneinander zu trennen sind. Das zeigt sich etwa darin, daß viele Handlungsbereiche eigenständig geworden sind. Man spricht von der ethischen Eigengesetzlichkeit der Lebensgebiete. Damit ist gemeint, daß bestimmte, ethisch fragwürdige Verhaltensmuster sich so sehr strukturell verfestigt haben, daß die sonst unter Einzelpersonen üblichen ethischen Maßstäbe hier kaum Anwendung finden können. So kann im Wirtschaftsleben der von Härte und Lieblosigkeit gekennzeichnete Konkurrenzkampf bestimmend sein für das Handeln. In der Politik sind es Diplomatie, Täuschung, Manipulation, Meinungsmache, Spionage und Spionageabwehr mit all ihren ethisch fragwürdigen Methoden. Dieselben Personen, die solche Methoden im Umgang mit ihren Freunden und Familienangehörigen und überhaupt im Privatbereich weitgehend ablehnen würden, handeln hier oft bedenkenlos unter ethischer Eigengesetzlichkeit. Für Christen entsteht hier wieder eine besondere Herausforderung, die das vor Gott verantwortliche Stehen in der Welt und ihren Bezügen erschwert.

2.8.2 Zwischen Subjektskrise und Objektskrise

Alles Handeln des Christen ist immer von einer doppelten Krise bedroht. In der Ethik nennt man das Subjektskrise und Objektskrise.

Durch die ethische Unvollkommenheit des Menschen, des einzelnen ethischen Subjekts, entsteht die Subjektskrise; denn all sein Handeln ist ständig von mangelhafter Erkenntnis und mangelhafter Ausführung des Guten bedroht. Die persönliche Sünde gefährdet alles.

Durch das Handeln im Zusammenhang dieser Weltstrukturen ist der einzelne Mensch immer wieder an der kollektiven Sünde beteiligt. Er kann durch die Zusammenarbeit mit anderen zu Kompromissen gezwungen sein, in denen das von ihm gewollte Gute zugleich im weiteren Verlauf der Dinge Böses bewirkt. Das ist die Objektskrise.

Die Sekretärin, die einen Brief ihres Chefs schreibt und das Diktierte ordnungsgemäß zu Papier bringt, tut etwas Gutes und Richtiges. Wenn dieser Brief aber offensichtlich Unwahrheiten enthält, von denen die Sekretärin weiß, wird sie dann nicht mitschuldig durch das Schreiben des Briefes? Soll sie den Chef darauf aufmerksam machen? Soll sie damit riskieren, ihre Stellung zu verlieren? Aber wäre damit wirklich geholfen? Viele andere ständen bereit für ihren Posten und würden vielleicht bedenkenlos solche Briefe schreiben.

Ein Lebensmittelhändler verkauft eine Flasche Likör, natürlich zum vorgeschriebenen Preis und nicht an einen Minderjährigen. Kann er wissen, ob der Käufer sich damit betrinkt und seine Frau verprügelt? Ist er schuldig, wenn er Alkoholika verkauft?

Viele Deutsche waren im Dritten Reich gehorsame Staatsbürger, auch wenn sie das Regime innerlich ablehnten. Haben sie durch ihr Verhalten das Böse des Nationalsozialismus ermöglicht und unterstützt und sind damit schuldig geworden? Hätten sie unter Einsatz ihres Lebens gegen Unrecht öffentlich protestieren und sich auch dem Kriegsdienst verweigern sollen? Wie steht es in dieser Hinsicht mit den Bürgern moderner totalitärer Staaten? Gibt es da überhaupt noch einen ethischen Ausweg des rechten Tuns, oder muß auch der Christ zwangsläufig schuldig werden und kann nur von der Vergebung Gottes leben?

2.8.3 Die Annahme des Vorletzten

Diese Welt als sündige, gottferne Welt ist etwas Vorletztes. Sie wird vergehen. Nie können in ihr Reichsgotteszustände eingeführt und durchgesetzt werden. Gottes Reich ist immer nur zeichenhaft in der Welt da. Die Welt steht als gefallene Welt unter Gottes Erhaltungsordnung. Gott wirkt also in dieser gegenwärtigen Welt, indem er sie trotz der in sie verflochtenen Sünde erhält. Wenn menschliche Weltgestaltung den Auftrag des Bauens und Bewahrens ausführt, schafft sie immer Vorletztes. Niemals kann es reine Strukturen geben. Die Aufforderung des Apostels »Seid untertan aller menschlichen Schöpfung« (1 Petr 2,13) bedeutet ja, daß Menschen Strukturen entworfen haben für ihre Weltgestaltung, in die sich auch Christen einordnen können und sollen. Gott bedient sich nach Röm 13,1ff. der obrigkeitlichen Ordnungsstrukturen und der daraus entstehenden Institutionen. Sie sind, auch wo es zunächst unwahrscheinlich aussieht, Werkzeuge seiner Welterhaltung.

Gott mutet dem begnadigten Sünder, der selber noch etwas Vorletztes ist, zu, daß er in vorletzten Weltbezügen lebt. Diese sündige Welt will angenommen sein. Solche Erkenntnis bewahrt vor idealistischem Fortschrittsoptimismus einerseits und utopischen Zukunftsperspektiven andererseits. Ordnungsstrukturen, auch wenn sie unvollkommen sind, können nicht entbehrt werden. Wer sie abschafft, verringert das Übergreifen des Bösen nicht, sondern schafft dem Bösen mehr Raum. Wo es freie Wirtschaftssysteme gibt, wird Konkurrenzkampf trotz aller seiner Bedenklichkeiten und Gefahren nicht fehlen können. Schul- und Berufsausbildung ohne genaue Lehrpläne, Leistungskontrollen und Zensuren sind unverzichtbar. Ein gefahrloser Straßenverkehr ist nicht ohne Straßenverkehrsordnung und Polizeikontrollen, allein durch den Appell an die Mitmenschlichkeit, zu erreichen. Auch eine so heikle Frage wie die Notwendigkeit von Militär und Rüstung gehört hierher. Welcher einigermaßen menschlich denkende Zeitgenosse, erst recht welcher Christ, würde nicht von ganzem Herzen einem Leitspruch wie dem Wort »Frieden schaffen ohne Waffen« zustimmen, wenn dies nur möglich wäre. Es geht niemals darum, Friedensbemühungen bestimmter Menschen und Gruppen abzuwerten oder zu diffamieren. Aber wir müssen die ganze Tiefe des bösen Menschenherzens und die davon gestalteten Strukturen der Welt sehen.

Das Vorletzte dieser Welt ist anzunehmen als etwas von Gott so Verordnetes. Allerdings bedeutet das nicht, daß damit der Christ alles nur geschehen läßt und grundsätzlich zu allem schweigt, weil er ohnehin nichts daran ändern könnte. Das Vorletzte kann nur angenommen werden durch eine mündige, d.h. aber vor Gott verantwortete Einordnung. Und diese lebt von einem Ja und einem Nein. Denn »Gottes gute, der Erhaltung dienende Ordnung ist zugleich Stätte der Dämonie. Diese beiden Wirklichkeiten liegen ineinander, sie können nur unterschieden, aber im Hier und Jetzt der Geschichte nicht getrennt werden. Diese Unterscheidung enthält die schwerwiegende kritische Frage, ob und wieweit demgemäß eine menschliche geschichtliche Ordnung dem Erhaltungswillen Gottes entspricht oder nicht« (Künneth).

Der Christ hat also eine doppelte Aufgabe: an der Ordnung und in der Ordnung. Im ersteren Sinne ist er mit verantwortlich zu prüfen, wieweit noch ein allgemein erhaltender Gotteswille in einer bestimmten Struktur zum Ausdruck kommen kann, oder wieweit eine solche Struktur, nicht nur durch ihren Mißbrauch, sondern gerade durch ihren Gebrauch, immer mehr zur Unrechtsstruktur wird, die dem Menschen und dem Leben nicht mehr dient. Hier ist er auch zur Kritik, zur Veränderung, vielleicht auch zum Verlassen der Struktur aufgerufen. Im anderen Sinne wird die Ordnung als eine Institution ihm einen bestimmten verantwortlichen Dienst am Mitmenschen ermöglichen. Denn jede Institution hat zunächst für den einzelnen auch eine Entlastungsfunktion. Sie nimmt ihm täglich viele neue Entscheidungen ab, die ihn sonst überfordern oder zu keinem gedeihlichen Arbeiten kommen ließen. Auch hat sie eine stabilisierende Funktion, wodurch der menschlichen Kultur eine gewisse Dauer und Beständigkeit verliehen wird. Solche Kontinuität ist nötig, wenn menschliche Gemeinschaften funktionstüchtig bleiben sollen.

Beide Aufgaben des Menschen, an der Ordnung und in der Ordnung, sein Ja und sein Nein an jeweils gegebener Stelle, stehen in Spannung zueinander. Aber solche Spannung gehört zum Leben und kann auch im Glauben durchstanden werden.

Über allem steht die lebendige Hoffnung des Christen. Für diese Hoffnung richtet er nicht dadurch ein Zeichen auf, daß er die vorläufige Welt mißachtet und sich aus ihrer Gestaltung zurückzieht, ihre Probleme umgeht und im scheinbar abgeschirmten frommen Raum existiert. Vielmehr errichtet er ein Zeichen der Hoffnung, die Gott allein in Form der neuen Welt heraufführen kann, indem er diese vorletzte Welt mit ihrer Schuldverflochtenheit, ihren Nöten und Freuden ganz ernst nimmt und an ihrer Gestaltung wirkt. Weil er in lebendiger Hoffnung für das vollkommene Morgen steht, gewinnt er Mut für das unvollkommene Heute. So gibt er dann auch durch Wort und Tat Rechenschaft von der Hoffnung, die in ihm ist (1 Petr 3,15).

2.8.4 Der freie Raum

Mit diesen grundlegenden Feststellungen ist noch nicht alles gesagt. Wie sieht im konkreten Fall die Lösung aus, gerade wenn man an die konfliktreichen Situationen der Objektskrise denkt? Gibt es letztlich nur ein Schuldigwerden und ein Angewiesensein auf Vergebung? Oder gibt es auch konkrete Lösungen und Weisungen Gottes?

Wenn Gott kein ohnmächtiger Götze geworden und diese schuld- und konfliktreiche Welt ihm nicht aus den Händen geglitten ist, muß es auch eine Lösung geben. Gott läßt seine Leute nicht allein. Er stürzt sie nicht in tragische Konflikte, wie es die Götter der Griechen mit ihren Helden taten. »Ihr laßt den Armen schuldig werden. Dann überlaßt ihr ihn der Pein« – so kann man nicht von dem Gott der Bibel reden.

Wie schon in den Ausführungen zum Problem der Situationsethik erwähnt wurde, gilt es, Gottes Willen prüfend zu erkennen. Dabei spielen der Umgang mit dem Wort der Bibel, der brüderliche Austausch und das einsame und gemeinsame Gebet eine wesentliche Rolle. Wir dürfen die Tatsache als Verheißung nehmen, daß es geübte Sinne gibt, die Gutes vom Bösen zu unterscheiden lernen (Hebr 5,14). Der Herr, dem wir dienen, schafft mit der versuchlichen Lage auch den Ausgang, so daß die spannungsvolle Situation ertragen werden kann (1 Kor 10,13). Man kann es auch anders sagen: Der Christ hat es in jeder Lage nie zuerst mit sich, den Menschen und bestimmten Strukturen zu tun. Er ist in erster Linie Mensch vor Gott. Dazu ist er erschaffen und in Christus erlöst. Dieser lebendige Gott fordert ihn sozusagen in der Situation. Er schafft ihm einen freien Raum des Entscheidens und Handelns. Auch wenn dies nicht immer gelingt, auch wenn unser Erkennen und Wollen oft beeinträchtigt und getrübt sind, Gott ist treu und will uns helfen. Er kann es geben, daß beim betenden Hören auf seine Weisung für einen Christen »der Akzent der Ewigkeit auf einen Inhalt dieser Zeitlichkeit fällt«, wie es Karl Heim gelegentlich ausdrückte.

Gott macht im Rahmen seiner Gebote eine bestimmte Entscheidung verbindlich. Im Blick auf die durch die Objektskrise möglichen bösen Folgen einer an sich guten Handlung macht mich Gott nur verantwortlich im Rahmen des von mir Absehbaren. Niemand ist für alle eventuellen Folgen einer Tat zu behaften. Dieser von Gott je und je dem Christen gewährte freie – d. h. vor Gott freie – Raum des Entscheidens und Handelns darf im Glauben erbeten und in der Konkretion erfahren werden. Das kann in einem Konfliktfall bedeuten, mit allen Konsequenzen bis hin zum Martyrium sich zu verweigern und die Unrechtshandlung und vielleicht auch die Unrechtsstruktur aufzugeben. Das kann im anderen Falle bedeuten, mitten in der Vorläufigkeit der Weltbezüge auszuharren, solange man nicht gezwungen ist, unmittelbar gegen Gottes Willen zu verstoßen. Es kann heißen, um der Menschen willen einen tragbaren Kompromiß einzugehen. Es kann auch wieder bedeuten, klare Grenzen zu ziehen und ein unzweideutiges Nein zu sagen.

Das bedeutet zugleich, daß auch Christen unterschiedlichen Führungen Gottes unterliegen können. Am Beispiel des Kriegsdienstes und der Kriegsdienstverweigerung haben wir das heute vor Augen. Mancher wird in bestimmten Bereichen der Wirtschaft und des politischen Lebens seinen Mann stehen und die schweren Gewissensprobleme durchkämpfen, weil er sich von Gott hierhin gestellt sieht. Ein anderer wird als Christ hier nicht wirken können, weil er weiß, daß er die Anforderungen und Belastungen nicht aushalten könnte und im Glauben Schaden nähme. Beide Gruppen von Menschen leben aber möglicherweise in derselben örtlichen Gemeinde von Christen. Da ist der Ort, wo der gegenwärtige Herr Tragkraft, Geduld und Liebe genug geben will, daß die Unterschiede und Spannungen nicht nur ausgehalten, sondern sogar für die Gemeinschaft befruchtend werden können. Auch das ist ein lebendiges Zeugnis für den Herrn der Gemeinde.

2.9 Das Modell des menschenwürdigen Fortschritts

2.9.1 Der ethische Nachholbedarf

Durch das ungeheure Anwachsen von Wissenschaft und Technik ist zugleich auch ein ethischer Nachholbedarf entstanden. Denn das dem Menschen zur Verfügung stehende Handlungspotential ist nicht nur quantitativ angewachsen, sondern weithin auch qualitativ verändert worden. Wir haben nicht nur mehr und feinere Formen der Weltgestaltung, sondern gestalten uns eine ganz andere Welt. Jahrhunderte hindurch diente die Technik dazu, den Menschen vor den Gefahren der Natur zu schützen und ihm die Natur in der Weise dienstbar zu machen, daß er die notwendige Lebensfristung hatte. Die Errungenschaften der letzten ein- bis zweihundert Jahre haben dazu geführt, daß der Mensch in einer durch Technik so veränderten Natur lebt, daß er sich gegen die von ihm selbst geschaffene Welt wieder schützen muß. Die Umweltproblematik, die atomare Gefahr und die Energiekrise sind die wesentlichen Merkmale.

Je größer und komplizierter das Handlungspotential wird, desto mehr wächst auch der Handlungsdruck und ist jede Entscheidung mit Risiko und Verantwortung behaftet.

Die neuen technischen Mittel bedingen neue Gesellschaftsformen. Früher entwarf man neue Formen der Technik für das Zusammenleben der Menschen. Danach versuchte man, die Mittel zu schaffen, um diese Formen zu verwirklichen. Heute werden die Mittel, die schon vorhanden sind, immer perfekter und bedingen zugleich neue Formen. Wir müssen nun überlegen, ob diese Formen überhaupt noch dem Menschen und seiner Lebensqualität dienen.

Aus alledem entsteht ein ethischer Nachholbedarf. Denn die neuen Möglichkeiten machen neue Arten von Entscheidungsfindung nötig. Als erstes muß ein intensives Nachdenken darüber einsetzen, was als erstrebenswerte Lebensqualität anzusehen ist. Der Begriff Lebensqualität selber, der ja erst seit wenigen Jahren in der Diskussion ist, beinhaltet schon eine Art Kritik an einem reinen Wohlstands- und Fortschrittsdenken. Lebensqualität muß also wertmäßig ganz neu bestimmt werden.

Weiter ist zu bedenken, daß es ja kein wirksames Handeln gibt, das nicht Folgen für das Ganze haben wird. Somit wird jedes Handeln sozialpflichtig. Niemand kann davon absehen, welche Wirkungen sein Tun für die jeweilige menschliche Gemeinschaft hat.

Drittens ist zu erkennen, daß zwischen Motivation und Folgen einer Handlung eine ständige Rückkoppelung zu erfolgen hat, wenn nicht viele Bereiche sich verselbständigen sollen.

Es genügt nicht, aus ethisch bewährten Motiven allein zu handeln. Vorhersehbare Folgen können Motive bestimmen und verändern. Das kann niemals im Sinne einer reinen Zweckethik verstanden werden, sondern soll lediglich vor der naiven Meinung bewahren, daß das Motiv allein entscheidend ist, unabhängig von den Folgen. So können technische Neuerungen bestimmte Strukturen nach sich ziehen, deren Auswirkungen auf lange Sicht schädigend sind, auch wenn es anfangs nicht so aussieht.

In diesem Sinne ist auch schließlich eine globale Politik nötig. Kein Land kann hier mehr für sich allein entscheiden. Auch keine Generation heute lebender Menschen darf dabei nur an sich denken und an ihr eigenes Vorankommen. Wir müssen auch immer Sachverwalter kommender Generationen und ihrer Interessen sein.

Alles in allem: Ein neues Denken in Nächstenliebe ist erforderlich.

2.9.2 Die Frage nach der Lebensqualität

Wie schon erwähnt, spielt der Begriff Lebensqualität eine bedeutende Rolle. Er bezeichnet die Summe der Bedingungen, die das Leben lebenswert sein lassen. Es soll für den Menschen Sinnhaftigkeit, Glück und Zufriedenheit garantiert werden. Zugleich ist damit eine Absage erteilt an die Vorstellung, daß sinnhaftes Leben schon durch eine Steigerung des materiellen und geistigen Wohlstandes gegeben sei. Vielmehr drückt sich in dem Wort Lebensqualität schon die Suche nach neuen persönlichen und gesellschaftlichen Werten aus in einer Industrie- und Leistungsgesellschaft, in der diese Werte vernachlässigt wurden. Denn Verbesserung der Lebensqualität entsteht nicht automatisch durch wirtschaftliches Wachstum und erhöhten Lebensstandard. Diese können sogar die Lebensqualität mindern.

Damit ist auch der Christ aufgefordert, nicht unreflektiert dem Wohlstand, dem wirtschaftlichen Wachstum, dem wissenschaftlichen Fortschritt und den vielerlei kulturellen Angeboten zu vertrauen. Er muß versuchen, neue Maßstäbe aufzubauen, um Lebensqualität zu gewinnen.

Damit ist in keiner Weise einer Kulturfeindlichkeit und einem Kulturpessimismus das Wort geredet. Wissenschaftliche und technische Weiterentwicklung wird notwendig sein, gerade auch um die durch die Technisierung der Welt verursachten Probleme zu lösen und die Zustände zu bessern. Schäden des Fortschritts werden nicht durch Rückschritt, sondern durch sinnvoll gelenkten Fortschritt beseitigt oder wenigstens gebessert.

Positionen des Menschenbildes, soweit sie auch dem nicht-christlichen Menschen zugemutet werden können, müssen hier zeichenhaft aufgezeigt werden. Dazu gehört etwa folgendes:

Menschsein erschöpft sich nicht in Befriedigung materieller Bedürfnisse, sondern braucht die Offenhaltung der Sinnfrage.

Menschsein braucht auch ein gewisses Maß an Schwierigkeiten, deren Überwindung der Reife jedes einzelnen zugute kommt. Deshalb geht es nicht unbedingt darum, daß alle Lebensvollzüge immer problemloser gestaltet werden.

Menschsein ist wesentlich etwas Organisches und darf, bei aller Wertschätzung technischer Hilfen, nicht durch Übertechnisierung aller Lebensbereiche bis in Sprache, Denkstrukturen und seelische Abläufe technisiert und mechanisiert werden. Deshalb braucht jeder Mensch auch ein bestimmtes Mindestmaß an Umgang mit der belebten Natur.

Zum Menschsein gehören auch die Geheimnisse der Welt und des Lebens. Wo alles erklärbar und analysierbar wird, wo die Ereignisse programmierbar und vorhersehbar werden, gehen notwendige Spannungsverhältnisse des Erlebens verloren. Eine Reaktion kann dann etwa die heute mancherorts schon bemerkbare Flucht ins Übersinnliche und in den Okkultismus sein, also in eine Transzendenz, die eher vom Glauben an den lebendigen Gott abführt, als für ihn öffnet.

Letzte Antwort, auf die das christliche Zeugnis hinzuweisen hat, ist der Glaube an den lebendigen Gott und seinen Christus. Aber auch die angedeuteten Positionen können Hilfen sein fürs Leben im Sinne der Erhaltungsordnung Gottes in der gefallenen Welt.

2.9.3 Die Grenzmarken des Lebens

Besonders hautnah wird die Problematik, wenn es um die Grenzmarken des irdischen Lebens selber geht: Wann beginnt das Leben, und wann endet es? Auch das war seit Menschengedenken weithin unproblematisch. Erst neue Möglichkeiten haben neue Fragen aufkommen lassen. Die Zunahme der Schwangerschaftsabbrüche und eine entsprechend veränderte Rechtslage, die Möglichkeiten der künstlichen Befruchtung und der extrakorporalen Zeugung – sie lassen fragen: Wann beginnt Leben? Wer bestimmt darüber, ob, wann und wie es beginnt?

Die Möglichkeiten der künstlichen Lebensverlängerung und die gesamte Diskussion um aktive und passive Euthanasie – sie lassen fragen: Wann endet Leben? Wer bestimmt, wann, ob und wie es enden soll? Letztlich steht für den Christen die bedrängende Frage dahinter: Ist bei alledem Gott noch der Herr über Anfang und Ende des Lebens? Sind bei Retortenbabys, Leihmütterverfahren und extrakorporaler Zeugung Kinder noch eine Gabe Gottes, oder sind sie planbares Gut einer hochentwickelten Gesellschaft?

So schrecklich zunächst diese Dinge erscheinen, ein bloßer Rückzug von Christen aus solchen Bereichen würde uns keiner echten Lösung näher bringen. Auch eine genaue Festsetzung von Geboten und Verboten ist nicht möglich, dazu sind die Zusammenhänge zu verwickelt. Christen können im Grunde nur zweierlei tun: Einmal sollten sie durch die Verkündigung wie auch durch andere Wege der öffentlichen Meinungsbildung daraufhin wirken, daß die Würde des Menschen als Gottes Geschöpf stärker ins allgemeine Bewußtsein rückt. Zu dieser Menschenwürde gehört die Achtung seiner leiblichen Sphäre in ihrer grundsätzlichen Unverletzlichkeit; die Achtung der persönlichen Überzeugung des Menschen; die Achtung seiner psychischen Eigenart und Entfaltung.

Daneben wird die christliche Gemeinde die Gewissen derer stärken und beraten müssen, die schwerwiegende medizinische Entscheidungen zu treffen haben. Zu alledem gehört auch eine gute Portion Sachkenntnis. Dies hier zu vermitteln, würde den Rahmen der Ausführungen in diesem Buch sprengen. Es ist aber durch Vorträge, Literatur und in Form besonderer Zurüstung möglich zu machen.

Deshalb sollen nur einige Grenzlinien im Sinne eines gewissen, nach Gottes Gebot verantwortbaren, Rahmens aufgezeigt werden. Innerhalb derer werden konkrete Entscheidungen und Überlegungen vorgenommen werden müssen.

Der Mensch unterscheidet sich vom Tier letztlich nicht durch eine biologische oder geistige Höherstellung, sondern dadurch, daß er zum Gegenüber Gottes geschaffen ist, daß er offenbarungsfähig ist. Darin hat er seine »fremde Würde«, wie Luther es ausdrückt. Ein anderer also bestimmt Wesen und Ziel seines Daseins.

Gott hat den Menschen zur Entfaltung seines Lebens in bestimmte Beziehungen gestellt. Eine davon ist die Ehe. Sie ist der alleinige gottgewollte Rahmen der Fortpflanzung.

Alles Leben braucht auch Freiheit. Diese sollte auch nicht eingegrenzt sein durch ein Übermaß an vorgegebenen Möglichkeiten technischer Art, aus dem leicht eine Art Diktatur des Machbaren werden kann.

Nicht zuletzt ist zu bedenken, daß die Welt im dämonischen Gefälle liegt. Handlungsabläufe und sich daraus entwickelnde Strukturen bekommen eine offene Flanke für den Einbruch von Dämonien, wenn sie getragen sind von den Motiven der Autonomie des Menschen, einer Dominanz des Machbaren, der sogenannten Wertfreiheit der Wissenschaft und der Utopie einer immer besseren Welt und eines immer gesünderen Menschengeschlechts. Auf die Gefahr dieser Grundirrtümer hinzuweisen, bleibt eine wesentliche Aufgabe der Christen.

Hieraus kann man im einzelnen folgendes ableiten:

Menschliche Fortpflanzung sollte in dem Rahmen der in leib-seelischer Ganzheit gelebten Freiheit und Liebe weitergegeben werden, wie es in der Ehe der Fall ist. Heterologe Insemination, d. h. Befruchtung der Frau durch den Samen eines fremden, anonymen Samenspenders ist abzulehnen.

Familie braucht um der Eltern und Kinder willen von Anfang an bewußte, bekannte und angenommene Elternschaft. Im Falle eines Leihmutter-Verfahrens wäre das nicht gewährleistet.

Wo dies, selbst wenn die Eltern es voll bejahen, durchbrochen wird, werden je nachdem Zeugung, Schwangerschaft, Mutter- oder Vaterschaft um technischer und medizinischer Möglichkeiten willen auseinandergerissen. Wenn sich auch nicht in allen Fällen daraus für die Beteiligten körperliche und seelische Nöte ergeben müssen, so werden doch hier Grundgegebenheiten des Geschöpflichen mißachtet.

Dazu muß überlegt werden, was mit den bei der künstlichen Befruchtung anfallenden überzählenden Embryonen geschieht. Werden sie vernichtet? Dienen sie Forschungszwecken? In jedem Fall wird hier in entstandenes menschliches Leben eingegriffen.

Über allem ist immer das Pauluswort zu bedenken: »Es ist mir alles erlaubt; es soll mich aber nichts gefangennehmen« (1 Kor 6,12b). Auch der wissenschaftliche Experimentator, der Arzt und der Mensch, der es an sich geschehen läßt, kann gefangengenommen werden von der Faszination des Neuen, dem Rausch des Machbaren und dem Sog der ungeahnten Möglichkeiten. Hier ist wieder die offene Flanke zum dämonischen Gefälle, in dessen Verlauf sich die Handlungsbereiche verselbständigen und eigene, von der Machbarkeit diktierte Normen entwickeln können.

Ähnliches gilt für die Frage nach der Todesgrenze. Sobald einmal Lebensanfang wie Lebensende zu ethischen Grauzonen geworden sind, wird leicht über beginnendes wie verlöschendes Leben das Urteil »lebensunwert« gefällt. Aber alles Leben, von Anfang bis zum Ende, hat vor Gott gleichen Wert, gleiches Recht und gleiche Würde.

Wenn in einem besonderen Falle verlöschendes menschliches Leben nur unter Aufbietung außergewöhnlicher medizinischer Mittel aufrechterhalten werden kann, wird die Frage entstehen, ob diese Maßnahmen weiter fortgesetzt werden sollen. Hier kann gelten, was der Theologe Ulrich Eibach sagt: »Im Verzicht auf lebensverlängernde Maßnahmen geschieht aber keine eigenmächtige Verfügung über den Lebenswert eines Menschen, weder durch den Arzt noch durch den Patienten selber, sondern die Anerkennung dessen, daß über den Menschen bereits von einer der menschlichen Verfügung letztlich transzendenten und entzogenen Instanz her entschieden ist.« An der Stelle den Menschen »seinen eigenen Tod« sterben zu lassen, kann eigentliche menschenwürdige Forderung sein. Keinesfalls jedoch darf ein bewußter Eingriff geschehen, der ein Leben, das unter wenn auch noch so notvollen Bedingungen existieren kann, mutwillig zu beenden sucht.

2.9.4 Leben und Leiden unter der Hoffnung

Mit einem letzten Teilmodell medizinischer und technologischer Möglichkeiten sollen diese Überlegungen abgeschlossen werden. Es handelt sich um die Frage der Gen-Manipulation, oft auch »Gentechnik« genannt. Hier wieder sind es zwei Möglichkeiten, die uns vor allem zu beschäftigen haben: Die Züchtung neuer bzw. veränderter Lebewesen und die Schaffung identischer Lebewesen (Klonierung).

Zum ersten kann man durch künstliche Eingriffe in die Erbsubstanz Organismen schaffen, wie es sie bisher nie gegeben hat. Man kann auch bestimmte Organismen wesentlich verändern. Im Bereich der Mikroorganismen ist das durchaus schon gelungen. Auch in der Tierzüchtung kann man es anwenden. Bisherige Züchtungsverfahren konnten lediglich den Phänotypus des Menschen verändern, jetzt betrifft die Veränderung auch den Genotypus.

Schon das bisher Mögliche kann verheerende Folgen haben. Es können lebensgefährdende Mikroorganismen entstehen, die sich nicht mehr bekämpfen lassen. Die Tierwelt kann einschneidende Veränderungen erfahren, wodurch für Tier und Mensch die Lebensbedingungen, vor allem die Symbiose, aus dem Gleichgewicht kämen. Im Unterschied zu technischen Veränderungen wären solche möglicherweise kaum noch rückgängig zu machen.

Anders aber wird die Fragestellung noch, wenn sie Anwendung auf das menschliche Leben selber findet. Beispielsweise ergäbe sich eine ganz neue Art von Medizin, wenn man die Immunisierung gegen Krankheiten nicht erst nachgeburtlich durch Impfstoffe durchführte, sondern schon vorgeburtlich durch Gen-Manipulation solche Krankheiten ganz verhinderte! Wie wäre es, wenn nicht erst durch Insulingaben den Diabeteskranken geholfen würde, sondern sie schon vorgeburtlich durch Genbehandlung vor Zuckerkrankheit bewahrt blieben? Ja, könnte man nicht allmählich so das ganze Heer der Krankheiten und Fehlentwicklungen abbauen? Warum sollen Prophylaxe und Therapie erst nach der Geburt beginnen und nicht schon an den Genen?

Ließen sich dann nicht ganz bestimmte Menschen mit entsprechenden Eigenschaften züchten? Wer aber bestimmt darüber, was es für Menschentypen geben soll? Huxleys »Schöne neue Welt« ist hier im Anrollen. Wird diese Welt aber wirklich so schön und besser als die gegenwärtige unter Gottes Erhaltungsordnung?

Zu bedenken ist immerhin: Wer schützt vor Mißbrauch in der Menschenzüchtung? Was wird, wenn unwiderrufliche Fehler begangen wurden und Wesen entstehen, die durch Anomalie oder Schrecklichkeit die Welt bedrohen?

Zum zweiten geht es um die Herstellung identischer Wesen durch sogenanntes Klonieren. Man kann heute, jedenfalls ist es bei Fröschen und Mäusen schon gelungen, durch Verpflanzung von Zellkernen auf nichtsexuelle Weise Lebewesen herstellen, die ein genaues Doppel eines schon vorhandenen Wesens sind. Dies läßt sich sogar beliebig oft wiederholen.

Angewandt auf den Menschen, entstünden sehr ernste Fragen: Hat ein solcher Klon noch eine echte Identität? Ist er auch noch eigenständiger Mensch vor Gott oder immer Zweitausführung eines anderen, der u. U. noch lebt? Auch hier verführt die ganze Unternehmung zu umfassenden Menschenzüchtungsplänen. Genies wie auch Roboter könnte man beliebig oft erzeugen.

Thielicke macht darauf aufmerksam, daß ein solches Wesen eine genetisch vorgezeichnete Schicksals- und Lebenskurve hätte, die es daran hinderte, werden zu dürfen, was es einmal sein soll. Und er fährt fort: »Zu diesem Werde-Auftrag menschlicher Existenz gehört als Voraussetzung doch die zunächst gegebene Ungewißheit über die eigene Identität und die damit gegebene Aufgabe der Selbstfindung, also so etwas wie eine schöpferische Ungewißheit über sich selbst.«

Abschließend soll noch einmal deutlich werden, daß alles Leben in von Gott dieser Welt verordneten Spannungen verläuft. Zu solchen Spannungen gehört auch die Tatsache, daß es einmal gilt, Leiden und Not, Krankheit und Tod als Störungen der guten Schöpfung Gottes zu bekämpfen. Christen sind niemals Fatalisten, die einfach schicksalsgläubig alles hinnehmen. Gott hat zum Gestaltungsauftrag an dieser Welt auch Technik, Forschung, Medizin und alle Formen von Leidbekämpfung grundsätzlich hinzugeordnet.

Daneben wird aber Krankheit und Tod, Leid und Not nie ganz überwunden werden können. Diese Welt bleibt unter der Vergänglichkeit.

Kasuistische Regeln, wo das eine aufhört und das andere anfängt, sind uns vom Schöpfer nicht gegeben. In einigen Leitlinien haben wir versucht, uns an Grenzen heranzuarbeiten. Die spannungsvolle Aporie bleibt aber zunächst. Denn einerseits kann es und wird es immer wieder Aufgabe sein, Leiden zu bekämpfen. Andererseits kann und wird es immer wieder Aufgabe sein und von Gott verordnet werden, Leiden zu ertragen.

Nöte und Probleme, Mangel an Mitteln und entsprechenden Menschen mit bestimmten Befähigungen, nicht zu beseitigende Schmerzen und Krankheiten können »nicht nur eine negative, sondern auch eine schöpferische, eine Bestimmungsfunktion« in unserem Leben haben (Thielicke). Hier im einzelnen zu unterscheiden, hier die Wahl zu treffen, hier Mittel zu fördern und zu bejahen oder andere Möglichkeiten aufzugeben, wird der Mensch bei allem Wollen und Überlegen weder als Einzelmensch noch als Gruppe und Gesellschaft, weder als Privatmann und Laie noch als Forscher und Fachmann von sich aus lösen können. Die Ausweglosigkeit ruft ihn in die Abhängigkeit von dem, der ihn geschaffen hat und ihm in Christus sein

Heil anbietet. Der jeweilige Wille Gottes will auch hier betend und prüfend erkannt und getan werden.

Nicht immer ist das gelungen. Nicht immer haben Christen die Herausforderungen ihrer Zeit erkannt und aufgenommen. Nicht immer haben sie die Versuchungen durchschaut und sind ihnen deshalb oft verfallen. Nicht immer haben sie ihre Stimme helfend und warnend erhoben. Das ist ein großes Schuld- und Versagenskonto. Oft sind auch gute Theorien entworfen, aber nicht bis in die unterste Ebene vorgetragen worden.

Über allem steht deshalb der Ruf zur Umkehr und in die vergebende Gnade, dann aber auch der Blick nach vorne. Weil Christen eine lebendige Hoffnung haben auf eine neue, von Gott selbst nach Gericht und Weltende heraufgeführte Vollendungswelt, bekommen sie Kraft, die Spannungen ihrer jeweiligen Gegenwart anzunehmen und zu bestehen. So wird die eine Entscheidung heißen: Weil es eine neue Auferstehungswelt ohne Leid, Tod, Krankheit und Unvollkommenheit gibt, darf ich heute im Namen Gottes Leid und Not bekämpfen. Und die andere Entscheidung wird heißen: Weil es diese Hoffnung gibt, darf ich heute getrost zu einem mir verordneten Leid, einer zu tragenden Not, einem nicht zu lösenden Konflikt ja sagen. Weil es aber Entscheidungen vor Gott sind, werde ich, in welcher Situation ich mich auch befinde, zuerst und zuletzt meine Entscheidung im Rahmen und in den Linien des Wortes Gottes zu begründen und zu fällen versuchen.

Die wahre Vollkommenheit des Menschen ist nicht erst erreicht, wenn seine Probleme gelöst sind, sondern sie besteht darin, »daß er Gottes bedürftig ist« (Kierkegaard).

Und Jesus ruft uns auch in dieser Lage zu: »Wer in mir bleibt und ich in ihm, der bringt viele Frucht; denn ohne mich könnt ihr nichts tun« (Joh 15,5).

Literaturhinweise:

Klaus Bockmühl: Glauben und Handeln.
Klaus Bockmühl: Umweltschutz – Lebenserhaltung.
Ulrich Eibach: Medizin und Menschenwürde.
Walter Künneth: Der Christ als Staatsbürger.
Lachmann/Sautter/Egelkraut: Die Krise der Arbeitsgesellschaft.

Joachim Drechsel

Gemeinschaftspflege ...

Als Reaktion auf die spätestens seit 1848 immer deutlicher werdende Entkirchlichung weiter Teile der Bevölkerung kam es im zweiten Drittel des 19. Jahrhunderts zu einem pietistischen Neuaufbruch in den evangelischen Landeskirchen Deutschlands. Ein herausragendes Merkmal dieser lokal sehr unterschiedlichen Bewegung war eine neue breitenwirksam werdende Form der Sammlung derer, die zum Glauben gekommen waren: Man gründete überschaubare »Gemeinschaften«, deren Mitglieder untereinander in intensiver Beziehung standen. Die Betonung solcher »Gemeinschaftspflege« war eines der entscheidenden Wesensmerkmale der sich formierenden Gemeinschaftsbewegung. Allein schon die Tatsache, daß dieser Begriff in die Bezeichnung fast aller Neugründungen aufgenommen wurde, kann als Hinweis darauf verstanden werden (z. B. 1890: Deutsches Komitee für evangelische Gemeinschaftspflege; 1897: Deutscher Verband für evangelische Gemeinschaftspflege und Evangelisation).

In den meisten deutschen Landesteilen fanden diese Gemeinschaftsgründungen zwischen 1890 und 1905 eine rasche Verbreitung. Ihren Zusammenschluß erlangten sie zum großen Teil im »Gnadauer Verband«, der in der Bundesrepublik Deutschland bis heute besteht. Nach dem Zweiten Weltkrieg fand die Arbeit dieses Verbandes bei uns als die des Evangelisch-Kirchlichen Gnadauer Gemeinschaftswerkes in der DDR ihre Fortsetzung. Bis zur Gegenwart zählen beide Arbeiten neben der Evangelisation die Gemeinschaftspflege zu ihren Hauptanliegen.

Als Mitglied einer zu Gnadau gehörenden Gemeinschaft wird man im dankbaren Rückblick auf eine hundertjährige Geschichte fragen dürfen: Was ist aus den Kreisen der Gemeinschaftspflege geworden? Dem oberflächlichen Betrachter mancher kleinen Kreise drängt sich vielleicht der Eindruck auf: Hier wird vornehmlich die vom Aussterben bedrohte Pflege der Gemeinschafts»greise« betrieben, was nur schwerlich mit dem Hinweis auf das Alter der Bewegung entschuldigt werden kann. Ist Gemeinschaftspflege eine vorübergehende Erscheinungsform aus der Zeit des aufblühenden Vereinswesens oder unverzichtbarer Aspekt auch der gegenwärtigen Arbeit?

Sowohl in den Selbstdarstellungen unserer Bewegung als auch in den meisten Satzungen der einzelnen Landesverbände wird darauf verwiesen, daß man sich zwar auf dem Hintergrund der Zeitsituation des ausgehenden 19. Jahrhunderts, aber als Erbe der Reformation versteht. Zur Begründung wird Luther zitiert. Im Vorwort seiner 1526 erschienenen »Deutschen Messe und Ordnung des Gottesdienstes« unterscheidet er drei Arten gemeindlicher Zusammenkünfte: die lateinische Messe (vorwiegend aus sprachpädagogischen und missionarischen Erwägungen), die deutsche Messe (als öffentliche Ermutigung zum Glauben für die noch nicht glaubende Mehrheit des Volkes) und schließlich »die dritte Art der Gottesdienste und Messen, die eine rechte evangelische Ordnung erhalten sollen, dürfte nicht so öffentlich auf dem Platz vor jedermann gehalten werden, vielmehr müßten diejenigen, die mit Ernst Christen sein wollen, und das Evangelium mit Taten und Worten bekennen, sich mit Namen eintragen und irgendwo in einem Haus versammeln, um zu beten, zu lesen, zu taufen, das Abendmahl zu empfangen und andere christliche Werke zu tun. In dieser Ordnung könnte man diejenigen, die sich nicht christlich verhielten, erkennen, tadeln, bessern, ausstoßen oder in den Bann tun nach der Regel Christi (Mt 18, 15–17). Hier könnte man auch eine allgemeine Opfergabe auferlegen, die man freiwillig gibt und an die Armen austeilt ... Hier wären nicht viele und große Gesänge notwendig, hier könnte man auch auf eine kurze und gute Art Taufe und das Abendmahl feiern und alles auf das Wort, das Gebet und die Liebe ausrichten ... kurzum, wenn man die Leute und Personen hätte, die mit Ernst Christen sein wollen, dann wären die Ordnungen und Regeln bald gemacht ... aber ich kann und mag eine solche Gemeinde oder Versammlung noch nicht anweisen oder anrichten, denn dazu habe ich noch keine Leute und Personen, wie ich auch nicht viele sehe, die sich dazu drängen. Kommt es aber, daß ich es tun muß und dazu gedrängt werde, so daß ich es mit gutem Gewissen nicht unterlassen kann, will ich das meinige gern dazu tun, so gut ich kann helfen.«

Noch Jahre vor der ersten Gnadauer Pfingstkonferenz 1888 wird dieser Abschnitt bei Christlieb, Dietrich und Pückler zur Begründung einer unbedingt notwendigen Sammlung der Gläubigen zu Gemeinschaften innerhalb der Landeskirchen. Die Fülle der Berufungen auf diese Aussagen Luthers sind innerhalb der Gemeinschaftsbewegung kaum übersehbar. Der Reformator wird somit zum »Kronzeugen« des Gemeinschaftsstandpunktes. Dabei geht es meist um die Feststellung, daß die Gemeinschaften eben solche Gruppen darstellen wollen, die mit Ernst Christen sind. Die unverkennbaren Unterschiede zwischen den Vorstellungen Luthers und der gängigen Praxis Landeskirchlicher Gemeinschaften finden dagegen kaum

Erwähnung: die Gemeinschaften verzichten aus gutem Grund auf eigene Taufen, sie haben jahrelang und zum Teil bis zur Gegenwart vergeblich um die Anerkennung eigener Abendmahlsfeiern durch die Kirche gerungen. Auch bereitet die Durchführung sogenannter Gemeindezucht zum Teil erhebliche Probleme. Wahrscheinlich ist aber den Gemeinschaften diese Spannung gar nicht vorzuwerfen. Hätten sie Luthers Vorstellungen konsequent verwirklicht, wären sie kaum eine innerkirchliche Bewegung geblieben.

Bei allem Respekt ist hier die Praktikabilität des Lutherschen Konzeptes anzufragen, und zwar aus einem doppelten Grund: Einmal müssen wir feststellen, daß in Luthers umfassendem Werk die oben zitierte Stelle die einzige klare und ausführliche Aussage zu unserem Thema ist. Zum anderen ist bisher noch ungenügend geklärt, was Luther zu dieser Stellungnahme bewogen hat. Gelegentlich wird ein direkter Einfluß Kaspar Schwenckfelds (1489–1561) für möglich gehalten. Dieser hatte kurz vor der Niederschrift der Vorrede zur »Deutschen Messe« mehrere Gespräche mit Luther. In Schwenckfelds noch erhaltenen Aufzeichnungen über diese Begegnungen sind zum Teil Formulierungen zu finden, die wörtlich mit denen Luthers in der Vorrede zur Deutschen Messe übereinstimmen. Ein Nachweis dieses Einflusses konnte allerdings bisher nicht erbracht werden. Luther hat sich bald darauf heftig von Schwenckfeld distanziert, freilich ohne seine Vorschläge über die dritte Art des Gottesdienstes zurückzunehmen. Die Frage, ob man ihn als einen »Vorläufer des Pietismus« berufen sollte, wird somit in den eigenen Reihen unterschiedlich beantwortet (positiv bei Theodor Haarbeck und Hans von Sauberzweig). Überwiegend wird aber direkt auf Luther Bezug genommen, dessen tatsächliches Verdienst es ist, in seiner Schrift auf einen unverzichtbaren Aspekt des Gemeindeaufbaus hingewiesen zu haben. Zu einer praktischen Verwirklichung dieses Konzeptes ist es bei Luther allerdings nicht gekommen.

... im Studierzimmer eines Pfarrers begonnen

Das hat sich unter Philipp Jakob Spener (1635–1705) gründlich geändert. Im Rückgriff auf die genannte Vorrede zur »Deutschen Messe« hat er die Sammlung derer, die mit Ernst Christen sein wollen, nicht nur gefordert, sondern auch begonnen. Das vielleicht folgenschwerste Ereignis seines Wirkens in Frankfurt/Main ist die Einführung von Erbauungsversammlungen (*collegia pietatis*). Im August 1670 kamen zum ersten Mal fromme Gemeindeglieder im Studierzimmer Speners zusammen, um außerhalb des öffentlichen Gottesdienstes gemeinsam die Bibel zu lesen und zu besprechen. Es ist keineswegs übertrieben, wenn dies als die Geburtsstunde pietistischer Gemeindeversammlungen bezeichnet wird. Spener war dabei von dem Willen geprägt, das Kirchtum nach dem urchristlichen Vorbild einer »familia dei« zu formen. Er war sich bewußt, daß ohne die »Wiedergeburt des einzelnen« seine Reformvorschläge (»pia desideria« 1675) nicht greifen würden. Nach der Veröffentlichung dieser Schrift entstanden spontan viele Erbauungsversammlungen, die außer im süddeutschen Raum wohl am nachhaltigsten durch die stille Diasporaarbeit mit der Brüdergemeine betreut worden sind. Diese Betreuung läßt sich bis in die Anfänge unserer Gemeinschaftsarbeit verfolgen, und es sind bezeichnenderweise Räume der Brüdergemeine, in denen die erste Gnadauer Pfingstkonferenz von 1888 stattfand.

Spener ist somit ein »Durchbruch des Gemeinschaftsgedankens in der evangelischen Volkskirche« gelungen (Christian Dietrich). Allerdings erfuhren die pietistischen Erbauungsversammlungen vorerst enorme kirchliche und staatliche Behinderungen. Eine erste öffentliche Anerkennung solcher Versammlungen wurde unter Mitarbeit von Johann Albrecht Bengel (1687–1752) erreicht. Das 1743 in Stuttgart erlassene »Pietistenreskript« erlaubte die Versammlung von maximal 15 Personen in privaten Häusern und ermöglichte somit – wenn auch regulierten – Entfaltungsraum innerhalb der einzelnen Kirchengemeinde. Wahrscheinlich ist dies auch ein Grund dafür, daß im Bereich der württembergischen Landeskirche die Integration der Gemeinschaftsarbeit in die Kirche viel stärker als in anderen Gebieten vorangeschritten ist.

Württemberg bildete vorerst die Ausnahme. In der Regel blieben erhebliche Behinderungen pietistischer Gruppierungen bis in die Anfänge unseres Jahrhunderts bestehen. Nicht selten kam es auf Veranlassung kirchlicher Stellen im 18. und 19. Jahrhundert zu regelrechten Polizeimaßnahmen gegen das »Konventikelwesen«. So bittet zum Beispiel Superintendent Simon aus Gießen in einem Schreiben vom 17. 3. 1839 den Kreisrat, »dem weiter um sich greifenden und sich immer bedenklicher gestaltenden Conventikelwesen durch Anwendung polizeilicher Maßregeln Einhalt zu thun, namentlich aber die bezeichnenden außerkirchlichen Versammlungen gänzlich zu untersagen, das unbefugte Verbreiten von Tractätchen zu hindern und auf die fremden Emissaire (Einflüsse) ein scharfes Augenmerk zu richten« (G. Lehmann). Selbst noch zu Anfang unseres Jahrhunderts wurden von hohen kirchlichen Würdenträgern Ratschläge weitergegeben, mit deren Hilfe man zunehmende Gemeinschaftsgründungen unterlaufen wollte.

Grundsätzlich gilt es aber festzuhalten, daß die durch die Revolution von 1848 ausgelösten Veränderungen auch größere Freiheit für Gemeinschaftsgründungen und die Tätigkeit von sogenannten Sendboten brachte (Ch. Dietrich). Nicht selten waren es die von der Herrnhuter Brüdergemeine in aller Stille betreuten Diasporakreise, die nun den Gedanken offizieller Gemeinschaftsgründungen aufnahmen und stärker in die Öffentlichkeit trugen. Von ihnen sind nicht wenige später direkt in die Gemeinschaftsarbeit übergegangen.

... unter den veränderten Bedingungen der Industrialisierung

Starke Impulse für Gemeinschaftsgründungen resultierten aus der industriellen Aufwärtsentwicklung in der 2. Hälfte des 19. Jahrhunderts, die von einer Reihe kirchlicher und sozialer Mißstände begleitet wurde. So hat zum Beispiel die sprunghafte Bevölkerungszunahme in den Großstädten das kirchliche Parochialsystem vollständig überfordert. In Berlin kamen auf einen Geistlichen in der Regel mehr als 30000 Gemeindeglieder, die nur zum Teil listenmäßig erfaßt werden konnten. Somit war eine geordnete Seelsorgetätigkeit unmöglich. Die Beteiligung von Laien am Gemeindeaufbau war in Deutschland aber noch weitgehend unbekannt und wurde nicht selten beargwöhnt. Veränderte soziale und strukturelle Verhältnisse zwangen zur Überprüfung traditioneller kirchlicher Arbeitsweisen und zur Suche nach neuen Formen der Wirksamkeit. Die weitgehende Abwendung der theologischen Wissenschaft von den anstehenden Erfordernissen des Gemeindeaufbaues verschärfte die wachsende Orientierungslosigkeit noch. Vereinzelt gab es Neuansätze, zum Beispiel Wicherns Gründung des »Rauhen Hauses« (1833 in Hamburg) und seine Aufforderung zur inneren Mission (1848 auf dem Wittenberger Kirchentag) oder der Kreis um Hofprediger A. Stoecker (Berlin).

Angeregt durch eine gute persönliche Kenntnis der Arbeitsweise methodistischer Gruppen sowie im Gedankenaustausch mit Wichern und Stoekker finden Theodor Christlieb (1833–1889), Elias Schrenk (1831–1913), Jasper von Oertzen (1833–1893), Christian Dietrich (1844–1919) und andere zu einer Arbeitsgemeinschaft zusammen, die sowohl die bis dahin in Deutschland weitgehend unbekannte Evangelisation als auch die Gründung von »Privat-Erbauungsgemeinschaften« fördern wollte. Starke Impulse in geistlicher Richtung sind von der in Amerika und England entstandenen Heiligungsbewegung ausgegangen. So haben die Konferenzen von Oxford (1874) und Brighton (1875) eine ganze Reihe späterer Vertreter der Gemeinschaftsbewegung nachhaltig geprägt (u.a. Schrenk, Stockmayer, Rappard, Jellinghaus). Der Hauptredner dieser Konferenzen, der amerikanische Glasfabrikant und Quäker Robert Pearsall Smith (1827–1898), bereiste 1875 Deutschland und hinterließ einen tiefen Eindruck (u.a. Begegnung mit Th. Christlieb in Elberfeld und Einfluß auf Ch. Dietrich).

... als notwendige Konsequenz von Evangelisationen

Schließlich haben zwei durch Christlieb nach Deutschland geholte Evangelisten die Bildung von Gemeinschaften unumgänglich gemacht: 1882 veranlaßte er Stoecker, den methodistischen Deutsch-Amerikaner von Schlümbach zu einer ausgedehnten Tätigkeit nach Berlin zu holen. Gleichzeitig bemühte er sich, den in der Schweiz erfolgreich evangelisierenden ehemaligen Afrika-Missionar des Baseler Missionshauses, Elias Schrenk, zu einem Umzug nach Deutschland zu bewegen. Schrenk siedelte tatsächlich nach ersten Evangelisationsversuchen (1884) schon 1886 über und arbeitete noch 27 Jahre in fast allen deutschen Landesteilen.

Neben den genannten Aspekten sind es aber vor allem inhaltliche Erwägungen, die zur Verwirklichung des Gemeinschaftsanliegens drängen: Ausgangspunkt ist dabei die Wiedergeburt des einzelnen, die Gemeinschaft mit Gott stiftet und in der Konsequenz zu denen führt, die in gleicher Verbindung zum Herrn der Gemeinde stehen. W. Michaelis sagt, sowohl im Rückblick als auch für die aktuelle Situation (1948): »Nun entsteht keine Gemeinschaft (auch landeskirchliche Gemeinschaft) anders als dadurch, daß Menschen von der viva vox evangelii (d. h. der lebendigen Stimme des Evangeliums) ergriffen werden bzw. ergriffen worden sind, und als solche nach dem Trieb der Bruderliebe, der mit der neuen Natur unlöslich verbunden ist, sich zusammenschließen. Sie wurden Hörer dieses Wortes, sie gehorchten ihm und scharten sich zusammen unter ihm.«

Bei Veranstaltungen und in der Gemeinschaftsliteratur wird dabei immer wieder auf Apostelgeschichte 2 verwiesen, wo es nach der Umkehr der Dreitausend zu Pfingsten zu beständiger Gemeinschaft (V 42) und regelmäßigen Versammlungen in Privathäusern (V 46) gekommen war. In diesen Versen erkennt man weitgehend eine vorbildliche Gemeindestruktur (Referate von Superintendent Schmalenbach 1888 und Pückler 1890). Es ist in diesem Zusammenhang erstaunlich, daß die anderen Hinweise auf »Hauskirchen« im Neuen Testament dagegen kaum Erwähnung finden (vgl. z. B. Röm 16,5.14.15; 1 Kor 16,19). Die kirchliche Praxis, die nur den sonntäglichen Gottesdienst kannte, konnte einem Vergleich nicht standhalten.

... von unseren »Vätern« begründet

Neben diesem grundsätzlichen Verweis auf die Schilderung urchristlicher Zustände in Jerusalem werden eine ganze Reihe von stützenden Argumenten für Gemeinschaftsbildungen vorgetragen:

– »Jesus habe sich neben seiner öffentlichen Tätigkeit stark um die Bildung und Prägung eines Jüngerkreises bemüht.« In dieser Hinsicht habe er geradezu »gemeinschaftsbildend« gewirkt (Referat Schmolke 1894; ähnlich Schmalenbach 1888 in Aufnahme Spenerscher Gedanken).

– Daß Jesus seine Nachfolger untereinander bruderschaftlich verbunden wissen wollte, steht ebenso außer Frage (vgl. z. B. Joh 13,34; Mt 23,8 aber auch 1 Joh 1,3; 3,14). Dabei drängt die von Christus geschenkte Liebe zur Familie der Kinder Gottes (Dietrich: Die »ersten Christengemeinden waren nichts anderes als Privat-Erbauungsgemeinschaften«).

– Das paulinische Bild von der Gemeinde als dem Leib Christi (Eph 4,4; Röm 12,5; 1 Kor 12,12 f.) wird ebenfalls häufig zur Begründung notwendiger Gemeinschaftsbildungen mit der ihnen möglichen gegenseitigen Verantwortung verwandt (Eph 4,15 f.).

– Ein Hauptanliegen solcher Gemeinschaften ist die Verwirklichung von Kol 3,16 (Dietrich; Bernstorff), was zur späteren Herausbildung der für unsere Bewegung typischen Bibel-Besprechstunden führte.

– Gegenseitige Hilfeleistung und Korrektur werden in solchen Gruppen möglich (1 Thes V 5,11; Dietrich, Pückler – nicht zuletzt im Rückgriff auf Luther; der »klassische« Gemeindezuchttext – Mt 18,15 ff. – ist mir dagegen in der frühen Gemeinschaftsliteratur kaum begegnet).

All diese und noch weitere Aspekte wurden aber nie zu einer ausführlichen Begründung zusammengestellt. Sie traten vielmehr vereinzelt auf. Man ging davon aus, daß die Notwendigkeit für Gemeinschaftsbildung erwiesen war, ja daß sie gegenüber der Pastorenkirche eine »allgemeine Wehrpflicht« (Dietrich) darstelle, deren Durchsetzung unumgänglich sei. Nach dieser Einsicht wurde nun auch gehandelt.

... aber in den Anfängen unserer Arbeit verwirklicht

Begonnen hat es mit dem Entwurf des Grafen Eduard von Pückler für eine Einladung zu einer »freien Conferenz christlicher Männer aus ganz Deutschland«. In ihm wurde unter Bezugnahme auf Luther die Sammlung der Gläubigen innerhalb der Volkskirche gefordert. Solche Sammlung wurde als vernachlässigtes Grundprinzip des Gemeindeaufbaus erkannt. Auf der Konferenz selbst sollte dann die »notwendige Organisation« christlicher Gemeinschaften als eines von drei Hauptthemen behandelt und durch praktizierte Gemeinschaft Stärkung zur Weiterführung der Arbeit empfangen werden. Der ursprüngliche Plan, eine solche Konferenz 1887 durchzuführen, mußte fallengelassen werden. Er wurde ein Jahr später Wirklichkeit: die vom 22. bis 24. Mai 1888 in Gnadau bei Schönebeck abgehaltene Tagung ging später als erste Gnadauer Pfingstkonferenz in die Geschichte ein.

Sowohl in der endgültigen Einladung zu dieser Konferenz (sie wurde mit den Unterschriften von 45 z. T. bekannten Persönlichkeiten versandt) als auch in Gnadau selbst wurde den Fragen notwendiger Gemeinschaftspflege und -gründungen ausgiebig Raum gewidmet. Da man sich in der Unaufschiebbarkeit dieser Sache einig war, konnten ohne ausführliche Begründung sehr bald die praktischen Fragen beraten werden. Die vorerst alle zwei Jahre wiederkehrende Konferenz kann somit zu Recht als entscheidender Ausgangspunkt der deutschen Gemeinschaftsbewegung betrachtet werden. Zwar hat es bereits zuvor eine ganze Anzahl von Gemeinschaftsgründungen gegeben, durch die Konferenz wurde aber erstmals ein landesweiter Zusammenschluß Gleichgesinnter möglich. Das 1890 gegründete Komitee wurde auf der Konferenz von 1894 in »Komitee für evangelische Gemeinschaftspflege und Evangelisation« umbenannt, aus dem 1897 der »Deutsche Verband für Evangelische Gemeinschaftspflege und Evangelisation« hervorging – der »Gnadauer Verband«.

... im Rückgriff auf kirchengeschichtliche Erfahrungen neu gestaltet

Ein zweiter wesentlicher Arbeitsschritt wurde auf der Nachfolgekonferenz begonnen. Am 30. Mai 1890 wurde ein Komitee für evangelische Gemeinschaftspflege konstituiert und der Lehrer Christian Dietrich mit der Herausgabe eines Gemeinschaftsblattes beauftragt.

Die erste Nummer der »Philadelphia« (Bruderliebe) erschien 1891, und das Blatt erreichte in diesem Jahr eine Auflagenhöhe von 500 Exemplaren. Für den kostenlosen Bezug dieses auf Spendenbasis erstellten Blattes wurde durch keine Annonce geworben. Es fand seine Verbreitung ausschließlich, indem Gläubige sich gegenseitig darauf aufmerksam machten und durch sogenannte Bibelkolporteure, deren Aufgabe es war, die Bezieher des Blattes zu besuchen, seelsorgerlich zu betreuen und ihnen erbauliches Schriftgut sowie Bibeln zum Verkauf anzubieten. Häufig ergaben sich durch solche Besuche missionarische Anknüpfungsmöglichkeiten.

Beeindruckend sind die Ergebnisse derart mühevoller Kleinarbeit: In knapp fünf Jahren wurde der Leserkreis auf das 14fache erhöht! Den rasantesten Anstieg hat es im Königreich Sachsen gegeben, aus dem 1892 knapp 100 Leser verzeichnet werden. Im Sommer desselben Jahres hatte man unter erheblichen Schwierigkeiten eine erste Gemeinschaftskonferenz in Zwickau durchführen können. Ein Jahr später sandte Dietrich den ersten Philadelphia-Bibelkolporteur, B. Kühlwein, nach Sachsen. Es war vorwiegend dessen Verdienst, daß sich die Leserschaft bis zur Konferenz von 1894 verzehnfachte (ca. 1000)!

Hauptziele des Philadelphia-Blattes waren:

– Gläubige untereinander in Verbindung zu bringen und sie auf dem gemeinsamen Weg zu halten.

– Die Anregung von Gemeinschaftskonferenzen und darüber Anstöße zur Bildung von Gemeinschaften.

Beides ist in reichlichem Maße gelungen bis hin zur Anregung für große Regionalkonferenzen (z. B. die Nakeler Osterkonferenz 1894 f.).

Bei der konkreten Ausgestaltung von Gemeinschaftsgruppen wurden verschiedene Anregungen und Erfahrungen aufgenommen, z. B.:

– Die aus der fast halbjährigen Evangelisationsarbeit von Schlümbachs hervorgegangenen St.-Michaelis-Gemeinschaften in Berlin haben unter Leitung E. von Pücklers eine an die methodistische Klasseneinteilung erinnernde Organisationsform gefunden. Es wurden Männer-, Frauen-, Jünglings- und Jungfrauenabteilungen sowie Sonntagsschulen gegründet. Um die Gruppen überschaubar zu halten, wurden die jeweils in einem Wohnbereich Lebenden zusammengefaßt – meist in ein bis zwei Straßenzügen –, was gelegentlich zu der Bezeichnung »Straßenklassen« führte. Jede Abteilung hatte wöchentlich eine Bibelstunde und eine öffentliche Versammlung. Alle vier Wochen gab es darüber hinaus einen Gemeinschaftsabend für alle Abteilungen.

– Aufgrund seiner eigenen Evangelisationserfahrungen hatte E. Schrenk, der die methodistische Art der Gruppenbildung aus eigener Anschauung gut kannte, ein modifiziertes Modell entwickelt. Er schätzte bereits 1886 kritisch ein, daß die Evangelisationsarbeit ohne gläubige Trägerkreise vor Ort perspektivlos sei. Das unterstreicht er dann auch auf der Konferenz von 1888: »Wir müssen vor allem darauf hinarbeiten, daß jeder Pastor einen lebendigen Grundstock von Gemeindegliedern bekomme, die als Geistesmenschen mit ihm arbeiten; das ist noch wichtiger als die Bekehrung einiger Trinker.« Im Zentrum solcher Gemeinschaften standen die Bibelstunden als Ausgangspunkt für Einzelseelsorge. An Unterabteilungen war Schrenk offenbar nicht so stark interessiert.

– In allen Fällen wurden unterschiedliche Anregungen für die Arbeitsweise aus dem Ausland aufgenommen (z. B. USA, England, Frankreich). Durch den Allianzstandpunkt geprägt, war man bereit, von anderen zu lernen und deren Arbeitsformen kritisch in die eigene Situation zu übertragen. So stellte z. B. Th. Christlieb die Arbeitsweise methodistischer Evangelisationsveranstaltungen als Lehrbeispiel vor und hoffte gleichzeitig, daß bei Übertragung der entsprechenden Erfahrungen in die Situation der deutschen Landeskirchen methodistische Missionsbestrebungen in Deutschland überflüssig gemacht werden könnten. Überhaupt war man nicht auf eine Organisationsstruktur festgelegt, sondern bereit, sich den jeweiligen örtlichen Gegebenheiten anzupassen. Von Anfang an wurde aber Wert darauf gelegt, daß möglichst jedes Mitglied einer Gruppe zu irgendeiner Aufgabe verpflichtet wurde und somit zur Förderung der Gemeinschaft beitragen konnte.

– Eine rasche Ausdehnung erfuhren die Standes- bzw. Berufsmisssionen, die jeweils innerhalb klarer Zielgruppen missionarisch tätig waren und es zum Teil noch sind. Häufig haben dabei führende Vertreter der Gemeinschaftsarbeit mitgewirkt. Hier seien nur einige beispielhaft genannt: »Verein christlicher Lehrgehilfen« (1870, Ch. Dietrich; später: Evangelische Lehrergemeinschaft), »Christlicher Verein Junger Männer« (CVJM 1883, E. von Rothkirch), Christliche Bäcker- und Konditorenvereinigung (1889, E. von Rothkirch; bis zur Gegenwart mit einem kleinen Arbeitszweig im Gnadauer Gemeinschaftswerk der DDR), Kellnermission (1893), EC-Jugendkreise (1894, E. Blecher), Deutsche Christliche Studentenvereinigung (DCSV 1895, E. von Pückler), Christliche Vereinigung Deutscher Eisenbahner (1897), Christliche Postvereinigung (1901), verschiedene Handwerkervereinigungen (die meisten sind aufgrund der Schrumpfung handwerklicher Berufe wieder eingegangen), Deutscher Frauenmissionsgebetsbund, Verband christlicher Kaufleute, Deutscher christlicher Technikerbund, Binnenschiffermission u. a. Die meisten dieser Arbeiten gaben um die Jahrhundertwende ein eigenes Publikationsorgan heraus.

Es braucht nicht verschwiegen zu werden, daß es dabei auch gelegentlich zu Fehlbildungen kam. Unter dem Einfluß perfektionistischer Gedanken aus der englischen Heiligungsbewegung versuchte z. B. Otto Stockmayer seit Mitte der neunziger Jahre an der Herausbildung einer sogenannten »Brautgemeinde« zu arbeiten, die eine gewisse christliche Elite darstellen sollte, zu der nach Meinung des Schweizer Theologen nicht alle Gläubigen gehören. Später hat er seine irrigen Ansichten erkannt und sich davon distanziert.

Unter ähnlichem Einfluß hat Prediger Eugen Edel (er gehörte zu den ersten Absolventen des Johanneums) seit der Jahrhundertwende in Schlesien eine straffe Gemeinschaftsorganisation verfolgt. Sein Ziel war die Herausbildung von Gemeinschaften nur Gläubiger. Wer aufgenommen werden wollte, mußte seine Bekehrungsgeschichte erzählen können. Dem Aufnahmeantrag folgte eine Prüfungszeit, während der sich die Gemeinschaft im Umkreis der Familie des Kandidaten ausführlich über dessen christlichen Lebenswandel erkundigte und ihn selbst beobachten ließ. War dies positiv durchlaufen, erhielt man eine Mitgliedskarte mit einer sieben Punkte umfassenden Verpflichtung zur Unterschrift vorgelegt. Darin mußte man sich u. a. verpflichten, »keinen Verkehr zu pflegen mit ausgeschiedenen Gemeinschaftsgliedern«. Die somit erworbene Mitgliedskarte durfte unter Hinweis auf Mt 7,6 unter keinen Umständen Ungläubigen auch nur gezeigt werden! Glücklicherweise blieben derartige Abirrungen die Ausnahme.

Die Vielfalt der benutzten Formen und Arbeitsweisen ist somit keineswegs erschöpft. Es wäre z. B. noch auf E. Modersohns Betonung von Nachversammlungen (sowohl im unmittelbaren Anschluß an Evangelisationsabende als auch einige Tage nach Abschluß der öffentlichen Evangelisation mit dem doppelten Ziel der Einzelseelsorge und der Stabilisierung neu entstandener Gemeinschaftskreise) und anderes mehr hinzuweisen. Vieles wäre im erreichten Umfang nicht möglich gewesen, wenn nicht ein allgemein auch außerkirchlich zu verzeichnendes aufblühendes Vereinswesen die beiden Dekaden um die Jahrhundertwende geprägt hätte. In ihm eröffnete sich ein ausgezeichneter institutioneller Kanal zur Verwirklichung des Gemeinschaftsbedürfnisses. Geistlicher Aufbruch und angemessene Organisationsformen ergänzten einander. Die Väter unserer Arbeit hatten deutlich erkannt, daß ohne klare organisatorische Formen geistliches Leben sehr schnell im Sande verläuft.

... ein Jahrhundert in konstanten Formen

Viele Arbeitsformen haben die hundertjährige Geschichte ohne tiefgreifende Veränderungen überdauert. Während in der Bundesrepublik Deutschland die Vereinsstruktur der Gemeinschaften und Werke bis zur Gegenwart erhalten geblieben ist, hat es in der DDR durch die Auflösung des Vereinsregisters eine formale Strukturveränderung gegeben. Hier sind die Landesverbände, zum Teil auch einzelne große Gemeinschaften staatlich anerkannte Vereinigungen geworden, meist ohne umfangreiche Veränderungen der inneren Struktur; die Kinder-, Jugend- und Studentenarbeit sind Arbeitszweige, die entweder den Landesverbänden oder dem Gesamtwerk in der DDR zugeordnet sind.

In all diesen Bereichen kann Gemeinschaftspflege in vielfältiger Weise erfahren werden.

Zuerst sind hier die Gemeinschaftskonferenzen verschiedenster Größenordnungen zu erwähnen. Die Impulse hierzu gehen in die Gründerjahre zurück. Viele Gläubige lebten vereinzelt und hatten das Bedürfnis, mit ihresgleichen zusammenzukommen, um auf Bibelauslegung zu hören und sich auszutauschen. Derartige Zusammenkünfte stellen bis heute eine wesentliche Ermutigung zur Weiterarbeit dar und dienen zugleich der Ausbreitung des Gemeinschaftsgedankens. Sie werden auf der Ebene der Gemeinschaftsbezirke und der Landesverbände durchgeführt und erfreuen sich großer Beliebtheit. Regionale und verbandsweite Jugendtage verfolgen ein gleiches Anliegen.

Daneben kommt den traditionellen Formen der Gemeinschaftspflege vor Ort große Bedeutung zu. In unterschiedlicher Weise wird die Arbeit der Gemeinschaften von den Mitgliedern gemeinsam vorbereitet, durchgeführt und verantwortet. Dabei gebührt gemeinsamen Gebetsveranstaltungen ein besonderer Platz. Die früher nicht selten aus kirchlicher Sicht beargwöhnten oder verunglimpften Zusammenkünfte zu freien »Gebetsgemeinschaften« bildeten häufig die Keimzelle für Gemeinschaften und später deren Basis. Dabei sind zwischen der Treue gegenüber der weltumspannenden Gebetsverantwortung und dem Fortgang der jeweils örtlichen Arbeit häufig Parallelen feststellbar.

Die Gemeinschaft zwischen Glaubenden wird weiter gepflegt durch Besuchsdienste sowie die Betreuung Alter und Kranker, um ihnen neben diakonischer Hilfestellung Anteil am Geschehen der Gemeinschaft zu geben. Andere Mitglieder finden sich zu Dienstgemeinschaften zusammen und übernehmen Verantwortung, z. B. für die Kinder- oder Jugendarbeit, die musikalische Ausgestaltung von Zusammenkünften durch verschiedene Chöre oder Bau- und Erhaltungsaufgaben an den gemeinschaftseigenen Gebäuden. Zusätzliche Treffen einzelner Mitglieder (z. B. zu Geburtstagsfeiern) oder großer Teile einer Gemeinschaft (z. B. zu Erntedank- oder Adventsfeiern) fördern auf ihre Weise das Gemeinschaftsempfinden.

Darüber hinaus führen Gemeinschaften auch eigene Abendmahlsfeiern durch. Die hierzu Versammelten erleben in der Erinnerung an den stellvertretenden Versöhnungstod Jesu dankbar die gemeinsame Abhängigkeit von ihrem Herrn. Freilich sind solche kirchlich anerkannten Abendmahlsgemeinschaften nicht die Regel, da es zwischen den verschiedenen Landesverbänden und den jeweiligen Kirchenleitungen keine einheitlichen Vereinbarungen gibt.

... mit bedenklichen Verlusten und Trends – doch nicht ohne Hoffnung

Selbstverständlich richtet sich die Vielfalt der Arbeitsweise auch nach der Größe der Ortsgemeinschaft. So existieren neben großen Gemeinschaften mit allerlei Arbeitszweigen, in denen täglich mindestens eine Veranstaltung stattfindet, viele Kleinkreise mit nur wöchentlich oder vierzehntägig einer Zusammenkunft. Auch bleibt eine Variationsbreite in Organisationsfragen (z. B. feste Mitgliedschaft oder nicht) erhalten. Insgesamt scheint aber der Trend zur Betreuungsstruktur zu überwiegen. Als Faustregel darf gelten, daß unabhängig von der Größe der örtlichen Arbeit lebhafte Bibel-Besprechstunden, in denen die Mitglieder zu Wort kommen und auf ihre Alltagsfragen aus biblischen Texten eine Antwort suchen und erhalten, Kennzeichen lebendiger Gemeinschaftsarbeit sind. Wo in Bibelstunden ausschließlich gepredigt wird, ist ein wesentliches ursprüngliches Anliegen bereits aufgegeben!

Neben der Kontinuität in den genannten Arbeitsformen sind neue hinzugekommen. So hat seit den sechziger Jahren die Bedeutung der Freizeitarbeit enorm zugenommen. Das Aufblühen dieses Arbeitszweiges wurde herausgefordert durch den wachsenden Wohlstand, die einschneidende Arbeitszeitverkürzung und die Entwicklung einer »mobilen Freizeitgesellschaft«; parallel dazu ist eine zunehmende Vereinsamung des einzelnen festzustellen. Das Angebot von Auslandsfreizeiten und die Errichtung von zahlreichen gemeinschaftseigenen Erholungs- und Freizeitheimen sind zwei typische Beispiele dafür, wie der Gedanke der Gemeinschaft in der heutigen Situation verwirklicht werden soll. Die Gefahren können bei diesen neuen Formen allerdings nicht übersehen werden: Die schlichte und wichtige regelmäßige Arbeit vor Ort kann verflachen.

Verbindlicher und gemeinschaftsbezogener ist die intensive Mitarbeiterzurüstung angelegt. Mitarbeiterkongresse auf Gnadauer Ebene, Kurzbibelschulkurse, Glaubensseminare und Bibelkurse auf Ortsebene dienen u. a. dem gemeinsamen Einüben eines verbindlichen Lebensstils in der Nachfolge Christi und schaffen zwischen einzelnen eine stärkere Verbindung. Derartige Rüstzeiten werden für unterschiedliche Alters- und Interessengruppen angeboten. Bei den ins Auge gefaßten Zielgruppen kommt auch zunehmend die Familie in den Blick. Die theologische Zuordnung und Bewertung der »familia Dei« bzw. der natürlichen Familie ist dabei weithin noch ungeklärt.

In Neubaugebieten, vereinzelt auch in Bereichen mit traditioneller Gemeinschaftsarbeit, haben sich zum Teil Hauskreise herausgebildet mit mehr oder weniger enger Bindung an eine Ortsgemeinschaft. Nicht selten kann eine Unsicherheit im Umgang mit solchen Kreisen festgestellt werden.

Wenn es stimmt, daß ein Teil der Arbeitsformen konstant geblieben ist, wird man heute fragen dürfen, welche Chancen, aber auch Gefährdungen derart herkömmliche Formen der Gemeinschaftspflege in sich bergen. Nie zuvor in der Geschichte der Menschheit haben sich Lebensstil und -auffassungen so rasant verändert wie in den letzten hundert Jahren. Die kirchliche Praxis und ihre Arbeitsformen haben sich nicht zuletzt aufgrund extrem zurückgegangener Mitgliedszahlen stark gewandelt. Die Betonung des Gemeinschaftsgedankens sowie der Bedeutung überschaubarer Gruppen für den Gemeindeaufbau ist längst nicht mehr Sondergut der Gemeinschaftsarbeit. Psychologie und Kommunikationswisssenschaften haben Zusammenhänge erkannt, die unsere »Väter« eher intuitiv richtig einschätzten. Oxford-Gruppenbewegung (F. Buchmann), gruppendynamisch orientierte kirchliche Kreise und Ausbildungsformen, charismatisch geprägte Hauskreise, aber auch ökumenische Aktionsgruppen vermitteln zum Teil eine unmittelbarere Gruppenerfahrung und besitzen eine nicht geringe Attraktivität.

Demgegenüber wirken nicht wenige Gemeinschaftskreise festgefahren und unfähig, auf veränderte Situationen zu reagieren. Daraus braucht freilich nicht geschlossen werden, daß es sich nicht mehr um Kreise Gläubiger handelt. Falls H. von Sauberzweig mit seinem umfangreichen

Buch über die Geschichte unserer Bewegung schließlich recht haben sollte, wenn er schreibt, daß jede Erweckungsbewegung in der dritten und vierten Generation an Kraft und Leben verliert, sind wir zu selbstkritischer Bestandsaufnahme herausgefordert (ein Blick auf fast gleichzeitig mit uns entstandene Bewegungen und kirchliche Gruppierungen wird uns kaum ermutigen, daß gerade wir von der »Gesetzmäßigkeit« der vierten Generation ausgenommen sein sollten). Eine derartige Besinnung will keineswegs die Dankbarkeit über Gottes wohltuende Zuwendung in der Geschichte unserer Arbeit schmälern, sich aber ins Bewußtsein rufen, daß der Herr der Gemeinde nicht zu segnen versprochen hat, weil wir die gute Arbeitsweise unserer Väter tradieren, sondern wenn wir ihm heute gehorchen. Als einer, der vielleicht im Wechsel zwischen der 4. und 5. Gemeinschaftsgeneration steht, möchte ich andeuten, daß es einen Weg zwischen Geschichtslosigkeit und formalem Traditionalismus geben kann. Wir sollten ihn gemeinsam suchen.

... mit erneuerten Menschen auch in veränderten Formen

Ausgangspunkt aller Überlegungen bleibt die persönliche Gotteskindschaft des einzelnen Gemeinschaftsmitgliedes. Dies braucht hier nicht begründet zu werden, da es in einem eigenen Artikel geschieht. Ohne eine lebendige, persönliche Beziehung des einzelnen zu seinem Retter Jesus Christus und die willentliche Bereitschaft zu einem Lebensstil der Nachfolge (Heiligung) bleiben alle hier vorgetragenen Erörterungen gegenstandslos. Wem täglich notwendige Vergebung kein theoretischer Glaubenssatz mehr ist, der weiß, daß Gotteskindschaft Bruderschaft stiftet und zu ihr drängt, sie aber nicht automatisch erhält. Neben ihrer geistlichen Dimension (1 Kor 6,17) beinhaltet Bruderschaft auch natürlich-menschliche Gemeinschaft (Apg 4,32). Diese beiden Seiten der Gemeinschaft sollen durch teuflische Störmanöver aufgesprengt und der einzelne Gläubige in die Isolation von seinen Geschwistern gedrängt werden. Dem zu widerstehen, ist nicht zuerst ein organisatorisches Problem. Gemeinschaft und Bruderschaft wollen immer neu errungen und bewährt werden. Angemessene Formen können dabei freilich eine gute Hilfe darstellen. Die folgenden Überlegungen können nur beispielhaft Tendenzen aufzeigen, wobei ausdrücklich um Überprüfung, Korrektur oder Weiterentwicklung gebeten wird.

Zugegeben: Die Organisationsformen der Landeskirchlichen Gemeinschaften entstammen dem sozialen und kulturellen Milieu des aufstrebenden Vereinswesens um die Jahrhundertwende. Man begann in kleinen, überschaubaren Gruppen, die erst allmählich Größenordnungen annahmen, in denen die Gesprächsfähigkeit untereinander nicht mehr voll gewährleistet war. Es darf auch nicht übersehen werden, daß durch die negativen Erfahrungen verschiedener erzwungener Mitgliedschaften aus der Zeit des Nationalsozialismus die Bereitschaft, sich freiwillig in Organisationen festzulegen, deutlich zurückgegangen ist. Nicht zuletzt ist vielen Jüngeren (nicht nur Jugendlichen) die Bedeutung und Notwendigkeit verbindlicher Mitgliedschaft nur schwer einsichtig zu machen. Wer sich schließlich doch dazu entschieden hat, wird nicht selten enttäuscht. Erlebt er langweilige »Mitgliederstunden«, in denen eigentlich alles zuvor festgelegt ist, und erkennt er – obwohl brennend daran interessiert, seinem Herrn in der vorfindlichen Ortsgemeinschaft zu dienen –, daß er ohne verwandtschaftliche Beziehungen zu den zwei oder drei die örtliche Arbeit bestimmenden Familien nur wenig einbringen kann, wird das kaum ermutigen.

Vielleicht erscheint diese Schilderung übertrieben, glücklicherweise beschreibt sie auch nicht die allgemeine Situation. Als einer, der seit Jahren junge Gläubige zur Mitgliedschaft ermutigt, kenne ich allerdings aus eigener Erfahrung genügend Beispiele, daß erstarrte Formen der Gemeinschaftsarbeit eine Integration Neuhinzugekommener (vom Alkoholiker bis zum Akademiker) erschweren oder gar verhindern. Wer nicht das »Vorrecht« hatte, im Gemeinschaftsmilieu aufgewachsen zu sein, bleibt nicht selten trotz seiner Gotteskindschaft im Abseits. Sicher liegt das nicht nur an der Gemeinschaft – aber zweifellos auch. Die Lösung besteht kaum im Zerbrechen aller bisherigen Strukturen. Gefragt werden sollte aber, ob vorhandene Formen inhaltlich neu gefüllt werden können. Wo das nicht der Fall ist, darf man Überholtes abstreifen und Neues wagen. Klare Zielvorstellungen helfen dabei ganz wesentlich.

Was für eine Gemeinschaft vor Ort gilt, hat auch für Landesverbände und deren Zusammenschlüsse Bedeutung. Als z. B. seit Mitte der sechziger Jahre im Bereich der DDR der Studentendienst unter klaren missionarischen und gemeinschaftsfördernden Zielvorstellungen zunehmende Ausbreitung erfuhr, hat es von »etablierter Gemeinschaftsseite« nicht wenig Zurückhaltung (um es galant auszudrücken) gegeben. Durch Gesprächs- und Lernbereitschaft auf beiden Seiten hat sich das Verhältnis wesentlich gebessert – eine hoffnungsvolle Angelegenheit. In ähnlicher Weise wurde Versuchen, Gesprächskreise der mittleren Generation zu bilden oder die Annäherung von Jugend- und Bibelstundenkreisen zu beschleunigen, zum Teil mit viel Skepsis begegnet. Es steht einer Bewegung, die sich das Recht zu Evangelisation und Gemeinschaftspflege gegenüber ihrer Kirche hat erst erkämpfen müssen, gut an, missionarische Neuansätze in den eigenen Reihen nicht zu unterbinden.

Ein zweiter Schwerpunkt, der häufig mit dem Begriff des allgemeinen Priestertums umschrieben wird, ist bereits angedeutet. In den Gründungsjahrzehnten wurde großer Wert darauf gelegt, daß alle Mitglieder an der Arbeit der Gruppe aktiv beteiligt waren und nach ihren Befähigungen konkrete Aufgaben erhielten. Später wurden zur Koordinierung der wachsenden Arbeit und zur seelsorgerlichen Betreuung Bibelkolporteure und Gemeinschaftspfleger angestellt. Gegenwärtig entsteht häufig der Eindruck, daß sich aus diesen kleinen Ansätzen (z. T. überlastete) Arbeitskreise mit wesentlich größeren Hörgemeinschaften herausgebildet haben. Zunehmendes Durchschnittsalter, gewachsene Mobilität und stärkere gesellschaftliche Inanspruchnahme der Jüngeren, aber auch durch lustorientierte Erziehung noch verstärkte eigene Trägheit haben daran unbestritten wesentlichen Anteil. Zweifellos ist es bequemer, sich bedienen zu lassen (und eventuell noch zu kritisieren) als selbst mitzuarbeiten.

Verbirgt sich aber vielleicht schon in der Veränderung der Berufsbezeichnung vom »Gemeinschaftspfleger« zum »Prediger« ein Hinweis auf strukturelle Veränderungen, oder wurde nur ein kaum mehr verständlicher Begriff aufgegeben? Tatsächlich scheint die vorrangige Aufgabe unserer Prediger im Verkündigungsdienst zu liegen. Mir ist dies zu einseitig. Die theologische Qualität der Predigerausbildung hat erfreulich zugenommen. Eine wachsende Zahl hauptamtlicher Mitarbeiter ist für Zurüstungsarbeit befähigt, aber alle damit verbundenen Konzepte greifen nicht, wenn die seelsorgerliche Einzelarbeit (nicht nur des Predigers) dabei verkümmert. Die in den siebziger Jahren aufgekommene und gegenwärtig scheinbar abklingende Zurüstungseuphorie belegt m. E. eindeutig, daß bei sogenannten Mitarbeiterrüsten zu einseitig theoretische Wissensvermittlung betont wurde. Gleichzeitig wurden häufig die Kommunizierbarkeit der erreichten Lernergebnisse sowie die Entfaltung von Bruderschaft durch konkrete seelsorgerliche Hilfestellung für die Mitarbeiter vernachlässigt.

Mich hat ein Referat E. von Pücklers – dem späteren Vorsitzenden des Gnadauer Verbandes –, das er auf der Gnadauer Pfingstkonferenz von 1894 hielt, nachdenklich gestimmt. Er referierte über das Ziel evangelischer Gemeinschaftspflege, und eines seiner Ergebnisse lautete: »Es muß unsere Sorge sein, daß die Gemeinschaften selbständig werden und wir immer mehr überflüssig werden.« Ch. Dietrich ergänzte in der Aussprache: »Mein Wunsch wäre freilich, daß in den Gemeinschaften nur das, was nötig ist, getrieben würde, nämlich, daß nicht so viel gepredigt würde... ein Haupthindernis ist es, wenn ein guter Stundenhalter da ist, so daß andere sich nicht neben ihm entwickeln können.«

Demgegenüber kann heute vielerorts eine Tendenz zur Betreuungsstruktur beobachtet werden, ganz zu schweigen von vereinzelten Versuchen, in denen sich Prediger (aus vordergründig einsichtigen Argumenten) sogar als Pastoren bezeichnen und somit einer fragwürdigen Entwicklung Vorschub leisten. Die Lösung besteht nicht in Aktionismus und vielfältigen Gruppeninitiativen, sondern in der seelsorgerlich unterstützten Umsetzung bibelorientierter Verkündigung in den Alltag des Glaubenden. Dies ist ein verheißungsvoller Weg, der freilich Mut erfordert (vgl. Apg 20,31; 1 Thes 5,11; Eph 4,15 f.).

... neu in lebendigen Zellen beginnen

Auf dem Hintergrund urchristlicher Zusammenkünfte von Gemeindegruppen in Wohnhäusern und den Zeugnissen positiver Erfahrung von Privat-Erbauungsgemeinschaften aus der Zeit, in der unsere Bewegung noch kaum eigene Häuser und Versammlungsräume besaß, möchte ich zur Bildung von Hausbibelkreisen ermutigen. Beginnen wir bitte nicht gleich mit den möglichen Gefahren, die tatsächlich existieren (Cliquenbildung, Sonderlehren, Selbstgenügsamkeit usw.). Bei Gemeinschaftskreisen von weniger als 15 Personen wird die Gründung von Hausbibelkreisen sicher kaum notwendig sein. Entscheidend ist auch hier nicht die Bezeichnung, sondern daß gesprächsfähige Gruppen entstehen, in denen anhand biblischer Texte nach verbindlichen Maßstäben eines vom Evangelium geprägten Lebensstils gefragt wird – Kreise, in denen Bibelgespräch und Seelsorge möglich werden.

Ein solches Ziel wird nicht in wenigen Wochen erreicht werden können. Aber durch die Teilnahme an Kurzbibelschulen oder ähnlichen Lehrgängen und durch die seelsorgerliche Begleitung der Prediger am Ort könnten Leiter solcher Kreise heranwachsen. Nach meinem Eindruck fänden sich nicht wenige dazu eher bereit, als herkömmliche Gemeinschaftsstunden mit Predigten von vierzig bis fünfzig Minuten Länge zu bestreiten. Solche Kreise könnten ein guter Übungsplatz für mündige junge Christen und eine Hilfe gegen die »geistliche Säuglingssterblichkeit« nach Evangelisationen darstellen. Sie sind eine Form verbindlicher Gemeinschaft begnadigter Sünder und helfen, gemeinsames Christsein in missionarischer Ausrichtung konkret zu leben.

Andere Formen sind selbstverständlich denkbar, z. B. werden gelegentlich Rüstzeiten angeboten, zu denen man sich nur anmelden kann, wenn man jemanden mitbringt, der noch nicht zur Gemeinschaft gehört. Wir dürfen, wie unsere Väter, die Augen nach neuen Möglichkeiten offenhalten. Eine Variationsbreite in den Formen schadet keineswegs. Bei klaren Zielvorstellungen beginnen derart neue Ansätze immer aus dem gemeinsamen Gebet zweier oder dreier – der Urform christlicher Gemeinschaftspflege schlechthin. Allen Entmutigungen zum Trotz darf die Gemeinschaft Glaubender fröhlich und dankbar erfahren werden. Sie entsteht, weil unterschiedlich geprägte Menschen einem Herrn nachfolgen und durch ihn untereinander verbunden sind. Wo solche Gemeinschaft existiert, bedarf sie aber der Pflege – gerade dazu will dieser zentrale Begriff in unserer Arbeit ermutigen.

Theo Schneider

Bruderschaft und Dienstgemeinschaft

I. Vom allgemeinen Priestertum der Gläubigen

Wenn die Gemeinschaftsbewegung gestern und heute bedacht werden soll unter den Stichworten »Bruderschaft« und »Dienstgemeinschaft«, dann ist es von den Wurzeln und dem Selbstverständnis Gnadaus her nur folgerichtig, daß es zuerst um das allgemeine Priestertum der Gläubigen geht. Dieser Ton des biblischen Zeugnisses ist nach wie vor ein grundlegendes Anliegen der Gemeinschaftsbewegung.

»Ihr seid das königliche Priestertum ...«

Jesus Christus hat durch seine vollkommene Offenbarung und Verwirklichung des göttlichen Willens das alttestamentliche Priestertum (2Mo 19,6) abgetan. Durch sein Kreuzesopfer für die Sünde der Welt ist er der einzige Priester und Mittler zwischen Gott und den Menschen geworden. In ihm und durch ihn haben alle, die an ihn glauben, Zutritt zu Gott. Sie bedürfen nicht mehr der priesterlichen Vermittlung, sondern sie sind selbst zu einem priesterlichen Dienst gerufen: »Ihr seid das königliche Priestertum, daß ihr verkündigen sollt die Wohltaten dessen, der euch berufen hat von der Finsternis zu seinem wunderbaren Licht« (1Petr 2,9; Offb. 1,6; 5,10). Der neue priesterliche Dienst, der den Gliedern der Gemeinde aufgetragen ist, ist kein Sühnopfer in irgendeiner Form, sondern es geht um das Bezeugen des Herrn Jesus Christus, des Hohenpriesters und Opferlammes, und seiner Herrschaft. Auch wenn der Apostel in Röm 12,1.2 vom »vernünftigen Gottesdienst« und dem »Opfer des Leibes« im Blick auf die Gläubigen spricht, so geht es um die dankbare Antwort des Glaubenden, der angesichts der unbegreiflichen Barmherzigkeit Gottes in Jesus Christus sein Leben ganz unter die Herrschaft Jesu Christi stellt und gerade so ein Zeugnis für seinen Herrn sein darf.

Bereits im 2. Jahrhundert der Kirchengeschichte begann die Entwicklung, die in der Kirche zu einem Zwei-Klassen-System führte: die Priester und die Laien; allein die ersten durften priesterliche Aufgaben wahrnehmen. Martin Luther hat – gerade in der Auseinandersetzung mit der römischen Kirche – das biblische Zeugnis vom allgemeinen Priestertum wieder neu entdeckt: »Alle Christen sind wahrhaft geistlichen Standes, und ist unter ihnen kein Unterschied ...« (An den christlichen Adel, 1520). Alle Christen haben die gleiche geistliche Gewalt und Würde. Das geistliche Amt, an dem Luther durchaus festhält, hat in keiner Hinsicht besondere priesterliche Aufgaben.

Schwerpunkt im Pietismus

»Die Linie, die Luther vertrat, ist im Protestantismus nur selten eingehalten worden«, stellt Bernhard Lohse (Religion in Geschichte und Gegenwart, Band 5, S. 580) im Blick auf das allgemeine Priestertum der Gläubigen fest. Philipp Jakob Spener, der »Vater« des Pietismus, hat in seiner »Pia Desideria« die Verwirklichung des allgemeinen Priestertums der Gläubigen zu einem der Hauptanliegen des Pietismus gemacht. In Verbindung mit dem ersten Reformvorschlag in seiner programmatischen Schrift »Pia Desideria«, bei dem es in Anlehnung an Luthers »Deutsche Messe« um besondere Zusammenkünfte derer geht, die mit »Ernst Christen sein wollen«, fordert er in seinem zweiten Programmpunkt die Christen zur aktiven Mitarbeit auf. Auch die Laien sollen sich an der Auslegung der Heiligen Schrift beteiligen; dies stehe nicht allein den Geistlichen zu. Außer auf die entsprechenden Stellen der Heiligen Schrift verweist Spener ausdrücklich auf Luthers Aussagen. Auch ihm geht es nicht um einen Gegensatz zum Pfarramt, sondern in der Praktizierung des allgemeinen Priestertums der Gläubigen sieht er eine deutliche Stärkung und Lebendigmachung der Gemeindearbeit.

Die Impulse aus der Reformation, die starke Prägung aus dem frühen Pietismus Speners, aber auch die großen Herausforderungen durch die schwierige Lage der Kirche und die zunehmende Entkirchlichung und Entchristlichung, die nach Evangelisation und Mission verlangte, waren die Gründe dafür, daß die Frage nach der Praktizierung des allgemeinen Priestertums der Gläubigen auch ein Hauptthema der beginnenden Gemeinschaftsbewegung war. 1886 schrieb Jasper von Oertzen einem Pfarrer: »Wir stecken ja noch tief in der Pastorenkirche drin, und da gilt es für uns Leute der inneren Mission meiner Ansicht nach, mit rücksichtsvoller, aber fester Hand die ›allgemeine Wehrpflicht‹ einzuführen.« Im Einladungsschreiben der ersten Gnadauer Konferenz 1888 wird u.a. ausdrücklich darauf aufmerksam gemacht, daß zu dieser Konferenz nur alle die eingeladen sind, die dazu stehen, »daß bei aller Achtung unserer kirchlichen Ordnungen die Mitarbeit im Reiche Gottes nach evangelischer Lehre nicht allein Recht, sondern auch Pflicht aller Gläubigen sei«. Und das erste Hauptreferat, gehalten von D. theol. Friedrich Fabri, stand unter dem Thema: »Die Berechtigung, die Notwendigkeit und die Grenzen der Laientätigkeit.«

Die Beschäftigung mit dem Themenbereich bei der Gnadauer Konferenz 1888 führte zu einer deutlichen Ermutigung im Blick auf die Mitarbeit von Laien, auch im Verkündigungsdienst. Eine umfassende Beschäftigung mit dem biblischen Zeugnis vom allgemeinen Priestertum der Gläubigen erfolgte allerdings nicht, die verschiedenen im Raum stehenden Fragen wurden nicht beantwortet. Auch in den folgenden Jahren wurde bei den Gnadauer Konferenzen dieser Schwerpunkt der Arbeit nicht grundsätzlich behandelt, wenngleich in den Aussprachen und Begegnungen aktuelle Herausforderungen und Nöte besprochen wurden. Vor allem die Frage nach dem Verhältnis von Amt und allgemeinem Priestertum wurden nicht direkt thematisiert; sicher spielte hier auch der unterschiedliche bekenntnismäßige Hintergrund der Verantwortlichen eine gewisse Rolle. Einig war man sich in dem grundsätzlichen Auftrag zur Verwirklichung des allgemeinen Priestertums in der Gemeinschaftsarbeit. Wie auch in manchen anderen Fragen hatte man stärker die Praxis im Blick; die theologische Reflexion trat angesichts der vielen Aufgaben in Gemeinschaftspflege und Evangelisation zurück.

Direktor Pfarrer Paul Burkhardt hat im Rahmen seines Vortrages bei der Gnadauer Pfingstkonferenz 1928 unter dem Thema »Das Evangelium muß den Aufbau unserer Gemeinschaften bestimmen« engagiert für die Verwirklichung des allgemeinen Priestertums der Gläubigen im Bereich der Gemeinschaftsbewegung plädiert, gerade angesichts der immer größer werdenden Gruppe der sogenannten Berufsarbeiter. Er bejahte uneingeschränkt die segensreiche Tätigkeit der Berufsarbeiter, sah aber die Gefahr, daß durch das Aufgeben des allgemeinen Priestertums und das Werden einer »Gemeinschaftskirche« die Gemeinschaftsbewegung den ihr zugewiesenen Weg verläßt. »Ich halte es für unbiblisch, wenn man die Anstellung von Berufsarbeitern mit dem allgemeinen Priestertum für unverträglich erklärt. Es gibt nach Eph. 4,11 Berufsarbeiter. Damals waren es Apostel, Propheten, Evangelisten, Hirten und Lehrer. Aber deren Aufgabe wird dahin bestimmt, ›die Heiligen zum Werk des Dienstes zuzurüsten‹, nämlich zur Auferbauung des Leibes Christi ... Je weniger in unseren Gemeinschaften das allgemeine Priestertum zur Verwirklichung kommt, desto mehr treiben wir der Gemeinschaftskirche entgegen.«

Das grundsätzliche Ja zum biblischen Zeugnis vom allgemeinen Priestertum der Gläubigen und der Versuch, es zu praktizieren, ist nach wie vor ein Schwerpunkt der Gemeinschaftsbewegung. Die in dem folgenden Abschnitt »Dienstgemeinschaft« kurz skizzierten vielfältigen Lebensäußerungen sind auch ein deutlicher Hinweis auf ein Ernstnehmen der biblischen Zusage und der damit verbundenen Aufgaben. Gerade der treue und gesegnete Dienst von ehrenamtlichen Mitarbeitern im Verkündigungsdienst hat hier seine tiefen Quellen: »Ihr seid die königliche Priesterschaft, das ihr verkündigen sollt...« (1 Petr 2,9).

Die bereits angesprochenen offenen Fragenbereiche stellen Spannungsbögen dar, die innerhalb der Gemeinschaftsbewegung ausgehalten und immer wieder neu durchdacht werden müssen, gerade auch angesichts der unterschiedlichen bekenntnismäßigen Prägungen im Pietismus und der unterschiedlich intensiven Einbindung der einzelnen Gemeinschaftsverbände und Werke in die jeweilige Landeskirche. Zur internen Abklärung wie auch im theologischen Gespräch mit den Vertretern der Landeskirchen wird zu bedenken sein, ob nicht die in der Barmer Erklärung von 1934 angesprochenen Akzente eine Hilfe sein können. Der »Kirche als Gemeinde von Brüdern« als der ganzen Gemeinde ist der Dienst aufgetragen, ihren Herrn zu bezeugen. Zwar gibt es von Anfang an die Vielfalt besonderer Dienste und Ämter, aber weil es in der Kirche nur einen Herrn gibt, Jesus Christus, begründen die verschiedenen Ämter in der Kirche keine Herrschaft des einen über den anderen (Barmen IV). Das geistliche Amt ist so Dienst, nicht Rang; nicht Herr, sondern Diener ist der Amtsträger (1Kor 12,5). Besonders wichtig ist vor allem aber auch, daß die Frage nach der Stellung des hauptamtlichen Mitarbeiters (Prediger, Berufsarbeiter) in der Beziehung zum allgemeinen Priestertum beantwortet und diese Antwort auch durchgehalten wird. In einer Vorlage mit dem Titel »Leitlinien für den Dienst des Predigers in der Gnadauer Gemeinschaftsbewegung« hat die Gnadauer Mitgliederversammlung im Februar 1987 einen Rahmen für den Dienst der Prediger innerhalb Gnadaus verabschiedet, in dem es u. a. heißt: »Das biblische Zeugnis vom allgemeinen Priestertum bestimmt Wesen und Auftrag der Gemeinschaftsbewegung. Der Prediger hat mit seiner Berufung und Beauftragung besondere Verantwortung in Verkündigung und Seelsorge und ist zugleich als Bruder unter Brüdern eingebunden in die Lebens- und Dienstgemeinschaft seines Arbeitsbereiches.«

Im Rückblick auf den Weg der Gemeinschaftsbewegung und angesichts der gegenwärtigen Situation kann man sich des Eindrucks nicht ganz erwehren, daß das Zeugnis vom allgemeinen Priestertum der Gläubigen zwar ausdrücklich immer wieder als genuine Lebensäußerung der Gemeinschaftsbewegung betont wurde und wird, das Geschenk und der Auftrag aber selbst oft nur ungenügend den Mitgliedern der Gemeinschaft nahegebracht werden. Der »Adel«, der mit der Zugehörigkeit zum Priestertum aller Gläubigen gegeben ist, könnte viele ermutigen zu einem treuen Dienst mit den anvertrauten Gaben und freimachen von der Fixierung auf den Dienst einiger weniger, evtl. sogar nur hauptamtlicher Mitarbeiter.

Hinzu kommt, daß sich gerade in den letzten Jahren auf dem Hintergrund mancher geistiger und theologischer Strömungen neben einem überzogenen demokratischen Trend, der ebenfalls die Arbeit in der Gemeinde Jesu gefährden kann, sich zugleich eine gegenteilige Entwicklung zu einem verstärkten Statusdenken abzeichnet – bis hinein in den Bereich der Kirche und auch der Gemeinschaftsbewegung. Mit der Neuentdeckung und Praktizierung des allgemeinen Priestertums der Gläubigen könnte die Gemeinschaftsbewegung sich und der Kirche einen eminent wichtigen Dienst tun.

II. Bruderschaft

Zum biblischen Zeugnis

Wer an Jesus Christus glaubt, wird in die Gemeinschaft von Brüdern und Schwestern hineingestellt, wird mit »Bruderschaft« beschenkt. Solche Bruderschaft ist Gabe und Aufgabe zugleich. Sie gehört elementar zur Berufung und zum Weg des Christen dazu. Wird im Alten Testament vom »Bruder« nur bei verwandtschaftlichen oder freundschaftlichen Verbindungen und gelegentlich im Blick auf Mit-Israeliten gesprochen, so wird »Bruder« zu einem der großen Ehrennamen für die Glieder des neuen Volkes Gottes. Durch den Glauben an Jesus Christus werden die Christen zu Söhnen und Töchtern Gottes (Röm 8,14; 1Kor 6,18). Sie werden seine Kinder genannt. Sie sind Glieder der »familia dei« (Familie Gottes). Mit einem ganzen Kranz von weiteren Bildern wird das neue, innige Verhältnis im Neuen Testament beschrieben, das die Christen mit ihrem himmlischen Vater und untereinander verbindet (z. B. Hausgenossen, Erben). Dies ist möglich, weil Jesus Christus, der eingeborene, geliebte Sohn Gottes, der erstgeborene Bruder der Christen ist (Röm 8,29). Er schämt sich nicht, »sie Brüder zu nennen« (Hebr 2,11). Alle, die Gottes Willen tun, sind seine Brüder und Schwestern (Mk 3,33). Zwar bleibt er als Bruder immer der Herr, so daß keiner der biblischen Zeugen ihn selbst als Bruder anspricht, aber er öffnet wieder den verschlossenen Weg zum Vater und führt zugleich die Glaubenden zusammen in einer neuen, bleibenden Gemeinschaft.

Weil Jesus Christus unser Bruder wurde, sind Christen untereinander Brüder und Schwestern. In der Solidarität der begnadigten Sünder gehören die Glieder der christlichen Gemeinde zusammen. Die neue Gemeinschaft ist deshalb nicht in irgendeiner Qualität, in einer Veranlagung oder in einer Aktivität oder Leistung des Glaubenden begründet, sondern allein in der freien Gnade des Herrn, der durch sein Wort zum Glauben gerufen hat und im Glauben erhält. »Wir gehören einander allein durch Jesus Christus, aber in ihm gehören wir einander ganz« (Dietrich Bonhoeffer).

Dieses alleinige und einzigartige Kriterium christlicher Gemeinschaft und Bruderschaft wird auf dem Weg der jungen Christengemeinde an einer sehr interessanten Stelle nachdrücklich bezeugt. Das Ergebnis des sogenannten

»Apostelkonvents« sollen Paulus und Barnabas den »Brüdern« in Antiochien mitteilen (Apg 15,23). Dabei handelt es sich im Gegensatz zu der Gemeinde in Jerusalem, die aus Judenchristen bestand, um eine heidenchristliche Gemeinde. Zu ihr gehörten Menschen mit ganz verschiedenen Prägungen und Biographien, die ohne jüdische Vorgeschichte zum Glauben an Jesus Christus gekommen waren. Die Bruderschaft der Leute Jesu Christi gilt also über alle völkischen und religiösen, sozialen und sprachlichen Grenzen hinweg. In sie sind auch die schwierigen und gefährdeten Glieder der Gemeinde Jesu eingeschlossen, wie der 1. Korintherbrief in eindrücklicher Weise deutlich macht. Der Bruder, die Schwester am Rande der Gemeinde werden festgehalten; um sie wird gerungen bis zum äußersten. Dies hängt mit dem Lebenselement biblischer Bruderschaft zusammen, der Agape. Gerade der 1. Johannesbrief ist ein Ruf zu gelebter Gemeinschaft als Brüder und Schwestern des einen himmlischen Vaters aufgrund der unverdienten Liebe in Jesus Christus. Diese Liebe, die wie die christliche Gemeinschaft allein in Jesus Christus begründet ist, will, ja muß sich zeigen im Miteinander der Brüder und Schwestern und im Dienst in dieser Welt. Sie verlangt nach Verwirklichung im gemeinsamen Leben, Arbeiten, Feiern, Beten, Hören.

Wenn die Zeugen des Neuen Testaments fast immer nur von »Brüdern« und nicht von den »Schwestern« sprechen, sind sie darin geprägt von den Konventionen ihrer Zeit, ohne daß sie damit die Frauen in der Gemeinde in irgendeiner Weise zurückstellen wollen. Bei der Anrede »Liebe Brüder« schließen sie alle Glieder der »Familie Gottes« mit ein, wie es z. B. besonders in Phil 4,1 f. deutlich wird. Dort wendet sich der Apostel Paulus nach der Anrede »Liebe Brüder« sofort den zwei Frauen Evodia und Syntyche zu. Auch auf dem Weg der Christenheit durch die Jahrhunderte blieben die Begriffe »Bruder« und »Bruderschaft« dominierend. Leider wurde die biblische Weite nicht immer bedacht. Es muß klar sein, daß »Bruder« und »Bruderschaft« nach dem biblischen Zeugnis alle einschließt, die zur »Familie Gottes« gehören.

Lebensäußerungen

Aus den mancherlei Akzenten des biblischen Zeugnisses seien beispielhaft einige Lebensäußerungen christlicher Gemeinschaft und Bruderschaft genannt:

– »Einer trage des andern Last, so werdet ihr das Gesetz Christi erfüllen« (Gal 6,2).

– »Ertrage einer den andern und vergebt euch untereinander, wenn jemand Klage hat gegen den andern; wie der Herr euch vergeben hat, so vergebt auch ihr« (Kol 3,13).

– »Laßt uns Gutes tun an jedermann, allermeist aber an des Glaubens Genossen« (Gal 6,10).
– »Laßt uns nicht lieben mit Worten noch mit der Zunge, sondern mit der Tat und mit der Wahrheit« (1 Joh 3,18).
– »Dient einander, ein jeder mit der Gabe, die er empfangen hat, als die guten Haushalter der mancherlei Gnade Gottes« (1 Petr 4,10).

In der von Christus begründeten »Familie Gottes« dürfen die einzelnen Glieder einander zu Boten des Evangeliums werden. So geschieht Stärkung, Ermahnung, Wegweisung, Korrektur. Denn: »Der Christus im eigenen Herzen ist schwächer als der Christus im Wort des Bruders; jenes ist ungewiß, dieses ist gewiß« (Dietrich Bonhoeffer).

Solche in Christus begründete und trotz aller Bruchstückhaftigkeit gelebte Bruderschaft unter dem einen Bruder, dem Herrn Jesus Christus, ist kein Ideal, das zu verwirklichen ist, sondern eine von Gott geschaffene Wirklichkeit, ein Geschenk auf dem Weg durch die Zeiten für den einzelnen Christen und die Gemeinde Jesu. Es ist »in der Zeit zwischen dem Tod Christi und dem Jüngsten Tag nur wie eine gnädige Vorwegnahme der letzten Dinge, wenn Christen schon hier in sichtbarer Gemeinschaft mit anderen Christen leben dürfen« (Dietrich Bonhoeffer).

»Ich statuiere kein Christentum ohne Gemeinschaft«

Der Pietismus hat diese Töne des biblischen Zeugnisses in besonderer Weise neu entdeckt und zum Klingen gebracht. Philipp Jakob Spener sprach nachdrücklich von der »familia dei«. »Ich statuiere kein Christentum ohne Gemeinschaft« (Graf von Zinzendorf). In der Herrnhuter Brüdergemeine des Reichsgrafen hat der Gedanke der Gemeinschaft und Bruderschaft, zu der Christen gehören, eine besondere Ausprägung gefunden, doch auch alle anderen Zweige des Pietismus und der späteren Erweckungen haben darin ein besonderes Kennzeichen, daß das Geschenk der Gemeinschaft und Bruderschaft immer besonders empfunden und gelebt wurde. Dies gilt auch für den Aufbruch der Gemeinschaftsbewegung in der zweiten Hälfte des letzten Jahrhunderts und die Gestaltung und Prägung in der nun hundertjährigen Geschichte. Angehörige des Adels, Lehrer, schlichte Arbeiter, Lehrer und Theologen, Menschen aus unterschiedlichen sozialen Stellungen und Aufgabengebieten wurden erfaßt und erkannten sich als »Brüder und Schwestern«. Die »Gemeinschaftsstunden« und die verschiedenen Versammlungen (Konferenzen, Jahresfeste, Evangelisationen, Bibelwochen) bekamen von der Zusammengehörigkeit in der einen »Familie Gottes« ihren besonderen Klang.

Auch die Zusammensetzung der ersten Gnadauer Konferenz 1888 machte solche Bruderschaft deutlich, die Menschen aus verschiedenen Regionen und Stellungen verbindet. Nur etwa die Hälfte der Teilnehmer an den Beratungen 1888 waren Pfarrer, die anderen Offiziere, Kaufleute, Landwirte oder kamen aus anderen Berufen und Ständen. Vertreten waren die verschiedenen Regionen und Ausprägungen der im Aufbruch begriffenen Gemeinschaftsbewegung. Bezeichnend und programmatisch war in dieser Hinsicht auch das Wort der Begrüßung am Beginn der Konferenz, das Jaspar von Oertzen sprach: »Im Herrn Jesus zum ewigen Leben berufene Brüder und Schwestern! Wir kommen aus unseren heimatlichen Gemeinden, aus allen Teilen unsres deutschen Vaterlandes hier zusammen. Wir kommen vom heiligen Pfingstfest her. Gestern und vorgestern trennten uns vielleicht noch Hunderte von Kilometern, wir standen in der Gemeinde, wo wir zu wirken und zu arbeiten hatten... Nun ist es mir ein Großes, daß wir so noch, unter dem Pfingstsegen stehend, hier einige Tage in der Stille zusammensein können in brüderlicher Gemeinschaft...«

Die Wirklichkeit der Bruderschaft und Gemeinschaft durch Jesus Christus hat in der Vergangenheit das Wesen der Gemeinschaftsarbeit wesentlich geprägt und muß auch in Zukunft gerade unter missionarischen Gesichtspunkten ein wesentlicher Schwerpunkt bleiben. Kontakte entstanden zwischen Menschen unterschiedlichen Standes und Prägung; Häuser, Wohnungen, Familien wurden offen für andere. Die Verbundenheit nahm konkrete Gestalt an in der gegenseitigen Unterstützung in praktischen Notsituationen genauso wie in der seelsorgerlichen Begleitung und im gemeinsamen Tragen von Lasten des Leibes und der Seele. Gerade in den schweren Kriegszeiten unseres Jahrhunderts wie in persönlichen Grenzsituationen wurde die Bruderschaft und Gemeinschaft durch den einen Herrn als Zeichen und Wunder erfahren. In diesem Zusammenhang ist auch auf den Brauch hinzuweisen, der gerade im Bereich der Gemeinschaftsbewegung zu Hause ist, daß man sich mit »Bruder« und in manchen Bereichen auch die Frauen mit »Schwester« anspricht. Man begegnet sich nicht als »Herr« oder als »Frau«, sozusagen auf Distanz, sondern durch die Bezeichnung Bruder bzw. Schwester soll die Verbundenheit vor jedem anderen Wort deutlich gemacht werden.

Gefahren und Aufgaben

Natürlich können und dürfen an dieser Stelle die Gefahren nicht verschwiegen werden, die in diesem Zusammenhang bestehen und die in der Gemeinschaftsbewegung nicht immer gesehen wurden. Wie schnell werden vor der tiefen Gemeinsamkeit in Christus vordergründige Gemeinsamkeiten aufgebaut! Die Gemeinschaft der Kinder Gottes ist nicht begründet in einer gemeinsamen Front gegen bestimmte Mitteldinge! Die Gefahr ist auch groß, daß aus der geistlichen Wirklichkeit doch wieder ein menschliches Ideal wird, wo Gefühl und Sympathie bestimmend und ausschlaggebend sind und die wirkliche Berufung und Platzanweisung nicht entscheidende Faktoren bleiben!

Gerade in einer Gemeinschaft unter dem einen Herren, wo man sich als Brüder und Schwestern begegnet, ist die Gefahr groß, daß »fromme Strukturen der Macht« aufgebaut werden und der andere in seiner eigenen Bindung an Christus nicht mehr ernstgenommen wird, bzw. daß er nur noch Material für den frommen Egoismus und das Machtstreben des anderen ist. In der Bruderschaft der Leute Jesu Christi müssen die Motive des Handelns immer wieder neu gereinigt werden im Angesichte Jesu, der den Seinen gerade angesichts der »religiösen Machtstrukturen« der Schriftgelehrten und Pharisäer sagte: »Einer ist euer Meister, ihr aber seid alle Brüder« (Mt 23,8). Auch die Frage nach dem Verhältnis von Liebe und Wahrheit muß innerhalb der Gemeinschaft der Leute Jesu Christi immer wieder bedacht werden. Die Gefahr ist groß, daß aus falschverstandener Liebe heraus der wahrhaftige Umgang und das ehrliche Wort unterbleiben, daß mit »frommer Diplomatie« die Bruderschaft untergraben und schließlich zerstört wird.

Aus dem Lernprozeß des Umganges miteinander wird keines der Glieder der Gemeinde Jesu je entlassen, wie man ja auch aus einer menschlichen Familie nicht entlassen werden kann. Bei solch einem Unterwegssein als Brüder und Schwestern ist die Gabe der Vergebung in Jesus Christus immer wieder neu die Quelle der Erneuerung der Gemeinschaft.

Hinzuweisen ist in diesem Zusammenhang auch auf einen Tatbestand, der sicher in weiteren Zusammenhängen gesehen werden muß, der jedoch auch mit der Frage nach der geistlichen Bruderschaft und Gemeinschaft zu tun hat. Am Anfang der Gemeinschaftsbewegung standen wesentlich auch Persönlichkeiten aus den führenden gesellschaftlichen Schichten: Adlige, Offiziere, begüterte Kaufleute u. a. In den vergangenen Jahrzehnten hat hier eine Veränderung stattgefunden. Aus manchen gesellschaftlichen Schichten finden sich kaum noch Angehörige in unseren Gemeinschaftsarbeiten. Hat man es in der Gemeinschaftsarbeit verlernt, geistliche Gemeinschaft und Bruderschaft auch über soziale Unterschiede hinweg zu leben und zu pflegen? Hat hier eine Engführung stattgefunden? Wurden aus einer ängstlichen Zurückhaltung heraus zu bestimmten Bereichen des Lebens (Wirtschaft, Kunst, Politik, Wissenschaft) Brücken nicht gebaut, Wege nicht gegangen?

Doch auch diese selbstkritischen Fragen, die gerade auch für den weiteren Weg der Gemeinschaftsbewegung bedacht werden müssen, können das Geschenk nicht schmälern, das als wesentlicher Akzent der Gemeinschaftsbewegung geschenkt wurde: Bruderschaft in Jesus Christus, weil er unser Bruder wurde. Daß die ausführliche Beschreibung der Geschichte der Gemeinschaftsbewegung von Hans von Sauberzweig (1956) den Titel trägt: »Er der Meister – wir die Brüder«, ist deshalb nicht zufällig, sondern programmatisch. Für die Gemeinschaftsbewegung ist die »Bruderschaft« im biblischen Sinn ein konstituierendes Element.

III. Dienstgemeinschaft

Doch ein wesentlicher Aspekt der christlichen Gemeinschaft, der nach dem biblischen Zeugnis und auch aus der Praxis der Gemeinschaftsbewegung unabweisbar zu jeder christlichen Bruderschaft gehört, wurde bisher noch nicht angesprochen: »Das Ziel der Gnade ist der Dienst« (Adolf Schlatter). Rechte christliche Gemeinschaft ist, wenn sie von dem einen Bruder und Diener herkommt und unter ihm lebt, Dienstgruppe des Herrn der Gemeinde.

Zum biblischen Zeugnis

Auch wenn dieser Sachverhalt von vielen Worten und Vorgängen der Heiligen Schrift bezeugt wird, ist es doch interessant, ihn an dem Vorkommen und der Bedeutung des Wortes »dienen, Dienst« *(diakonia)* festzumachen. Ursprünglich gebraucht für das Dienen bei Tisch, ist »diakonia« eines der Hauptworte in den Briefen des Apostels Paulus. Er kann schreiben vom Dienst der Wortverkündigung, der Mission (2Tim 4,11), von dem Liebesdienst durch die Kollektensammlung (Apg 11,29), von den Diensten für die Gemeinde (Eph 4,12). So kann er sich selbst und die anderen Mitarbeiter und die Glieder der Gemeinde auch bezeichnen als »die Diener des neuen Bundes« (2Kor 3,6), als »Diener Christi« (1Tim 4,6), als »Diener des Evangeliums« (Eph 3,7). All die verschiedenen Dienstbeschreibungen und -aufgaben lassen sich aber zusammenfassen und haben ihre Mitte in dem »Amt (Dienst!), das die Versöhnung predigt«: »Laßt euch versöhnen mit Gott« (2Kor 5,18–20).

Abgesehen von dem besonderen Gebrauch des Wortes »Diakon« in Verbindung mit der Einsetzung der sieben »Armenpfleger« in Apg 6 wird durchgängig deutlich: Dienst *(diakonia)* ist das kennzeichnende Wort für die Bruder- und Nächstenliebe, die aus der Gottesliebe heraus erwächst. Dienst ist der Vollzug der geschenkten Gemeinschaft und Bruderschaft.

Der Ruf zum Dienst als Lebenselement christlicher Gemeinschaft ist nicht einfach ein Appell, eine moralische Aufforderung an die einzelnen

Glieder, sondern ist ausgelöst und bestimmt von dem Herrn der Gemeinde, der selbst der erste und letztlich einzigartige Diener war: »Ich bin unter euch wie ein Dienender« (Lk 22,27). Und als die Jünger nach Macht und Größe fragten, stellte er sich ihnen vor als »der Menschen Sohn«, der nicht gekommen ist, sich dienen zu lassen, »sondern daß er diene und gebe sein Leben zu einer Erlösung für viele« (Mt 20,28). Der Weg Jesu, sein Kommen und Sterben für alle Menschen, war die Proklamation der Liebe Gottes, sein großes Rettungsprogramm. Im Dienst der Gemeinde wird diese Liebe weitergegeben und weitergelebt. Für diesen Dienst gibt es keine Schablone, keine bestimmten Formen und keine bestimmten Rituale. Die Berichte der Apostelgeschichte und die Einblicke in die urchristlichen Gemeinden in den Briefen machen eine unbegrenzte Vielfalt des Dienstes deutlich. Dieser Dienst macht nicht halt vor Gut und Geld, vor Zeit und Kraft, auch – wenn es sein muß – nicht vor Leib und Leben (1Joh 3,16). Er hat zu geschehen nach innen (»... daß die Heiligen zugerüstet werden zum Werk des Dienstes«; Eph 4,16) und nach außen in Mission, Evangelisation und Diakonie, damit das Evangelium von der Versöhnung möglichst viele Menschen erreicht. So gesehen ist die Gemeinde das Instrument Gottes zum Dienst in der Welt.

Ein Leib – viele Glieder

Doch worin besteht die konkrete »Dienstanweisung« für den einzelnen wie für die Gemeinde Jesu? Neben anderen Abschnitten der neutestamentlichen Briefe ist zur Beantwortung dieser Frage besonders auf das eindrückliche Zeugnis vom »Leib Christi« und die Ausführungen dazu in 1Kor 12 zu verweisen. Der Apostel erinnert daran, daß der am Kreuz dahingegebene Leib Jesu Christi die Glaubenden verbindet zu einem organischen Ganzen. Nicht die Glieder konstituieren den Leib – wie im griechischen Organismusdenken –, sondern Christus ruft Menschen zu sich, fügt sie in seine Gemeinde ein, macht sie zu Gliedern seines Leibes. Jedes Glied hat seine Aufgaben und seine Platzanweisung. Gerade der Vergleich der verschiedenen Auflistungen der Charismen in 1Kor 12 und Röm 12 zeigt, daß das Neue Testament keine feste Zahl von Diensten und Charismen kennt, sondern die biblischen Zeugen nennen beispielhaft verschiedene. Die Glieder des Leibes stehen dem Herrn des Leibes (Kol 1,18) zur Verfügung, dienen ihm mit der ihnen verliehenen Gabe. Streit über Wichtigkeit oder Bedeutung einzelner Glieder und damit auch Gaben kann und darf es nicht geben, weil jeder von Christus seine eigene Würde und Aufgabe bekommen hat. Jeder ist für die Lebensfähigkeit der Gemeinde wichtig. Geben und Nehmen, Unterstützen und gegenseitiges Stärken bestimmen auch das

Miteinander der verschiedenen Glieder untereinander. Daß die einzelnen Glieder in der Dienstgemeinschaft ihre Platzanweisung, ihre Gaben und ihren Auftrag entdecken, dazu ist besonders die Leitung des Heiligen Geistes nötig, gerade auch durch den Dienst der Brüder und Schwestern, die mit der Aufgabe der Leitung betraut sind.

»Dienet einander, ein jeder mit der Gabe, die er empfangen hat« (1Petr 4,10). Die Gemeinde Jesu ist Dienstgemeinschaft im Sinne von 1Kor 12: Das Haupt hat sich die Glieder seines Leibes erwählt und berufen, er beschenkt mit Gaben füreinander und für den Dienst nach außen, und er ist selbst die Kraftquelle zu allem konkreten Reden, Gehen, Leiden, Hören. Alle Wertungen und Klassifizierungen – auch nach den Kategorien unserer Zeit: haupt- und ehrenamtlicher Dienst, besondere Leitungsaufgaben, besondere Stellungen usw. – treten zurück, d. h. sie haben letztlich keine Bedeutung.

»Dienst ist das Ziel der Gnade«

Adolf Schlatter, der der Gemeinschaftsbewegung nahestehende Theologe und Ausleger der Heiligen Schrift, hat bereits 1897 in einem eindringlichen Aufsatz unter der Überschrift »Die Preisgabe des Dienstes« nachdrücklich darauf den Finger gelegt, daß die Kirche der Reformation so angelegt ist, daß die Frage nach dem bruderschaftlichen Leben und vor allem nach dem Dienst der Gemeindeglieder im umfassenden Sinn des Wortes völlig zurückgetreten ist. »Mit der Begründung des Pastorats war der zur Tätigkeit führende Impuls des Glaubens an das Wort erschöpft. Es schien damit genügend für die Verkündigung des Wortes und die Spendung des Sakramentes gesorgt.« Die Folge war: »Unentbehrlich ist das Pastorat, weil das Wort verkündigt werden muß, entbehrlich die Gemeinde, weil man auch ohne sie glauben und lieben kann. Das Bestehen der Kirche beruht für die Alten nicht auf der Tätigkeit des Christen, sondern auf derjenigen des Pastors, nicht auf der Tätigkeit aller, sondern auf derjenigen der Beamten. Aktives Pastorat und passive Gemeinde oder vielmehr Pastorat und Zuhörer!« Dagegen die Position Schlatters: »Geben ist seliger als nehmen, und Dienst ist das Ziel der Gnade.«

Auf dem Hintergrund dieser Situation – von Schlatter sicher zugespitzt dargelegt – erfolgte der Aufbruch der Gemeinschaftsbewegung. Er war von Anfang an geprägt von den Gedanken des allgemeinen Priestertums der Gläubigen. Der Dienst in vielfältigen Formen war trotz der großen Unterschiedlichkeit der erwecklichen Aufbrüche in den verschiedenen Regionen ein bestimmendes Kennzeichen. Die bereits erwähnte Zusammensetzung des Teilnehmerkreises der ersten Konferenz 1888 machte den Charakter der Dienstgemeinschaft deutlich: Gerade die Hälfte der Teilnehmer waren Pfarrer oder hauptamtliche, kirchliche Bedienstete, alle anderen waren sogenannte »Laien« in der Arbeit des »Reiches Gottes«. Ein besonderer Ton, der damals wie heute immer wieder in den Gesprächen mit kirchlichen Gremien nicht unproblematisch ist, wurde gerade bei der ersten Konferenz 1888 besonders stark betont: Die Verkündigung des Evangeliums im Dienst der »Evangelisation und Gemeinschaftspflege« kann nicht allein gebunden sein an das kirchliche Amt. So stand auch das erste Hauptreferat jener Konferenz unter der Überschrift: »Die Berechtigung, die Notwendigkeit und die Grenzen der Laientätigkeit«.

Gemeinschaftsbewegung als Dienstgemeinschaft

Die Kreise der Gemeinschaftsbewegung haben sich so von Anfang an als Dienstgruppen verstanden. Jeder Christ ist ein Mitarbeiter! In den Gemeinschaften entstanden auch innerhalb kurzer Zeit – je nach den örtlichen Verhältnissen und der regionalen Prägung – eine ganze Reihe von Kreisen (Jungmännervereine, Frauenmissionsvereine, Sonntagsschulen, Chöre und Musikgruppen, Einsatzgruppen für Hausbesuchsdienst usw.). Die Hinführung der zum Glauben Gekommenen zum Dienst gemäß ihrer Begabung war und ist bestimmendes Element der Gemeinschaftsarbeit. Die äußeren Formen haben sich zwar zum Teil geändert, doch die grundsätzliche Konzeption der örtlichen Gemeinschaftsarbeit mit verschiedenen Dienstgruppen wird weithin praktiziert. In vielen Gemeinschaften hat der Dienst von Chören (Gesangschöre, Posaunenchöre, Jugendchöre, Instrumentalisten) einen hohen Stellenwert, gerade auch in der missionarischen Arbeit. Jeden Monat werden von Blättermissionaren Zigtausende von missionarischen Verteilblättern in die Häuser gebracht. In manchen Gemeinschaften bestehen Gruppen, vor allem in Verbindung mit Jugendkreisen, für missionarische Einsätze. Schätzungsweise ca. 3000 – 4000 Mitarbeiter(innen) sind in Kinderstunden und Sonntagsschulen aktiv. Nicht zu vergessen sind natürlich auch all die Mitglieder der Gemeinschaften, die sich um die organisatorischen und handwerklichen Belange kümmern und in Treue ihren Dienst tun (Betreuung von Gemeinschaftshäusern, Kassenverwaltung u. ä.). So geschieht mancher Dienst, der den Augen von Beobachtern verborgen bleibt und doch so eminent wichtig ist. Dies gilt vor allem auch für die vielen Beterinnen und Beter; in vielen Gemeinschaften gibt es besondere Gebetskreise, die die Arbeit der verschiedenen Gruppen der Gemeinschaft tragen und begleiten, aber auch Fürbitte üben für die Verkündigung des Evangeliums in Kirche, Gemeinschaft, anderen erwecklichen Arbeiten und vor allem auch in der Mission. So treffen sich in manchen Gemeinschaften besondere Missionsgebetskreise. Die Gebetskreise stehen vor Gott aber auch ein für die Obrigkeit und flehen um Hilfe und Wegweisung angesichts der mancherlei bedrängenden Vorgänge in der Welt (1Tim 2,1). In solchen Gebetskreisen geschieht ein priesterlicher Dienst, der sicher für die Gemeinschaftsbewegung eine verborgene Segensquelle ist, der aber auch bestimmt darüber hinaus für Kirche und Volk Bedeutung hat.

Schließlich ist, als ein besonderer Schwerpunkt lebendiger Gemeinschaftsarbeit, zu erinnern an die vielen Brüder – und in manchen Regionen und Arbeiten auch Schwestern –, die ehrenamtlich im Dienst der Verkündigung stehen. Eine genaue Statistik über die Zahl dieser Mitarbeiter und die Häufigkeit ihres Dienstes gibt es nicht, aber es werden im Bereich des Gnadauer Verbandes wohl ca. 4000 ehrenamtlich mitarbeitende Brüder und Schwestern sein, die in Bibelstunden, Hauskreisen, Gemeinschaftsstunden und gelegentlich sogar bei Evangelisationen Verkündiger des Evangeliums sind. Viele von ihnen sind geprägt von einem langen Umgang mit der Heiligen Schrift; auch ohne besondere theologische Ausbildung wurden sie als Schüler der Schrift zu Lehrern des Wortes, von denen auch oft Prediger und Pfarrer lernen können.

Ein weiteres Faktum ist in diesem Zusammenhang zu nennen, das wohl für die Gemeinschaftsbewegung allgemein gilt und das mit ihrer von Gott gegebenen Platzanweisung zusammenhängt. Viele Mitarbeiter der Gemeinschaften, oft die besten und am meisten geforderten, sind zugleich auch engagiert in der Arbeit ihrer Kirchengemeinde. Manche sind auch mit besonderen Aufgaben betraut worden (Kirchenvorsteher, Mitarbeit in Synoden, Lektorendienst). Da werden dann auch immer wieder Grenzen der Kraft und der Belastbarkeit deutlich, aber gerade solche menschlichen, geistlich-brüderlichen Brücken fördern die Zusammenarbeit und dienen dem gemeinsamen Auftrag. Zugleich gilt es auch dankbar festzuhalten, daß hin und her Pfarrer bereit sind, in der Gemeinschaftsarbeit mitzuarbeiten, nicht nur bei besonderen Anlässen, sondern auch als »Bruder unter Brüdern« als Verkündiger in großen und kleinen Gemeinschaftskreisen und in der Schulung und Begleitung von ehrenamtlichen Mitarbeitern.

Für alle verschiedenen Dienste gilt: Auf die Treue kommt es an! Nicht auf den »scheinbaren Wert« der übernommenen Aufgabe! Allein die Treue zählt, so hat es Jesus in einem seiner Gleichnisse so eindrücklich dargelegt (Lk 19,11 ff.).

So dankbar im Rückblick und für die Gegenwart von der Gemeinschaftsbewegung insgesamt als Dienstgruppe gesprochen werden kann, so sind doch die Schatten nicht zu übersehen. Die biblischen Leitlinien müssen immer wieder neu entdeckt, mit dem Herzen begriffen und dann gelebt werden. Wie schnell wird der Dienst zur Leistung, der dann nicht mehr als »Dank für Golgatha« geschieht, sondern die Selbstgerechtigkeit fördert! Wie groß ist auch die Gefahr, daß Menschen, die zum Glauben gekommen sind oder an der Schwelle zum Glauben stehen, durch eine oder mehrere Aufgaben überfordert werden und Schaden nehmen an ihrem Glauben. Daß wir doch die Unterschiedlichkeit der »Glieder des Leibes Christi« ernst nehmen und uns nicht gegenseitig überfordern!

Reichsgraf Eduard von Pückler hat im Rahmen der 1. Gnadauer Pfingstkonferenz 1888 sehr eindrücklich von der Evangelisationsarbeit in den Arbeitervierteln Berlins erzählt: »Unserer Arbeit zur Seite steht eine Gemeinschaft aus den gebildeten Ständen, ein Herren- und Damenkreis, und auch diese beschäftigen sich vielfach mit äußerer Arbeit, aber auch da durften wir's erleben, daß aus diesem Kreise bereits wirklich brauchbare Reichgottesarbeiter herausgewachsen sind. Im allgemeinen ist das das Wichtigste, daß die Gemeinschaft Gelegenheit bietet, den Einzelnen seinen Fähigkeiten entsprechend zu beschäftigen. Man sagt wohl: Es muß für den Herrn gepredigt werden, aber nicht jeder hat alle Gaben. In einem so großen Kreis aber zeigt sich jede Gabe zum allgemeinen Nutzen, und zu etwas ist ganz gewiß jeder zu gebrauchen, der den Herrn lieb hat. Das ist der größte Schaden der Kirche, daß sie so viele Gaben unbenutzt hat am Wege liegen lassen, während wir doch alle Veranlassung hätten, jede einzelne Gabe zur Verwendung zu bringen. Das ist jedoch nur möglich, wenn die Christen sich zusammenthun und sich die verschiedenen Gaben untereinander ergänzen. Es ist ganz wunderbar, welche Gaben unter den einfachen Arbeitern an's Licht treten. Wir haben z. B. als Leiter einer großen Jünglingsabteilung einen einfachen Stubenmaler, der seine Sache reichlich so gut macht, wie einer aus den gebildeten Ständen. Wir haben in den Frauenabteilungen ganz einfache Frauen, die ein Werk thun, die man selten eine christliche Dame thun sieht.«

Gerade in den letzten Jahrzehnten ist die Beobachtung zu machen, daß viele, gerade auch jüngere Gemeinschaftsglieder, zu einem christlichen »Konsumverhalten« neigen. Die Gemeinschaft ist da nicht mehr der Ort zur Sammlung mit dem Ziel der Sendung, sondern »man wird bedient«. Angesichts der eminenten beruflichen Belastungen, denen manche Glieder der Gemeinschaften ausgesetzt sind, und auf dem Hintergrund der gesellschaftlichen Entwicklung (»Freizeitgesellschaft« mit einer Fülle von Unterhaltungs- und Bildungsangeboten) ist dieser Trend zu sehen. Doch sollte er sich durchsetzen, würde dies zu einer geistlichen Verarmung der Gemeinschaftsbewegung führen, ja, sie würde die »Bewegung« verlieren, d. h. den Charakter einer missionarischen Dienstgemeinschaft.

In vielen Gemeinschaften haben sich ursprünglich lebendige Strukturen des Dienstes verfestigt und sind erstarrt. Bei der Vergabe von Aufgaben und Diensten geht es nicht mehr so sehr um die geistlichen Erfordernisse oder Begabungen, sondern die Arbeit wird gestaltet nach festen Traditionen. So gut und wichtig diese auch sein mögen, sie können auch Hindernisse bei dem aufgetragenen Dienst sein. Für die Gemeinschaftsbewegung insgesamt wie auch für manche konkrete örtliche Arbeiten ist sicher die Mahnung des erhöhten Herrn aktuell und nötig: »Werde wach und stärke das andere, das sterben will...« (Offb 3,2). So wichtig die Führung Gottes gestern und die Formen der Arbeiten früher für unseren Weg und die Formen heute sind, so haben die »Glieder des Leibes Christi« ihren Dienst zwar unwandelbar im zentralen Anliegen, aber doch flexibel in den Methoden zu tun.

Es ist bedenklich, daß manche Gemeinschaftsarbeiten zu reinen »Betreuungskreisen« geworden sind. Wer wollte den Segen und die Kraft bestreiten, die die einzelnen Geschwister aus dem Beisammensein und vor allem aus der Verkündigung des Evangeliums erfahren! Aber ob in solchen Kreisen neu dies entdeckt werden kann, daß das Ziel der Gnade Dienst ist, vielleicht in ganz bescheidenem Rahmen, ohne große Aktionen, mit den vorhandenen Gaben, aber doch eingebunden in den großen Dienstauftrag der Gemeinde Jesu aller Zeiten?

Zurüstung der Mitarbeiter

Gerade angesichts der beschriebenen Gefahren und Erstarrungen hat in den vergangenen Jahren die Schulung von ehrenamtlichen Mitarbeitern stark an Bedeutung gewonnen. In den verschiedenen Gnadauer Verbänden und Werken werden entsprechende Tagungen und Rüstzeiten geboten. Einige der Gnadauer Ausbildungsstätten und auch einige Verbände führen Kurzbibelschulen durch. Inhaltlich geht es in solcher Mitarbeiterschulung vor allem um drei Schwerpunkte:

- Vertiefung und Stärkung der geistlichen Haltung des Mitarbeiters;
- Beschäftigung mit dem biblischen Zeugnis (Bibelkunde, Exegese, Glaubenslehre, Ethik u. a.) und der Geschichte der Gemeinde Jesu (Kirchengeschichte, Geschichte der Gemeinschaftsbewegung);
- methodische Zurüstung für den Dienst der Verkündigung in den vielfältigen Formen (Kinderarbeit, Predigt, Bibelgespräch u. a.).

Diakonissen-Mutterhäuser

Eine besondere Ausprägung von Bruderschaft und Dienstgemeinschaft ist der Gemeinschaftsbewegung geschenkt worden mit den Gemeinschafts-Diakonissen-Mutterhäusern, die in zwei großen Verbänden zusammengeschlossen sind. Die Schwestern dieser Mutterhäuser wollen keine »Elite-Christen« sein und sind es auch nicht. Sie wurden als Glieder der Gemeinde Jesu in den Stand der Diakonisse berufen und damit zum Dienst im Rahmen einer besonderen Dienstgemeinschaft. Aufgrund ihrer besonderen Lebensgestaltung (Ehelosigkeit, Gütergemeinschaft, Gehorsam) können sie innerhalb der Gemeinde Jesu für besondere Aufgaben zur Verfügung stehen. Zusammen mit den Gliedern der Gemeinschaften und Gemeinden sind sie als Zeugen ihres Herrn tätig und können mit ihnen immer wieder nur bekennen: »Mein Lohn ist, daß ich darf« (Wilhelm Löhe).

IV. Zum Dienst des Predigers

Nach der Besinnung auf die Bedeutung des allgemeinen Priestertums der Gläubigen in der Gemeinschaftsbewegung ist schließlich gerade auch in Verbindung mit den Stichworten »Bruderschaft« und »Dienstgemeinschaft« die Stellung und der Dienst des Predigers in der Gemeinschaftsbewegung zu bedenken.

Rückblick

In den Jahren des Aufbruchs gab es innerhalb der Gemeinschaftsbewegung den Prediger noch nicht. Zwar sind die vielerlei Verbindungslinien zwischen dem frühen Pietismus eines Spener, Francke, Bengel und Zinzendorf sowie der Erweckungsbewegung zu unserer Gemeinschaftsbewegung nicht zu denken ohne die vielen »Sendboten« der Herrnhuter Brüdergemeine und der Christentumsgesellschaft, die in großer Treue auch in Zeiten ohne geistliche Aufbrüche die Kreise der Erweckten besuchten und stärkten, aber der »Prediger« als hauptamtlicher Mitarbeiter in einer bestimmten Region bildete sich erst mit der stärkeren Strukturierung der Gemeinschaftsbewegung Anfang dieses Jahrhunderts heraus. In Folge der Ausweitung der Gemeinschaftsarbeit nach der ersten Gnadauer Konferenz erfolgte zunächst die Anstellung von Absolventen der »Evangelistenschule Johanneum« und der »Pilgermission St. Chrischona« als Evangelisten. Gegen Ende des 19. Jahrhunderts nahm die Zahl der Evangelisten auch dadurch zu, daß eine Reihe von Pfarrern, z. B. Ernst Lohmann, Jonathan Paul, Julius Damann und Samuel Keller, ihr Pfarramt aufgaben, um in freier und unabhängiger

Weise in enger Verbindung mit den Gemeinschaftskreisen als Evangelisten tätig zu sein.

In dem Maße, in dem sich die Gemeinschaftsarbeit ausweitete und sich auch stärker strukturell formierte, kam es zur Anstellung von Absolventen der beiden genannten Schulen als hauptamtlich angestellte »Gemeinschaftspfleger« oder »Prediger«. Sie wurden eingesetzt für bestimmte Bezirke oder Regionen der Gemeinschaftsverbände in den Provinzen. Etwa um 1910 hat sich der Stand des Predigers innerhalb der Gemeinschaftsbewegung so gebildet und durchgesetzt, wie er noch heute in den Grundzügen zur Gemeinschaftsbewegung gehört.

Die Unsicherheiten in der Frage nach den hauptamtlichen Mitarbeitern und die Entwicklungen, die innerhalb der Gemeinschaftsbewegung in den ersten Jahrzehnten in dieser Hinsicht erfolgten, werden besonders an dem Weg der Evangelistenschule Johanneum deutlich, die 1886 von Professor D. Theodor Christlieb in Verbindung mit dem »Deutschen Evangelisations-Verein« gegründet wurde. Professor Christlieb dachte bei den Absolventen des Johanneums vor allem an den evangelistischen Dienst in Anlehnung an das Pfarramt. Er sprach von dem »Gehilfendienst am Wort«, der den Brüdern aufgetragen werden solle und den sie einerseits in einer gewissen Anlehnung an das »geordnete Hirtenamt« der Kirche, aber zugleich auch in einer gewissen Selbständigkeit und Unabhängigkeit ausführen sollten. Die weitere Entwicklung ergab, daß das Johanneum zu einer Ausbildungsstätte für Prediger der Gemeinschaftsbewegung wurde, wobei natürlich immer wieder einzelne Brüder besonders in die evangelistische Arbeit geführt wurden.

Heute muß man im Rückblick betonen, daß der Dienst der Prediger und damit auch die Ausbildungsstätten unverzichtbar zum Weg und zum Wesen der Gemeinschaftsbewegung gehören. Die Erfahrungen in den ersten Jahrzehnten haben eindrücklich belegt, daß auch eine Bewegung, die sich dem allgemeinen Priestertum verpflichtet weiß, einen gewissen Stamm von hauptamtlichen Mitarbeitern benötigt. Nicht das Entstehen eines neuen »Standes« innerhalb der Gemeinschaftsbewegung ist zu kritisieren, sondern die Einbindung dieser Mitarbeiter in die »Dienstgemeinschaft« ist die Herausforderung, vor der die Gemeinschaftsbewegung immer neu steht und der sie sich nicht entziehen darf.

So verschieden in organisatorisch und auch in geistlicher Hinsicht die entstehenden Gemeinschaftsverbände geprägt waren, so verschieden war auch die konkrete Prägung des Dienstes des Predigers. In manchen Gebieten war und ist er als »Reiseprediger« unterwegs, in anderen wird schon durch den Namen »Gemeinschaftspfleger« ein besonderer Akzent gesetzt; in vielen Verbänden war und ist er verantwortlich tätig in einem Bezirk, zu dem verschiedene Gemeinschaftskreise gehören. Erst in der Zeit nach dem

Zweiten Weltkrieg erfolgte eine gewisse einheitliche Klärung in der Gestaltung der praktischen Arbeit und der organisatorischen und arbeitsrechtlichen Fragen.

Erwähnt werden müssen im Rahmen dieses kurzen Rückblicks auf die Geschichte der Prediger in der Gemeinschaftsbewegung auch einige Akzente des Dienstes in den vergangenen Jahrzehnten, die nicht vergessen werden dürfen. Viele der heute unbekannten Brüder taten ihren Dienst bei unzureichender Vergütung; die Frauen und Kinder hatten Anteil an dem besonderen Dienst und Auftrag des Familienvaters; die Zusammenarbeit mit Pfarrern wie auch manchmal mit Gemeinschaftsleitern und Verantwortlichen der Gemeinschaftsbewegung verlangte oft ein besonderes Maß an Demut. Die besondere Stellung des Predigers, die auch in der damaligen Zeit sowohl kirchlich wie auch gesellschaftlich nicht faßbar war, erforderte ein klares Ja zu der Berufung und zu der Platzanweisung.

Gnadauer Ausbildungsstätten

In den Jahren um die Jahrhundertwende entstanden neben dem Predigerseminar der Pilgermission St. Chrischona (1840) und der Evangelistenschule Johanneum (1886) weitere Ausbildungsstätten im Bereich des Gnadauer Verbandes: das Missionsseminar der Liebenzeller Mission (1899); die Missionsschule der Bahnauer Bruderschaft (1906; früher in Preußisch-Bahnau, heute in Unterweissach), das Brüderhaus Tabor des Deutschen Gemeinschafts-Diakonie-Verbandes in Marburg (1909). 1960 kam noch das Bibelseminar der Evangelischen Gesellschaft in Wuppertal dazu. In drei-, vier- oder fünfjähriger Ausbildung geht es in den genannten Schulen darum, daß die jungen Männer für den missionarischen Dienst eine gründliche theologische und praktische Zurüstung erhalten und persönlich geprägt werden als »Geistesmenschen« (Theodor Christlieb). Am Missionsseminar in Bad Liebenzell und im Brüderhaus Tabor in Marburg wird auch auf den Dienst in der äußeren Mission vorbereitet. Am Brüderhaus Tabor ist außerdem auch die Ausbildung zum Krankenpfleger möglich.

Nicht zu vergessen sind in diesem Zusammenhang aber auch die Bibelschulen, die innerhalb von Gnadauer Einrichtungen in den letzten Jahrzehnten entstanden sind. Hier sind zu nennen die Bibelschulen für junge Frauen der Pilgermission St. Chrischona, des Diakonissen-Mutterhauses Aidlingen und der Diakonie-Gemeinschaft Puschendorf sowie das Marburger Bibelseminar des Deutschen Gemeinschafts-Diakonie-Verbandes in Marburg.

Daß in den vergangenen Jahrzehnten und auch heute viele Absolventen der Gnadauer Ausbildungsstätten Aufgaben in anderen freien Werken und vor allem innerhalb der Landeskirche übernommen haben und übernehmen (CVJM-Sekretäre, Jugendwarte, Diakone, Pfarrer), kann von dem Gnadauer Grundanliegen her nur begrüßt werden.

Zur Situation heute

Heute sind in der Gemeinschaftsbewegung ca. 700 hauptamtliche Prediger tätig. In den letzten Jahren treten neben sie in manchen Verbänden auch weibliche Mitarbeiter (Jugendmissionarinnen, Gemeinschaftsschwestern, Beauftragte für Kinderarbeit), die in bestimmten Aufgabenbereichen eingesetzt werden. In den Gemeinschaftsverbänden, die mit Mutterhäusern verbunden sind, standen von Anfang an auch Diakonissen im hauptamtlichen Dienst der Gemeinschaftsbewegung. Das Entstehen von Gemeinschaftsarbeiten in manchen Regionen und auch die heutige Arbeit dort ist nicht ohne den hingebungsvollen Dienst von Diakonissen zu denken.

Gegenwärtig sind in allen Verbänden und Werken fast alle Predigerstellen besetzt, nachdem in den vergangenen Jahrzehnten oft lange Vakanzen in Kauf genommen werden mußten. Zugleich haben die Seminare alle Ausbildungsplätze belegt. So zeichnen sich für die nächsten Jahre Fragen ab, wo die ausgebildeten jungen Menschen ihren Dienstplatz finden können. Sicher werden gerade für die missionarische Arbeit neue Stellen geschaffen werden können, wobei jedoch darauf zu achten ist, daß dadurch nicht das Laienelement zurückgedrängt wird.

Leitlinien für den Dienst des Predigers

Für den Dienst des Predigers in der Gemeinschaftsarbeit (und auch für die anderen hauptamtlichen Mitarbeiter) lassen sich nach dem biblischen Zeugnis wie auch aus der Geschichte und der Platzanweisung Gnadaus einige Leitlinien erkennen:

1. »Die Aufgabe des Predigers besteht wesentlich im Dienst am Wort, in Verkündigung und Seelsorge, im treuen Gebetsdienst und in der Zurüstung von Mitarbeitern. Der Besuchsdienst als ein Teil des seelsorgerlichen Dienstes will besonders beachtet werden« (Kurt Heimbucher).
2. Gerade die Zurüstung von Mitarbeitern (Eph 4,12) ist eine wesentliche Aufgabe des Predigers. Dazu ist es nötig, daß er sich von der Vorstellung freimacht, daß er für alle Aufgaben zuständig sei. Zugleich muß er sich lösen von der Erwartungshaltung in manchen Gemeinschaften, daß der Prediger alle Dienste zu übernehmen hat und sie auch übernehmen kann. Im Gespräch mit den Brüdern und Schwestern die Gaben und Fähigkeiten

sowie auch die eigenen Begrenzungen zu entdecken und anzunehmen, ist ein dauernder Prozeß, der bereits während der Ausbildungszeit beginnen und vor allem in den ersten Dienstjahren unbedingt fortgesetzt werden muß.

3. Gerade vom allgemeinen Priestertum der Gläubigen her ist der Prediger Bruder unter Brüdern. Er ist weder Knecht der Gemeinschaft noch ihr Herr, sondern er ist eingebunden in die brüderliche Leitung der Arbeit. Um seines Auftrages der Verkündigung willen ist er von den Geschwistern zu achten und zu ehren.

4. Durch die Zugehörigkeit zu einer Dienstgemeinschaft wird der Prediger mit Bruderschaft beschenkt. Es ist auch für die Erfüllung seines Auftrages entscheidend wichtig, daß er »nahe« bei den Brüdern und Schwestern ist. Doch zugleich muß er auf die notwendige Distanz achten, die dazu nötig ist, daß er die Verkündigung von Gesetz und Evangelium ohne verkehrte Rücksicht auf Mitglieder der Gemeinschaft ausüben kann.

5. Der Dienst des Predigers erfordert ein Ja zu der ekklesiologischen Grundentscheidung der Gemeinschaftsbewegung, ihren Dienst als freies Werk im Rahmen der verfaßten Landeskirche zu tun.

6. Der Prediger kann sich freimachen von einem dauernden Vergleich mit dem Dienst des Pfarrers. Ein Prediger »ist nicht weniger, auch nicht mehr«, sondern er hat als hauptamtlicher Mitarbeiter in einer Bewegung für »Gemeinschaftspflege und Evangelisation« eine andere Aufgabe. In der Konzentration auf die Schwerpunkte der Gemeinschaftsbewegung, die zugleich auch eine Beschränkung ist, ist der eigene Standort des Predigers im Vergleich mit kirchlichen Mitarbeitern gegeben.

7. Da der Beruf des Predigers weder kirchlich noch gesellschaftlich einen anerkannten Status verleiht, stellt dieser Dienst besondere Anforderungen an die Persönlichkeit und an die geistliche Prägung des Predigers. Er hat letztlich keine »Amtsautorität«, sondern ihn trägt seine Berufung und sein Auftrag.

9. Dem Prediger kommt im Rahmen der Gemeinschaftsarbeit in besonderer Weise auch die Aufgabe zu, Impulse zu missionarisch-evangelistischer Arbeit zu geben. In vielen Fällen wird er selbst auch in der evangelistischen Verkündigung bei besonderen Einsätzen und Diensten mitarbeiten können. Nicht hoch genug einzuschätzen ist aber vor allem auch die Schulung der Mitglieder der Gemeinschaften für die permanente missionarische Arbeit.

Gerade in den letzten Jahren ist unter der Predigerschaft die Frage nach dem Selbstverständnis ganz neu aufgebrochen. Das Aufkommen dieser Frage hängt sicher auch mit mancherlei Trends im kirchlichen und gesellschaftlichen Raum zusammen, vor allem macht es aber auf ein Defizit innerhalb der Gemeinschaftsbewegung selbst aufmerksam. In den letzten Jahrzehnten sind die Fragen nach der Stellung und dem Dienst des Predigers

– abgesehen von Tagungen und Veröffentlichungen der Reich-Gottes-Arbeiter-Vereinigung, dem Zusammenschluß der Predigerschaft – kaum thematisiert worden. Hier liegt gerade für die nächste Zeit eine wichtige Aufgabe für die Verantwortlichen in den Verbänden und Werken.

Zusammenfassung

Die in den vorangegangenen Gedankenkreisen dargelegten Schwerpunkte der Gemeinschaftsbewegung gehören nicht zu dem besonders auffälligen Kennzeichen wie Evangelisation, Leben mit der Bibel, Gemeinschaftspflege. Und doch kommt den dargestellten Akzenten entscheidende Bedeutung zu – sowohl nach innen wie auch nach außen:

- Wenn die Gemeinschaftsbewegung ihren Auftrag gerade als »Bewegung« weiterhin erfüllen und gestalten will, dann kann sie dies nur als eine lebendige Dienstgemeinschaft, als Schar von Brüdern und Schwestern, die alle zum priesterlichen Dienst berufen sind, »die Wohltaten dessen zu verkündigen«, der sie »von der Finsternis zu seinem wunderbaren Licht« gerufen hat. Jede stärkere Konzentration auf einen besonderen Stand von Mitarbeitern würde dazu führen, daß sie sich von ihrer ursprünglichen Platzanweisung entfernt. Dies gilt gerade auch im Blick auf den Dienst als innerkirchliche Bewegung.
- Gerade angesichts der geistlichen und gesellschaftspolitischen Entwicklungen, auch im Blick auf die rapide zunehmende Entkirchlichung und Entchristlichung in unserem Volk, wird eine lebendige Gemeinschaftsbewegung, die versucht, das allgemeine Priestertum der Gläubigen zu leben, für viele Zeitgenossen einladend und anziehend sein. Lebendige Gemeinschaft und Bruderschaft zu erleben, an sinnvollen Aufgaben beteiligt zu werden, kann für manchen die Tür zum Glauben an Jesus Christus öffnen. So hat eine, wenn auch in Unvollkommenheit gelebte Bruderschaft und Dienstgemeinschaft eine große missionarische Dimension und Verheißung.

Kurt Heimbucher

Evangelisation

Die Gemeinschaftsbewegung versteht sich als Evangelisationsbewegung. Das Nachdenken über das, was »Evangelisation« im biblischen Sinne ist, und die Konsequenzen, die sich aus solchen Überlegungen in den praktischen Vollzügen ergeben, stehen ständig auf der Tagesordnung der Gemeinschaftsbewegung.

Wir stellen dankbar fest, daß das Wort »Evangelisation« und die Sache, die damit verbunden ist, viele Freunde in unserem Lande und in der ganzen Welt hat. Gerade in der Dritten Welt ist unter jungen Kirchen eine Leidenschaft zur Evangelisation vorhanden, die uns Christen in Europa, gerade auch in unserem Lande, oft beschämt. Die verschiedenen Weltkongresse für Evangelisation[1], die in den letzten Jahrzehnten abgehalten wurden, haben uns das evangelistische Engagement der Asiaten, der Afrikaner und der Südamerikaner sehr deutlich und eindrücklich vor Augen gestellt.

Die Gemeinschaftsbewegung darf nicht einer evangelistischen Routine verfallen, sonst landet sie auf ausgefahrenen Gleisen, die schnell zu Abstellgleisen werden. Alles routinemäßige Handeln endet in der Oberflächlichkeit, in der Bedeutungslosigkeit und schließlich in der Verkrustung und Erstarrung. Es geht darum, daß wir in der Sache der Evangelisation »am Ball bleiben«. Gott hat uns in das Heute gestellt. Wir schulden unseren Zeitgenossen das Evangelium. Der Auftrag Jesu will heute erfüllt werden.

Wir haben darum im Gnadauer Verband einen »Arbeitskreis für Evangelisation« eingerichtet. Wir haben im Jahre 1979 das »Elias-Schrenk-Institut« übernommen, das Pastor Wilhelm Brauer 1952 gegründet hat und das »zur Erforschung und Beförderung biblischer Evangelisation« dienen soll. Im Jahre 1984 wurde in Essen der Kongreß »Schritte zu den Menschen«[2] mit etwa 2000 Delegierten aus allen Gnadauer Verbänden und Werken durchgeführt. Anläßlich dieses Kongresses hat der Gnadauer Vorstand ein »Essener Wort zur Frage der Evangelisation«[3] verabschiedet, in dem es im Vorwort heißt:

»I. Die 80er Jahre des vergangenen Jahrhunderts waren für die geistlichen Väter der deutschen Gemeinschaftsbewegung Jahre des evangelistischen Aufbruches.
Die Erinnerung an jene Zeit und der geistliche und sittliche Niedergang unseres Volkes heute nötigen uns, uns dem evangelistischen Auftrag erneut zu stellen und die Praxis der Evangelisation für unsere Gegenwart zu durchdenken.

II. Als Gemeinschaftsbewegung wollen wir uns der evangelistischen Herausforderung, gerade in den 80er Jahren dieses Jahrhunderts, stellen. Wir haben 1980 das für die Bundesrepublik Deutschland ausgerufene ›Missionarische Jahr‹ unterstützt und mitgetragen. Wir haben 1981 beim Kongreß ›Schritte zur Mitte‹[4] uns auf Jesus Christus konzentriert, um uns von ihm neu senden zu lassen zum Dienst in Gemeinde und Welt. Der Kongreß 1984 ›Schritte zu den Menschen‹ hat uns in Theorie und Praxis die evangelistische Aufgabe groß, wichtig und dringlich machen wollen. Auf dem Weg zum Gnadauer Jubiläumsjahr 1988 sollen auf verschiedenen Ebenen ›Schritte zum Nächsten‹ getan werden, um ihm die frohe Botschaft von Jesus Christus zu bringen.«

In den Jahren 1983 und 1985 haben wir zwei Fachtagungen in Hattingen/Ruhr und in Schwäbisch-Gmünd auf internationaler Ebene durchgeführt mit dem Schwerpunktthema: Großstadtevangelisation.[5]

Diese wenigen Hinweise mögen genügen, um zu zeigen, daß das Thema »Evangelisation« bei uns »dran« ist, und es soll nicht verschwiegen werden, daß in den verschiedenen Gnadauer Verbänden und Werken auch fleißig evangelisiert wird.

Diese Besinnung soll nun nicht dazu dienen, die verschiedenen Evangelisationsverständnisse[6] mit ihren verschiedenen Akzenten und die ganze Breite des evangelistischen Handelns heute aufzuzeigen. Es geht vielmehr darum, den Versuch zu unternehmen, das Evangelisationsverständnis der Gemeinschaftsbewegung in knappen Zügen darzustellen.

1. Evangelisieren heißt, das eine göttliche Evangelium weitersagen

Im Neuen Testament werden für die Weitergabe des Wortes Gottes verschiedene Ausdrücke gebraucht; z. B. *käryssein* – bekanntmachen, laut verkündigen; *gnorizein* – bekanntmachen, wissen lassen; *exägesthai* – berichten, beschreiben, darstellen; *martyrein* – Zeugnis ablegen; *euangelizein* – gute Botschaft verkündigen, evangelisieren; *katangellein* – gründlich verkündigen; *didaskein* – lehren, belehren; *parakalein* – ermahnen, ermuntern.

Das Wort »euangelizein« kommt vor allem in den beiden lukanischen Schriften und bei Paulus vor.

»Euangelizein« heißt immer: eine freudige Nachricht bringen. Im Alten Testament begegnet uns dieser Begriff im Propheten Jesaja ab Kap. 40 und in dessen Umkreis. Es wird vom großen Sieg Jahwes gesprochen, von seiner Thronbesteigung, von seiner Königsherschaft über alle Welt und vom Anbruch einer neuen Zeit. Das aber ist »Evangelium«. Diese Botschaft weiterzugeben heißt »evangelisieren«. Bei Jesaja und in Psalmen wird diese »gute Nachricht« in Verbindung mit den Worten »Gerechtigkeit, Rettung und Friede« gebracht. Beim ersten Kommen Christi ist diese alttestamentliche Erwartung erfüllt, beim zweiten Kommen Jesu wird die Wahrheit dieses Evangeliums vor aller Welt offenbar werden. Bis zur Wiederkunft Jesu muß dieses Evangelium aller Welt zum Zeugnis (Mt 24,14) verkündigt werden.

Evangelium ist nicht Gesetz, Forderung, Befehl. Evangelium ist eine gute Nachricht, die wir in dreifacher Weise so umschreiben können:

Evangelium ist Botschaft von der Freude.
Evangelium ist Botschaft vom Sieg.
Evangelium ist Botschaft vom Heil.

Drei große Worte: Freude, Sieg, Heil.

Im Evangelium kommt die große Freude zu uns – das Evangelium will uns in die große Freude führen.

Im Evangelium wird uns der Sieg Gottes bezeugt – und wir werden hineingerufen in diesen Sieg.

Im Evangelium kommt das Heil Gottes zu uns – und wir werden mit dem Heil beschenkt.

a) Das Evangelium ist die gute Nachricht, daß Gott sich über diese Welt erbarmt und in seinem Sohn Jesus Christus zu uns gekommen ist. Jesus Christus kam »in der erfüllten Zeit« (Gal 4,4), nicht als der Richter, sondern als der Retter (Joh 3,16–17). Bei seiner Geburt wurde den Hirten auf den Feldern Bethlehems die große Freude verkündigt (Lk 2,10). Jesus Christus rief Menschen aus den Sackgassen und Irrwegen ihres Lebens. Er lud sie ein zum Reich Gottes, das in ihm und durch ihn gegenwärtig ist. Umkehren können und heimkehren dürfen in das Vaterhaus Gottes (s. Lk 15,11 ff.) aber ist Freude. Hineingerufen werden in ein neues Leben, noch einmal von vorne anfangen dürfen, von den Gaben Gottes leben dürfen, Kind Gottes sein dürfen, mit einer großen Hoffnung leben dürfen – das ist Freude.

b) Gott hat seine Schöpfung nicht dem Teufel und seinen dunklen Mächten und Gewalten überlassen. Über dem Leben und Wirken Jesu steht der Satz: »Dazu ist erschienen der Sohn Gottes, daß er die Werke des Teufels zerstöre« (1Joh 3,8 b). Die Zeichen und Taten Jesu signalisieren seine Vollmacht über die Krankheiten, über den Hunger, über die Dämonen, über den Tod. Als Jesus am Kreuz von Golgatha starb, war sein letzter Schrei nicht ein Verzweiflungsschrei: »Es war alles umsonst!«, sondern ein Siegesschrei: »Es ist vollbracht!« (Joh 19,30). Seit Karfreitag und Ostern steht der Sieg Gottes über alle Mächte in der für uns sichtbaren und unsichtbaren Welt fest, und zwar endgültig. Das Evangelium berichtet uns von diesem Sieg und macht uns zugleich deutlich: Der Sieg Gottes ist für uns errungen. Wir werden hineingerufen in diesen Sieg. Großartig ist das in dem Wort Jesu zum Ausdruck gebracht: »Weil ich lebe, darum werdet ihr auch leben« (Joh 14,19c).

c) Evangelium ist Botschaft vom Heil. Heil ist ein sehr umfassendes Wort. Es besagt so viel wie: Heilung, Wohlsein, Glück, Frieden, Freude, Sicherheit, Harmonie. In dieses Heil werden wir durch das Evangelium hineingerufen. Ich umschreibe es einmal so: Im Heil sein heißt in der Gemeinschaft mit dem Vater und dem Sohn und dem Heiligen Geist jetzt und in Ewigkeit leben dürfen. Im Heil Gottes leben heißt in der großen Hoffnung leben, daß alles gut werden wird. Wir gehen der Vollendung entgegen. Obwohl wir noch in der alten Welt leben und deswegen auch teilhaben an den Dunkelheiten, den Leiden, den Unvollkommenheiten, gehören wir, wenn Christus unser Herr geworden ist, in die neue Welt Gottes schon jetzt hinein.

Zusammenfassend können wir sagen: Das Evangelium ist der Herr Jesus Christus selber. Er ist der Freudenbringer, der Sieger, der Heiland.

Evangelisieren heißt, das Evangelium weitersagen, und das heißt wiederum: Jesus Christus, wie er uns durch die Propheten, die Evangelisten und die Apostel in der Heiligen Schrift bezeugt wird, zu den Menschen bringen. Der Inhalt des Evangeliums ist er, nur er. Zu seinen Jüngern sagte er, als er ihnen den Missionsbefehl gab: »Ihr werdet die Kraft des heiligen Geistes empfangen... und werdet meine Zeugen sein« (Apg 1,8). Die ganze Apostelgeschichte legt dann ein großes Zeugnis davon ab, wie die Apostel dieses Wort konkretisiert haben.

2. Der Evangelist sagt das Zeugnis von Christus weiter

Wir übersetzen das Wort »Evangelist« mit Freudenbote. Dieser Name begegnet uns bereits im Alten Testament. Jes 40,9 wird von der »Evangelistin«, Jes. 52,7 wird vom »Evangelisten« Zeugnis gegeben. Das alte Gottesvolk empfängt ein Evangelium, eine Freudenbotschaft, und eben dieses Volk soll diese gute Nachricht, nämlich vom Sieg, von der Macht, von der Herrschaft, von der Herrlichkeit, vom Kommen Gottes, in aller Öffentlichkeit verkündigen.

Freilich, das Urbild und Vorbild des Evangelisten ist für uns unser Herr Jesus Christus. Er zog durch die Städte und Dörfer Israels und »predigte« (Mt 9,35 ff.). Er verkündigte die angebrochene Gottesherrschaft. Er rief zur Umkehr und damit zum Glauben an sich (Mk 1,15). Er lud ein zum Reich Gottes, das er in seinen Gleichnissen mit einer Hochzeit, also mit einem Freudenfest, verglich (z. B. Mt 22,1 ff.). Er machte in seiner Verkündigung deutlich, daß ohne Glauben an ihn keine Rettung im Gericht Gottes möglich ist (z. B. Joh 11,25–26; 5,24).

Jesus wandte sich mit seiner Botschaft an alle Menschen in seinem Volk. Er riß die Zäune nieder, die Menschen aufgerichtet hatten. Er wandte sich an »Fromme« und »Sünder«, an Männer und Frauen, an Juden und Samariter, an Reiche und Arme, an Kranke und Gesunde, an Junge und Alte. Dabei ist bei Jesus festzuhalten, daß das Wort, das er sagte, und das Leben, das er führte, eine Einheit bildeten. Keiner konnte ihn einer Sünde zeihen (s. Joh 8,46).

In der Apostelgeschichte werden uns zunächst die Apostel, also die Urzeugen, als Evangelisten gezeigt. Sie waren mit der Botschaft von Jesus unterwegs zu Juden und Heiden. Dabei hatte der Apostel Paulus seine besondere Stellung, denn er war berufen zum Zeugen unter den Heiden (Eph 3,8). Er war unterwegs in der griechisch-römischen Welt. Dabei vergaß er nie sein eigenes Volk, nämlich das jüdische, aus dem er kam. Die Apostelgeschichte macht uns deutlich, daß Paulus überall dort, wo er bei seinen Missionsreisen in den Städten des Weltreiches jüdische Gemeinden antraf, mit seinem evangelistischen Dienst in den Synagogen begann.

Freilich lernen wir in der Apostelgeschichte nicht nur die Apostel und ihre Schüler als Evangelisten kennen. Es wird uns dort auch von schlichten, uns namentlich unbekannten Christen erzählt, die das Evangelium weiterbezeugten (z. B. 8,4). Durch ihr Wirken entstand z. B. die Erweckung in Antiochien, der drittgrößten Stadt des römischen Weltreiches (11,19 ff.). Man kann wohl sagen, daß in der Urgemeinde jeder, der zum lebendigen Glauben an den Herrn Jesus gekommen war, ein Evangelist wurde. Es ging dabei nicht um wohlgeformte Reden und wohlüberlegte Predigten. Es ging vielmehr um das spontane, persönliche Zeugnis, das Christen weitersagten.

Nicht unerwähnt soll bleiben, daß dann, als die christlichen Gemeinden sich bestimmte Ordnungen gaben, auch der Dienst des Evangelisten seine Erwähnung findet. Wir denken an Eph 4,11. Dort werden neben den Aposteln, den Propheten, den Hirten und Lehrern auch die Evangelisten erwähnt. Freilich war der Evangelistendienst noch nicht so fest umrissen, wie das heute der Fall ist. Adolf Schlatter legt den Begriff des Evangelisten im Neuen Testament so aus: »Sie waren imstande, mit dem Wort Jesu an Menschen heranzutreten und es ihnen so zu sagen, daß der Name des Christus denen bekannt wurde, die ihn noch nicht kannten, und der Glaube an ihn entstand. Dazu war nicht bloß eine erlernte Kenntnis von Jesu Wort und Werk, sondern eine inwendige Ausrüstung von besonderer Art erforderlich: eine starke Liebe, die jede andere Rücksicht dem Dienst Jesu nachsetzte, Freudigkeit, die ein klares Verhältnis zum Herrn besaß, und große Weisheit, die wahrnahm, mit wem sie zu tun hatte und was hier die richtige Unterweisung sei.«[7]

Im Blick auf unsere heutige Situation stellen wir fest:
a) Wir bejahen und fördern den Dienst des Evangelisten. Darunter verstehen wir einen Menschen, der das Charisma (Gnadengabe) des erwecklichen, volkstümlichen, die Gewissen treffenden Wortes hat. Er hat in seiner Verkündigung in besonderer Weise die Aufgabe, den Menschen den lebendigen Christus großzumachen, sie mit ihm bekanntzumachen und sie dazu zu rufen, ihr Leben dem Herrn anzuvertrauen, um es in der Gemeinschaft mit ihm zu leben.

Unseren Vätern in der Gemeinschaftsbewegung ging es entscheidend darum, den Evangelistendienst, gerade auch in der Evangelischen Kirche, wieder zu beleben.[8] Prediger Elias Schrenk, der von Prof. D. Theodor Christlieb als Evangelist nach Deutschland gerufen wurde (1884) und der als »Bahnbrecher der Evangelisation« (Paulus Scharpff)[9] in unserem Lande gilt, hat im Blick auf das Evangelisationsverständnis und die praktische Arbeit des Evangelisten und der Gemeinde Maßstäbe gesetzt, die auch heute beachtet werden müssen.[10]

b) Es muß aber auch das festgehalten werden, daß neben dem Dienst des Evangelisten, der meist von Ort zu Ort reist, der aber doch in eine konkrete Gemeinde eingebunden sein muß, *das Zeugnis von Jesus jedem Christen aufgetragen ist,* der die lebenserneuernde Kraft des Evangeliums an sich selbst erfahren hat. Der Heilige Geist macht Menschen zu Zeugen, und diese Zeugen sind Evangelisten, d. h. Freudenboten. Wenn eingangs festgestellt wurde, daß die Gemeinschaftsbewegung Evangelisationsbewegung ist oder zumindest sein will, dann kann das nicht nur heißen, daß wir den Evangelistendienst, die evangelistische Veranstaltung und das Nachdenken über Evangelisation bejahen und betreiben. Es will vielmehr dadurch auch und gerade zum Ausdruck gebracht werden, daß die Glieder der Gemeinschaften Zeugen Jesu an dem Ort sind, wo Gott sie mit ihren alltäglichen Verpflichtungen hingestellt hat. Daß dieses »Evangelisieren« verschieden geschehen kann, steht außer Frage. Daß Wort und Leben im Dasein eines Christen zusammengehören, ist ebenfalls deutlich. Wir können durch das Leben, das wir führen, das Wort, das wir sagen, unglaubwürdig machen oder aber unterstreichen. Dabei ist klar, und es bedarf keiner Diskussion, daß Wort und Leben in unserer Christenexistenz nie so deckungsgleich sein werden, wie das bei unserem Herrn gewesen ist. Er war der Sündlose, wir aber sind begnadigte Sünder.

c) In jedem Fall, ob reisender Evangelist oder Zeuge Jesu vor Ort, geht es darum, daß Jesus Christus den Menschen unserer Welt heute bekanntgemacht wird, daß er ihnen aus der eigenen Lebensexistenz heraus bezeugt wird und daß zu einem Leben mit ihm eingeladen wird. Es geht um die

Bezeugung des Evangeliums, und das Evangelium ist Jesus Christus, er ganz allein.

3. Was sind die Motive, die uns zum Evangelisieren »nötigen«?

Ich gebrauche bewußt diesen starken Ausdruck »nötigen«, denn ob wir evangelisieren wollen oder nicht, das ist letztlich nicht in unser Belieben gestellt. Paulus bringt das im 9. Kapitel des 1. Korintherbriefes, in dem er von seiner evangelistischen Arbeit spricht, so zum Ausdruck: »Denn daß ich das Evangelium predige (evangelisiere), darf ich mich nicht rühmen; denn ich *muß* es tun ...« (V. 16).

a) Das erste Motiv ist *der Retterwille Gottes.* »Gott will, daß allen Menschen geholfen werde und sie zur Erkenntnis der Wahrheit kommen«, so schreibt der Apostel Paulus im 1. Timotheusbrief (2,4). Mit anderen Worten heißt das: Gott will, daß Menschen sich zu Christus bekehren und damit das wahre Leben finden und haben.

Gott hat seinen Willen, Menschen aus dem Tode ins Leben zu holen, nicht nur in Worten zum Ausdruck gebracht. Er hat alle Voraussetzungen für die Rettung des Menschen selber geschaffen. In Jesus Christus kommt der Retter in diese Welt. In ihm ist der Retterwille Gottes Person geworden. Gott ist es buchstäblich blutig ernst mit unserer Rettung, darum läßt er seinen Sohn für uns leiden und sterben. Das Kreuz, an dem Jesus Christus für die Schuld der ganzen Welt stirbt, ist das Zeichen der Rettung. Da hat Gott den Schuldlosen für die Schuldigen dahingegeben. In seinem Sterben hat Jesus Christus, der Retter, das »Lösegeld« (Mk 10,45) für uns bezahlt. Da hat Gott die Welt mit sich selbst versöhnt (2Kor 5,19 ff.).

Wer diese Rettung an sich selbst erfahren hat und damit die Befreiung seines Lebens aus Schuld und Tod, der wird aus der Dankbarkeit heraus von dem Retter reden müssen, damit auch andere ihn kennenlernen und durch ihn Rettung finden.

b) Das zweite Motiv ist *die Erkenntnis der Verlorenheit des Menschen.* Gott will retten, weil der Mensch vor ihm verloren ist, das heißt aber, daß er vor ihm im Gericht nicht bestehen kann. Wir müssen darauf achten, daß diese Tatsache der Verlorenheit des Menschen vor Gott nicht verharmlost oder gar unterschlagen wird. Der Mensch ist verloren und kann sich selbst nicht retten. Das gilt für den moralischen, den idealistischen, den religiösen Menschen – das gilt für jeden Menschen, von welchen Motiven, Vorstellungen, Überzeugungen, Wünschen und Sehnsüchten er auch bestimmt sein mag. Wilhelm Busch, der Essener Jugendpfarrer und unvergeßliche Evangelist, hat das einmal so zum Ausdruck gebracht: »Darum geht es: Um ewige Errettung und ewige Verlorenheit. Und unser Auftrag im Namen unseres Herrn ist: Menschen die Botschaft des Lebens zu sagen, damit sie nicht verlorengehen. Hier liegt unsere tiefste Notwendigkeit zu predigen, zu evangelisieren, zu rufen bei jungen und alten Menschen, bei gebildeten und ungebildeten, bei reich und arm: ›Wir sollen nicht verloren werden. Gott will, uns soll geholfen sein; deswegen kam der Sohn auf Erden ...‹«[11]

An der Stelle, wo es um die Verlorenheit und die Rettung des Menschen geht, dürfen wir von der neutestamentlichen Klarheit nichts wegnehmen. Hier muß die Radikalität biblischer Aussagen durchgehalten werden, sonst werden wir vor Gott und an den Menschen schuldig. Die Gefahr einer »verkürzten« Schau des Menschen ist heute groß. Damit meine ich eine Sicht, die den Menschen nur noch in seinen irdischen Bezügen, in seinen weltlichen Nöten und Leiden sieht, aber nicht mehr in seiner Bezogenheit auf Gott. Wir stehen aber nicht nur unter Menschen, sondern wir stehen vor Gott. Und das Letzte für den Menschen ohne Christus ist nicht der Tod, sondern Gottes Gericht (Hebr 9,27). Das heißt »evangelisieren«: Dem Menschen sagen, wie es um ihn steht und was Gott zu seiner Rettung getan hat.

c) Das dritte Motiv ist der *Auftrag*, den unser Herr Jesus Christus uns gegeben hat. »Gehet hin ...«, so heißt es in seinem Missionsbefehl (z. B. Mt 28,19). Evangelisation ist Gehorsam gegenüber dem Auftrag Jesu. Wir dürfen nicht bei uns selber bleiben. Wir dürfen nicht hinter verschlossenen Türen leben, etwa aus Furcht vor den Menschen. Jesus ging zu den Menschen seiner Zeit, und er sendet uns in seinem Namen zu den Menschen unserer Zeit. Dabei ist gerade der Schluß des Matthäusevangeliums großartig, denn er macht uns deutlich, daß unser Herr nicht nur einen Auftrag für uns hat, sondern daß er mit uns geht und bei uns bleibt alle Tage (Mt 28,20 b). Wir dürfen den Auftrag nicht überhören oder gar auf die Seite schieben. Die Gefahr ist groß, daß wir so sehr mit unseren frommen Geschäften beschäftigt sind, daß wir das Hingehen vergessen und damit das Wort nicht sagen, das keiner sonst sagt, wenn wir es nicht weitergeben. In der Erfüllung des evangelistischen Auftrages sind Christen unvertretbar.

d) Schließlich nenne ich als weiteres Motiv *die Liebe zu den Menschen*. »So sehr hat Gott die Welt geliebt ...« (Joh 3,16), darum sandte er den Sohn als Retter zu uns. Weil wir von Gott geliebt sind und seine Liebe Tag für Tag erfahren, darum kann uns das ewige Schicksal von Menschen nicht mehr gleichgültig sein. Paulus spricht davon, daß die Liebe Christi ihn dringt (2 Kor 5,14), nämlich hin zu den Menschen, um ihnen das helfende Wort, die rettende Botschaft zu sagen.

Nicht ein frommer Fanatismus treibt uns, um Menschen zu bekehren. Wir können das ja gar nicht. Es treibt uns auch nicht die Sorge um den Bestand des Christentums, als ob wir es retten könnten oder müßten! Nein – uns treibt die Liebe Christi. Weil Christen bei Christus das wahre Leben gefunden haben, darum wollen sie, daß auch andere Menschen dieses Leben finden. Wir wollen nicht für uns behalten, was wir entdeckt haben und geschenkt bekamen von Gott. Wir wollen keine frommen Egoisten sein, die anderen Menschen die wahre Freude, den wahren Frieden, die wahre Freiheit nicht gönnen. Weil Christus für alle gestorben ist, darum sehen wir in jedem Menschen einen »Kandidaten des ewigen Lebens«. Es gibt freilich eine Haltung, die der des älteren Sohnes im Gleichnis von dem verlorenen Sohn (Lk 15,25 ff.) gleicht, die Menschen die Heimkehr zu Gott nicht gönnt. Aber wer sich nicht freuen kann an dem, worüber Gott sich freut, an der Rettung verlorener Menschen, hat das Evangelium nie verstanden.

Wieder sei hier der Apostel Paulus erwähnt. Wie hat er aus der Liebe Christi heraus um Menschen gerungen! Wie hat er sich auf Menschen eingestellt! Wie hat er sie, bis in die Sprache hinein, abgeholt! Wie hat er versucht, sie zu verstehen! (s. bes. 1Kor 9,16 ff.).

Wir können immer wieder nur bei Jesus und seinen Aposteln in die Schule gehen.

e) Der eigentliche »Motor« zum Evangelisieren ist der *Heilige Geist*. Er zeigt uns den Retterwillen Gottes und hat ihn uns selber erfahren lassen. Er deckt die Sünde auf und zeigt den wahren Zustand des Menschen ohne Christus. Er macht uns zu gehorsamen Leuten, damit wir den Auftrag Jesu erfüllen. Durch ihn kommt die Liebe Gottes in unser Herz, die wir brauchen, um Menschen in der rechten Weise begegnen zu können (Röm 5,5). »Ihr werdet die Kraft des heiligen Geistes empfangen ...«, sagt der Herr (Apg 1,8).

Evangelisten kann man nicht »machen«. Zum Evangelisten kann man sich nicht selber »machen«. Der Heilige Geist muß die Augen öffnen, damit wir Jesus »sehen«. Er muß die Ohren öffnen, damit wir Jesus »hören«. Er muß uns das Herz öffnen, damit wir für Jesus »brennen«. Er muß uns den Mund öffnen, damit wir von Jesus reden. Wir sind in unserem ganzen Christenleben auf den Dienst des Heiligen Geistes angewiesen. Ohne den Heiligen Geist können wir keine Zeugen, keine Evangelisten sein, wir sind dann Schweiger oder Schwätzer, Referenten einer Sache oder theoretisierende Theologen.

4. *Die Evangelisation geht viele Wege*

In der Gemeinschaftsbewegung wurde die Evangelisation auf vielfache Weise praktiziert. Hier waren die Väter erfinderisch. Die verschiedenen Menschen- und Berufsgruppen und die verschiedenen Lebenssituationen erforderten eine große evangelistische Flexibilität.

a) Vielfältig sind die *Orte*, an denen sich das evangelistische Geschehen vollzieht. Kirchen, Hallen, Säle, Zelte, Häuser, Wohnungen, Straßen, Marktplätze werden benützt, um mit Menschen ins Gespräch über Christus zu kommen. Dabei werden evangelistische Veranstaltungen in verschiedenen Größenordnungen durchgeführt: Da ist es eine Großveranstaltung, zu der Hunderte, ja Tausende von Menschen kommen; dort ist es eine kleine Stubenversammlung in einem Wohnzimmer. Da wird eine Freiversammlung durchgeführt, Passanten bleiben stehen und hören im Vorübergehen das Evangelium; dort ist es ein Büchertisch in einer städtischen Fußgängerzone, an dem Einzelgespräche mit Menschen geführt werden. Wir praktizieren die evangelistische Veranstaltung in den *verschiedensten Größenordnungen*, ob es nun lokale oder regionale Evangelisationen sind. Oft versuchen wir in der Partnerschaft mit Kirchengemeinden oder Kirchenkreisen, oder aber im Rahmen der Evangelischen Allianz, evangelistische Aktionen durchzuführen. Freilich müssen in solcher Partnerschaft die Voraussetzungen und die Auswirkungen der Evangelisation klar sein. Sind hier verschiedene Ansichten in theologischen und praktischen Fragen, dann geht das Miteinander nicht, weil dann keine fruchtbare Arbeit gewährleistet ist, sondern es gerade während eines evangelistischen Einsatzes zu Verstimmungen und Auseinandersetzungen kommen kann, die den Segen Gottes aufhalten und die ganze Evangelisation unter Umständen zu einem »Schlag ins Wasser« werden kann.

Jedenfalls gilt: Wir spielen nicht eine Weise der Evangelisation gegen eine andere aus. Wir haben *viele Möglichkeiten*, darum gehen wir viele Wege. Entscheidend ist nur, daß auf den vielen Wegen dasselbe Ziel bleibt, nämlich daß Menschen Jesus Christus begegnen und ihr Leben ihm anvertrauen. Wenn es um die vielen Wege zu den Menschen geht, dann muß unter uns immer neu darüber nachgedacht werden, welche Wege heute geboten sind, um die verschiedenen Menschen zu erreichen, ob es Kinder sind oder Jugendliche, Menschen auf der Lebenshöhe, alte Menschen oder ausländische Mitbürger, bestimmte Berufsgruppen oder Menschen am Rande der Gesellschaft. Wir wissen uns zu allen Menschen gewiesen, wie Jesus zu allen ging.

b) Das Evangelium, das wir den Menschen unserer Zeit schulden, kann nun in *verschiedenartiger Gestalt* zu uns Menschen kommen.

Da ist zunächst das *gesprochene* Wort, das in der evangelistischen Veranstaltung in der Form einer Predigt, eines Vortrages oder eines Zeugnisses weitergegeben wird. Paulus macht uns im Römerbrief darauf aufmerksam, daß der Glaube aus der Predigt (wörtlich: »aus dem Gehörten«) kommt (Röm 10,17). Viele sind heute mißtrauisch gegen das gesprochene Wort, weil sie der Überzeugung sind, daß wir in einer Zeit der verbrauchten Worte leben und der Mensch im Grunde genommen nicht mehr hörfähig ist. Nicht mehr das Ohr, sondern das Auge sei das Organ, über das der moderne Mensch erreicht werden könne. So sehr wir solche Aussagen ernst nehmen müssen, der moderne Mensch ist in der Tat weithin ein »optischer Mensch« geworden, so sehr dürfen wir doch mit der Kraft des göttlichen Wortes rechnen, weil Gott verheißen hat, daß er es mit der Kraft des Heiligen Geistes verbindet und es so zur »viva vox evangelii« (zur lebendigen Stimme des Evangeliums) wird, wie das die reformatorischen Väter ausgedrückt haben.

Es sei hier aber auch an das gesprochene Wort erinnert, das in der Form des persönlichen Zeugnisses oder des Glaubensdialoges im Zwiegespräch gesagt wird. Auf die besondere Notwendigkeit und Wichtigkeit der evangelistischen Kleinarbeit komme ich später noch einmal zu sprechen.

Neben dem gesprochenen Wort begegnet das Evangelium aber auch in der Gestalt des *gedruckten* Wortes. Die Blättermission hat in der Gemeinschaftsbewegung immer eine große Rolle gespielt. Das evangelistische Buch, das evangelistische Heft, das evangelistische Traktat und Blatt, die evangelistische Zeitung sind Mittel, um an Menschen heranzukommen. Wichtig ist, daß wir hier in den Fragen der graphischen Gestaltung, des Stiles, der Sprache an der Seite des Zeitgenossen stehen. Der Zeitgenosse liest z. B. durchgängig die Zeitung. Warum sollte das evangelistische Wort nicht in der Form und im Stil einer Zeitung zu ihm kommen? Hier liegen große Möglichkeiten und Aufgaben. Formen und Stile wechseln, hier gilt es, ganz flexibel und anpassungsfähig zu sein – freilich der Inhalt bleibt, denn das Evangelium gilt dem Menschen von heute genauso wie dem Menschen von gestern. Aber aufpassen müssen wir auch hier, daß wir nicht meinen, eine bestimmte Sprachgestalt entspräche allein dem Evangelium. Die Übersetzungsarbeit für den Menschen von heute, so daß er »verstehen« kann, was wir meinen, ist erforderlich. Solche Übersetzung des Evangeliums in die Zeit hinein, gehört mit zur Fleischwerdung des Wortes.

Ich nenne weiter das *gesungene* und das *gespielte* Wort. Oft erreichen Töne das Herz des Menschen schneller als das Wort, das gesprochen wird. Welch einen Schatz an wundervollen Chorälen, Erweckungsliedern aus älterer und neuerer Zeit haben wir! Ein von einem Chor oder einem Solisten gesungenes oder von Posaunen- oder anderen Instrumentalchören gespieltes geistliches Lied ist oft die Brücke für das Evangelium zum Herzen des Menschen.

Wir werden auch die Frage im Auge behalten müssen, wie wir in einem optischen Zeitalter die neuen *elektronischen Medien* in den Dienst der Evangelisation stellen können. Die Frage, ob wir das dürfen oder nicht, wird in unseren Kreisen diskutiert. Aber ich gebe zu bedenken, daß die elektronischen Medien von unseren Zeitgenossen benützt werden, ob uns das lieb ist oder nicht. Einen religiös gleichgültigen Menschen werden wir zunehmend schwerer in evangelistische Veranstaltungen bringen. Wenn er müde von der Tagesarbeit nach Hause kommt, es sich in seinem Wohnzimmer gemütlich machen kann und sich die »Welt ins Haus« holt, dann ist er schwer zu bewegen, seine Wohnung abends noch einmal zu verlassen. Liegt hier nicht eine missionarische Aufgabe und Möglichkeit, über das Medium, das ihm geläufig ist, das Evangelium in seine Wohnung zu bringen? An dieser Stelle ist auch der Kassetten- und Tonbanddienst zu erwähnen, der in manchen unserer Kreise treu getan wird. Über ihn erreicht man vor allem die Alten und die Kranken.

c) Eine besondere Stärke der evangelistischen Arbeit der Gemeinschaftsbewegung bestand in der *evangelistischen Kleinarbeit.*

Früher sprach man von den »Stubenevangelisationen«, heute würde man »missionarische Hauskreisarbeit« dafür sagen. Hier wird in einem kleinen, überschaubaren und bekannten Kreis über Glaubensfragen miteinander gesprochen, Zeugnis von Erfahrungen mit dem lebendigen Herrn weitergesagt und zum Glauben an Christus eingeladen. Das alles geschieht in einer ungezwungenen, aufgelockerten Atmosphäre, vielleicht bei einer Tasse Tee und einem kleinen Imbiß.

Daneben aber denke ich nun besonders an die »persönliche Evangelisation«, d. h. an das Glaubensgespräch von Mensch zu Mensch. Dazu gibt es viele Gelegenheiten. Ob es sich mit einem Nachbarn ergibt oder mit einem Berufskollegen, ob wir es bei einem Hausbesuch führen oder mit einem Menschen, der uns im Eisenbahnabteil gegenübersitzt oder einige Zeit mit uns im Pkw fährt. Gott führt uns immer mit Menschen zusammen, mit denen wir eine längere Wegstrecke unterwegs sind oder die uns in einer besonderen augenblicklichen Situation zum Nächsten werden.

Freilich ist gerade bei solcher persönlichen Evangelisation entscheidend wichtig, daß wir Menschen nicht durch unser Verhalten enttäuschen und damit Türen für das Evangelium zuschlagen. Gerade wenn wir vor Ort mit Menschen, mit denen wir bekannt sind, evangelistische Gespräche führen wollen, ist es entscheidend wichtig, daß wir auch zum praktischen Dienst zur Verfügung stehen, wenn wir gebraucht werden. Die Liebe treibt uns nicht nur zum Wort-, sondern auch zum Tatzeugnis.

Darum sei noch einmal festgehalten: Wir evangelisieren nicht nur durch das Wort, obwohl dieses unverzichtbar ist, sondern auch durch das »gute Werk«, durch die Taten der Liebe.

5. Evangelisation ist immer eine Sache der ganzen Gemeinschaft oder Gemeinde

a) Unbestritten ist, daß jedes gläubige Glied einer Gemeinde oder Gemeinschaft einen Auftrag zur persönlichen Evangelisation hat. Aber die Gemeinde als Ganze ist zum evangelistischen Handeln gerufen. Unsere Väter faßten das in die Sätze zusammen: »Was nicht wirbt, stirbt. Was nicht missioniert, wird missioniert.«

Die Gemeinde oder Gemeinschaft hat einen *permanenten* und einen *punktuellen* evangelistischen Auftrag.

Der *permanente* evangelistische Dienst sieht so aus, daß die Gemeinde immer in evangelistischer Bewegung ist. Das wird sich in verschiedenen Aktivitäten auswirken, z. B. durch eine Hausbesuchsmission, durch eine regelmäßige Blättermission, durch Straßeneinsätze (vor allem in städtischen Verhältnissen), durch evangelistische Veranstaltungen verschiedenster Art, zu denen Fernstehende eingeladen werden.

Die Gemeinde oder Gemeinschaft wird sich in ihren Mitarbeiterkreisen immer wieder Gedanken darüber machen, auf welchen Wegen und in welchen Formen sie ihren evangelistischen Auftrag an ihrem Ort erfüllen kann. Dabei muß man sich freilich an die örtlichen Möglichkeiten halten und sie recht einschätzen. Nicht überall ist alles möglich. Man sollte aber auch nicht zu schnell resignieren und sich die Ziele zu kurz stecken. Hört dieses Nachdenken über den permanenten evangelistischen Auftrag auf, dann wird eine Gemeinde oder Gemeinschaft bald ihre Beweglichkeit verlieren und in die geistliche Mittelmäßigkeit absinken.

Unter der *punktuellen* Evangelisation verstehe ich: Die Gemeinde oder Gemeinschaft hält jährlich oder zweijährig oder in größeren Abständen eine Evangelisation, die in einem größeren Rahmen stattfindet und die auch eine Öffentlichkeitswirksamkeit haben soll, zumindest so, daß jedermann an dem Ort des Geschehens von der Veranstaltung Kenntnis hat und dazu eingeladen wird. Ein guter Kontakt mit der lokalen Presse kann hier z. B. wertvolle Dienste tun. Auch soll die Veranstaltung in Schaukästen, kirchlichen Mitteilungsblättern und durch ansprechend gestaltete Programme und Handzettel bekanntgemacht werden. Die punktuelle Evangelisation darf keine Routineveranstaltung werden, um sozusagen das evangelistische

Gewissen zu beruhigen. Jede Evangelisation will neu so vorbereitet werden, als täten wir das zum ersten Mal. Man darf dabei nichts dem Zufall überlassen. Es ist hier nicht der Ort, über die Vorbereitung, die Durchführung und die Nacharbeit einer Evangelisation mehr zu schreiben. Aber daß diese drei Phasen gründlich und verantwortlich überlegt werden müssen, ist keine Frage. Der Evangelist, den die Gemeinde oder Gemeinschaft für die Evangelisation einlädt, ist nicht ein »Solist«, der von außen kommt, um jetzt an diesem Ort seinen Dienst zu tun. Er ist vielmehr der Sprecher der Gemeinde, der für die Zeit seines Dienstes, integriert in den Kreis der Brüder und Schwestern, in ihrem Namen die Botschaft ausrichtet.

b) Entscheidend wichtig ist, daß alle evangelistische Arbeit vom *Gebet* begleitet wird. Evangelisation und Gebet gehören unbedingt zusammen. Es kann keine fruchtbare Aktion geben ohne die geistliche Konzentration auf unseren Herrn. Das »missionarische« Beten muß unter uns viel mehr geübt werden. Unsere Väter sprachen von der »Gebetsarbeit«, die wir zu tun haben. Es gilt, unsere Städte und Dörfer »durchzubeten«, Menschen, die wir ansprechen und für Christus gewinnen wollen, namentlich vor Gott zu nennen. In der evangelistischen Arbeit geht es, wie wir feststellten, um die Rettung des Menschen aus seiner Verlorenheit zu wahrem Leben. Wer aber Menschen zum Leben ruft, legt sich damit an mit den Mächten der Finsternis. Da es für den Menschen nie eine neutrale Zone geben kann, in der er in einer letzten, absoluten Freiheit für sich wäre, sondern der Mensch immer »geritten« wird, wie Luther das formulierte, deswegen befindet er sich immer in einem Machtbereich. Ist ein Mensch nicht bei Christus, dann ist er im Machtbereich des Satans, so sagt es uns jedenfalls die Heilige Schrift. Evangelisieren heißt, Menschen aus dem Machtbereich Satans im Namen Jesu in den Machtbereich Gottes rufen. Dessen müssen wir uns stets bewußt sein. Darum können wir evangelistisch nur etwas ausrichten, wenn wir in der betenden Gemeinschaft mit dem lebendigen Herrn selber stehen. Evangelisation ohne Gebet ist zwecklos.

c) Es ist auch die große Frage, ob unsere Gemeinden oder Gemeinschaften wirklich für Menschen, die Gott retten will, eine *geistliche Heimat* bieten. Sind wir bereit, Menschen, die Gott hinzutun will, auf- und anzunehmen? Können sich Menschen in unserer Mitte wohlfühlen? Können Menschen, die bisher nicht zu uns gehörten, mit frohem oder erstauntem Herzen sagen: Hier bin ich daheim? Sind unsere Gemeinden und Gemeinschaften Orte der Geborgenheit, der Glaubensvergewisserung, Orte, an denen zeichenhaft und echt die Ordnung der neuen Schöpfung gelebt wird?

Geistliche Heimat, das heißt doch: Hier regiert der Heilige Geist, hier werden Menschen von ihm geprägt. Wo aber der Heilige Geist regiert, ist

Freude und Frieden, ist Liebe und Vergebung, ist die Zuwendung zum Bruder und der Schwester und die Bereitschaft, den anderen zu dienen. Wo der Heilige Geist regiert, hat die Langeweile keinen Platz, auch nicht die fromme Cliquenbildung, auch nicht ein Einmannbetrieb, der die Brüder und Schwestern zu Statisten degradiert.

d) Schließlich gehört auch das zum evangelistischen Auftrag der Gemeinde oder Gemeinschaft, daß wir die Brüder und Schwestern immer wieder *zurüsten zum missionarischen Dienst.* Die Gemeinde ist der Ort, an dem geistliche Ermutigung geschieht, Auferbauung, Weckung der Gaben, Korrektur und Hilfestellung. Viele junge und alte Gläubige, und ich meine das jetzt nicht im Sinne des Lebensalters, werden im alltäglichen Geschäft oft verunsichert, sie sind angefochten, sie werden im Glauben müde. Es brechen Fragen auf, wie ich als Christ in diesem oder jenem Fall handeln soll. Da bedarf es der Seelsorge aneinander, sowohl in der Verkündigung als auch im persönlichen Gespräch, und der Ermahnung und Ermunterung zum fröhlichen und missionarischen Lebensstil.

6. Aller evangelistische Dienst ist immer auch Gefahren ausgesetzt, denen wir nur allzu leicht erliegen

a) Man kann es nicht oft genug betonen: In der Mitte aller Evangelisation steht Jesus Christus selbst, und zwar als der Heiland der Sünder, der um unserer ewigen Errettung willen sein Leben am Kreuz von Golgatha für uns gegeben hat. Wenn diese Mitte nicht mehr die Mitte bleibt, dann ist Evangelisation entartet.

Auf vier Gefährdungen will ich hinweisen:

Das verkürzte Evangelium

Darunter verstehe ich eine Christusverkündigung, die den Menschen unter Vorspiegelung falscher Tatsachen zum Glauben an Christus rufen will. Da wird z. B. in der Evangelisation mit Sätzen gearbeitet, wie: »Komm zu Jesus, dann bist du glücklich!« oder »Komm zu Jesus, und du wirst gesund!« oder »Komm zu Jesus, und du hast Erfolg!« Diese Halbwahrheiten sind ein Betrug an den Hörern. Man gaukelt den Menschen ein »höheres« Leben vor, das gewissermaßen nun problemlos geführt werden kann. Der Ton des Evangeliums, daß der, der Jünger wird, bereit sein muß, sein Kreuz zu tragen, wird glatt unterschlagen (s. z. B. Mk 8,34).

Ein verkürztes Evangelium liegt freilich auch da vor, wo das Wort von der Heiligkeit und dem Gericht Gottes nicht hörbar wird. Man darf den Hörer über seinen Zustand nicht im unklaren lassen. Man wird allerdings hier gleich hinzufügen müssen, daß es entscheidend wichtig ist, wie wir über diese geistlichen Wahrheiten sprechen. Ob man uns selber bei diesen Themen das Zittern abspürt, daß wir auch noch verlorengehen können? Oder ob wir aus einer Position der Überheblichkeit und Sicherheit, die durch nichts gerechtfertigt ist, über die Heiligkeit und den Zorn Gottes sprechen? Ob wir bei diesen Themen die Peitsche schwingen oder ob man uns das Leiden um Menschen abspürt, daß sie verlorengehen könnten?

Das verdeckte Evangelium
Damit will ich auf die Gefahr hinweisen, daß in der Evangelisation Themen der Heiligen Schrift oder unserer theologischen Spekulation oder auch Fragen, in denen Gläubige verschiedene Erkenntnisse haben, in die Mitte gerückt werden: Ob es die Frage nach der Taufe ist oder nach der Entrückung, nach dem Tausendjährigen Reich oder nach dem Weg Israels, ob es besondere Deutungen des prophetischen Wortes für Ereignisse der Gegenwart oder aber Fragen sind, die den Lebensstil des Menschen von heute betreffen. Schlimm wird es, wenn die Hörer unter solchen Fragen, die in der Evangelisation Nebenfragen sind, sich von der Verkündigung abwenden und die letzte Entscheidung nicht an der Christusfrage fällt. Man kann in der Evangelisation über viele Fragen sprechen, aber bei jeder Frage muß Christus aufleuchten als die Antwort und als der Herr, der uns in seine Nachfolge holen will.

Das ergänzte Evangelium
Der Apostel Paulus hat einen schweren Kampf gegen die geführt, die das Evangelium ergänzten und damit Bedingungen für das Heil aufstellen wollten, die wir zu erfüllen hätten, ehe wir zu Christus kommen können (s. z. B. Galaterbrief). Es geht dabei um die Frage nach der Gesetzlichkeit.

Es ist keine Frage, daß wir in der Evangelisation Gesetz und Evangelium zu verkünden haben. Wir haben zu sagen, was Gott will. Gerade in einer Zeit der Auflösung göttlicher Ordnungen haben wir Gottes Gebote und Weisungen deutlich zu machen. Die Frage nach dem Verhältnis von Gesetz und Evangelium in der evangelistischen Verkündigung wäre es wert, in einer gesonderten Abhandlung bedacht zu werden.

Von der Predigt des Gesetzes aber muß nun grundlegend die gesetzliche Predigt unterschieden werden. »Wenn du Christ werden willst, dann...« Und dann kommen alle die frommen menschlichen Satzungen, mit denen wir so gern die Menschen nach unseren Maßstäben normieren möchten. Es gibt aber keinen Einheitstyp »Christ«. Und auch der praktische Vollzug der Heiligung läßt sich von uns nicht im Detail für jeden Christen festlegen. Wir müssen festhalten: Gottes Gnade ist bedingungslos. Es geht nach der Weise: »Du darfst kommen, wie du bist...« »Christus und...« ist das Ende des Evangeliums.

Das fordernde Evangelium

Ich bin mir dessen bewußt, daß die gewählte Formulierung ein Widerspruch in sich selber ist. Forderung und Evangelium, das paßt nicht zusammen. Und doch möchte ich darauf hinweisen, daß auch die Gefahr nicht von der Hand zu weisen ist, aus dem Evangelium ein neues Gesetz zu machen. Christus aber ist nicht ein neuer Mose. Das Thema der Evangelisation ist nicht das »Du mußt...« oder das »Du sollst...«. Das Evangelium spricht von der Gabe Gottes und nicht von seinen Forderungen. Wir werden beschenkt und nicht gefordert zu einem Tun, das wir gar nicht zu leisten imstande sind. Diese elende Verwandlung des Evangeliums in ein neues Gesetz ist eine der theologischen Sünden unserer Zeit, von der nicht nur manche Evangelisation betroffen ist, sondern die uns in vielen Predigten begegnet.

b) Die Evangelisation ist *keine polemische Veranstaltung*. Unter »Polemik« können der Meinungsstreit, die scharfe Kritik, die harte Auseinandersetzung, auch ein unsachlicher Angriff verstanden werden. Meinungsstreit und Kritik werden auch unter Christen immer wieder laut werden. Gerade die Gemeinschaftsbewegung, die sich selber der Kritik anderer immer neu stellen muß und will, hat ihre Fragen etwa an Kirche und Theologie. Sie scheut sich nicht, Kritik zu üben, wenn sie der Überzeugung ist, daß Weichenstellungen vorgenommen werden, Wege gegangen werden und theologische Auffassungen vertreten werden, die dem Zeugnis der Heiligen Schrift nicht entsprechen. Aber alles gehört an seinen Platz. In der Evangelisation hat die Polemik nichts zu suchen. Hier sollen Menschen zum Glauben gerufen und nicht durch theologische Auseinandersetzungen verwirrt werden. In der Evangelisation steht an der ersten Stelle das »pro« des Evangeliums. Um es mit einem Beispiel zu sagen: Wir polemisieren nicht gegen eine Theologie, die die leibhaftige Auferstehung Jesu von den Toten leugnet, sondern wir bezeugen mit großer Freude den auferstandenen Herrn.

c) Als eine weitere Gefahr sei der *Psychologismus* in der Evangelisation genannt. Immer wieder wollen wir in geistlichen Dingen »etwas machen«. So verständlich das ist, daß wir aus einer inneren Leidenschaft heraus Menschen »bekehren« möchten, weil wir eben möchten, daß sie in Christus das Leben finden, so sehr müssen wir an dieser Stelle unsere Grenzen beachten. Herman Bezzel, der lutherische Pietist, hat den Satz gesagt, den sich alle ins Stammbuch schreiben sollten, die das Evangelium weitersagen, daß »Gott sich seine Kinder selber gebiert«. Darum müssen wir alles menschliche Drängen und Treiben aus der Evangelisation verbannen. Wir setzen die entscheidende Stunde über einem Menschenleben nicht. Die »Gottesstunde« ist wirklich die Stunde Gottes mit einem Menschenleben. Oft hat ein Mensch eine lange göttliche Vorgeschichte, ehe es zum Durchbruch zu Christus kommt.

Wenn in der Evangelisation »der Ruf zur Entscheidung« für Christus erfolgt, dann kann es Gott gefallen, daß er diesen Ruf benützt, um Menschen zum Glauben kommen zu lassen. Aber nicht unser Ruf bekehrt Menschen, sondern der barmherzige Gott, der sich menschlicher Werkzeuge bedient. Freilich sei hier darauf hingewiesen, daß der »Ruf zur Entscheidung«, wie wir ihn etwa aus den amerikanischen Evangelisationen kennen, nicht typisch ist für den evangelistischen Dienst der Gemeinschaftsbewegung. Ein so von Gott bestätigter Evangelist wie Pfarrer Wilhelm Busch hat diese Methode nie angewandt. Er hatte dazu nicht die innere Freiheit. Aber er hat auch nie z. B. Billy Graham deswegen kritisiert, weil er diesen Ruf ergehen läßt. Gott ist souverän. Er kann auf den verschiedenen Wegen und mit verschiedenen Methoden Menschen zu Christus führen.

Dr. John Stott, der anglikanische Theologe aus England, hat zum Thema »Der Heilige Geist in der Evangelisation« geschrieben: »So ist nun die erste Vorbedingung jeder echten Evangelisation, daß wir uns vor Gott erniedrigen, unsere eigene Hilflosigkeit, Menschen durch uns selber zu bekehren, eingestehen, der Anwendung aller psychologischen Druckmittel (»schimpfliche, heimliche Wege« – 2Kor 4,2) entsagen und den Segen vom Heiligen Geist erwarten. Menschliche Evangelisten müssen ihren Part spielen... aber der unsrige ist immer eine untergeordnete Rolle. Wir, die da pflanzen und begießen, sind nichts, nur Gott gibt das Gedeihen...«[12] Wir dürfen der Macht des göttlichen Wortes und Geistes vertrauen und nicht unseren psychologischen Tricks und Überredungskünsten.

7. Die Speerspitze der Evangelisation muß spitz bleiben und darf nicht verbogen werden

a) In der »Lausanner Verpflichtung« von 1974[13] heißt es im Artikel 4: »Ziel (der Evangelisation – d. Vf.) ist es, Menschen zu bewegen, zu ihm (Christus – d. Vf.) persönlich zu kommen und so mit Gott versöhnt zu werden.«

In einer theologischen Grundlegung zum Missionarischen Jahr 1980 »Christ aktuell«[14] heißt es im Artikel 10: »Verkündigung und Seelsorge zielen auf den Glauben... Was wir als Frucht der Belebung und Erweckung für unsere Zeit erbitten, fängt mit der Bekehrung des einzelnen an. Darum ist der Kirche der Ruf zum Glauben für jeden einzelnen aufgetragen.«

Im »Essener Wort zur Frage der Evangelisation«[15] (1984) heißt es: »Das Ziel allen evangelistischen Einsatzes besteht darin, Menschen für Jesus Christus und sein Reich zu gewinnen« (Art. 4).

Man hat der Evangelisation, wie sie in der Gemeinschaftsbewegung und überhaupt im Pietismus geübt worden ist, eine individualistische Engführung vorgeworfen. Man sei zu stark auf den einzelnen fixiert, heißt es da. Aber wir lassen uns diesen Vorwurf gern gefallen, denn wir befinden uns dabei in guter Gesellschaft. Wir haben diesen persönlichen Anruf und Zuspruch bei unserem Herrn und seinen Aposteln gelernt. Man kann nicht das »Volk« zum Glauben rufen oder die »Gesellschaft«. Hier geht es um den einzelnen. Gott will die *Bekehrung des einzelnen,* denn er hat jeden Menschen als eine eigene Persönlichkeit geschaffen und durch Christus erlöst. Vor Gott existiert nicht ein Massenartikel »Mensch«, der nur ein Rädchen in einer anonymen Gesellschaft wäre. Vor Gott hat der einzelne seinen Wert. Jesus hat großen Volksmassen gepredigt, aber dann hat er sich dem einzelnen zugewendet und an ihm sein Heilandswerk getan (z. B. Mk 8,22 ff.; Lk 19,1 ff.; Mk 7,33).

b) Wir übersehen die *Nöte in dieser Welt* nicht. Wir wissen um die kranke Gesellschaft, in der wir leben. Wir kennen die Ungerechtigkeiten, den Streit und den Hunger in der Welt. Wir hören auch den Ruf, der immer neu erklingt, neue Verhältnisse in dieser Welt zu schaffen, damit die Angst und das Leiden unter den Menschen weniger werde und Friede, Gerechtigkeit und Sicherheit die Menschheit beglücke. Aber man kann auf solche Sehnsüchte und Forderungen immer wieder nur antworten: Wie sollen wir denn erlöste Verhältnisse mit unerlösten Menschen schaffen? Das Problem der Welt sind doch nicht die Strukturen, unter denen wir leiden, sondern die Menschen, die sie schaffen und gestalten. Nur erneuerte Menschen schaffen neue Strukturen. Strukturen können sich nicht »bekehren«. Aber immer wieder wird so getan, als wäre das möglich.

Vom Evangelium her wissen wir: Menschen werden neu, wenn Christus ihr Herr geworden ist, wenn er sie bekehrt hat. Einen anderen Weg zur Welterneuerung als über die Herzenserneuerung des einzelnen gibt es nicht. Jedenfalls ist man bis heute den Beweis schuldig geblieben, daß das möglich wäre.

Darum ist die evangelistische Arbeit nötig und dringlich. Und es ist deutlich, daß die Bekehrung des Menschen diesen nicht nur »ewig selig« macht, d. h. daß er durch den persönlichen Glauben an Christus im Gericht Gottes bestehen kann, sondern daß die Bekehrung des einzelnen ihre Auswirkungen heute hat in der Umwelt, in der der zu Christus Bekehrte lebt.

c) *Die Konsequenz der Bekehrung* eines Menschen zu Christus ist ein zeichenhaftes Leben in unserer Welt heute. Darüber ist in den Dokumenten der Pietisten manches zu lesen.[16] Ein Christ wird ein Mensch des Friedens sein, Frieden halten, Frieden stiften und für den Frieden unter den Menschen eintreten.

Er wird seine soziale Verantwortung erkennen, die sich je nach Stellung und Besitz in dieser Welt sehr verschiedenartig darstellen kann. Ein Fabrikbesitzer, der Christ geworden ist, wird seine Mitarbeiter nicht ausbeuten oder ihnen die gerechte soziale Absicherung vorenthalten. Christen werden am Hunger in der Welt nicht achtlos vorbeigehen, sondern versuchen zu helfen auf mannigfache Weise.

Ein Christ wird für die Gerechtigkeit eintreten und sich für Menschen einsetzen, die ungerecht behandelt werden.

Er wird die Schöpfung Gottes ehren und sie nicht mutwillig ausbeuten und zerstören.

Er wird dem Haß mit der Liebe Christi begegnen und die Teufelskreise der Vergeltung durch die Bereitschaft der Vergebung durchbrechen.

Er wird, soweit er dazu in der Lage ist, öffentliche Verantwortung in der Gesellschaft übernehmen und, um des Menschen willen, Verhältnisse mitgestalten zum Besten des Nächsten.

Bei alledem treibt den bekehrten Christen nicht der Egoismus, der Ehrgeiz, das Machtstreben, sondern letztlich die Liebe Christi, die in der Kraft des Heiligen Geistes das neue Leben sichtbar werden lassen will, in den guten Werken des Glaubens.

d) Unablässig, vielleicht bis zum Überdruß, sei immer neu betont, daß *der zweite Schritt nicht vor dem ersten* getan werden kann. Wer das versucht, stellt den Menschen unter ein Gesetz, das er nicht erfüllen kann. Der erste Schritt ist die persönliche Lebenserneuerung des einzelnen durch die Hingabe des Lebens an den für uns gekreuzigten und von den Toten auferstandenen Jesus Christus. Diese Speerspitze der Evangelisation darf nicht umgebogen werden, sie darf nicht abgebrochen werden, sonst wird die Evangelisation zu einer stumpfen Waffe, die entweder zum Gesetz entartet oder im Vorfeld christlicher Unverbindlichkeiten steckenbleibt.

8. Die Stunde nützen im Lichte des wiederkommenden Herrn

a) Unser Herr Jesus Christus hat seinen Jüngern zugerufen: »Handelt, bis daß ich wiederkomme« (Lk 19,13). Wir warten auf unseren wiederkommenden Herrn. Das Wissen um sein Kommen gibt uns die Kraft, die Freude und die Bereitschaft zur Hingabe an den evangelistischen Dienst. Weil wir um die Stunde seines Kommens nicht wissen (z. B. Mk 13,32), darum tut es not, die gegenwärtige Zeit auszukaufen (Eph 5,16a; Kol 4,5b) und zu nützen. Es gibt noch viel zu tun, wenn wir an die Massen der Menschen denken, die das Evangelium noch nie gehört haben, und an die vielen, die es in unserem Lande vergessen haben oder verachten. Die Zeichen der Zeit machen den evangelistischen Dienst dringlich. Damit ist schon zum Ausdruck gebracht, daß das Warten auf den kommenden Herrn uns nicht zur Faulheit und Trägheit verführen darf (s. z. B. 2Thes. 3,11), sondern daß das Warten unser stärkster Ansporn zum Wirken sein muß. Unser Herr will uns bei der Arbeit sehen, wenn er kommt.

Wir können von daher einer Meinung nicht zustimmen, die besagt, daß die Zeit der Evangelisation vorbei sei. In manchen Kreisen ist man der Überzeugung, jetzt geht es nur noch darum, die Gemeinde des Herrn vorzubereiten und zuzurüsten auf den Tag der Entrückung (1Thes 4,15 ff.), der nahe sei. Dieser Dienst der Vorbereitung und Zurüstung der Gemeinde darf gewiß nicht außer acht gelassen werden. Aber dieser Dienst hebt den anderen nicht auf, nämlich das Evangelium in der evangelistischen Aktion den Menschen zu bringen, die nicht zur Gemeinde gehören und die Christus vielleicht überhaupt nicht kennen. Der Evangelisationsauftrag kennt keine Grenzen, weder räumlich noch zeitlich (s. Apg 1,8).

b) Wir leben in einer bewegten Zeit, in der altgewohnte, traditionelle kirchliche Strukturen sich auflösen und zerbrechen. Es ist nicht mehr bürgerliche Selbstverständlichkeit, Glied der Kirche zu sein. Unser Volk wird unkirchlicher, der Geist unserer Welt antichristlicher. Das zeigt sich u. a. auch darin, daß die göttlichen Ordnungen bekämpft und, als veraltet erklärt, auf die Seite geschoben und verachtet werden. In dieser Situation ist *Evangelisation das Gebot der Stunde.* Wir wollen zu Jesus rufen, bis er kommt. In einer kälter werdenden Welt werden wir nicht resignieren oder gar kapitulieren. Christus, der lebendige, gegenwärtige und wiederkommende Herr, steht zu seinen Leuten. Es ist nichts umsonst, was wir in seinem Namen tun. Auch in unserer Zeit gibt es viele fragende, suchende, ängstliche, verzweifelte, leidende, gebundene, problembeladene, verunsicherte Menschen, die Antwort und Hilfe wollen und brauchen. Bei aller evangelistischen Arbeit dienen wir nicht einer menschlichen Organisation, sondern wir sind Mitarbeiter am Reich Gottes, das unser Herr bei seinem Kommen vollenden wird. Weil wir seit Ostern schon in der Zukunft Gottes leben und mit einer lebendigen Hoffnung im Licht des kommenden Christus unterwegs sind, darum gehen wir immer neu mit Freuden ans Werk, zu dem uns der Herr gerufen hat (1Kor 15,58).

Zusammenfassung

Die Gemeinschaftsbewegung will Evangelisationsbewegung sein und bleiben. Sie hat ein reiches evangelistisches Erbe, das es gerade auch für heute fruchtbar zu machen gilt. Elias Schrenk hat uns in besonderer Weise den Weg zum Evangelisieren gewiesen. Grundlegend für eine fruchtbare Evangelisation ist, daß die Heilige Schrift uns die große Autorität ist, unter die wir uns beugen, auf die wir als Schüler hören und die wir uns von keiner Seite in Frage stellen lassen.

Die Mitte der Schrift ist Christus, darum muß auch die Mitte allen Evangelisierens der ganze biblische Christus sein. Er ist der Herr und Heiland, der Retter der Verlorenen, der Erlöser von Sünde, Tod und Teufel, der Versöhner, der Lebendige, der Wiederkommende.

Ihn auf vielfache Weise unter die Menschen zu bringen, das ist unsere Aufgabe.

Das Gebet bleibt der tragende Grund aller evangelistischen Arbeit. Elias Schrenk sagte einmal: »Das Geistliche bekommen wir durch das Gebet, das Seelische können wir machen.«[17] Unsere Bitte an Gott soll sein, daß er uns neu erfülle mit der Kraft des Heiligen Geistes, damit wir, seien wir nun hauptberufliche Evangelisten oder schlichte Glieder der Gemeinde, Zeugen Jesu in seiner Vollmacht sein dürfen.

Wir evangelisieren. Er muß die Frucht schaffen. Wir sind nur Werkzeuge in unseres großen Herrn Hand.

Anmerkungen

1 Ich denke dabei an die Weltkongresse für Evangelisation und Weltmission 1963 in Berlin, 1971 in Amsterdam, 1974 in Lausanne, 1986 in Amsterdam. Von allen diesen Kongressen liegen entsprechende Dokumente vor.

2 S. Kongreßbuch »Schritte zu den Menschen« – Gnadauer Verlag, Dillenburg, 1984.

3 Erklärung: »Essener Wort zur Frage der Evangelisation«. Beziehbar durch den Gnadauer Verlag, Dillenburg.

4 S. Kongreßbuch »Schritte zur Mitte« – Gnadauer Verlag, Dillenburg, 1981.

5 S. die beiden Dokumentarmappen von 1983 und 1985 mit den Referaten – Gnadauer Verlag, Dillenburg.

6 S. z. B. Wilhelm Brauer: »Evangelisation als biblische Forderung« – Brunnen-Verlag, Gießen, 1970, bes. ab S. 26ff.

7 S. Adolf Schlatter: »NT – ausgelegt für Bibelleser«, Band 7, Epheserbrief zu Eph. 4,11, S. 145.

8 S. Vortrag von Prof. D. Theodor Christlieb vom 9.8.1888, gehalten auf der allgemeinen kirchlichen Konferenz in Wuppertal-Barmen: »Die Bildung evangelistisch begabter Männer zu Gehilfendienst am Wort und dessen Angliederung an den Organismus der Kirche.« Neu aufgelegt durch die Evangelistenschule Johanneum im Jahr 1963.

9 Paulus Scharpff »Geschichte der Evangelisation«, Brunnen-Verlag, Gießen, und Gnadauer Verlag, Dillenburg, 2. Aufl. 1980, s. S. 262.

10 S. die wissenschaftliche Biographie über Elias Schrenk, geschrieben von Hermann Klemm »Elias Schrenk – der Weg eines Evangelisten«, R. Brockhaus-Verlag, Wuppertal, 2. Aufl. 1986. Wer sich mit den Fragen der Evangelisation ernsthaft beschäftigt, wird schwerlich an diesem Buch vorbeigehen können.

11 Gnadauer Gemeinschaftsblatt 12/1973

12 John Stott: »Der Heilige Geist in der Evangelisation«, Gnadauer Materialdienst Heft 2, Gnadauer Verlag, Dillenburg.

13 Die »Lausanner Verpflichtung« ist ein grundlegendes Dokument zur Frage der Evangelisation, das der Weltkongreß 1974 in Lausanne verabschiedet hat. In diesem Dokument ist das Evangelisationsverständnis der Evangelikalen in aller Welt zum Ausdruck gebracht.

14 Die Theologische Grundlegung zum missionarischen Jahr 1980 »Christ aktuell« wurde von den evangelischen Landeskirchen, den evangelischen Freikirchen, der Gemeinschaftsbewegung und anderen freien Missionswerken in der Bundesrepublik Deutschland unterzeichnet und damit akzeptiert. Es hat schon fast den Rang eines kirchengeschichtlichen Ereignisses, daß dieser Konsens möglich war.

15 S. unter 2.

16 S. Klaus Bockmühl: Evangelikale Sozialethik – Der Artikel 5 der Lausanner Verpflichtung – Theologie und Dienst 9, Brunnen-Verlag, Gießen, 1975.
Klaus Bockmühl: Verkündigung und soziale Verantwortung – Theologie und Dienst 33, Brunnen-Verlag, Gießen, 1983.

17 S. Hermann Klemm s. 10, S. 352.

Dokumente zum Thema:

1 Lausanner Verpflichtung, 1974.

2 Christ aktuell – Missionarisches Jahr 1980. Theologische Grundlegung.

3 Kongreß »Schritte zur Mitte.« Gunzenhausener Aufruf vom 25.10.1981.

4 Kongreß »Schritte zu den Menschen«. Essener Wort zur Frage der Evangelisation vom 2.6.1984.

5 Kurt Heimbucher: Gott für die Welt – wir sagen es weiter, Gnadauer Verlag 1977.
  a) Evangelisation – was ist das? Seite 11 ff.
  b) Manifest zur Frage der Evangelisation in der deutschen Gemeinschaftsbewegung, Seite 23 ff.

THEO WENDEL

Diakonie

1. Die biblische Grundlegung der Diakonie

1.1 Biblische Begriffe für »dienen«

Die Bibel kennt im wesentlichen vier unterschiedliche Worte für »dienen«:

a) Dienen (*douleuein*) = ganz an Gott bzw. an Götzen gebunden sein, wie ein Knecht oder Sklave an seinen Herrn gebunden ist.
b) Dienen (*diakonein*) = Hilfe und Dienstleistung einem Menschen bringen, vor allem Dienen bei Tisch und Besorgen des Lebensunterhalts.
c) Dienen (*latreuein*) = Gott ehren durch kultischen Dienst, Gott Opfer bringen, im NT: Gott dienen in einer neuen Lebenshaltung, im Geist für Jesus Christus wirken (Römer 1,9).
d) Dienen (*leiturgein*) = als Priester Gott im Tempel dienen, in einer gottesdienstlichen Versammlung, die priesterliche Haltung als neue Lebenshaltung vor Gott.

1.2 Diakonie im AT

1.2.1 Im Alten Testament kann das rechte Verhältnis des Menschen zu Gott mit »dienen« umschrieben werden. Damit wird die Abhängigkeit des Menschen von Gott zum Ausdruck gebracht. Dabei ist das »Gott dienen« ganz ausschließlich gemeint. Jos 24,15: »Erwählt euch heute, wem ihr dienen wollt, Gott oder den Götzen, Gott oder Baal.« »Gott dienen« bedeutet gleichzeitig Absage an die Götzen bzw. an alle egoistischen Ziele. Man kann nur von *ganzem Herzen* Gott dienen. »Von ganzem Herzen« ist ein zentrales Wort im AT und stellt die Totalität der Gottesbeziehung heraus (5 Mo 10,12; 5 Mo 6,13; 1 Sam 7,3; 1 Chro 28,9).

1.2.2 Das Dienstverhältnis des Volkes Israel findet seinen konkreten Ausdruck im Kultus, im Gottesdienst. Im Tempel werden Gott Opfer dargebracht. Im Opferdienst wird Gott angebetet. Das Opfer ist Zeichen der Abhängigkeit von Gott. Das Dienstverhältnis zu Gott ist immer mit Opfer verbunden. Das Opfer in seiner ursprünglichen Bedeutung ist Antwort auf Gottes Offenbarung. Im Opfer sucht das Volk Israel Gemeinschaft mit Gott. Im Opferdienst wird Gott das zur Verfügung gestellt, was ihm gehört.

1.2.3 Gott dienen, das ist nicht elende Belastung, das soll nicht unter Seufzen und Stöhnen geschehen, sondern in der ganzen Freiheit eines an Gott gebundenen Lebens. »Dienet dem Herrn mit Freuden« (Ps 100,2). Gott dienen und Gott loben kann dabei nicht auseinandergerissen werden (Ps 103,21). Gott sagt nein zu einem Leben, das seine Lust nicht am Dienst für den Herrn findet, sondern nur an vergänglichen Gütern (5 Mo 28,47). Der Glaubende steht mit Freude in der Dienstgemeinschaft mit Gott und tut seinen Willen gern (Ps 119,47; Ps 40,9).

1.2.4 Die Dienstgemeinschaft mit Gott bezieht auch die Verantwortung für den elenden und hilfsbedürftigen Nächsten ein. Wer Gott dient, kann nicht an den Armen vorbeigehen. Wer sich des Armen erbarmt, der ehrt Gott (Spr 14,31). Gott hat sich über Israel in seinem Elend erbarmt (Herausführung aus Ägypten). Aus dieser Erfahrung heraus hat Israel geradezu eine Verpflichtung übernommen, sich des Hilfsbedürftigen anzunehmen (5 Mo 24,15; 2 Mo 22,11). Die Gesetzesvorschriften in Israel schützen den Armen und treffen Vorsorge für Witwen und Waisen (5 Mo 16,11.14), ebenso für den Fremdling. »Gott dienen« muß sich gerade auch in der Liebe und Fürsorge für den Elenden erweisen (3 Mo 19,17).

1.2.5 Auch auf Gefahren und Mißverständnisse in der Dienstgemeinschaft zwischen Gott und Israel muß hingewiesen werden. Die großen Propheten (Jesaja, Jeremia, Hesekiel, Amos und Hosea) üben scharfe Kritik an einem Kultus und an einer Opferpraxis, die nur dazu dienen, Gott günstig zu stimmen. Die Gottesdienste und die Fülle der Opfer werden von Gott verworfen, weil der Dienst nur Mittel zum Zweck ist. Durch Opfer möchte man auf Gott einwirken (Jer 7; Am 5,21–24; Mi 6,6–8; Jes 1,10f.). Gott bleibt der freie, souveräne Herr, den wir niemals durch unseren Dienst gefügig machen können. Nicht im Dienst für Gott liegt das Heil Israels, sondern ganz allein in Gott selbst und in seinem heilenden Handeln. Niemals kann man Gott mit Dienst und religiösen Pflichten befriedigen. Wir bleiben ihm immer Liebe schuldig.

1.3 Diakonie im NT

1.3.1 Die Umwelt des Neuen Testaments – eine Welt ohne Liebe. Dem antiken Heidentum liegt der Gedanke des liebenden Dienstes und der hingebenden Barmherzigkeit fern. Zwar kann die antike Welt hier und da auf einige Akte des Mitleids hinweisen. Aus Athen sind Aktionen für hilfsbedürftige Arme bekannt, aber man sucht vergeblich nach einem diakonischen Gesamtverhalten. In den Augen der Griechen ist das Dienen etwas Minderwertiges. »Herrschen und nicht dienen ist eines Mannes würdig.« Der vornehme Mann hält Diener um sich herum und pflegt seine Bildung. Der Diener ist nach Plato ein verächtlicher Schmeichler. In Platos Idealstaat ist kein Raum für dienende Liebe. Bettler sollen einfach ausgetrieben werden. Sie stören das allgemeine Wohlsein.

Das Dienen ist nur da gefragt, wo es dem Staat gilt. Wer wohltätig sein will, muß sich überlegen, ob der Betreffende auch der Wohltat würdig ist. Barmherzigkeit, die mit Opfer verbunden ist, kennt man nicht. Es herrscht ein Egoismus, der nur durch den Egoismus des Staates beschränkt wird. So kennt das Altertum Krankenhäuser nur für Soldaten und Sklaven, an denen der Staat und die Großgrundbesitzer ein reges Interesse bekunden. Die Reichen können sich in ihren Palästen selber pflegen lassen. In späteren Jahren der Antike zeigt sich dann die Bereitschaft, alle Menschen gleich zu behandeln. Man spricht von Brüderlichkeit und Pflichten gegenüber anderen Menschen.

Das Judentum zur Zeit Jesu hat vom AT her ein tieferes Verständnis für Dienen gehabt. Das Doppelgebot der Liebe bildete nach wie vor die Grundlage des Glaubens (»Du sollst Gott lieben, deinen Herrn, und deinen Nächsten wie dich selbst«, Mt 22,37–40). Aber die Pharisäer legten dieses Gebot nur im nationalen Sinne aus. Der Nächste ist nur der Nächste in Israel, also der Volksgenosse. »Du sollst deinen Nächsten lieben, aber deinen Feind hassen« (Mt 5,43). Die Feinde Israels sind dann auch Feinde Gottes. Ein rechter Israelit muß die Feinde Gottes hassen. Jesus hat diese Haltung scharf gegeißelt.

Der Dienst wurde im Spätjudentum weniger als Hingabe an Gott verstanden, dafür mehr aber als verdienstliches Werk. Die Pharisäer geben zwar Almosen, aber sie stellen sich selbst mit ihrem guten Werk heraus (Mat 6,1 f.). Sie wollen mit ihren guten Werken von den Leuten gesehen werden. »Die Almosen erlösen vom Tode, tilgen die Sünden und erhalten bei dem Leben« (Tobias 12,9). Im Gleichnis vom Pharisäer und Zöllner hat Jesus diese Haltung scharf zurückgewiesen. Kein noch so frommer und gutgemeinter Dienst kann uns vor Gott rechtfertigen. Gottes Erbarmen allein rettet uns aus der Hölle der Sünde.

Schließlich dringt auch in das Judentum die Vorstellung ein, daß das »Zu Tische dienen« dem Würdigen und Gerechten nicht entspricht. Der vornehmere Mann läßt sich bedienen und hat Diener um sich herum. Jesus sagt von der frommen Welt des Judentums: »Vergeblich dienen sie mir« (Mt 15,9).

1.3.2 Jesus

Erst auf diesem Hintergrund wird das Kommen Jesu in seiner ganzen Tragweite erfaßt. Mit Jesu Auffassung vom Dienen bricht sich ein neues Denken Bahn. Jesus kann seinen Auftrag mit »Dienen« umschreiben. Das

Wort Mt 20,28 wird zum grundlegenden Maßstab seines Lebens. »Des Menschen Sohn ist nicht gekommen, daß er sich dienen lasse, sondern daß er diene und gebe sein Leben zu einer Erlösung für viele.« Die Herrschaft Gottes ist da. »Das Reich Gottes ist mitten unter euch.« Jesus ist gekommen, um uns zu dienen. Martha in Bethanien (Lk 10,38–42) versteht ihn falsch, wenn sie sich mit viel Mühe und Arbeit um Jesus zu schaffen macht, um das Gastrecht voll zur Geltung zu bringen. Sie verkennt die besonders gewichtete Zeit, weil sie alle Hände voll zu tun hat und in der Vorstellung lebt, durch ihre Aktivität könne sie Jesus besondere Ehre erweisen. Jesus kritisiert an Martha nicht, daß sie dient, sondern daß sie gerade jetzt dient, wo er sich Zeit nimmt, ihr zu dienen.

Im Machtbereich Gottes gibt es nur einen Weg zur Größe, nämlich das Dienen. »Wer unter euch groß sein will, der sei euer Diener« (Mt 20,26). Jesus erhärtet diesen Satz durch seine Lebenshingabe am Kreuz. Sein Leiden und Sterben ist in Wahrheit erfüllter Dienst.

Was von Jesus selber gilt, wird auch für die Jüngerschaft zum Grundgebot: Jesus ruft zu einem ganzheitlichen Dienst. Dienen heißt danach: Jesus von ganzem Herzen nachfolgen, in seine Spur treten, sein Leben an ihn hingeben und nicht seine eigene Größe suchen. Der Dienst des Jüngers kann danach auch mit Leiden verbunden sein.

Der Dienst Jesu in Liebe und Hingabe steht aller menschlichen Selbstverwirklichung entgegen. So stellt sich Jesus als der wahre barmherzige Samariter vor, der gekommen ist, Wunden zu verbinden. Er befreit zu wahrer Liebe. Zugleich verdeutlicht er im Gleichnis (Lk 10,25 ff.): Die dienende Liebe überwindet den unversöhnlichen Haß zwischen Juden und Samaritern. Die Liebe, die Jesus bringt und gebietet, ist grenzenlos. Sie setzt zugleich in Bewegung auf den Elenden zu. Sie investiert Zeit und Geld, um den Elenden zu retten.

In Mt 25 erläutert Jesus sehr vielfältige Aktivitäten als »Dienen«: Speise und Trank darreichen, beherbergen, bekleiden, Kranke oder Gefangene besuchen. Was an dem Geringsten getan wird, das wird dem Herrn (für den Herrn) getan.

In Joh 13 gibt Jesus ein anschauliches Beispiel für das, was dienende Liebe ist. Jesus gibt ein Zeichen seiner Erniedrigung, indem er seinen Jüngern die Füße wäscht. Der Dienst der Fußwaschung wurde zur Zeit Jesu als entehrender Sklavendienst angesehen. Nicht einmal einem israelischen Sklaven mutete man das zu. Nur ein heidnischer Sklave durfte zu diesem Dienst herangezogen werden. Jesus will also sagen: Nur wer sich diesen entehrenden Sklavendienst von mir gefallen läßt, kann zu meinem Jüngerkreis gehören. Jesus stellt diese Haltung als Beispiel und Muster für das Leben der Gemeinde hin. Die Grundhaltung der Jünger heißt nun: Herunter vom »hohen Roß«, herunter von der Selbstgerechtigkeit, von der

Selbstsicherheit, mit der wir urteilen und verurteilen und mit falschen Maßstäben messen. Die Jünger werden zum Sklavendienst berufen.

1.3.3 Urchristenheit

Die erste Nachricht vom Dienst der Gemeinde ist uns in Apg 6 überliefert. Die erste Jüngergemeinde lebt in einer freiwilligen Gütergemeinschaft. Alle verkaufen ihr Hab und Gut und zahlen den Ertrag in die von den Aposteln verwaltete Kasse. Die Christen kommen täglich zu Mahlzeiten zusammen. Die Apostel fühlen sich jedoch überfordert, den Tischdienst und den Wortdienst (Verkündigung, Lehre und Seelsorge) gemeinsam wahrzunehmen. So erwählt man bewährte Männer und bestellt sie zu Diakonen, die das »Zu Tisch dienen« übernehmen, so daß die Apostel für den Dienst der Verkündigung, Lehre und Seelsorge frei sind. Der Tischdienst bestand einmal in der Herrichtung der täglichen Mahlzeiten und sicher auch in der Unterstützung der Notleidenden und Elenden, vor allem auch in der täglichen Versorgung der Witwen. Die Grenzen sind hier jedoch fließend.

Das Motiv des Dienstes wird uns in 1 Thes 1,9.10 angegeben. Mit dem Dienst antwortet der Christ auf das, was Gott an seinem Leben getan hat. Der Christ ist in eine neue Bewegung hineingestellt: Bekehrt zu Gott, um zu dienen, um zu hoffen und auf den Tag Jesu Christi zuzugehen. Dienen ist Zeichen der Umkehr von den Götzen zu Gott hin (1 Thes 1,9). Jeder, der Jesus Christus als den Herrn bekennt, dient auch mit der Gabe, die er empfangen hat (1 Petr 4,10 f.).

Dienen ist nicht vom Danken loszulösen. Dienst ohne Dank wäre eine elende Belastung; Danken ohne Dienst wäre elende Faulheit (Hebr 12,28). Der Dienst geschieht im neuen Wesen des Geistes und nicht unter dem Gesetz (Röm 7,6). Dienen unter dem Gesetz würde Leistungdruck bedeuten, permanentes, ständiges Fragen: Wie viele Leistungen muß ich noch erbringen, um Gott zufriedenzustellen? Dienst aus dem Geist des Evangeliums muß heißen: Ich danke dem Herrn für sein rettendes, heilendes Handeln an mir. Als Zeichen des Dankes stelle ich mich ihm im Dienst zur Verfügung. So wird die Lebenshingabe an Gott zu einem neuen Gottesdienst (Röm 12,1 f.).

In den ersten Gemeinden wird jede Tätigkeit, die dem Aufbau der Gemeinde zugutekommt, als »diakonia« bezeichnet (1 Kor 12,28). Der Leib Christi soll auferbaut werden (Eph 4,11 f.). In Röm 12,7 wird die Gabe der Diakonie zwischen der Gabe der Prophetie und der Gabe der Lehre genannt. Alle diese Dienstleistungen sind als Taten helfender Fürsorge im Auftrag der Gemeinde zu verstehen. Sowohl die Verkündigung des Evangeliums, des Wortes von der Versöhnung (2 Kor 5,18 f.), als auch die Taten helfender Fürsorge, alles ist Diakonia. (Vielleicht hat man Dienen = »Zu Tische dienen« auch in der wörtlichen Bedeutung auf die Weitergabe des

Wortes angewandt und dabei das Wort Gottes als Lebensbrot verstanden. Dann hieße »Zu Tische dienen« hier: das Wort Gottes als Lebensbrot darbieten.)

Wenn in Korinth das Haus des Stephanus sich in den Dienst der Heiligen gestellt hat, so ist das auch Diakonie. Als Paulus die in Korinth gesammelten Gaben nach Jerusalem überbringt, kann er das so umschreiben: »Ich werde nach Jerusalem reisen, um den Heiligen zu dienen« (Röm 15,25).

In den Paulusbriefen begegnet uns auch der Diakon als Träger eines bestimmten Gemeindeamtes (Phil 1,1 und 1 Tim 3,8–10). Die Diakone sind offenbar Bischöfen zugeordnet. Sie treten als Gehilfen der Bischöfe auf. Es ist möglich, daß die Diakone die von den Philippern gesammelte Gabe an Paulus überbracht haben (Epaphroditus).

In 1 Tim 3,8–10 werden hohe Anforderungen an die Diakone gestellt. Aus den von ihnen geforderten Eigenschaften kann wahrscheinlich geschlossen werden, daß Diakone vor allen Dingen mit Verwaltungsaufgaben und Liebestätigkeit in der Gemeinde betraut sind. In der nachapostolischen Zeit bleibt die Zuordnung »Bischof–Diakon« bestehen. Der Diakon soll dem Bischof zur Seite stehen wie »Christus dem Vater«. Er soll des Bischofs Ohr, ja sein Mund, Herz und Seele sein. Diakone sorgen für arme Witwen, Waisen, Kranke, Obdachlose, Gefangene und Märtyrer. Sie verteilen auch die Speisen beim Liebesmahl. Sie betätigen sich später aber auch als Küster und Kirchmeister. Mit dem 5. Jahrhundert erscheint der Diakon nur noch als Assistent des Bischofs. Die Armenpflege geht auf andere über.

In Röm 16,1 wird uns eine Frau vorgestellt, eine Diakonin bzw. Diakonisse genannt (Phöbe). Ob es Diakonisse damals bereits als feste Amtsbezeichnung gegeben hat, mag dahingestellt sein. Wahrscheinlicher ist, daß einzelne Frauen, vor allem ältere Frauen (1 Tim 5,9 f. und Tit 2,3 f.) und Witwen Liebesdienste übernommen haben. Bei Ignatius, Polykarp und Clemens von Alexandrien nehmen die Witwen eine besondere Ehrenstellung in der Gemeinde ein. Sie beten für die Gemeinde, sie unterweisen Frauen und Kinder. Sie nehmen sich der Christen an, die um des Glaubens willen ins Gefängnis geworfen sind; ebenso obliegt ihnen der Dienst an Kranken und Armen.

2. Das Wesen der Diakonie

2.1 Christusbezogen

Alle Diakonie muß sich an Jesus orientieren. Jesus Christus ist das Ur-Bild des Dienstes. An seinem Leben, Leiden und Sterben kann man ablesen, was Diakonie beinhaltet. Wollen wir wissen, was »dienen« bedeutet, so gilt es,

Jesus und seine Geschichte anzuschauen. Das Neue Testament zeigt uns an Jesus ein alternatives, ganz anderes Leben, das von Gott in diese Welt hineingestellt ist, ein Leben, das in eine kalte Welt Hoffnung und Licht ausstrahlt. In Jesus Christus steigt Gott in die Niederungen des Lebens herunter, immer tiefer, um sich um uns zu kümmern, die wir mit Leid, Not und dem boshaften, ichbezogenen Leben zu kämpfen haben. Gott sitzt nicht auf einem Thron und schaut der Bosheit der Welt zu. Gott geht durch Jesus in die Ohnmacht dieser Welt ein. Er wird klein und macht sich leer, ja er wird ein Sklave. Er läßt Besitz, Ehre und Macht los.

So sehen wir Jesus am Kreuz hängen, damit gibt er uns die Grundverfassung in seinem Reiche an: Alle Macht wird abgelegt. Die hingebende Liebe setzt sich in seinem Reiche durch und behält den Sieg. Das ist unserem Denken zuwider. Von den Menschen heißt es in der Schrift: »Ein jeder sah auf seinen Weg« (Jes 56). Wie tief sitzt Egoismus und Selbstsucht in uns! Jesus aber hält sein Glück nicht genießend fest, er verzichtet auf den großen Reichtum seines Lebens. Wir halten so oft fest, Jesus läßt los. In der Geschichte Jesu entdecken wir eine neue, heile Welt. Darum ist die Ausrichtung an der Geschichte Jesu das Herzstück der Diakonie (Phil 2,5–11). Das Christuslied vom dienenden Herrn stellt uns nicht nur ein Vorbild vor Augen, sondern enthüllt uns auch die befreienden Energien, die unser Leben bestimmen sollen. Von Jesus gehen befreiende Kräfte zum Dienst aus. Darum ist die Konzentration auf Jesus das A und O der Diakonie.

2.2 Gemeindebezogen

Diakonie ist in die Gemeinde Jesu integriert, d.h. sie gehört mit zum Aufbau des Leibes Christi. Sie ist nicht loszulösen vom Gemeindebau. Diakonie führt keine Sonderexistenz neben der Gemeinde. Sie ist vielmehr als eine Funktion des Leibes Christi zu begreifen. Sie ist aus der Gemeinde heraus entstanden. Das bedeutet konkret für uns: Achthaben auf die Geschichte der Gemeinde Jesu. Die Geschichte der Gemeinde zeigt auf: Die Gemeinde ist nie ohne Diakonie gewesen. Gewiß hat es Epochen der Kirchengeschichte gegeben, in denen Diakonie nur schwach ausgeprägt war; aber immer wieder hat Gott Menschen erweckt, die ohne Rücksicht auf sich selbst in das Elend der Menschen hineingestiegen sind und ihr Leben geopfert haben.

Diakonie ohne Gemeinde verliert den Bezug zu ihrem Ursprung, zum gekreuzigten und auferstandenen Herrn, der in der Gemeinde verkündigt wird. Diakonie ohne Gemeinde schneidet ihre Wurzeln ab und verliert die Quelle des Dienstes. Die Gegenwart des auferstandenen Herrn im Gottesdienst, in der Mahlfeier, in der versammelten Gemeinde stellt eine Kraftquelle der Diakonie dar. Diakonie ohne Gemeinde verliert auch die Rückendeckung durchs Gebet. Diakonie ohne Gemeinde entfernt sich von der Quelle ihrer Kraft und der Anbetung.

Umgekehrt wird man auch sagen müssen: Die Gemeinde kann nicht ohne Diakonie sein. Die Gemeinde muß ihre diakonische Verantwortung erkennen. Gemeinde ohne Diakonie ist wie ein Glaube ohne Werke, ist wie ein Baum ohne Früchte. Diakonie ist eine Frucht, an der die Gemeinde erkennen kann, ob der Glaube auch genügend gestaltende Kraft, Profil und Prägung gewonnen hat. Darum hat die Gemeinde dafür Sorge zu tragen, daß Diakonie nicht ein Randsiedlerdasein in der Gemeinde führt, sondern einen gebührenden Stellenwert erhält. Die Gemeinde muß sich immer wieder in Frage stellen lassen, ob sie dem diakonischen Anliegen noch Rechnung trägt.

2.3 Zielbezogen

Diakonie rechnet mit dem wiederkommenden Herrn, der seine Gemeinde heimholt. Diakonie wartet auf den Herrn, der über der leidgetränkten und todgeweihten Erde sein vollmächtiges Wort ausrufen wird: »Siehe, ich mache alles neu« (Offb 21,5). Diakonie kann ihre Aufgaben nur glaubwürdig erfüllen, wenn sie auf Gottes heile, neue Welt ausgerichtet bleibt. Diakonie ist Dienst am Elenden, Armen, Kranken, Alten, Gefangenen und Einsamen, d. h. sie übt ihre Tätigkeit in dieser Welt des Kampfes und Leides aus, in der Tod und Sünde noch ihre Macht ausüben. Diakonie ist für diese Zeit bestimmt, in der die Gemeinde unterwegs ist zum Tag Jesu Christi. Der Dienst wird in der Schrift immer auf die Hoffnung bezogen (bekehrt, um zu dienen, um zu hoffen, um zu warten). In dieser Weltzeit werden Wunden verbunden, Traurige getröstet und Gefangene besucht. Weil wir in dieser Welt so viel Zerbruch und Bruchstückhaftigkeit erfahren, darum ist Diakonie notwendig. »Wenn aber kommen wird das Vollkommene, wird das Bruchstückhafte aufgehoben« (1 Kor 13,10). Der Tod wird nicht mehr sein, das Leiden ist überwunden, die Bosheit ist außer Kraft gesetzt (Offb 21,4). Die Herrschaft des auferstandenen Herrn über die ganze Welt wird sichtbar werden. Dann ist auch die Diakonie an ihr Ziel gelangt. Dann werden die Jünger Jesu nur noch dem Herrn dienen und ihn anbeten.

Diakonie kann nicht ohne diesen Ausblick sein, sonst verliert sie sich und verzettelt sich in den Elendsgefilden dieser Welt. Nur von der verheißenen neuen, heilen Welt her gewinnt Diakonie einen wahren Sinn. Diakonie ist Vorzeichen der neuen Welt Gottes und bezeugt in ihrem Handeln: Das Elend dieser Welt hat nicht etwas Endgültiges. Diakonie weist in ihrem Tun auf Gottes Verheißung hin, die das letzte Wort haben wird.

3. Die Begründung der Diakonie

3.1 Gott hat uns errettet (der soteriologische Aspekt)

»Weil uns Barmherzigkeit widerfahren ist, darum werden wir nicht müde« (2 Kor 4,1). Am Anfang des neuen Lebens steht Gottes Erbarmen. In seiner abgrundtiefen Liebe hat er sich in Jesus für uns erklärt. Gott hat in Jesus alles für uns eingesetzt, damit wir frei würden von uns selbst (2 Kor 5,14.15; Röm 8,31; Röm 12,2). Er befreit von der anklagenden Vergangenheit und beseitigt die Störfaktoren in der Gemeinschaft mit ihm. Er formt aus den Scherben unseres Lebens etwas Neues. Ich muß mich nicht mehr mit meiner Vergangenheit herumquälen. Es muß keiner belastet bleiben, weil Gott am Kreuz Jesu Christi ein für allemal für alle Zeiten und für alle Menschen eine gültige Versöhnung geschaffen hat (2 Kor 5,19 ff.).

Das ist die Basis unseres Glaubens. Das Blut Jesu Christi hat das Trennende zwischen Gott und uns aufgehoben. Die Versöhnung gilt mir persönlich. Ich kann nur noch staunen und danken (1 Tim 1,12–17). Mir ist Erbarmung widerfahren! Ich kann nicht vergessen, was er für mich eingesetzt hat, ich kann nur staunen, daß er mich in seine Gemeinschaft berufen hat. Wir dürfen Gottes Kinder sein. Martin Luther bekennt: »Der mich verlorenen und verdammten Menschen errettet hat, erworben und gewonnen von allen Sünden, vom Tode und von der Gewalt des Teufels ..., auf daß ich sein eigen sei und in seinem Reich unter ihm lebe, ihm diene in ewiger Gerechtigkeit, Unschuld und Seligkeit.«

Nun gehört mein Leben nicht mehr mir selbst, nun verfüge ich nicht mehr über mein Leben. Nun steht mein Leben in einer neuen Steuerung, in der Steuerung des Heiligen Geistes (Röm 8,14). Die Dankbarkeit ist nun das erste Kennzeichen des neuen Lebens. Der Heidelberger Katechismus formuliert: »Nachdem uns Christus durch sein Blut erkauft hat, erneuert er uns auch durch seinen Heiligen Geist zu seinem Ebenbild, damit wir uns mit unserem ganzen Leben Gott für seine Wohltaten dankbar erweisen und er durch uns gepriesen wird.«

Das neue Leben des Jüngers steht unter dem Motto: Dank für Golgatha. Damit ist uns auch die Grundvoraussetzung zum Dienst gegeben. Nur Errettete und durch die Kraft Jesu befreite Menschen können dienen. Keiner kann sich selbst heilig und brauchbar machen. Gott selber schafft durch seinen Geist brauchbare Werkzeuge.

3.2 Gott hat uns einen Auftrag gegeben (der missionarische Aspekt)

»Er hat uns zu Königen und Priestern gemacht« (Offb 1,6). Er hat unserem Leben ein neues Wertgefühl gegeben. Wir sind nun seine Mitarbeiter, Mitarbeiter am Rettungswerk Gottes (1 Kor 3,9). Wir sind etwas durch ihn. Christus lebt nun in uns (Gal 2,20). Nun ist uns der priesterliche Dienst aufgetragen.

In allen Auferstehungsberichten ist der Befehl zur Mission gegeben. Der Herr will uns brauchen. Gott will durch uns in die Welt hinein (Mt 5,13–16). So können wir es nicht lassen, von dem zu reden, der uns errettet hat (Apg 4,20). Allen Jüngern ist aufgetragen, die Liebe Gottes weiterzugeben. Jeder Christ ein Missionar, jeder Christ ein Priester. Wir sollen einen Strom der Liebe in die Welt hineintragen. In einer Welt, die sich weit von Gott entfernt hat, die vorgibt, auch ohne Gott das Leben meistern zu können, sollen Jünger Jesu Übersetzer der Liebe Gottes, Brückenbauer zwischen Gott und der Gott entfremdeten Welt sein.

Dieser Auftrag ist nicht in unser Belieben gestellt. Paulus weiß von dem »Muß« des Dienstes (1 Kor 9,16). Wer zu Jesus gehört, kann sich dieses Auftrags nicht entziehen. Der Jünger Jesu kommt daher in der ganzen Autorität des Herrn; er hat sich nicht selbst zum Botschafter gemacht.

Gerettet sein gibt Rettersinn. Die erbarmende Liebe Jesu hat uns einen neuen Blick für die tiefe Verlorenheit dieser Welt geschenkt. An der Liebe Jesu entzündet sich ein herzliches Erbarmen mit dem Elend dieser Welt. Von Jesus lesen wir: »Da er das Volk sah, packte ihn das Erbarmen« (Mt 9,36). Wer sich Jesu Liebe öffnet, kann nicht mit ansehen, wie Menschen an ihrer Lebensgier und ihrer Selbstsucht zerbrechen. Von Jesu Liebe infizierte Menschen gewinnen einen erbarmenden Blick für die im Gestrüpp ihrer Vorstellungen festgefahrenen und verbitterten Menschen. Ohne die erbarmende Liebe ist unsere Aktivität für den Herrn nichts wert (1 Kor 13,1 ff.).

3.3 Gott hat uns Gaben gegeben (der charismatische Aspekt)

Für den Aufbau des Leibes Christi hat Gott seiner Gemeinde Gaben verheißen und gegeben (Röm 12,3–8; 1 Kor 12,4–11.28–30; Eph 4,7 ff.; 1 Petr 4,10), nicht für den Aufbau besonderer Persönlichkeiten, sondern für den Dienst, für den Aufbau der Gemeinde. Geistesgaben sind nicht übermenschliche Möglichkeiten, sondern Zeichen der Fülle Gottes. Die Gaben teilt der Geist Gottes aus, wie er will. Die Gaben sind also nicht durch vermehrten Glauben bzw. vermehrte Heiligung zu erreichen. Fehlender Glaube und mangelnde Heiligung können allerdings die rechte Entfaltung der Gaben empfindlich hindern. Entscheidend aber ist: Der Herr erweckt Gaben durch seinen Geist.

Zunächst ist darauf hinzuweisen, daß wir durch Gottes Schöpferkraft natürliche Gaben mitbringen. Auch die natürlichen Gaben sind Gottes Geschenke (Ps 139,14; 1 Kor 4,7): Musikalische Begabung, Redefähigkeit, Kontaktfähigkeit und andere Gaben sind uns geläufig. »Nichts von alledem hat Heilswert.« Durch den Heiligen Geist werden die natürlichen Gaben erst geheiligt, beschlagnahmt für Gott und seinen Dienst. Auch die natürlichen Gaben sollen Gott ganz zur Verfügung stehen (Röm 6,19). Gott kann aber auch durch seinen Geist neue Gaben zum Dienst in der Gemeinde erwecken.

Die Geistesgaben sind nicht an die Grenzen der natürlichen Begabung gebunden, sie sind aber auch nicht immer von der natürlichen Begabung zu trennen. Da empfängt ein Christ in der Gemeinde die Gabe der Prophetie, die Botschaft Gottes für Gegenwart und Zukunft in die Gemeinde hineinzusagen. Einem andern wird die Gabe der Seelsorge gegeben. Ein Dritter empfängt die Gabe der Geisterunterscheidung, ein anderer wieder die Gabe der Barmherzigkeit (Röm 12,8). Alle Kinder Gottes sind mit irgendeiner Gabe ausgerüstet. Aber nicht jeder hat alle Gaben. Alle Gaben sind zum Dienst am Leibe Christi und darüber hinaus zum Dienst der Gemeinde an der Welt gegeben.

Die unterschiedlichen Gaben können auch Versuchung für die Gemeinschaft bedeuten. Da kommt Hochmut und Neid auf, auch Konkurrenzdenken, man fängt an zu vergleichen: Welche Gabe ist attraktiver? Welche Gabe kommt am besten an?

Alle Gnadengaben werden durch die Gabe der Liebe zusammengehalten. Alle Gaben sind ohne Liebe wertlos. Wo Liebe regiert, kann auch die »kümmerliche« Gabe zur Entfaltung kommen (1 Kor 13). Alle Gaben sind vorläufig (1 Kor 13,8 ff.). Sie sind für die Zeit bis zur Wiederkunft Jesu gegeben. Sie sind Stückwerk und werden, wenn Jesus wiederkommt, außer Kraft gesetzt werden. Das Wissen um die Wiederkunft Jesu hilft uns, die Gaben in dieser Zeit richtig einzuordnen.

Im wesentlichen sind in der Schrift vier Gruppen von Gaben genannt:
a) Die Gaben, die sich auf Verkündigung, Lehre und Seelsorge beziehen (Verkündigungsgaben): die Gabe der Prophetie (= das Wort Gottes in eine bestimmte Lage hinein zu übersetzen und die Ereignisse der Zeit im Lichte Gottes zu deuten, das Wort so sagen, daß der Hörer sich getroffen weiß), Lehre, Evangelisation, Seelsorge (Wort des Zuspruchs bzw. der Ermahnung, Wort der Weisheit und der Erkenntnis sagen).
b) Die Gabe der Leitung (die Leitungsgaben) Röm 12,8. Die Gabe der Geisterunterscheidung (1 Kor 12,10).

c) Die Gabe der Diakonie (Barmherzigkeit üben, Gebefreudigkeit, Hilfeleistungen).
d) Wundergaben (die Gabe der Krankenheilung, Krafttaten, Gabe des Glaubens, Gabe der Glossolalie).

Es ist schwierig, alle Gaben in ein System zu fassen. Die Geistesgabenliste könnte gewiß noch fortgesetzt werden. Sie erhebt keinen Anspruch auf Vollständigkeit. Paulus nennt Beispiele der wesentlichen Gnadengaben. Besonders betont wird die Gabe der prophetischen Rede. Die Gabe der Glossolalie finden wir nur in der Korinthischen Gemeinde, auch in der Apostelgeschichte (Kap. 10,46) wird diese Gabe erwähnt.

Es muß darauf hingewiesen werden, daß die Schrift den außerordentlichen Gaben (Wundertaten, Heilungen, Glossolalie) ganz alltägliche Dienste an die Seite stellt. Die »besondere Gabe« wird also nicht gegenüber der »gewöhnlichen Gabe« als wertvoller eingestuft. »Wer die Gabe der Heilung hat, ist nicht besser als die Gemeindeschwester, die Kranke versorgt.«

Die Kirchengeschichte verdeutlicht, daß die Wundergaben nicht zu allen Zeiten und an allen Orten aufgetreten sind. Wir glauben aber, daß Gott in seiner Größe und Souveränität auch außergewöhnliche Gaben erwecken kann, wenn sie für den Bau der Gemeinde Jesu besonders vonnöten sind. Wir brauchen nicht ohnmächtig vor schwierigen Situationen zu kapitulieren. Entscheidend ist der rechte Stellenwert der Gaben. Sie dürfen den Blick auf den Geber nicht verdecken. Alle Gaben (natürliche Gaben und Geistesgaben) dienen einzig und allein der Verherrlichung Gottes (1 Petr 4,11).

3.4 Gott fragt nach der Frucht unseres Glaubens (der eschatologische Aspekt)

Die Jünger Jesu sind wie ausgestreute Samenkörner, die in dieser Welt Frucht bringen sollen (ursprüngliche Bedeutung des Wortes Diaspora = ausgestreuter Samen). Gott will am Ende unseres Lebens, am Ende der Welt die Ernte einbringen. Er fragt dann nach unserem gelebten Glauben. Er fordert Rechenschaft über alle uns zur Verfügung gestellten Gaben (Mt 25,1 f.; Mt 25,19 f.; Röm 14,10–12; 2 Kor 5,10). Gott sucht die Frucht in unserem Leben. Frucht ist aber nicht einfach Erfolg. Erfolge unterliegen dem Gesetz der Vergänglichkeit. Was heute als Erfolg gewertet wird, kann morgen zu einem Aschenhaufen zusammengeschmolzen sein. Erfolge werden von den Menschen gern auf ihr eigenes Konto gebucht (siehe: reicher Kornbauer). Die Bibel verweist uns auf die Frucht. Frucht aber muß wachsen. Sie wächst aus dem ständigen Kontakt mit dem Herrn. Sie wächst oft unter Druck und Leiden. Die Rebe kann jedenfalls nur in der Verbindung mit dem Weinstock Frucht bringen.

Jesus bezeichnet die Liebe als wesentliche Frucht des Glaubens. Die Liebe ist dabei keine menschliche Möglichkeit des Glaubens; denn in uns steckt lauter Egoismus. »Der Mensch ist von Natur aus geneigt, Gott und seinen Nächsten zu hassen« (Heidelberger Katechismus). Wir können zur Liebe nur befreit werden. Nur dort, wo Menschen sich dem Einfluß Jesu, dem Einfluß seines Wortes öffnen, werden sie zur Liebe entzündet. Sicher entdecken wir auch bei Nichtchristen Liebe, das ist unbestritten. Die Bibel nennt allerdings nur das Frucht, was in Jesus und durch Jesus getan ist. Alles andere mag in den Augen der Welt großartig dastehen; aber erst wenn unsere Motive umgekehrt sind, wächst Frucht. Nur Jesus reinigt unsere Motive.

Frucht soll die Verherrlichung Gottes zum Ziel haben. Die Bibel macht Schluß mit aller Menschenverherrlichung. Gott muß seine Ehre zurückerhalten, die »Adam geklaut hat« (Luther). Gott will nicht durch große Programme in die Welt hinein, sondern durch das Gesetz der Unterwanderung. Der Sauerteig der Liebe und Freude soll sich in unserer Umgebung durchsetzen.

Diakonie ist Frucht des Glaubens. Nach der Konkordienformel sind die guten Werke »Zeugen der Gegenwärtigkeit und Einwohnung des Geistes«. Der Rechtfertigung aus Glauben muß die Frucht folgen. Die Frucht ist aber niemals der Grund unserer Heilsgewißheit. Solange wir nur auf die Größe bzw. den Wert unserer Frucht sehen, beginnt unsere Heilsgewißheit zu wackeln. Wir werden unsicher und können unseres Glaubens nicht mehr froh werden. Der Blick des Glaubens darf nur auf Jesus ruhen und auf dem, was er für uns getan hat. Und doch hat Luther recht, wenn er behauptet: Die Werke sind nötig zum Heil, aber sie wirken nicht das Heil. Um der Heuchler willen muß man sagen, daß die Werke auch zum Heil nötig sind. »Man muß Werke tun.«

Der Glaube übt sich also in Werken. Das Gesamtwerk unseres Glaubens (Gesamtverhalten) ist erst dann als echt erwiesen, wenn es die Feuerprobe des Jüngsten Gerichtes bestanden hat. Paulus spricht von der Möglichkeit (1 Kor 3,15 ff.), daß das Werk eines Dieners Jesu verworfen werden kann, wenn er selbst auch noch gerade gerettet wird. »Im Angesicht der großen Liebe und Barmherzigkeit Gottes wird unsere eigene Sünde brennen wie Feuersglut« (Althaus). Gott wird nicht nur das Unechte ans Licht bringen, sondern auch das Gute und Positive in unserem Leben, was hier vielleicht verborgen und unerkannt gewesen ist.

Das Wissen um die letzte Verantwortung bewahrt uns vor einer gefährlichen Sicherheit im Glauben und Dienst. Wir brauchen den Horizont des Gerichtes, sonst verflacht unser Glaube.

4. Die Gestalt der Diakonie

4.1 Der Auftrag zur allgemeinen Diakonie

Für das Neue Testament besteht eine innere Einheit zwischen Dienst am Wort und dem Dienst der Liebe. Keiner kann ohne den anderen existieren. Mit dem Geschehen des Kreuzes ist auch das Wort vom Kreuz unlöslich verbunden, das der Welt bekanntgemacht werden muß. Das Faktum der Versöhnung erfordert auch den evangelistischen Ruf: »Lasset euch versöhnen mit Gott!« (1 Kor 1,18; 2 Kor 5,19 f.) Die Auferweckung Jesu macht das Zeugnis dringend: Jesus Christus – der Herr über alles! Das Evangelium wird öffentlich, aber auch im persönlichen Gespräch, in der Seelsorge zum Tragen kommen.

Der Dienstcharakter des missionarischen Zeugnisses tritt im Neuen Testament bei vielen Begegnungen Jesu mit Kranken und Elenden und Gebundenen zutage. »Sie kamen, sie brachten, und sie baten ihn für den Kranken« (Mt 9,2; 8,5 f.; Mk 10,13–16). Der Dienst am Wort bedarf auch der Leibhaftigkeit bzw. des Tatzeugnisses. Der Dienst Jesu bezieht sich auf den ganzen Menschen, auch auf seinen Leib. Schon die Urgemeinde erkennt, daß die Verkündigung des Evangeliums nur dann funktionieren kann, wenn die diakonischen Aufgaben ebenso treu und gewissenhaft wahrgenommen werden. Die Diakone treten später wiederum als Boten des Wortes auf.

Die Diakonie kann nicht ohne den Wortdienst und ohne die Seelsorge sein, sonst verliert die Diakonie ihr Thema. Mission ist immer Verkündigung und Diakonie (Stott). Dienst am Wort und Dienst der Liebe sind Lebensäußerungen der Gemeinde. Es geht ja um den Aufbau des Leibes Christi. Der Dienst durch die Tat kann die Glaubwürdigkeit der Verkündigung unterstreichen und das Zeugnis von der Liebe Gottes übersetzen. Diakonie kann das gesagte Wort durch Zeichen bestätigen. Das Zeugnis der Tat kann Menschen auf die Verkündigung vorbereiten. Adolf Köberle: »Wer in der irdischen Not keine barmherzige Hand findet, der tut sich schwer, die Botschaft zu fassen, daß sein Leben von einer ewigen Güte überwacht und durchwaltet ist.« Von der Heilsarmee kennen wir den Zusammenhang von »Suppe, Seife und Seelenheil«.

4.1.1 Gemeindediakonie in der Gemeinschaftsbewegung

Im 19. Jahrhundert wird die diakonische Verantwortung im wesentlichen von der Anstaltsdiakonie wahrgenommen (diakonische Vereine bzw. Schwesternschaften und Bruderschaften riefen zahlreiche diakonische Anstalten ins Leben). Wir sind heute dankbar für alle Schwestern und Brüder in unserem Lande, die stellvertretend für die Gemeinde Jesu einen besonderen diakonischen Dienst an Kranken, Alten, Gehörlosen, Nichtseßhaften, Behinderten und Waisen übernommen haben. Wir verweisen dabei auch auf die ambulante Diakonie, die meistens von Gemeindeschwestern und Sozialarbeitern durchgeführt wird.

In unserem Jahrhundert ist die Gemeindediakonie, das spontane diakonische Verhalten der Christen, wieder angefragt. Auch für die Gemeinschaftsbewegung gilt: So wahr Diakonie eine Auswirkung des lebendigen Glaubens ist, so ist doch in unseren Tagen zu betonen, daß diakonisches Verhalten nicht selbstverständlich ist. Diakonisches Verhalten wird in der Verkündigung angestoßen werden, bzw. man wird in den Abkündigungen oder auch im persönlichen Gespräch immer wieder auf diakonische Herausforderungen hinweisen müssen. Diakonisches Verhalten muß im praktischen Alltag des Gemeindelebens eingeübt werden. Tischdienst, Spüldienst, Ordnungsdienst, Sorge für frische Blumen anläßlich eines Jahresfestes bzw. einer Feier oder eines offenen Abends werden nicht immer gebührend beachtet. Schon der Ablauf einer normalen Gemeinschaftsstunde erfordert einige diakonische Einsätze: Heizung bedienen, lüften, den Raum herrichten, Abholdienst für alte Leute, die sich abends nicht mehr allein auf die Straße trauen, Begrüßung der Besucher. Gemeinschaftsdiakonie hat dafür zu sorgen, daß das Gemeinschaftshaus ein offenes Haus bleibt, in dem man sich wohlfühlen kann.

Wie wichtig sind diese äußeren Belange für die gute Atmosphäre einer Gemeinschaftsstunde! Es ist erfreulich, aus Gemeinschaften zu hören, daß für den Sonntag Besucher der Gemeinschaftsstunde, vor allem Einsame, zum Mittagessen in die Häuser eingeladen werden. Die Wochenendfreizeit bzw. die Sommerfamilien-Freizeit ist besonders dazu angetan, diakonisches Verhalten einzuüben, Mütter mit Kindern beispielsweise zu entlasten oder das Wohlbefinden der älteren Geschwister im Auge zu behalten und sich der Schwachen besonders anzunehmen. Wir freuen uns über alle jungen Menschen, die jedes Jahr sich in den Sommerferien für Dienste in einer Freizeit zur Verfügung stellen (sei es für organisatorische Dienste bzw. für Kinderbetreuung).

4.1.2 Besuchsdienst

Von Anfang an wurde diese Form der Diakonie in den Gemeinschaften geübt in Anlehnung an die biblische Weisung von Mt 25,36: »Ich bin krank gewesen, und ihr habt mich besucht.« Was kann ein Besuch bei einem Einsamen oder Kranken auslösen! Wie viele Türen öffnen sich da; wieviel Zuspruch und Ermutigung wird da weitergegeben! Die Krankenhaus- und Altenheimbesuche werden zum Teil auch in Gruppen durchgeführt. Das Krankenhaussingen ist bei vielen EC-Gruppen ein beliebter Dienst geworden. Bei manchen ist dabei die Bereitschaft gewachsen, ein diakonisches Jahr zu absolvieren.

Gerade in einer Zeit, in der infolge der Vermassung die Isolierung wächst, kommt dem Besuchsdienst erhöhte Bedeutung zu. Die drohende Vereinsamung wird abgebaut, die Kranken erfahren: Sie sind nicht abgeschrieben. Der alte Mensch darf erkennen, daß er in die Gemeinschaft eingebunden ist. Er ist nicht übersehen bzw. vergessen.

An dieser Stelle muß auch der Dienst an den seelisch labilen Menschen, an den psychisch Belasteten genannt werden. Die Gemeinschaft ist immer wieder gefragt, ob sie Belastete annehmen und in ihre Mitte hineinnehmen kann. Wieviel Geduld, wieviel Zeit zum Zuhören, wieviel Kraft ist hier gefordert! Wenn in unseren Kreisen zunehmend mehr alte Menschen anzutreffen sind, dann ist uns damit auch eine erneute Aufgabe gestellt: Wie hilft man den alten Menschen, in der immer komplizierter werdenden Gesellschaft sich zu bewegen? Besuchsdienst, verbunden mit kleinen diakonischen Hilfsdiensten, bietet sich hier an.

Martin Luther sagt: »Wollen wir Christen sein, so müssen wir uns dareinfinden, daß wir viele gebrechliche Brüder und Schwestern unter uns haben müssen, auf daß wir einander tragen. Darin besteht die große Demut und größte Weisheit, welche die Menschen haben.«

4.1.3 Seelsorgerliche Beratung

Das moderne Leben stellt den Menschen in eine Fülle von Konflikten hinein. Wie gestaltet sich hier die Bewährung des Glaubenden? Es ist offenkundig, daß auch in Gemeinschaftskreisen die Probleme unsere Grenzen übersteigen. Der eine hat Familiensorgen, die Ehe ist manchen Belastungsproben ausgesetzt; anderen wachsen die Erziehungsprobleme über den Kopf, wieder andere bangen um ihren Arbeitsplatz. Gemeinde Jesu kann an diesen Fragen nicht vorübergehen.

Gott sei Lob und Dank, ist es hier und da Christen aufs Herz gelegt, in Ehe- und Familienseminaren seelsorgerliche Hilfestellung zu geben. Die angebotenen Seminare beim Weißen Kreuz sind ein bedeutender Schritt in die richtige Richtung. An einigen Orten hat die Evangelische Allianz eine Telefonseelsorge eingerichtet. In Marburg sind die Gemeinschaftskreise stark beteiligt. Telefonseelsorge ist rund um die Uhr besetzt. Ein Team von Fachleuten (Ärzte, Theologen, Psychologen und Sozialpädagogen) sind bereit, Lebenshilfe zu geben. Wie sehr sucht der moderne Mensch nach einem, dem er voll vertrauen kann!

Der Prediger einer Gemeinschaft berichtete mir, daß er auch seine Hilfe in Behördengängen, Steuerfragen, Formulareausfüllen anbietet, wo es gefordert ist. Es darf hier dankbar hervorgehoben werden, wie viele Jünger Jesu ein Opfer an Zeit und Kraft bringen, um in das Dickicht der modernen Probleme Schneisen zu schlagen, um Wunden zu verbinden und Wege nach vorne zu zeigen.

4.1.4 Sorge um die Familie

Die diakonische Verpflichtung der Gemeinschaftsbewegung bezieht sich auch auf die Familie. In einer Zeit, in der der schlichte Küchendienst nur noch belächelt wird (»Heimchen am Herd«), gilt es, den Alltag der Hausfrau und Mutter als diakonische Tätigkeit aufzuwerten. Wir müssen heute einander zum diakonischen Leben der Hausfrau ermutigen, die alles dransetzt, der Familie eine gute, häusliche Atmosphäre zu schaffen. Die Begleitung der Kinder, das Gespräch mit ihnen, erfordert viel Geduld und Umsicht. Wir brauchen heute wieder einen geschärften Blick für die Alltagslasten einer Hausfrau. Der echte »Martha-Dienst« sollte wieder herausgehoben werden. Intensive Gemeinschaftsarbeit ist auch nicht ohne gastfreie Häuser denkbar. Diakonische Verpflichtung in der Familie heißt auch, die Mühen auf sich nehmen, die mit einem gastlichen Hause verbunden sind.

4.1.5 Erziehung

Pädagogik innerhalb des Machtbereiches Jesu Christi ist Dienst helfender Liebe an jungen Menschen. Von den Vätern des Pietismus her sind Modelle pädagogischer Diakonie bekannt. August Hermann Francke setzte in den von ihm gegründeten Waisenanstalten ein Signal für die ganze Kirche. Der Dienst der Liebe sucht Mittel und Wege, den jungen Menschen den Weg zur Selbständigkeit, zur Entfaltung der gottgegebenen Anlagen zu ebnen. Gerade in einer kinderunwilligen Gesellschaft heute bedarf es der Erwachsenen, die jungen Menschen in ihren Problemen und Fragen seelsorgerliches Geleit geben. Von daher kann die Kinderarbeit in unseren Gemeinschaften nicht hoch genug bewertet werden. Aber auch die Mitarbeiter in der Jugendarbeit sind Träger pädagogischer Diakonie. Da wo Verunsicherung und Abbau der ethischen Werte in unserer Gesellschaft rasant um sich greifen, wird die diakonische Arbeit an jungen Menschen das Ziel ins Auge fassen, ihnen zur Gemeinschaftsfähigkeit zu verhelfen, sie zu Opfer und Verzicht zu ermutigen sowie ihnen die Bedeutung des biblischen Wortes für das Leben aufzuzeigen.

4.1.6 Sorge um die Elenden

Das Verhältnis zu den Elenden ist von der Schrift her der Prüfstein des Glaubens. Darum kann eine Gemeinschaftsbewegung, die aus der Erwekkung geboren ist, nicht an den Hilfsbedürftigen vorbeigehen. Seit Bestehen der Gemeinschaftsbewegung waren auch Gemeinschaftsglieder daran beteiligt, geistig und körperlich Behinderten eine Heimstätte zu bieten. Zwar ist die Anstaltsdiakonie kein spezifisches Kind der Gemeinschaftsbewegung, aber im Zusammenleben mit dem Diakonissen- bzw. Diakonendienst sind hier viele gute diakonische Impulse zum Zuge gekommen.

Auch die Not der psychisch Kranken trieb die Verantwortlichen der Gemeinschaftsbewegung dazu, Heilstätten und Seelsorgeheime ins Leben zu rufen (wie etwa Hohe Mark, Seelsorgezentrum des EC u. a.). Besonderer Erwähnung bedarf hier der Dienst an Gestrandeten. Aus der Fülle von Aktivitäten greife ich einmal das Blaue Kreuz heraus, das ja – wie die Gemeinschaftsbewegung – auf die Erweckung des vorigen Jahrhunderts zurückgeht. Eine Reihe von Mitarbeitern aus der Gemeinschaftsbewegung sind hier an der Arbeit des Blauen Kreuzes beteiligt. Wir wollen dankbar der Brüder und Schwestern gedenken, die ein enormes Maß an Zeit und Kraft für die dem Alkohol verfallenen Menschen aufbringen. Die Heilstätten für Alkoholkranke, die im Bereich der Gemeinschaftsarbeit existieren, sollten unserer besonderen Fürsorge und Fürbitte anbefohlen sein. Von jeher ist an vielen Orten eine enge Verzahnung von Gemeinschaftsarbeit und Blaukreuzarbeit bedeutsam gewesen.

Das diakonische Bewußtsein sollte heute gerade auch im Blick auf die Suchtgefährdungen ganz neu erweckt werden. Hier und da hat man Teestuben eingerichtet, um einiges an Not abzufangen. In Frankfurt/Main entstand im Rahmen einer Gemeinschaftsarbeit eine Teestube für Drogensüchtige. Daraus wurde dann ein Therapiezentrum (Haus Metanoia). Das vollzog sich nicht ohne Kämpfe und Widerstände. Ähnlich geschah es auch in Hamburg (Heute sind diese Häuser der Evangelischen Allianz angeschlossen). Es gehört viel Glaubensmut dazu, in ganz kleinen Schritten sich der Macht der Sucht entgegenzustemmen und einzelne Saatkörner der Liebe auszustreuen. Wie viele Rückschläge und Enttäuschungen sind mit dieser Arbeit verbunden! Wie oft geraten die Mitarbeiter an die Grenze ihrer Belastbarkeit! Intensive diakonische Begleitung ist hier nötig. Aber auch das ist wahr: Kaum in einer anderen Arbeit wird so mächtig Gottes rettende Kraft erfahren wie hier. Der Weg zur Genesung ist zwar lang und hart; aber – Gott sei Lob und Dank – Gebundene erfahren Befreiung.

Die Suchtgefährdungen unserer Tage stellen für die Gemeinschaftsbewegung eine ungeheure Herausforderung dar. Gewiß kann nicht jede örtliche Gemeinschaft direkt am Leben der Drogenhilfe bzw. Suchthilfe teilhaben. Fachkenntnis im Umgang mit den Hilfsbedürftigen ist hier unbedingt erforderlich. Aber die Gemeinschaftsbewegung bedarf immer wieder eines sehenden Auges und eines herzlichen Erbarmens für alle Formen von Suchterkrankungen. Dabei ist ganzheitliche Therapie gefragt, d. h. nicht nur die leibliche der Hilfe und Befreiung von der Sucht, sondern Hand in Hand damit muß das Gespräch über die wesentlichen Lebensfragen, über die Sinnfrage der Schuldprobleme in Gang kommen. Die Gemeinschaftsbewegung darf das Gebet Jesu an dieser Stelle nicht vergessen: »Sende Arbeiter in deine Ernte« (Mt 9,38). Auch die Sucht- und Drogenhilfe braucht die Rückendeckung durch die Gemeinschaftsbewegung. Die Gemeinschaft kann mitbeten, mittragen und mitopfern, daß die Kraft Jesu in dieser diakonischen Aufgabe offenbar werde.

4.1.7 Diakonie und moderne Welt

Humanitäre Hilfe geschieht in unserer gegenwärtigen Welt erfreulicherweise recht häufig. Katastrophen rufen spontan eine große Hilfsbereitschaft auf den Plan. Die christliche Diakonie wird demgegenüber die Motive ihres Handelns klarlegen und ihr Proprium herausstellen müssen. Humanitäre Hilfe ist nicht einfach latenter Christusdienst. Für die christliche Diakonie muß gelten: Nur *der* Dienst ist wirklich getan, der in Christus getan ist. »Was ihr getan habt einem unter diesen meinen geringsten Brüdern, das habt ihr *mir* getan« (Mt 25,40). »Weil uns Barmherzigkeit widerfahren ist, darum werden wir nicht müde.«

Die Situation der Diakonie in der modernen Gesellschaft ist durch zwei Gesichtspunkte gekennzeichnet.

a) Der Staat hat seit Ende des vorigen Jahrhunderts seine soziale Verpflichtung erkannt, während früher im wesentlichen die christliche Diakonie ihre Hilfe anbot. Durch eine wohlüberlegte Sozialpolitik kam es zu einer umfassenden, fortschrittlichen Sozialgesetzgebung (Krankenversicherung, Rentenversicherung und vieles andere). In der Verfassung der Bundesrepublik heißt es: »Die Bundesrepublik ist ein freiheitlicher und sozialer Rechtsstaat.« Damit ist – von wenigen Ausnahmen abgesehen – Hunger und Verarmung aus unserem Lande verbannt worden, wenn auch nicht einfach soziale Notstände damit ausgeschlossen sind. Es bleibt immer wieder die Überlegung nötig, wie die Lebensqualität vieler Menschen verbessert werden kann.

b) Die globalen Nöte werden heute ins Bewußtsein der Gesellschaft gerückt. Moderne Medien lassen uns in die Elendsviertel der Dritten Welt Einblick gewinnen. Organisierte und gezielte diakonische Hilfe ist dabei unabdingbar. So sind Organisationen entstanden, die Projekte in der Dritten Welt ins Leben gerufen haben. Nicht unerwähnt bleiben dürfen die Organisationen, die sich um die leidenden Christen im Osten oder auch in Afrika kümmern. Milliardenbeträge konnten so durch Spenden aufgebracht werden. Wir beobachten heute bei der jungen Generation ein erwachtes soziales Gewissen.

Ohne Frage müssen wir auch in großen Linien und Perspektiven denken. Somit ist organisierte Diakonie unumgänglich. Dies darf jedoch nicht zur Abwertung der kleinen diakonischen Tat und der spontanen Diakonie führen. Diakonie kann in dieser Welt nie flächendeckend verstanden werden. Diakonie kann Zeichen setzen, daß Gottes Herrschaft im Kommen ist. Gott liebt auch gerade die »geringen Dinge« und setzt mit geringen Mitteln seine Herrschaft durch.

Diakonie ist Dienst am Elenden. Die Gemeinde muß ihre Verantwortung für das Schwache sehen und wahrnehmen. So wendet sich die Diakonie an die Kranken, die Alten, die Einsamen, die Gestrandeten, kurzum an die Elenden und hilft Wunden verbinden. Im Dienst an den Elenden ist der Diakonie ein weites Arbeitsfeld gegeben. »Es wächst die Zahl der Menschen, die mit ihren geistlichen und seelischen Problemen nicht mehr allein fertig werden. Sie suchen für einige Zeit Häuser, in denen sie Rat, Hilfe und Geborgenheit finden... Viele Menschen erwarten von den Christen ein Stück Begleitung ihres Lebensweges, Hilfe in den mancherlei Nöten« (Henning Holtz). Ob nun Kranke besucht oder Traurige getröstet werden, ob sich jemand um alte Menschen kümmert oder Nachbarschaftshilfe leistet, immer wieder ist diese praktische Diakonie in unseren Gemeinschaftskreisen angefragt. Wir wollen dabei bedenken: Gott hat eine Schwäche für das elende, kranke und vermurkste Leben. Darum gehört zur Diakonie der erbarmende Blick der Liebe, so wie Jesus die Menschen seiner Zeit angesehen hat.

4.2 Der Auftrag zur speziellen Diakonie

Nach der syrischen Didascalia (2. Hälfte des 3. Jahrhunderts) sind Diakonissen in der Gemeinde bekannt. In der Krankenpflege haben sie ihr Arbeitsfeld, aber auch bei der Taufe von Frauen werden Diakonissen genannt, sowohl als solche, die Handreichung geben, aber auch als solche, die Taufunterricht erteilen und Seelsorge üben. Das Wort »Diakonisse» begegnet uns zum erstenmal auf dem Konzil zu Nizäa (325 n. Chr.). In der Zeit des frühen Mittelalters treten die einzelnen Diakonissen in der Gemeinde mit dem Auftreten des Mönchtums zurück. An ihrer Stelle entfalten die Nonnen eine nicht zu unterschätzende Liebestätigkeit im Dienst an den Hilfsbedürftigen, wenn auch das verdienstliche Werk hier ein wesentliches Motiv bleibt.

Von wenigen Ausnahmen in der reformierten Kirche abgesehen, kennt die Reformationszeit das Diakonissenamt nicht. Erst durch Pietismus und Erweckungsbewegung wird die Diakonissenfrage wieder lebendig. Mit dem Namen Theodor Fliedner verbindet sich das erste Diakonissen-Mutterhaus (1836), das aus einer Bildungsanstalt für evangelische Pflegerinnen hervorgeht. Auf seinem Grabstein in Kaiserswerth steht geschrieben: »Erneuerer des apostolischen Diakonissenamtes in der evangelischen Kirche«. Seine Briefe an die Diakonissen bringen zum Ausdruck, was er unter Diakonissenamt versteht:

»Der Glaubensgrund, auf dem wir stehn, ist Christus und sein teures Blut. Das einzige Ziel, auf das wir sehn, ist Christus, unser höchstes Gut.

Die einzige Regel, die wir kennen, ist sein lebendiges, kräftiges Wort, die dankbare Liebe zum Herrn. Daß er alles für uns erworben und verdient hat, ist der alleinige, aber auch allgenugsame Hebel, der unsere Schwestern stark macht zu den Werken der Barmherzigkeit.«

Das neugegründete Werk wuchs rasch über die Grenzen von Kaiserswerth hinaus. Ca. 30 Diakonissenhäuser sind auf Anregung Fliedners hin entstanden, die sich dann in der Kaiserswerther Generalkonferenz zusammenschlossen.

Die Gemeinschaftsbewegung, die Ende des 19. Jahrhunderts und Anfang des 20. Jahrhunderts ihre Blütezeit entfaltete, erkannte sehr bald den dringenden Auftrag zum speziellen diakonischen Handeln. In der Weiterentwicklung der Kaiserswerther Anstalten mußten sie allerdings auch einige Defizite feststellen. So stellte die Gemeinschaftsbewegung die Forderung auf:

a) Gott muß den Leiter eines Mutterhauses berufen haben.
b) Gott muß die Leiterin berufen haben.
c) Gott muß die Schwestern berufen.
d) Gott muß den Vorstand berufen.

In dieser Situation kam es zur Gründung des Gemeinschaftsschwesternhauses in Vandsburg durch Theophil Krawielitzki (zuvor hatte Pfr. Blazejewski in Borken die ersten Schwestern für die Gemeinschaftsdiakonie gesammelt). Er strebte eine Reformation des Diakonissenwesens auf der alten Kaiserswerther Grundlage an. Sein Leben war durch den Einfluß des Diakonissenvaters Daendliker in Bern bestimmt. Krawielitzki greift auf Fliedners Hausordnung zurück, in der er den Diakonissenberuf als einheimischen Missionsberuf angesehen hat. Dort hieß es: »Die Schwestern dienen nicht um der Armen, Kranken und Kinder willen, sondern um Jesu willen, stets in der Absicht, daß sie dem Herrn mögen ihre Seelen gewinnen.«

Nach Krawielitzki ist das Priestertum aller Gläubigen auch auf Diakonissen anzuwenden. Die Diakonisse ist zum Zeugendienst gerufen. Alle anderen diakonischen Aufgaben werden diesem Ziel darum untergeordnet. Damit stellt Krawielitzki den missionarischen Charakter aller Mutterhausdiakonie heraus. Die Diakonissen haben also am Krankenbett nicht nur pflegerischen Dienst zu tun und die Kranken medizinisch zu versorgen, sondern sie sollen auch das missionarische Gespräch am Krankenbett suchen und die Botschaft an den Mann bringen. Das Mutterhaus sieht er nicht nur als eine Stätte an, in der Gemeinschaft gepflegt wird, sondern das Mutterhaus hat auch einen evangelistisch-missionarischen Auftrag wahrzunehmen.

So wurden auf Anregung Krawielitzkis in den von ihm gegründeten Mutterhäusern Konferenzen eingerichtet, auch Konferenzhallen erbaut, die

es ermöglichten, Menschen einzuladen. Mit durch den Dienst der Diakonissen entstanden hin und her im Lande Gemeinschaften, die heute zum Gnadauer Verband gehören und gleichsam das geistliche Hinterland für das Mutterhaus bildeten. Aus den Mutterhäusern, die durch Krawielitzki ins Leben gerufen worden waren, entstand schließlich der Deutsche Gemeinschafts-Diakonieverband mit Sitz in Marburg. Heute gehören zu diesem Verband folgende Mutterhäuser:
Diakonissen-Mutterhaus »Altvandsburg«, Lemförde,
Diakonissen-Mutterhaus »Hebron«, Marburg a. d. Lahn,
Diakonissen-Mutterhaus »Hensoltshöhe«, Gunzenhausen,
Diakonissen-Mutterhaus Lachen,
Diakonissen-Mutterhaus »Neuvandsburg-West«, Bleibergquelle.

Rechtlich organisatorisch selbständige Mutterhäuser, die aber in der Zielsetzung mit dem DGD eng verbunden und aus ihm hervorgegangen sind, sind folgende Häuser:
Diakonissen-Mutterhaus »Neuvandsburg«, DDR Elbingerode,
Diakonissen-Mutterhaus »Hebron«, Liberty Corner, New Jersey/USA,
Zendings-Diaconessenhuis Amerongen/Holland,
Diakonissen-Mutterhaus »Betánia«, Curitiba/Brasilien,
Diakonissen-Mutterhaus »Bethel«, Kobe/Japan,
Thailändische Diakonissengruppe, Wiang Pa Pao/Thailand.

Andere Mutterhäuser aus dem Bereich der Gemeinschaftsbewegung, die die gleiche Grundlage der missionarischen Diakonie betonten, schlossen sich zum Bund Deutscher Gemeinschafts-Diakonissenhäuser zusammen. Heute gehören dazu:
Diakonissen-Mutterhaus Salem-Lichtenrade, Bad Gandersheim,
Diakonissen-Mutterhaus Kinderheil, Bad Harzburg,
Diakonissen-Mutterhaus St. Chrischona bei Basel,
Diakonissen-Mutterhaus Aidlingen,
Schwesternschaft der Liebenzeller Mission, Bad Liebenzell,
Diakonissen-Mutterhaus Puschendorf,
Evangelisches Diakonissen-Mutterhaus St. Michael, Berlin.

Auch aus den Freikirchen gingen Schwesterngemeinschaften hervor, die sich im Verband Evangelisch-freikirchlicher Diakonissenmutterhäuser zusammenfanden. Auch hier hat der missionarische Impuls und das seelsorgerliche Element die Oberhand behalten.

Insgesamt wurden durch die Gemeinschaftsdiakonie folgende Grundanliegen festgehalten:

4.3 Voraussetzung für die Mutterhausdiakonie

4.3.1 Bekehrung

Die Diakonisse ist zunächst Jüngerin, Nachfolgerin Jesu. Diakonissendienst kann nur dort glaubwürdig erfolgen, wo die Diakonisse eine eindeutige Hinwendung zu Jesus Christus vollzogen hat. Die Wiedergeburt aus dem Heiligen Geist und die daraus folgende Heilsgewißheit bilden den Schlüssel zu einer totalen Lebenshingabe. Dabei geht es nicht um die gesetzliche Festlegung eines Bekehrungstermins, sondern es muß eindeutig sein, daß die Diakonisse in der persönlichen Bindung an Jesus Christus lebt. »Erst Jüngerin, dann Diakonisse.«

4.3.2 Berufung

Der Eintritt ins Diakonissenleben kann nicht ohne die Berufung in das Diakonissenamt durch den Herrn der Gemeinde erfolgen. Es gehört zum Geheimnis des Reiches Gottes, daß er Menschen überwältigt und beschlagnahmt und sich seine Werkzeuge selber zubereitet. Nicht die Not und das Elend vieler Menschen ist der Auftraggeber, obwohl die sozialen Notstände in der Gründerzeit zum Himmel schrien, sondern der Herr selbst.

4.3.3 Bereitschaft

Aus der Berufung muß sich die Bereitschaft ergeben, für jeden Dienst um Jesu willen zur Verfügung zu stehen.

4.3.4 Bewährung

Nach der Schrift sollte der verantwortliche Dienst in der Gemeinde nach einer Probezeit aufgenommen werden. »Die Diakone erprobe man zuvor; danach lasse man sie dienen« (1 Tim 3,10). Wo Menschen ihr ganzes Leben in den Dienst Jesu hingeben, stellen sich meistens Hindernisse ein, die ein Fragezeichen hinter die Berufung setzen. Diakonissen sollten sich auch in der Auseinandersetzung mit dem Geist dieser Welt bewährt haben.

4.4 Die neue Lebenshaltung der Diakonisse

Im wesentlichen haben sich hier drei Aspekte herausgeschält, die auch von den Kaiserswerther Diakonissen übernommen worden sind.

4.4.1 Ehelosigkeit

Sie ist in erster Linie ein eschatologisches Zeichen. Ehelosigkeit der Diakonisse, auf die sie freiwillig eingeht, ist Signal der neuen Schöpfung, in der die Menschen weder freien noch sich freien lassen. Ehelosigkeit ist weiterhin Zeichen dafür, daß das Wesen dieser Welt vergeht und die Ehe darum niemals die einzige Lebenserfüllung darstellen kann. Die Gemeinde Jesu braucht zu allen Zeiten dieses Zeichen der Ehelosigkeit, weil sie sich dadurch wachhalten und an ihre Pilgerschaft erinnern lassen soll. Wir sind mit der Gemeinde unterwegs zur neuen Schöpfung (Mt 19,27ff.).

Fliedner: »Ehelosigkeit ist in der Gemeinde Jesu und innerhalb der Jüngerschaft ›Hinweis auf die Andersartigkeit der kommenden Welt, die nicht mehr durch die Kräfte der Fortpflanzung erhalten wird‹.«

Gerade in einer Zeit, die so ganz und gar auf Sexualität fixiert ist, kann die eschatologische Schau dazu beitragen, Ehe und Ehelosigkeit in ihrer Bedeutung neu zu erkennen. »Ehelosigkeit ist nicht bequem, aber Ehe ist auch nicht bequem. In beiden Fällen geht es darum, ob wir auf dem jeweiligen Weg die von Gott geforderte Berufung immer wieder bejahen« (Oberin Marianne Uhlig). Nur der Herr allein kann das tiefste Verlangen des Menschen nach Lebenserfüllung stillen. »Das Leben und der Dienst einer Gemeinde verläuft in Form einer Ellipse mit zwei Brennpunkten (Ehe und Ehelosigkeit). Wir haben in der evangelischen Kirche aus der Ellipse einen Kreis gemacht mit einem Mittelpunkt, der die Ehe darstellt, und dadurch sind wir schuldig geworden« (Bischof Claß). Gewiß haben die Väter mit Recht auch auf die ökonomischen Aspekte hingewiesen: Eine Frau, die nicht durch die Ehe gebunden ist, vermag ganz anders die Kräfte der Fraulichkeit zum Nutzen der Gemeinschaft und zum Dienst zu entfalten. Aber entscheidend wird sein, daß wir die Ehelosigkeit als Charisma in der Gemeinde erkennen.

4.4.2 Armut

Die Diakonisse verzichtet auf Gehaltszahlung und erhält nur ein Taschengeld. Diakonissen leben im Mutterhaus aus gemeinsamer Kasse. Das Geld, das sie im Dienst der Öffentlichkeit erarbeiten, fließt also in das Mutterhaus, das für die Gesamtversorgung der Diakonissen geradesteht. Auf diese Weise werden Gelder für missionarisch-diakonische Aufgaben frei. Die Besitzlosigkeit der Diakonisse will ebenso als eschatologisches Zeichen verstanden sein. Die Lebensgüter stehen unter dem Verdikt der Vergänglichkeit. Sie können im Dienst beschweren und aufhalten. Diakonissen setzen mit der Besitzlosigkeit ein Zeichen der Freiheit von der Macht des Geldes. Nicht das Geltenwollen und Habenwollen regiert, sondern die ganze Ausrichtung auf den Herrn und den von ihm befohlenen Dienst. Die Gemeinde Jesu, die in dieser Welt lebt und ohne Besitz und ohne Geld nicht fungieren kann, wird sich durch diese Zeichen daran erinnern lassen müssen, daß es beim Bau des Reiches Gottes nicht ohne Opfer und Verzicht vorwärtsgeht.

4.4.3 Gehorsam
Die Diakonisse stellt ihre Gaben und Kräfte zur Verfügung. Sie wählt nicht eigenmächtig ihren Dienstplatz, sondern läßt sich von der Leitung des Mutterhauses entsenden. Im Kreis der leitenden Brüder und Schwestern eines Mutterhauses wird Weisung für den Dienstplatz erbeten. Auch dieses Sendungsprinzip ist ein aufgerichtetes Zeichen, das die Freiheit von Selbstverwirklichung bekundet. Dies kann wiederum nicht Entmündigung der Diakonisse bedeuten. Es geht nicht um willenlosen, blinden Kadavergehorsam, sondern um freiwilligen Gehorsam und um das Vertrauen zu Gott, daß er auch durch die Verantwortlichen eines Mutterhauses Wegweisung und Durchblick für den Dienstplatz der Diakonissen schenkt.

4.4.4 Die Tracht der Diakonisse
Der alternative Lebensstil soll durch das Tragen der Tracht zum Ausdruck kommen.
a) Die Tracht übt eine Schutzfunktion aus. Jeder in der Gesellschaft soll erkennen: Die Diakonisse gehört Gott und lebt für Gott.
b) Die Tracht übt eine Bekenntnisfunktion in der Öffentlichkeit aus. Sie zeigt an: Hier sind Menschen, die auf die letzten Fragen des Lebens Antwort geben wollen, Menschen, denen man vertrauen kann, die die Erfüllung ihres Lebens in der Hingabe an Gott gefunden haben.
c) Die Tracht ist ebenso Ausdruck einer gemeinsamen Sache. Die Diakonissen erkennen sich in der Öffentlichkeit an derselben Tracht. Sie signalisieren für die Öffentlichkeit ein gemeinsames Zeichen der Hoffnung.

4.5 Die Bedeutung des Diakonissen-Mutterhauses

Theophil Krawielitzki sagt: »Das Mutterhaus hat sich in 100jähriger Geschichte und Erfahrung bewährt als beste Art für die Diakonissenarbeit in unserer Zeit. Die Ausübung der Diakonie wird am besten und in der Heiligen Schrift am ansprechendsten ermöglicht in der Art einer geistlichen Gemeinschaft unter der Leitung des erhöhten Hauptes und in völliger Abhängigkeit von Jesus.«

Natürlich erkennen wir keine direkte biblische Begründung für das Diakonissen-Mutterhaus. Aber unverkennbar bleibt, daß Jesus seine Jünger zunächst in eine Gemeinschaft hineinberufen hat, bevor er sie in die Welt hinaussandte. Wenn die Diakonisse nun in die Gemeinschaft des Mutterhauses hineinberufen wird, dann heißt das zunächst: Sie will verbindliches Leben in der Gemeinschaft der Heiligen einüben. Das Mutterhaus unternimmt damit den Versuch, modellhaft Gemeinde Jesu in unserer Zeit darzustellen.

»Das Mutterhaus ist der Ort der Sammlung und Sendung. Beides umschreibt den Prozeß des lebendigen Christseins: das Gesammeltwerden zu Christus hin und das Gesandtwerden von Christus her. Eins kann nicht ohne das andere sein. Lebendiges Leben vollzieht sich immer zur lebendigen Mitte hin und von der lebendigen Mitte her, und diese Mitte ist Jesus« (Oberin Marianne Uhlig).

Da das Mutterhaus auch eine Versorgungsgemeinschaft darstellt, leistet es auch einen enormen gesellschaftspolitischen Beitrag. Die gemeinsame Arbeit und deren finanzieller Ertrag wird in die Gemeinschaft mit eingebracht. Die gemeinsame Versorgung erspart der Gesellschaft viele Gelder. Dieser wirtschaftspolitische Faktor darf auch nicht übersehen werden. Aber vor allem stellt die Gütergemeinschaft ein gemeinsames Band dar, das die Schwesternschaft zusammenbindet.

4.5.1 Das Mutterhaus als Stätte gemeinsamen Lebens

In unserer Zeit, die immer mehr apokalyptische Züge trägt, ist die geistliche Gemeinschaft eine unentbehrliche Hilfe geworden. Zinzendorfs Ausspruch: »Ich statuiere kein Christentum ohne Gemeinschaft«, findet im Mutterhaus seine Bewährung. Der natürliche Mensch ist im Grunde nicht gemeinschaftsfähig. Erst der Heilige Geist führt die Glaubenden zusammen und schärft ihnen ein, daß sie aufeinander angewiesen und füreinander verantwortlich sind. Das gemeinsame Leben vollzieht sich zwar nicht ohne Spannungen und Konflikte; aber gerade hier muß sich die Kraft der Vergebung bewähren. Grundlage aller geistlichen Gemeinschaft sind nicht die gemeinsamen Interessen bzw. eine gemeinsame Seelenlage, sondern das Opfer Jesu Christi am Kreuz. Nur von daher kann Gemeinschaft gewagt und ausgehalten werden. In der Gemeinschaft empfangen die Diakonissen Impulse für ihr geistliches Leben. Sie erfahren Ermahnungen und Ermutigung für ihren Dienst.

4.5.2 Das Mutterhaus als Stätte der Heimat

Die Diakonisse ist durch ihre Berufung der bürgerlichen Lebensform entnommen. Sie vollzieht damit einen Schritt in einen neuen Lebensbereich hinein mit neuen Gepflogenheiten. Das Mutterhaus wird nun die Aufgabe erfüllen müssen, der Diakonisse eine rechte Heimat zu bieten. Friedrich Spittler sagt: »Frauen, die um des Himmelsreiches willen ledig bleiben sollen, müssen eine Heimat haben.« Die Diakonissen brauchen ein offenes Haus, wo sie ihre Fragen und Sorgen loswerden können. Tritt Krankheit im Leben der Diakonisse ein, so wird das Mutterhaus für die Schwester sorgen. Desgleichen kommt das Mutterhaus für die Altersversorgung auf, und schließlich bieten die Feierabendhäuser der Mütterhäuser den Diakonissen Raum und Hilfe im Alter.

Auch die Fest- und Feiergestaltung des Mutterhauses trägt mit dazu bei, daß Diakonissen im Mutterhaus sich zu Hause fühlen. Die Pflege der Gemeinschaft, die Pflege der Musik, die Offenheit für das Schöne und Gute in dieser Welt verstärkt das Heimatgefühl im Mutterhaus.

»Jede Lebensgemeinschaft, deren Mitte und Haupt der erhöhte Herr ist, wird zum Zeichen in der Gemeinde. Das ›Beständig bleiben in der Apostel Lehre, in der Gemeinschaft, im Brotbrechen, im Gebet‹ wird hier hautnah gelebt und durchlitten. Und auf diese Weise wird der Lebensraum dieser kleinen Gemeinschaft zu einer ›stabilitas loci‹ für Müde, Gejagte, Angefochtene und Orientierungslose, eine Zufluchtsstätte, ein Ort der Seelsorge und Stille, der Wegweisung und Zurüstung« (Oberin Luise Gehrke).

4.5.3 Das Mutterhaus als Stätte der Einübung in geistliches Leben

Das geistliche Leben bedarf der Übung. Das gemeinsame Leben ist nie ein Fertigprodukt oder etwas Vollkommenes, sondern ein ständiger Übungsprozeß. Der immer wiederkehrende Ruf zu einem heiligen Leben im Neuen Testament entspricht diesem Übungsprozeß. Das Mutterhaus mit seinem gemeinsamen Leben stellt Hilfe zum Einüben des geistlichen Lebens dar. Der neue Mensch bedarf auch der Erziehung. So werden Orientierungshilfen dem einzelnen gegeben. Ordnungen werden verbindlich ausgelebt. Geistliches Leben kann nicht ohne Ordnung bestehen.

»Sie ist Gefäß für Inhalt. Ohne dieses Gefäß geht auch der Inhalt verloren. Die Ordnung ist demnach nicht das Wesentliche – der Wirkstoff. Sie möchte nur den Freiraum schaffen und wahren, den die Gemeinschaft braucht, um das Ziel zu erreichen« (Oberin E. Seemann).

»Gott will Persönlichkeiten. Dazu gehört Disziplin ... Ohne Ordnung kommen wir nicht durch, aber ohne Liebe wird unsere Ordnung kleinlich« (Oberin Marianne Uhlig).

In einer Zeit, in der Begriffe wie »Selbstverwirklichung« und »Emanzipation« als Ideale menschlicher Lebensgemeinschaft hochgejubelt werden, wird das Recht auf Lust und Erfüllung der eigenen Wünsche vielfach höher bewertet als die Verantwortung füreinander. Das Mutterhaus will einüben in eine Lebensform, in der jeder angenommen ist, aber nicht nur auf sich selbst fixiert bleibt, sondern Achtung, Rücksicht und Liebe im Umgang mit anderen bewährt.

4.5.4 Stätte des gemeinsamen Dienstes

Das gemeinsame Leben steht immer auch unter dem Motto des Dienstes. Die Diakonissengemeinschaft ist nie Selbstzweck und versteht sich nicht als Klub bzw. als geschlossener Verein, sondern als Dienstgemeinschaft an den Elenden, Hilflosen und Entfremdeten. Die Bereitschaft, dem Herrn ganz zur Verfügung zu stehen, bedarf der gegenseitigen Ermutigung. Gerade in der Gemeinschaft werden die Gaben erkannt, die dann im Dienst zur Anwendung kommen.

So bemüht sich auch das Mutterhaus, den Diakonissen besondere Fachausbildung angedeihen zu lassen. Eine solide Ausbildung und gute Qualifikation bilden an vielen Stellen heute wichtige Voraussetzungen zum Dienst in unserer Gesellschaft. Aber auch die geistliche Ausrüstung der Mutterhausgemeinschaft braucht die Einbindung in den Dienst. Die Diakonissen sind bisher in folgenden Arbeitsbereichen eingesetzt:

a) im Krankenhaus
b) im Altersheim
c) im Kindergarten und Kinderheim
d) im Verkündigungs- und Seelsorgedienst
e) im Erholungs- und Kurheim
f) als Gemeindeschwester in der Kirchengemeinde
g) im pädagogischen Aufgabenbereich (Pflegeschule, Fachschule, Realschule usw.)
h) im Verwaltungs- und Wirtschaftsdienst.

5. Die Gemeinschaftsbewegung und die Mutterhausdiakonie

5.1 Beide haben dieselben Wurzeln. Sowohl die Gemeinschaftsbewegung als auch die weibliche Diakonie sind von ihrer Entstehung her in der Erweckungsbewegung beheimatet. Der Aufbruch des Glaubens mündete in die Zeichen des Glaubens, Mission und Diakonie, ein. Die Väter und Mütter der Gemeinschaftsdiakonie sind zu einem großen Teil auch Väter und Mütter der Gemeinschaftsbewegung gewesen.

5.2 Gemeinschaftsbewegung und Gemeinschaftsdiakonie sind aufeinander angewiesen. Gemeinschaftsbewegung ohne Gemeinschaftsdiakonie verarmt. Die Gemeinschaftsbewegung braucht das Zeugnis der Mutterhausdiakonie, die gerade in ihrer alternativen Lebensform erinnert und ermutigt. Die alternativen Lebensformen können nicht von der Gemeinschaftsbewegung einfach übernommen werden; aber sie stellen ein Ausrufezeichen für die Gemeinschaftsbewegung dar. Denn fest eingefahrene Gewohnheiten und Bequemlichkeiten verhindern in den Gemeinschaften oft das Nachdenken über die eigentliche Lebensbestimmung. In unserer gegenwärtigen Welt ist das Anspruchsdenken beherrschend. Hier könnte die Gemeinschaftsdiakonie mit ihrer alternativen Lebensform Zeichen setzen und notwendige Anfragen stellen.

5.2.1 Die Gemeinschaftsdiakonie erinnert die Gemeinschaftsbewegung an ihre Fremdlingschaft. Die Gemeinschaftsdiakonie unterstreicht mit dem aufgerichteten Zeichen der Ehelosigkeit, daß die Gemeinde Jesu sich als wanderndes Gottesvolk verstehen muß, unterwegs zu einer neuen Schöpfung. Das Charisma der freiwilligen Ehelosigkeit, das nur erbetet werden kann und auch immer wieder neu bejaht werden muß, ist Hinweis dafür, daß die Ehe nicht letzte Erfüllung des Lebens ist. Bischof Claß: »Die Gemeinde Jesu brauchte zu allen Zeiten den verheirateten Petrus und den unverheirateten Paulus.« Könnte nicht auch die Bedeutung der Ehe in unseren Tagen ganz neu aufgewertet werden, wenn die freiwillige und bewußt bejahte Ehelosigkeit in der Gemeinde Jesu Beachtung findet?

5.3 Die Mutterhausdiakonie erinnert die Gemeinschaftsbewegung daran, daß ohne hingebenden Dienst, ohne Opfer und Verzicht im Reich Gottes nichts wirklich läuft.

5.4 Die Mutterhausdiakonie erinnert die Gemeinschaftsbewegung daran, daß Gehorsam und Verfügbarkeit zur Grundbestimmung des Glaubens gehört.

5.5 Die Mutterhausdiakonie erinnert die Gemeinschaftsbewegung daran, daß geistliches Leben immer auch in die Einübung verbindlichen, gemeinsamen Lebens einmünden muß.

Die Gemeinschaftsbewegung hat durch die Mitarbeit der Diakonissen wesentliche Unterstützung und Hilfe beim Bau des Reiches Gottes erfahren. Die Diakonisse ist in einer anderen Weise frei zum Dienst, als dies von den Geschwistern der Gemeinschaft erwartet werden kann. Sie kann auch ihre Gaben ganz in die Gemeinschaft einbringen.

5.6 Die Bedeutung der Gemeinschaftsbewegung für das Diakonissen-Mutterhaus.

a) Die Gemeinschaftsbewegung kann die Mutterhausdiakonie daran erinnern, daß gemeinsames Leben auch die Öffnung nach draußen nötig hat. Gemeinsames Leben bedarf der missionarischen Bewegung, wenn es nicht verkrusten soll. Das Mutterhaus bedarf des ständigen Dialogs auch mit dem, was in Gemeinschaft und Kirche vor sich geht, um an den Geschehnissen des Reiches Gottes teilzuhaben.

b) Die Gemeinschaftsbewegung kann und soll die Mutterhausdiakonie daran erinnern, daß wir noch in dieser gebrochenen und gefallenen Welt leben. Die Brüder und Schwestern der Gemeinschaftsbewegung, die in der kalten und oft atheistischen Atmosphäre der Arbeitswelt ihr Brot verdienen müssen, können zur Nüchternheit beitragen. Die himmlische Herrlichkeit

ist Endziel; in dieser Weltzeit mutet uns Gott aber Anfechtungen und Spannungen zu. Der Kampf ist uns verordnet.
c) Die Gemeinschaftsbewegung kann die Mutterhausdiakonie daran erinnern, daß wir in unseren Dienstaufträgen nicht isoliert leben, sondern in eine weltweite Bewegung der Gemeinde integriert sind.

6. Fragen, die die Mutterhäuser heute bewegen

Aus der Fülle der Fragen greife ich vier Fragenkreise heraus, die für die Mutterhäuser heute von Bedeutung sind.

6.1 Wie kann das rechte Zueinander von Tradition und Reformation im Mutterhaus gefunden werden?

Die Diakonissen-Mutterhäuser stehen heute allesamt schon in der 3. bzw. 4. Generation. Dankbar sehen wir auf die grundlegenden, wegweisenden Erkenntnisse der Mutterhausdiakonie zurück, die uns von ihren Vätern und Müttern überliefert wurden. Aber bei jedem geistlichen Aufbruch in der Kirchengeschichte zeigt sich auch die Gefahr der Stagnation. So stellt sich die Frage für die Mutterhäuser heute: Was hat sich im Laufe der Geschichte bewährt, was ist unaufgebbar? Aber gleichzeitig wird man weiter fragen müssen: Was dient der geistlichen Beweglichkeit heute unter uns? Was hält unser ureigenstes Anliegen auf? Wie kann es wieder zur Erweckung und geistlichen Bewegung kommen? Wie können wir wieder Gemeinde Jesu im Aufbruch bleiben? Wobei deutlich sein muß, daß Erweckung immer ein schöpferischer Eingriff Gottes ist, ein nicht zu erklärendes Wunder, das niemals durch menschliche Anstrengung zu erreichen ist.

6.2 Wie kann das rechte Zueinander von Rechtfertigung und Heiligung gefunden werden?

Die Zwänge der Leistungsgesellschaft gehen an den Diakonissen nicht vorbei. Die Diakonissen sind ganz gefordert. Das wird heute besonders im Krankenhaus, aber auch in anderen sozialen Einrichtungen deutlich. Aber welchen Stellenwert hat die Arbeit, der Dienst für den Herrn? Welchen Stellenwert hat das Ruhen in ihm? Nicht die Arbeit für Jesus, nicht der Dienst machen die Rechtfertigung aus, sondern das vollbrachte Opfer Jesu auf Golgatha. Die Liebe zu Jesus steht vor der Dienstleistung für ihn. Das Gespräch mit dem auferstandenen Herrn und die Anbetung seines Namens muß die eigentliche Mitte bleiben. Ich bin nicht erst wertvoll durch die erbrachte diakonische Leistung, sondern durch das, was der Herr mir ein für allemal erworben hat. Von daher ergibt sich ein ständiges Ringen um das rechte Zueinander von Rechtfertigung und Heiligung. Von der richtigen

Beantwortung dieser Frage hängt es ab, ob man heute wieder das Diakonissensein als Vorrecht empfindet. Dabei darf das Ruhen in Jesus Christus nicht zu einem sicheren Ausruhen werden. Die Diakonisse wird in dieser gottfeindlichen Welt immer wieder das Feld ihrer Bewährung sehen müssen. Sie wird den Kampf gegen die Verbürgerlichung und das angepaßte Leben bejahen.

6.3 Ein dritter Fragenkreis ist das rechte Zueinander von Bindung und Freiheit.

Wir leben in einer Zeit, die gern Bindung und Ordnung als Zwangsjacke verwirft. Von daher ist das geordnete, gemeinsame Leben im Diakonissen-Mutterhaus eine große Herausforderung für unsere Zeit. Verbindliche Lebensordnungen sind in der Mutterhausgemeinschaft – wie überhaupt im Reich Gottes – unverzichtbar. Sie sind nicht das Heil selbst – Jesus ist die Quelle des Heils. Aber sie stellen gute Wegmarkierungen dar, um in der Spur Jesu zu bleiben. Weil verbindliche Lebensordnungen nicht das Heil selbst sind, müssen sie immer wieder auch hinterfragbar sein, um für jede Zeit neu begründet, neu formuliert und neu bejaht zu werden. Die Freiheit durch Jesus ist das grundlegende Geschenk, das frei macht zum Dienst und die Bereitschaft weckt, auch verbindliche Lebensformen nicht nur anzuerkennen, sondern auch zu lieben.

6.4 Die Frage der Zukunft

In unseren Tagen melden sich Stimmen, die prophezeien: Die Zeit der Diakonissen ist zu Ende. Es gehe darum, daß die Mutterhäuser wenigstens »anständig sterben«. Tatsache ist, daß die Zahl der Diakonissen zurückgeht. Es wird nicht möglich sein, alle angefangenen Arbeiten zu halten. Tatsache ist auch, daß sich in unserer Gesellschaft eine tiefgreifende Wandlung vollzogen hat. Die Frau hat nicht nur durch die Möglichkeiten zur Berufsausbildung einen neuen Stellenwert in der Gesellschaft erhalten. Schlagworte wie »Selbstverwirklichung« und »Emanzipation« führen zu einem ganz neuen Selbstverständnis der Frau in unserer Gesellschaft und scheinen die alten Grundprinzipien der Diakonie völlig abzudrängen. Dabei wird das Diakonissenamt immer mehr zu einem Fremdkörper in dieser Welt. Man könnte geradezu von einem Rausch der Selbstverwirklichung sprechen. Gemeint ist ein Leben ohne Einschränkung, ohne Kontrolle durch die Umwelt.

Vielleicht ist aber doch gerade die alternative Lebensform der Diakonisse in ihrer Herausforderung für die Gesellschaft heute eine große Chance. Im Grunde sehnt sich der junge Mensch von heute nach einer echten Alternative zu dem bürgerlichen Leben unserer Zeit. »Ganz offenkundig hat heute die Stunde der alternativen Lebensformen geschlagen.« »Die Mutterhausdiakonie bleibt ein gelebtes Angebot« (Heinz Wagner). Es wird sehr darauf ankommen, daß die Mutterhausdiakonie sich als Antwort auf diese Sehnsucht des jungen Menschen heute versteht und auch die alternative Lebensform bewußtmachen kann.

Mutterhausdiakonie ist nicht etwas, was Menschen inszeniert haben. Wer die Geschichte der Gemeinde Jesu zurückverfolgt, wird bestätigen müssen: Gott hat bestimmten Menschen Aufträge gegeben. Gott hat die missionarische Diakonie ins Leben gerufen. Er ist der Initiator der Mutterhausdiakonie. Und was Gott angefangen hat, läßt er nicht einfach liegen. Mutterhausdiakonie macht das Geheimnis des Reiches Gottes anschaulich, nämlich daß Gott Menschen überwältigt, beschlagnahmt, beruft und in ihnen die Bereitschaft weckt: Herr, sende mich, ich will deine Magd sein! Solange der auferstandene Herr in seiner Gemeinde lebt, solange wird auch dieses Geheimnis des Reiches Gottes erkennbar sein. Es ist vor den Augen der Welt verborgen. Darüber schreibt keine Presse; und doch ist es für die Augen der Glaubenden Wirklichkeit. So erwarten wir vom Herrn der Gemeinde, daß er auch in der Zukunft durch die Diakonissen-Mutterhäuser sein Reich baut. Es mag sein, daß Formen der Mutterhaus-Diakonie sich ändern. Das spezifische Anliegen der Mutterhausdiakonie wird immer wieder gefragt sein, solange Gemeinde Jesu auf dieser Erde lebt.

7. Pia desideria (= fromme Wünsche) der Mutterhausdiakonie

7.1 Wir wünschen uns viele Beter, die dafür eintreten, daß der auferstandene Herr Arbeiter in seine Ernte sendet. Das Reich Gottes wächst durch betende Hände.

7.2 Wir wünschen uns viele Brüder und Schwestern, die Interesse zeigen an den Fragen der Mutterhausdiakonie. Wir wünschen uns viele Kontakte zwischen Mutterhaus und Gemeinschaft. Mutterhaus und Gemeinschaft können nicht nebeneinander herleben.

7.3 Wir wünschen uns in der Diskussion um die Geistesgaben eine größere Beachtung des Diakonissenamtes als alternative Lebensform in der Gemeinde.

7.4 Wir wünschen uns Brüder und Schwestern in den Gemeinschaften, die nicht nur gern den Dienst der Diakonissen in Anspruch nehmen, sondern auch damit rechnen, daß junge Menschen heute den totalen Anspruch Jesu hören und seinem Ruf in die Mutterhausdiakonie Folge leisten.

Lienhard Pflaum

Gnadau und die Äußere Mission

Zwei Zitate verdeutlichen den Zusammenhang zwischen Pietismus und Mission.

Professor Dr. Carl Mirbt (1860–1929, Kirchenhistoriker in Marburg und Göttingen; durch ihn und seine Arbeiten wurde die Missionskunde zum »Vollrang einer Wissenschaft« erhoben) schrieb 1899: »Ohne Pietismus keine deutsch-evangelische Heidenmission.« Den Pietismus definiert er mit den Worten: »Wir verstehen unter Pietismus die Bewegung innerhalb der lutherischen Kirche Deutschlands, welche durch Spener begründet worden ist und in Halle, Württemberg und Herrnhut sich individualisiert hat. Wenn wir im Unterschied von diesem Pietismus des 18. Jahrhunderts von modernem Pietismus reden, so meinen wir damit die Richtung innerhalb der evangelischen Kirche Deutschlands, welche in der Erweckungszeit am Anfang unseres Jahrhunderts (19. Jahrhunderts; Anm.) wurzelt und durch nachweisbare Beziehungen, vor allem aber durch die gleiche Grundstimmung sich als einen Ausläufer des alten Pietismus darstellt.« Dies ist zu ergänzen durch den Hinweis, daß am Ende des vergangenen Jahrhunderts der Großteil des alten und neueren Pietismus sich im Gnadauer Verband, dem Verband für Gemeinschaftspflege und Evangelisation, zusammengeschlossen hat.

Professor Dr. Klaus Bockmühl äußerte sich in seiner wichtigen Schrift über »Die Aktualität des Pietismus« (1985) zu dem Verhältnis von Pietismus und Mission folgendermaßen: »...woher rührt diese missionarische Schwäche in der Bundesrepublik? Diese Frage muß sich vor allem der deutsche Pietismus stellen, denn die Schwäche der Mission in Deutschland ist seine Schwäche.« »Äußere Mission ist dem Pietismus, wenn auch freilich nicht ausschließlich, so doch charakteristisch eigentümlich.« »Eine Neubesinnung auf den Missionsauftrag Jesu könnte zu einer Neubelebung des deutschen Pietismus überhaupt ausschlagen.«

1. Mission ist das Wesen der Gemeinde Jesu Christi

Zu den gesegneten und bedeutendsten Männern der Mission in unserem Jahrhundert zählt Prälat Dr. Karl Hartenstein (1894–1952). Er war württembergischer Theologe und Pfarrer. Von 1926–1939 leitete er als Direktor die Basler Mission. Nach seiner Rückkehr nach Deutschland wurde er zum

Prälat von Stuttgart und Stellvertreter des württembergischen Landesbischofs berufen. Sein Leben und Wirken war ein Leben und Wirken für die Mission, auch nach seiner Rückkehr nach Deutschland. Er vertrat die Auffassung, daß Mission nicht nur eine Aufgabe der Kirche neben anderen sei. Vielmehr sei Mission das Wesen der Kirche, der Gemeinde Jesu Christi überhaupt.

Hatte er damit recht? Wenn wir unsere Bibel lesen, müssen wir eindeutig mit Ja antworten. Mission entspringt dem Herzen und Wesen Gottes. Gott will sich seinen Menschen, die er nach seinem Ebenbild erschaffen hat, mitteilen und damit Gemeinschaft mit ihnen haben. Die Sünde, der sich die ersten beiden Menschen öffneten und die sich als unheimliche Macht von Generation zu Generation vererbt, hat diese Gemeinschaft des Menschen mit seinem Gott und Schöpfer zerbrochen. Doch Gott haßt zwar die Sünde, aber er liebt den Sünder und will seine verlorenen Menschen retten. »Gott will, daß alle Menschen gerettet werden und sie zur Erkenntnis der Wahrheit kommen« (1 Tim 2,4). Darum sendet er seinen Sohn: »Also hat Gott die Welt geliebt, daß er seinen eingeborenen Sohn gab, damit alle, die an ihn glauben, nicht verloren werden, sondern das ewige Leben haben« (Joh 3,16). Der Sohn hat durch seine Menschwerdung und in seinem Erdenleben, durch sein Leiden und Sterben am Kreuz auf Golgatha das Erlösungswerk vollbracht. Mit seiner Auferweckung setzte Gott den Anfangspunkt der neuen Schöpfung. Nun sendet der Sohn seine Gemeinde, damit sie diese frei- und frohmachende Botschaft den Menschen bezeuge: »Wie mich der Vater gesandt hat, so sende ich euch« (Joh 20,21). Der Apostel Paulus beschreibt diesen Auftrag mit den Worten: »Denn Gott war in Christus und versöhnte die Welt mit sich selber und rechnete ihnen ihre Sünden nicht zu und hat unter uns aufgerichtet das Wort der Versöhnung. So sind wir nun Botschafter an Christi Statt, denn Gott ermahnt durch uns; so bitten wir nun an Christi Statt: Laßt euch versöhnen mit Gott! Denn er hat den, der von keiner Sünde wußte, für uns zur Sünde gemacht, damit wir in ihm die Gerechtigkeit würden, die vor Gott gilt« (2 Kor 5,19–21).

So hat der Herr seinen Jüngern den Missionsbefehl gegeben. Da die Apostel der Grund sind, auf dem nach Eph 2,20 die Gemeinde als Tempel und Haus des lebendigen Gottes erbaut ist, ist der Missionsbefehl (Mt 28,18–20) gleichsam als Grundsteinlegungsurkunde der Gemeinde Jesu als gesamter und damit jeder örtlich versammelten Gemeinde und Gemeinschaft ins Fundament gelegt. Er ist die klare Anweisung des Herrn für seine Gemeinde aller Zeiten.

Voraussetzung und Grundlage der Mission ist das Wort des Herrn: »Mir ist gegeben alle Vollmacht im Himmel und auf Erden.« Dies unterscheidet die Mission von allen anderen menschlichen, auch religiösen Unternehmungen. Propaganda macht die eigene Gruppe bekannt und wirbt Mitglieder.

Sie geschieht in menschlicher Kraft, mit Hilfe werbepsychologischer Methoden und ausgeklügelter Strategien. Mission hingegen hat als Grundlage und Voraussetzung die Vollmacht des Herrn. Ihre Aufgabe ist es, verlorenen Menschen das rettende Evangelium zu bezeugen und sie zu Jesus hinzuführen, damit sie seiner Gemeinde eingefügt werden. Die Vollmacht Jesu ist allumfassend. Sie umschließt die für uns unsichtbare Welt sowie alle Zeiten und Völker auf dieser Erde. Eine Mission, die nicht in der Vollmacht ihres Herrn gründet, entartet zur Propaganda und zu rein sozialen Aktivitäten.

Inhalt und Ziel der Mission ist mit dem Auftrag gegeben: »Machet zu Jüngern alle Völker.« Menschen sollen Jünger Jesu werden. Das Wesen der Jüngerschaft ist die Gemeinschaft mit Jesus als Lebensgemeinschaft, Wesensgemeinschaft, Dienstgemeinschaft, Leidensgemeinschaft und zukünftige Herrlichkeitsgemeinschaft. In der Zeit zwischen Himmelfahrt und Wiederkunft hat der Herr seiner Gemeinde diesen Auftrag zugewiesen: »Machet zu Jüngern alle Völker!« Dies ist die Zeit, in der die Gemeinde Jesu aus allen Zeiten und Völkern gesammelt wird.

»Alle Völker« ist nicht der Auftrag zur Christianisierung der Welt oder gar zu einer revolutionären Weltveränderung, sondern zur Evangelisierung der Menschen. Wir dürfen nicht der Versuchung erliegen, göttliches Handeln, das im Ratschluß Gottes einer zukünftigen Zeit zugeordnet ist, in die Gegenwart vorziehen zu wollen. Die Aufrichtung des weltweiten Gerechtigkeits- und Friedensreiches Jesu, das Wiedererblühen der Natur in paradiesischer Fülle, hat Gott der Zeit nach der Wiederkunft seines Sohnes vorbehalten. In diesen kommenden heilsgeschichtlichen Abschnitt hinein gehört auch die Christianisierung der Völker.

Der Weg zur Jüngerschaft ist vom Herrn deutlich beschrieben. Zunächst führt die Verkündigung Menschen zum Herrschaftswechsel (Kol 1,13 f.), der mit der Taufe im Namen des Vaters und des Sohnes und des Heiligen Geistes öffentlich bezeugt wird. Sodann folgt das geduldige Unterweisen, das systematische Einüben anhand der Heiligen Schrift in biblisches Denken und biblisches Leben. Billy Graham soll einmal geäußert haben, daß fünf Prozent unseres Einsatzes nötig seien, um Menschen zu Jesus zu führen, aber 95 Prozent, um sie in der Gemeinschaft mit Jesus zu erhalten. Darum benötigen wir kaum Kurzzeit-Missionare, die in besonderen Situationen auch einmal erforderlich sein können, sondern in der Regel Langzeit-Missionare.

Verheißung und Trost der Missionsarbeit ist die Zusage des Auferstandenen: »Siehe, ich bin bei euch alle Tage bis an der Welt Ende.« Missionsdienst bedeutet für den Jünger auch Not und Anfechtung. Es ist die Anfechtung der Einsamkeit, die Anfechtung scheinbarer Erfolglosigkeit in der Arbeit und nicht zuletzt die Anfechtung durch Mächte der Finsternis. Der Herr sendet die Seinen wie Schafe mitten unter die Wölfe. Sie sind den listigen

Anläufen des Teufels ausgesetzt. Bei der Bezeugung des Evangeliums stehen wir Höhenfestungen des Feindes (2 Kor 10,5) gegenüber. Wie trostreich ist die Verheißung des Herrn, alle Tage bei uns zu sein! Sinngemäß übersetzt verheißt der Herr: »Siehe, ich bin mit euch alle Tage, bis diese Weltzeit zu ihrem Zielpunkt kommt.« Der Zielpunkt ist die Wiederkunft Jesu und die Aufrichtung seines Herrlichkeitsreiches auf Erden als letzte Epoche der Geschichte unserer vergehenden ersten Schöpfung. Der Blick auf dieses Ziel gibt Kraft und Geduld zum Durchhalten und läßt uns in der Gewißheit des kommenden, umfassenden Sieges Jesu unseren Dienst tun.

Auftrag und Befehl des Herrn und Hauptes der Gemeinde lauten kurz und klar: »Gehet hin!« Der Gemeinde Jesu ist vom Herrn selbst, wie man es zu nennen pflegt, nicht die »Komm-Struktur«, sondern die »Geh-Struktur« gegeben. Wir wollen nicht warten, bis Menschen zu uns und in unsere Versammlungen kommen; vielmehr ist es uns geboten, zu den Menschen hinzugehen, sie aufzusuchen und ihnen die Frohe Botschaft zu bezeugen.

Dies ist der Auftrag des Herrn in der gegenwärtigen Zeit zwischen seiner Himmelfahrt und Wiederkunft. Erst nach der Wiederkunft Jesu wird der Satan mit den Dämonen für tausend Jahre gebunden, wird der Herr sein weltweites Gerechtigkeits- und Friedensreich aufrichten und die Umweltprobleme in seiner göttlichen Vollmacht lösen. Es ist dies die letzte heilsgeschichtliche Epoche vor dem Ende der ersten Schöpfung. Der Versuch, dies heute schon aus eigener Kraft verwirklichen zu wollen, endet – konsequent durchgeführt – im Antichristlichen.

2. Mission und Pietismus gehören zusammen

Der Pietismus ist vielgestaltig, und doch zeigt er in den verschiedenen Zeiten und in den mancherlei Ausprägungen gemeinsame Grundlinien.

Zunächst ist der Pietismus ohne die Reformation nicht denkbar. So hat er als wesentliche Grundlage das mehrfache »allein« der Reformation übernommen: allein die Heilige Schrift und allein Jesus; allein aus Gnaden und allein durch den Glauben werden wir gerettet und neu geschaffen. Die Reformation hat mit ihrer grundlegenden Neuentdeckung der biblischen Rechtfertigung die Tür zur Mission aufgestoßen, Mission sogar zwingend gemacht, obwohl die Reformatoren und ihre damaligen Nachfolger sich dessen noch nicht bewußt waren. Ist jeder Mensch zu allen Zeiten und in allen Völkern durch die Macht der Sünde völlig verdorben und verloren; ist er unfähig, sich selbst zu helfen; wird der Mensch allein durch Gottes Gnade in Jesus Christus gerettet; ist der Weg zu dieser Rettung allein der Glaube – dann muß dieses Evangelium zu allen Zeiten und allen Völkern bezeugt werden.

Dies ist nicht nur eine theoretisch-theologische Erkenntnis. Vielmehr wirkt Gerettetsein den Rettersinn, so sagten es unsere Väter. Mission ist Dank für Golgatha. Die Liebe zu Jesus aufgrund der erfahrenen Liebe Jesu treibt uns an, anderen Menschen in Liebe die rettende Botschaft zu bringen und ihnen zu dienen. So ist der Pietismus im biblisch-reformatorischen Sinn eine Glaubensbewegung.

Sodann ist der Pietismus seinem Wesen nach Bibelbewegung. Pietisten sind Bibelliebhaber. Sie wurden einmal gekennzeichnet mit dem Satz: »Wer ist ein Pietist? Der Gottes Wort studiert und nach demselben auch ein heilig Leben führt.« Das Bibelstudium vermittelt einen umfassenden Reich-Gottes-Blick. Wir lernen Gottes Gedanken kennen. Wir erfahren seinen Plan, seine Königsherrschaft (das Reich Gottes) in der gefallenen Welt wieder aufzurichten. Dieser Reich-Gottes-Blick ist notwendige Voraussetzung, echte Motivierung und bleibender Hintergrund der Missionsarbeit.

Als Gebetsbewegung denkt der Pietismus in der Fürbitte an den Dienst der Missionare und betet für die verlorenen Menschen, daß sie gerettet werden. Das Gebet ist Gebet für die Welt.

Als Glaubens-, Bibel- und Gebetsbewegung wurde der Pietismus zu einem natürlichen Mutterboden für Mission und Evangelisation, Gemeinschaftspflege und Diakonie.

Die Geschichte des Pietismus ist ein überreiches Bilderbuch zum Thema der Mission. Im Blick auf die gebotene Kürze dieses Beitrags können wir nur ein paar Hinweise geben.

3. Aus der Geschichte der Mission des Pietismus

Während zur Zeit der Reformation die Missionsbegeisterung in der katholischen Kirche groß war, erwachte in der Kirche der Reformation das Bewußtsein für die Missionsverpflichtung und die missionarische Dynamik erst im Pietismus. Einige Grundzüge dieser evangelischen, aus dem Pietismus und später aus der Erweckungsbewegung erwachsenen evangelischen Missionsarbeit sollen an den Gründern und Vätern dieser Arbeit kurz angedeutet werden.

August Hermann Francke (1663–1727; Theologie-Professor in Halle, Gründer verschiedener Anstalten). Aufgabe und Ziel der Missionsarbeit war das »Werk der Bekehrung unter den Heiden.« Jesus Christus sollte unter den Heiden verherrlicht werden. Die Missionare wurden sorgfältig ausgewählt. Francke legte Wert auf eine klare göttliche Berufung zum Missionsdienst. Echte und wahre Heidenmission kann nur in der Haltung der Opferfreudigkeit und im Geiste der Leidensbereitschaft durchgeführt werden. Mission entsteht unter dem Kreuz. Sie ist ein Glaubenswerk. Trotzdem soll in einer breiteren Öffentlichkeit für die Mission geworben werden.

Nikolaus Ludwig Reichsgraf von Zinzendorf (1700–1760; Gründer der Herrnhuter Brüdergemeine). Grund der Mission ist die brennende Heilandsliebe. Der Missionar braucht eine klare Berufung, muß von der Liebe Christi beseelt und zu größten Opfern bereit sein. Aufgabe und Ziel der Mission ist einzig und allein die Verkündigung des Evangeliums. Sie gilt auch den fernsten und einsamsten Menschen. Der Missionar soll zunächst durch seinen christlichen Wandel die Botschaft vorleben und demütig sich den Menschen gleichstellen. Nicht nur Theologen, sondern auch Handwerker und Kolonisten wurden zum Missionsdienst berufen. Zinzendorf fand in den mährischen Brüdern »Männer, hart wie Stahl, mit eisernem Willen, bereit, alles daranzusetzen, um dem Heiland *eine* Seele zu gewinnen«. »Es waren Menschen voll Mut und Treue, voll Tatkraft und Geduld, voll zäher, heiliger Liebe zu den Verlorensten!« (Martin Schlunck). Diese Herrnhuter Missionsarbeit wuchs erstaunlich schnell. Durch lange Zeit hindurch war es eine »selbstverständliche Pflicht und Ehre, aus jedem Haus und jeder Familie von Herrnhut Glieder in die Mission zu senden«.

Im 19. Jahrhundert, das als das große evangelische Missions-Jahrhundert gilt, wurde das Gewissen gläubiger Menschen für eine doppelte Schau geweckt: für die Verantwortung, die Heidenwelt zu missionieren, und für die Verantwortung für die sozialen Nöte der Zeit. Paulus Scharpff schreibt in seiner »Geschichte der Evangelisation«: »Wie am Ende des 18. Jahrhunderts aus der Evangelisation die Missionsgesellschaften als Frucht erwuchsen, so rief diese Neubelebung der Kirche in der zweiten Hälfte des 19. Jahrhunderts einen neuen Evangelisations- und Missionseifer hervor.«

Welche Kräfte und Aufbrüche im letzten Jahrhundert bewirkten die starke Missionsbewegung in Deutschland? Das Neuerwachen der Missionspflicht begann in England. Dazu kamen Neuaufbrüche in den USA. Besonders die Gebetserweckung in den Jahren 1857–1859 war der Anfang einer über fünfzig Jahre sich erstreckenden weltweiten Erweckung. In Deutschland wurde die »Deutsche Christentums-Gesellschaft«, in der mitten in Rationalismus und Aufklärung ein in der Liebe tätiger Glaube erwuchs, zum Mutterboden für die Werke der Inneren wie der Äußeren Mission. Zu Grundlagen der Mission wurden in der Heimat: persönlich erfahrenes Heil und entschiedene Nachfolge, persönliche Gemeinschaft der Gläubigen, Austausch über Heilserfahrung, Teilnahme am Missionsgeschehen draußen und evangelistische Verantwortung in der Heimat verbunden mit tätiger Liebe, Leben in der Bibel und Verbreitung der Bibel, die Verbindung von wahrer Lehre und wahrer Gottseligkeit. Erwecklicher Aufbruch in der Heimat und Fortschritt der Missionsarbeit gingen Hand in

Hand. Es ist zu betonen, daß weder die Kolonialpolitik noch geistlicher Imperialismus treibende Kräfte dieser pietistischen Missionsarbeit waren. Träger der Mission wurden freie Gesellschaften. Ein Kennzeichen dieser Missionsarbeit war das Ziel, hier und da einzelne zu gewinnen und sie in kleinen, lebendigen Gemeinden zu sammeln. Man war auf eine gründliche Bekehrungsarbeit bedacht. Große Kirchengründungen wurden nicht angestrebt.

Eine besondere Erscheinung innerhalb der evangelischen Missionsarbeit sind die im Pietismus wurzelnden sogenannten *»Glaubens-Missionen«*. Als solche entstanden die Deutsche Allianz-China-Mission, die Pilgermission auf St. Chrischona, die Liebenzeller Mission und andere Werke. Die Gebetserweckung aus den USA und die Heiligungsbewegung aus England prägten die Glaubens-Missionen. Georg Müller, der Waisenhausvater von Bristol, kam öfters nach Deutschland und übte mit seinem unbedingten Bibelvertrauen und seiner Glaubenskraft einen starken Einfluß aus.

Ein markanter Vertreter der Glaubens-Missionen war der Gründer und langjährige Leiter der englischen China-Inland-Mission, James Hudson Taylor (1832–1905). Seine Prägung sei in wenigen Strichen gezeichnet.

Er hatte ein unbedingtes Vertrauen zur Heiligen Schrift: »Ich habe 40 Jahre lang die Heilige Schrift erprobt, und mein Glaube ist heute stärker als vor 40 Jahren. Alle ihre Verheißungen sind zuverlässig und wahr.« Er lebte im völligen Vertrauen auf Gott: »Wir mögen versagen, wir versagen ja tatsächlich fortwährend; aber Gott versagt nie!« Er wirkte als ein Mann des Glaubens und des Gebets: »Wir brauchen einen Glauben, der in Gott gewurzelt ist und der von ihm erwartet, daß er sein Wort hält und alles tut, was er verheißen hat.« »Wenn ich einen allmächtigen Vater habe, warum soll ich dann ohnmächtige Menschen bitten?«

Er diente in der Hingabe: »Was wir um Christi willen aufgeben, ist unser Gewinn; was wir zurückbehalten, ist in Wirklichkeit Verlust.« Zum Leiden war er bereit: »Schweres Leiden bedeutet tiefere Segnung. Unsere Arbeit wird durch Prüfungen nicht gehindert, sondern vertieft und erweitert.« Er lebte in der Heiligung: »Wir müssen uns Zeit zur Heiligung nehmen. Es kommt nicht so sehr darauf an, wieviel wir in der Bibel lesen, als was wir zur Vertiefung finden, in welchem Maß sie uns zur Nahrung dient. Auf der anderen Seite darf unser Bibellesen nicht knapp bemessen sein.« Ihm lagen Menschenseelen am Herzen: »Die Männer und Frauen, die wir brauchen, sind die, denen Jesus, China, Menschenseelen immer und überall in erster Linie stehen. Das eigene Leben, ja sogar diejenigen, die uns teurer sind als das eigene Leben, kommen erst in zweiter Linie.«

Der Weg einer Glaubens-Mission betrifft auch die Finanzierung ihrer Missionsarbeit: »Geld unrichtig angewendet, Geld aus unlauteren Absichten gegeben – beides ist zu fürchten. Wir können es ertragen, so wenig zu haben, als es der Herr für gut befindet; aber wir können kein ungeheiligtes Geld brauchen... Trachtet am ersten nach dem Reich Gottes und seiner Gerechtigkeit, so wird euch solches alles zufallen. Und auch heute noch stützen wir uns auf diese Verheißung und werden nicht enttäuscht.« Es ist zu erwähnen, daß Hudson Taylor zum ersten Mal in der Missionsgeschichte die Frau bewußt im Missionsdienst eingesetzt hat, sei es als Missionarsfrau oder als ledige Frau. Die Missionarsfrau oder Missionarin fand über die chinesische Frau den Zugang zu der einheimischen Familie.

Das 20. Jahrhundert ist gekennzeichnet vom Ringen um das rechte Missionsverständnis, von der ökumenischen Bewegung, vom betonten Selbständigwerden der einheimischen Kirche und vom Rückgang der Mission in Westdeutschland. Die deutschen Missionare galten einst neben den schottischen als die eifrigsten Reich-Gottes-Arbeiter auf dem Missionsgebiet, und die deutsche Missionswissenschaft leistete im Weltbereich einen entscheidenden Beitrag. In unserem 20. Jahrhundert waren die im Gnadauer Verband zusammengeschlossenen Verbände und Werke wesentliche Träger der deutschen evangelischen Missionsarbeit. Dankbar nahm Gnadau die »Frankfurter Erklärung zur Grundlagenkrise der Mission« (1971) auf.

4. Gnadau und die Äußere Mission

Im Gnadauer Verband sind die meisten deutschen Gemeinschaftsverbände und ihre Werke zu einer Bruderschaft und Arbeitsgemeinschaft zusammengeschlossen. Aus den Reihen der Gemeinschaftsleute erfährt die Mission eine reiche und vielfältige Unterstützung, oft im stillen und unmerklich gegeben. Die Ewigkeit wird es einmal offenbar machen. Doch heute sei schon den zahlreichen Betern und Gebern für die Missionsunterstützung herzlich gedankt. Mission ist, wie schon dargelegt, Aufgabe jeder Gemeinschaft und Gemeinde mit ihren einzelnen Kreisen, besonders auch den Jugendkreisen. Die Missionsgesellschaften sind Gehilfen bei der Ausführung dieses Auftrags. Darum haben sie auch die Aufgabe, an diesen Sendungsbefehl des Herrn zu erinnern.

Die Gnadauer Pfingstkonferenz 1911 in Wernigerode stand unter dem Thema »Weltmission«. 1986 hat sich die Gnadauer Mitgliederversammlung in Gunzenhausen mit dem Thema der Mission befaßt. Seit einigen Jahren ist der Freitagabend der Gnadauer Pfingstkonferenz in Siegen Missionsabend. Aus dem Bereich Gnadaus selbst sind einige Missionen hervorgegangen oder ihm frühzeitig eingefügt worden. Wir nennen sie kurz die »Gnadauer Missionen«. Es sind folgende Missionswerke, alphabetisch aufgeführt:

Die Gnadauer Brasilien-Mission: Sie wurde 1927 vom Gnadauer Vorstand beschlossen und begonnen, angestoßen durch eine treu betende

Gemeinschaftsfrau. Das Anliegen ist der missionarische und seelsorgerliche Dienst an Deutschen, die nach Brasilien ausgewandert sind. Aus dem senfkornartigen Anfang erwuchs ein stattlicher Baum.

Die Liebenzeller Mission: 1899 wurde sie als deutscher Zweig der englischen China-Inland-Mission in Hamburg gegründet und siedelte 1902 nach Bad Liebenzell über. Ihre Arbeitsgebiete sind: China (bis 1952), Mikronesien (1906), Manus/Admiralitätsinseln (1914), Japan (1927), Taiwan (1955), Papua Neuguinea (Sepikgebiet 1963, Westneubritannien 1977), Bangladesh (1974), Liberia (1982), Benin (1985), Sambia (1985), Kanada (1966).

Marburger Mission: Ihr Gründungsjahr ist 1928. Sie begann in China und dehnte später ihre Arbeit auf Japan, Taiwan und Thailand aus.

Marburger Brasilien-Mission: Sie entstand im Jahr 1932. Sie ist ebenso wie die Gnadauer Brasilienmission in jenem großen und weiten Land Südamerikas missionarisch, gemeindebauend und seelsorgerlich tätig.

Mission für Süd-Ost-Europa: Sie begann im Jahre 1903. Ihre Aufgabe war zunächst, jungen Menschen, besonders aus Südost-Europa, eine theologische Ausbildung als Grundlage für den Missions- und Gemeindedienst in ihren Heimatländern zu geben. Heute ist das Hauptarbeitsgebiet der Dienst an Ausländern und Zigeunern in Deutschland, die Evangeliumsverkündigung in Österreich und Griechenland sowie die Literaturarbeit in den Osten.

Neukirchener Mission: Ihr Anfang datiert im Jahre 1878. Seit einigen Jahren ist sie mit der Evangelischen Gesellschaft für Deutschland verbunden. Ihre Arbeitsgebiete liegen auf Java, in Kenia, Tansania und Peru.

St. Chrischona-Missionsarbeit: Zur Pilgermission St. Chrischona gehören zwei Missionen. Die CHRISCHONA-MISSION sendet in Verbindung mit der DMG Missionare nach Afrika und Südamerika. Von 1854 bis 1977 bildete Äthiopien den Schwerpunkt. Inzwischen arbeiten Missionare in Kenia (1977), dem Beñin (1986), Südafrika (1984) und Chile (1987). Seit 1966 arbeiten im Rahmen der »Chrischona-Mission im südlichen Afrika« Stadtmissionare unter der deutschsprachigen Bevölkerung. Stadtmissionen gibt es inzwischen in Johannesburg (1971), Kapstadt (1974), Windhoek (1977), Pretoria (1983) und Vanderbijlpark (1987).

Diese sieben Gnadauer Missionen sind in der Arbeitsgemeinschaft für Äußere Mission des Gnadauer Verbandes zusammengeschlossen.

5. Der unveränderte Auftrag in einer sich verändernden Welt

Die Veränderungen und Entwicklungen unserer Welt in diesem Jahrhundert stehen in ihrem Ausmaß und rapiden Voranschreiten in der Weltgeschichte geradezu einmalig da. Ein paar kurze Hinweise:

Die Weltbevölkerung, die früher durch Jahrhunderte fast gleich blieb, nimmt seit dem letzten Jahrhundert schnell zu. Jetzt ist die Fünf-Milliarden-Grenze erreicht. Schätzungsweise knapp 25 Prozent nennen sich Christen. Die Zahl der Nichtchristen steigt schneller an. Es gibt Volksgruppen, die vom Evangelium noch nicht erreicht sind.

Wir leben in einer fast nicht mehr deutlich wahrgenommenen technischen Entwicklung, sogar Revolution. Sie begann mit der Industrialisierung und setzt sich heute u. a. in der Elektronik fort.

Wir leben in der Zeit der Ideologien. Die Weltreligionen sind neu erwacht, teils mit einem missionarischen Sendungsbewußtsein (Islam). Alte Naturreligionen leben wieder auf und werden von einheimischen Regierungen als »Kulturgut« gepflegt und gefördert.

Seit dem Zweiten Weltkrieg sind eine große Anzahl von Staaten selbständig geworden. Der Nationalismus gibt ihnen ein neues Selbstbewußtsein.

Der Prozeß der Urbanisierung schreitet voran. Die Großstädte nehmen zu. Städtische Kultur dringt auch in ländliche Gebiete ein. Man rechnet damit, daß allein in Afrika bis zum Jahre 2000 dieser Verstädterungsprozeß 80 Prozent der Menschen dieses Erdteils erfaßt haben wird. Die Folgen sind nicht nur ein neues Kulturbewußtsein und Selbstverständnis, sondern auch Vereinsamung und Verelendung (Slums).

Im christlichen Abendland sind die Entwicklungen auch sehr deutlich. Der Berliner Hofprediger Adolf Stöcker prägte einmal den Satz, der sich zunehmend bewahrheitet: Die Entkirchlichung führe zur Entchristlichung und diese wiederum zur Entsittlichung. Man spricht vom Neuheidentum oder, besser gesagt, von einer nachchristlichen und damit antichristlich geprägten Phase der abendländischen Geschichte. Der Materialismus und die Diesseitigkeit sind zu einer Alltagswirklichkeit geworden. Die erstrebenswerten Ziele sind Wohlstand, Absicherung und die Wohlfühl-Gesellschaft. Im Verhältnis der christlichen Mission zu den Religionen breitet sich auf ökumenischer Ebene zunehmend der Synkretismus (Vermischung) aus. Es sei nur an das »Dialog-Programm« in der ökumenischen Bewegung erinnert.

Welchen Stellenwert hat die Mission und damit auch das Evangelium in dieser sich wandelnden menschlichen Gesellschaft? Muß die Botschaft nicht verändert und damit aktualisiert werden?

Die Konstante, das Gleichbleibende durch die Jahrhunderte und durch alle Zeiten ist die unheimliche Macht der Sünde und die Verlorenheit des

Menschen. Die äußeren Verhältnisse wandeln sich, das menschliche Herz bleibt dasselbe. Unverändert bleibt auch die Rettungstat Gottes am Kreuz auf Golgatha und der Neubeginn mit dem Auferstehungsmorgen. Die Zukunft ist bestimmt durch den wiederkommenden Herrn.

Dies bedeutet, daß in einer sich wandelnden Welt der Missionsauftrag unwandelbar bestehen bleibt. Er bleibt unveränderlich; jedoch die praktische Durchführung der Missionsarbeit bedarf stets neuer Überlegungen und biblisch orientierter Strategien. So werden heute schätzungsweise 50 Prozent der Missionare benötigt, um einheimische Mitarbeiter und Gemeinden zu schulen und für ihre Aufgaben zuzurüsten. Der Dienst geschieht in Absprache und in brüderlicher Gemeinschaft mit den einheimischen Kirchen. Die Aufgabe der Erst-Verkündigung des Evangeliums an Fernstehende, der Gemeindegründung und des Gemeindeaufbaus ist nach wie vor aktuell, soll jedoch mehr und mehr von Einheimischen durchgeführt werden.

In der Christenheit verlagert sich das Schwergewicht von der westlichen in die südliche Welt. Zu Beginn dieses Jahrhunderts lebten 85 Prozent der Christen in der westlichen Welt (Europa, Nordamerika). Am Ende dieses Jahrhunderts werden 60 Prozent aller Christen in der südlichen Welt (Lateinamerika, Afrika, Asien/Ozeanien) vertreten sein. In früheren Zeiten sprach man von einer Ostkirche und einer Westkirche; nun entsteht eine »Südkirche«. Dies bedeutet u. a., daß unsere Evangelisationsaufgaben in der Heimat zunehmen. Erfreulicherweise hat die Zahl der Missionare aus einheimischen Kirchen in den letzten zwei Jahrzehnten außergewöhnlich stark zugenommen. Es bahnt sich in den einheimischen Gemeinden- und Kirchenverbänden evangelikaler Prägung eine zunehmende Zusammenarbeit im Sinne der evangelischen Allianz an.

6. Der Gnadauer Missionsauftrag in der kommenden Zeit

Der deutsche Pietismus Gnadauer Prägung ist gerufen, den Missionsbefehl des Herrn Jesus Christus ernst zu nehmen und durchzuführen. Dies betrifft sowohl die praktische Missionsarbeit als auch einen notwendigen und bisher kaum wahrgenommenen missionstheologischen Beitrag zum Verständnis biblisch orientierter und heilsgeschichtlich ausgerichteter Missionsarbeit.

Der Pietismus in Gestalt der deutschen Gemeinschaftsbewegung wird in Zukunft nur dann gesund bleiben, wenn er missionarisch ausgerichtet ist. Dies setzt aber voraus, daß wir bewußt Bibel- und Gebetsbewegung bleiben oder wieder werden. Die Liebe zu Jesus äußert sich in der Liebe zu seinem Wort und im Gebet. Die Liebe zu Jesus ist auch die eigentliche Triebkraft für den missionarischen Dienst.

Sodann ist es wichtig, daß nicht nur einzelne Glieder der Gemeinschaften und Jugendkreise sich für die Mission verantwortlich wissen, sondern daß die örtlich versammelte Gemeinde, bei uns in Gestalt der Gemeinschaften, sich als Ganze vom Herrn zum Zeugendienst berufen weiß. Dazu sind Informationen über die Missionsarbeit erforderlich. Sie werden am besten von einem Missionsbeauftragten gesammelt und der Gemeinschaft und dem Jugendkreis in Absprache mit dem Gemeinschaftsleiter oder Prediger, auch mit dem Jugendleiter, mitgeteilt.

»Gehet hin!« Wie können wir im Gehorsam diesen Befehl des Herrn an unserem Platz und im Alltag verwirklichen? Denn er ist jedem Jünger Jesu gegeben. Gehet hin heißt:

– Wir beten regelmäßig und anhaltend, gezielt und konkret für die Anliegen der Mission, für einzelne Missionare und deren Familien. Es müssen die Missionsanliegen »durchgebetet« werden, sowohl im persönlichen Gebet als auch in der Gebetsgemeinschaft.

– Wir sind Zeugen unseres Herrn in Wort und Wandel an unserem Platz und im Alltag, angefangen in der eigenen Familie, über die Verwandten und Nachbarschaft bis zum Arbeitsplatz und zu Fernstehenden.

– Wir geben für die Mission. Trotz aller Sparsamkeit sind die finanziellen Erfordernisse für die Missionsarbeit in der heutigen Zeit nicht gering. Sollten wir nicht nach der biblischen Anweisung grundsätzlich den Zehnten geben? Auch sollten die Gaben nicht gesplittet (verzettelt), sondern bewußt und gezielt gegeben werden.

– Wir beauftragen und senden einzelne Brüder und Schwestern im Herrn, die an unserer Stelle, für unsere Gemeinschaft und für unseren Jugendkreis zum Dienst auf einem Missionsgebiet hinausgehen.

Zwei Anliegen unserer pietistischen Väter im Blick auf die Mission sollen noch erwähnt werden. Das eine ist der Zusammenhang von Mission und Heiligung. Das andere heißt: Mission im Blick auf den wiederkommenden Herrn. Weil Jesus lebt und wiederkommen wird, ruft uns der Apostel Paulus zu: »Darum, meine lieben Brüder, seid fest, unerschütterlich und nehmt immer zu in dem Werk des Herrn, weil ihr wißt, daß eure Arbeit nicht vergeblich ist in dem Herrn« (1 Kor 15,58).

Der Missionsbefehl unseres Herrn ist auch in endzeitlichen Entwicklungen verpflichtend (Mt 24,14): »Es wird gepredigt werden dies Evangelium vom Reich in der ganzen Welt zu einem Zeugnis für alle Völker, und dann wird das Ende kommen.«

Walter Nieke/Walter Schaal

Zum Verhältnis von Kirche und Gemeinschaftsbewegung in Gegenwart und Geschichte

Der Gnadauer Gemeinschaftsverband ist mit seinen Gemeinschaftsverbänden, Werken und Ausbildungsstätten von seinem Aufbruch und von seiner Geschichte her eine freie Bewegung innerhalb der evangelischen Landeskirche in Deutschland. Das Verhältnis von Kirche und Gemeinschaft soll in den folgenden Ausführungen in drei Schritten dargestellt werden:

I . Der gegenwärtige Stand des Verhältnisses von Kirche und Gemeinschaft

II . Der geschichtliche Hintergrund des Verhältnisses von Kirche und Gemeinschaft

III. Die zu beachtenden Fragen im Verhältnis von Kirche und Gemeinschaft.

I. Der gegenwärtige Stand des Verhältnisses von Kirche und Gemeinschaft

In den letzten Jahrzehnten sind die Wellen der Säkularisierung auch über unsere Landeskirchen und Gemeinschaften hinweg gebrandet. Sie haben mancherlei Veränderungen mit sich gebracht. Seit den 50er Jahren haben theologische Entwicklungen in unseren Landeskirchen zu einer stärkeren Entfremdung zwischen Kirche und Pietismus geführt, bzw. kam es im Pietismus zu einer stärkeren eigenen Profilierung. In der Gemeinschaftsbewegung des deutschen Pietismus kam es durch starke geistliche und organisatorische Einflüsse aus der weltweiten sog. evangelikalen Bewegung (Billy Graham; internationaler Kongreß für Weltevangelisation in Lausanne 1974 und die daraus folgende Lausanner Bewegung) zu mancherlei Veränderungen.

So kam es auf seiten der Evangelischen Kirche in Deutschland (EKD) und der Landeskirchen, aber auch auf seiten der Gemeinschaftsbewegung, gerade auch in den Reihen der jüngeren Prediger, zu der Fragestellung: Wie ist heute die alte Bestimmung »in der Kirche, mit der Kirche, aber nicht unter der Kirche« zu verstehen? Wie ist sie in der Praxis zu verwirklichen?

Unter dieser Fragestellung fanden 1980 und 1981 interne Klausurtagungen statt, an der Verantwortliche aus den verschiedenen Bereichen und

Prägungen der Gemeinschaftsbewegung teilnahmen. Verschiedene Gespräche zwischen leitenden Gremien Gnadaus und der EKD bzw. der Landeskirchen schlossen sich an.

Innerhalb der Gemeinschaftsbewegung wird gerade aus den Kreisen der jüngeren Predigergeneration auf die Klärung des biblischen Begriffes »Gemeinde« gedrängt. Ist eine landeskirchliche Gemeinschaft auch Gemeinde? Wenn ja, welche Konsequenzen sind daraus zu ziehen? Inwieweit sind landeskirchliche Gemeinden »Gemeinde« im Sinn des Neuen Testaments?

Der Theologische Beirat wie auch der Vorstand Gnadaus haben sich in den vergangenen Jahren intensiv mit diesen Fragestellungen und dem biblischen Befund beschäftigt, der nicht ohne den geschichtlichen Weg der Gemeinde Jesu und der Gemeinschaftsbewegung gesehen werden kann. Neu war in diesen Gesprächsrunden, daß wohl zum ersten Mal in der Geschichte des Gnadauer Verbandes die ekklesiologischen Fragen nicht nur im Gegenüber zu den Landeskirchen bedacht wurden, sondern bei der bestehenden geistlichen und strukturellen Bandbreite innerhalb Gnadaus auch zwischen den verschiedenen Mitgliedsverbänden und Werken in großer Offenheit diskutiert wurden. Um der Einheit der Gemeinschaftsbewegung willen wird die vorhandene Verschiedenartigkeit bislang ertragen.

Es stehen nebeneinander Vorstellungen, die ein Gemeindeverständnis unmittelbar aus dem Neuen Testament in unsere Zeit übertragen wollen, und Vorstellungen, die dafür halten, daß der geschichtliche Weg der Gemeinde Jesu über die Reformation, den frühen Pietismus und die Erweckungsbewegungen nicht einfach übersehen werden kann.

Bei den Mitgliederversammlungen 1986 und 1987 wurden die ekklesiologischen Fragen intensiv verhandelt. Der derzeitige Präses, Pfarrer Kurt Heimbucher, sprach 1986 in seinem Bericht zu diesem Themenbereich aus historisch-theologischer Sicht. Dabei führte er u. a. aus: »Die Frage nach dem Verhältnis zur Kirche wird unter uns diskutiert. Es werden da und dort Weichen in bestimmte Richtungen gestellt. Es werden Entwicklungen eingeleitet, die dazu nötigen, über diese Fragen zu sprechen.« Mit einer Fülle von Zitaten machte der Referent deutlich, daß die führenden Männer Gnadaus von 1888 an die innerkirchliche Stellung der Gemeinschaftsbewegung betonten. Es geht eine kontinuierliche Linie durch die Geschichte. Heimbucher schloß seine Ausführungen mit einem Zitat von Pastor D. Walter Michaelis aus einem Aufsatz »Der Weg Gnadaus durch die Strömungen der Zeit«: »Wer die Geschichte, aus der er herkommt, verachtet, bereitet seiner eigenen Geschichte ein baldiges Ende. Der Weise bricht nicht ab, sondern führt weiter. Er springt nicht mit großem Sprung aus dem Alten, um auf flachem Feld ein Neues nach seines Herzens Gedanken anzufangen. Aber wenn das Alte ihn um Jesu willen ausstößt, erleidet er es getrost und fängt freudig das Neue an.«

Der Vortrag von Kurt Heimbucher, den er bei der Mitgliederversammlung im Februar 1987 in Siegen hielt, stand unter dem Thema: »Die Gemeinde im Neuen Testament – Gemeinde und Gemeinschaft – Gemeinde und Volkskirche – Gemeinde und Reich Gottes«. Dabei wurde deutlich, daß die Ekklesiologie nicht von der Christologie zu trennen ist, d. h. die »ecclesia« hat teil an der Knechtsgestalt des irdischen Jesus. Diese Ecclesia ist keine Hierarchie, sondern eine bruderschaftlich bestimmte Größe. Die Ecclesia als der Leib Christi ist ein Leib mit vielen Gliedern und damit mit vielen Aufgaben und Gaben (»Ämter und Dienste«).

Gemeinde und Gemeinschaft sind im NT zunächst zwei verschiedene Worte (*ecclesia* und *koinonia*). Die Gemeinschaft mit dem Vater und Sohn führt zur Gemeinschaft untereinander (1 Joh 1). In der Gemeinschaftsbewegung verstehen wir unter »Gemeinschaft« eine Gruppe von Gläubigen, die innerhalb der Landeskirche Gemeinschaftspflege und Evangelisation realisieren will. In der Gemeinschaft in diesem Sinn ereignet sich »ecclesia«. Es ist Versammlung im Namen Jesu, und es wird auf sein Wort gehört.

Wiederum ist eine solche Gemeinschaft nicht im Vollsinn des Wortes Ecclesia, weil in ihr als konstitutives Element die Taufe fehlt. Darum entscheidet sich an der Tauffrage die Frage nach der Kirchwerdung der Gemeinschaftsbewegung.

Die Gemeinschaft ist eine geistliche Zelle in der Gemeinde. Sie ist nicht Ecclesia im Vollsinn, aber sie trägt ekklesiologische Züge. Zu diesen gehören Wortverkündigung, Seelsorge und die Feier des Herrenmahles.

Kurt Heimbucher fragte: »Wenn Deutschland zu einem nachchristlichen Missionsfeld ohnegleichen wird, ist es dann nicht das Gebot der Stunde, daß sich die Gemeinschaftsbewegung und die positiven Kräfte in der Kirche vereinen zu einer gemeinsamen missionarischen Großoffensive?«

Er führte weiter aus: »Wir sind als Gemeinschaftsbewegung nicht Ecclesia, und die verfaßte Volkskirche ist nicht identisch mit der Ecclesia, aber wir sind aneinander gewiesen, um gemeinsam Ecclesia zu bauen in diesem weitem Raum, den Gott uns im Gefäß der Volkskirche gegeben hat.«

Es ist in letzter Zeit wieder darauf aufmerksam gemacht worden, daß in den Anfängen der Gemeinschaftsbewegung betont vom Reich Gott gesprochen worden ist (vgl. Einladungsschreiben zur 1. Gnadauer Konferenz vom 14. 4. 1887). Kurt Heimbucher stellt dem das heutige Reden von Gemeindeaufbau und Gemeindewachstum gegenüber: »Wenn sie Reichsgottesleute waren, dann ging es ihnen darum, daß Gott zum Zug kommt, daß er zu seinem Recht und zu seinem Ziel kommt. Sie waren primär theozentrisch ausgerichtet, während heute bei allen Fragen von Gemeindeaufbau und Gemeindewachstum vielleicht zu stark der anthropologische Ansatz im Vordergrund steht.«

Kurt Heimbucher fragte: »Was steht an erster Stelle, die Kirche, die

Gemeinde oder die Ehre Gottes? Was ist für uns das Letzte, das Größte: die Ecclesia oder die Basileia (Reich Gottes)?« Im Blick auf das Verhältnis Kirche und Gemeinschaft sagte er: »Wir dürfen uns in der pluralistischen Situation der kirchlichen Landschaft nicht scheuen, auch von Ersatz und Stellvertretung zu reden.«

In einem letzten Teil seines Vortrages sprach er auf dem Hintergrund der vorangegangenen Klausurtagungen und Gesprächen zwischen Gnadau, den Landeskirchen und der EKD über das Miteinander von Kirche und Gemeinschaft heute von folgenden Möglichkeiten:

a) »Wir bleiben, was wir waren und was wir weithin bis heute sind: landeskirchliche Gemeinschaften. Wir sind damit eine freie Gruppe oder Vereinigung in einer volkskirchlichen Gemeinde. Dabei bleiben die Schwerpunkte unserer Arbeit Gemeinschaftspflege und Evangelisation.
b) Wir denken neu darüber nach, was die Formel ›Ecclesiola in Ecclesia‹ bedeutet und wie sie realisiert werden kann. In Absprache mit dem jeweiligen Pfarrer, dem Dekan oder Superintendenten oder mit der Kirchenleitung werden durch die Gemeinschaften Gottesdienste und Kasualien, vielleicht auch biblische Unterweisung durchgeführt. Der Vollzug der Amtshandlungen müßte an das zuständige Pfarramt gemeldet werden... Andererseits müßte von der Kirchenleitung erwartet werden, daß sie endlich die Ausbildung und Einsegnung der Prediger in den Gnadauer Ausbildungsstätten voll anerkennt.
c) Es entwickeln sich noch mehr Personalgemeinden aus den Gemeinschaften (vor allem in Großstädten). Dabei aber ist die schwierige Frage zu bedenken, wie die kirchenrechtlichen Fragen so gelöst werden können, daß der Status eines freien Werkes in der Kirche nicht verloren geht.
d) Die Gemeinschaft entwickelt sich zu einer freien Gemeinde ohne Bindung an die Kirche und ohne Verbindung mit der Kirche. In diesem Fall wird eine solche Arbeit sich nicht mehr auf Gnadau berufen und im Gnadauer Verband bleiben können.«

Kurt Heimbucher faßte alle diese Überlegungen so zusammen: »Wir dürfen keine vorschnellen situationsbezogenen Entscheidungen treffen... Wir müssen auf das biblische Zeugnis achten, die geschichtliche Führung bedenken, den besonderen Auftrag, den wir haben, nicht aus dem Auge verlieren, auf die Stimme der Väter hören, im Gespräch mit den Brüdern bleiben, die Konsequenzen der Entscheidungen überlegen, offen sein für neue göttliche Weichenstellungen, um die Erkenntnis des Willens Gottes ringen. Wir dürfen nicht in den Strukturen das Heil für unser Überleben suchen. Unsere Chance liegt nicht in der Struktur, sondern in der Neubesinnung auf den uns gegebenen Auftrag... Es ist entscheidend wichtig, daß wir Gott um kräftige Impulse seines Heiligen Geistes bitten, damit wir das bleiben dürfen, was wir sein sollen:

eine Bibelbewegung
eine Gebetsbewegung
eine Heiligungsbewegung
eine Evangelisationsbewegung
eine Laienbewegung
eine Gemeinschaftsbewegung
eine Bewegung, die das Wort Jesu aus Mt 6, 33 sich auf ihre Fahnen geschrieben hat: ›Trachtet am ersten nach dem Reich Gottes und nach seiner Gerechtigkeit, dann wird euch solches alles gegeben werden.‹«

Der Theologische Beirat Gnadaus ist von der Mitgliederversammlung im Februar 1987 beauftragt worden, auf dem Hintergrund der Mitgliederversammlungen 1986 und 1987 und der sich daran anschließenden Gespräche in Gnadau ein Thesenpapier zu erarbeiten, in dem das Selbstverständnis Gnadaus als Gemeinschaftsbewegung im Verhältnis zur Kirche dargelegt wird. Dieses Thesenpapier hat der Theologische Beirat im Frühjahr 1987 erarbeitet. In dieser Vorlage heißt es u. a.:

»In Gnadau begegnen sich Verbände unterschiedlicher Herkunft und mit verschiedenartigem geistlich-theologischem Erbe. Die aus dem älteren Pietismus kommenden Verbände sind mehr von der Reformation und der Erweckungsbewegung zu Beginn des 19. Jahrhunderts geprägt. Die kirchliche Zugehörigkeit ist tiefer im Bewußtsein. Die aus der neupietistischen Erweckung kommenden Verbände sind stärker von anglo-amerikanischen Evangelisations- und Heiligungsbewegungen beeinflußt. Das äußert sich in einer distanzierteren und z. T. kritischen Haltung der Kirche gegenüber ...

Zugleich besteht im Gnadauer Verband eine grundlegende Übereinstimmung: Für alle ist die Bibel Gottes Wort. Alle wollen am Bau des Reiches Gottes teilhaben, indem sie die Menschen zum Glauben an Jesus Christus rufen. Alle wissen sich mit verantwortlich dafür, daß der Missionsbefehl Jesu ausgeführt wird in Wort und Tat ... Das alles geschieht im Rahmen freier, erwecklicher und unabhängiger Verbände und Werke innerhalb der evangelischen Kirchen. Dabei besteht Einigkeit darin, daß man nicht Freikirche werden will.«

Damit ist formuliert, was immer wieder bei den internen Klausurtagungen und den Gesprächen mit Vertretern der Kirche betont wurde: Gnadau braucht einen entsprechenden Freiraum in der Kirche. Dabei gibt es bestimmte Eckwerte, die nicht überschritten werden dürfen.

So wurden auch auf der Gnadauer Mitgliederversammlung im Februar 1987 mit großer Stimmenmehrheit »Leitlinien für den Dienst des Predigers in der Gnadauer Gemeinschaftsbewegung« verabschiedet. Darin heißt es u. a.: »Die Gemeinschaftsverbände sind freie Werke innerhalb evangelischer Landeskirchen. Deshalb ist der Prediger Glied der jeweiligen Landeskirche.«

II. Der geschichtliche Hintergrund des Verhältnisses von Kirche und Gemeinschaft

Das Nebeneinander, Miteinander und Ineinander von Kirche und Gemeinschaft, Gemeinschaften und Kirchengemeinden, Gemeinschaftsbewegung, Gemeinschaftsverbänden und Landeskirchen ist in der Welt mit wenigen Ausnahmen, z. B. in den nordischen Ländern Europas (vor allem in Schweden und Norwegen) fast einmalig. Es gibt kaum anderswo in ähnlicher Weise freie Bewegungen innerhalb von Volks- und Landeskirchen, die keine Freikirchen sind.

Darum ist der geschichtliche Hintergrund nicht außer acht zu lassen, der in Deutschland seit dem 18. Jahrhundert zur Entstehung des Pietismus innerhalb der bestehenden Landeskirchen in verschiedenen Ausprägungen und in verschiedenen Erweckungsbewegungen geführt hat.

Wenn es bei dem »und« zwischen Kirche und Gemeinschaft geblieben ist und nicht zu einem »entweder – oder« oder gar zu einem bleibenden »Gegen« kam, ist dies nicht zuerst menschliches Verdienst. Es ist der Erweis der Barmherzigkeit Gottes in der geschichtlichen Führung. Ihm, dem Herrn, gebührt die Ehre, so wahr sich Menschen auf beiden Seiten gemüht haben. Zu solcher barmherzigen Führung gehören auch jene Väter, die immer neu darauf verwiesen haben, daß Gott der Gemeinschaftsbewegung innerhalb der Kirche den Platz zugewiesen hat. Zu ihnen gehören u. a. Prof. Th. Christlieb, Elias Schrenk, Jasper v. Oertzen, Rektor Chr. Dietrich und der langjährige Präses D. Walter Michaelis.

Einige Zitate sollen dies belegen. Jasper von Oertzen sagte auf der 1. Gnadauer Konferenz 1888 in seinem Referat »Die Notwendigkeit der organisierten Evangelisation neben dem pastoralen Amt und ihre Bedeutung für das kirchliche Leben«: »So überflüssig es auch vielen, die mich kennen, scheinen mag, will ich ausdrücklich konstatieren, daß ich mich voll und ganz auf den Boden der Volkskirche und der Landeskirche stelle ... Ich bin darüber keinen Augenblick im Zweifel, daß wir weiten Schichten unseres Volkes das Evangelium nur erhalten werden, wie die Verhältnisse in Deutschland nun einmal liegen, wenn wir die Volkskirche zu beleben, zu kräftigen und zu stärken suchen.«

Im ersten Satz der Richtlinien des »Deutschen Verbandes für evangelische Gemeinschaftspflege und Evangelisation« von 1901 hieß es: »Der Deutsche Verband für evangelische Gemeinschaftspflege und Evangelisation bezweckt, innerhalb der Landeskirche christliche Gemeinschaft zu fördern und religiöses Leben zu wecken.« Rektor Dietrich bekannte in einer Aussprache auf der Konferenz 1897: »... wir haben erkannt, daß unser Platz in der Kirche ist, die Gott durch die Reformation unserem deutschen

Volk gegeben hat. Innerhalb dieser Kirche ist unser Arbeitsfeld und unser hauptsächlicher Nährboden.«

Etliche Jahre später, 1910, sagte D. Michaelis zur Charakterisierung der Gnadauer Konferenz: »Die dritte Eigentümlichkeit unserer Konferenz ist, daß wir mit Bewußtsein in unserer Landeskirche stehen... Wir glauben, daß wir kein Recht haben, eine Kirche zu verlassen, in der man uns nicht hindert, das Evangelium zu verkündigen. Und wir wissen, daß Gott, der Herr, unser Volk vielfach gesegnet hat in dieser Kirche und durch diese Kirche... Wir sind also nicht aus Nützlichkeitsgründen in der Kirche, sondern in unserem Gewissen gebunden.«

Diese Sätze bekommen dadurch ein besonderes Gewicht, weil inzwischen die Tagungen der Altpreußischen Generalsynode (1897 und 1903) sowie der Eisenacher Kirchenkonferenz (u. a. 1905) zu Ergebnissen führten, die für die Gemeinschaftsbewegung enttäuschend waren. Dabei übersehen wir nicht, daß einzelne kirchliche Vertreter wohlwollende und positive Beiträge gaben, um der Gemeinschaftsbewegung einen Platz innerhalb der Volkskirche zu ermöglichen.

Andererseits machten sich im Osten Deutschlands stärker darbystische Tendenzen bemerkbar. Gewiß nicht zufällig hielt der damalige Vorsitzende Gnadaus und Direktor des Johanneums, D. Th. Haarbeck, am 9. 11. 1911 in Posen ein Referat: »Wie stehen wir als geistliche Menschen zur Kirche und zu den Brüdern?« Wenn in diesem Referat auch die kritischen Töne gegenüber der Kirche nicht zu überhören sind, gibt D. Haarbeck mit dem Hinweis auf Kaspar Schwenckfeld den Rat, trotz innerer Bedrängnis und Ablehnung die Volkskirche nicht zu verlassen.

Im Verlaufe der geschichtlichen Ereignisse, die durch die beiden Weltkriege bedingt über unser Volk hereinbrachen, wurde die Gemeinschaftsbewegung mehrfach vor die Frage gestellt, ob sie zu den zitierten Aussagen steht.

Mit dem Ende des Ersten Weltkrieges endet auch das »Landesherrliche Kirchenregiment«. Die Landeskirchen waren genötigt, sich eine neue Verfassung zu geben. D. Michaelis wurde in den »Vertrauensrat« berufen, der die Vorarbeiten dazu leisten sollte. Innerhalb der Gemeinschaften wurden immer mehr Stimmen laut, die eine »innere« oder gar vollständige Lösung von der Volkskirche forderten. Freikirchliche Tendenzen regten sich.

Vom 8.–9. 5. 1919 tagte der Gnadauer Vorstand und faßte am Ende folgenden Beschluß: »Wir erkennen den Wert der Volkskirche an und sind bereit, darin zu bleiben und zu arbeiten, solange in ihr unser Dienst für unseren gekreuzigten Herrn nicht unmöglich gemacht wird. Wir fassen die Volkskirche im Sinne als Missionskirche auf, daß in ihr mit allem Nachdruck Volksmission und Evangelisation getrieben werden muß und daß die lebendigen Glieder der Kirche, besonders auch unsere Gemeinschaftskreise, diesen Missionsdienst noch viel mehr als bisher jetzt als ihre Aufgabe ansehen.« (Diese Entscheidung wurde in der Vorstandssitzung vom 12.–14. 1. 1923 bestätigt.)

Im Jahr nach dieser Sitzung, 1920, wurde zur 22. Gnadauer Konferenz nach Elbingerode eingeladen. Bei dieser Konferenz ging es vorrangig um die Stellung Gnadaus nach der Schrift in der Kirchenfrage. Die aufgestauten Fragen und die vorhandene Ungeduld brachen besonders im Zusammenhang mit dem Referat auf, das der Evangelist und spätere Gemeinschaftsinspektor Hermann Dannert dabei zu dem Thema hielt: »Welche Stellung ergibt sich aus der Schrift und Geschichte für den Gnadauer Verband in der Kirchenfrage«. D. Michaelis schreibt rückblickend von der »stürmischsten« Konferenz, die er je erlebt habe: »Alle die vorhandene Unruhe um das Geschick der Kirche, um die Aufgabe des Gnadauer Verbandes, um die Weiterführung im bisherigen Sinn oder in veränderter Weise brach auf, u. zw. nicht nur als geistliches Fragen...« Es erforderte viel Kraft, Weisheit und Geduld, um den Gnadauer Verband bei dem zu halten, was er u. a. in seinen Richtlinien 1901 beschlossen hatte. Noch einmal sei D. Michaelis zitiert, dem der Gnadauer Verband im Ringen um die rechte Entscheidung viel verdankt: »Von den Winden jener Tage... durfte das Schiff sich nicht aus seinem Kurs drängen lassen. Kirchenfragen kann man nicht von Tageserscheinungen abhängig machen, auch wenn die Tage einige Jahre dauern...«

Bei diesem Ringen spielte zum ersten Mal der Prof. Christlieb zugesprochene Satz eine Rolle: In der Kirche, wenn möglich mit der Kirche, aber nicht unter der Kirche. Er war letzten Endes eine Konsequenz der Ergebnisse der neuen Kirchenverfassung. Denn leider wurden gerade die Brüder, die versucht hatten, an der neuen Kirchenverfassung mitzuarbeiten, enttäuscht. D. Michaelis schreibt rückblickend: »Es blieb eigentlich alles in alten Geleisen. Schon auf der zweiten jener Versammlung folgenden Generalversammlung standen die wenigen Gemeinschaftsleute, die noch zu ihr gehörten, ganz im Schatten.«

Man hatte den Eindruck, daß sich die Kirche nach Abschluß der Kirchengesetze in ihrem Selbstbewußtsein gestärkt fühlte. Auf die Gemeinschaftsleute war man nicht mehr angewiesen. Dennoch änderte sich die Haltung Gnadaus nicht. Jedoch war eine Chance verpaßt, Gemeinschaft und Kirche näher zusammenzuführen, indem man die Anliegen der Gemeinschaft bejahte und eine Ordnung ermöglichte, den von ihr erkannten Auftrag in der Kirche auszurichten. Ein anderer Zeitgenosse, Paul Fabianke, stellte fest: »Die praktischen Forderungen und Bedürfnisse der Gemeinschaftsbewegung sind in keiner Weise berücksichtigt.«

Auch während der Zeit des Dritten Reiches und dem damit verbundenen

Kirchenkampf war Gnadau nach seiner Stellung zur Kirche, besonders zur »Bekennenden Kirche« gefragt. Erneut erwies sich D. Michaelis als einer, der sehr bald klar sah und den »Kurs Gnadaus« nicht aus den Augen verlor. Dabei war es für die verantwortlichen Brüder im Gnadauer Vorstand nicht leicht, klare Stellung zu beziehen, weil u. a. auch die »Bekennende Kirche« kein einheitliches Bild bot. Auf diesem Hintergrund muß man den folgenden Beschluß aus dem Jahre 1938 sehen: »Der Deutsche Verband für Gemeinschaftspflege und Evangelisation erstrebt nicht, Freikirche zu werden, sondern will Gemeinschaftspflege und Evangelisation innerhalb der Landeskirche treiben. Welchen Weg er geht, wenn es zu grundlegender Umgestaltung ihres volkskirchlichen Charakters kommen sollte, überläßt er der späteren Führung des Herrn. Wir bitten unsere Brüderräte, unsere Geschwister im Glauben an diese Führung zu stärken und damit vor separatistischen Einflüssen zu bewahren.« Diesem Beschluß waren innerhalb Gnadaus manche Kämpfe und Klärungen vorausgegangen.

»Gnadau-Kurs halten« – so ist ein Artikel von D. Michaelis überschrieben, der 1949 im »Gnadauer Gemeinschaftsblatt« veröffentlicht wurde. Das galt auch für die Arbeit in Kirche und Gemeinschaft nach dem Zusammenbruch des Dritten Reiches mit all den schlimmen, notvollen Folgen. Die politischen und gesellschaftlichen Verhältnisse hatten sich grundlegend geändert. Wieder standen die Kirchen vor der Tatsache, sich eine neue Ordnung geben zu müssen. So war auch der Gnadauer Verband neu gefordert: »Von vornherein klar war die kirchliche Linie, aber ebenso klar ist es immer gewesen, daß in einer Volkskirche mit ihren verschiedenartig zusammengesetzten Ordnungen die Gemeinschaftsarbeit eine selbständige sein und bleiben muß.« So Michaelis im genannten Artikel.

Allerdings brach 1945 die Frage nach einer wie auch immer gearteten Loslösung von der Kirche nicht so auf wie nach 1918. Das lag gewiß auch daran, daß beide, Kirche und Gemeinschaft, sich des Versagens und der Schuld bewußt waren, die sie in der zurückliegenden Zeit auf sich geladen hatten. In beiden Arbeiten stand man buchstäblich und im übertragenen Sinn vor Trümmern, wie viele andere in unserem Volk. Die innere und äußere Not, das Warten auf die Rückkehr von Menschen, die die Arbeit neu aufnehmen und weiterführen konnten, die Eingliederung vieler Menschen, die eine neue Heimat finden mußten, ließ wohl diese Gedanken nicht aufkommen. D. Michaelis erkannte sehr bald, daß es angesichts der neuen Situation notwendig sei, die Gemeinschaftsarbeit in der DDR in eigener Verantwortung weiterzuführen.

In den folgenden Jahren und Jahrzehnten ist die geschichtliche Entwicklung des Verhältnisses zwischen Kirche und Gemeinschaft in beiden Teilen Deutschlands, trotz der unterschiedlichen gesellschaftlichen Systeme, in vielem bis heute sehr ähnlich verlaufen. 1980 fand vom 20.–22. Juni in

Leipzig die Delegierten- und Arbeitskonferenz des Ev.-Kirchlichen Gnadauer Gemeinschaftswerkes in der DDR statt, bei dem wesentliche Linien für das Verhältnis von Kirche und Gemeinschaft in der DDR besprochen und festgelegt wurden. Die Vorträge und Ergebnisse der Arbeitsgruppen dieser Konferenz liegen vor in »Gnadauer Akzente Nr. 2 – Studienhefte für Mitarbeiter« (herausgegeben von J. Dreßler in der Evangelischen Verlagsanstalt Berlin/DDR, 1982).

Für den Bereich des Gnadauer Verbandes ist für die Jahre und Jahrzehnte nach dem Zweiten Weltkrieg folgende Beobachtung interessant und kennzeichnend. In den Berichten, die der Gnadauer Präses jeweils bei den Mitgliederversammlungen vortrug, konnte es heißen: »Vom Gnadauer Verband ist zu sagen, daß sich nichts geändert hat« im Verhältnis zu den Landeskirchen. »Von den Kirchen aus wird nicht sonderlich viel Notiz von den Gnadauer Gemeinschaftskreisen oder -verbänden genommen« (1956). Und 1964: »In unserer Stellung den deutschen und den weltweiten kirchlichen Organisationen gegenüber hat sich nichts geändert.«

Erst 1976 wurde durch die Mitgliederversammlung in Hattingen, die sich mit dem Thema »Kirche und Gemeinschaft« beschäftigte, folgendes »Wort an die Gemeinschaften« gerichtet, in dem in der sich verändernden Situation Wegweisung gegeben wird:

1. Die Gemeinschaftsbewegung weiß sich entsprechend ihrer Geschichte von Gott in die Volkskirche gestellt... Sie sieht es als ihre Aufgabe an, in den Kirchen der Reformation die biblischen Erkenntnisse des Pietismus lebendig zu erhalten.
2. Der Gnadauer Verband will keine Freikirche sein. Die in ihm zusammengeschlossenen Gemeinschaftsverbände und Werke sind freie Werke in den Landeskirchen. Deshalb brauchen und beanspruchen sie freien Raum innerhalb der Kirche zur Entfaltung ihres mannigfachen Lebens.
3. Durch den besonderen Auftrag der Gemeinschaftspflege und Evangelisation wollen die Verbände und Werke Gnadaus mithelfen, im Raum der Kirche die biblische Botschaft zu bezeugen, die sich in Mission und Evangelisation, Diakonie und Gemeindeaufbau auswirkt.
4. Die Gemeinschaftsbewegung ist nicht den kirchlichen Amtsträgern und Behörden unterstellt. Sie sucht aber, soweit es möglich ist, das vertrauensvolle Miteinander. Der Gnadauer Verband ist dankbar für die Gespräche mit den Vertretern der Kirchenleitungen und des Rates der EKD...
5. Zur Frage, ob Brüder und Schwestern neben ihrem Dienst in der Gemeinschaft auch in der Kirchengemeinde mitarbeiten sollen, können wir keine allgemeine Antwort geben... Hier müssen die einzelnen nach Prüfung vor dem Herrn und nach Rücksprache mit den Geschwistern eine persönliche Entscheidung treffen.
6. Der Pluralismus, durch den biblische und unbiblische Lehren und

Lebenspraktiken gleichberechtigt nebeneinandergestellt werden, bedroht ernsthaft den Bestand unserer Landeskirchen. Daher ist die Gemeinschaftsbewegung zum priesterlichen Dienst der Fürbitte und zur demütigen, verantwortungsbewußten Wahrnehmung des Wächteramtes in der Kirche gerufen. Wir erheben mahnend unsere Stimme sowohl gegen eine vom Zeitgeist bestimmte Theologie und Verkündigung als auch gegen ein schwärmerisches Christentum, soweit es sich in unserer Kirche und unter uns ausbreitet.

7. Die oft bedrückende Lage in manchen volkskirchlichen Gemeinden führt die Gemeinschaftsbewegung zu Überlegungen, ob nicht in bestimmten notvollen Situationen ein stellvertretender Dienst für die Kirche übernommen werden muß (z. B. Religions- und Konfirmandenunterricht, Kasualien). Das geschieht nicht, um eine Kirchwerdung der Gemeinschaftsbewegung einzuleiten, sondern aus seelsorgerlicher Verantwortung.
8. Mit wachsender Sorge sieht die Gemeinschaftsbewegung den ökumenischen Weg der Evang. Kirche in Deutschland sowohl in ihrem Verhältnis zur römisch-katholischen Kirche als auch in ihrem Verhältnis zum Weltkirchenrat in Genf...

Dieses »Wort« zeigt die in manchem sich notvoll verändernde Situation in der Frage des Verhältnisses von Kirche und Gemeinschaft.

Zum Gespräch mit Vertretern der evangelischen Landeskirchen hat der Theologische Beirat 1981 eine Vorlage erarbeitet. In diesem Papier wird anerkannt, daß die Kirche weithin nicht mehr »Pastorenkirche« ist, sondern den strukturellen Charakter der Gemeinde als Dienstgemeinschaft neu entdeckt hat. Es wird auch davon gesprochen, daß ebenso die Gemeinschaftsbewegung ihre Aufgaben erweitert hat und nicht nur ergänzender Dienst erfolgt, was gerade zu Spannungen und Konflikten führen kann. Nach wie vor wird betont, daß die Gemeinschaftsbewegung keine evangelische Freikirche werden will, obwohl die Strukturen, die im Laufe der Zeit gewachsen sind, eine Versuchung für sie in dieser Richtung bedeuten können. In diesem Zusammenhang, so heißt es in diesem Text, muß über die Stellung der hauptamtlichen Mitarbeiter der Gemeinschaftsbewegung, vor allem der Prediger und Schwestern, neu nachgedacht werden.

Erstmalig wird auch auf die Problematik eingegangen, daß die Kirche es akzeptieren muß, daß in landeskirchlichen Gemeinschaften Menschen ihre geistliche Heimat finden, die der Landeskirche nicht angehören. Schließlich wird gefragt, ob landeskirchliche Gemeinschaften bzw. Stadtmissionen in den Großstädten ggf. den Status von Personalgemeinden annehmen können. So könnten Glieder der Kirche, die sie aus geistlichen Gründen verlassen wollen, in der Kirche beheimatet bleiben.

Diese Vorlage wurde in einer Begegnung zwischen Vertretern Gnadaus und Vertretern der verschiedenen Landeskirchen in Marburg im Juni 1982 in einem Referat, das der Verfasser dieses Artikels hielt, im Zusammenhang mit der alten Formel »in, mit, aber nicht unter der Kirche« erläutert.

Es wurde dabei auch darauf hingewiesen, daß einzelne Gemeinschaften in Großstädten ihre Versammlung am Sonntagmorgen haben, um die ganze Familie in der heutigen mobilen Gesellschaft zu erreichen. Es wurde auch gesagt, daß die Abhaltung von selbständigen Abendmahlsfeiern in den Gemeinschaften zu einer Art Schlüsselfrage für das Vertrauen zwischen Kirche und Gemeinschaft geworden sei. Auch die Predigerfrage wurde im Blick auf ihre Anerkennung durch die Landeskirchen, auch hinsichtlich ihrer Einsegnung bzw. Ordination, angeschnitten.

Das Koreferat hielt als Vertreter der Kirchenleitungen Oberkirchenrat Dr. Alfred Burgsmüller. Er wies auf bereits erfolgte Vereinbarungen zwischen einigen Landeskirchen und Verbänden hin. Er sprach auch von der Sorge, daß heute manche Gemeinschaften auf Verselbständigung gegenüber der Kirchengemeinde drängen und damit der bisherige für Gnadau übliche Weg verlassen werde. Er äußerte die Sorge, daß die Gemeinschaftsbewegung, wenn sie sich stärker institutionalisiert, etwa in den Fragen des Amtes und der Kasualien, die eigentliche Bewegung verliert.

Er beschloß seine Ausführungen mit dem Hinweis, daß eine Gemeinschaftsbewegung für die Kirche unentbehrlich ist, wenn sie in folgender Funktionsbeschreibung ihre Identität findet: »Die bleibende Bedeutung des Pietismus könnte die sein: die jeweilige Kirche und ihre Theologie nicht zur Ruhe kommen zu lassen mit der Frage nach der Kirchlichkeit dieser Kirche, nach der Gläubigkeit ihres Glaubens, nach der Reinheit ihrer Verkündigung, nach der Beglaubigung durch Gottes Handeln (Martin Fischer).«

In seinem bereits erwähnten Bericht bei der Gnadauer Mitgliederversammlung 1986, der unter dem Thema stand »Gnadau – erkenne deine Grenzen und wahre deine Chancen«, zeigte Präses Heimbucher von der geschichtlichen Entwicklung des Verhältnisses von Kirche und Gemeinschaft einige Grundlinien auf. So fragte er u. a.: »Entwickelt sich ein Gnadauer Pluralismus...? Sind wir in Gnadau eine innerkirchliche Bewegung oder eine nebenkirchliche, eine außerkirchliche oder gegenkirchliche Bewegung?« Er beleuchtete unseren gegenwärtigen Standort und die aktuellen Fragestellungen anhand vieler Zitate aus der Gnadauer Geschichte. So erinnert er u. a. auch an den Aufsatz von Klaus Bockmühl »Die Stellung des Pietismus zur Separation«, der 1978 in der Reihe des Gnadauer Materialdienstes erschienen ist. Kurt Heimbucher fragte: »Haben wir vom Herrn das Signal, das Zeichen, das eindeutige Wort zu einem neuen Weg in dieser Frage?... Ist Gott dabei, sich in der Kirche neue Erweckungsbewegungen zu schaffen, weil wir aus einer Bewegung zu einer Institution geworden sind, die unbeweglich ist? Ist unser Ausbruch in die Institution, in die Kirchwerdung das Ende Gnadaus?« Er wies darauf hin, daß durch die steigende Zahl der Hauptamtlichen in der Gemeinschaftsbewegung auch strukturelle Probleme aufgebrochen sind. Er betonte aber auch, daß der Aufbruch missionarischen Bewußtseins in Teilen der Landeskirchen für uns Räume frei macht, die unsere Väter so noch nicht hatten.

Gerade aus den Entwicklungen und Gesprächen in den letzten Jahren wird deutlich, daß die Frage des Verhältnisses von Kirche und Gemeinschaft neu in Bewegung gekommen ist. Antworten zu wesentlichen Punkten des Miteinanders sind nötig.

III. Die zu beachtenden Fragen im Verhältnis von Kirche und Gemeinschaft

1. Die Frage des »Freiraums«

In den letzten Jahren fand eine intensive Besinnung auf das Selbstverständnis der Gnadauer Gemeinschaftsbewegung statt. In der heutigen, zum nachchristlichen Missionsland werdenden Gesellschaft ist man im Nachdenken über das Verhältnis zu den ihre missionarische Aufgabe neu entdeckenden volkskirchlichen Landeskirchen immer wieder auf den der Gemeinschaftsbewegung von Gott angegebenen *Auftrag* gestoßen:

Gemeinschaftspflege und Evangelisation

Zur Ausführung dieses Auftrags braucht die Gemeinschaftsbewegung als freie geistliche Bewegung innerhalb der Landeskirchen einen notwendigen Freiraum. Sie kann und darf in ihren Lebensäußerungen nicht kirchlichen Ämtern unterstellt werden. Gnadau kann diesen seinen Auftrag nur solange recht ausrichten, als es nicht selbst institutionalisierte Kirche wird.

Die Spannung zwischen Bewegung und Amt wird trotz allem gegenseitigen Vertrauen und trotz aller Gespräche und Vereinbarungen nie ganz ausbleiben können.

Dieser Freiraum wird im wesentlichen von dem gefüllt, was der Gemeinschaftspflege und der Evangelisation dient.

Gemeinschaftspflege zielt zuerst auf die persönliche Gemeinschaft im Glauben mit dem Herrn und dann auf das Leben in der Gemeinschaft untereinander (1 Joh 1). Für Gott erweckte Menschen suchen die Ecclesiola in der Ecclesia, den brüderlichen, seelsorgerlichen Dienst aneinander. Die Väter sprachen von der »familia dei« (Familie Gottes). Hier vollzieht sich die Realität der Bruderschaft in Christus. Hier geschieht die Tröstung in der Begegnung mit dem Bruder und der Schwester. Hier geschieht in die Schrift und in die Heilsgeschichte Gottes einführende und vertiefende Wortverkündigung. Hier ereignet sich »allgemeines Priestertum«. Diese Zellen wirken sich auf die größere Gemeinde segensreich und befruchtend als Licht und Salz aus. Solche Gemeinschaft ist im wesentlichen Gemeinschaft unter dem Wort und Gemeinschaft im Gebet.

Aus einer solchen Gemeinschaft, die auch durch Krisen und Anfechtungen hindurchgehen muß, erwächst der Dienst der Liebe an den Menschen der Umgebung, der Dienst der diakonischen Liebe und der Dienst des missionarischen Zeugendienstes im persönlichen Zeugnis von Mensch zu Mensch und in der *Evangelisation.* Menschen sollen zum persönlichen rettenden Glauben an Jesus Christus gerufen werden durch Bekehrung und Wiedergeburt, durch Rechtfertigung und Heiligung, durch Christusnachfolge in Geduld, Liebe und Demut.

Aus diesem Auftrag heraus von Gemeinschaftspflege und Evangelisation erwächst auch das Ringen um die Kirche, daß sie Kirche bleibe. Im missionarischen Dienst, auch an der Kirche entfremdeten Menschen unserer Zeit, kann dieser Freiraum dazu führen, daß gläubiggewordene Menschen, die nicht zur evangelischen Landeskirche gehören, in der Gemeinschaft eine geistliche Heimat finden.

Wenn hier der Dienst der *Kasualien* gefordert wird, sollte dazu eine Möglichkeit nach Absprache mit landeskirchlichen Ämtern gefunden werden.

In der Frage der *Gottesdienstzeit* wird es in den Gemeinschaften weitgehend so gehandhabt, daß in dieser Zeit keine Versammlungen der Gemeinschaften stattfinden. Ausnahmen müßten möglich sein in der Großstadtsituation (Personalgemeinde) und bei besonderen Anlässen, wie z. B. Konferenzen oder in anderen besonders gelagerten Fällen.

2. Die Frage der Feier des heiligen Abendmahls

Eine in der ganzen Geschichte des Verhältnisses von Kirche und Gemeinschaft immer neu auftretende Frage ist die nach der Feier des heiligen Abendmahls, auch innerhalb einer Gemeinschaft. Weitgehend nehmen Gemeinschaftsleute an den Abendmahlsfeiern der Kirchengemeinden teil.

Teilweise werden Pfarrer der Kirchengemeinde zu Abendmahlsfeiern in die Gemeinschaft oder für eine Konferenz eingeladen.

Immer stärker setzt sich in den letzten Jahrzehnten und Jahren der Drang durch, entsprechend Apg 2,42 auch in normalen Gemeinschaftsstunden das heilige Abendmahl zu feiern.

In verschiedenen Regionen ist es zu Vereinbarungen zwischen den Kirchenleitungen und den Leitungen der Gemeinschaftsverbände über die Austeilung des heiligen Abendmahles gekommen; so in Schleswig-Holstein, Westfalen, Baden, Sachsen u. a. Dabei sind die getroffenen Absprachen unterschiedlich, je nach der Geschichte und Prägung der Landeskirche und der Gemeinschaftsarbeit. Von einer Reihe von Gemeinschaftsverbänden wird seit Jahren versucht, mit den zuständigen Kirchenleitungen zu einer Vereinbarung zu kommen. Für viele in den Gemeinschaften ist es beschwerlich, daß Kirchenleitungen in der Frage des Abendmahles so zurückhaltend sind, obwohl das Anliegen der Gemeinschaften grundsätzlich bei den Kirchenleitungen ein gewisses Verständnis findet. Manche Gemeinschaftsverbände sind dazu übergegangen, auf Grund des biblischen Befundes Prediger und auch ehrenamtliche Mitarbeiter mit der Austeilung des Abendmahls zu beauftragen – ohne Rückkoppelung mit kirchlichen Ämtern.

Es gibt auch Gemeinschaftsverbände, für die eine entsprechende Regelung einen »Rückschritt« bedeuten würde, nachdem sie längst das heilige Abendmahl in ihren Zusammenkünften feiern.

3. Die Frage der hauptamtlichen Mitarbeiter

Ein besonderes Gewicht in diesem Verhältnis von Kirche und Gemeinschaft hat in den letzten Jahren das »Amt« des Predigers (Gemeinschaftspflegers) in Gemeinschaften und Kirchenbezirken erhalten.

Grundsätzlich will die Gnadauer Gemeinschaftsbewegung eine Laienbewegung sein und bleiben. Trotzdem gehören hauptamtliche Mitarbeiter wesentlich zur Gemeinschaftsarbeit dazu (Prediger, Evangelisten, Jugendmissionarinnen, Gemeinschaftsschwestern u. a.). »Zur Erfüllung ihrer besonderen Aufgabe in ›Gemeinschaftspflege und Evangelisation‹ hat der Prediger einen unverzichtbaren Auftrag« (Leitlinien für den Dienst des Predigers in der Gnadauer Gemeinschaftsbewegung, 1987).

Die meisten hauptamtlichen Brüder und Schwestern haben eine gute theologische Ausbildung auf einer der Gnadauer Bibelschulen erhalten. Aber welchen Status haben diese hauptamtlichen Mitarbeiter gegenüber den Inhabern des kirchlichen Pfarramtes? An dieser Frage muß noch weiter gearbeitet werden.

»Manche Prediger bewegen sich in einem Spannungsfeld zwischen Weite und Enge, Freude und Mutlosigkeit, Hoffnung und Ungewißheit... Der Prediger hat mit seiner Berufung und Beauftragung besondere Verantwortung in Verkündigung und Seelsorge und ist zugleich als Bruder unter Brüdern eingebunden in die Lebens- und Dienstgemeinschaft seines Arbeitsbereiches...« (Leitlinien, 1987).

»Die Konzentration und Beschränkung dieses Dienstes auf die Schwerpunkte Gemeinschaftspflege und Evangelisation geben diesem Dienst seine eigene Würde und Bedeutung. Deshalb ist im Normalfall eine Ergänzung und Zusammenarbeit von Prediger und Pfarrer möglich. Aber diese normale

Situation ist häufig vor Ort gestört. Das ergibt sich z. B. durch ein übersteigertes Amtsbewußtsein des Pfarrers oder ein starkes Selbstbewußtsein des Predigers, durch schwerwiegende theologische Unterschiede oder auch dadurch, daß die missionarische Arbeit vernachlässigt oder behindert wird« (Thesenpapier des Theologischen Beirates: Der Gnadauer Verband als geistliche Bewegung in der evangelischen Kirche, 1987).

Beschwert wird dieses Verhältnis durch die bis jetzt meist nicht erfolgte Anerkennung der in Gnadauer Ausbildungsstätten vorgenommenen Einsegnung bzw. »Ordination« bei Beendigung der Ausbildung und Aussendung zum Dienst.

Einige Schlußgedanken als Ausblick nach vorne im Verhältnis von Kirche und Gemeinschaft

Wird Gnadau in den von Gott seit den Vätern gelegten Spuren als Gemeinschaftsbewegung innerhalb der Landeskirche weitergehen, oder gehen wir auf einen Umbruch der Situation zu? Das wird sehr von den kirchlich-theologischen Entwicklungen in den nächsten Jahren abhängen, von den strukturellen Entwicklungen in den Gemeinschaften und auch von den geistlichen Entwicklungen in der jungen erweckten Generation, die nicht selten in einer eigenartigen Distanz zu Kirche und Gemeinschaft lebt und lieber in »Hauskreisen« als ihrer »Gemeinde« zusammenkommt. Diese Entwicklungen werden in den einzelnen Landeskirchen und Erweckungsgebieten wohl sehr verschieden verlaufen.

Gespräche zwischen Gemeinschaftsbewegung und Landeskirchen bzw. EKD sollten um des gemeinsamen Auftrages willen weitergeführt, ggf. gemeinsame Vereinbarungen angestrebt werden. Es gibt in einigen Landeskirchen regelmäßige Gespräche zwischen Kirchenleitung und Pietismus über anstehende Fragen. Trotz aller Nöte vor Ort besteht meistens bei diesen Gesprächen ein offenes, brüderliches Verhältnis zwischen Vertretern des Pietismus und der Kirchenleitungen.

Viele in der Kirche suchen heute auf der einen Seite nach allen theologischen Enttäuschungen neu nach einer aus dem Wort und im Gebet gelebten Frömmigkeit und auf der anderen Seite nach einem neuen missionarischen Aufbruch in unsere Welt und Zeit hinein. Von hier aus gesehen ist ein Miteinander in Freiheit, ein Miteinander im Dienst am verlorenen und glaubenden Menschen, auch an aus der Kirche ausgetretenen Menschen, ein Miteinander auf dem Weg, dem kommenden Herrn und seinem Reich entgegen, möglich.

Bei aller nicht zu verschweigenden Unterschiedlichkeit geht es doch um den *einen* Gott und Vater, um den *einen* Sohn, Herrn und Christus, um sein

Wort, wie es uns in der Heiligen Schrift gegeben ist, um seinen heiligen Geist, um den durchs Wort gewirkten rettenden und seligmachenden Glauben und um die Hoffnung auf den in Herrlichkeit wiederkommenden Herrn und um den neuen Himmel und die neue Erde, die Gott schaffen wird.

Kurt Heimbucher

Kirche und Gemeinschaft – Eine grundsätzliche Betrachtung

1. Eine erstaunliche Tatsache

Es ist eine erstaunliche Tatsache, daß trotz aller Irrungen und Wirrungen, trotz allen Versagens und aller Schuld von Menschen, die christliche Kirche in unserem Lande nicht untergegangen ist. Dabei haben ihr immer wieder Christen und Nichtchristen den nahen Tod vorausgesagt. Eine übersteigerte Frömmigkeit sprach von der Kirche als der »Hure Babylon«, deren Fall unmittelbar vor der Türe stehe. Schwärmerische und übermütige Aufklärer sprachen davon, daß die Kirche als ein Verein abergläubischer Menschen keine Zukunft habe, denn der wissenschaftlich gebildete, aufgeklärte Mensch mache sie völlig überflüssig. Auch militante Bewegungen haben die Kirche bis heute nicht zur Strecke bringen können.

Das ist zum Verwundern. Hängt das allein an der Stärke ihrer Organisation? Ist der Grund in dem geschickten Taktieren von Führungspersonen zu suchen? Oder hat die Kirche einfach eine jahrhundertelange Tradition, die in einem Lande doch nicht so schnell aufgelöst und abgeschafft werden kann?

Wir werden uns einer anderen Frage zu stellen haben: Hat nicht Gott in seiner unendlichen Barmherzigkeit seine Hand bis zur Stunde über die Kirche in unserem Land gehalten? Und ich meine, wir müßten diese Frage mit einem glatten »Ja« beantworten.

In der Tat: Es schien manchesmal so, als wäre die Kirche wirklich am Ende. Aber dann brachen auf einmal in ihr Erneuerungs- und Erweckungsbewegungen auf, mit denen im Grunde genommen kein Mensch gerechnet hatte. Ich erwähne nur einige als herausstechendste Merkmale im Laufe der Kirchengeschichte:

Als der Verfall der römisch-katholischen Kirche nicht mehr aufgehalten zu werden schien, als sie in der Praxis ihrer Frömmigkeit und vor allem aber auch in ihrer Lehre völlig in die Irre ging, weil sie den Boden der Heiligen Schrift verlassen hatte, da brach in Deutschland die Reformation auf und setzte sich erstaunlich schnell durch. Man muß das immer wieder pointiert unterstreichen: Martin Luther, eines der erwählten Werkzeuge Gottes im Zeitalter der Reformation, wollte, genausowenig wie die anderen reformatorischen Väter, die Separation. Nicht Luther ist der Kirchenspalter, sondern die römisch-katholische Kirche hat die abendländische Kirche gespalten. Luther und die anderen reformatorischen Väter haben, nachdem sie das Evangelium in der Heiligen Schrift neu entdeckten, die Kirche zurückgerufen zum Evangelium. Sie haben deutlich gemacht, daß die Kirche ihrer Zeit den Menschen einen falschen Heilsweg lehre, einen Weg, der in das Verderben, aber nicht in den Himmel führt. Die römisch-katholische Kirche gab auf die Frage: »Wie kriege ich einen gnädigen Gott?«, oder mit den Worten des Kerkermeisters ausgedrückt: »Was muß ich tun, daß ich gerettet werde?« (Apg 16), eine völlig unbiblische Antwort. Nun ging es den Reformatoren in Wort und Schrift darum, der Kirche ihrer Zeit zuzurufen, doch wieder ins Evangelium heimzukehren.

Die römisch-katholische Kirche fand den Weg nicht zurück. Sie hat Luther in den Kirchenbann getan und hat die Reichsacht über ihn verhängen lassen. Sie hat ihn aus der Kirche ausgestoßen und sie hat ihn durch den Kaiser für vogelfrei erklären lassen. Nicht Luther hat die Kirche verlassen, sondern sie hat ihn verstoßen. Auf diesen Tatbestand kann man, gerade auch heute, gar nicht kräftig genug hinweisen.

So wurde die Reformation zur Erneuerungs- und Erweckungsbewegung in der Kirche. Und auch die römisch-katholische Kirche kann bis heute an diesem Ereignis nicht vorbei.

Bald nach der Reformation kam das Zeitalter der Orthodoxie. Es ist nicht richtig zu sagen, daß diese Zeit in der evangelischen Kirche, die in der Reformationszeit Gestalt gewonnen hat, nur eine geistlich tote Zeit gewesen wäre. In die Zeit der Orthodoxie gehört z. B. Paul Gerhardt mit seinen herrlichen Liedern und Chorälen. In diesen Liedern ist nicht tote Lehre, sondern da ist alles pulsierendes, geistliches Leben. Andere Männer aus jenem Zeitalter könnten genannt werden.

Aber doch gab es in der Orthodoxie eine gefährliche Entwicklung, die dahin führte, daß man sich in gegenseitigen Lehrauseinandersetzungen die Köpfe einschlug und das christliche Leben darüber verkümmerte. Aber Gott ließ auch in jener Stunde die Kirche nicht los. Er schenkte den Aufbruch des frühen Pietismus. Philipp Jakob Spener, ein hervorragender lutherischer Theologe, schrieb seine berühmten »pia desideria«, die Programmschrift des Pietismus. Es geht um Lehre und Leben, das war die Parole der frühen pietistischen Väter. Konzentration auf Jesus und von daher Aktion in die Welt hinein, das war ihre Lebenshaltung. So kam neues geistliches Leben in die Kirche hinein, denn die frühen pietistischen Väter dachten in ihren Hauptvertretern keinen Augenblick an eine Separation.

Und dann brach über die Kirche die Zeit der Aufklärung herein. Der Vernunftglaube schien zu triumphieren. Man dünkte sich erhaben über die Heilige Schrift. Das biblische Wort mußte oder sollte sich vor der Vernunft des Menschen ausweisen. Was nicht »vernünftig« war, hatte keine Gültigkeit. Es war jene Zeit der Aufklärung, eine Zeit des menschlichen Übermutes. Es war die Zeit, in der Gott an den Rand der Welt gedrängt worden ist.

Es war die Zeit, in der der Säkularisierungsprozeß begann, der heute unter uns auf einem Höhepunkt angelangt ist.

Aber auch in jener Zeit, als die Kirche vom Geist des Rationalismus ergriffen wurde, eine öde Theologie keinen Menschen mehr interessierte und die Verkündigung sich in das Schlepptau des aufklärerischen Geistes nehmen ließ, war wiederum die Kirche nicht am Ende. In fast allen deutschen Landschaften und Gegenden brach am Anfang des vergangenen Jahrhunderts eine Erweckungsbewegung auf. Theologen kamen zum lebendigen Glauben, Adlige und Landwirte, gebildete und schlichte Menschen. Sie wurden zu Trägern der Erweckung, mitten in einer totgeglaubten Kirche. Sie verkündigten mit großer Freude das Heil, das Gott in Christus geschaffen hat. Sie bezeugten den auferstandenen und lebendigen Herrn. Sie sangen sich ihre Heilsfreude vom Herzen. Und sie haben in tätiger Liebe, in Diakonie und Mission, wie schon die frühpietistischen Väter, in das Leben ihrer Zeit entscheidend eingegriffen.

Um die Mitte des vergangenen Jahrhunderts brach die Gottlosenbewegung auf und durch. Der Materialismus schien auf der ganzen Linie zu siegen. Die aufkommende Naturwissenschaft war materialistisch ausgerichtet. Philosophen, wie Karl Marx oder Friedrich Nietzsche oder Ernst Haeckel, schleuderten ihre antichristlichen Parolen, zum Teil im Gewande einer Pseudowissenschaft getarnt, unter das Volk. Das aufkommende Proletariat griff gierig nach diesen oft sehr populär vorgetragenen propagandistischen Parolen. Man trat aus der Kirche aus, Gebildete und einfache Fabrikarbeiter.

War nun das Ende der Kirche gekommen? Wieder griff Gott ein und schenkte in der Kirche neue Aufbrüche. Unsere Gemeinschaftsbewegung entstand. Die Gemeinschaftsbewegung ist ja von ihren Ursprüngen her eine Erweckungsbewegung. Und sie möchte es auch heute sein. Wir können Gott nur darum bitten, daß sie es bleibe oder wieder werde. »Gemeinschaftspflege und Evangelisation« wurden nun die großen Stichworte. Das Volk muß das Evangelium neu hören in der Sprache einer neuen Zeit. Wie waren die Väter auf diesem Gebiet erfinderisch! Und diese ganze evangelistische Arbeit geschah nicht gegen die Kirche, um ihr endlich den Todesstoß zu versetzen, sondern sie geschah in der Kirche, wenngleich zuerst von der Kirche heftigst bekämpft, um eben dieser Kirche zu helfen und geistliches Leben in ihr zu wecken und zu fördern.

2. »Unsere« Kirche

Das sind nur einige Hinweise, wie Gott im Verlauf der Geschichte der christlichen Kirche, besonders auch unserer evangelischen Kirche in unserem Lande, immer wieder Erneuerungs- und Erweckungsbewegungen geschenkt hat. Darum ist die Kirche nicht untergegangen auf dem Weg, weil Gott immer neu eingegriffen hat durch Kraftwirkungen seines Heiligen Geistes.

Unsere Väter in der Gemeinschaftsbewegung haben immer und überall von »unserer Kirche« gesprochen und geschrieben. Das hat sich heute in manchen Kreisen der Gemeinschaftsbewegung geändert. Wir sprechen distanziert von »der Kirche«. Das ist nicht gut.

Es ist überhaupt erschreckend, wie wenig der Weg der Geschichte Gottes mit unserer Kirche noch im Bewußtsein vieler unserer Glieder lebt. Ich möchte an dieser Stelle ein Wort von Pastor Ernst Modersohn bringen. Dieses Wort sollten sich viele Gemeinschaftsleute ins Stammbuch schreiben. Modersohn schreibt:

»Wir arbeiten in der Kirche. Warum tun wir das? Weil wir darüber ganz klar sind, daß wir durch die Kirche große Segnungen übernommen haben. Es ist schade, daß in unseren Kreisen so wenig Kirchengeschichte getrieben wird. Es wäre gut, wenn man einmal im Monat anstelle der üblichen Evangelisationsversammlung einen Vortrag hätte über Kirchengeschichte. Es fehlt weithin an kirchengeschichtlicher Kenntnis. Und darum steht man vielfach auch zur Kirche nicht richtig, weil man ihre Geschichte nicht kennt.

Vor Jahren hatte ich eine Aussprache mit Brüdern, die zur ›Versammlung‹ gehörten. Da sagte einer wegwerfend: ›Durch den Dienst der Kirche ist doch noch nie eine Seele gerettet worden!‹ Darauf habe ich ihn gefragt, ob er einmal etwas von Luther gehört hätte, ob er wirklich behaupten wolle, daß durch das Wirken Luthers kein Segen entstanden und keine Seele gerettet sei. Als er schwieg, fragte ich ihn weiter, ob er mal etwas von Paul Gerhardt gehört habe, ob er vielleicht das gesegnete Lied kenne: ›Befiehl du deine Wege‹ oder das andere: ›O Haupt voll Blut und Wunden‹. Ob er in der Tat glaube, daß durch diesen Mann keine Seele gesegnet worden sei. Dann fragte ich ihn nach August Hermann Francke und nach Spener, dem Begründer des Pietismus. Das alles aber waren Männer der Kirche. Er wußte nichts zu antworten. – Wie kommt es zu so törichtem Gerede? Weil man die Geschichte der Kirche nicht kennt, weil man nicht weiß, was Gott in ihr und durch sie getan hat im Laufe der Jahrhunderte. Das alles ableugnen, beweist nur eine große Unkenntnis, ist aber keineswegs ein Zeichen christlicher Entschiedenheit.«

Diesem Zitat von Ernst Modersohn ist nichts hinzuzufügen.

Kirche und Gemeinschaftsbewegung gehören zueinander. Grundlegend für unsere Gnadauer Gemeinschaftsbewegung ist und bleibt die erste Gnadauer Pfingstkonferenz im Jahre 1888. Einer der führenden Männer der Gemeinschaftssache war Baron Jasper von Oertzen aus Hamburg. Er hielt bei der ersten Konferenz, die von Brüdern der Gemeinschaftssache und Evangelisation aus ganz Deutschland besucht war, ein Referat über das Thema: »Die Notwendigkeit der organisierten Evangelisation neben dem pastoralen Amt und ihrer Bedeutung für das kirchliche Leben.« Jasper von Oertzen begann seinen Vortrag mit den Worten: »So überflüssig es auch von vielen, die mich kennen, scheinen mag, will ich ausdrücklich konstatieren, daß ich mich voll und ganz auf den Boden der Volks- und Landeskirche stelle... Ich bin darüber keinen Augenblick im Zweifel, daß wir weiten Schichten unseres Volkes das Evangelium nur erhalten werden, wie die Verhältnisse bei uns in Deutschland nun einmal liegen, wenn wir die Volkskirche zu beleben, zu kräftigen und zu stärken suchen.« In der Aussprache nach dem Vortrag unterstrich Prediger Elias Schrenk diese Worte Oertzens, in dem er sagte: »Wir wollen ja die Kirche nicht schädigen, sondern sie im Gegenteil stärken, in dem wir neues Leben in ihr zu wecken suchen.«

Bis heute hat die Gemeinschaftsbewegung der Versuchung widerstanden, Freikirche zu werden. Im Jahre 1932 erklärte der Gnadauer Vorstand mit einer Stimmenthaltung: »Wir haben Verständnis für die Werte, die eine Freikirche hat. Wir sind aber von Gott als dem Herrn der Geschichte in die Volkskirche hineingestellt.« Der damalige Präses Gnadaus Pastor D. Walter Michaelis sagt dazu: »Von Anfang an hat also Gnadau die Geschichte geachtet, d. h. für seinen Weg dem Gott gehorcht, in dessen Hand alles Geschehen liegt...« In dem Heft »Der Weg des Gnadauer Verbandes« stellt Pastor D. Walter Michaelis fest: »Die Gnadauer Väter gaben für den Verband von vornherein die kirchliche Richtung an. Sie wollten keine Freikirche und nichts Freikirchenähnliches sein. Sie fühlten sich ihrer Kirche gegenüber verantwortlich, sie freuten sich der Mitarbeit kirchlicher Organe, die dazu bereit waren. Sie waren sich aber von vornherein darüber klar, daß eine echte Zusammenarbeit nur da möglich ist, wo man in den wesentlichen Fragen des Heils und der Darbietung und Aneignung des Heiles einig ist, und waren sich deshalb auch darüber klar, daß in einer Volkskirche und ihren sehr verschiedenartig zusammengesetzten Organen die Gemeinschaftsarbeit eine selbständige und freie sein müsse.«

Die Gemeinschaftsbewegung versteht sich von ihren Anfängen her als eine geistliche Bewegung in der Kirche, die Gott gewirkt hat.

3. Das freie Werk in der Kirche

Freilich versteht sich die Gemeinschaftsbewegung als ein freies Werk in der evangelischen Kirche. Der Freiraum in der Kirche darf nicht kleiner oder eingeengt werden. Der Freiraum in der Kirche muß um der Kirche willen größer werden. Daß die Kirche das oft nicht verstehen will, ist eine betrübliche Haltung, die der Kirche letztlich mehr Schaden als Nutzen bringt oder, um es geistlich auszudrücken, die ihr mehr geistliche Substanz entzieht, als daß sie neue hinzugewinnt.

Allerdings scheinen die Zeiten doch endgültig vorbei zu sein, in denen Kirchenleitungen den Versuch unternommen haben, alles unter ihre Obhut und unter ihre Führung zu bringen. Es gab ja Zeiten, in denen freie Werke und freie Initiativen in der Kirche nicht nur mißtrauisch beobachtet, sondern zum Teil militant bekämpft wurden. Auch darüber gibt die Kirchengeschichte einen reichhaltigen Aufschluß. Es sollte alles »verkirchlicht« werden. Es sollte alles unter die Aufsicht und Leitung des »Amtes«. Und man war schnell bei der Hand, die Personen, Vereinigungen oder Gruppierungen, die sich dem widersetzten, als unkirchlich oder antikirchlich zu bezeichnen.

Ich erinnere daran, welch einen heißen Kampf z. B. der unvergessene Pastor Wilhelm Busch gegen alle Verkirchlichungstendenzen gekämpft hat. Er stritt heftig um die Freiheit der Gemeinde Jesu in der Volkskirche. Man kann das etwa in seinem Buch »Verkündigung im Angriff« nachlesen. In einem dieser Aufsätze schreibt er: »Aber eine besondere Not hat mir heute die Feder in die Hand gedrückt. Ich möchte gern in aller Offenheit eine Sache aufdecken, die weithin die Freudigkeit der Christen lähmt und einen bösen Geist schafft: Es handelt sich um den geistlichen Führungsanspruch der Pfarrer.« Und Busch kann im gleichen Aufsatz an anderer Stelle schreiben: Es heißt: »Was sich unserer Leitung nicht unterstellt, das trennt sich von der ›Gemeinde‹. Aber nicht dies ist das Kennzeichen der Gemeinde, daß sie sich um den Pfarrer sammelt, sondern daß sie sich um den Herrn und sein Werk sammelt.«

Trotz dieser ungerechten kirchlichen Äußerungen und trotz des Kampfes der Kirche, in weiten Teilen jedenfalls, gegen die freien Initiativen, hat der allergrößte Teil unserer Väter und Mütter im Glauben der Versuchung widerstanden, der Kirche den Rücken zu kehren. Im Gegenteil: Sie sagten: »Das ist unsere Kirche. Wir lassen uns nicht aus ihr hinausdrängen, sondern wir haben in ihr eine geistliche Aufgabe.« Sie haben die Spannungsfelder ausgehalten und die Kämpfe geistlich geführt und bestanden. In einer Zeit auslaufender Volkskirchlichkeit kann die Kirche es sich gar nicht mehr leisten, die freien Bewegungen und Initiativen in ihrer Mitte zu unterdrükken oder gar an den Rand zu drängen. Die Kirche ist auf diese freien

Bewegungen angewiesen. Aber ich will zugunsten der Kirche einen Schritt weitergehen und behaupten, die Kirche will auch heute die freien Werke gar nicht verdrängen. Sie weiß aus innerer Überzeugung, wieviel geistliches Leben hier pulsiert, welch ein großer Einsatz von Christen aus dem Laienstande hier geleistet wird und welch eine Opferwilligkeit und Opferfreudigkeit nach den verschiedensten Seiten hin hier am Werke ist. Landesbischof D. Hermann Dietzfelbinger schreibt in seinen Erinnerungen »Veränderung und Beständigkeit« (Seite 191): »Ich dachte, die Landeskirche wäre schlecht beraten, wollte sie die hier vorhandenen reichen Gaben des Geistes, der Schriftkenntnis und des Betens nicht annehmen. Natürlich wußte ich auch von Spannungen und Meinungsverschiedenheiten in ihrem Kreis, auch von Unterschieden im Glauben und in der Frömmigkeit, aber im Verhältnis zwischen Landeskirche und Gemeinschaft wollte ich die Reihe der ›verlorenen Siege‹ jeweils der einen Seite, wie es sie in früheren Zeiten auf diesem Gebiet gegeben hatte, wenn irgendmöglich nicht fortsetzen.«

Daß kirchliche Amtsträger vor Ort oft die Gedanken der Kirchenleitungen nicht mitzudenken vermögen, sondern den freien Bewegungen und Gruppen Schwierigkeiten bereiten, ist eine betrübliche Tatsache, ändert aber nichts an der grundsätzlichen Feststellung, daß die Kirchenleitungen die freien Bewegungen wollen und brauchen. In der Praxis wird die Spannung zwischen verfaßter Kirche und freiem Werk, oder um es anders zu formulieren, zwischen »Institution und Ereignis« nie aufhören. Wer aus der Spannung ausbrechen will, landet schließlich in der Schwärmerei.

4. Spannungen, Schwierigkeiten, Gefahren

Eindeutig sei festgestellt: Spannungen und Schwierigkeiten mit der Kirche müssen durchgestanden werden. Hier lauern in einer kurzatmigen, schnelllebigen und vergeßlichen Zeit Gefahren für uns. Die eine Gefahr besteht darin, daß wir die Geschichte und damit Gottes Berufung und Platzanweisung vergessen. Die andere Gefahr besteht darin, daß wir die Kirchenfrage aus dem augenblicklichen und aus dem lokalen oder regionalen Blickwinkel heraus sehen und beurteilen. Vor dieser Kurzsichtigkeit hat schon der frühere Präses des Gnadauer Verbandes, Pastor D. Walter Michaelis, immer wieder gewarnt. Wenn die Geschichte vergessen, geistliche Notwendigkeiten nicht mehr erkannt und Spannungsfelder nicht mehr ausgehalten werden, dann kommt es leicht zur inneren Emigration oder zur äußeren Separation.

Unter innerer Emigration verstehe ich den Rückzug in den eigenen Kreis. Wir schließen die Türen gegenüber der Kirche zu. Wir wollen mit ihr nichts mehr zu tun haben. Wir leben unser geistliches Leben für uns. Wir nehmen das nicht mehr ernst, was unsere Väter in ihren Richtlinien festgelegt haben, daß wir nämlich danach trachten, das Wohl der Kirche und die Förderung des Reiches Gottes zu suchen.

Und äußere Separation bedeutet, daß wir »das Tischtuch« zur Kirche zerschneiden. Wir setzen uns ab. Wir treten aus der Kirche aus. Wir bilden eine freikirchliche Gruppierung. Äußere Separation, das heißt »Kirchwerdung« der Gemeinschaft.

In den ersten Gnadauer Richtlinien vom Jahre 1901 stehen folgende Sätze, die es auch heute zu beachten gilt: »Der Deutsche Verband für Gemeinschaftspflege und Evangelisation bezweckt, innerhalb der Landeskirche christliche Gemeinschaft zu fördern und Leben aus Gott zu wecken. Er steht auf dem Boden der Heiligen Schrift und der reformatorischen Bekenntnisse.« Und später heißt es dann in den Richtlinien: »Aufgrund der Heiligen Schrift und in Übereinstimmung mit den Vätern unserer Evangelischen Kirche halten wir die Sammlung erweckter und gläubiger Gemeindemitglieder zu Schriftbetrachtung und Gebet in besonderen Versammlungen neben den kirchlichen Gottesdiensten für ein unabweisbares Bedürfnis. Indem wir so die Gemeinschaftssache zu pflegen und zu fördern suchen, wollen wir nicht die Separation, der wir viel mehr wirksamst vorbeugen, sondern das Wohl der ganzen Kirche und die Förderung des Reiches Gottes.«

Es sei auch an einen Ausspruch von Johann Albrecht Bengel erinnert: »Die Separatisten halten sich für stark, und wir müssen sie tragen. Es ist aber bei den meisten unter ihnen viel Hochmut, Eigensinn und Feindseligkeit. Wenn sie anfangs etwas Gutes gehabt haben, so war doch viel Unlauteres darunter.«

In seinem wichtigen Aufsatz »Die Stellung des Pietismus zur Separation« (Gnadauer Materialdienst Heft 3) schließt Professor Dr. Klaus Bockmühl mit den Sätzen:

»Bevor wir so weggehen dürften, müßten wir uns nach dem Vorbild Jesu erst fragen lassen: Wo waren eure Tränen über Jerusalem? Wie oft habt ihr sie zur Umkehr gerufen und Fürbitte für sie getan? Vorbild muß für uns der Prophet Hesekiel sein, der auf die Frage Gottes, ob auch ein Feld verdorrter Knochen wieder lebendig werden kann, entgegen dem Urteil des Verstandes antwortet: ›Herr, du weißt es wohl.‹ Der so glaubt, erhält auch den Auftrag zu rufen: ›Ihr verdorrten Gebeine, höret des Herrn Wort!‹ Und er erlebt, daß es rauscht und sich regt und daß Gott seinen Geist sendet, so daß die Toten lebendig werden – eben das Haus Israel, das Volk Gottes –, auch wo menschlich gesehen die Hoffnung verloren ist und alles aus zu sein scheint. Es gab einen anderen Gottesmann ... der war, anders als Hesekiel, gleichgültig. Er separierte sich. Er zog aus der heidnischen Stadt aus, baute sich eine eigene kleine Hütte und war gespannt, wie Gott mit der Gottlosigkeit jener Stadt verfahren würde. Der Mann hieß Jona, die Stadt Ninive. Aber Jona mußte sich, und hoffentlich wir mit ihm, von Gottes Barmherzigkeit eines Besseren belehren lassen. Gott sagt zu ihm – und das Jona-Buch endet mit diesem Vers –: ›Sollte ich mich nicht erbarmen über Ninive, solche große Stadt, in welcher sind mehr als 120000 Menschen, die nicht wissen, was rechts und links ist, dazu auch viele Tiere!?‹ Die Losung muß also heißen: ›Barmherzigkeit über Ninive!‹ Ihre vielen Menschen sind der Ruf an uns, über unsere eigenen Kreise hinaus zu denken, denn die vielen sind auch heute wie Schafe, die keinen Hirten haben, Schafe, denen wir den guten Hirten verkündigen sollen.«

Ich möchte freilich noch auf eine andere Gefahr hinweisen, die die Gemeinschaftsbewegung selber betrifft. Gott hat uns als Erweckungsbewegung in der evangelischen Kirche unseren Platz angewiesen. Die Frage an uns lautet: Sind wir noch Erweckungsbewegung? Je mehr wir in die Erstarrung und in die geistliche Sterilität geraten, je mehr wir selber zu einer »Konsumentengesellschaft« oder zu einer »Betreuungs- und Bedienungsgemeinschaft« werden, desto stärker beschäftigen wir uns mit Fragen, die uns von unserem eigentlichen Auftrag ablenken. Wo Bewegung ist, da ist Leben. Wo Bewegung ist, da ist der Wille zu evangelisieren lebendig; da ist die Zurüstung von Mitarbeitern an der Tagesordnung; da geschieht eine lebhafte und lebendige Sammlung um die Bibel und im Gebet; da werden in der Treue im Kleinen viele, viele diakonische Aufgaben vor Ort wahrgenommen; da kümmert man sich um gefährdete oder süchtige Menschen. Wo Bewegung ist, da sieht man so viele Aufgaben, daß man kaum mehr Zeit findet, sich mit anderen Dingen zu beschäftigen. Und das ist die große Frage, die ich stelle: Wenn wir uns heute oft zu sehr mit Struktur- und Organisationsfragen beschäftigen oder unsere Kirche im Schußfeld haben, deckt das nicht ein Defizit bei uns auf? Ist das nicht alles ein Alibi, nämlich Bewegung vorzutäuschen, wo sie längst nicht mehr gegeben ist?

Das sind ernste Fragen an uns selbst. An der Beantwortung dieser Fragen entscheidet sich die Zukunft unserer Bewegung. Das sage ich nicht aus eigenen, menschlichen Überlegungen heraus, sondern weil ich nachdenke über Gottes Weg, seine Berufung und seinen Auftrag, den er uns anvertraut hat.

5. Gemeinschaft oder Gemeinde?

Die Gemeinschaften, die zum Gnadauer Verband gehören, haben sich bis in die jüngste Vergangenheit fast durchgängig als »Landeskirchliche Gemeinschaft« bezeichnet. Damit wurde zum Ausdruck gebracht, daß die Gemeinschaften innerlandeskirchliche Gruppierungen sein wollen. Zunehmend aber wird das Wort Gemeinschaft durch das Wort »Gemeinde« ersetzt. Unter Gemeinde verstehen oder verstanden wir bisher die am Ort lebende Kirchengemeinde. In unseren Gemeinschaften wird heute da und dort verstärkt über die Frage nach der Gemeinde nachgedacht. Amerikanische Einflüsse sind hier besonders deutlich. Es wird viel unter uns gesprochen vom Gemeindeaufbau und vom Gemeindewachstum. Und das übrigens auch in der Kirche.

So wird bei der Frage nach dem Selbstverständnis der Gemeinschaften zunehmend lauter die Frage gestellt: Sind wir Gemeinde oder nicht?

Diese Frage kann nicht unbeantwortet im Raume stehen bleiben. Alle Verunsicherung führt leicht zu falschen Entscheidungen. Wir haben uns in der Gemeinschaftsbewegung immer auf Apg 2,42 bezogen. Dort sind die Grundelemente christlichen Gemeindelebens aufgeführt. Man könnte auch sagen: Dort sind die Pfeiler genannt, auf denen ein christliches Gemeindeleben ruhen muß. Es heißt dort: »Sie (nämlich die Christen, die nach dem Pfingstereignis in Jerusalem zur ersten christlichen Gemeinde zusammengefaßt wurden) blieben beständig in der Apostellehre, im Brotbrechen, in der Gemeinschaft und in den Gebeten.« Alle diese vier Elemente sind in unseren Gemeinschaften vorhanden.

»Apostellehre«, das bedeutet doch, daß wir uns mit dem Wort der Heiligen Schrift beschäftigen. Die Bibel ist die Mitte unserer Arbeit. Sie ist für uns Autorität. Wir hören auf das Wort der Propheten und Apostel. Wir glauben, daß durch dieses Wort hindurch der lebendige Gott selber zu uns spricht.

Wir haben Gemeinschaft untereinander. Die Gemeinschaft mit dem Vater, dem Sohn und dem Heiligen Geist führt immer hinein in die Gemeinschaft der Brüder und Schwestern. Gemeinschaft ist ein sehr praktisches Wort. Sie will sich verwirklichen und verleiblichen. Sie besteht in der Leib- und Seelsorge.

Und das Gebet hat in unseren Gemeinschaften ebenfalls einen erstrangigen Stellenwert. Gemeinschaftsbewegung ist Gebetsbewegung. Hier wird das Gebet in seiner ganzen Weite, Breite und Tiefe geübt. Hier treffen wir uns zu Gebetsversammlungen und Gebetsgemeinschaften. Hier danken wir unserem Gott, hier beten wir ihn an und loben ihn. Hier üben wir das Amt der priesterlichen Fürbitte.

Umstritten war im Verhältnis zwischen Kirche und Gemeinschaftsbewegung immer die Frage nach dem Abendmahl. Darf und kann in den landeskirchlichen Gemeinschaften das Abendmahl gehalten werden? Kann das die Regel sein? Muß das nicht etwa bei bestimmten Konferenzen und Tagungen die Ausnahme bleiben?

Es gibt Landeskirchen, in denen durch Vereinbarungen mit den Gemeinschaftsverbänden die Frage nach dem Abhalten der Abendmahlsfeiern in den Gemeinschaften gut geregelt ist. Es gibt Landeskirchen, in denen es Schwierigkeiten im Blick auf eine Abmachung mit den dort ansässigen Gemeinschaftsverbänden gibt. Heute ist es wohl durchgängig so, daß in den landeskirchlichen Gemeinschaften das Abendmahl gefeiert wird. Wenn es in der Gemeinschaftsbewegung schwerpunktmäßig um Gemeinschaft geht, dann kann das Abendmahl nicht ausgeklammert werden, denn hier ist die innigste Gemeinschaft zwischen Christus und den Seinen und untereinander in der Verbindung der Brüder und Schwestern, die in dem einen Herrn zusammengehören. Die Schwerfälligkeit mancher Landeskirchen an dieser Stelle ist nur zu bedauern. Schon unsere Väter haben darunter schmerzlich gelitten, daß Kirchenleitungen auf ihre Bitten Abendmahlsfeiern in den Gemeinschaften abhalten zu dürfen, nicht eingegangen sind. Heute hat sich weithin das »Gewohnheitsrecht« überall durchgesetzt. In den Gemeinschaften werden auch Abendmahlsfeiern gehalten.

So trägt die Gemeinschaft zweifellos »ekklesiologische« Züge an sich. Ich gehe noch weiter und sage: Im Sinne von Apg 2, 42 verwirklicht sich in den Gemeinschaften Gemeinde Jesu.

Eine wichtige Frage in diesem Zusammenhang ist die Frage nach der Taufe. Diese Frage ist ja heute auch wieder ganz neu heftig in der Diskussion und umstritten. Wenn eine Taufe vollzogen wird, dann wird ein Mensch, sei es ein Kind oder ein Erwachsener, nicht nur auf den Namen des dreieinigen Gottes getauft, sondern er wird zugleich in eine konkrete Kirche hineingetauft. Man kann das zweite nicht von dem ersten trennen. Wer das versucht, hat nicht das biblische Taufverständnis. Der frühere Gnadauer Präses Pastor D. Walter Michaelis hat mit großem Ernst darauf hingewiesen, daß es eine entscheidende Frage ist, wo wir unsere Kinder taufen lassen. Man lese nach, was er in seinem wichtigen Buch »Erkenntnisse und Erfahrungen« (S. 266 ff.) darüber gesagt hat. Er meint: »Ob wir die Kirche wirklich noch als Kirche anerkennen, entscheidet sich daran, ob wir unsere Kinder in ihr und in sie hineintaufen lassen«. Wenn wir in unseren Gemeinschaften Taufen vollziehen würden, dann würden wir zur eigenen Kirche werden und nicht mehr Bewegung in der Kirche sein. Man darf diese Frage nach der Taufe und wohinein sie geschieht, nicht gering veranschlagen. Man darf bei dieser Frage nicht wie die Katze um den heißen Brei herumschleichen. Diese Frage darf bei uns nicht zu einem Tabu werden. Völlig ausgeschlossen, und mit dem Verständnis der Gnadauer Gemeinschaftsbewegung nicht zu vereinbaren, ist, wenn in Gemeinschaften eine zweite Taufe durchgeführt wird. Wir stehen als Gemeinschaftsleute auf dem Standpunkt: Wir akzeptieren die Kindertaufe und die Erwachsenentaufe, aber wir lehnen die Wiedertaufe ab. Wenn eine Taufe, sei es im Säuglings- oder Erwachsenenalter, auf den Namen des dreieinigen Gottes vollzogen worden ist, kann nicht so getan werden, als wäre nichts geschehen. Immer bleibt es, aber das würde den Rahmen unserer Abhandlung sprengen, darüber weiter zu handeln, entscheidend wichtig, welchen Schwerpunkt wir der Taufe geben. »Was macht die Taufe zur Taufe? Der Gehorsams- und Bekenntnisakt, um den es sich jedesmal auch handelt, wenn ein Erwachsener zur Taufe kommt, oder das, was einem beim Getauftwerden widerfährt? Die Antwort kann nicht zweifelhaft sein. Man tauft sich nicht selber, sondern man wird getauft. Professor Heim hat mit Recht darauf aufmerksam gemacht, daß das sichtbare Zeichen, durch das der Eintritt in die Gemeinde Jesu besiegelt wurde, kein Fahneneid war, den es auch damals schon im Heere gab, auch nicht ein feierlicher Schwur, durch den man in einen Orden aufgenommen wird... Daß das Wesen der Taufe nicht im Tun des Menschen, sondern in der Gabe Gottes besteht, darauf weist auch die Art hin, in der das Taufgeschehen mit der Heilstat Gottes, ihrer Verkündigung und ihrer Aufnahme, verbunden ist« (Otto Schmitz, Die Lehre des Neuen Testaments über Taufe, Buße, Glaube, Heilsgewißheit; 1948).

Die Reformatoren und unsere pietistischen Väter haben die Taufe aus dem Evangelium heraus begründet. Von daher haben sie auch ein Ja zur Kindertaufe gefunden.

Eine andere Frage ist es, inwieweit in unseren landeskirchlichen Gemeinschaften »Amtshandlungen« vorgenommen werden können. Besonders dem Konfirmandenunterricht kommt eine besondere Bedeutung zu. Auch die Frage, ob der alte Gnadauer Grundsatz, daß zur gottesdienstlichen Zeit der Kirchengemeinde keine Veranstaltung der Gemeinschaft stattfinden soll, muß zweifellos heute, gerade in großstädtischen Verhältnissen, neu überdacht werden. Kirchliche Notsituationen vor Ort werfen die Frage auf, ob durch Prediger der Gemeinschaften nicht stellvertretende Dienste getan werden können und müssen.

In den »Hattinger Thesen« zum Thema »Kirche und Gemeinschaft« hat die Gnadauer Mitgliederversammlung im Februar 1976 u. a. erklärt: »Die oft bedrückende Lage in manchen volkskirchlichen Gemeinden führt die Gemeinschaftsbewegung zu Überlegungen, ob nicht in bestimmten notvollen Situationen ein stellvertretender Dienst für die Kirche übernommen werden muß (z. B. Religions- und Konfirmandenunterricht, Kasualien). Das geschieht nicht, um eine Kirchwerdung der Gemeinschaftsbewegung einzuleiten, sondern aus seelsorgerlicher Verantwortung.«

Hier müssen in Absprachen zwischen Gemeinschaftsverbänden und Kirchenleitungen Wege gefunden werden, die den heutigen seelsorgerlich-missionarischen Situationen gerecht werden.

6. Prediger und Pfarrer

Die Gemeinschaftsbewegung ist von ihren Anfängen an schwerpunktmäßig eine »Laien«-Bewegung gewesen. Sicher haben gerade in den Anfängen unserer Bewegung viele Theologen in unseren Verbänden und Gemeinschaften mitgearbeitet. Das war gut so. Auch heute sind eine Reihe von Pfarrern in der Leitung unserer Werke und Verbände und in der Mitarbeit vor Ort tätig. Das kann nur begrüßt werden. Zunehmend aber hat es sich ergeben, daß in unseren Gemeinschaftsverbänden das hauptamtliche Element stärker in den Vordergrund getreten ist. Die Gnadauer Gemeinschaftsbewegung hat Ausbildungsstätten für Prediger. Im Lauf der Jahrzehnte haben immer mehr Gemeinschaftsverbände immer mehr Prediger für ihre Arbeit angestellt. Es soll hier dankbar vermerkt werden, daß wir auf den Dienst der Prediger weder verzichten wollen noch können. Freilich muß auch auf der anderen Seite die Gefahr gesehen werden, daß bei einem Übergewicht der Hauptamtlichen das Laienelement leicht in den Hintergrund gedrängt werden kann. Wir müssen in der Gemeinschaftsbewegung aufpassen, daß wir nicht eine Entwicklung zu einer »Predigerkirche« einleiten. Wir würden ein wesentliches Element unserer Bewegung verlieren, wenn etwa der Nichttheologe nicht mehr in der Wortverkündigung mitarbeiten würde.

Aber an dieser Stelle, wo es um Kirche und Gemeinschaft geht, kommt es mir noch auf etwas anderes an: auf das Verhältnis von Pfarrer und Prediger. Oft stehen sich an einem Ort Pfarrer und Prediger gegenüber. Dankbar sei vermerkt, daß es oft ein gutes Miteinander beider Persönlichkeiten gibt. Leider muß aber auch das angemerkt werden, daß Pfarrer und Prediger oft nebeneinander oder gegeneinander arbeiten und stehen. Das fördert weder die Arbeit der Kirchengemeinde noch der Gemeinschaft. Es macht auch Kirche und Gemeinschaft vor den Ungläubigen unglaubwürdig.

Freilich soll nicht verschwiegen werden, daß dieses Neben- oder Gegeneinander oft Schuld auf beiden Seiten ist. Oft legt der Pfarrer eine theologische Haltung an den Tag, die vom Prediger und der Gemeinschaft beim besten Willen nicht akzeptiert werden kann. Und manchesmal werden auch in der Praxis eines kirchlichen Gemeindelebens Aktivitäten durchgeführt, von denen sich der Prediger und die Gemeinschaft nur distanzieren können. Andererseits aber gibt es manchesmal auch auf Seiten des Predigers und der Gemeinschaft ein Verhalten, das ein gutes Miteinander nicht aufkommen läßt. Oft werden eigene Glaubenserkenntnisse und Glaubenspositionen absolut gesetzt. Oft gibt es bei Predigern und der Gemeinschaft eine Engführung, die mit Recht von seiten des Pfarrers und der Kirchengemeinde kritisiert wird.

Daß Kirchengemeinde und Gemeinschaft oft auf gleichen Feldern arbeiten, wirkt sich gerade in kleineren Orten oft beschwerlich aus. Da hat die Kirchengemeinde ihre Kinder- und Jugendarbeit und die Gemeinschaft ebenso. Da hat die Kirchengemeinde ihre Chöre und auch die Gemeinschaft. Da hat die Kirchengemeinde ihre Bibelstunden und auf der anderen Seite die Gemeinschaft. So könnte man in der Aufzählung fortfahren. Gerade an kleineren Orten ergibt sich daraus oft ein ungutes Konkurrenzdenken.

Es muß darauf geachtet werden, daß wenn nur immer möglich, oft wird es eben nicht möglich sein, wieder ein Vertrauensverhältnis zwischen Kirchengemeinde und Gemeinschaft, besonders aber zwischen Pfarrer und Prediger, entsteht.

Überhaupt ist das die große Frage, wie wir als Gemeinschaftsbewegung wieder Pfarrer für unsere Arbeit gewinnen können. Ich betonte schon, daß am Anfang unserer Bewegung viele, zum Teil leitende Theologen mittätig waren. Es wird entscheidend darauf ankommen, daß unsere Gemeinschaften sich um junge Menschen kümmern, die aus ihrer Mitte in das Theologiestudium gehen, sie begleiten, für sie beten. Liegt es nur an der Theologie, wenn manche junge Menschen, die aus unseren Jugend- und Gemeinschaftskreisen in das Theologiestudium gehen, nicht mehr zu uns zurückkommen?

Müssen wir an dieser Stelle uns nicht auch selbst kritisch fragen? Es muß das Gespräch mit der Pfarrergebetsbruderschaft neu aufgenommen und weitergeführt werden. Es muß uns in der Gemeinschaftsbewegung ein Anliegen sein, daß die Kirche wieder und vermehrt fromme Pfarrer erhält. Darum ist die Fürbitte für theologische Fakultäten und kirchliche Hochschulen, für Lehrer der Theologie und Studenten der Theologie, für Gemeindepfarrer, ein vordringliches Anliegen.

7. Die Verantwortung der Gemeinschaftsbewegung für die Kirche

Die Gemeinschaftsbewegung hat im Raum der Evangelischen Kirche ihre besondere Verantwortung. Ob wir diese heute wirklich wahrnehmen, ist eine andere Frage. Aber selbst wenn uns diese Verantwortung gar nicht bewußt sein sollte, üben wir sie doch aus.

Ich nenne einige wesentliche Punkte:

Die Gemeinschaftsbewegung steht zur ganzen *Heiligen Schrift.* Die Heilige Schrift ist die Grundlage der Evangelischen Kirche. Wir fragen deswegen unablässig in die Kirche hinein: Wie geht ihr mit der Heiligen Schrift um? Für uns Pietisten ist die Bibel Gottes Wort. Sie ist das unüberbietbare, große Zeugnis von dem Offenbarungshandeln Gottes mitten unter uns. Darum kann für uns die Bibel nie ein Buch der Religionsgeschichte neben anderen religionsgeschichtlichen Büchern sein. Sie ist für uns »*das Buch der Bücher*«. Wir wehren uns dagegen, wenn durch bestimmte Forschungsmethoden die Ehrfurcht vor der Bibel verletzt und das Verständnis des biblischen Wortes allein durch den menschlichen Verstand geschehen soll. Es gibt kein Schriftverständnis ohne den Dienst des Heiligen Geistes. Martin Luther sagt dazu im Großen Katechismus: »Es ist uns von Gottes Gnade gegeben, daß wir die Schrift auslegen und Christus erkennen können, was ohne den Heiligen Geist nicht geschehen kann.« Die Bibel hat sich nicht vor uns, vor unserer Vernunft, vor unseren ideologischen Überzeugungen zu beugen. Sie darf nicht vor den Karren unserer religiösen oder politischen Meinungen gespannt werden. Wir haben uns vor dem Schriftwort zu beugen. Denn in der Bibel begegnet uns Gott selber.

So fragen wir die Kirche immer neu: Ist die biblische Botschaft in ihr wirklich noch Grundlage und Norm aller Lehre? Wird in der Kirche durchgängig das biblische Zeugnis verkündigt? Darf die Bibel unter uns noch sagen, was sie uns sagen will und was sie uns zu sagen hat? Mit den Reformatoren und unseren pietistischen Vätern sind wir Gemeinschaftsleute der Überzeugung, daß die Kirche mit ihrer Stellung zur Heiligen Schrift steht und fällt. Wir halten es mit Martin Luther, der in einer Wochenpredigt einmal sagte: »Die Bibel allein ist der rechte Herr und Meister über alle Schrift und Lehre auf Erden.«

Dazu kommt, daß wir unablässig darauf hinweisen müssen, daß die *Mitte der Schrift* auch wirklich die Mitte bleibt. Diese Mitte ist die Botschaft von der Rechtfertigung des Sünders allein aus Gnaden durch den Glauben an Jesus Christus, den Gott uns zum Heiland und Herrn gegeben hat. Martin Kähler, der große Hallenser Theologe, hat gesagt, daß es das Verdienst des Pietismus sei, in den Kirchen der Reformation die reformatorische Fragestellung wachgehalten zu haben. Es geht dabei um die Frage, wie der Mensch das ewige Leben gewinnen kann. Es geht um die ewige Seligkeit. Es geht um die Rettung des Menschen aus Tod und Verderben. Es geht darum, daß der Mensch im Gericht Gottes bestehen kann. Darum ist biblisch-reformatorische Theologie immer vorrangig »theologia crucis« (Theologie des Kreuzes).

Der Schüler Martin Kählers, Professor D. Julius Schniewind, dem wir im Pietismus viel verdanken, hat darauf aufmerksam gemacht, daß es letztlich entscheidend nur um die eine Frage gehe, wie der Mensch im Gericht Gottes bestehen könne. Darum, so meint Schniewind, sei jede echte christliche Predigt Bekehrungspredigt (siehe der Aufsatz »Das biblische Wort von der Bekehrung« in dem Buch »Pietismus und Theologie«; 1956). Dabei muß das Wort Bekehrung gar nicht ständig vorkommen.

Wird nicht diese Botschaft von der Rechtfertigung des Gottlosen heute in der Kirche oft durch andere Botschaften überlagert, verdrängt oder gar unterschlagen? Der innerkirchliche Pietismus hat die Verantwortung, unablässig darauf hinzuweisen, daß Christus, der ins Fleisch Gekommene, der Heiland der Sünder, der am Kreuz für die Schuld der Welt Hingerichtete, der in der Kraft Gottes leibhaftig von den Toten Auferstandene, der am Ziel aller Geschichte Wiederkommende – der Sohn des lebendigen Gottes, unter uns laut und deutlich verkündigt wird. Denn »es ist in keinem andern Heil, es ist auch kein anderer Name den Menschen unter dem Himmel gegeben, darinnen wir sollen gerettet werden« (Apg 4, 12). Dieser Satz des Apostels Petrus gilt unverbrüchlich zu allen Zeiten, auch heute.

Weiter nenne ich den *Dienst des Gebetes* der Gemeinschaftsbewegung für die Kirche und für die ganze Welt. Wir dürfen als Pietisten keine Gebetsegoisten sein. Unsere Gemeinschaftsarbeit darf nicht zum Selbstzweck werden. Es geht nicht nur um die eigene Erbauung. Wenn wir die Nöte der Kirche sehen und unter ihnen leiden, dann ist unsere erste Aufgabe nicht eine lieblose Kritik, sondern der Dienst der Fürbitte. In der Kritik distanzieren wir uns von der Kirche und von Menschen in ihr. In der Fürbitte ringen wir um die Kirche und um Menschen in ihr.

Das aber ist die rechte geistliche Haltung. Wenn wir uns in der Gemeinschaftsbewegung als eine priesterliche Schar verstehen, dann gehört zu diesem priesterlichen Dienst eben gerade der Dienst der Fürbitte, das »in den Riß treten« vor Gott und das Segnen. Elias Schrenk hat einmal der Gemeinschaftsbewegung zugerufen: »In unserem königlichen Priestertum liegt die Machtfrage der Kirche Christi.« Und er ermahnt uns weiter: »Wir stehen immer wieder vor der Frage: Wie konnte der Abfall von Gott die ungeheure Ausdehnung annehmen, wenn doch soviel gearbeitet wird und so viele christliche Veranstaltungen gemacht werden? Auf diese Frage gibt es keine andere Antwort als die: Es fehlt weitaus den meisten Arbeitern an Vertiefung, an Ausrüstung mit der Kraft Gottes, die allein durchschlagend wirkt gegenüber den Mächten der Finsternis. Wir hätten keine Reformation bekommen, wenn Luther nicht ein Beter gewesen wäre wie kaum einer seiner Zeit.«

Ich nenne weiter: Die Gemeinschaftsbewegung will das *missionarisch-evangelistische Gewissen* in der Kirche sein. Heute hat man auch in der Kirche weithin erkannt, daß Evangelisation das Gebot der Stunde ist. Freilich gibt es Meinungsverschiedenheiten über das Evangelisationsverständnis, wohl auch über die Zielsetzungen der Evangelisation. Die Gemeinschaftsbewegung hat darüber zu wachen, daß der Evangelisation ihre Spitze nicht abgebrochen wird. Es geht beim evangelistischen Handeln nicht um eine unverbindliche Aktion, sondern es geht um den Ruf zum Glauben an den Herrn Jesus Christus, es geht um die Einladung, das Leben ihm anzuvertrauen. Wir wollen in der Evangelisation, daß Gottes Heiliger Geist die Herzen der Menschen so bewegt, daß sie zu Gott umkehren und heimkehren. Wir wollen, daß sie Jüngerinnen und Jünger Jesu werden. Das müssen wir immer neu in der Kirche sagen und unterstreichen, daß man nicht alle Getauften als Gläubige ansehen und ansprechen kann. Gerade die Übung der Kindertaufe ruft nach der Evangelisation, so hat es in einem Vortrag auf der EKD-Synode 1979 in Berlin-Spandau der damalige Präses der Westfälischen Kirche, D. Hans Thimme, ganz in Übereinstimmung mit uns, leidenschaftlich zum Ausdruck gebracht. Die Taufe erfordert Antwort von seiten des Menschen. Und die geschieht, wenn ein Mensch an den Herrn Jesus Christus gläubig wird.

Es gehört auch zur Verantwortung der Gemeinschaftsbewegung in der Kirche, daß sie *widerspricht in Wahrheit und Liebe,* wenn die Kirche undeutlich spricht, wenn ein klares Wort gefordert ist. Wir widersprechen auch, wenn die Kirche in ihrer Mitte Mitarbeiter duldet, die mehr zerstören, als aufbauen. Wir können es nicht dulden, daß evangeliumsfremde, ideologisch bestimmte Gruppen unsere Kirche unterwandern und unterminieren. Wir erheben unsere Stimme, wenn unsere junge Generation etwa in der kirchlichen Unterweisung, besonders im Konfirmandenunterricht, nicht in die biblische Botschaft hineingeführt, sondern diese ihr fragwürdig gemacht wird oder gar nicht vorkommt. Wir widersprechen, wenn der Glaube verunsichert, statt gestärkt und aufgerichtet wird. Wir widersprechen und leiden darunter, wenn die Kirche einen fast uferlosen Pluralismus duldet. Wir können das nicht hinnehmen, wenn in der Kirche Stimmen laut werden, die etwa so lauten: »Auf dem Deutschen Evangelischen Kirchentag kommt gebündelt das zum Ausdruck, wie es in der Volkskirche heute weithin aussieht.« Auf dem Deutschen Evangelischen Kirchentag, der uns Gemeinschaftsleuten unsagbar viele Nöte bereitet, stehen ja fast alle Meinungen gleichberechtigt nebeneinander. Sollte das in der Tat in der Evangelischen Kirche möglich sein? Wir sind der Überzeugung, daß man in der Kirche alles fragen kann, aber wir sind auch der Überzeugung, daß man nicht jede Antwort geben kann.

Wir werden, das gestehen wir Gemeinschaftsleute gern zu, in der Kirche in vielen Fragen verschiedene Meinungen haben. Aber da, wo es um die Gültigkeit, die Einmaligkeit und Einzigartigkeit des biblischen Evangeliums geht, sind wir unerbittlich. Darum versteht sich die Gemeinschaftsbewegung auch als eine »geistliche Opposition« (Alfred Burgsmüller) in der Kirche. Man wolle das gut hören: Wir wollen eine *geistliche* Opposition sein. Es geht uns nicht um den Kampf um des Kampfes willen, um die Opposition um der Opposition willen. Wir leiden darunter, daß wir in der Kirche um die Kirche kämpfen müssen. Wir leiden darunter, daß wir widerstehen und widersprechen müssen. Aber unser Gewissen ist gefangen in Gottes Wort. Wir können nicht schweigen, wenn wir unsere Kirche Wege gehen sehen, die kein gutes Ende nehmen können.

Die Gemeinschaftsbewegung hat sich auch immer als einen *Grenzwall gegen das Schwärmertum* in der Kirche verstanden. Schwärmerische Bewegungen und Erscheinungen hat es im Laufe der Kirchengeschichte immer wieder gegeben. Das beginnt im Neuen Testament und zieht sich durch die Zeiten. Es gibt heute ein Schwärmertum von »links« und »rechts«. Das Schwärmertum von »links« macht aus der biblischen Botschaft eine Ideologie. Es verpolitisiert das biblische Wort. Dieses Schwärmertum holt sich z. B. aus der Bergpredigt Jesu das heraus, was es für seine Parolen gebrauchen kann, anderes bleibt achtlos liegen.

Und das Schwärmertum von »rechts«? Hier geht es um eine überhitzte Frömmigkeit, um Emotionen, um einen Enthusiasmus, der den Boden der biblischen Nüchternheit verlassen hat. Hier geht es um das berüchtigte »Mehr«. Man geht über die Schrift hinaus und ergeht sich in Spekulationen. Es wird der Geist vom Wort der Schrift gelöst. Es wird nur noch »Halleluja« gerufen. Man hat das »Kyrie eleyson« über Bord geworfen. Man kennt keine Anfechtungen mehr. Man ergeht sich in einem christlichen Perfektionismus und landet im geistlichen Hochmut. Jung-Stilling hat einmal gesagt: »Die Wurzel alles Schwarmgeistes ist der Hochmut.« Man könnte es umkehren und sagen: Die Folge des Schwarmgeistes ist der Hochmut.

An dieser Stelle, ob es um die Schwärmerei von »links« oder um die Schwärmerei von »rechts« geht, sieht die Gemeinschaftsbewegung eine Verantwortung für die Kirche. Das Schwärmertum sitzt mitten in der Kirche drinnen, leider oft auch in unserer eigenen Mitte.

Wir wollen uns auch nicht distanzieren von der *Mitarbeit in der Kirche.* Sicher, die Mitarbeiter und Mitarbeiterinnen in unseren Gemeinschaften sind heute in ihrem eigenen Bereich oft sehr gefordert. Sie haben viele Aufgaben in den verschiedenen Bereichen des Gemeinschaftslebens zu erledigen. Viele Gemeinschaftsbrüder stehen Tag für Tag auf ihrem Berufsplatz und sind zeitlich und kräftemäßig begrenzt. Viele Gemeinschaftsfrauen sind Mütter, oft mit einer großen Kinderschar, oder sie sind ebenfalls berufstätig. Sie können oft in der Gemeinschaft nur begrenzt Aufgaben übernehmen. Wir sind ja von ganzem Herzen dankbar für die große Zahl der mitarbeitenden Brüder und Schwestern in unseren Gemeinschaften. Die Gemeinschaftsbewegung hat das nie betont zum Ausdruck gebracht, aber sie war immer eine »charismatische« Bewegung. Denn hier haben Menschen aller Berufe, Stände und Altersgruppen mit den ihnen von Gott verliehenen Gaben mitgearbeitet und gedient. Darum muß es verstanden werden, wenn heute manche jüngere und ältere Brüder und Schwestern in unseren Gemeinschaften nicht böswillig, sondern aus einer Notsituation betonen, daß sie neben der Mitarbeit in der Gemeinschaft nicht auch noch Aufgaben im Bereich der Kirche übernehmen können.

Und doch soll das nicht vergessen werden, daß viele Brüder und

Schwestern aus unseren Gemeinschaften in mannigfaltigen Diensten, gerade auch ehrenamtlich, in der Kirche mitarbeiten. Ob das in der Gemeinde- oder Frauenhilfe ist, ob das im Kindergottesdienst ist, ob das in Kirchenvorständen oder Synoden ist. Es könnte an der Stelle viel aufgezählt werden. Auch dienen manche Brüder aus den Gemeinschaften als Prädikanten und stehen an vielen Sonntagen auf Kanzeln unserer Kirchengemeinden.

Das wollen wir als Gemeinschaftsbewegung nicht abblocken. Es ist uns die Verzahnung, das Herüber und Hinüber wichtig. Wir sind ja Glieder dieser Kirche. Aber es muß in der Kirche auch verstanden werden, daß Brüder und Schwestern aus unseren Gemeinschaften sich aus der kirchlichen Mitarbeit auch aus dem Grunde manchesmal zurückziehen, weil eine fruchtbare Mitarbeit nicht möglich ist. Die Überzeugungen im Blick auf Verkündigung und Theologie und im Blick auf die Praxis des Gemeindelebens gehen oft so weit auseinander, daß eine Zusammenarbeit kaum mehr möglich ist. Dieser Tatbestand ist schmerzlich, aber er muß gesehen und getragen werden.

8. »In der Kirche, mit der Kirche, nicht unter der Kirche«

Dieser eben zitierte Satz wird Professor D. Theodor Christlieb zugeschrieben, der ja einer unserer Väter in der Gnadauer Gemeinschaftsbewegung ist. Wir sollten das beachten, daß Gott an die Wiege des Gnadauer Verbandes auch einen Theologieprofessor gestellt hat. Er hat entscheidende Impulse für die Gnadauer Arbeit gegeben. Es gehört mit zu den schweren Wegen Gottes, daß unser Herr diesen Mann, der menschlich gesprochen für die Gemeinschaftsbewegung so unentbehrlich gewesen wäre, so früh vollendet und heimgerufen hat. Professor Christlieb ist mit 56 Jahren, ein Jahr nach der ersten Gnadauer Pfingstkonferenz, 1889, gestorben.

Es ist nicht belegbar, ob diese Formel, daß die Gnadauer Gemeinschaftsbewegung in der Kirche lebt, mit der Kirche zusammenarbeiten will, aber als freies Werk nicht unter der Leitung der Kirche steht, tatsächlich von Theodor Christlieb stammt. Tatsache aber ist, daß dieser Satz ganz den Intentionen Christliebs entspricht. Hier ist mit einer kurzen Formel das Verhältnis von Kirche und Gemeinschaftsbewegung umrissen.

»In der Kirche«, das heißt – wie schon mehrfach betont –, daß die Gnadauer Gemeinschaftsbewegung innerhalb der Evangelischen Landeskirche weiterhin ihren Dienst tun will. Freilich brechen an der Stelle heute manche Probleme auf, wenn es um einzelne Menschen geht. Es ist ja nicht mehr selbstverständlich, daß der größte Teil der Bevölkerung zu einer der Kirchen in unserem Land gehört. Aus Glaubensüberzeugung treten Menschen aus der Kirche aus. Andere sind als Kinder nicht getauft worden und nie in die Kirche eingetreten. Nun kann es durch den Dienst der Gemeinschaften geschehen, gerade durch die evangelistische Arbeit, daß Menschen, die der Evangelischen Kirche nicht zugehören, in die Gemeinschaften stoßen und dort auch Mitglieder werden möchten. Es gibt mancherlei Gnadauer Grundsätze, darunter auch diesen, daß die Mitgliederschaft in einer Gemeinschaft die Gliedschaft in der Evangelischen Kirche voraussetzt oder zur Folge haben muß.

Wenn es um seelsorgerliche Fragen geht, dann müssen Rechtsfragen zurücktreten. In einer Umbruchsituation wie der unsrigen aber werden wir in der Gemeinschaftsbewegung und in der Kirche immer neu mit seelsorgerlichen Fragen verschiedenster Art konfrontiert, die wir früher so nicht kannten. Ich bin der Überzeugung, daß es heute möglich sein muß, daß Menschen, die durch den Dienst der Gemeinschaft in die Gemeinschaft gefunden haben und an Christus gläubig geworden sind, auch Mitglieder in der Gemeinschaft werden können, ohne daß sie zunächst Glieder der Kirche sind. Es ist freilich die Frage an uns Gemeinschaftsleute zu stellen, ob und inwieweit wir es als notwendig erachten, solchen Menschen deutlich zu machen, wie wir uns als Gemeinschaftsbewegung verstehen, und daß wir eine Bewegung innerhalb der Evangelischen Kirche sind. Bei guten Gesprächen mit gläubig gewordenen Menschen kann hier auch Verständnis geweckt und die Brücke zur Kirche geschlagen werden. Aber Behutsamkeit ist hier zu üben, und es darf auf keinen Menschen irgendein Druck ausgeübt werden. Die Möglichkeit, daß Gemeinschaftsmitgliedschaft und Kirchenzugehörigkeit unter Umständen nicht mehr zusammenfallen, muß ernst genommen werden.

Allerdings bin ich auch der Überzeugung, daß leitende Mitarbeiter in unseren Gemeinschaften, vor allem die Prediger, so hat es die Mitgliederversammlung des Gnadauer Verbandes 1987 festgelegt, Glieder der Evangelischen Kirche sein müssen. Wir sind keine antikirchliche Bewegung. Hauptamtliche Mitarbeiter in der Gemeinschaftsbewegung, die selber keinerlei landeskirchliche Bindung haben, können das »in der Kirche« nicht mitvollziehen.

»Mit«, das heißt, wir bleiben im Gespräch miteinander, wir arbeiten zusammen, da, wo es möglich ist.

Und das »nicht unter der Kirche« ist ja ebenfalls bereits deutlich geworden. Das »nicht unter der Kirche« kann freilich nicht bedeuten, daß – unter Umständen auch unter schwierigen Verhältnissen – überhaupt keine Beziehungen mehr herüber und hinüber bestehen. Es fällt z. B. keinem, sei es von seiten der Kirche, sei es von seiten der Gemeinschaft, eine Perle aus der Krone, wenn wir uns gegenseitig über Veranstaltungen informieren, wenn wir Termine absprechen, um Überschneidungen und damit neuen Ärgernissen zu entgehen. Hier kann gerade durch ein geistliches Verhalten der Gemeinschaft viel Zündstoff weggenommen, Mißtrauen abgebaut und Vertrauen aufgebaut werden.

9. »Pia desideria« an die Gemeinschaftsbewegung und an die Kirche

Ich habe einige »fromme Wünsche« an beide Seiten.

Ich bitte meine Brüder und Schwestern in der Gemeinschaftsbewegung: Baut keine »Feindbilder« auf! Laßt es nicht zu, daß bei euch oder in euren Kreisen das Wort »Kirche« ein Reizwort wird! Wenn ein Wort zum Reizwort geworden ist, kann man über die Sache, um die es dabei geht, nicht mehr sachlich, leidenschaftslos und argumentativ sprechen. Laßt euch nicht in eine Konfrontationshaltung gegenüber der Kirche treiben! Freilich könnte einen manchesmal der Zorn packen angesichts dessen, was in der Kirche geschieht. Aber bedenken wir, daß des Menschen Zorn nicht recht ist vor Gott. Die Auseinandersetzungen, die immer wieder nötig sein werden, und zwar auf allen Ebenen zwischen Gemeinschaftsbewegung und Kirche, müssen in Wahrheit und Liebe geführt werden. Der Widerstand und Widerspruch gegenüber kirchlichen Entwicklungen muß letztlich ein Leiden und ein Ringen um die Kirche selber sein und bleiben.

Entlauft nicht dem Auftrag, den Gott unserer Bewegung gegeben hat! Die Konfrontation gegenüber der Kirche könnte uns auf falsche Wege führen, die Gott uns nicht gehen heißt. Ungehorsamswege Gott gegenüber aber enden im Verderben. Unser Auftrag, der uns von unserem Herrn gegeben ist, heißt »Gemeinschaftspflege und Evangelisation«. Hier haben wir ein weites Feld der Betätigung. Die Frage darf uns niemals loslassen: Wie erreichen wir unsere Zeitgenossen mit der frohen Botschaft von Jesus Christus? Und auch die andere Frage muß ständig auf der Tagesordnung sein: Wie bauen wir lebendige Gemeinschaften, daß suchende, fragende, verzweifelte, einsame, zum Glauben an Christus gekommene Menschen eine echte geistliche Heimat bei uns finden? Und die weitere Frage muß uns umtreiben: Wie stellen wir die Brüder und Schwestern in den Dienst Jesu? Wie rüsten wir sie zu solchen Diensten? Was erschließt das Wort »Gemeinschaftspflege« nicht für ein weites Feld an Betätigung und Aktivitäten! Und die Evangelisation kann unter uns so viele Wege gehen, daß wir am Ende gar nicht wissen, wo wir anfangen und aufhören sollen.

Tut bitte nicht so, als ob nur die Kirche schwerkrank wäre! Auch wir in der Gemeinschaftsbewegung sind keine heile Welt. Es gibt nicht nur Irrlehre in der Kirche, sondern auch unter uns. Wieviel unbrüderliches Verhalten, wieviel Streitigkeiten, wie manche Spaltungen gibt es auch in unseren Kreisen! Wir müssen aufpassen, daß wir nicht dem Urteil Jesu verfallen, daß wir zwar den Splitter im Auge des Bruders, aber den Balken im eigenen Auge nicht mehr sehen (Mt 7,3).

Und schließlich ist es meine herzliche Bitte an die Gemeinschaftsbewegung und damit an die Brüder und Schwestern in unseren Gemeinschaften: Lebt aus und mit dem Wort Gottes! Bleibt im Gespräch mit dem lebendigen Herrn! Führt ein reiches Leben des Gebetes! Lebt aus der Stille heraus! Wenn wir das tun, dann werden wir in der täglichen Begegnung mit Gott, im persönlichen Umgang mit unserem Herrn Jesus Christus und unter der Leitung des Heiligen Geistes geprägt zu Geistesmenschen. Mit anderen Worten heißt das: Wir reifen hinein in die Gesinnung Jesu. Und das Hineinreifen in die Gesinnung Jesu ist ein Wachsen in seiner Liebe und eine innere Bereitschaft, unserem Gott gehorsam zu sein.

Freilich aber habe ich auch einige »herzliche Wünsche« an unsere Kirche.

Seid doch nicht so mißtrauisch gegen uns Gemeinschaftsleute! Im Grunde genommen habt ihr doch, in vielen Fällen wenigstens, in uns eure treuesten Glieder.

Werdet doch endlich flexibler in den Gesprächen mit uns! Erkennt doch, daß aus seelsorgerlich-missionarischen Notwendigkeiten heraus die Gemeinschaftsbewegung heute einen großen Freiraum in eurer Mitte braucht! Wir brauchen den Freiraum nicht gegen euch, sondern für euch, denn wir wollen doch miteinander auf dem Weg bleiben, solange es überhaupt möglich ist.

Macht es uns nicht so schwer, mit euch unterwegs zu sein! Nehmt eure Kirchenordnungen und Kirchenverfassungen doch selber ernst! Laßt es nicht zu, daß das biblische Wort und die Bekenntnisse ständig in der Praxis des kirchlichen Lebens außer Kraft gesetzt werden! Habt doch den Mut, öfter und klarer, Grenzen zu ziehen! Schließt nicht faule Kompromisse, wo Eindeutigkeit gefragt ist!

Überlegt euch doch bitte genauer, wen ihr in der Kirche als Mitarbeiter anstellt! Hier haben wir oft große und schwere Bedenken. Fragt doch Menschen, die in der Kirche arbeiten wollen, wie sie zu Christus, zur Bibel und zur Kirche stehen! Nehmt ein Wort wie dieses ernst, das Kirchenpräsident D. Hermann Bezzel, der unvergessene lutherische Pietist aus Bayern, einst gesagt hat: »Die Kirche geht nicht an ihren Mitläufern, sondern ihren unberufenen Dienern zugrunde!«

Erkennt doch, daß an dem unheilvollen Pluralismus die Kirche unendlich großen Schaden nimmt! Wir bejahen mit euch eine große Vielfalt an Prägungen und Frömmigkeitsstilen, auch an geistlichen Erkenntnissen. Wir Pietisten wollen uns nicht absolut setzen. Aber seht doch, daß es Grenzen gibt, die wir nicht überschreiten dürfen! Es darf z. B. nicht ein Atheismus, getarnt mit christlichen Vokabeln, in der Kirche umgehen.

Tragt Sorge darum, daß wir wieder fromme Pfarrer bekommen! Darum ist es entscheidend wichtig, wer die Leitung z. B. von Predigerseminaren in Händen hat. Sind das geistliche und seelsorgerliche Persönlichkeiten? Ich wage kein Urteil. Aber ich frage euch.

Nichts braucht unser Volk heute, das in Gottlosigkeit und Gleichgültigkeit zu versinken droht, nötiger als ein eindeutiges gemeinsames Zeugnis von Kirche und Gemeinschaftsbewegung. Der Inhalt dieses Zeugnisses kann nur Jesus Christus, der Sohn des lebendigen Gottes, der Heiland aller Menschen sein.

10. Ein endzeitlicher Aspekt

Es gibt heute im Raume der Gemeinschaftsbewegung immer wieder Stimmen, die mit großem Ernst darauf hinweisen, daß wir uns in der Endzeit im engeren Sinne des Wortes befinden. Ich bekenne mich dazu, daß ich ebenfalls so denke. Die Vorzeichen des Kommens unseres Herrn erfüllen sich in einer rasanten Weise. Elias Schrenk, der begnadete Evangelist, das »Gnadauer Urgestein«, hat darauf aufmerksam gemacht, daß der Christ die Bibel und die Zeitung lesen müsse. Das prophetische Wort der Bibel bleibt nicht im luftleeren Raum, sondern es erfüllt sich mitten in der Weltgeschichte.

Gemeinschaftsleute sind Menschen, die in einer lebendigen Hoffnung auf den kommenden Christus warten.

Aber nun ziehen manche unserer Brüder und Schwestern aus der Tatsache der sich nahenden Wiederkunft unseres Herrn den Schluß, daß die Kirche zunehmend verfalle, es für sie keine Rettung und Hoffnung mehr gebe und wir aufgefordert seien, behutsam, aber doch bestimmt, einen eigenen Weg zu suchen und zu gehen.

Ich kann mich diesen Stimmen nicht anschließen. Schon oft hat man im Laufe der Kirchengeschichte so gedacht. Wir wissen nicht Tag und Stunde des Kommens unseres Herrn. Wenn unser Herr uns einen neuen Weg gehen heißt, etwa heraus aus der Kirche, dann wird er uns ein klares Signal dafür geben. Wir dürfen nicht die Weichen für neue Entwicklungen stellen, sondern der Herr muß das tun.

Wenn unsere Kirche aus ihren Kirchenordnungen und Kirchenverfassungen die Sätze streichen würde, in denen sie eindeutig festgelegt hat, daß sie auf dem Boden der ganzen Heiligen Schrift und der altkirchlichen und reformatorischen Bekenntnisse steht und wenn die Kirche uns Gemeinschaftsleuten verwehren würde, so zu arbeiten, wie wir es vor dem Herrn zu verantworten haben, dann wäre der Augenblick gekommen, in dem wir Abschied nehmen müßten von einer Kirche, die nicht mehr unsere Kirche wäre. Aber dieser Abschied könnte nie in der Haltung der Schadenfreude geschehen, sondern nur in der Haltung eines tiefen Leidtragens über eine Kirche, die Gott auf ihrem Weg durch so viele Väter und Mütter des Glaubens gesegnet hat.

Wir werden als Gemeinschaftsleute im endzeitlichen Gefälle Entwicklungen genau beobachten. Wir werden darauf achthaben, wie sich z. B. das Verhältnis der Evangelischen Kirche zur römisch-katholischen Kirche weiterentwickelt. Wir werden sehr genau achthaben auf die Entwicklungen im Weltkirchenrat in Genf. Wir können hier viele Entscheidungen nicht mitvollziehen und viele Wege nicht mitgehen, die unsere Kirche geht. Wir haben das immer wieder zum Ausdruck gebracht. Wir haben immer wieder das mahnende und kritische Wort gesagt.

In dem Buch »Reich Gottes im Schwabenland« berichtet Richard Haug (Seite 189) von dem schwäbischen Pfarrer Philipp Friedrich Hiller, dem wir so viele wundervolle Lieder verdanken: »Am Tage der Einsegnung zum Amt des Pfarrers in Mühlhausen lud ihn der Kirchenpatron, der Herr vom Stein, zum Mittagessen ein. Es waren auch mehrere Separatisten zu Gast geladen. So kam das Gespräch gar bald auf das tiefe Verderben, das sich in die Kirche eingeschlichen habe. Hiller fragte, ob er auch etwas sagen dürfe. ›Ja, bitte, reden Sie nur.‹ Darauf erzählte Hiller: ›Es waren einmal zwei Brüder. Der jüngere fragte eines Tages den älteren: ›Hör, sag' mir doch, was hältst du von unserer Mutter, dem alten Weib? Ich sage dir aufrichtig: Ich kann sie nicht länger meine Mutter nennen.‹ Da sagte der ältere: ›Warum redest du so unehrerbietig von unserer Mutter?‹ Darauf der jüngere: ›Weißt du denn nicht, daß sie ein abscheuliches Krebsgeschwür an der einen Brust hat und man fast nicht mehr um sie sein kann?‹ Darauf der ältere: ›Hör, Bruder, fürchtest du dich denn nicht vor der Sünde, so von unserer Mutter zu reden? Fürs erste glaube ich noch nicht einmal, was du von unserer Mutter Krankheit sagst; fürs andere, wenn es auch so wäre, bedenkst du denn nicht, daß sie einst mir und dir die jetzt kranke Brust so treulich gereicht hat? Ist das jetzt der Dank für ihre mütterliche Treue und Fürsorge? Ich werde sie dankbar ehren, solange sie leben wird!‹ So redete Hiller, und darauf wurde es still am Tisch, und die Kirche blieb fortan unangefochten.«

Passen wir auf, daß wir Gemeinschaftsleute nicht dem jüngeren Bruder in der Erzählung Hillers gleichen. Oder um es mit dem Gleichnis Jesu aus Lk 15 zu sagen: dem älteren Bruder.

Pastor Wilhelm Busch hat in einem großartigen Aufsatz »Das Erbe der Väter«, der zuerst in dem Blatt »Licht und Leben« 1957 veröffentlicht worden ist, folgendes geschrieben: »Es gehört zu der Tragik in der Geschichte der evangelischen Kirche, daß sie oft ihre treuesten Glieder nicht verstanden hat. Weil diese Leute ihre freien Zusammenkünfte auf dem Boden der Kirche haben wollten, sah man sie als unbequeme Rebellen an.

Weil sie, an der Bibel geschult, mit einem Pfarrer über seine Predigt sprechen konnten, sah man in ihnen lästige Querulanten. Zum Erbe der Väter gehört, daß die Pietisten sich ihre Freiheit nicht nehmen lassen, doch bis ins letzte hinein sich verantwortlich wissen für ihre Kirche. ›Es ist unsere Kirche‹, sagte einst ein schlichter Bruder, dem ein Pfarrer nahelegte, er möge doch austreten, wenn es ihm darin nicht gefiele. Eine oft mißverstandene und doch tiefe Liebe zu unserer Kirche, eine Liebe, die sich verantwortlich weiß – das gehört zum Erbe der Väter.«

Man kann nur hoffen im Blick auf die Zukunft, daß die evangelische Kirche die Gemeinschaftsbewegung besser versteht, als es in den Anfängen der Fall gewesen ist. Und man kann nur hoffen, daß unter den Gemeinschaftsleuten die Liebe zu unserer Kirche nicht erstirbt und die Verantwortung für sie nicht gering geachtet wird.

Autoren der Beiträge

Johannes Berewinkel
Pfarrer, viele Jahre Direktor der Evangelistenschule Johanneum in Wuppertal, Vorsitzender des Theologischen Beirates des Gnadauer Verbandes; Freudenstadt.

Karl-Heinz Bormuth
Studienrat, Direktor im Deutschen Gemeinschafts-Diakonieverband; Marburg.

Helmut Burkhardt
Pfarrer, theologischer Lehrer am Predigerseminar der Pilgermission St. Chrischona; Grenzach-Wyhlen.

Hans-Joachim Drechsel
Dr. theol., Pfarrer, wissenschaftlicher Sekretär an der Sektion Theologie der Martin-Luther-Universität Halle-Wittenberg, 1988/89 Übernahme des Dienstes des Sekretärs des Ev.-Kirchlichen Gnadauer Gemeinschaftswerkes in der DDR; Schraplau/DDR.

Helmuth Egelkraut
Dr. theol., Pfarrer, theologischer Lehrer an der Evangelischen Missionsschule der Bahnauer Bruderschaft; Weissach im Tal.

Fritz Grünzweig
Dr. theol. h. c., viele Jahre Gemeindepfarrer in Korntal und Vorsitzender der Ludwig-Hofacker-Vereinigung in Württemberg, von 1980 bis 1986 Vorsitzender der Konferenz bekennender Gemeinschaften; Korntal.

Klaus Haag
Prediger, Inspektor des Chrischona-Gemeinschaftswerkes in Deutschland; St. Chrischona.

Kurt Heimbucher
Pfarrer, Präses (Vorsitzender) des Gnadauer Verbandes für Gemeinschaftspflege und Evangelisation, Nürnberg.

Siegfried Kettling
Pfarrer, theologischer Lehrer an der Evangelischen Missionsschule der Bahnauer Bruderschaft; Weissach im Tal.

Dieter Lange
Dr. theol., Pfarrer, Direktor von »Haus Gottesfriede« (Ev. Krankenhaus, Rüstzeitenheim, ev. Buchhandlung); Woltersdorf/DDR.

Erich Markert
Pfarrer, Rektor des Diakonissen-Mutterhauses »Zion«; Aue/DDR.

Walter Nieke
Prediger, Inspektor i. R. des Landesverbandes Landeskirchlicher Gemeinschaften in Sachsen; Karl-Marx-Stadt/DDR.

Werner Paschko
Prediger, Inspektor des Hannoverschen Verbandes landeskirchlicher Gemeinschaften; Celle.

Lienhard Pflaum
Pfarrer, Missionsdirektor der Liebenzeller Mission, stellvertretender Vorsitzender des Gnadauer Verbandes; Bad Liebenzell.

Hermann Plötner
Pfarrer, theologischer Lehrer an der Gnadauer Bibelschule in Falkenberg; Cöthen/DDR.

Gerhard Ruhbach
Dr. theol., Professor für evangelische Kirchengeschichte an der Kirchlichen Hochschule Bethel; Bielefeld.

Walter Schaal
Pfarrer, Vorsitzender des Altpietistischen Gemeinschaftsverbandes; Stuttgart.

Theo Schneider
Prediger, Generalsekretär des Gnadauer Verbandes; Dillenburg.

Theo Wendel
Pfarrer, Direktor des Deutschen Gemeinschafts-Diakonieverbandes; Marburg.